개정증보판 History & Culture & Taekwondo

태권도 역사와 문화의 이해

서성원 지음

맨손무예부터 시대별 태권도 발전과 흐름 조명
태권도 역사와 문화에 대한 통시적·공시적 탐구

태권도 기원과 유래를 둘러싼 논쟁은 태권도 학계의 '뜨거운 감자'이다. 그 한복판에 근대 이전의 맨손무예는 태권도사에 포함시킬 것인지, 아니면 한 국무예사로 할 것인지가 똬리를 틀고 있다. 태권도가 우리나라의 전통무예인가? 하는 물음은 결코 해묵은 논쟁이 아니다. 대한태수도협회의 시급한 문제는 각 관(館)별로 시행되고 있는 '승단심사'를 통합하는 것이었다. 1962년 11월 11일 국민회당에서 열린 '제1회 전국승단심사대회'에서 회장 채명신은 대회사를 통해 "태수도는 그동안 각 유파별로 자파(自派)만을 위한 발전을 꾀하고 서로 고집과 편견 등으로 통합을... 태권도는 1962년 10월 제43회 전국체육대회 시범종목으로 참가한 후 1963년 10월 전북 전주에서 열린 제44회 전국체육대회부터 정식종목이 되었다. 전국체육대회에 태권도가 정식종목으로 채택되면서 태권도는 스포츠의 체계를 잡아나갔다. 경기규칙 제정, 경기장 규격 통일, 보호구 및 장비 개발, 심판의 기능과 역할 정립, 선수선발 등 무술에서 스포츠로 변화하는 기틀을 다졌다.

태권도가 올림픽 정식종목으로 채택되자 한국 정부는 축하를 하며 재정지원을 제안했다. 하지만 김운용은 정부의 도움 없이 자신과 태권도인 들의 힘으로 일군 쾌거를 역사에 남기고 싶었다. 특히 한 인 사범들이 태권도 세계화에 기여했다며 고마움을 나타냈다. 한국 정부는 제103차 IOC 총회에서 태권도가 올림픽 정식종목으로 채택된 날을 기리기 위해 2006년부터 9월 4일을 '태권도의 날'로 지정했다. 1960년대에 들어서자 본격적으로 태권도 교본류의 책들이 출간됐다. 최홍희는 1965년 외국에서 영문판 태권도 책과 1966년 『태권도지침』을 펴냈다. 최홍희는 『태권도지침』이 출간됨으로써 태권도와 가라테의 기술과 철학이 서로 다른 무도라는 것이 점차 인식되기 시작했다며 이렇게 의미를 부여했다. 태권도산업 전문가를 다각적으로 육성해야 한다. 각 대학 태권도학과에서는 태권도문화론, 태권도산업론, 태권도경영론 등을 교과 과정으로 신설해 태권도 전공생들이 태권도 문화산업을 이끌어나갈 성장 동력이 될 수 있도록 관심을 기울여야 할 것이다. 태권도 조직에는 다양한 분과가 존재한다. 세계 태권도인들의 중앙도장인 국기원만 하더라도 총 18개의 분과가 있다. 국기원뿐만 아니라 각 단체와 조직마다 분과들이 있는데 여기서 눈여겨 볼 분과가 바로 '여성분과'이다. 필자도 얼마 전 국기원의 여성분과 위원으로 속해 있었던 적이 있었다. 불과 1년이라는 기간이긴 하였지만 기대와 설렘으로 위원직에 임명되었다. 헌데 초반에 분과 위촉식에서 서로 얼굴보고 임명장을 받은 기억 외엔 특별한 모임이나 활동이 전혀 없어 아쉬움이 있었다

Anibig 애니빅

개정증보판 History & Culture & Taekwondo

태권도역사와 문화의 이해

지 은 이 | 서성원

초 판 발 행 | 2016년 3월 1일
개정증보판 | 2024년 3월 7일

발 행 인 | 문상필
북디자인 | 권태궁
펴 낸 곳 | (주) 애니빅

주　　소 | 서울시 영등포구 경인로 82길 3-4
　　　　　　(문래동 1가 센터플러스 715호)
대표전화 | 02-2164-3840　**팩스** | 050-4386-7176
홈페이지 | www.anibig.com/

가격 25,000원

ANIBIG 애니빅

ISBN 979-11-87537-90-8　　13690
ⓒ 저작권은 작가에게 있습니다. 작가와 합의해 인지는 생략합니다.
* 잘못 만들어진 책은 구입하신 서점에서 교환해 드립니다.

머리말; 개정 증보판을 펴내면서

태권도 관련 학과 전공생들의 교재로 활용하기 위해 이 책을 펴낸 지 7년이 지났다. 그동안 한국체육대학교를 비롯한 여러 대학교에서 교재로 채택해준 덕분에 개정 증보판을 펴내게 됐다. 기쁘고 감개무량하다.

되돌아보면, 1996년 태권도계에 첫 발을 내디딘 후 현재까지 태권도 언론계와 학계에서 활동하고 있는 내 자신이 흐뭇하고 자랑스럽다. 부족한 것이 많은 내가 어느 분야에 가서 이 정도로 예우 받으며 활발하게 활동할 수 있겠는가.

태권도 정치·행정·문화·산업·도장·경기·학술·외교 등의 분야 중에서 나는 학술과 연구에 남다른 관심을 기울여 왔다. 석사학위를 취득한 후 2010년부터 여러 대학에 출강하면서 태권도 인문-사회과학 분야를 더 공부하고 싶다는 욕구도 생겼고, 학생들을 가르치면서 내 자신을 채찍질하기도 했다. 2012년부터 8년 동안 국기원이 시행하는 3급 사범연수에서 태권도사를 강의하는 영예도 누렸다.

이러한 과정을 거치면서 태권도 전문 서적을 몇 권 출간했다. 주로 태권도 현대사를 관통하는 서사(敍事)·인물(人物)·담론(談論)을 탐구했다. 태권도 흐름과 변천과정을 조명하고 관련 사진을 많이 수록해 독자들의 이해를 높이려고 노력했다.

이 책은 2014년 여름에 펴낸 『태권도 뎐(傳)』(개정판)을 토대로 집필했다. 주요 내용이 겹치기 때문에 새로운 책이라고 말할 수 없다. 다만 『태권도 뎐(傳)』에서 다루지 않은 내용을 새롭게 포함시키고, 기존의 내용을 수정·보완했다.

그로부터 7년이 지난 지금, 또 다시 잘못된 내용을 고치고 새로운 내용을 촘촘히 보완했다. 태권도 전공 교재를 염두에 두고 집필했기 때문에 15주 강의에 맞추어 각 장(章)의 주제를 세분화하고, 학습목표와 연구과제도 제시했다. 또 본문의 이해를 돕기 위한 '팁(Tip)' 자료를 시의 적절하게 가미했다. 또 각 장(章)의 주제에 따라 기계적이고 중립적인 입장에서 벗어나 주관적인 주장이나 논리를 펼치기도 했다. 그렇다고 해서 한 쪽에 매몰된 편협한 논리를 고집하진 않았다.

 태권도를 단순히 무예나 스포츠 차원에서 바라보지만 말고 문화·산업으로 그 영역을 확대해야 한다는 여론은 오래 전부터 일어나고 있지만 정작 태권도 학계에선 그에 걸맞은 서적을 펴내지 못하고 있다. 따라서 앞으로 기회가 된다면 태권도학과 전공 교과목의 외연을 넓히고 시대흐름에 맞는 교과목을 선도하는 차원에서 『태권도 문화와 산업의 이해』(가제)를 집필하고 싶다.

 이와 함께 역사에 저널리즘을 접목해 태권도 현대사를 심층적으로 다루는 '히스널리즘(history+journalism)'에 관심을 갖고 태권도 현대사의 주역인 김운용과 최홍희 평전(評傳) 집필에도 도전하고 싶다. 결코 불가능한 일이 아니라고 본다.

 이 책을 펴내는 과정에서 많은 사람들이 도움을 줬다. 늘 아낌없이 배려해 주시는 상아기획 문상필 대표님께 감사를 드린다. 그리고 오·탈자를 찾아내 바로 잡아준 후배 기자들에게도 고마움을 전한다. 혹여 본문 중에서 사실과 다르거나 잘못 서술된 내용도 있을 것이다. 언제라도 잘못된 부분에 대하여 지적해 주고 알려 준다면 겸허하게 수용해 바로 잡겠다. 독자 여러분들의 격려와 질정(叱正)을 바란다.

2024년 2월,
서울 강동구에서 **서성원**

차 례

제1장 근대 이전의 맨손무예 ; 태권도사인가? 한국무예사인가?

1. 근대 이전 맨손무예의 기록과 흔적 · 12
    (1) 삼국시대 맨손무예 · 12
    (2) 고려시대 맨손무예 · 14
    (3) 조선시대 맨손무예 · 15
2. 근대 이전 맨손무예를 둘러싼 논쟁 · 20

제2장 태권도 사관 논쟁과 역사 담론

1. 태권도 사관 논쟁 · 28
    (1) 기존의 태권도 역사 서술과 논쟁 · 28
    (2) 태권도와 택견, 어떻게 볼 것인가? · 37
    (3) 새로운 사관의 출현을 기대하며 ; 문화주의 사관을 제창함 · 41
2. 최홍희는 '태권도 창시자'일까? · 43
3. 태권도 명칭의 제정 배경과 그 과정의 수수께끼 · 49
4. 태권도 품세(品勢) 제정과 기술용어의 한국화 과정 · 54
    (1) 형(型)-품세(品勢)-품새 변천 과정 · 54
    (2) '품세'-'품새'를 둘러싼 논쟁과 태권도 용어 표준화 과정 · 57
5. 김용채와 1960년대 후반 태권도 정책 · 63

제3장 현대 태권도의 태동과 관(館) 형성

1. 태권도 5대 기간도장의 개요 · 70
  (1) 청도관(靑濤館) · 73
  (2) 무덕관(武德館) · 75
  (3) 조선연무관 권법부(朝鮮演武館 拳法部) · 76
  (4) 중앙기독교청년회(YMCA) 권법부(拳法部) · 78
  (5) 송무관(松武館) · 80

2. 태권도 모체관 개관자들의 이력과 행보 · 83
  (1) 청도관 이원국 · 85
  (2) 무덕관 황기 · 88
  (3) 중앙기독교청년회(YMCA) 권법부 윤병인 · 94
  (4) 송무관 노병직 · 97

3. 현대 태권도 초기의 현안과 쟁점 · 99
  (1) 모체관에서 파생된 신흥관의 특징 · 99
  (2) 대한공수도협회 창립과 한계 · 103
  (3) 최홍희와 대한태권도협회의 와해 · 106

제4장 1960년대 태권도 도약기 발자취

1. 태권도 통합과 대한태수도협회 활동 · 112
  (1) 대한태수도협회 창립 · 112
  (2) 승단 심사제도 통합 · 119

2. 최홍희 등장과 대한태권도협회 출범 · 122
  (1) 무덕관 내부 분열 · 125
  (2) 대한태권도협회와 국제태권도연맹 간의 분규 · 129

3. 1960년대 태권도 경기화 과정 · 133

(1) 태권도, 무도에서 스포츠로 영역 확장 · 133
(2) 태권도 경기화 추진과정 · 137
　가. 경기규칙 제정 전후의 상황 · 137
　나. 경기규칙 제정 후 주요 대회 · 139
　다. 전국체육대회 태권도 종목의 특징 · 144
　라. 초창기 몸통보호구 특성과 의무화 · 147

제5장 1970년대 태권도 발전기 성과와 쟁점

1. 국기원 건립과정과 의미 · 152
2. 태권도 관(館) 통합의 중요성과 의미 · 160
3. 세계태권도연맹 창설과 세계태권도선수권대회 개최 · 166
　(1) 1973년 세계태권도연맹 창설 · 166
　(2) 1~3회 세계태권도선수권대회 개요와 특징 · 168
4. 1975년 '태권도 세계화의 해' 선언 · 174

제6장 파월 태권도 교관단의 역할과 활동

1. 태권도 교관단 파견 과정과 목적 · 178
2. 태권도 교관단의 활동과 임무 · 184
3. 태권도 교관단의 생활 · 188
4. 태권도 교관단의 성과와 의미 · 190

제7장 태권도 세계화와 한인 사범들의 활약

1. 태권도 세계화와 각 대륙 개척사 · 196

(1) 아시아 · 198
(2) 아메리카 · 233
(3) 유럽 · 257
(4) 아프리카 · 276
(5) 오세아니아 · 283

2. 해외 한인 사범들의 활약 · 286
(1) 해외 파견 사범의 개요와 현황 · 286
(2) 해외 파견 사범의 진출과정과 형태 · 289
(3) 해외 파견 사범의 활동과 과제 · 293

제8장 북한 태권도 흐름과 특징

1. ITF는 북한 태권도가 아니다 · 300
2. 북한의 태권도 보급 과정과 현황 · 301
3. 북한이 풀이하는 태권도 유래와 개념 · 306
4. 북한 태권도 시설물과 건축물 · 308
5. 북한이 인민들에게 태권보를 보급하는 까닭 · 309

제9장 WT-ITF 통합 움직임과 남북 태권도 교류

1. 1980~90년대 통합 움직임 · 316
2. 2000년대 남북 태권도 교류 내용 · 322
3. 북한 주도 ITF와 WF 간의 통합 노력 · 328
4. 태권도 교류와 통합, 새로운 패러다임 필요 · 339
(1) 남북 태권도 교류 주체는 대한태권도협회와 조선태권도위원회 · 339
(2) WT는 언제까지 북한 ITF만 상대할 건가 · 341

제10장 태권도와 올림픽

1. 태권도의 올림픽 정식종목 채택 과정 · 348
2. 김운용의 노력과 비화 · 353
3. 태권도의 올림픽 정식종목 유지와 과제 · 359
4. 2028 올림픽에 태권도 세부종목 추가될 수 있을까? · 367

제11장 태권도 학술 · 출판문화와 주요 서적의 특징

1. 태권도 학술 · 출판문화의 현주소와 과제 · 372
   (1) 태권도 학술문화의 현주소 · 372
   (2) 태권도 학술단체의 실태와 과제 · 376
   (3) 태권도 출판문화의 실상 · 378
2. 시대별 태권도 서적의 흐름과 특징 · 380
   (1) 무술 관련 초창기 교본 · 380
   (2) 1959년 '태권도' 붙인 교본 등장 · 384
   (3) 최홍희 저술과 가라테 연관성 논란 · 386
   (4) 태권도 교본류 1970~80년대 관통 · 390
   (5) 1980년대 이후 태권도 서적의 다양화 · 393

제12장 여성 태권도의 문화와 흐름

1. 1960년대 ; 여성 태권도 물꼬 트다 · 400
2. 1970~80년대 ; 여성 태권도 기지개를 펴다 · 401
3. 한국여성태권도연맹 재출범과 과제 · 411
4. 2018년 이후 여성 태권도계 활동 내용 · 417

제13장 장애인 태권도의 발전과정과 흐름

1. 장애인 체육정책과 장애인 태권도의 현실 · 422
2. 장애인 태권도 활성화 바람과 수련 열기 확산 · 426
3. 장애인 태권도 활성화 과제와 개선 방향 · 428
4. 장애인올림픽 태권도 정식종목 채택의 의미 · 435
5. 2017~23년 대한장애인태권도협회의 실상 · 436

제14장 태권도 문화 산업의 흐름과 정책

1. 태권도 문화의 개념과 유형 · 442
2. 태권도의 문화 산업적 가치 · 445
3. 태권도 문화정책의 내용과 과제 · 449
4. 태권도 엔터테인먼트와 공연상품화 · 455
   (1) 태권도 엔터테인먼트 바람 · 455
   (2) 태권도 공연문화 발전 과정 · 460
5. 정부의 태권도 문화 산업 정책의 과제 · 474

제15장 태권도 도장문화와 지원 정책

1. 도장의 시대적 흐름과 현실 · 480
   (1) 1970년대부터 어린이에게 태권도 적극 권장 · 481
   (2) 1980년대부터 태권도 수련층 '어린이 편중' 심화 · 484
   (3) 도장 경영난 타개를 위한 세미나 개최 · 488
   (4) '놀이형 프로그램' 찬반 논쟁 · 490
2. 태권도 제도권의 도장 지원 정책과 사업 · 491
   (1) 도장 지원 정책의 필요성 대두 · 491
   (2) 도장 지원 정책과 사업내용 · 492

제1장 근대 이전의 맨손무예 ;
태권도사인가? 한국무예사인가?

📖 **학습목표**

이 장(章)은 삼국시대부터 행해져온 수박과 권법, 택견 등 맨손무예의 기록과 흔적을 살펴보고, 그 특징을 이해한다. 이와 함께 근대 이전의 맨손무예를 태권도사에 포함시키는 것이 옳은 것인지, 아니면 한국무예 사로 볼 것인지를 알아본다. 특히 맨손무예가 우리의 역사 속에서 어떻게 전승되었고, 오늘날의 태권도와 어떤 연관성이 있는지도 탐구한다.

제1장 근대 이전의 맨손무예 ; 태권도사인가? 한국무예사인가?

1 근대 이전 맨손무예의 기록과 흔적

(1) 삼국시대 맨손무예

1) 고구려 삼실총 장사도, 2) 고구려 안악 3호분 수박희, 3) 고구려 무용총 수박희

고구려의 맨손무예는 4~5세기 고분벽화에서 확인할 수 있다. 이것을 학계에선 '수박도(手搏圖)'라고 하는데, 주로 맨손으로 상대를 공격해서 수벽, 수벽치기, 수벽타(手癖打)라고 한다.

맨손무예는 안악 3호분, 무용총, 삼실총 등에서 볼 수 있다. 두 남자가 마주 보고 두 손을 벌리고 겨루는 자세를 하고 있다. 또 5세기 축조된 각저총의 왼 벽에 그려진 벽화에서도 씨름과 유사한 방식으로 서로를 잡고 겨루는 모습이 있다.

강력한 군사기술을 보유하고 있었던 고구려는 다양한 맨손무예를 하고 있었다. 최소한 두 가지의 서로 다른 종류의 맨손무예가 존재했던 것으로 보인다. 현재의 태권도와 같이 서로 떨어져서 겨루는 무예와 씨름처럼 서로 잡고 겨루는 무예가 그것이다. 역사학자들은 서로 잡고 겨루는 벽화를 씨름의 옛말을 따서 '각저도'라고 부른다.[1]

백제의 맨손무예와 관련된 자료는 국립부여박물관이 1993년 발굴한 백제금동대향로의 인물상에서 확인된다. 해당 인물은 향로 몸체의 연꽃잎 상단에서 왼쪽 팔은 펴고 왼쪽 다리는 구부려 힘과 긴장감이 느껴지는 역동적인 동작을 취하고 있어 무예를 하는 것으로 짐작된다.

백제 무예는 일본 무예의 발달에 큰 영향을 준 것으로 보인다. 일본서기에도 황극천황 원년 조에 백제 사신이 찾아와 맨손무예를 선보였고, 일본 조정에서는 건장한 장정에게 명령해 백제의 사신과 상박(相搏)을 하게 했다는 기록이 나타나고 있다. 따라서 백제에서도 수박과 같이 서로 잡거나 치는 맨손무예가 성행했을 것으로 사료된다.[2] 신라에는 화랑들이 수련한 다양한 형태의 무예가 있었다. 화랑은 검술, 창술, 궁술, 기마술 같은 무예를 수련했다는 기록이 남아 있다.

무사도

634년에 세워진 분황사 모전석탑 4개의 문에는 각각 인왕상 2구씩 배치되어 있다. 인왕상은 서로 다른 모습으로 두렷한 공격과 방어의 자세를 취하고 있다. 8세기 초 제작됐을 것으로 추정되는 경주 용강동고분에서 출토된 무사용은 3인이 각기 다른 겨루기 자세를 하고 있다. 용강동 병사들은 손 모양이 지금의 태권도 바깥막기 동작을 취하고 있다. 이는 당시 맨손무예의 단위 동작을 세심하게 표현한 것으로 추측된다.

석굴암 입구에 있는 금강역사상의 주먹 모양은 태권도의 바른 주먹 모양과 매우 흡사하고 그 밑의 손 모양은 태권도의 편 주먹과 매우 유사해 당시 신라인들이 수행했던 무예의 공격과 방어 자세를 뚜렷하게 보여주고 있다. 이것은 당시 맨손무예의 기술에 발기술이 포함되어 있음을 시사해주고 있다.[3]

석굴암 금강역사상

---

1) 국기원(2015). 3급 태권도사범지도자연수 교재. 태권도 역사. 17쪽.
2) 국기원(2015). 3급 태권도사범지도자연수 교재. 태권도 역사. 19쪽.
3) 국기원(2015). 3급 태권도사범지도자연수 교재. 태권도 역사. 21~22쪽.

(2) 고려시대 맨손무예

여러 선행 연구[4]와 문헌자료를 보면 수박(手搏)은 고려시대부터 매우 유행했다. 수박과 관련된 기록은 《고려사》에 수박이라는 명칭으로 세 번, 수박희(手搏戲)로 네 번, 오병수박희(五兵手搏戲)로 한 번 나온다. 수박희는 여흥과 오락이 강한 관람용으로 볼 수 있는데, 오병수박희는 5명의 병사가 패(牌)를 이뤄 겨루는 게임(game)으로 추측해 볼 수 있다. 《고려사》에 나오는 오병수박희와 관련된 기록은 제128권 열전 제41 정중부에 나온다. 내용은 다음과 같다.

"다음날 왕이 보현원으로 가려고 오문(五門) 앞까지 와서 시신(侍臣)들을 불러 술을 마시었는데 술자리가 한창일 때 좌우를 돌아보며 말하기를" 장하고나! 여기가 바로 군사를 훈련할 수 있는 것이로군! "이라고 하면서 오병수박희를 시켰다. 이것은 왕이 무관들의 불평을 짐작하고 이런 일로 후하게 상품을 주어 그들의 위무하려는 것이었다."

수박에 대한 구체적인 기록이 적어서 수박이 어떤 무예였는지 구체적으로 알기 어렵지만 당시 무인들에게 매우 성행했던 보편적인 무예인 것으로 보인다. 수박을 잘하는 사람에게 매우 파격적인 대우로 승진 기회를 주었을 만큼 수박은 벼슬과 승진에 직결된 필수 무예였다. 수박은 주먹을 휘두르는 기술을 포함하는 입식 타격의 무예였을 것으로 보인다. 상대를 잡고 쓰러뜨리거나 관절을 부러뜨리는 기법보다는 때리고 차는 기법 위주였다. 수박은 또 관람 유희의 성격도 가질 만큼 기교적인 다양성을 가진 무예였던

> **Tip 수박, 일반명사인가? 고유명사인가?**
>
> 수박이란 단어가 고유명사인지 일반명사인지 분명하게 밝혀지진 않았다. 즉, 수박이 단순히 손(手)으로 상대를 때리는(搏 또는 拍) 싸움 기술을 총칭하는 일반명사인지, 태권도와 유도, 권투처럼 일정한 기술체계를 가진 특정한 무술을 지칭하는 고유명사인지 확인할 길이 없다. 그럼에도 불구하고 지금까지 체육사가 또는 무술사가들은 수박을 아무런 주저없이 고유명사로 취급해 왔다.
> 〈배영상·송형석·이규형(2002). 오늘에 다시 보는 태권도. 이문출판사. 71쪽.〉

---

[4] 정찬모의 고려시대 체육발달사 연구(동아대학교대학원 박사학위논문, 1989)와 이진수의 한국의 수박희(체육사학회지 창간호 1996) 등이 대표적이다.

것으로 보인다.[5] 《고려사》에 왕이 수박희(手搏戱)를 구경하였다는 기록이 여러 번 나오는 것으로 보아 군사기술뿐만 아니라 여흥과 오락으로 장려했다고 할 수 있다.

(3) 조선시대 맨손무술

가. 수박(手搏)

《조선왕조실록》에는 조선 초기부터 1400년대 후반 세조 때까지 수박(手搏)·수박희(手搏戱)·수박(手拍)에 관한 기록이 있다. 1500년 전후로 수박과 관련된 기록은 나타나지 않지만 그 전의 수박 관련 내용은 다음과 같다.[6]

첫째, 수박은 방패군이나 갑사와 같은 무사 선발시험의 일종이었으며, 태종 때부터 세조 때까지 적용되던 조선시대의 법전인 《경국대전》에 그에 관한 내용이 실려 있다. 또 관청에서 수박 우수자를 수리로 선발했다. 세조실록 43권 13년(1467년)에는 '수박을 잘하거나 한 가지 재주라도 취할 만한 것이 있는 자는 양천(良賤)을 논하지 말고, 관에서 양식을 주어서 사람을 임명하여…'라는 내용이 있다.

둘째, 수박은 조선시대 잔칫날에 하던 관람용 무예였다. 태종과 세종 때 상왕(上王)이나 노왕상(老上王·이들은 고려시대에 태어나 조선을 개국하여 임금이 된 사람들이다)의 탄실일을 위한 주연을 할 때 미리 수박 우수자 50여 명을 선발해 기량이 우수한 이들에게 상으로 진급을 해주거나 면포나 쌀, 콩 등을 부상으로 주었다. 태종실록 32권 16년(1416)을 보면 '경복궁에 거동하여 상왕을 봉영하여 경회루에서 술자리를 베풀었는데, 세자와 종친이 시연하였다. 갑사와 방패군 중에서 힘이 있는 자를 모집하여 수박희(手搏戱)fm 하게 하여 쌀, 콩 각각 5석을 주었다. 수박(手搏)을 잘하였기

---
5) 국기원(2015). 3급 태권도사범지도자연수 교재. 태권도 역사. 25~26쪽.
6) 나영일(1997). 조선시대의 수박·권법에 대하여. 대한태권도협회 주최 태권도 사관 정립과 태권도 정신 도출을 위한 세미나.

때문이다'라는 내용이 있다.

셋째, 수박은 임금이 행차하여 벌이는 군사훈련 후 무사들의 사기를 북돋고 격려하기 위해 실시하는 무예활동이었다. 세종실록 12권 3년(1421)을 보면, '임금이 상왕을 모시고 낙천정에 거동하여 오위의 진을 (…) 사열을 끝내고 수박희(手搏戲)를 보았고 삼구 장수들을 위하여 술과 주악을 베풀었다'는 내용이 있다.

넷째, 수박은 임금의 친위 무사들뿐만 아니라 향리 등 일반 백성이나 중들도 즐기는 민중무예였다. 고을마다 백성이 모여 수박으로 승부를 겨루기도 했다. 세종실록 9권 3년(1457)을 보면 '담양 향리와 관노 등은 나라에서 수박으로서 시재한다는 말을 듣고는 다투어 서로 모여서 수박희를 하면서 몰래 용사를 뽑아…'라는 내용이 있고, 세종실록 4권 1년(1419)을 보면, '미리 장사를 뽑아 모화루 아래에 수박희를 시키고 관람하였는데, 중이 힘이 세어 여러 사람에 뛰어나 명하여 머리를 길러 환속하게 하고…'라는 내용도 있다.

나영일은 조선시대 수박에 대해 "왕을 시위하는 친위 무사들의 주요한 무예로서 그들의 승지노가 입신양명의 기회를 제공하는 수단이 되었고, 향리나 중, 그리고 일반 백성들에게는 하나의 놀이문화였으며, 무사로 선발될 수 있는 출세의 기회를 주는 수단이었다"고 주장한다.

나. 권법(拳法)

권법은 두 발로 서서 손, 어깨, 무릎을 사용하여 상대를 때리는 맨손무예여서 입식타격의 수박과 비슷하다. 하지만 권법은 수박과는 다른 무예이다. 조선시대 권법에 대한 내용은 1599년 선조 32년부터 1970년 정조 14년까지 200년 사이에 나오고 있다. 《조선왕조실록》에 나와 있는 권법

관련 내용은 8번인데, 권법의 특징은 다음과 같다.[7]

첫째, 권법은 척계광(戚繼光)의 『기교신서』에서 비롯되어 손과 어깨, 무릎을 사용하는 맨손무예로 중국군에서 도입될 당시에 조정에서는 조선 초기의 수박에 대하여 인지하지 못했거나 권법을 수박과 전혀 관련이 없는 외래 무예로 인식하고 있었다.

둘째, 권법을 도입하려고 했던 조선 조정에서는 척계광의 『기교신서』에 있는 권법을 새롭게 수정하고 우리 것으로 만들려는 노력을 1957년 『무예제보(武藝諸譜)』가 나올 때는 하지 못하였으나 1964년 〈권보(拳譜)〉를 편찬하고, 1979년 『무예신보(武藝新譜)』와 1790년 『무예도보통지(武藝圖譜通志)』를 통해 구현하려고 노력했다.

셋째, 권법은 관무재(觀武才)와 같이 무예의 능력을 시험하는 수단으로써 무사들의 진급에 필요한 종목이었다. 권법은 정조시기 무관들의 고시

> ### 🔍 Tip '무예도보통지(武藝圖譜通志)'는 무엇인가?
>
>
>
> 1790년(정조 14) 간행. 목판본. 4권 4책. 규장각 도서. 정조가 직접 편찬의 방향을 잡은 후 규장각 검서관 이덕무(李德懋)·박제가(朴齊家)와 장용영 장교 백동수(白東修) 등에게 명령하여 작업하게 하였으며 1790년(정조 14)에 간행되었다. 1598년(선조 31) 한교(韓嶠)가 편찬한 《무예제보(武藝諸譜)》와 1759년(영조 35) 간행된 《무예신보(武藝新譜)》의 내용을 합하고 새로운 훈련종목을 더한 후 이용에 편리한 체제로 편집하여 간행하였다. 정조대에 조선의 문화가 종합 정리되는 과정에서 《병학통(兵學通)》《병학지남(兵學指南)》《군려대성(軍旅大成)》《삼군총고(三軍摠攷)》 등의 군사서적들과 더불어 이루어졌는데, 다른 군사서적들이 전략·전술 등 이론을 위주로 한 것임에 비해 이 책은 전투동작 하나하나를 그림과 글로 해설한 실전 훈련서라는 특징을 지닌다.
>
> 본문의 권1에는 장창(長槍)·죽장창·기창(旗槍)·당파(鐺鈀)·기창(騎槍)·낭선(狼筅), 권2에 쌍수도(雙手刀)·예도(銳刀)·왜검(倭劍), 권3에 제독검(提督劍)·본국검(本國劍)·쌍검·마상쌍검(馬上雙劍)·월도(月刀)·마상월도·협도(挾刀) 및 등패(藤牌)의 요도(腰刀)와 표창(標槍), 권4에 권법(拳法)·곤봉·편곤(鞭棍)·마상편곤·격구(擊球)·마상재(馬上才) 등 총 24가지의 기술이 수록되어 있다. 각 항목마다 병기와 개별동작 및 전체 움직임에 대해 각기 매우 사실적인 그림과 해설을 붙였다.
>
> 〈네이버 지식백과, 무예도보통지(武藝圖譜通志).〉

---

7) 나영일(1997). 조선시대의 수박·권법에 대하여. 대한태권도협회 주최 태권도 사관 정립과 태권도 정신 도출을 위한 세미나.

과목으로 정착했다. 하지만 양진방은 2024년 1월 용인대에서 열린 〈무예도보통지 강독반〉에서 "선조 33년에 선조가 봉술과 권법을 보고, '권법은 용맹을 익히는 기술인데, 어린 아이들에게 배우게 한다면 나중에 커서 훌륭한 병사가 되지 않겠느냐'며 전습(傳習) 받게 할 것을 훈련도감에 지시했다'는 사료가 있다"며 "군대 안에서 권법을 배우고, 어린 아이들이 권법을 배우면서 동네에서 하게 됐다. 이것이 바로 조선 후기 택견이 시작되는 계기가 아닌가 생각된다"고 말했다.

다. 택견

택견과 관련된 사료는 조선후기부터 등장한다. 18세기 후반으로 추정되는 혜원 신윤복의 대쾌도(大快圖)와 1798년 이만영이 쓴 『재물보(才物譜)』, 안확의 『조선무사영웅전』(1919), 최영년의 『해동죽지(海東竹枝)』(1925), 미국 펜실바니아대학 고고학박물관장 스튜아트 쿨린(Stewart Culin)의 저서 『Korean Games』(1895)의 TAIK-KYEN-HA-KI 기사, 송덕기의 인터뷰 내용 등에 택견과 관련된 내용이 나온다.

택견의 무예적 특징은 동적인 움직임 속에서 기법을 구사한다. 택견의 중요한 기법인 품밟기는 오늘날 태권도의 '딛기'의 기법과 유사하다. 택견의 한 요소인 활갯짓 역시 특정한 자세를 취하는 것이 아니라 순환적인 동작이다. 이것은 택견이 동적인 움직임 속에 존재하는 격투기법인 것을 나타낸다.[8]

택견은 손기술보다는 발기술 중심을 이루고 있다. 최영년의 『해동죽지(海東竹枝)』(1925)에는 "예로부터 내려오는 풍속에 발기술이 있었는데, 서로 마주하고 서서 발로 차서 넘어뜨리는 기술로서 여기에는 세 가지 법이 있었다. 제일 서투른 사람은 그 다리를 차고, 그 다음에 잘하는 사람은

---
8) 국기원(2015). 3급 태권도사범지도자연수 교재. 태권도 역사. 33쪽.

그 어깨를 차며, 나르는 다리의 기술을 가진 고수는 상투를 차서 떨어 뜨린다 (…) 이것을 이름하여 택견(托肩)이라 한다"고 설명하고 있다. 『해동죽지(海東竹枝)』를 보면 '탁견희(托肩戲)'와 '수벽타(手癖打)'을 나눠 탁견은 각술(脚術)이고 수벽타는 수박(手搏), 수술(手術)이라고 설명되어 있다. 이러한 내용으로 현재 택견을 발기술 위주로 하는 택견과 손기술 위주로 하는 수벽치기로 나눠보기도 한다. 그러나 이는 하나의 택견에서 나뉜 기술의 분류로 보는 것이 합당할 것이다.[9]

택견이 오늘날 태권도에 영향을 준 무예인지에 대한 논쟁은 여전하다. 택견이 무예인지, 놀이인지도 논란거리다. 무형문화재 택견 기능보유자 제1호였던 고(故) 송덕기는 택견을 민속놀이라고 했다.

"택견이 어떻게 해서 발생되었는지는 자세히 알 수 없으나 구한말까지 몇 몇 사람들이 모여서 택견을 했었다. 나는 12세부터 필운동에 살던 임호라는 택견의 명인을 만나서 택견을 배우기 시작했다. 그 당시에는 택견이라고 해서 특별한 무술이라고는 생각지 못하고 운동을 좋아하는 사람들이 여기를 이용해서 운동하기 좋은 장소에 모여서 하던 일종의 민속놀이였다."[10]

송덕기 선생의 구술을 토대로 박종관은 택견의 특징에 대해 ①1대1 정면으로 서서 기량을 겨루는 경기로 운용됨 ② 손으로는 거의 공격하지 않고 발을 많이 씀 ③ 방어기가 없고 피하는 것을 곧 방어처럼 사용하며, 피한 뒤에 반격함 ④ 형(품새)이 없고 씨름과 같이 날기술로 되어 있음 ⑤ 빠른 기술의 응용과 순발력이 크게 요구된다"[11]고 밝혔다.

송형석은 택견은 무예라기보다는 일정한 규칙을 가진 놀이, 즉 게임(game)으로, 경기자가 직접 '하는 재미'와 관람자의 '보는 재미'가 함께

---
9) 국기원(2015). 개발도상국 태권도 전문가 교육과정 교재. 동양무예 비교론. 573쪽.
10) 박종관(1983). 전통무예 택견. 서울:서림문화사. 8쪽.
11) 배영상·송형석·이규형(2002). 오늘에 다시 보는 태권도. 이문출판사. 83쪽.

어우러져 이루어지는 재미를 추구하는 놀이[12]라고 주장하고 있어 택견을 무예로 인식하는 쪽과 대조를 띠고 있다. 김용옥(1990)은 택견에 관한 기존의 사료, 구전, 비디오 기록 등을 분석한 후 택견은 발기술 중심의 기예지만 무술이 아니라고 주장한다. 상호가해적(相互加害的) 기예가 아니라 놀이, 즉 놀음이나 유희(戱)의 행위라는 것이다.[13]

택견이 수박의 영향을 받아 조선후기 발기술 중심의 무예로 발전했는지, 아니면 놀이와 유희의 성격이 강한 기예(技藝)인지, 또 태권도와 연관성이 어떻게 되는지는 여전히 풀어야 할 숙제이다.

 2 근대 이전 맨손무예를 둘러싼 논쟁

태권도 기원과 유래를 둘러싼 논쟁은 태권도 학계의 '뜨거운 감자'이다. 그 한복판에 근대 이전의 맨손무예를 태권도사에 포함시킬 것인지, 아니면 한국무예사로 할 것인지가 똬리를 틀고 있다. 태권도가 삼국시대부터 있었는가? 하는 물음은 결코 해묵은 논쟁이 아니다.

태권도 기원과 유래를 어떻게 해석하느냐에 따라 태권도 역사서술과 사관(史觀)이 달라진다. 전통주의 태권도사 측면에서 태권도를 연구한 조완묵(1971)의 『태권도사』, 노희덕(1979)의 『한국 고대 태권의 사적 고찰』, 류호평(1981)의 『한국 태권도 발전의 사적 고찰』, 정찬모(1982)의 『한국 고대 태권의 발달과정에 관한 연구』, 이규석(1986)의 『우리나라 태권도 역사에 관한 고찰』, 김광성·김경지(1988)의 『한국 태권도사』등은 근대 이전의 맨손무예를 태권도사에 포함시키고 있다.

이러한 연구는 삼국시대-통일신라시대-고려시대-조선시대 등 왕조시

12) 배영상·송형석·이규형(2002), 위의 책, 99쪽.
13) 김용옥(1990), 태권도철학의 구성원리, 통나무, 83쪽.

대별로 태권도사를 서술하고 있다. 하지만 근대 이전의 맨손무예는 태권도와 직접적인 연관성이 없다고 주장하는 학자들이 있다. 이것을 사실(수정)주의 사관이라고 한다.

삼국시대부터 행해졌던 수박·각저·수박희·권법·택견 등 근대 이전의 맨손무예는 태권도와 어떠한 연관이 있을까? 우리 선조들이 해 왔던 맨손무예를 태권도가 전승했기 때문에 태권도의 전신(前身)이라고 할 수 있을까? 아니면 전혀 무관할까?

나영일은 "태권도의 역사를 미화하는 사람들은 태권도의 역사를 한민족의 기원과 맞추어 고구려 고분벽화와 같은 1,500년이라는 식의 역사를 뛰어 넘는 용기를 발휘하고 있고, 태권도의 역사를 폄하하려는 사람들은 태권도와 수박, 권법과의 무관함을 주장하기도 한다"[14]고 지적한다. 송형석은 수박과 권법, 택견이 태권도의 전신(前身)이라고 주장하는 학설에 문제를 제기한다. 그는 "현재의 태권도가 수박, 권법, 택견으로 전승되어 왔다고 주장하려면 수박과 권법, 권법과 택견, 택견과 태권도 간에 기술적 연관성과 인적 연관성이 존재하고 있음을 사료를 통해 실증적으로 증명해야 한다"[15]고 주장한다.

송형석이 말하는 '실증적'이라는 의미는 역사적 자료의 객관적 해석과

> **Tip** "태권도, '우리 전통'으로 편입시키려는 내셔널리즘"
>
> 무술을 '근대적 신체 만들기'의 중요한 기제로 보는 것은 아직도 많은 이들에게 생소할 것이다. 태권도나 유도의 기원을 되도록 전통 시대의 '수박(手搏)'에서 찾음으로써 근대조 무술을 '우리 전통'으로 편입시켜 메이지일본으로부터 이식(移植)에 대한 의식을 불식하려 했던 일제 시대의 민족주의 사학자처럼, 또는 오늘날 무술 관련이 공식적인 민족주의적 서술의 영향으로 이들 무술을 '근대' 아닌 '우리의 고유한 것'으로 간주해서 그런 것인가? '전투적' 종목들을 중심으로 한 역대 군사정권의 어용 민족주의로서의 '스포츠 내셔널리즘'에 대한 체질적인 반감 때문에, 무법 정권의 '국기(國技)'와 각종 유사한 스포츠들을 클로즈업해서 '근대성' 사회사의 맥락에서 이해하는 데에 무의식적인 거부감을 느끼는 것인가?
>
> 〈박노자(2008). 나는 폭력의 세기를 고발한다. 인물과 사상사. 154~155쪽.〉

---

14) 나영일(1997). 조선시대의 수박·권법에 대하여. 대한태권도협회 주최 태권도 사관 정립과 태권도 정신 도출을 위한 세미나. 9쪽.
15) 배영상·송형석·이규형(2002). 오늘에 다시 보는 태권도. 이문출판사. 70쪽.

사실(事實, fact)을 과거에 있었던 그대로 재생(再生)하는 것으로, 역사적 자료에 과학적 방법을 적용해 '있는 그대로'의 사실만을 기술하려는 움직임으로 이해할 수 있다. 이는 '먼저 사실을 확인하고 그 다음 법칙을 발견하라' 또는 '예견하기 위하여 알고, 대비하기 위하여 예견한다'는 실증주의(實證主義, Positivism) 학자들의 입장을 대변해 주고 있다.

하지만 이창후는 나영일, 송형석과는 다른 주장을 펼치고 있다. 그는 자신의 저서 『태권도현대사와 새로운 논쟁들』(개정판 2010)에서 태권도사의 가장 중요한 논점은 "태권도가 적어도 가라테가 유입되기 전, 즉 조선시대 이전부터 한국에 전래되어 오던 전통무술의 맥을 잇고 있다는 것"이라며 "태권도는 가라테 이전부터 있었던 무술의 전통을 잇고 있어 해방 직후에 생겨난 신종무술이 아니다"고 주장한다. 1945년 해방 전후 일본 가라테의 영향을 받아 생겨난 무술이 태권도라고 하는 것은 가라테 유입론자들이 궤변이라는 것이다. 이창후가 말하는 '한국에 전래되어 오던 전통무술'은 주로 택견을 일컫는다. 이에 비해 이용복은 태권도의 과거 명칭을 수박, 택견이라는 하는 것은 허구라고 지적한다. 그는 2010년 〈무예신문〉에 기고한 글에서 "어떤 사실에서 유추된 허구가 사실보다 더 사실적인 것이 되는 경우가 더러 있는데, 태권도가 그 한 예"라며 "태권도는 가라테를 한 사람들이 민족적 의식으로 택견을 지향하여 만든 것이다.

> 🔍 **Tip** 전통무예의 개념
>
> 한국에서 독자적으로 자생한 무예만이, 그리고 오랫동안 전래된 무예만이 우리나라의 전통무예일까? 무예연구가 최복규는 전통무예라고 할 때 내포는 △한국의 역사 속에서(고대에서 현재에 이르기까지) △한국인에 의해 능동적으로 행해졌거나 △새로이 창출된 △정형화되고 체계화된 무예라는 4가지의 뜻을 가지고 있다. 외연은 △한국의 무예 중 비교적 이론체계가 갖추어진 것 △외부로부터 수입되어 수정·보완 등을 거쳐 새로운 체계로 구성된 것 △무예의 양상이 확대되면서 스포츠화된 형태로 변용된 것의 3가지 의미를 가지고 있다.
> 최복규의 전통무예 개념에서 눈 여겨 보아야 할 내용은 전통무예가 반드시 한국 땅에서 독자적으로 자생한 무예이어야 할 필요는 없다는 점이다. 다른 나라에서 들어온 외래 무예라 할지라도 한국인에 의해 능동적으로 수정·보완된 것이라면 얼마든지 전통무예가 될 수 있는 것이다.
> 〈배영상·송형석·이규형(2002). 오늘에 다시 보는 태권도. 이문출판사. 241~242쪽.〉

즉 가라테가 한국적인 것으로 변형된 것이 태권도라고 생각한다. 이에 대한 증인과 증거물은 수없이 많다"고 했다. 이 말은 태권도의 기원을 근대 이전으로 거슬러 올라가면 안 된다는 것이다.

민족사학자 김산호는 『슈벽, 가라테 그리고 태권도』(2011)에서 태권도가 일본 가라테의 영향을 받은 것은 사실이지만, 정작 가라테의 뿌리는 우리나라의 고유무술인 슈벽치기(수박, 手搏)에서 직접적인 영향을 받았다고 설파한다. 태권도와 가라테의 뿌리는 '슈벽'이라는 것이다. 그는 태권도 기원에 결정적인 장소가 되는 일본 오키나와를 비롯한 주변 섬을 답사하면서 태권도와 가라테를 연구한 결과, "태권도의 뿌리는 장구한 역사를 거슬러 올라가서 '수벽치기'로 발전되어 내려왔다"고 말한다. 그의 주장에 따르면, ①고려군 삼별초가 몽골제국의 침략을 맞서 싸우다 제주도를 거쳐 일본 오키나와로 망명 ②고려군은 맨손으로 상대를 제압하고 격투하는 수벽치기를 의무적으로 연마한 기술이 오키나와에 자기방어 무술로 뿌리를 내려 수벽의 기술을 토대로 가라테가 생겨남 ③1930년대 일본은 만주사변을 일으키면서 가라테, 즉 당수도를 공수도(空手道)로 개칭하고 그 무렵 일본에서 유학생활을 했던 한국인들이 공수도를 배운 뒤 한국으로 돌아와 다른 술법(術法)과 택견의 발차기를 접목해 현재의 태권도를 만들었다는 것이다.

이런 논리를 토대로 김산호는 "태권도, 가라테, 택견, 유도 등은 모두 슈벽에서 나왔다"[16]고 주장한다. '태권도는 가라테에서 비롯됐다'는 주장을 반박하기 위해 현장을 답사하며 태권도의 뿌리를 재조명하려고 노력한 것은 평가할 만하지만 태권도의 기원과 역사 인식이 너무 민족주의에 함몰된 것이 아니냐는 지적을 받고 있다.

양진방(1997)은 근대 이전의 역사는 태권도사가 아니라 한국무예사가 되어야 한다고 주장해 주목을 끌었다. 그는 "삼국시대의 태권도, 고려시

---

16) 태권라인, 2011년 3월 26일, 김산호 화백 "태권도와 가라테의 뿌리는 슈벽".

대의 태권도, 조선시대의 태권도가 오늘의 우리에게 주는 의미가 무엇인가? 수박도, 권법도, 그리고 택견도 태권도라는 주장이 우리에게 주는 도움이 무엇인가? 우리는 수박과 권법의 실체도 부정하고 태권도의 실체도 왜곡하는 이중의 모순을 범하는, 그래서 태권도사를 많은 태권도 지도자들이 코에 걸면 코걸이, 귀에 걸면 귀걸이의 무의미한 역사로 만들고 있다 (…) 일본의 쥬도(柔道), 아이끼도(合氣道), 오끼나와 가라테(空手道), 중국의 빠꽈(八卦) 등의 역사는 100년 남짓, 그리고 타이치(太極拳)의 역사도 불과 300년을 넘지 않는다 (…) 도수무술의 체계적인 발전을 근래의 일로 보는 관점은 무술사 연구에서 중요한 새로운 인식일 수 있다. 무술의 역사에 대한 우리의 고정관념을 깨뜨리는 이해를 가져올 것으로 믿는다"[17]고 설파한다.

심승구(2007)는 태권도와 관련한 과제를 해결하기 위해선 무엇보다 태권도 역사에 근거한 정체성(正體性) 확립이 시급하다고 주장한다. 2007년 9월 국기원이 주최한 「태권도 역사 정신 학술세미나」에서 '태권도의 정체성과 문명사적 의의'를 발표한 그는 "철저한 역사적 사실을 기초로 실증적이고 과학적인 접근을 통한 태권도사의 정립이야말로 태권도의 출발점이자 태권도학의 이론적 기초가 된다"고 말했다. 심승구는 무술은 살아있는 유기체와 같고, 교류와 접촉을 통해 진화해 나가는 것이 무술의 본질이라고 전제한 뒤 "태권도는 한국 근대무술로 형성되는데 분명히 주변국의 무술 영향을 받았고, 전통무예의 특성을 반영한 경기무술이라는 창조적 수용을 달성해 한국무술로서의 정체성을 확립했다"고 밝혔다. 그러면서 태권도사의 균형 잡힌 연구를 위해서는 △전근대시기 무술의 역사와 특성에 대한 구체적인 자료 수집과 체계적인 분석이 요구되고 △근대 이후 전통무술의 동향과 주변국의 근대 무술의 유입에 대한 종합적인 고찰이 필요하며 △해방 이후 태권도와 관련된 당시 무술계의 동향에 대

---

17) 양진방(1997). 태권도 역사연구의 새로운 방향성 모색을 위한 논의. 용인대학교 무도연구지. 제8집. 제2호.

한 증언 자료와 문헌 고증을 통한 실증적인 연구가 요구된다고 강조했다. 태권도의 실제적 진실에 접근하기보다는 추상적 논의에 빠져 고유성과 전통성에 얽매여선 정체성에 대한 혼란만 불러일으킨다는 것이다.[18]

삼국시대부터 행해져온 맨손무예가 태권도와 어떤 상관성과 상이성이 있는지는 역사적 사실과 문화사적 맥락 속에서 촘촘하고 구체적으로 논의가 이뤄져야 한다.

ⓘ Tip   최복규 "태권도는 가라테의 한국적 변용"

자민족중심적인 협애(狹隘)한 전통주의 태권도사에서 벗어나 복합적이고 중층적인 관점에서 태권도사를 서술해야 한다는 학설이 제기됐다. 최복규 학자는 2018년 3월 〈국기원태권도연구〉(제9권 제1호 통권 제24호)에 게재된 '전통주의 태권도사 서술의 문제점'에서 전통주의 태권도사의 맹점을 신랄하게 비판했다. 그는 "전통주의 태권도사는 신화적 역사서술이라는 한계에도 불구하고 오늘날 태권도가 세계화하는 데 이론적 토대를 제공했다는 점에서 그 공로를 인정받기도 한다"고 하면서도 "태권도의 고유성(전통성)을 지나치게 강조해 태권도사 서술을 단선적인 논리로 매몰시켰고, 수박과 택견에서 태권도를 연역해 내는 역사 서술은 부정확한 사료 해석과 부실한 논리에 기초하고 있다"고 지적했다. 지나치게 고유성(전통성)을 강조하고 배타성과 자민족 중심주의적인 관점으로 태권도 역사를 서술해 근대 무술의 복합(중층)적인 가능성과 다양한 해석을 봉쇄한다는 것이다. 그는 △가라테(Karate·공수도)의 한국 전파를 어떻게 볼 것인가? △태권도는 택견의 연장선상에서 발전한 무술인가? △태권도를 둘러싼 주변 무술사를 어떻게 해석할 것인가? 등 세 가지로 나눠 전통주의 역사 서술의 문제점을 언급하면서 "오키나와테(手)의 일본화가 가라테이며, 가라테의 한국화(한국적 변용)가 태권도라는 역사적 사실은 쉽게 간과될 수 있는 문제가 아니다. 가라테가 없었다면 오늘날 태권도가 없었을지도 모른다"고 강조한다. 이 같은 그의 주장은 "태권도는 가라테로써, 그 뿌리는 오키나와 호신용 권법"(신성대 학자)이라는 주장과 그 맥을 같이 한다고 볼 수 있다. 최 학자는 결론에서 "가라테의 부정, 택견과 태권도의 연결, 오키나와테의 수박 기원설과 같은 주장의 이면에서 사실에 대한 객관적인 해석 의지보다는 민족주의 그림자가 더 짙게 드리워져 있다"며 "통시적인 관점에서 연속성에 초점을 맞추고자 한다면 사실주의는 태권도의 공시성에 초점을 맞추고 있다. 근대 무술(론)은 통시와 공시를 관통하는 그 지점에 또 하나의 시각을 더한다. 근대 무술의 시각은 태권도의 성취를 설명하는 또 하나의 대안이 될 수 있을 것"이라고 강조했다.

〈태권박스미디어. 2020년 4월 25일. 최복규 "태권도는 가라테 한국적 변용, 택견과 무관"〉

---

18) 태권도신문. 2007년 10월 8일. 심승구 '태권도의 정체성과 문명사적 의의' 발표.

연구과제

1. 근대 이전의 맨손무예의 종류와 특징을 설명하시오.
2. 수박과 권법, 택견의 비슷한 점과 다른 점은 무엇인가?
3. 태권도는 맨손무예의 특징을 전승한 전통무예인가?
4. 근대 이전의 맨손무예는 태권도사인가, 한국무예사인가?
5. 택견은 무예인가, 놀이인가?

참고문헌

국기원(2015). 3급 태권도사범지도자연수 교재. 태권도 역사.
국기원(2015). 개발도상국 태권도 전문가 교육과정 교재. 동양무예 비교론
김용옥(1990). 태권도철학의 구성원리. 통나무.
나영일(1997). 조선시대의 수박·권법에 대하여. 대한태권도협회 주최 태권도 사관 정립과 태권도 정신 도출을 위한 세미나.
박종관(1983). 전통무예 택견. 서울:서림문화사. 8쪽.
배영상·송형석·이규형(2002). 오늘에 다시 보는 태권도. 이문출판사. 70쪽.
양진방(1997). 태권도 역사연구의 새로운 방향성 모색을 위한 논의. 용인대학교 무도연구지. 제8집. 제2호
이창후(2010). 개정판. 태권도 현대사와 새로운 논쟁들. 도서출판 상아기획.
태권도신문. 2007년 10월 8일. 서성원, 심승구 교수 '태권도의 정체성과 문명사적 의의' 발표
태권라인. 2011년 3월 26일. 서성원 기자 '김산호 화백 "태권도와 가라테의 뿌리는 슈벽".

개정증보판 History & Culture & Taekwondo
태권도역사와 문화의 이해

제2장 태권도 사관 논쟁과 역사 담론

📖 학습목표

이 장(章)은 태권도 기원과 유래를 해석하는 사관(史觀)의 갈래를 이해하고, 자신의 견해를 논리정연하게 설명하는 역량을 키우는데 학습목표가 있다. 또 기존의 사관을 뛰어 넘어 새로운 사관을 탐구해 본다. 이와 함께 1955년 태권도를 작명한 최홍희를 '태권도 창시자'라고 할 수 있는지 토론하고, 경북 경주가 '태권도 발상지'라고 주장하는 논리의 타당성 여부와 비약을 알아본다. 그리고 태권도 명칭을 만드는 과정의 비화를 살펴보고 각자의 의견을 제시한다.

태권도 사관 논쟁과 역사 담론

1 태권도 사관 논쟁

(1) 기존의 태권도 역사 서술과 논쟁

태권도의 기원과 유래를 해석하는 학풍(學風)은 크게 (1)태권도는 고대로부터 전승된 한국의 전통무예라고 하는 전통주의 사관(傳統主義 史觀) (2)1945년 해방 전후 일본 가라테(空手道)의 영향을 받아 생긴 신생무예라고 주장하는 사실·수정주의 사관(史實·修政主義 史觀) (3)가라테의 영향을 일부 받았지만 한국의 맨손무예를 전승한 전통무예라고 하는 신전통주의 사관(新傳統主義 史觀)으로 나눌 수 있다. 일부 학자들은 태권

> **Tip** '사관(史觀)'이란 무엇인가?
>
> 사관(史觀, conception of history)은 역사에 대한 견해, 해석, 관념, 사상 등의 의미를 갖고 있다. 경우에 따라서는 막연히 '역사를 보는 눈' 혹은 '역사에 대한 식견', '역사 인식'이라는 광범한 의미로 사용하게 되어 독자적인 역사개념으로 성립되었다. 일반적으로 생각할 때 사관은 무엇보다도 역사적 시간에 대한 강한 자각, 즉 사회와 문화의 변화와 발전을 시간적 전후관계에 따라 인식하는 경우 비로소 성립될 수 있을 것이다 (…) 사관은 역사사고(歷史思考)를 위한 '임시 작업대'이며 자료의 수집이 증가되고 진전됨에 따라 쉽사리 보완과 수정을 허용하는 가소성(可塑性)을 가져야 할 것이다. 사관이 절대적이며 신성불가침이라고 고집할 때 그것은 이미 역사철학으로서의 지위를 상실하고 광적인 선전구호로 타락하고 마는 것이다."
>
> 〈차하순(1996). 사관이란 무엇인가. 청람문화사〉

도는 중국 남권무술의 영향을 받은 오키나와 호신용 권법(오키나와테)과 중국 북방권법의 영향을 받아 한국의 맨손무예와 조화를 이뤄 창조적으로 발전한 무예라고 주장한다.

전통주의 태권도사는 고대 삼국시대-통일신라시대-고려시대-조선시대 등 왕조시대별로 서술하고 있다. 고구려 무용총에 있는 벽화와 신라의 화랑무예, 통일신라시대에 건축된 석굴암 금강역사상 등을 그 근거로 내세우며 태권도 전통설[1]을 강조해 왔다.

송형석은 이 같은 태권도 역사 서술을 '태권도 제도권 이론'[2] 이라고 지적한다. 전통주의 태권도사는 1970년대 민족의 우월성을 고취시키려는 군사정권의 요구가 태권도 학계에 이식(移植)되어 민족주의 사관이라고도 한다. 태권도에 국위선양의 기수, 호국의 기수라는 이데올로기가 덧씌워지면서 민족주의에 바탕을 둔 태권도 전통설이 깊숙이 뿌리를 내렸다. 이를 두고 구효송은 "태권도의 가장 큰 성장 동력은 한국의 민족주의였다는 사실을 부정할 수 없다"[3]고 꼬집는다. 그의 주장을 더 보자.

> **Tip   무예인들의 과대한 국수주의 사고**
>
> 무예인들의 과대한 국수주의적인 사고도 버렸으면 싶다. 반드시 개명을 해야 하고, 반드시 우리 전통 혹은 고유한 것이어야 할 필요는 없다. 문화란 처음부터 고유한 것이란 없다. 서로 주고받으며 습합, 소멸, 발전하는 것이다. 제발이지 삼국시대 혹은 신라 때 일본에 전해준 것을 도로 찾아왔으니 원래는 우리 것이었다는 문화적 몰상식에서 나온 궁색한 변명은 그만했으면 한다. 그런 논리라면 사해가 다 동포인데 네 것 내 것이 어디 있나? 일본의 왜검, 교전, 쌍수도를 받아들여 십팔기에 편입시키면서도 조상들은 그런 궁색한 변명은 한마디도 하지 않았다 (…) 태권도가 세계적으로 보급되어 있으며, 대만과 중국에서도 태권도를 스포츠로 받아들여 즐기는 중이다. 하지만 그 어느 나라도 태권도가 원래 자기네 것이었다고 우기지 않는다. 태권도가 한국에서 만들어진 운동경기임에 이의를 달지 않는다. 가령 중국도 임진왜란 때 명나라 군사들이 전해준 〈권법〉이 태권도는 물론 택견의 뿌리이니 둘 다 원래 중국의 것이었다고 하지 않는다. 일본 역시 태권도가 가라테를 변형시킨 것이니 태권도는 일본의 것이었다고 애써 주장하지 않는다. 한문(漢文)으로 쓰인 한시(漢詩)는 모두 중국 것이라 주장하지 않는 것과 같은 이치다. 문화를 바라보는 인식에 균형이 잡혀 있다는 뜻이다. 그만큼 자신 있다는 게다.
>
> 〈데일리안. 2011년 12월 31일. 신성대의 무예이야기〉

---

1) 대표적인 학자는 이선근, 조완묵, 나현성, 정찬모, 김광성, 김경지 등으로 이들은 대체로 태권도사의 흐름을 체육사적 방법으로 정리해 삼국시대-고려시대-조선시대 등과 같은 왕조별로 기술했다.
2) 송형석·배영상·이규형(2005). 태권도란 무엇인가? 서울 이문사. 155쪽.
3) 한겨레21. 2007년 5월 17일(660호).

"박정희 시대에 주목해야 할 사실은 태권도가 1971년 '국기'로 인정된 것이다. 1960년대 말에서 1970년대 초는 한국에 민족주의적 쇼비니즘이 뿌리를 내리던 시기다. 한글은 세계에서 가장 아름다운 언어로, 삼천리금수강산은 세계에서 가장 아름다운 경치로, 한민족은 세계에서 가장 뛰어난 두뇌의 소유자로 우리 머릿 속에 각인하게 됐다. 유신정권이 성립되는 바로 이때 태권도가 현대적 모습으로 체계화됐다. 당시는 닉슨 독트린이 발표되고 핑퐁외교를 통해 중-미 정상화가 이뤄지면서, 박정희가 '자주국방'을 들고 나서던 시기였다. 유신에 들어가면서 한국적 민주주의라는 말이 나온 것도 이때였고. 박정희는 '국민교육'이라는 걸 시작해야 하는데, 가만히 보니까 태권도가 있더란 말이다. 각 도장에서 조국에 충성하라고 가르치고 국기 경례까지 시키고 있었다. 태권도의 이념적 부분이 박정희의 이념적 필요와 맞아떨어진 것이다."[4]

태권도 전통설은 1980년대 중·후반부터 반론에 직면한다. 실증주의(實證主義)[5] 관점에서 태권도의 기원과 유래를 사실에 입각해 접근하려는 학풍이 싹트기 시작했다. 특히 태권도가 시·공간적으로 어떤 과정을 거쳐 어떻게 생성되었고, 발전했는지 태권도를 둘러싸고 있는 내·외적 구조를 새로운 관점으로 파악하려고 하는 통찰적 연구가 활기를 띠었다. 태권도 역사 서술의 새로운 물꼬를 튼 사실주의 태권도사(태권도 수정설)가 태동한 것이다. 전통주의 태권도사에 대한 반론은 1986년에 발표한 양진방의 '해방 이후 한국 태권도의 발전과정과 그 역사적 의의;경기태권을 중심으로'(서울대학교 석사학위 논문)와 1990년 출간된 김용옥의 『태권도 철학의 구성원리』를 통해 수면 위로 떠올랐다. 양진방은 이 논문에서 1945년부터 1959년은 일본 당수의 유입으로부터 태권도로 전환하는 단계라고 주장한다. 태권도 경기화가 되기 전인 1960년대 초 이전에는 태

---
4) 한겨레21. 2006년 2월 28일(599호).
5) 19세기 후반 서유럽에서 나타난 철학적 경향으로 형이상학적 사변을 배격하고 사실 그 자체에 대한 과학적 탐구를 강조했다.

권도가 가라테의 기술체계를 따랐지만 태권도 경기화로 기술의 중심이 손 기술에서 발기술로 변화하면서 태권도가 가라테를 극복했다는 것이 양진방의 논리이다.[6]

1990년대 초 김용옥은 태권도사관 논쟁의 한복판에 있었다. 김용옥은 "태권도라는 이름 석자는 1955년 4월 11일 이전에는 존재해본 적이 없다. 그 이전의 모든 무술은 태권도라는 이름으로 불릴 수는 없다"[7]며 도발적인 문제 제기를 했다. 양진방은 전통주의 태권도사의 맹점을 공론화한 대표적인 학자이다. 그는 1997년에 발표한 '태권도 역사 연구의 새로운 방향성 모색을 위한 논의'(용인대학교 무도연구지, 1997, 제8집, 제2호)을 통해 기존의 태권도사, 즉 태권도 전통설의 한계와 맹점을 신랄하게 지적했다.

양진방은 이 논문에서 기존의 태권도사는 사실성(事實性)이 부족하고, 역사적 의미가 결여되어 있으며, 무술에 대한 보편적 지식체계를 차단하고 기술 내용이 너무 추상적이라고 지적했다. 태권도사의 고립성과 폐쇄성, 추상성을 비판한 것이다. 양진방은 "전통성의 지나친 강조는 폐쇄 고립을 가져오고 폐쇄 고립은 무지나 편협을 결과하기 쉽다"며 "태권도 전통성 확보를 위해 있지도 않은 사료를 찾는 노력이나 견강부회적 끌어대기 식 해석의 개발에 머리를 쓸 것이 아니라 동양무술 세계의 보편한 개념 체계를 종합화하고 우리 것으로 만들어 나감으로써 태권도 개념체계와 지식적 세계를 만들어 나가는데 노력해야 할 것이다"[8]고 강조한다. 그러면서 양진방은 1955년 태권도 명칭이 나오기 이전의 태권도는 '태권도사'가 아닌 '한국무예사'로 다뤄야 한다고 말한다.

---

6) 이 내용은 양진방(1986) '해방 이후 한국 태권도의 발전과정과 그 역사적 의의;경기태권을 중심으로'(서울대학교 석사학위 논문) 11-17쪽에 나와 있다.
7) 김용옥(1990). 태권철학의 구성원리. 서울:통나무.
8) 양진방(1997). 용인대학교 무도연구지. 제8집. 제2호. 150쪽.

"삼국시대의 태권도, 고려시대의 태권도, 조선시대의 태권도가 오늘의 우리에게 주는 의미가 무엇인가? 수박도, 권법도, 그리고 택견도 태권도라는 주장이 우리에게 주는 도움이 무엇인가? 우리는 수박과 권법의 실체도 부정하고 태권도의 실체도 왜곡하는 이중의 모순을 범하는, 그래서 태권도사를 많은 태권도 지도자들이 코에 걸면 코걸이, 귀에 걸면 귀걸이의 무의미한 역사로 만들고 있다 (…) 일본의 쥬도(柔道), 아이끼도(合氣道), 오끼나와 가라테(空手道),중국의 빠꽈(八卦) 등의 역사는 100년 남짓, 그리고 타이치(太極拳)의 역사도 불과 300년을 넘지 않는다 (…) 도수무술의 체계적인 발전을 근래의 일로 보는 관점은 무술사 연구에서 중요한 새로운 인식일 수 있다. 무술의 역사에 대한 우리의 고정관념을 깨뜨리는 이해를 가져올 것으로 믿는다"[9]

이에 대해 이창후는 "그것은 마치 해방 이전의 한국 역사를 대한민국 역사로 보지 말자는 말과 같다. 이것은 아마도 단절론의 가장 극단적인 형태가 아닐까 생각한다"[10] 고 밝혔다. 그러자 양진방은 "나는 가라테 유입론을 추종하는 학자가 아니다. 이창후는 더 공부해야 한다"고 응수했다. 1945년 해방 전후 태권도 모체관을 개관한 5명 중 일본에서 가라테를 배운 사람은 무덕관 황기를 제외하고 4명이다. 이원국·노병직·전상섭·윤병인은 모두 일제강점기 시절 일본에서 가라테를 배웠다. 이를 두고 신성대는 "지금의 태권도는 원래 가라데, 즉 공수도(空手道)로서 그 뿌리는 오키나와에서 온 호신용 권법이었다. 해방 전후 일본에서 귀국한 유학생들에 의해 우리나라 시중에 퍼지기 시작했는데, 해방 후 태수도(跆手道)란 이름을 거쳐 1965년 정식으로 태권도로 개명하여 한국 것으로 탈바꿈하게 되었다"[11] 고 주장한다. 최복규는 △가라테(Karate·공수도)의 한국 전파를 어떻게 볼 것인가? △태권도는 택견의 연장선상에서 발전한

---
9) 양진방(1997). 태권도 역사연구의 새로운 방향성 모색을 위한 논의. 용인대학교 무도연구지. 제8집. 제2호.
10) 이창후(2010). 태권도 현대사와 새로운 논쟁들. 상아기획. 37쪽.
11) 데일리안. 2007년 10월 20일.

무술인가? △태권도를 둘러싼 주변 무술사를 어떻게 해석할 것인가? 등 세 가지로 나눠 전통주의 역사 서술의 문제점을 언급하면서 "오키나와테(手)의 일본화가 가라테이며, 가라테의 한국화(한국적 변용)가 태권도라는 역사적 사실은 쉽게 간과될 수 있는 문제가 아니다. 가라테가 없었다면 오늘날 태권도가 없었을지도 모른다"[12]고 강조한다. 이 같은 그의 주장은 "태권도는 가라테로써, 그 뿌리는 오키나와 호신용 권법"(신성대 학자)이라는 주장과 그 맥을 같이 한다고 볼 수 있다.

태권도 원로 이종우도 "태권도는 가라테의 변형"이라며 가라테 유입설을 인정한다. 이종우는 "기본기를 놓고 볼 때 이렇게 막는다, 저렇게 때린다고 하는 건 모두 가라테와 똑같다. 가라테를 가르치는 관장들이 모여서 태권도 형을 만들고 그 실무작업을 내가 했다"[13]고 회고했다. 태권도 모체관 개관자들의 이러한 이력은 태권도 사관 논쟁에 불을 지폈다. 가라테가 태권도의 기술체계와 승급·단 심사, 품세(品勢) 제정 등에 영향을 미친 사실이 드러나면서 태권도가 가라테의 영향을 받아서 생겨난 신생 무술이라는 주장을 뒷받침하는 요소가 됐다.

하지만 반론도 만만찮다. 이창후는 "태권도 현대 역사에 대해서 부정적인 입장을 제시하는 사람들은 대체로 '태권도가 가라테로부터 유래한 무술'이라고 한다. 이러한 입장을 '가라테 유입론'이라고 부르고, 그 주장자들을 '가라테 유입론자'라고 부르겠다"고 비꼬았다. 신전통주의 사관학자로 분류되고 있는 이창후는 사실주의 태권도사를 주장하는 학자들을 가리켜 가라테 유입론을 끌어들여 거짓 증거를 제시하고 역사적 상황을 지나치게 단순화하며 일방적으로 역사를 해석하고 있다고 날선 비판을 했다.[14] 그러면서 태권도 및 한국의 무예사에 대해 다음과 같은 세 가지 주장을 내놓았다.

---

12) 국기원태권도연구(2018). 제9권 제1호 통권 제24호. 전통주의 태권도사 서술의 문제점.
13) 신동아(2002). 4월호. 306~307쪽.
14) 이창후의 이 같은 주장은 그가 저술한 태권도 현대사와 길동무하다(2010, 상아기획) 38-41쪽에 잘 나와 있다.

- 태권도는 택견의 전통을 계승하면서 발전한 한국의 전통무술이다. 택견의 전통이 일제 강점기를 거쳐서 현대의 태권도로 발전하면서 가라테의 영향을 일부 받기도 했지만 그것은 한국의 무예전통의 본질적인 측면[15]에는 영향을 주지 못한 것으로 보인다.

- 태권도의 현대적 발전에 무술적인 측면에서 큰 영향을 주지 못한 가라테는 그 자체 탄생과 성립에서 고려시대 및 조선시대 한국의 무예전통에 의해서 큰 영향을 받은 것으로 보인다.

- 태권도뿐만 아니라 합기도 및 닌자의 기술들도 한반도에서 건너간 것으로, 특히 합기도는 다시 한국으로 온전히 전승된 것으로 보인다.[16]

이창후의 영향을 일부분 받은 김방출은 사실주의 사관의 문제로 ①단편적인 사실(가라테 유입)에 대한 과잉 해석과 이로 인한 거짓 전제의 의한 논변(거짓 증거의 문제) ②상황 인식의 지나친 단순화(지나친 단순화의 문제) ③사건들에 대한 일방적 관련 짓기(일방적 역사 해석의 문제)를 지적하면서 "태권도 발전에 가라테의 영향도 컸다. 하지만 그 영향은 두 가지 점에서 제한적이었던 것으로 보인다. 첫째는 태권도라는 격투기법의 체계가 근대화되도록 자극하고 하나의 모형이 되었다는 점에서, 둘째는 태권도의 품새에 직접적인 영향을 주었다는 점에서 가라테가 영향을 미쳤지만, 그 이상의 것, 즉 태권도의 정체성을 결정하는 격투기법의 체계에는 별로 영향을 미치지 못했기 때문이다. 태권도를 특징짓는 격투기법 체계한 변화무쌍한 발놀림을 통한 거리조절과 그와 연계된 다양한 발차기 위주의 공방 기법인데, 이것은 가라테에서 별로 찾아보기 어려운 부분이다. 현재 가라테의 영향을 가장 많이 받은 것으로 보이는 태권도 품

---

15) 여기서 말하는 '한국무예전통의 본질적인 측면'은 독특한 발차기 격투기법을 의미한다. 이창후는 "태권도의 화려한 발차기 기술들은 다른 어떤 무술에도 없는 독특한 것이다. 단, 택견에만 유사한 정도로 있다. 택견의 발차기는 태권도의 발차기와 거의 같다"고 말한다.
16) 이창후(2010). 앞의 책. 19쪽.

새는 태권도 수련의 주변부로 밀려나 있다"[17]고 주장한다.

이런 가운데, 태권도 학자들은 저마다 자신의 주장을 개진하고 있다. 허인욱은 태권도 모체관 개관자들이 가라테를 수련했다는 것은 부정할 수 없다고 하면서도 "윤병인과 황기는 만주에서 배운 권법이 그들 무예의 근본이었으며, 전상섭도 윤병인에게 권법을 수련했을 가능성이 존재하고 있다. 따라서 단순히 태권도의 전사(前史)를 언급하면서 가라테와의 연관성만을 언급하는 것은 올바른 태도는 아닌 것으로 보인다"[18]고 말한다.

송형석은 무예연구가 최복규가 말한 전통무예 내포와 외연 개념을 토대로 "태권도가 가라테에서 연원했지만 우리는 그것을 창조적으로 수정·변형하여 지금은 가라테와는 전혀 다른 무술이 되었다. 이와 같이 창조적 변형의 시도는 가라테가 도입된 초기부터 이루어졌으며, 이미 반세기 이상 변화과정과 한국화 과정을 겪은 태권도는 분명 우리나라 전통무예"[19]라고 설파한다.

안용규는 "태권도가 가라테 품세를 활용했거나 도장의 명칭을 당수 또는 공수로 썼다는 사실을 부정할 수는 없다. 일부분이지만 수용할 것은 수용한 후 극복해야 한다. 왜냐하면 단지 근대 이후에 태권도가 가라테의 영향을 받았다는 사실을 인정하는 것만으로 태권도의 뿌리가 통째로 흔들리는 일은 없을 것이기 때문이다"[20]고 주장한다.

구효송은 "가라테, 검도 등 일본 무술은 19세기 말부터 20세기 초 군국주의와 함께 대중화됐다. 해방 뒤 도장을 연 사람들은 일본에서 가라테를 배워왔다. 1950년대만 해도 태권도 기본동작이 가라테와 크게 다르지 않았다. 물론 가라테와 태권도는 다른 면이 있다. 현재 태권도는 가라테의 영향을 받았지만, 민족 고유의 몸놀림이 들어 있다. 해방 뒤에 그게 살아남았다고 보면 된다. 그렇다고 태권도가 마치 민족 대대로 내려온 순수한

---

17) 김방출(2007). 태권도학 연구 1. 태권도사에 대한 논쟁과 재인식. 37쪽.
18) 허인욱(2008). 앞의 책. 38쪽.
19) 배영상·송형석·이규형(2002). 오늘에 다시 보는 태권도. 이문출판사. 243~244쪽.
20) 안용규(2000). 태권도 역사·철학·정신. 21세기교육사.

무예인 양 신화화하는 태도는 옳지 못하다"[21]고 비판한다.

이와 함께 한병철은 "북방계는 유술이 대세이고, 남방계는 타격계 무술이 대세"라고 전제하면서 다음과 같이 주장한다.

"오키나와 가라테는 남방 타격기의 한 부분이며, 태권도는 가라테의 힘의 원리를 차용했다. 태권도는 북방계 무술의 신법과 보법을 차용해 발전했다. 택견은 유술이다, 택견과 태권도 사이에는 연결고리가 없다. 태권도는 일제강점기에 유입된 오키나와 가라테가 중국 북방권법의 일부 기술과 혼합되어 해방 이후에 한반도에서 독자적으로 발전한 한국무술이자 현대 스포츠이다."[22]

심승구는 2007년 국기원이 주최한 '태권도 역사 정신 학술세미나'에서 태권도사의 균형 잡힌 연구를 위해서는 △근대 전 무술의 역사와 특성에 대한 구체적인 자료 수집과 체계적인 분석이 요구되고 △근대 이후 전통무술의 동향과 주변국의 근대 무술의 유입에 대한 종합적인 고찰이 필요하며 △해방 이후 태권도와 관련된 당시 무술계의동향에 대한 증언 자료와 문헌 고증을 통한 실증적인 연구가 요구된다고 강조했다.

이처럼 태권도 기원과 유래를 둘러싼 사관 논쟁 및 역사서술의 쟁점은 크게 네 가지로 요약할 수 있다.

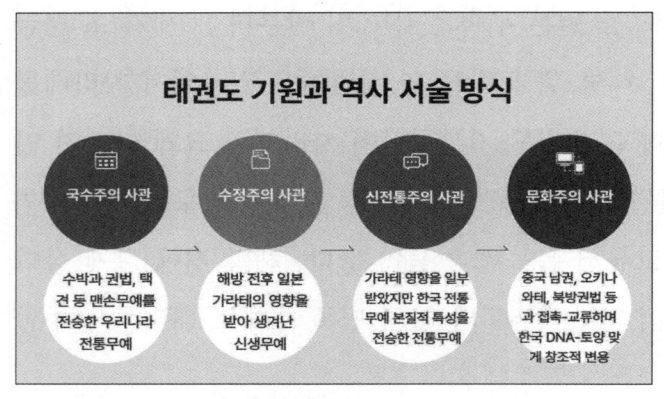

저자 서성원이 주장하고 있는 '태권도 기원과 역사서술 방식' 4가지 유형

---

21) 한겨레21. 2006년 2월 28일(599호).
22) 한병철. 태권도의 정체성(남권, 오키나와테, 그리고 태권도). 2023년 7월 태권도연구회 주최 초청강연에서 발표.

(1) 태권도의 기원을 수박, 권법, 택견 등 한국의 맨손무예까지 포함할 것인가?
(2) 태권도는 해방 전후 일본 가라테의 영향을 받아 생긴 신생 무술인가?
(3) 태권도는 가라테의 영향을 일부 받았지만 한국 전통무예의 본질적 특성, 즉 다양한 발차기 공방기법을 전승한 전통무예인가?
(4) 태권도는 중국 남권의 영향을 받은 오키나와테와 중국 북방권법의 영향을 받아 한국의 토양에 맞게 창조적으로 변용된 무예인가?

(2) 태권도와 택견, 어떻게 볼 것인가?

태권도와 택견은 어떤 상관성이 있을까? 택견의 입식 격투기법이 태권도 동작과 기술에 영향을 미쳤을까? 다시 말해 태권도는 택견의 발차기 격투기법을 전승한 맨손무예일까?

최홍희는 택견이 태권도 발기술에 영향을 미쳤다고 언급한다. 그는 1972년 저술한 『태권도교서』서 "발만 쓰던 택견과 주로 손의 기술에만 의존하던 가라테를 종합 연구하여 (…) 태권도로 단일화하게 되었다"[23]고 했다.

무덕관 황기는 태권도가 택견을 전승한 무예라고 말하지 않았지만 "우리들의 사도의 기술면에서 특히, 족기(足技)에 다대한 교훈을 받았고 또 모체가 된 것은 틀림없는 사실이다"[24]고 말해 태권도의 발기술이 택견의 영향을 받았다는 사실을 내비치고 있다.

1956년 『파사권법(破邪拳法)』을 저술한 박철희는 "태권도에는 우리나라 전통적인 발차기가 포함되어 있다. 그것이 택견인지 아닌 지는 알 수 없다 태권도에는 이런 '발을 잘 차는 문화적 토양'의 영향을 받아서 발차기가 특징을 이룬 것은 사실이다"[25]고 말한다.

---

23) 최홍희(1972). 태권도 교서. 정연사. 서문.
24) 황기(1970). 수박도 대감. 삼광출판사. 41쪽.
25) 허인욱(2008). 사운당의 태권도이야기–태권도, 나의 길. 관(館)을 중심으로 살펴본 태권도 형성사. 한국학술정보. 239쪽.

태권도계는 택견[26]에 그 뿌리를 두려는 노력을 했다. 1971년 국립영화제작소에서 만든 '국기 태권도'라는 영상물에서 태권도 사범 임창수가 근대 택견의 고수인 송덕기(宋德基, 1896~1987)에게 택견을 배우는 장면이 있고, 이듬해 대한태권도협회가 펴낸 『태권도』 가을호에 송덕기를 '살아있는 태권도인'으로 소개했다.

하지만 택견을 태권도의 뿌리로 보고 태권도 역사에 편입하려는 움직임은 찬반논쟁을 불러왔다. 2010년 이용복은 "택견을 모델로 인식해 발질을 많이 하는 태권도를 만들었다"고 하면서도 태권도와 택견을 '동일한 본질의 다른 종목'으로 인식했다. 그는 〈무예신문〉에 기고한 글에서 미국의 태권도 지도자들이 태권도와 택견의 관계에 대해 물어와 "(택견이 태권도의) 원형이라고 하기보다 본질(intrinsic)이라고 답을 주었다"며 이 같이 주장했다. '본질'의 사전적 의미는 본디부터 갖고 있는 사물 스스로의 성질이나 모습 또는 사물이나 현상을 성립시키는 근본적인 성질이다. 이용복은 원형, 즉 오리지널(original)은 복제, 각색, 모조품 따위에 대하여, 그것들을 낳게 한 최초의 작품으로 해석할 수 있다며 "그러면 택견은 진짜이고, 태권도는 상대적으로 가짜거나 모조품이 되는 것"이라며 확대 해석을 경계했다. 그러면서 택견이 태권도의 본질이라는 자신의 입장을 이렇게 밝혔다.

1960년대 초 택견 송덕기와 태권도 김병수가 시연을 하고 있다.

사진 = 김병수

"택견이 보편화된 사회 환경 속에서 살아온 한국 사람이 일제 강점기에 일본문화의 영향 아래서 일본의 가라테를 배웠고, 일본의 식민지에서 해방이 되자 일본을 배척하는 사회적 환경 속에서, 가라테를 배운 한국 사람은 가라테를 한국무예로 재편성하려는 노력을 하게 됐다. 이때 한국인이 보편적으로 가지고 있는 택견적 성향에 의해 의식적이든 무의식적

---

26) 신성대는 택견은 전통무예가 아니라 놀이라고 주장한다. 그는 "1986년 '택견'을 무예 종목 무형문화재로 지정하였는데, 여기에는 큰 오해와 실수가 있었다. 분명한 사실은 택견은 무예가 아니고 놀이다. 천하의 어떤 문헌에서도 택견을 무예라고 한 적이 없다. 씨름과 더불어 놀이(戲)에 불과한 '택견'을 전통무예로 지정해 놓은 것도 이처럼 무예에 대한 기본 개념조차 없는 상태에서 저질러진 어처구니없는 실수라 할 수 있다. 이 문제는 앞으로도 끊임없이 논란을 불러일으킬 것이다"고 말했다. 데일리안. 2007년 5월 29일. 신성대의 무예 이야기.

이건 택견을 모델로 인식하여 발질을 많이 하는 태권도를 만들었다. 그러므로 태권도를 만든 사람들은 택견을 실제로 습득한 경험이 없다. 따라서 현재 태권도는 택견과 상이하다. 그러나 태권도가 맨몸으로 하는 격투기술이라는 점에서, 그렇게 된 동기가 발기술을 주로 하는 택견을 지향하였기 때문에 택견이 태권도의 본질이 되는 것이다."

그는 일제 강점기 시기 가라테를 배운 한국 사람들은 본질직관(本質直觀)에 의해 택견을 지향하여 태권도를 만들었다고 설명할 수 있다는 논리를 펴면서 "택견과 가라테를 비교·상기(想起)하여 인식한 게 아니고, 가라테를 체험한 직관으로 택견을 분별하고 판단해서 태권도를 만들었다"고 주장했다. 그러면서 이영복은 태권도와 택견을 '동일한 본질의 다른 종목'으로 인식했다. 그는 "택견과 태권도의 상이한 모습은 실존적 현상이다. 같은 발차기라도 태권도는 강력한 타격력을 가지고 있고, 택견의 발차기는 타격력을 배제한다. 격투하는 피아의 상해를 최소화하려는 데서부터 출발한 맨몸무예의 본질적 형태이다. 두 종목이 가진 상이성은 동전의 양면이다. 동전이 한 면만 있으면 불량주화가 된다. 태권도의 타격기술과 택견의 비타격기술을 자유자재로 구사할 수 있어야 맨몸무예를 제대로 이해할 수 있다. 그것이 완성된 무예로 접근하는 길"이라고 밝혔다.[27]

태권도 현대사와 관련된 논쟁들을 세밀하게 다뤄 화제를 낳았던 이창후는 2010년 『태권도현대사와 새로운 논쟁들』 개정판에서 태권도와 택견의 연관성을 거론했다. 그는 "태권도는 택견의 전통을 계승하면서 발전한 한국의 전통무술이다. 택견의 전통이 일제강점기를 거쳐서 현대의 태권도로 발전하면서 가라테의 영향을 일부 받기도 했지만 그것은 한국의 무예전통의 본질적인 측면에는 영향을 주지 못한 것으로 보인다"고 했다.

이용복은 태권도와 택견의 허구적 연관성을 지적한다. 태권도의 과거

---

27) 태권라인. 2010년 10월 4일. 서성원 기자 이용복 "태권도의 본질은 택견"

명칭이 택견, 수박이라는 하는 주장은 허구라는 것이다. 그는 "태권도는 택견의 전통을 계승하면서 발전한 한국의 전통무술"이라고 주장한 이창후의 논리는 "몰(沒) 사실적"이라고 비판한다. 그에 따르면, 태권도는 가라테를 한 사람들이 민족적 의식으로 택견을 지향하여 만든 것으로 가라테가 한국적인 것으로 변형된 것에 불과하다. 이용복은 "태권도의 기술구조가 발차기 위주이고 택견도 발차기 무예니까 태권도와 택견이 동일하다는 이창후의 주장은 양쪽 모두에 대한 이해가 부족하다"며 이창후의 주장은 △태권도와 택견이 동일하다는 구체적인 물증을 제시하지 않아 설득력이 없다 △태권도에서 뚜렷하게 '택견적인 것'을 하나도 적시하지도 못하고 있다 △앞으로도 그런 물증을 제시할 수 없다는 등의 논리를 펴면서 "태권도의 택견 지향은 그 자체로도 완벽하지 못했으며 가탁을 하는 것도 성공적이지 못했다. 지향만 했지 실제로 택견을 도입을 하려는 노력이 투입되지 않았기 때문이다"[28]이라고 주장한다.

송형석은 태권도와 택견은 아무런 관련이 없다고 일축한다. 그는 태권도와 택견이 발기술 중심의 특징은 매우 닮았지만 태권도와 택견 간에 기술적 교류나 인적 교류의 흔적은 극히 미미하고, 태권도가 타격중심의 발차기를 구사하는 반면 택견은 밀기나 걸기 위주의 발기술을 이용한다[29]며 택견이 무술이기보다는 민속놀이에 가깝다는 논리를 펴고 있다.

이처럼 태권도와 택견을 둘러싸고 논쟁이 여전한 가운데, 허인욱은 "(태권도는) 가라테보다는 오히려 택견의 겨루기에서 더 가까움을 찾을 수 있다고 생각한다. 지금의 태권도는 분명 가라테와는 다른 품격과 움직임을 보이고 있는 것이 사실이다"[30]며 손기술을 제외하곤 태권도가 택견의 기술에 가깝다는 견해를 조심스럽게 펴고 있다.

---

28) 태권라인. 2010년 12월 8일. 서성원 기자 '이용복, 이창후 역사관 비판'.
29) 배영상·송형석·이규형(2002). 오늘에 다시 보는 태권도. 이문출판사. 102쪽.
30) 국기원(2015). 태권도 9대관 정신 및 기존 정신 리뷰 연구 최종보고서. 미간행. 26쪽.

(3) 새로운 사관의 출현을 기대하며 ; 문화주의 태권도 사관을 제창함

오랫동안 태권도 사관을 연구해온 필자는 새로운 사관을 제시하고자 한다. 바로 '문화주의 태권도사'(文化主義 跆拳道史)이다. 아직 다듬고 보완해야 할 부분이 많지만 기조는 이렇다.

주영하가 펴낸 『차폰·잔폰·짬뽕』(2009)는 동아시아, 즉 한·중·일 세 나라의 음식 문화의 역사와 현재를 흥미롭게 다루고 있다. 우리가 흔히 먹고 있는 짬뽕과 짜장면에 대해 주영하는 이렇게 말한다.

"한국의 중국식당에도 짬뽕과 우동, 다쿠앙이 나오고, 나가사키의 차이나타운 중국식당에서도 다쿠앙이 나온다. 한국식 짜장면이 나가사키의 중국식당에서 판매된다. 짜장면은 일제강점기 한국의 화교들이 만들어 낸 음식이다. 이들이 나가사키의 화교들과 연결되면서 한국식 짜장면이 일본으로 건너갔고 잔폰이 한국으로 들어왔다. 이 모두가 일제강점기 시절 한반도와 일본의 화교가 공생의 길을 걸었기 때문에 생긴 일이다."[31]

한·중·일 세 나라의 음식 문화는 같은 것 같으면서도 다르고, 다른 것 같으면서도 다르다. 서로 영향을 주고받았기 때문이다. 젓가락도 마찬가지다. 음식물의 무게와 두께, 단단한 정도에 따라 젓가락 끝부분의 모양과 길이, 재질이 다르다.

이처럼 한·중·일 세 나라의 문화는 지리적인 위치로 인해 많은 것이 비슷하지만 각기 다른 특질을 보여준다. 세 나라는 '한자'와 함께 '쌀'이라는 동일한 문화의 뿌리를 가지고 있다. 시대가 변하고 세월이 흐르면서 '한자'와 '쌀'은 그 나라의 토양과 환경에 맞게 변화했다. 문화의 원천이 같다고 해도 독자성과 고유성을 유지하려는 DNA가 다르기 때문이다. 그것이 문화의 특질이고 독자성이다.

---

31) 주영하(2009). 차폰·잔폰·짬뽕. 사계절

태권도의 경우도 이와 같지 않을까? 태권도는 무예, 스포츠이기 전에 문화다. 문화는 살아 있는 생명체여서 움직이고 흘러가면서 변화하고 변용한다. 그 과정에서 인접 지역 및 국가의 문화와 서로 영향을 주고받으면서 뒤섞이고 혼합된다. 따라서 태권도가 중국 무술, 일본 가라테와 서로 영향을 주고받았든 간에 한국인에 의해 한국의 토양과 환경에 맞게 창조적으로 변용되고 만들어졌다면 한국 무술이다. 굳이 '전통'을 붙일 필요도 없다.

태권도 문화주의는 여러 문화의 다양성을 받아들이는 문화 상대주의[32]를 넘어 서로 다른 문화 사이의 상화작용을 인정한다. 허규생은 '한국문화 세계에 어떻게 알려야 하나'라는 글에서 "모든 문화는 나름대로의 특성을 갖고 있다. 한 사회의 구성원들이 공유하는 독특한 사고방식과 생활양식, 그리고 지향하는 가치 등은 그들을 둘러싼 자연환경, 역사적 경험, 경제적 발전단계 등에 따라 형성되는 것이다. 또한 문화는 머물러 있는 것이 아니라 살아 있는 유기체처럼 끊임없이 변화하는 것이다. 이 같은 문화상대주의적 관점에서 보면 문화는 '옳고 그름'의 문제가 아니라 '다름'의 문제이다"[33]고 밝혔다.

앞으로 태권도 문화주의 사관은 서로 다른 문화 사이의 상호작용을 인정하는 토대 속에서 연구가 이뤄져야 할 것이다. 영국의 켄 로치는 "역사는 미래를 여는 열쇠"라고 했다. 역사는 단지 흘러간 과거의 유산이 아니라 역사를 되짚어보는 것은 미래를 찾아가는 과정이라는 얘기다.

한국 역사의 새로운 서술방식을 제시하고 있다는 평가를 받고 있는 역사평론가 이덕일은 "역사는 미래학이어야 한다. 옛날 지식을 아는 데 그쳐서는 안 된다. 나라가 잘못된 길로 가지 않도록 이끌어주는 게 역사"라

---

32) 프레시안. 2008. 4. 30. 권혁태 성공회대 일본학과 교수는 '일본문화론이 가지는 함정'에서 "김치 건강론, 농악, 사물놀이, 황토건강바람, 우리 것은 아름다운 것이다, 가장 한국적인 것이 가장 세계적인 것이다 등과 같은 구호들은 물론 오랜 기간 동안 억압-피억압의 역사 속에서 부정되어 온 비서구적 문화에 대한 정당한 자리 잡기가 문화 상대주의와 결합되면서 나타난 현상이기도 하지만, 다른 한편에서는 한국 자본주의의 진화, 혹은 그 모순을 상징하면서 문화 상대주의가 생태주의의 빛깔을 가질 때, 민족주의 이데올로기와 어떻게 결합될 수 있는가를 상징적으로 보여준다고 할 수 있겠다"고 지적했다.
33) 세계일보. 2010년. 2월 5일.

고 했다.[34] 태권도 사관 연구도 과거학이 아닌 현재학이자 미래학의 관점에서 풀어나가야 한다.

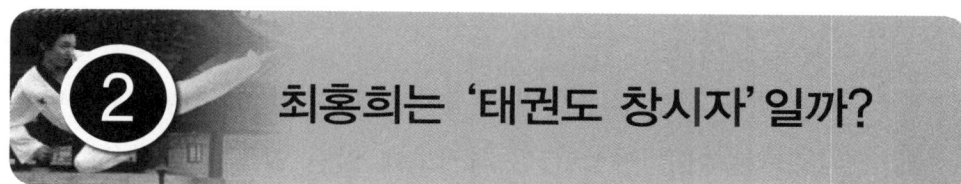

2 최홍희는 '태권도 창시자'일까?

2000년 새해 벽두, 최홍희는 〈태권도신문〉에 '태권도는 세계 평화에 기여해야 한다'는 요지의 신년사를 팩시밀리로 보내 왔다. 이 신년사에서 이렇게 주장했다.

"이상적인 인류사회의 건설을 위해 만들어진 태권도는 나날이 성장하여 지금은 지구촌 어디에서나 수많은 태권도 수련생과 애호가들을 만날 수 있게 되었다. 태권도는 스포츠가 아니라 동양사상에 근거한 철학과 민족정신에 기초한 순수 무도이며 임기응변의 스포츠인 가라테 식 사이비 태권도는 이제 발을 들여 놓을 수가 없다. 태권도 24틀의 마지막 틀인 통일은 우리 민족의 간절한 염원인 통일을 상징하는 틀이다. 원컨대, 새 천년 새 세기를 맞아 반세기가 지나도록 아직도 분단되어 있는 조국의 통일을 기하기 위해 힘껏 노력해야 한다. 고귀한 무도인 태권도가 세계 평화와 복리에 기여할 수 있도록 적극 보급하는데 앞장서 주기를 바란다."

국제태권도연맹(ITF)은 무도를 지향하고, 세계태권도연맹(WTF)은 스포츠를 지향한다는 것은 최홍희의 지론이었다.

"나는 태권도를 무도라고 생각하고 있지. 내가 만들 당시에도 이것은 단순히 상대를 이

---

34) 위클리경향. 2009년 7월 7일(832호). 이덕일을 소개한 기사의 첫머리는 다음과 같다. 그의 성향이 제대로 드러난다. "역사평론가인 이덕일 한가람역사문화연구소장은 이 시대 최고의 문제작가 중 한 명이다. 〈세상을 뒤흔든 여인들〉부터 〈조선왕 독살사건〉까지 그가 쓰는 역사 이야기는 늘 도발적이며 파격적이다. 학계의 정설 또는 통설이 뿌리부터 잘못되었다고 주장한다. 같은 내용이라도 전혀 다른 관점에서 전혀 다른 이론으로 재구성해낸다. 그에 따르면 정조는 병으로 죽은 게 아니라 살해되었고 율곡 이이의 십만양병설은 후대에서 지어낸 새빨간 거짓말이다. 이런 주장을 그저 작가의 상상력으로 하는 게 아니라 역사적 문헌을 토대로 실증적 연구를 거쳐 내놓는다. 소설이 아니라 학술인 것이다."

기는 것에 목적을 둔 스포츠가 아닌 이기는 것에 목적을 두고 있기 때문이야. 스포츠와 무도가 엄연히 다르다는 것은 (국제태권도연맹이 가입되어 있는) 세계무도연맹의 성격을 봐도 알 수 있고…"35)

2000년대 초 최홍희가 국제태권도연맹 세미나에서 강연을 하고 있다.

이 말을 보면 최홍희의 주장을 명확히 알 수 있다. 그렇다면 최홍희는 어떤 사람이고, 태권도에 어떤 영향을 미쳤을까? 최근 들어 국제태권도연맹(ITF)를 창설하고 북한에 태권도를 보급한 최홍희를 다시 평가해야 한다는 여론이 일고 있다. 나영일 서울대 교수는 2006년 11월 국기원이 주최한 '태권도 역사-정신 연구 세미나'에서 "남한을 배척했다고 해서 최홍희가 사망한 지금까지도 백안시한다는 것은 조금 지나친 처사"라고 말했다. 2014년 7월에 열린 태권도 명예의전당 헌액대상자 심사회의에서는 몇몇 심사위원들이 최홍희를 헌액해도 무방하다고 주장했다.

그런데 최홍희는 과연 '태권도 창시자'일까? 북한의 조선태권도위원회는 2006년 1월, ITF 대한민국협회에 평양태권도행사와 관련된 초청장을 보내면서 최홍희를 '태권도 창시자'라고 지칭했다. ITF에 소속되어 있는 단체와 일부 태권도인들도 '최홍희=태권도 창시자'라고 믿고 있다.

이들이 최홍희를 태권도 창시자라고 하는 근거는 △국제적 명성의 브리태니커 사전에 그가 태권도 창시자라고 명기돼 있고 △1955년에 '태권도' 명칭을 만들었으며 △1959년 태권도 최초로 '태권도교본'을 집필하는 등 독자적인 '창헌류' 틀을 만들었기 때문이라는 것이다.

최홍희도 생전에 자신을 가리켜 '태권도 창시자'라며 강한 자긍심을 드러냈다. 그러나 엄밀히 말해 그는 태권도 창시자가 아니다. 태권도라는 명칭을 만든 것은 부인할 수 없는 사실이지만 그가 태권도를 창시했다고 하는 실체적 근거는 전혀 없다. 다만 그를 추종하는 사람들이 그럴 것이

---

35) 월간 말誌. 2000년 9월호.

라고 믿고 있을 뿐이다.

'창시(創始)'는 '처음 시작함'을 뜻하는데, 최홍희가 '태권도를 처음으로 만들었다'는 실체적 근거와 논리적 개연성은 없다. 오랫동안 그를 연구해온 태권도 학자 이경명은 "태권도 창시자란 태권도를 처음 시작한 사람을 의미하는데, 우리들은 (태권도인들은) 그와 같은 의미에 동의하지 않을 듯싶다. 왜냐하면 최홍희가 오늘날 태권도를 처음 시작하고 보급한 사람이 아니라는 것에 인식을 공유하고 있기 때문이다"고 지적했다.[36]

최홍희가 50년대 오도관을 만들어 군 장병들에게 태권도를 보급하고 '태권'이라는 말을 만들어 낼 당시에도 현대적 의미의 태권도는 엄연히 존재했다. 다만 그 당시에는 태권도라는 명칭이 없어 가라테를 지칭하는 공수도와 당수도가 통용되던 시기였을 뿐이다.

1945년 해방 이후 생긴 청도관과 무덕관, 송무관, 조선연무관(지도관), YMCA 권법부 등은 창설자들의 무술 이력이 어떻든 현대적 의미의 태권도를 파생시킨 태권도 모체관(母體館)이다. 이 모체관에서 무술을 수련한 사람들이 태권도의 도약과 발전을 이끌어냈고, 현재 태권도 원로로 인정받고 있다.

최홍희가 태권도계에 전면으로 나타난 것은 1950년대 초반이다. 자신이 사령관으로 있던 군부대에서 태권도(당시 당수도)를 가르칠 때 활용한 인력은 대부분 해방 이후 청도관에서 무술을 배운 사람들이었다. 당시만 해도 그는 일본 유학 시절 가라테를 배운 것을 제외하고는 이렇다 할 무력(武歷)이 없다. 구체적으로 살펴보자. 최홍희는 1939년 일본으로 유학을 갔다. 그 후 고등학교에 진학하기 위해 일본 교토에 정착한 그는 가라테와 만난다.

"아무 것도 모르는 나로서는 흰옷을 입은 사람들이 줄을 지어 왔다 갔다 하면서 주먹질

---

[36] 2013년 1월 타계한 이경명은 2010부터 2년 동안 〈무카스〉에 '이경명 칼럼'을 연재하면서 최홍희의 위선과 문제를 비판했다.

을 하고 있는데 도무지 그들이 무엇을 하고 있는지 알 수 없었다. 그래서 저것이 무어냐고 물었더니, 그는 가라테라는 것인데 저것만 하면 고향에 가는데 문제가 없다고 하기에 그때부터 가라테를 배우게 되었다."[37]

그 후 거처를 도쿄로 옮겨 일본 중앙대학 법학과에 진학한 최홍희는 가라테를 열심히 수련했다. 당시 전봇대는 목재로 만들었는데, 거리를 다니면서 손이나 발로 전봇대를 때리고 차면서 전봇대의 전선이 흔들리는 것을 즐거움으로 삼으며 가라테를 수련했다.[38] 당시 최홍희는 '가라테[39]의 아버지'로 알려진 후나고시 기친(船越)의 송도관(松濤館·쑈도깡)에 서 정식으로 가라테를 배웠다. 가라테 2단으로 승단한 최홍희는 윤병인과 도쿄 YMCA 건물 옥상에서 가라테를 지도했다.[40]

이처럼 일본 유학시절 가라테를 배운 최홍희는 1950년 초 청도관과 인연을 맺으면서 무술 제도권으로 들어왔다. 만약 최홍희가 태권도 창시자라면, 1955년 청도관에서 손덕성 관장 명의로 명예 4단증을 받은 이유를 명쾌하게 해명해야 한다. 태권도 창시자라고 하는 그가 현대적 의미의 태권도 모체관 중 대표 격인 청도관의 명예단증을 원해서 받았다는 주장을 어떻게 해석해야 할까?[41] 그래도 최홍희가 태권도 창시자라고 한다면 객관적이고 실증적인 역사적 사료가 있어야 하고, 논리적 일관성이 있는 주장이 뒤따라야 한다. 이런 지적에 대해 ITF 측은 WTF에 소속되어 있는 기득권 태권도인들이 그에 대한 편견과 불신이 사라지지 않기 때문이라며 이의를 제기할 것이다. 하지만 최홍희는 태권도라는 말이 통용되지 않던

---

37) 최홍희(2005). 앞의 책. 32쪽.
38) 이 내용은 한국무술을 연구하는 김혜영이 1998년 8월 1일과 1999년 2월 27일부터 3월 1일까지 최홍희와 인터뷰한 것으로 정우진이 발행한 태권도타임즈 2000년 1월호에 '고(故) 최홍희 회장, 그리고 ITF 태권도' 제목으로 원문이 실려 있다.
39) 최홍희는 가라테가 세계적으로 알려진 배경에 대해 "1904년 오키나와 현립 남자사범학교와 제일중학교에 정식과목으로 채택된 오키나와 가라테(唐手)를 1922년 봄 후나고시란 오키나와 사람이 동경에서 개최된 제1회 운동전람회 때 초청받아 이 무술의 연혁과 가다(型) 또는 기타 이와 관련된 사진들을 서령한 데서 비롯된다. 이것이 점차 일본 조야에 알려지게 되자 중국 냄새가 풍긴다는 의미에서 당(唐)자를 공(空)자로 바꾼 것이므로, 어디까지나 오키나와 무술이라 하겠다"고 말한다. 최홍희(2005). 앞의 책 37쪽.
40) 태권도타임즈. 2007년 1월호.
41) 서울신문. 1959년 6월 16일. 청도관 송덕성 관장 성명서 참조.

시절에 부관 남태희와 태권도라는 명칭을 만들고, 자신의 철학과 성향에 맞게 무술을 창작하고 변용한 인물이다. 이것만으로도 대단한 일을 했다.

그가 만들었다는 '창헌류(태권도 틀)'도 여전히 논쟁의 대상이다. 1965년 창헌류를 소개한 교본에서 그는 태권도와 일본 가라테를 확연히 구분하는데 분수령 역할을 하는 중요한 문헌이라고 자평했다. 그를 따르는 사람들도 WTF의 품새는 가라테의 아류라며 창헌류야말로 한국적인 동작이라며 많은 의미를 부여하고 있다. 하지만 수년간 그를 지켜봤던 림원섭(스웨덴)은 이렇게 반박한다.

"최 총재의 회고록 『태권도와 나』라는 책 안에는 최 총재의 태권도 동작 사진이 15개 있다. 그중 중복된 동작 사진은 5개가 있어 실상은 10개의 동작사진이 있는데, 5개 동작은 태권도 동작이 아니다. 가라테 동작을 하고 있는 것이다. 특히 옆차기는 가라테 동작과 똑같다. 최 총재는 평소 수천 개의 태권도 동작이 있다고 하면서 자기 회고록에 15개 동작, 그것도 중복 동작이 5개인데, 이는 사람을 교묘히 우롱하는 처사이다."[42]

최홍희는 태권도 발전에 이바지했다. 하지만 우상화하고 맹목적으로 추앙하는 것은 바람직하지 않다. 나열일의 말처럼 그가 '태권도'라는 이름을 새롭게 만들어낸 공(功)은 크지만 그렇다고 태권도를 그가 홀로 창시했다고 하는 것은 지나치다. 최홍희에 대한 역사적 평가는 이념을 떠나 냉철하게 이뤄져야 한다.

이런 가운데, 2018년 11월 '최홍희 탄생 100주년'을 맞아 '태권도와 삶 ; 최홍희 어떻게 볼 것인가' 학술대회가 한국체육대학교 합동강의실에서 열렸다. 태권박스미디어(대표 구민관)와 한국체육대학교 태권도학과(학과장 장권)이 공동 주최하고, 태권박스미디어가 주관한 이날 학술대회에서 '태권도 창시자' 논쟁이 재점화했다.

허건식 발제자는 '무예 인물사로 본 최홍희' 발표에서 "세계 태권도를

---

[42] 태권도신문. 1998년. 10월. 림원섭 기고.

이끈 두 분은 최홍희와 김운용"이라고 운을 뗀 뒤 "최홍희가 태권도를 창제·창시한 것이 맞다고 본다. 태권도를 100% 만들어야 창시와 창제라는 말을 사용하는 것은 아니다. 최홍희는 'Found'(창설자 · 설립자)이다. 태권도 이념을 부여했다"고 주장했다. 그러면서 허건식은 "태권도 현대사 70년 역사 속에서 특정 인물을 평가한다는 것은 굉장히 어렵다. 최홍희라는 인물은 가장 기초적인 태권도 연구 영역에서 중요한 기초를 깔고 있다. 최홍희 태권도 창제·창시론 논쟁은 지속적인 연구가 필요하다"고 덧붙였다.

한병철 발제자는 '최홍희 창시자 논란과 공과 재조명' 발표에서 "태권도는 5대 관(館)에서 시작됐지만 5대 관이 동일하게 각 20%의 지분을 갖고 있는 것은 아니다. 최홍희 지분이 가장 많아서 대주주라고 보고 있다"며 "민족주의자 최홍희에 대한 객관적인 재평가 작업이 필요하다"고 말했다. 이날 학술대회에서 허건식과 한병철이 '최홍희=태권도 창시자'에 별다른 반대를 하지 않자 곽정현 토론자는 반론을 폈다. 그는 "태권도가 오랜 시간 변화·발전한 무술이라고 생각하는데, '태권도 창시자'라는 표현을 쓴다는 것은 어느 한 시기에 나타난 '창작 무술'이라고 볼 수 있지 않을까, 라는 생각을 해봤다"고 다른 의견을 제시했다.

박성진 토론자는 "최홍희는 가노 지고로(유도 창시자)보다는 (오키나와테 당수도를 일본 공수도로 바꾸는데 큰 역할을 한 후나고시 키친(근대 가라테 아버지)에 가깝다고 생각한다. "태권도라는 정체성을 가지고 있는 무술에 창시자가 있냐 없냐 라고 하는 점에서 최홍희를 태권도 창시자라고 하는 것은 좀 어폐, 문제가 있다고 생각한다"고 말했다.

최홍희를 둘러싼 태권도 창시자 논쟁은 현재 진행형이다. 태권도 기관과 학계에서 진척된 연구가 이뤄져야 할 것이다.

3. 태권도 명칭의 제정 배경과 그 과정의 수수께끼

'태권도(跆拳道)' 명칭은 최홍희가 주도적으로 만들고, 남태희가 힘을 보탰다. 최홍희의 주장대로 태권도 명칭은 1955년 4월 11일 제정했을까? 태권도 명칭을 둘러싼 미스터리한 내막을 살펴보자.

최홍희는 1953년 9월, 보병 제29사단을 창설하라는 명령을 받고 제주도 모슬포로 내려갔다. 당시 육군참모 총장 백선엽의 견제를 받고 있던 그는 자신의 역량을 발휘할 수 있는 계기로 여기고 전력을 다했다.

그는 29사단을 상징하는 사단기를 만드는 데 힘썼다. '29'라는 숫자에서 '2'는 분단된 한반도를 상징화했고, '9'자는 움켜쥔 주먹을 나타냈다. 한반도 지도에다 주먹을 그린 사단의 마크는 '익크 부대'[43]로 통용됐다.

당시 최홍희는 청도관[44] 출신의 남태희를 만났다. 남태희의 증언.

2010년 3월 최홍희를 도와 '태권도'를 작명한 남태희가 한자로 태권도를 쓰고 있다.

"최홍희 장군과는 29사단에서 처음 만났다. 내가 육군종합학교 다닐 때 최 장군이 부총장이었는데 당시만 해도 인연이 없었다. 29사단에 근무하면서 화랑무도관을 만들어 운동을 하고 있을 때였다. 29사단장이던 최 장군이 화랑무도관에 방문해 나보고 형(型)을 해보라고 시켰고, 나는 청도관 이원국 관장님께 배훈 형을 시연했다. 최 장군은 부사단장이었던 하갑천 장군과 함께 아주 흡족해 했고, 그게 나와 최 장군의 첫 번째 만남이었다".[45]

---

43) 최홍희는 29사단을 '익크부대'로 한 것에 대해 "신익희 선생을 존경하는 데서 비롯된 것이다. 신익희의 '익희' 두 자를 연상한 것이며, 주먹은 9자를 의미하는 동시에 내 주먹으로 38선을 때려 부수겠다는데 그 진의가 있었다"고 밝혔다. 최홍희(2005). 태권도와 나. 도서출판 길모금,153쪽.
44) 백준기(2006). 태권도신문. 2006년 10월 16일. 엄운규는 "최홍희가 29사단장으로 있으면서 군에 입대한 청도관 출신의 유단자들을 적극 활용했다. 교관으로 차출한 것이다. 그런 이유로 청도관과 가깝게 지냈던 것 같다"고 말했다. 태권라인. 2011년 6월 15일.
45) 태권도. 대한태권도협회. 2010년 6월호(165호). 106쪽.

최홍희는 부관 남태희를 앞세워 휘하 장병들에게 당수를 가르쳤다. 그는 "내 휘하 장교들과 당수 교관들에게 매우 특별한 명령을 내렸다. 병사들이 당수를 훈련할 때 군대의 계급과 상관없이 전부 교관들에게 인사를 해야만 했다. 군사 교련과 당수 훈련의 결합은 우리 사단을 한국군의 다른 사단 중에서 유별나게 만들었다"[46]고 말했다. 최홍희가 이끄는 29사단은 1954년 6월 제주도를 떠나 육군본부직할의 제1군단에 배속됐다. 이 무렵 최홍희가 이끄는 29사단은 설악산 서쪽의 용대리로 옮겨 강원도 동해안을 포함한 일대의 작전 책임을 맡았다. 이 때 그는 체육관을 짓게 하고 그 곳을 '오도관(吾道館)'이라고 했다. 오도관 초대 사범이었던 남태희를 비롯해 백준기, 고재천, 김석규, 우종림, 한차교 등은 모두 청도관 출신이었다. 그 해 9월, 제1군단 창설 4주년 기념일이 열렸다. 이 날 창설 기념식에서 최홍희가 이끄는 사단의 장병들이 당수도 연무시범을 했다. 이 광경을 이승만 대통령은 관심 있게 지켜보았다. 최홍희의 증언.

"대통령은 앉지도 않고 줄곧 서서 구경하더니 "저것이 우리나라에 옛날부터 있던 택견이야?" 한 다음 "이것으로 깨뜨렸지? '하며 자기 오른 주먹의 사용 부분을 손가락으로 정확하게 가리켰다. 뿐만 아니라 그는"택견이 좋아. 이것을 전군에 가르쳐야 해. 그 서양 사람들은 윗동이단 쓰는데, 발로 차면 빙그르르 주저앉을 게 아닌가 "라고 조크까지 했다."[47]

이승만의 이 같은 말은 최홍희의 가슴을 뛰게 했다. 최홍희는 곧바로 당수도를 대신할만한 명칭을 연구하기 시작했다. 부관 남태희와 함께 옥편을 뒤적거리며 이승만이 말한 태껸의 발음에 주목했다. 남태희의 증언.

"이승만 대통령에게 시범을 보인 날 최홍희 장군이 나와 같이 사단장실로 가자고 했다. 그래서 이 대통령이 이야기한 태껸을 옥편에서 찾아봤지만 없었다. 계속 옥편을 찾아보

46) 태권도타임즈. 2000년 1월호.
47) 최홍희(2005). 태권도와 나. 도서출판 길모금. 155쪽.

다가 '밟은 태(跆)'를 발견했다. 일단 태를 골라 놓고 그 다음 '껸'를 찾았지만 옥편에 없었다. '수(手)'자도 고려했지만 당수도, 공수도 등 색채가 진해서 손보다는 강한 '주먹 권(拳)'을 선택했다. 태견과 태권은 발음도 비슷했다. 최 장군고 나는 태권이라는 명칭이 좋겠다고 결심했고…"48)

최홍희는 "1946년 3월부터 갖은 난관을 무릅쓰고 연구를 거듭한 끝에 만 9년이 되는 1955년 봄에 이르러 현대적 무도의 기초를 완성하게 되었다"49)며 기뻐했다.

이처럼 각고의 노력 끝에 태권도를 작명했지만 최홍희의 고민은 계속됐다. 태권도가 당수도와 공수도를 제치고 보편타당성을 확보하려면 공신력이 필요했기 때문이다. 무엇보다 자신을 견제하고 있는 군 내부의 모략과 당수도와 공수도, 권법을 사용하고 있는 민간 도장의 반발이 걱정되었다.

최홍희는 마음 속에 태권도를 숨겨 놓고 기회를 기다렸다. 궁리 끝에 그는 '명칭제정위원회'를 구성하기로 결정했다. 최홍희는 당시 자신을 지원하던 장군 이형근의 힘을 빌려 국회 부의장 조경구를 비롯한 사회 저명인사와 언론인들이 참석50)

한 가운데 고급 음식점에서 회의를 열었다. 그는 이날을 1955년 4월 11일이라고 주장한다. 저녁식사를 마치고 최홍희가 말문을 열었다. "지금 국내 도처에서 같은 무도를 놓고 당수, 공수, 권법 등 제각기 마음대로 명칭으로 하나로 묶을 수 있는 새로운 이름을 제정하기 위해 모였다"며 이날 모임의 취지를 설명한 최홍희는 각자 명칭을 기재하여 무기명으로 투표한 다음 토의에 붙여 결정하자고 제안했다. 하지만 명칭 제정은 최홍희의 생각처럼 진행되지 않았다. 최홍희의 증언.

48) 태권도. 대한태권도협회. 2010년 6월호(165호). 107쪽.
49) 최홍희(2005). 앞의 책 159쪽.
50) 이날 회의 참석자는 미창사장 유화청, 청도관장 손덕성, 제3군관구사령관 최홍희, 연합참모총장 이형근, 국회부의장 조경규, 민의원 정대천, 정치신문사장 한창완, 정치신문주간 장경록, 공익통상부사장 홍순호, 후좌본사주간 그광래, 청도관 사범 현종명 등이다.

"개표 수가 거의 5분의 4에 이를 때까지 당수가 아니면 공수도 일색이었다. 그도 그럴 것이 그들 머리 속에는 일본 가라테만 박혀 있을 테니까. 그러다 '태권' 두 글자가 나오니 모두들 처음 듣는 이름이기도 하려니와 좀처럼 드문 '태'자라 '이것을 누가 냈는지 설명하시오'하는 것이다. 여기서 나는 먼저 글자 풀이부터 해야겠기에 '태'자는 발로 뛴다, 찬다 또는 밟는다를 의미하며 '권'자는 주먹입니다. 그러나 내가 말하는 주먹은 단순히 손을 폈다 쥐었다 하는 주먹이 아니라 여러 형태의 주먹으로 찌르고, 뚫고 혹은 때리는 무도 행위를 뜻하는 주먹입니다'라고 하며 시범을 했다." [51]

최홍희는 이승만을 경호하는 경무대 실력자들을 고급 술집에서 융숭하게 접대해 '택껸'을 고집하는 이승만에게 한자로 쓴 '跆拳道 雩南' 휘호를 받아냈다며, "태권도를 창시하기 위해 평생 처음이자 마지막으로 마음에도 없는 거짓말과 술자리를 만들었던 것이다. 이 같은 과정을 거쳐 태권도가 탄생한 1955년 4월 11일 저녁은 내 기쁨이자 그 어떤 말로나 글로 표현할 수 없을 만큼 컸다"[52]고 밝혔다.

이런 연유로 최홍희를 추앙하는 사람들은 4월 11일을 '태권도의 날'로 제정해야 한다고 제안한다. 하지만 이경명은 이 같은 주장에 의문을 제기한다. 태권도 명칭 제정과 이승만에게 태권도 휘호를 받는 과정이 의혹투성이라는 것이다.

이경명은 태권도 명칭이 1955년 4월 11일에 제정했다는 최홍희의 주장은 "조작되었고, 4월 11일은 가공된 날짜라고 단언할 수 있다"[53]며, 최홍희가 저술한 『태권도교서』(1973)에 수록되어 있는 명칭제정위원회 사진도 1955년 12월 19일 청도관 고문회 모임이라고 주장하고 있다. 특히 명칭제정위원회 사진 옆에 편집되어 붙어 있는 정체불명의 신문기사[54]는

---

51) 최홍희(2005), 앞의 책, 160~161쪽.
52) 최홍희(2005), 앞의 책, 162쪽.
53) 이경명 인터뷰, 2011년 12월 22일. 이에 대한 글은 이경명(2002)이 저술한 『태권도문화의 뿌리를 찾아서-태권도의 어제와 오늘』(어문각)에 상세하게 나와 있다.
54) 이 기사에 따르면, 최홍희가 제안한 '태권' 명칭에 대해 유화청 사장이 전적으로 찬동하면서도 국가의 무도명을 개칭하는 문제는 여러 사학자들과 학계의 고찰을 거쳐야 하고 마지막으로 이승만 대통령의 재가가 있어야 한다고 주장했다. 곧이어 3인 소위원회를 구성하여 1955년 12월 31일까지 완료하는 것으로 되어 있다.

신문제호와 날짜, 기자 이름이 빠져 있어 사료 가치가 결여되어 있다는 입장이다. 또 최홍희가 저술한 『태권도백과사전 1』(초판 1983, 수정재판 1987)을 보면, 서울 종로 국일관에서 열린 기념사진이 실려 있는데, 사진 아래에 한자로 '大韓唐手道 4288. 12. 19. 青濤館 第一會 顧問會'라고 되어 있다. 최홍희는 이 사진을 가리켜 태권도 명칭제정위원회 회의 사진이라고 한다는 게 이경명의 주장이다.

이 같은 주장에 최홍희를 보좌한 정순천은 이렇게 주장한다. 정순천의 다음과 같은 주장은 2005년 12월 27일 정순천이 운영하고 있는 ITF태권도연구소, '밖에서 본 태권도사 - 태권도 명칭의 기원'을 참조했다.

"최홍희 총재가 1955년 4월 11일 주도한 명칭제정위원회가 가장 신빙성이 있는 것으로 요약되지만 (…) 이경명 반론 이후 최홍희 총재를 찾아가서 명칭제정위원회의 배경을 다시 한번 확인한 결과, 동아일보에 명칭제정위원회의 사진이 보도되었다는 것은 최 총재가 언급한 것이 아니라는 것을 들을 수 있었다 (…) 최 총재의 주장은 명칭제정위원회 기사가 언제 어떤 신문으로 나갔는지 알 수 없으며, 기사가 나간 날짜 또한 4월 11일 이후 정확하게 알고 있지 않았다(…)"

태권도 명칭을 제정한 날이 정확히 언제인지에 대한 연구는 계속되어야 한다.

2023년 7월 강원도 춘천호반 체육관에서 최홍희 ITF 창설자의 친아들 최중화 ITF 총재(왼쪽)가 양진방 대한태권도협회 회장을 만나 ITF현황과 최홍희에 대해 이야기를 나누고 있다.

4. 태권도 품세(品勢) 제정과 기술용어의 한국화 과정

(1) 형(型)-품세(品勢)-품새 변천 과정

태권도 수련과 심사의 요체인 품새(품세 : 복수표준어)는 언제, 누가, 왜 만들었을까? 1960년대 하순까지 태권도계는 일본 가라테의 형(型, 카타)을 수련하고 심사종목으로 삼았다.

1962년 11월, 대한태수도협회가 국민회당에서 주최한 제1회 전국승단심사대회 심사 종목은 형(型), 대련(對鍊), 논문(3단 이상)이었다. 초단 응심자는 평안오단형(平安五段型), 철마초단형(鐵馬初段型), 내보진초단형(內步進初段型), 자원형(慈院型), 화랑형(花郞型) 등을 했다. 2단 지정형은 발한형태(拔寒型大)·철기이단형(鐵騎貳段型)·내보진이단형(內步進貳段型)·기마이단형(騏馬貳段型)·충무형(忠武型)이었고, 3단 지정형은 십수형(十手型)·발새형(拔塞型)·연비형(燕飛型)·단권형(短拳型)·노패형(鷺牌型)·계백형(階伯型)·을지형(乙支型), 4단 지정형은 철기삼단형(鐵騎三段型)·내보진삼단형(內步進三段型)·기마삼단형(騎馬三段型)·자은형(慈恩型)·진수형(鎭手型)·암학형(岩鶴型)·진동형(鎭東型)·삼일형(三一型)·장권형(長拳型), 5단 지정형은 공상군형(公相君型)·관공형(觀空型)·오십사보형(五十四步型)·십삼형(十三型)·반월 형(半月型)·팔기권형(八騎拳型)이었다.

위에서 살펴본 것과 같이 부끄럽게도 당시 태권도계는 가라테 수련·기술 체계를 답습했다. 최홍희가 창안한 창헌류(틀)는 군과 오도관 등에서 제한적으로 통용돼 민간 도장에서 폭넓게 수련하지 않았다. 최홍희는 1965년 8월, 영문으로 된 『태권도교본』(4×6판·364쪽)을 펴냈다. 당시 그는 태권도의 기술연구를 비롯해 명칭과 용어를 제정하기까지의 어려움을 토로하며 태권도를 가라테로부터 완전히 분리시키자고 역설했다. 1966년 최홍희가 저술한 『태권도지침』(광고출판사)에는 20개 형(型)을 태권도 고유의 것이라고 소개하고, 가라테의 소림류 및 소령류와 함께 자신의 아호(雅號)를 딴 창헌류를 기술했다. 창헌류는 동작의 수(數), 연무선에 역사적 인물들의 이름이나 호(號)를 따서 지칭했다. 그는 창헌류의 특징에 대해 "가볍고 무거운 동작, 그리고 빠르고 느린 동작을 혼합함으로써 몸이 가벼운 사람도 무거운 동작을 할 수 있는 반면 몸이 무거운 사람도 가벼운 동작을 할 수 있도록 하면서 족기(足技)를 광범위하게 사용했다"고 설명했다. 그러나 일각의 평가는 이와 좀 다르다. 최홍희가 일본 유학시절 배운 가라테를 변형한 것에 불과하다는 것이다. 1970~80년대 최홍희를 따르며 ITF 소속 사범으로 활동한 림원섭은 1998년 10월 태권도신문에 기고한 글에서 "최 총재의 회고록 『태권도와 나』라는 책 안에는 최 총재의 태권도 동작 사진이 15개 있다. 그 중 중복된 동작 사진은 5개가 있어 실상은 10개의 동작 사진이 있는데, 5개 동작은 태권도 동작이 아니다. 가라테 동작을 하고 있는 것이다. 특히 옆차기는 가라테 동작과 똑같다"고 비판했다.

이런 흐름 속에서 대한태권도협회는 1967년부터 본격적으로 가라테 형을 탈피하기 위한 독자적인 품세(品勢) 제정에 들어갔다. 언제부터 무슨 계기로 '형'을 '품세'로 불렀는지는 명확히 알 수 없다. 다만 품세(品勢)는 이종우가 명명(命名)했고, 세(勢)는 기세, 형세라 하여 중국무술에서 따온 것으로 추정된다. 대한태권도협회는 1967년 품세제정위원회를 구성해 팔괘와 유단자 품새를 만들었다. 품새제정위원회 위원장은 이종우(지도관)가 맡고, 곽근식(청도관)·이영섭(송무관·이교윤(한무관)·박해만(청도관)·김순배(창무관) 등이 참여했고, 1972년 태극 품새를 만들 때는 추가로 배영기(지도관)·한영태(무덕관)가 참여했다. 1966년 대한태권도협회 회장에서 물러나 국제태권도연맹(ITF)를 만든 최홍희는 대한태권도협회가 품세 제정형을 만들자 유쾌하지 않았다. 자신이 만든 창헌류를 받아들이지 않았기 때문이다. 그 당시 최홍희는 대한체육회 강당에서 열린 품세제정심의회의에서 동작과 자세가 엉망이고 그에 대한 명칭과 술어조차 없다고 지적했다. 그러면서 "형의 이름이 먼저 정해져 있지 않은 것은 잘못이다. 형의 주제를 미리 정해놓고 그것을 동작으로 상징해 놓아야 한다. 또 누가 만들었는지 명시되어 있지 않다. 작자가 있어야만 그 형이 지니고 있는 정신과 동작의 뜻을 물을 수 있고 권위도 서게 된다"고 비판했다. 당시 품세제정위원으로 활동한 박해만은 이와 관련된 비화를 2016년 11월, 필자에게 들려주었다. 흥미진진한 내용을 보자.

"1960년대 후반까지도 태권도계는 일본 가라테 형(型)을 수련하고 심사를 봤다. 각 관(館)의 도장에선 주로 유급자 형인 태극과 평안을 많이 했다. 이 형의 특징은 연무선(품세선)이 '工(지을공)' 이었다. 품세제정위원들에게 각자 품세를 만들어 오라고 했는데, 가라테 형을 배웠기 때문에 그것을 모방해 만들어 왔다. 품세선도 '공(工)'에서 벗어나지 못했다. 당시 위원장인 이종우 관장은 가라테 형에 태극이 있어 태극이라고 할 수 없어 태극에 있는 팔괘를 따서 팔괘라고 했다. 머리가 참 좋았다. 그런데 품세 동작이 팔괘 품세선, 팔괘 뜻과 동작이 맞지 않았다. 기본동작을 품세선에 맞춰 공방(攻防)이 되어야 하는데 그렇지 않았다."

박해만은 유급자용으로 만든 팔괘품세의 문제를 지적하며 "나는 제정위원 중 나이가 가장 어렸지만 5개를 만들어 그 중 2개가 채택됐다. 그것이 팔괘 3장과 5장이다. 팔괘 중 어려운 것은 고려, 태백 등 이름을 붙여 유단자 품세를 만들어 17개 품세를 제정했다. 1975년 내가 만든 팔괘 5장은 유급자(자띠)들이 했는데 구성이 어렵다고 해서 팔괘 8장이 됐다"고 말했다. 당시 팔괘 4장은 5장으로 바뀌고, 5장은 8장, 6장은 4장, 7장은 6장, 8장은 7장으로 바뀌었다. 8장 품새선 '工'자는 '土'자로 바뀌었다. 팔괘품세는 팔괘의 철학적 의미가 결여되고 품세선과 동작의 흐름 등이 문제가 되어 결국은 폐기되었다. 1972년 대한태권도협회 기술심의회의는 용어제정소위원회를 구성하고, 초·중·고등학교 교육과정에 들어갈 태극 1장부터 8장까지 유급자 품세를 만들어 교과서 편수자료로 내놓았다. 이에 대해 박해만은 "태극품세는 팔괘품세를 만들 때보다 신중을 기했다. 미리 품세선을 정하고, 좌우의 동작을 같게 하고 앞으로 나가는 것과 돌아오는 것을 같게 했다"며 "특히 방어부터 시작해 막고 지르는 동작을 조직있게 짰다"고 말했다. 이로써 품세는 유급자와 유단자 품세를 합쳐 25개로 늘어났다. 대한태권도협회는 1972년 12월 기술심의회 의장이었던 이종우의 주도로 최초의 태권도 공인 태권도교본(품세편)을 발간했다. 품세 용어는 1987년 바뀐다. 국기원은 1987년 2월 한글학회에서 한글학자 7명의 자문을 얻어 태권도 기본용어 중 일부를 우리말로 변경하고 그해 3월부터 사용했다. 그 때부터 ▲품세→품새 ▲연속차기→이어차기 ▲제비품 막기→비틀어 막기 ▲호신술→몸막이로 변경됐다. 품새의 '품'은 모양·상태·정도, '새'는 맵시·꼴·됨됨이를 의미한다. 한편 2000년대에 들어서면서 본격적으로 품새가 경기화하면서 자유품새(프리스타일)와 경기용 품새가 개발됐다.

(2) '품세'-'품새'를 둘러싼 논쟁과 태권도 용어 표준화 과정

태권도의 기본 용어와 기술 용어를 표준화하자는 움직임은 1960년대 후반부터 있었다. 수련·경기·시범 용어에 일본식 한자표기와 영어, 조어, 외래어, 한자 등이 무분별하게 뒤섞여 혼용되고 있다는 자각 때문이다.

태권도 용어 정립 및 개정 노력은 1969년(1차)[55], 1972년(2차)[56], 1987년(3차)[57]으로 이어졌다. 대한태권도협회는 1971년 손동작, 차기, 발동작, 지르기, 서기, 막기 등 '제정 통일용어'를 발표했다. 과거 용어에서 제정 용어로 바뀐 용어는 ▲정권(正拳)→주먹▲평권(平拳)→편주먹▲황축(橫軸)→옆차기▲회축(廻蹴)→돌려차기▲이단축(二段蹴)→두발당상▲상단공격→상체지르기▲중단공격→중체지르기▲하단공격→하체지르기▲기착(氣着)→차렷서기▲사고립(四股立)→주춤서기▲상단수(上段受)→상체막기▲중단수(中段受)→중체막기▲하단수(下段受)→하체막기 등이다.

이 같은 용어 제정은 일본에서 통용되던 한자식 무도용어를 나름 주체성에 입각해 바꾼 것으로 풀이할 수 있다. 전굴(前屈)을 앞굽이, 후굴(後屈)을 뒷굽이, 대련(對鍊)을 겨루기로 바꾼 것처럼.

국기원은 1987년 한글학자 7명의 자문을 얻어 태권도 기본용어 중 일부를 순우리말로 변경하고 3월부터 사용할 것을 권고했다. 변경된 주요 용어는 ▲품세→품새▲연속차기→이어차기▲두발당상→두발당성▲사인(수신호→몸짓신호▲호신술→몸막이▲제비품 막기→비틀어 막기▲단봉→짧은 막대 등이다.

그 중에서 가장 관심을 큰 것은 '품새'였다. 품새의 '품'은 모양·상태·정도, '새'는 맵시·꼴·됨됨이를 의미했다. 하지만 한글학자 7명의 자문을 얻어 태권도 기본 용어를 순 우리말로 바꿔 명분을 갖췄어도 주위의 여론은 좋지 않았다.

특히 1960년대 후반부터 사용해온 '품새(品勢)'를 '품세'로 바꾼 것에

---

55) 대한태권도협회 제정 통일용어와 한글용어 발
56) 어색한 혼합어와 고유어 개정
57) 우리말 사용 바람에 따라 한글학자 자문을 얻어 기본용어 우리말로 일부 변경

반발하는 이들이 많았다. 대표적인 사람이 이종우였다. 1960년대 후반까지 태권도계에서 사용하던 일본 가라테 '가타(形)'를 '품세'로 바꾼 이종우는 "날아다니는 '새'로 아니고 (勢)'에는 기품과 기세 등 형태적 변용과 생명력의 의미가 내포되어 있다"며 '품새'를 '품세'로 바로잡아야 한다고 주장했다.

양진방도 2002년 발표한 연구 논문에서 "품새보다는 품세가 옳다. 품새라고 하면 왠지 무술이 지닌 변용적 가치를 축소하는 것만 같다"고 지적했다. 그는 "품새의 '품(品)'과 '새'는 모두 '모양새'를 의미해 '역전(驛前) 앞'과 같다. 하지만 품세의 '품'(品)은 영어로 풀이하면 'Form'(자세)을 의미하고, '세(勢)'는 'Movemant'(움직임) 'Pcwer'(힘) 'Flow'(흐름) 등을 폭넓게 뜻한다"고 강조했다.[58]

이에 반해 김영선은 "이미 정해진 이상, 큰 무리가 없다면 바뀐 품새로 통일해야 한다"며 '품새'로 불러야 한다고 주장했다. 김영선의 주장은 다음과 같다.

"뜻을 살펴보면, '품'(品)은 모양이나 법식(法式)을 일컫고, '새'는 순수한 우리말로서 기운·맵시·꼴·됨됨이 등을 뜻한다. '새'라는 말에는 세련된 모양을 나타내는 의미 뿐 아니라 기운과 됨됨이 등을 내포하고, 생김새·짜임새·쓰임새 등으로 널리 쓰이고 있다. 따라서 품새는 한자와 우리말이 합쳐 모양과 기운, 모양의 됨됨이로 해석할 수 있다. 따라서 품새 동작은 겉모양만 멋있다고 되는 것이 아니라 내적인 기운과 외적인 맵시가 어울린 꼴이어야 비로소 제대로 된 것이다."[59]

국립국어원은 국기원이 '품새'로 변경했지만 표준어로 인정하지 않았다. 표준어는 '품세'였다. 실정이 이렇다 보니 관공서와 전시회에서 일반인들이 '품세'라고 표기하면, "품새가 맞다"고 항의하는 태권도인들이 있

---
58) 이 내용은 태권박스미디어 2016년 11월 1일 '품세vs품새, 당신의 당신은?' 기사에 잘 나와 있다.
59) 대한태권도협회. 태권도. 1995년 12월호.

었다. 또 '품세'로 되어 있는 국어사전을 '품새'로 바로 잡아야 한다는 움직임도 있었다. 논란이 일자 국기원은 2009년 9월 『태권도 기술 용어집』을 발간하면서 논란이 끊이질 않았던 '품세'와 '품새' 중에서 '품새'를 쓰기로 결정했다.

그 후 국립국어원은 2011년 8월, '품새'를 '품세'와 함께 복수표준어로 인정했다. 이는 태권도계에서 널리 사용하고 있는 세태를 받아들인 것으로 해석할 수 있다. 국립국어원은 "2011년에 선정된 복수 표준어 중, '품새'와 '품세'는 발음이 비슷해 표기를 할 때 혼란을 겪어, 두 가지 표기를 모두 표준어로 인정한 경우에 해당한다. 예전에는 표준어로서 '품세'를 써 왔으나 해당 분야의 관행적 표기가 '품새'였으며 이러한 쓰임이 많아져서 '품새'도 표준어로서 인정을 한 것으로 이해할 수 있다"[60]고 설명했다.

태권도가 올림픽 정식종목으로 데뷔하는 2000년 시드니올림픽을 앞두고 기술용어를 정비하자는 움직임이 일었다.

1999년 이봉 교수는 '태권도의 기술용어에 관한 연구'(한국스포츠 무용철학회지 제7권 1호)에서 무분별한 조어와 외래어 남용 및 오용으로 태권도 용어가 훼손되고 있다며 표준 용어 개선안을 제시해 큰 반향을 불러 일으켰다.

그는 그 해 3월, 아시아태권도연맹(ATU)이 주최한 학술세미나에서 "무분별한 조어(造語)와 외래어 남용 및 오용으로 태권도 용어가 훼손되고 있다"고 태권도 기관과 학계의 노력으로 '태권도 용어사전'을 편찬하자고 제안했다. 이에 토론자로 나온 안용규 교수는 "이번 기회에 제안을 뛰어넘어 각계 각층의 태권도 전공자들이 포럼을 구성해 태권도 용어 정립을 시도하자"며 맞장구를 쳤다.

기술의 형태적 특성을 쉽게 풀이해 무분별하게 사용한 조어와 외래어는 거의 사라졌다. 들어찍기를 '곡괭이', 돌개차기를 '날아방', 밑 받아차

---

60) 2018년 6월, 국립국어원 답변 내용.

기를 '밑뽕차기'. 빠른 발찍기를 '런너 찍기'라고 하는 사람들은 거의 없다.

하지만 훈련 및 경기 현장에서는 여전히 '턴(turn)', '더블(double)', '스텝(step)' 등 영어와 외래어가 사용되고 있다. 오랫동안 써왔던 편의성 때문이다. 대표적인 용어가 바로 '스텝(step)'이다. 상대 선수와 일정한 거리를 두면서 공격과 방어를 할 때 앞뒤좌우로 발을 움직이는 것을 '스텝'이라고 했는데, 이것은 겨루기의 기술적 특성을 결정하는 중요한 기술적 요소가 됐다. 1984년 이승국은 '태권도 경기의 스텝 유형별 분석에 관한 조사연구'를 통해 '스텝'이라는 새로운 기술 영역에 대한 연구를 시작했다.

이러한 '스텝'은 1990년대 초반까지 태권도 용어정립에서 부각되지 않았다. 1987년 한글화 바람에 따라 '품세'를 '품새', '제비품 막기'를 '비틀어 막기', '자진발'을 '잦은발' 등 15개 용어를 변경할 때도 '스텝'은 순우리말로 바꾸지 않았다. 대체해 사용할 마땅한 용어를 찾지 못했기 때문이다. 이것을 두고 기술용어를 한글로 개념화하는 것이 쉽지 않고, 굳이 그렇게 할 필요가 있느냐는 질문이 던져졌다.

그로부터 6년이 지난 1993년 김세혁이 인하대 석사학위 논문에서 스텝 대체 용어로 '발놀림'을 제시했다. 그 후 정국현은 '짓기', 이봉은 '옮겨 딛기', 안용규는 '딛기'라고 하자고 제안했다.

2008년 국기원이 구성한 태권도용어정립위원회[61]는 기능과 편의, 설명, 상징성 측면에서 스텝과 발놀림, 짓기 중에서 발놀림을 사용하기로 했다. 그 후 TV로 태권도 경기를 중계할 때 해설자들은 스텝보다는 발놀림을 주로 사용했다.

하지만 훈련 및 경기 현장에서 선수들과 지도자들은 '원 스텝', '투 스

경향신문 1993년 6월 19일 보도 내용(기사).

---

[61] 국기원은 2008년 12월 태권도 용어정립 및 기술개발 연구사업 발표회를 9개월 동안 연구한 성과를 발표했다. 태권도 용어정립의 필요성에 대해 위원회는 학문체계 정립 및 기술개발을 위한 근간 마련, 신기술 발달로 현재 사용 중인 용어 한계, 주관적 정의 용어 범람으로 태권도 용어 정립 대두, 태권도 종주국 위상 확보라고 설명했다.

텝', '사이드 스텝', '백 스텝', '전진 스텝' 등이 여전히 사용되고 있다. 각 대학 태권도학과 겨루기 실기에서도 발놀림보다는 스텝을 더 많이 사용하는 실정이다.

오랫동안 편이성 차원에서 쉽게 사용했던 한자와 영어, 외래어 등의 기술 용어를 한글로 사용하는 것이 쉽지 않을 뿐만 아니라 꼭 한글로 대체할 필요가 있느냐는 반론도 적지 않았다. "기술 용어를 한국어로만 고집할 것인지에 대한 검토가 필요하다", "한국어만 고집해서는 사용자들이 쉽게 받아들이기 쉽지 않다"는 지적도 일리가 있다.

기술 용어 정립 및 개선과 관련, 한자를 포함한 한국어 사용을 대전제로 하되 현장에서 사용하는 용어를 무리하게 바꿀 필요는 없는 것 같다. 태권도 용어 표준화에 대해 전문가들은 "용어의 문제는 단순히 어떤 용어를 선택하느냐의 문제만이 아니라 기술 그 자체에 대한 인식과 이해에 대한 근본적인 문제를 내포하고 있다"고 강조하고 있다.

이런 가운데, 국기원태권도연구소는 2010년 8월 『태권도 기술 용어집』'을 발간한 데 이어 2019년 『태권도 용어사전』을 발간했다. 이 책은 태권도 기술 체계를 ▲공격기술(지르기, 찌르기, 찍기, 치기, 차기, 꺾기, 넘기기) ▲방어기술(막기, 빼기, 피하기) ▲보조기술(서기, 딛기, 뛰기, 잡기, 밀기, 준비 자세, 특수품) 등으로 구분하고, 각 기술의 용어와 뜻풀이가 다양하게 활용될 수 있는 예시도 담았다.

5 김용채와 1960대 후반 태권도 정책

1967년 2월, 노병직이 대한태권도협회 회장직에서 물러나자 제5대 회장에 태권도 유단자인 김용채[62]가 추대됐다. 당시 그는 집권 여당 공화당의 국회의원이었다. 김종필 측근으로 청년분과위원장을 맡고 있어 태권도 발전에 기여할 것이라는 기대감을 갖게 했다.

"노병직 선생이 회장을 못하겠다며 자리를 내 놨는데, 이금홍 씨가 나를 적임자로 추천해서 회장을 맡게 되었다. 이금홍 씨와는 어렸을 때부터 같은 동네 살아서 잘 아는 사이였다."[63]

그는 정통 태권도인이었다. 1965년 일본 공수도 단체와 교류하기 위한 대표단이 구성됐을 때 단장을 맡는 등 정계 활동을 하면서도 태권도에 대한 애정이 깊었다. 그가 경선 없이 회장이 된 데는 최홍희의 지원도 있었던 듯하다. 최홍희는 그를 국제태권도연맹 섭외부장으로 영입하는 등 김용채에 대한 신뢰감을 가지고 있었다.[64]

제1대 회장 채명신부터 2대 박종태, 3대 최홍희, 4대 노병직까지는 회장이 해마다 바뀌었다. 제5대 회장에 김용채가 되면서 최초로 2년을 정기 임기로 하는 제도가 나타났다.[65]

당시 대한태권도협회 형편은 열악했다. 각 관별로 다른 목소리를 내며 관세를 확장하던 시기였고, 심사제도는 가라테에서 벗어나지 못했다. 대한체육회에 가입해 태권도 경기화를 추진하면서 대한체육회 건물에 협회

---

62) 김용채는 강덕원 출신으로 1967년부터 1971년까지 5대와 6대 대한태권도협회장을 지냈으며, 제7,9,12,13대 국회의원을 지냈다.
63) 무카스. 2010년 1월 3일. 김용채의 '태권도와 나' (1).
64) 서성원(2007). 태권도 현대사와 길동무하다. 상아기획. 53쪽.
65) 대한태권도협회(2014). 대한태권도협회 50년사. 애니빅.

사무실이 입주하는 등 살림살이도 궁핍했다. 김용채는 국회의원 활동비를 타서 협회 업무비용에 보탰다. 김용채의 후일담.

"통합을 해서 협회를 만든 지 얼마 되지 않아 기초가 닦여 있지 않았다. 대한체육회에 가맹은 되어 있었지만 경기규칙 세부 사항이 제대로 만들어지지 않았었고, 품새도 통합되지 않은 상태였다. 태권도 4단과 5단이 많이 배출되고 있었는데, 태권도장이 많지 않았고 경영도 어려운 경우가 많았다."[66]

당시 대한태권도협회 사무장이었던 김완수는 김용채가 회장직을 어떻게 수행했는지 다음과 같이 증언했다.

"1960년대 초중반 태권도는 다른 종목에 비해 지명도나 인지도가 미약해 국내 체육계에서 갖은 설움을 받았다. 그러나 김용채 씨가 국회의원 프리미엄으로 태권도 발전 예산 1천만 원을 따내 한일은행 명동지점에 예치할 대는 보디가드를 동원할 만큼 긴장했다. 김용채 회장 지시로 태권도 세계화를 위해 국내 사범들을 해외에 진출시킨 일이 가장 보람 있었다."[67]

당시 태권도를 수련한 20대 청년들은 해외에 나가서 태권도를 가르쳐 돈도 벌고 공부도 할 수 있다는 인식이 형성되고 있었다.

태권도 사범의 초기 해외 진출은 한국에서 태권도를 수련한 유단자들이 대부분 유학, 이민 등과 같은 개인적인 동기로 현지에 거주하다 학비 보조 등의 이유로 태권도장을 개관하면서 시작되었고, 1960~70년대 들어 해외 출국이 자유롭지 않은 상황 속에서 국제태권도연맹(ITF)과 세계태권도연맹(WTF) 산하 대한태권도협회 등 유관기관의 추천으로 여권 및 취업비자를 취득하거나, 현지에 정착한 사범들의 초청으로 해외에 진출

---

66) 태권도신문. 2008년 12월 30일. 태권도 발전 초석을 놓은 김용채.
67) 서성원(2007). 태권도 현대사와 길동무하다. 상아기획. 53쪽.

했다.[68] 또 한국전쟁 참전 미군 병사와 기타 각국 유엔군 병사들이 한국에서 수련한 태권도를 본국에 돌아가 보급하여 현지인 사범 1세대가 되기도 했다.[69]

김용채는 이것을 간파하고 '해외 사범 파견'을 역점 정책으로 추진했다. 1960년 후반에는 해외에 나가는 것이 쉽지 않았지만 여당 국회의원 신분을 활용해 정부의 지원을 이끌어내기 위해 노력했다.

"당시 외무부에서 사범들을 해외에 잘 안 내보내 줬다. 여권발급 요건을 보면, 그 나라 말을 할 수 있어야 하고, 재정 보증이 있어야 하고, 유력 인사의 추천이 있어야 한다는 등 까다로운 조건이 있어서 여권 받기가 어려웠다."[70]

그런데도 청년 사범들은 김용채를 찾아와 해외에 나갈 수 있도록 도와 달라고 요청했다. 그는 당시를 회상하며 "당시 외무부 여권실장이 나중에 외무부 장관을 지낸 이범석 씨였는데, 만나서 태권도 사범들이 해외에 나가 국위를 선양하고 있는 상황을 설명하고 이준구(준 리) 사범도 미국 상하 의원들에게 태권도를 가르치고 있다며 설득했다. 그러자 이범석 씨가 놀라면서 진짜냐고 묻기에 내가 직접 이준구 사범과 전화 연결까지 시켜주며 확인을 해줬다. 그래서 태권도 사범들이 해외에 나갈 수 있는 물꼬를 트게 됐다"[71]고 했다. 1968년 해외에 파견된 사범은 김진우(라오스), 전계배·조남상(미국), 장중권·조성달(인도네시아), 이완종(싱가포르), 안석준(태국) 등이다.[72]

김용채는 주무부처인 문교부와 외무부 장관 등을 만나 대한태권도협회가 승인한 사람들에 대해서는 해외 진출을 하도록 주선해서 4~5년 사이

---

68) 진실화해를 위한 과거사 정리위원회(2009). 2008년 하반기 조사보고서. 태권도의 국제적 보급을 통한 국위선양의 건. 276~278쪽.
69) 이충영(2002). 태권도 세계화가 한국 스포츠 외교에 미친 영향. 경희대학교 산업정보대학원 스포츠외교학과. 24쪽.
70) 태권도신문. 2008년 12월 30일. 태권도 발전 초석을 놓은 김용채.
71) 태권도신문. 2008년 12월 30일. 태권도 발전 초석을 놓은 김용채.
72) 대한태권도협회(2014). 대한태권도협회 50년사. 애니빅.

에 1,500명 정도의 해외 사범이 배출되었다.[73]는 주장이 있지만, 이 같은 증언은 신빙성이 부족하다. 1975년 40여 개국에서 702명의 사범이 활약하고 있다.[74]는 언론 보도와 다르기 때문이다.

한편 김용채는 1972년 대한태권도협회 중앙도장, 즉 국기원이 건립되는 데 자신이 기여한 공로가 제대로 평가받지 못하고 있다며 다음과 같이 아쉬움을 나타냈다.

〈조선일보〉 1970년 7월 24일 보도 내용(기사). 당시 대한태권도협회 회장이었던 김용채는 "태권도가 국외 진출에 있어 심각한 위기에 빠져 있다"고 지적하면서 타개책을 제시했다.

"그 때가 양택식 서울시장 시절이었다. 국기원을 만들어야 하는데 터가 있어야지. 그래서 양 시장에게 말했더니 역삼동을 추천했다. 당시 강남은 허허벌판일 때였는데, 역삼동 언덕에 국기원 터를 잡았다. 그리고 국회 예결위원회에 건의해서 국기원 건립예산 3천만 원을 마련했다. 내가 회장에서 물러난 후 이것들을 기초로 해서 김운용 씨가 국기원을 만든 것이다."[75]

---

73) 태권도진흥재단(2010). 태권도 해외 보급(진출) 역사 연구. 미주지역. 47쪽.
74) 경향신문. 1975년 8월 5일
75) 태권도신문. 2008년 12월 30일. 태권도 발전 초석을 놓은 김용채.

연구과제

1. 태권도 사관의 갈래에 대해 설명하시오.
2. 아직 학계에서 통용되고 있지 않지만 '문화주의 태권도사'의 요점은 무엇인가?
3. 최홍희는 '태권도 창시자'인가, 아닌가?
4. 경주와 '태권도 발상지'라고 주장하는 이유는 무엇이고, 그 논리의 허점은 무엇인가?
5. 최홍희는 1955년 태권도를 누구와 어떻게 작명했고, 명칭 제정 과정에서 풀리지 않는 의문에 대해 설명하시오.

참고문헌

김방출(2007). 태권도학 연구 1. 태권도사에 대한 논쟁과 재인식. 37쪽.
김용옥(1990). 태권철학의 구성원리. 서울:통나무.
무카스. 2010년 10월 6일.
부산일보. 2009년 1월 19일.
데일리안. 2007년 10월 20일.
배영상·송형석·이규형(2002). 오늘에 다시 보는 태권도. 이문출판사. 102쪽.
송형석·배영상·이규형(2005). 태권도란 무엇인가? 서울 이문사.
신동아(2002). 4월호. 306~307쪽.
안용규(2000). 태권도 역사·철학·정신. 21세기교육사.
양진방(1997). 용인대학교 무도연구지. 제8집. 제2호. 150쪽.
이경명(2002). 태권도의 어제와 오늘. 어문각.
이경명·서민학·김주연·조춘환·정현도(2009). 태권도학. 세계태권도연맹.
이호성(2007). 한국무술 미대륙 정복하다. 스포츠조선.
이창후(2010). 태권도 현대사와 새로운 논쟁들. 상아기획. 37쪽.
정순천(2010). 남태희 원로의 한국 방문과 태권도 작명의 비밀. 네이버 지식in. 2010년 4월 2일.
최홍희(2005). 태권도와 나. 도서출판. 길모금.
한겨레21. 2006년 2월 28일(599호).
한겨레21. 2007년 5월 17일(660호).
허인욱(2008). 관(館)을 중심으로 살펴본 태권도 형성사. 한국학술정보(주).
태권라인. 2010년 10월 4일. 서성원 기자 이용복 "태권도의 본질은 택견"
태권라인. 2010년 12월 8일. 서성원 기자 '이용복, 이창후 역사관 비판'.
태권도. 대한태권도협회. 2010년 6월호(165호). 106쪽.

개정증보판 History & Culture & Taekwondo
태권도 역사와 문화의 이해

제3장 현대 태권도의 태동과 관(館) 형성

📖 학습목표

이 장(章)은 1945년 8월 15일 해방을 전후해 생겨난 청도관·무덕관·조선연무관 권법부·중앙기독교청년회 권법부·송무관 등 현대 태권도를 태동시킨 기간도장(모체관)의 개요와 특징. 그리고 각 관을 개관한 사람들의 이력을 이해하는데 있다.

또 1950년대 분파한 신흥관들의 흐름을 살펴보고, 대한공수도협회 창설 배경과 한계를 탐구한다. 그리고 1959년 최홍희 주도로 만들어진 대한태권도협회에 참여한 인물들과 와해된 이유를 알아본다.

제3장 현대 태권도의 태동과 흐름

1 태권도 5대 기간도장의 개요

1945년 이후 현대 태권도의 토대가 된 도장(道場)이 생겼다. 이것을 '5대 기간도장(基幹道場)' 또는 '5대 모체관(母體館)'이라고 한다. 5대 기간도장은 청도관(靑濤館)·무덕관(武德館)·조선연무관 권법부(朝鮮演武館 拳法部)·중앙기독교청년회(YMCA) 권법부(拳法部)·송무관(松武館)이다.

태권도 기간도장을 개관한 5명 중 일본에서 가라테(공수도)[1]를 배운 사람은 명확히 3명이다. 이원국과 노병직은 일제 강점기에 일본에서 유학할 때 '근대 가라테의 아버지'로 일컬어지는 후나고시 키친(船越義珍)[2] 이 세운 송도관 공수도(松濤館 空手道·쇼도깡 가라테)[3]에서 가라테를 배웠고, 전상섭도 일본에서 가라테를 배웠다.

윤병인은 중국 북방권법을 섭렵한 후 일본으로 건너가 1939년부터

---

1) 가라테를 공수도(空手道)라고 한 것은 1905년 하나시로 쵸모가 '공수공권'의 의미로 처음 사용했지만 1920년대 초까지 주로 당수도(唐手道)로 표기했다. 그러다가 1920년대 중반부터 도쿄에서 사용하면서 당수도 표기는 점차 사라진다. 가라테는 1933년 일본무덕회에서 일본 무도라고 정식 승인을 받아 지부가 설치됐다. 후나고시 키친은 1936년 『가라테교본』를 펴내면서 '당수술(唐手術)' 호칭을 '공수도(空手道)'로 바꿨다. 1936년 오키나와에서 열린 '가라테 대가 좌담회'에서도 당수도라 하지 않고 공수도라고 했다.

2) 후나고시 키친은 1986년 오키나와현에서 태어나 나하테(那覇手)의 대가 고죠 다이요시에게 오키나와테를 배웠다. 1924년 게이오기주쿠대학과 1925년 도쿄제국대학에 가라테연구회가 발족되어 초대 사범이 된 후 1936년 『가라테교본』을 펴냈다. 그는 가라테 경기화를 반대했다.

3) 가라테 유파 중에서 가장 규모가 유파로, 주로 카타(형) 위주의 전통적인 수련을 중시하며, 대련할 때 실제 타격을 하지 않고 몸에 닿기 직전에 멈추는 촌지(슨도메) 방식을 택했다. 1950~60년대 태권도 현대화 과정에서 가장 많은 영향을 미쳤다.

1940년대 후반, 청도관 관원들이 시천교회 예배당에서 무술을 익히고 있다. 청도관은 이 예배당을 임대해 사용했다.

1941년까지 일본 도쿄에 있는 일본대학교(Nihon Univerversity) 척식농학과에서 유학을 하며 그 대학 가라테 사범으로 있는 도야마 간켄(遠山寬賢·1888~1966)과 교류를 통해 가라테 기법을 습득했다[4]고 하지만, 윤병인과 도야마 간켄의 관계는 사제지간(師弟之間)으로 분류해야 한다고 주장도 있다. 20대 초반의 윤병인이 50대 중반의 가라테 고수인 도야마 간켄과 어깨를 나란히 하며 '무술 교류'를 했다고 할 수 없다[5]는 것이다.

이러한 논란은 태권도 기원 논쟁에 불을 지폈다. 가라테가 태권도의 기술체계와 승급·단 심사, 1967년 제정형(품세) 등에 어느 정도 영향을 미친 것이 입증되면서 태권도가 가라테의 영향을 받아서 생겨난 신생무술이라는 주장을 뒷받침하는 요소로 작용했다.

이를 두고 신성대[6]는 "지금의 태권도는 원래 가라데, 즉 공수도(空手

---

4) 허인욱(2008). 앞의 책, 21쪽. 윤병인은 도야마 간켄에게 가라테 4단을 받은 윤병인은 대학 가라테부에서 사범 생활을 했다.
5) 박성진 태권도 전문기자는 "이들의 관계를 사제지간이 아니라 마치 동급의 무술가가 서로 교류한 것으로 이해할 수는 없다. 도야마 간켄의 제자 목록에 있는 한국인으로는 윤병인 외에도 전상섭, 김기황, 윤쾌병 등이 있다. 이들은 모두 도야마 간켄의 슈토칸 도장의 제자 목록에 사범으로 올라있다"며 "윤병인은 도야마 간켄과 무술 교류를 한 것이 아니라, 무술을 배웠다고 분명하게 서술하는 것이 옳다. 도야마 간켄의 제자 중에서 가장 인정받는 제자 중 하나였다고 이해하는 것이 도야마 간켄과 윤병인의 관계에 대한 객관적인 이해에 가까울 것이다"고 주장한다.
6) 동양무술학자인 신성대는 태권도계의 과대한 국수주의를 지적하면서 "문화란 처음부터 고유한 것이란 없다. 서로 주고받으며 습합, 소멸, 발전하는 것이다. 삼국시대 혹은 신라 때 일본에 전해준 것을 도로 찾아왔으니 원래는 우리 것이었다는 문화적 몰상식에서 나온 궁색한 변명은 그만했으면 한다"고 말했다. 데일리안, 2011년 12월 31일.

道)로서 그 뿌리는 오키나와에서 온 호신용 권법이었다. 해방 전후 일본에서 귀국한 유학생들에 의해 우리나라 시중에 퍼지기 시작했는데 (…) 태권도로 개명하여 한국 것으로 탈바꿈하게 되었다"[7]고 주장했다.

하지만 허인욱은 태권도 모체관 개관자들이 가라테를 수련했다는 것은 부정할 수 없다고 하면서도 "윤병인과 황기는 만주에서 배운 권법이 그들 무예의 근본이었으며, 전상섭도 윤병인에게 권법을 수련했을 가능성이 존재하고 있다. 따라서 단순히 태권도의 전사(前史)를 언급하면서 가라테와의 연관성만을 언급하는 것은 올바른 태도는 아닌 것으로 보인다"[8]고 지적한다. 이창후는 태권도사의 가장 중요한 논점은 "태권도가 적어도 가라테가 유입되기 전, 즉 조선시대 이전부터 한국에 전래되어 오던 전통무술의 맥을 잇고 있다는 것"이라며 "태권도는 가라테 이전부터 있었던 무술의 전통을 잇고 있어 해방 직후에 생겨난 신종무술이 아니다"[9]고 주장한다. 1945년 해방 전후 일본 가라테의 영향을 받아 생겨난 무술이 태권

> **Tip   엄운규와 1940년대 후반 청도관**
>
>
>
> 내가 입관했을 때 청도관은 영신학교에서 종로 견지동 청도교 계열의 시천교회로 이전했다. 당시 시천교회 내부는 100여 평이었는데, 교인들이 거의 없어 건물만 덩그라니 있고 내부 시설이 변변하지 않았다. 시천교회 관리인은 그 곳을 예식장 업체와 임대 계약을 했다. 따라서 청도관은 예식장과 별도로 계약을 해서 그 곳을 수련장으로 사용했다. 예식이 없는 오후 늦게 그 곳에서 수련을 하려면 5~6명이 앉는 예식용 긴 의자 여러 개를 벽 쪽으로 몰아 놓아야 했다. 수련이 끝나면 다시 그 긴 의자를 제자리에 가지런히 배치했다. 청도관은 다른 관(館)과는 달리 승급심사를 엄격하게 했다. 6개월에 한 번씩 승급심사를 했는데, 한 가지 형을 몇 개월 동안 배워야 했기 때문에 진력이 날 정도였다. 이것을 이겨내지 못한 일부 관원들은 승급심사를 하지 못하고 중도에 그만 두기도 했다. 청도관은 다른 관처럼 가장 더운 날과 추운 날을 택해 모서(冒暑)·모한(冒寒) 수련을 했다. 또 1년에 한 번씩 가을에 연무대회를 했다. 포스터를 만들어 건물 벽에 붙이는 등 주로 명동에 있는 시공간에서 했다. 주로 형(型)과 대련, 격파, 호신술, 무기술 등을 했다. 대련은 일보대련과 삼보대련, 그리고 좌대련(座對鍊)을 했고, 격파는 '수도(手刀)'라고 해서 송판과 벽돌, 기왓장을 깨뜨렸다. 무술 실력이 좋았던 나는 단도(短刀)와 장도(長刀)를 들고 하는 무기술과 앉아서 하는 좌대련을 주로 했다. 좌대련은 두 사람이 마주 보고 무릎을 꿇고 앉아서 공격과 방어를 하는 것이다. 즉, 무릎을 꿇고 앉아서 발은 사용할 수 없지만 손으로 막고 치는 동작으로 상대방을 넘어뜨렸다.
>
> 〈국기원(2015) 발주, 엄운규 원로 증언채록〉

---

7) 데일리안. 2007년 10월 20일.
8) 허인욱(2008). 앞의 책. 38쪽.
9) 이창후(2010). 태권도현대사와 새로운 논쟁들(개정판). 도서출판 상아기획.

도라고 하는 것은 가라테 유입론자들이 궤변이라는 것이다. 이창후가 말하는 '한국에 전래되어 오던 전통무술'은 택견을 일컫는다.

(1)청도관(靑濤館)

5대 기간도장 중 청도관이 가장 먼저 개관했다는 것이 정설이다. 하지만 청도관을 비롯해 각 관의 개관 시기를 놓고 논란은 이어지고 있다. 태권도 인문학자 김영선은 언론보도와 각종 사료(史料)를 토대로 각 관(館)의 개관 시기에 대해 △청도관=1946년 1월 15일 △조선연무관 권법부=1946년 3월 2일 △무덕관=1947년 초 △YMCA 권법부=1947년 9월 1일 △송무관=1947년 9월 20일이라고 주장하고 있다.[10]

청도관은 이원국[11]이 개관했다. 이원국은 '젊은 청년의 꿈과 기개가 파도처럼 퍼져 나가라'는 뜻에서 청도관이라 이름 붙였다. 청도관의 '도(濤)'는 자신이 수련했던 일본 공수도 본관인 '송도관(松濤館)'의 '도(濤)'에서 따온 것이다. 그 시기 청도관에서 무술을 배운 사람은 손덕성·엄운규·현종명·이용우·백준기·최규식·유응준 등이었다. 그 후로 우종림·이상훈·박해만·이준구·김봉식 등으로 이어졌다.

이원국은 청도관 개관 시기에 대해 "1944년 일본에서 가라테를 배워 귀국해 서대문 영신학교에서 제자 10여 명에게 가르치기 시작해 태권도 기틀을 세웠다"[12]고 말했다. 이원국의 주장대로라면, 그는 1944년 초 일본에서 귀국해 서울 서대문구 옥천동에 있던 영신학교 강당을 빌려 '당수도 청도관'을 개관했다. 그 곳에서 잠시 조선총독부의 비호 속에 무술을 가르치다가 1946년 2월부터 서울 시천교당(侍天敎堂)에 청도관 간판을 내걸고 무술을 가르친 것으로 볼 수 있다. 하지만 앞에서 언급한 것처럼 청도관 개관 시기를 놓고 이견이 있다. 일본 유학시절부터 이원국과 알고

---

10) 국기원(2022). 국기원 50년사. 362쪽.
11) 이원국은 1907년 충북 영동의 유복한 집안에서 태어났다. 영동에서 소학교를 졸업한 뒤 일본으로 건너가 동경 중앙대학에서 법학을 전공했다. 권투부에서 활동하던 그는 우연한 기회에 가라테에 심취해 일본 가라테의 본관인 송도관(松濤館)에 입문해 후나코시(船越)기친(1868~1957)에게 가라테를 배워 5년 만에 4단을 부여받았다.
12) 경향신문. 1968년 7월 9일. 경향신문은 이 기사에서 이원국을 '태권도 시조(始祖)'라고 했다.

지냈던 노병직은 해방 이전에 청도관은 개관하지 않았다며 이원국의 주장을 반박한다.[13] 최석남은 해방 6개월 전에 이원국이 시천교회당에 '당수도 청도관'이라는 간판을 붙이고 후배들을 육성[14]했다고 주장해 혼선을 주고 있다.

이는 청도관 개관 장소를 영신학교 강당으로 하느냐, 시천교당 예배당으로 하느냐에 따른 인식의 차이로 보인다. 청도관 초창기 관원이었던 엄운규는 "이원국 관장을 만난 것은 1945년 가을, 지금의 서대문구인데 서대문 로타리에서 독립문 쪽으로 가다 보면 영천시장 골목길 뒤쪽의 영신학교 강당을 빌려 그곳에서 수련을 했다"[15]고 말한다.

이원국은 일주일에 두 번 정도 정장차림으로 청도관에 와서 수련하는 모습을 지켜보았다. 당시 시천교당을 수련장으로 사용했던 청도관 수련생들은 예배시간을 피해 오후 5시부터 밤늦게까지 무술을 연마했다. 이들 가운데 엄운규는 열정이 대단해 예배당 마룻바닥에서 자면서 수련을 했다.

안국동으로 청도관을 옮긴 이원국은 얼마 되지 않아 당수도 연무대회(練武大會)를 개최했다. 명동의 시공관(지금의 대한투자금융 건물)에서 열린 이 연무대회는 한국 최초의 현대적 무술대회로 일컬어진다. 당시 연무대회는 승패를 가르는 성격보다는 수련의 정도(程度)를 선보이는 자리였다. 연무시범은 공수도 기술체계를 답습한 형(型)과 권법이 주류를 이뤘다. 당시 청도관은 이원국이 사회활동을 했기 때문에 수련 지도는 주로 유응준과 손덕성이 맡았다. 청도관은 송무관과 사이가 좋아 서로 연무시범을 갖기도 했다. 1946년 노병직이 고향인 개성에 정식으로 송무관(松武館) 간판을 내걸자 이원국은 손덕성과 엄운규 등 제자들을 이끌고 개성에 가서 연무시범을 했다.

---

13) 노병직은 2000년 송무관 제자인 강원식에게 보낸 편지에서 "청도관 입관서열 1번부터는 1946년 2월 시천교당에 개관한 후 입관한 사람들이다. 당시 이원국씨는 시천교당을 얻으려고 교섭하는 과정에서 나에게 협조를 해달라고 부탁하길래 이원국씨와 같이 시찬교 관리인 김기성씨를 만나 간곡하게 설득한 것이 주효해 청도관 수련장으로 사용할 수 있게 된 것이다"고 술회했다.
14) 崔碩男(1955), 拳法敎本(空手道), 東西文化史, 23쪽
15) 엄운규 증언(2015년 9월).

(2) 무덕관(武德館)

무덕관(武德館)은 황기(黃琦)[16]가 해방 직후에 개관했다. 1945년 8월 15일 해방이 되자 황기는 미군정이 관할하는 서울 용산역 부근의 철도국에 근무하며, 그 곳에 '운수부우회 당수도부(運輸部友會 唐手道部)'를 만들었다. 이것이 무덕관의 토대가 되었다.

황기는 1945년 11월에 무덕관을 개관했다고 주장하지만 이종우는 "무덕관은 분명히 청도관이나 조선연무관보다 먼저 개관하지 않았다. 윤병인이 창설한 YMCA권법부와 비슷한 시기에 창설됐을 것"이라고 증언했다.

황기는 1949년 10월 제3회 '화수연무대회'를 개최하고 1949년 4월 20일 『화수도교본(花手道敎本)』(조선문화교육출판사)를 출간했다. 황기는 '화수도'라고 하게 된 배경을 이렇게 말한다.

"(…) '화(花)'자는 과거의 화랑도의 두자(頭字)를 채택한 것이니 이는 우리나라의 역사적 전통으로 비추어 보드라도 의미심장한 바가 있음은 재언은 불요하니 (…) '수(手)'자는 당수도의 수자를 인용함도 되지마는 수라함은 손을 의미함이요 또 사람을 표현함이요, 나가서는 자격 실력이나 물리학적 표현도 되어 어원, 어감도 대단히 부드러워 넉넉히 사도(斯道)의 대표어로서 채택되어 부끄럼이 없다고 생각된다 (…) '도(道)'자인데 이 자는 고래로부터 전하야 내려온 말이며 이에 대해서는 현명한 세인이 다 주지하는 사실임으로 다언을 피하는 바이다. 그리하여 삼문자로 합하여 '화수도(花手道)'라 칭하게 된 것이다."

무덕관은 철도국 직원이었던 황기의 영향으로 서울 용산의 철도국 부근에 있어 '철도국 도장'이라고 일컬어졌다. 관원들은 대부분 철도국직원이었다. 무술 지도는 철도국에서 함께 재직했던 현종명이 전담하고 황기는 주로 섭외활동을 했다고 한다.

무덕관은 영남과 호남 등 철도를 따라 세(勢)를 확장해 대구, 부산, 광

---

16) 1935년 경기상고를 졸업한 황기는 남만주 철도국에 입사했고, 이 무렵 우연히 무술 고수를 만나 태극권과 십팔기 등 중국무술을 배웠다.

주 등에 뿌리를 내렸다. 황기는 한국전쟁 때 부산으로 피난을 가 부산역 인근의 초량에 있는 철도 창고를 개조해 당수도를 가르쳤다.

황기는 1950년대 중반에 이르러 '수박도(手搏道)'에 빠졌다. 1956년 『무예도보통지』를 접하게 되면서 '수박도'라는 명칭으로 정착하게 된다. 복사기가 없던 시절 2년에 걸쳐 필사하고 이를 바탕으로 '수박도'라는 명칭을 제정하게 된 것이다.

1953년 서울로 돌아온 황기는 그 해 9월 용산에 대한당수도협회(大韓唐手道協會)를 창립하고 1955년 5월 서울역 부근으로 무덕관 중앙본관을 이전했다. 이때부터 무덕관 시대가 활짝 열렸다. 홍정표는 무덕관의 특성에 관해 "무덕관은 철도국(운수부)을 통해 각 지방의 기차역 창고에 도장을 개관하면서 세력을 넓혀 무덕관하면 철도역이 떠 오른다"고 말했다.

황기는 1955년 전국에 9개 지관을 개관하고 '한중친선당수도국술연무대회'를 개최하는 등 해마다 당수도 연무대회를 지속적으로 개최하며 무덕관을 확장해 나갔다.

(3) 조선연무관 권법부(朝鮮演武館 拳法部)

조선연무관 권법부는 1946년 3월, 전상섭이 개관했다. 전상섭은 학창시절 유도를 배웠고 일본으로 건너가 동양척식대학에서 가라테를 배운 것으로 전해진다. 일본에서 귀국한 전상섭은 서울 경성전기학교에서 체육교사를 하면서 서울 소공동에 있는 일본 강덕관 조선지부 도장에서 무술을 연마했다.

당시 강덕관은 유도를 수련하는 곳이었다. 전상섭은 이 곳에서 유도 유단자들에게 가라테를 가르치다가 해방 후 이 곳을 불하(拂下)받은 이경석의 도움으로 한켠에 권법부 간판을 내 걸고 관원을 모집한 것이 조선연무관 권법부의 모태가 되었다는 설이 유력하다.

당시 조선연무관 권법부에서는 가라테, 즉 공수도(空手道)를 가르쳤다.

1940년대 후반, 조선연무관 권법부와 YMCA 권법부가 연무시범을 마치고 기념사진을 찍은 것으로 보인다. 원안 왼쪽은 윤병인 YMCA 권법부 개관자, 원안 오른쪽은 전상섭 조선연무관 권법부 개관자.

당시 이 곳에서 무술을 배운 이종우는 "권법부에서 가라테를 배웠다. 권법이 바로 일본 가라테로 일본말로 부르면 국민감정도 있고 하니까 권법이라고 부른 것이다"고 회고한다. 이종우의 후일담.

"조선연무관은 일제시대 유도 고도깐[講道館] 조선지부였다. 조선연무관은 이경석(李景錫) 선생이 (종로구) 수송동에서 하다가 (이곳을) 접수해서 운동을 하던 곳이다. 3분의 1은 다다미를 걷어내고 권법부를 만들어 가라테를 가르쳤고 3분의 2는 유도를 가르쳤다. 18계를 한다고 해서 들어갔는데, 가라테 기술을 배운 것이다. 일본 말을 다 빼고 중국식 '권법'이라고 하며 가르쳤다. 조선연무관에서 가르친다는 것은 주먹지르기였다. 발차기도 안 시켰다. 형하고 1보 구미테(약속대련), 3보 구미테 등을 배웠다."[17]

조선연무관 권법부는 YMCA 권법부와 친밀했다. 훗날 서울 종로에 있던 YMCA에 권법부를 만든 윤병인은 이 곳에서 무술을 가르쳤다. 전상섭은 보통 체격에 운동 신경이 남달리 뛰어났고, 성격은 무던하고 원만한 편이었다. 그는 일본 유학생 엘리트답게 평소 말쑥한 정장차림을 즐겨 입었다. 관번 1번은 배영기였고, 전상섭의 동생 전일섭, 김복남, 이종우 등이 뒤이어 입관했다.

초창기 조선연무관 권법부는 무급에서 8급까지 상-중-하로 나눠 가르쳤고, 관번은 입관 일만 기준으로 삼지 않고 급(級)도 고려했다. 추운겨울

---

17) 무카스, 2010년 2월 14일.

을 택해 수련을 하는 모한수련(冒寒修鍊)도 했다.

전상섭은 1949년 11월 13일에는 소공동에서 제8회 권법연무대회를 개최하는 등 한국전쟁이 일어나기 전까지 연무대회를 열었다. 조선연무관 권법부는 1949년 윤쾌병이 전임사범으로 부임하자 탄력을 받았다. 일본 유학시절 병리학을 전공하면서 틈틈이 가라테를 배운 그는 학구파로 가라테 7단이었다.

당시 관원은 10대 후반부터 20세 초반의 학생과 청년들이 많았다. 수련시간은 방과 후 오후 5시부터 3부(1부 1백여 명)로 나누어 1시간씩 이뤄졌다. 수련방식은 주로 가라테 기술을 차용한 형(型)과 봉술을 배웠다.

당시 조선무선중학교에 다니다가 심신단련을 위해 조선연무관에 입관한 이교윤은 윤쾌병이 한 달 동안 봉술을 지도하기도 했다며 위계질서가 철저했던 당시의 상황을 이렇게 회고했다.

"그 때는 스승과 제자, 선배와 후배간의 예의를 무척 중시했습니다. 따라서 선배 앞에서는 감히 담배를 피울 수 없었고 수련 후 몸을 씻을 때는 입관 순서대로 씻을 정도였지요. 특히 신입 수련생은 초단을 딸 때까지 도장 마루를 매일 닦아야 했습니다."[18]

조선연무관 권법부는 서울에서 태동했지만 체계적인 발전은 전북 전주를 중심으로 한 지관(支館)을 통해 이뤄졌다. 첫 지관은 1947년 5월17일 전일섭이 개관한 군산체육관이었다. 그 후 전주 · 군산 · 이리를 중심으로 김제 · 정읍 · 남원 등 전라북도 지역으로 관세를 넓혀나갔다. 하지만 한국전쟁이 발발하자 전상섭이 행방불명돼 조선연무관 권법부는 사실상 해체됐다.

(4) 중앙기독교청년회(YMCA) 권법부(拳法部)

조선연무관 권법부에서 무술을 가르치던 윤병인은 1947년 9월[19], 중앙

---
18) 이교윤 인터뷰, 1997년 10월
19) 그동안 YMCA 권법부 개관일은 1946년 9월로 알려졌다. 하지만 김영선은 자유신문(1947년,8월 24일), 조선중앙일보(1947년, 8월 26일), 현대일보(1947년 8월 24일)가 보도한 기사를 찾아내 개관일은 1947년 9월 1일이라고 주장했다.

1946년 여름. YMCA권법부 윤병인 개관자(앞줄 두 번째)와 제자들이 '모서수련'(冒暑修鍊) 중에 배를 타고 있다. (출처:kimsookarate.com)

　기독교청년회(YMCA) 간사의 권유로 서울 종로구에 있는 YMCA 내부에 권법부를 만들었다. 이 곳에 허가를 받아 권법부를 개설한 그는 '관장'이라고 하지 않고 '사범'이라고 했다.

　해방이 되자 윤병인은 경성농업학교에서 체육교사로 재직하면서 전상섭과 가깝게 지냈다. 당시 조선연무관 권법부에 있던 이종우는 "윤병인 선생도 일본에서 와서 처음에 우리를 무술을 가르쳤다. 태극권이다 뭐다 중국에서 배운 것을 가르치기도 했다"[20]고 말했다.

　YMCA 권법부의 수련은 방과 후 오후 5시30분부터 시작됐다. 초창기 수련생은 광고로 모집해 5백여 명이나 됐지만 윤병인이 강도 높게 가르치다보니 3개월이 지난 후에는 180명으로 줄어들었다고 한다. 당시 수련생은 이남석·홍정표·박철희·박기태·김주갑·송석주·이주호·김순배 등이었다.

　당시 이남석은 자신이 다니던 체신부에 도장을 차려서 별도로 수련생을 가르치기도 했다. YMCA 권법부는 8급에서 5급까지는 하얀띠, 4급부터 1급까지는 파란띠, 유단자는 검은띠를 착용했다. 유단자의 검은띠 안에는 하얀 줄이 들어 있었으며, 윤병인은 띠의 윗부분은 붉은색, 가운데

---

20) 무카스, 2010년 2월 14일.

는 하얀색, 아랫부분은 파란색의 띠를 착용했다.

　윤병인은 자신이 만주를 유랑하면서 섭렵한 무술과 일본 가라테의 장점을 혼합한 독특한 무술을 제자들의 특성과 체격조건에 맞게 지도했다. 동문수학한 수련생들도 각각 신체조건과 특성에 맞는 무술을 터득할 수 있었다. 권법부는 1950년 6월24일 '연무대회'를 개최했는데 당시 박철희는 '도(刀)'시범을, 박기태는 '봉(棒)'시범을 선보였다. 이때 청도관의 손덕성 · 엄운규 · 이용우 등이 찬조시범을 선보였다.

(5) 송무관(松武館)

　노병직의 주장에 따르면, 송무관은 1944년 3월 황해도 개성시 동흥동에 개관했다. 송무관은 일본 유학시절, 노병직이 공수도를 배웠던 송도관(松濤館)의 '송(松)'자를 차용했다. 노병직은 1998년 8월부터 9월까지에 연재한 '태권도현대사 산증인 인물전 – 이원국 편'을 읽고 자신과 이원국과의 관계, 송무관 개관을 둘러싼 비화 등을 편지로 밝혀왔다. 다음은 주요 내용.

"나는 일본 유학을 목적으로 1936년 3월 일본 동경으로 건너갔다. 동경에서 유학을 하면서 일본 공수도의 시조 송도관(松濤館)에 입관, 후나코시 기친 선생님의 가르침을 받기 시작했다. 그 후 나는 학교방학이 되면 고향인 개성에 와서 일제에 억눌려서 힘을 잃고 기를 펴지 못하며 살고 있는 내 친구와 후배들에게 공수도를 가르쳐주며 용기를 북돋워주었다. 1944년 2월에 완전히 고향에 돌아온 나는 친구들과 후배들이 찾아와 도장을 차리고 공수도를 가르쳐 달라는 간청에 용기를 내고 도장을 차릴만한 장소를 찾았지만 마땅한 곳이 없어 고민하던 중 개성 중앙부에 있는 자남동 소재 관덕정이 좋겠다는 의견을 모아 그곳에 도장을 차리기로 결정했다. 그 다음 관할경찰청을 찾아가 아래와 같은 내용의 허가원(許可願)을 제출하고 허가를 받아 1944년 3월 20일 송무관을 창설했다."[21]

---

21) 이 내용은 1998년 노병직이 송무관 제자 강원식(당시 태권도신문사장)에게 보낸 것이다.

허가원의 내용은 ▷단체명=공수도 송무관 ▷장소=개성시 자남동 관덕정 구(舊) 정자건물 ▷지도사범=노병직 ▷교습명=일본 공수도(가라테) ▷교습시간=매일 아침 6시부터 2시간이었다. 당시는 제2차 세계대전이 점차 치열해짐에 따라 일제의 법은 한국인 5인 이상이 집합을 하게 되면 반드시 경찰 당국의 허가를 받아야만 되는 삼엄한 시기였다. 그럼에도 일본 가라테를 가르치겠다고 하니까 관할 경찰당국은 허가는 무난히 해 주었다. 반대하기보다 오히려 환영하는 입장이었다. 관덕정에서 가라테를 가르칠 때는 10여 명 정도의 개인 교습 규모였다. 그러나 제2차 세계대전이 절정에 달하자 일제는 우리 청장년들을 징병과 징용으로 끌고 갔기 때문에 공수도를 배우러 나오는 사람은 점점 없어지게 됐다.

노병직은 1944년 3월 송무관을 창설하고 교습을 중단했다가 1946년 5월 송무관을 재발족했다고 주장한다. 하지만 1948년 11월 9일자에는 창립 1주년 창립대회를 송도대강당에서 개최한다고 되어 있어 대외적인 송무관의 공식적인 개관은 1947년 11월 경에 이루어졌음을 알 수 있다.

노병직은 송무관을 재개관을 하면서 명칭을 '공수도'에서 '당수도 송무관'으로 바꾸었다. 송무관의 관훈은 예의존중·극기겸양·부단노력·최웅만부·문성겸전 등이라고 되어 있으나 관훈에 대해선 의견이 엇갈린다. 당시 송무관과 청도관은 무술 교류가 활발했다. 노병직의 후일담.

"(해방 후) 내가 개성에 도장을 차리겠다고 해서 이원국 씨가 제자인 손덕성씨와 남태희 씨와 같이 개성을 방문했고, 개관을 축하하는 의미에서 송무곤 이름을 지어주었다는 이원국 씨의 말은 거짓말이다. 당시 그들이 개성을 방문한 것은 송무관과 청도관간의 교류 시범차 왔던 것이다. 그 이전에도 현종명·민운식·최기용·한인숙·유응준 등 여러 청도관원들이 제각각 기회가 있을 때마다 개성에 와서 나에게 당수도 기술을 배워가곤 했다. 이런 사실을 알게 된 이원국씨는 개성에 다녀간 제자들, 즉 청도관 관원들을 나무랐다고 한다. 또한 송무관은 1944년 3월 일제시대 때 이미 사용한 이름이기 때문에 해방 후 이원국 씨가 지어줬다는 것은 말도 안 된다." 〈1998년 노병직이 제자 강원식에게 보낸 편지 내용 중〉

한국전쟁이 끝난 후 개성이 북한 영토로 편입되면서 송무관은 서울과 인천을 근거지로 지관을 확장해 나갔다. 그 시기 노병직은 이원국이 일본으로 도피하자 청도관 출신들과 힘을 합쳐 청도관을 재건했다고 말했다.

"서울로 환도한 후 어느 날 청도관 현종명, 민운식 등 관원들이 나를 찾아와 시천교당에서 그 전과 같이 당수도를 할 수 있게 해 달라고 간청을 해 나는 시천교당 관리인 김기성씨를 만나 이야기를 했으나 일언지하에 거절당했다. 그 이유는 6.25때 김기성씨가 이원국씨로부터 받은 피해와 감정 때문이었고, 또 하나는 김기성씨가 이미 다른 단체들과 임대차계약을 맺어 계약한 단체에서 시천교당의 건물을 사용하고 있었기 때문이었다. 또 종로경찰서에서는 6.25 남침 때 시천교당은 '빨갱이 소굴'이라며 감시의 눈초리가 따가웠다. 나는 (그대로 물러날 수가 없어서) 시천교당을 사용하고 있는 단체들과 타협을 하는 한편 관리인 김기성씨에게 애원도 하고 종로경찰서에 가서 언쟁을 하는 등 이런 저런 어려움을 겪은 끝에 간신히 시천교당을 사용할 수 있다는 승낙을 받아냈다. 그리하여 53년 11월 중순경 청도관을 재건하고 틈틈이 관원들을 지도해 줬다. 또 관의 체계를 세워준 다음 손덕성, 현종명, 민운식씨 등에게 청도관을 운영하도록 지시하고 54년 11월 청도관을 물러났다. 이때 엄운규와 남태희씨는 육군에 복무 중이었다. 내가 만약 청도관을 재건해 주지 않았다면 아마도 청도관이 발전하는데 애로가 많았을 것이다." 〈1998년 노병직이 제자 강원식에게 보낸 편지 내용 중〉

송무관의 승단심사를 살펴보면, 초단은 평안 오단·철기 초단·진태 중 2개를 지정하고 자유대련 2번과 호신법과 격파였다. 2단은 철기 이단·발새 소·반월·공산군 소·진태·십수 중에서 형 하나를 지정해 심사를 봤다. 1967년 11월 서울시 중구 중림동으로 중앙본관을 이전한 송무관은 1971년 5월 '송무관노병직배쟁탈 개인선수권대회'를 개최했다.

태권도 모체관를 개관한 5명 중 일본에서 가라테(공수도)를 배운 사람은 황기를 제외하고 4명이다. 이원국·노병직·전상섭·윤병인은 일제 강점기 시절 일본에서 가라테를 배웠다.

이를 두고 신성대는 "지금의 태권도는 원래 가라데, 즉 공수도(空手道)로서 그 뿌리는 오키나와에서 온 호신용 권법이었다. 해방 전후 일본에서 귀국한 유학생들에 의해 우리나라 시중에 퍼지기 시작했는데, 해방 후 태수도(跆手道)란 이름을 거쳐 1965년 정식으로 태권도로 개명하여 한국 것으로 탈바꿈하게 되었다"[22]고 주장한다.

태권도 원로 이종우도 가라테 유입설을 인정한다. 이종우는 "기본기를 놓고 볼 때 이렇게 막는다, 저렇게 때린다고 하는 건 모두 가라테와 똑같다. 가라테를 가르치는 관장들이 모여서 태권도 형을 만들고 그 실무작업을 내가 했다"[23]고 회고했다.

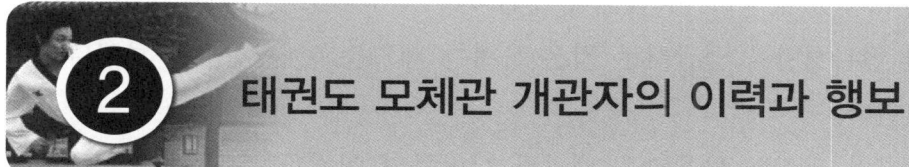

2. 태권도 모체관 개관자의 이력과 행보

모체관 개관자들의 이러한 이력은 태권도 사관 논쟁에 불을 지폈다. 가라테가 태권도의 기술체계와 승급·단 심사, 품새 제정 등에 영향을 미친 사실이 드러나면서 태권도가 가라테의 영향을 받아서 생겨난 신생무술이라는 주장을 뒷받침하는 요소로 작용했다.

하지만 반론도 만만찮다. 이창후는 "가라테 유입론자들은 그들의 주장 속에서 단편적인 사실관계마저도 충분히 반영하지 못하고 있다. 이것은 가라테 유입론자들이 단편적인 사실들마저도 일부는 억지로 무시하고 일부는 과대 포장하였다는 의혹을 제기할 충분한 근거가 된다"며 "실제로 해방 직후 (모체관 개관자들이) 가라테만을 배운 것이 아니라 몇 몇 중요

---

22) 데일리안. 2007년 10월 20일.
23) 신동아(2002). 4월호. 306~307쪽.

한 개관자들은 중국무술을 배웠거나 혹은 중국무술을 당시 태권도에 포함시켰다"고 주장한다.[24] 이창후는 5개 모체관 중에서 3개 관이 가라테의 영향 아래에 있었기 때문에 적어도 양적으로 가라테의 영향이 중국무술의 영향보다 컸다고 할 수 있지만 질적으로는 그렇지 못했다고 강조하면서 "이러한 점들을 고려할 때 가라테 유입론의 배경에는 사실 자체에 대한 편향된 해석이 개입되어 있다고 의심할 수 있다"[25]고 비판한다.

김방출도 태권도 모체관 개관자들이 일본에서 가라테를 배운 유학생들이었다는 사실을 재단해서 가라테 유입설을 주장해선 안 된다는 논리를 펴고 있다. 모체관 개관자들의 일부는 중국무술을 수련한 사람들이라는 것이다.[26] 허인욱은 태권도 모체관 개관자들이 가라테를 수련했다는 것은 부정할 수 없다고 하면서도 "윤병인과 황기는 만주에서 배운 권법이 그들 무예의 근본이었으며, 전상섭도 윤병인에게 권법을 수련했을 가능성이 존재하고 있다. 따라서 단순히 태권도의 전사(前史)를 언급하면서 가라테와의 연관성만을 언급하는 것은 올바른 태도는 아닌 것으로 보인다"[27]고 지적한다.

이처럼 태권도 모체관을 개관한 사람들의 이력과 특징은 태권도 사관 논쟁의 뜨거운 불씨로 작용하고 있고, 그러한 사실을 어떻게 해석하느냐에 따라 학설이 다를 수 밖에 없다. 여기서 5개 모체관 개관자들의 이력과 생애를 살펴보자. 조선연무관 권법부 개관자 전상섭은 다른 개관자들과 겹치는 내용이 많아 별도로 다루지 않는다.

> **Tip** 이원국 "태권은 적수공권"
>
> "태권은 적수공권(赤手空拳)으로 사용할 수 있는 신체의 모든 부분 특히 수족(手足)을 조직적으로 단련하여 무기와도 같은 위력을 발휘, 그 일격일축(一擊一蹴)으로 불시에 적을 쓰러뜨릴 수 있게 수련된 호신술이며, 전신(全身)을 상하·전후·좌우로 균등하게 합리적으로 움직여서 평상시 그리 사용치 않는 근육을 충분히 사용하기 때문에 수족(手足)의 발달이 한쪽으로만 치우칠 우려가 전혀 없는 극히 이상적인 체육이라 하겠다."
>
> 〈이원국(1968). 태권도교범. 진수당. 29쪽.〉

---

24) 이창후(2010). 태권도 현대사와 새로운 논쟁들. 상아기획. 59쪽.
25) 이창후(2010). 앞의 책. 64쪽.
26) 김방출(2006). 태권도사에 대한 논쟁과 재인식. 체육과학연구 17 제1호, 통권65, 75-82쪽.
27) 허인욱(2008). 관(館)을 중심으로 살펴본 태권도 형성사. 한국학술정보(주) 38쪽.

(1) 청도관 이원국(李元國)

이원국은 1907년 충북 영동의 유복한 집안에서 태어났다. 영동에서 소학교를 졸업한 뒤 일본으로 건너가 동경 중앙대학에서 법학을 전공했다.[28] 이원국은 운동에 소질이 많았다. 대학시절 권투부에서 활동하던 그는 우연한 기회에 가라테에 심취해 일본 가라테의 본관인 송도관(松濤館)에 입문해 후나코시(船越) 기친[29](1868~1957)에게 가라테를 배워 5년 만에 4단을 부여받았다.[30]

그는 이 곳에서 훗날 송무관을 개관하는 노병직을 만났다. 노병직은 저자가 1998년 8월부터 9월까지 〈태권도신문〉에 연재한 '태권도 현대사 산증인 인물전 - 이원국 편'을 읽고 자신의 견해를 편지로 밝혀왔다. 다음은 주요 내용.

청도관 창설자 이원국과는 일본 유학시절 송도관에서 알게 됐다. 그는 나보다 연령이 많았으나 송도관에 늦게 입관해 나의 후배가 되는 사람이다. 일본에서 이원국씨의 직업은 동경도청산하 우시고메 구역소에서 병사계 직원으로 근무했다. 참고로 구역소(區役所)는 우리나라 서울시청 산하의 각 구청에 해당된다. 일본에서 이원국이 거주하는 집은 동경도 우시고메 야마부끼죠에 있는 일본인 집의 2층 단칸방을 세로 얻어서 그의 부인과 함께 살았다. 나와 그는 도장에서 수련을 끝낸 후에 서로 집 방향이 같아서 그의 제의로 때때로 그의 집에 같이 가곤 했다. 한국에서 이원국을 만난 것은 1945년 8.15 해방 직후로, 이때 그는 사설치안대에 있었다. 그 당시 사회는 극도로 혼란하고 어수선했다. 서울시내에는 소속 불명의 사설치안대가 수없이 난립하고 있었는데 그가 있는 치안대도 그 중의 하나였다. 이때 청도관은 있지 않았는데, 이원국이 '청도관 제자들을 중심으로 자체 치안대를 결성해 치안대장으로 있었다.' 라는 것은 거짓이다. 그는 사설치안대에 있을 때 서대문구 옥천동 뒷골목에 있는 영신학교 강당을 사용하려고 했으나 학교 측에서 완강하게 반대해 뜻을 이

---
28) 서성원(2007). 태권도 현대사와 길동무하다(개정판). 도서출판 상아기획. 264~270쪽.
29) 후나코시 기친은 1935년 『空手道教範』을 출간했는데, 이 때 '당수'가 '공수'로 개칭됐다.
30) 李元國(1969). 앞의 책. 34쪽.

루지 못했다고 그가 내게 말했다.[31]

학창시절 권투를 했던 청도관 개관자 이원국.

이원국은 청도관을 개관해 무술을 가르친 이유에 대해 "가라테를 배우던 당시 오끼나와의 실정과 비교하여 무기가 없는 우리 한국이야말로 적수공권[32]의 이 무도가 극히 긴요함을 절실히 느끼고 깨달은 바가 있어 보급했다"[33]고 밝혔다. 이 같은 말은 가라테를 일본 무술이 아닌 오끼나와 토착무술로 인식한 것으로 읽힌다.

한국전쟁은 이원국의 삶을 송두리째 바꿔놓았다. 인민군에 부역했다는 주장과 한국전쟁 전 대통령 이승만을 암살하려다 미수에 그쳐 서대문경찰서에 끌려가 모진 고문을 받고 한국전쟁이 발발하자 부산에서 밀항선을 타고 일본으로 갔다는 주장이 혼재한다. 이원국은 왜 일본에 갔을까? 이원국에 따르면, 5천여 명에 달하는 청도관 제자들을 자유당에 입당시키라는 이승만의 지시를 거절해 '대통령 암살미수' 혐의를 받아 전기고문과 물고문 등 혹독한 고문을 받다가 알고 지냈던 육군 중장이 보증을 서 겨우 풀려났다. 그 뒤 한국전쟁이 일어나 피난민 틈에 끼어 부산에 가서 그 때 돈으로 50만 환쯤인가 주고 다대포 앞바다에서 밀항선을 타고 일본으로 건너 갔다.[34]

하지만 노병직은 이원국의 이 같은 말은 "거짓말"이라고 반박한다. 한국전쟁 때 인민군에 잡혀 부역한 사실이 들통이 나서 문초를 받던 중 간신히 풀려나 일본으로 도피했다는 것이다.

---

31) 1998년 노병직은 송무관 제자인 강원식에게 편지를 보내 자신의 견해를 알렸다. 당시 저자는 태권도신문 취재기자로 태권도 현대사와 인물전을 연재하고 있었고, 강원식은 태권도신문사장이었다. 노병직이 보낸 편지를 강원식은 기사를 쓸 때 참고하라며 필자에게 주었다.
32) 맨손과 맨주먹이란 뜻으로, 곧 아무 것도 가진 것이 없음을 의미한다.
33) 이원국(1969), 앞의 책, 34쪽.
34) 月刊中央. 1994년 12월호. 318쪽.

이원국씨는 1950년 6.25동란 때 서울에서 붉은 완장을 팔에 걸고 청도관으로 쓰고 있던 시천교당 건물옥상에 북괴인민기를 걸어 자신은 물론 당시 청도관원이었던 여러 제자들을 끌어들여 남침 북괴에 부역을 했다. 9.28 수복 후에는 이런 일이 탄로되어 서울시 경찰국 정보과에서 이원국씨를 비롯해 청도관원들을 체포했다. 자신의 의지와 상관없이 이원국씨에게 끌려서 부역한 관원들은 즉시 풀려났지만 이원국씨와 손덕성, 정영택씨 등은 심한 문초를 받고 있던 중에 그 당시 애국협회장이었던 이기권 선생의 도움으로 1.4후퇴 직전에 간신히 풀려난 후에 이원국씨는 부산에 잠시 머문 후 일본으로 밀항, 도피했다. 이원국씨가 6.25때 부역한 것은 부인할 수 없는 사실이다.[35]

이원국은 일본에 체류하면서도 청도관 제자들과 편지를 주고 받는 등 사제지간의 인연을 유지했다. 1951년 1.4 후퇴 직후 제자인 손덕성에게 편지를 보내 청도관 제2대 관장을 맡아달라고 부탁했고, 1959년에는 자신 명의로 된 청도관장 임명장을 엄운규에게 내린 것으로 전해진다.[36] 그는 일본에서 당수도 청도관 심사대회를 갖는 등 활동을 계속하다가 고국을 떠난 지 10여 년 만에 귀국해 엄운규・이용우・현종명・남태희・고재천・백준기 등 제자들에게 열렬한 환영을 받았다. 1961년 4월이었다. 하지만 10년 간의 공백은 컸다. 제자들은 그를 따뜻하게 맞아주었지만 자신이 세운 청도관은 부쩍 성장한 제자들과 청도관 명예관장을 지낸 최홍희의 흔적이 짙게 배어 있었다. 군 장교 출신인 청도관 제자들은 최홍희 휘하로 들어가 오도관의 핵심 멤버로 활동하고 있었다. 최홍희와 제자들은 귀국 만찬환영회를 성대하게 열어 주었지만 이원국의 심정이 어떠했을지 미루어 짐작할 수 있다.

그는 1968년 청도관 제자들의 간청으로 고국에 왔다. 이번에도 잠시 고국을 방문한 것이다. 엄운규를 비롯한 제자들은 그 해 7월 김포공항에

---

35) 노병직은 1998년 송무관 제자인 강원식에게 보낸 편지에서 이렇게 밝혔다.
36) 서성원(2007). 태권도현대사와 길동무하다. 도서출판 상아기획. 33쪽. 손덕성은 일본에 있던 정영택이 청도관 분열을 획책하는 동시에 이원국 명의로 된 청도관장 임명장을 엄운규에게 내렸다고 생각했다. 이때부터 손덕성은 어려울 때 도움을 준 엄운규가 자신을 배신했다고 여겼다.

서 '청도관 초대관장 이원국 선생 귀국'이라는 환영 펼침막을 들고 스승을 맞이했다. 그 후 이원국은 1969년 『태권도교범』(진수당)을 출간했다. 이 책에서 그는 '태권도의 유래'에 대해 "태권의 기원을 어떤 특정한 인물이 언제쯤 창시한 것이라고 단언할 수는 없다. 다만 인류가 발생한 이후 오늘날까지는 많은 사람에 의해 연구 첨가되어 계승된 끝에 현대의 태권으로 발전한 것이다"라고 했다.

이원국은 제자 이준구의 요청으로 미국으로 건너가 미군들에게 무술을 가르치다가 그만 두고 1994년 아내와 함께 귀국해 태권도종주국에 태권도대학이 없는 현실을 개탄했다. 당시 그의 명함에는 '韓國 跆拳道 創始主[37] / 跆拳道 靑濤館 總裁 李元國'이라고 씌어 있었다.

미국에서 여생을 보내던 이원국은 2003년 폐암으로 타계했다. 향년 97세였다. 미국에 있는 청도관 출신의 태권도인들이 주축이 되어 장례식을 치렀다. 안근아는 "이원국은 태권도 근대사에서 태권도의 가라테 기원설과 전통성을 주장하는 학자들 사이에 가장 핵심적인 논의 대상이다. 그가 현재의 태권도와 관련이 있는지 없는지 또는 그가 설립했던 도장(청도관)이 태권도장이었는지, 가라테 도장이었는지를 판가름하는 것은 태권도 역사를 정립하는 데 주요 사안일 수 있다"[38]고 밝혔다.

(2) 무덕관 황기(黃琦)

황기는 다른 모체관의 개관자들과는 달리 일본에서 가라테를 배우지 않았다. 1935년 경기상고를 졸업한 황기는 남만주 철도국에 입사했고, 이 무렵 우연히 무술 고수를 만나 태극권과 십팔기 등 중국무술을 배웠다

---

37) 이원국은 태권도 창시주에 대해 月刊中央 1994년 12월호에서 "처음에는 시조(始祖)라고 했는데 좀 지나서 생각해보니 너무 자만하는 듯한 느낌이 들어서 그렇게 고쳤다. 느낌상 시조보다는 한 단계 아래로 느껴지지 않는가?"라고 했다. 하지만 태권도 원로 강원식은 "이원국이 청도관을 창설한 것은 사실이지만 그는 태권도와 아무 관련이 없는 사람"이라며 '태권도 창시주'라는 호칭에 이의를 제기했다.
38) 안근아·이재봉·안용규, 태권도와 이원국, 체육스포츠인물사, 21세기교육사.

고 전해진다.

황기는 1945년 8월 15일 해방이 되자 미군정이 관할하는 철도국에 근무하며 운수부에 무술을 가르치는 도장을 개관했다. 이를 두고 '운수부 화수도 도장' 혹은 '운수부 당수도 도장'이라고 한다.

그 후 황기는 청도관과 조선연무관과 교류하면서 가라테를 접했고, 철도국 도서관에서 가라테 서적을 공급받아[39] 독학으로 가라테의 기술을 터득한 것으로 보인다. 하지만 그 당시 황기는 가라테보다 화수도(花手道)에 더 심취했다. 황기는 화수도를 사용하게 된 배경에 대해 이렇게 말한다.

'화(花)'자는 과거의 화랑도의 두자(頭字)를 채택한 것이니 이는 우리나라의 역사적 전통으로 비추어 보드라도 의미심장한 바가 있음은 재언은 불요하니 (생략) '수(手)'자는 당수도의 수자를 인용함도 되지마는 수라함은 손을 의미함이요 또 사람을 표현함이요 나가서는 자격 실력이나 물리학적 표현도 되어 어원, 어감도 대단히 부드러워 넉넉이 사도(斯道)의 대표어로서 채택되어 부끄럼이 없다고 생각된다 (생략) '도(道)'자인데 이 자는 고래로부터 전하야 내려온 말이며 이에 대하야는 현명한 세인이 다 주지하는 사실임으로 다언을 피하는 바이다. 그리하야 삼문자로 합하야 '화수도(花手道)'라 칭하게 된 것이다.[40]

1940년대 중반, 황기 무덕관 개관자가 제자들과 철도국 앞에서 포즈를 취했다. '남조선과도정부운수부'가 당시 시대상을 말해주고 있다.

---

39) 서상렬(2002), 앞의 책, 2쪽.
40) 黃琦(1949), 花手道敎本, 朝鮮文化敎育出版社, 37~38쪽.

황기는 일반인들에게 널리 알려져 있는 '당수도(唐手道)'를 단념하지 않았다. 이러한 마음은 1960년 발행한 『당수도교본』을 보면 엿볼 수 있다.

> 일반 대중은 '당수도'라고 하여야 잘 알아듣는 것만은 사실이다. 그리하여 창설 초기인지라 일반적으로 온당한 인식과 보급을 조속하게 하려면 일반이 잘 알고 있는 명칭을 사용하는 것이 효과적일 것이기 때문에 (생략) 우리나라에 적합하고 이상적인 명칭을 마련하여 나아갈 방침인 만큼 당수도라는 이름은 어디까지나 임시적인 명칭에 지나지 않은 것이다.[41]

이러한 황기의 주장에 대해 노병직은 평가 절하했다. 남만주에서 무술을 배웠다고 하지만 실제로 일본 공수도를 답습했다는 것이다.

> 황기가 1950년 발행한 화수도교본과 1958년 발행한 당수도교본, 그리고 1970년 발행한 수박도대감 등의 책은 후나코시 선생이 저술, 발행한 책들을 번역, 표절 개조한 책이다. 황기는 자칭 남만주에서 십팔기(十八技)를 배웠다고 말하고 있으나 그의 출신 도장과 그에게 십팔기를 가르쳐준 사람은 밝혀지지 않고 있으며, 그의 지도방법은 중국 십팔기가 아니라 일본 공수도 송도관 류(流)를 그대로 행해 왔다.[42]

노병직의 이 같은 지적에 최홍희도 태극, 평안, 발색, 철기 등 일본 가라테 형을 자기의 작품인 양 황기가 속여 왔다[43]고 비판한다. 황기는 1950년대 중반에 이르러 '수박도(手搏道)'에 빠졌다. 1956년 『무예도보통지』를 접하게 되면서 '수박도'라는 명칭으로 정착하게 된다. 복사기가 없던 시절 2년에 걸쳐 필사하고 이를 바탕으로 '수박도'라는 명칭을 제정하게 된 것이다.[44]

황기는 1950년대 후반부터 태권도 통합파와 갈등을 빚었다. 1959년 육군 소장 최홍희가 문교부 체육과장과 대한체육회 이사가 입회한 가운

---

41) 황기(1960), 앞의 책 27쪽.
42) 노병직이 2000년 11월 송무관 제자 강원식에서 보낸 편지의 일부 내용.
43) 최홍희(1998), 태권도와 나 2. 도서출판 다움. 62쪽.
44) 허인욱(2008), 앞의 책. 68쪽.

데 청도관·오도관·송무관·창무관·지도관·무덕관 등 6개 관(館) 대표들과 모여 대한체육회 회의실에서 대한태권도협회(大韓跆拳道協會)⁴⁵⁾를 창설했다. 이 때 황기는 무덕관 대표로 참여해 이사장 직책을 맡았다. 대한태권도협회를 창립하기 전 협회 명칭을 놓고 논란이 벌어지자 노병직과 윤쾌병, 이종우 등이 '공수도'를 내세운 반면 그는 '당수도'를 고집했다. 왜 '수박도'라고 하지 않았는지 의문이다.

황기는 1960년 대한당수도협회를 대한수박도회로 바꾸고 문교부에 사단법인 신청해 그 해 6월 인가를 받았다. 하지만 수박도는 당수도와 큰 차이가 없었다. 대한수박도회를 정식으로 내걸었지만 황기는 당수도 명칭에 거부감이 없었다.⁴⁶⁾ 이런 이유 때문에 황기가 말하는 수박도는 곧 당수를 말하고, 그가 이야기하는 수박도는 타격기로서 맨손무예를 지칭하는 대단히 포괄적인 용어로, 역사적으로 고구려 고분벽화와 신라의 화랑에 대한 언급은 물론 중국의 역근경이나 조선시대의 『무예도보통지』를 모두 아우르며 역사기술을 이야기하고 있다⁴⁷⁾는 지적도 있다.

1960년대 초반 태권도의 경기화가 본격화하자 태권도인 사이에 찬반 논쟁이 벌어졌다. 이 때 황기는 최홍희와 경기화를 반대했다. 황기는 태권도를 무술로 규정하고, "무술이란 원래 인간의 생명을 직접적인 대련으로 하는 것이므로 시합이 불가능하다. 기술이 그 형태나 방법에서 근본적으로 변하게 될 것이므로 경기화는 신중하게 고려돼야 한다"며 신중론을 폈다. 또 "경기화는 결과적으로 무도정신(武道精神)을 무시하게 되고, 단(段)·급(級)의 심사제도가 불필요하게 된다"⁴⁸⁾고 주장했다.

황기는 1960년대 중반까지 무덕관 중앙도장에 '대한수박도회' 간판을 내걸 정도로 '수박도'에 심취했다. 이 시기 각종 대회와 연무시범, 심사가

---

45) 1959년 최홍희가 주도해 창립한 대한태권도협회는 공식 연혁으로 인정받지 못하고 있다. 대한체육회에 승인을 받지 못했다는 이유 때문이다. 대한태권도협회는 1961년 창립한 대한태수도협회를 전신(前身)으로 인정해 2011년 대한태권도협회 창립 50주년 편찬사업을 진행했다.
46) 황기는 1960년 9월 21일 주한 미8군체육회 당수도부 승급심사에서 주심을 봤고, 1960년 11월 13일 무덕관 창립 15주년 기념 한·미·중 친선 당수도연무대회에서 윤쾌병과 부회장으로 참가했다.
47) 2006년 12월 '태권도진흥재단 주최 태권도 역사 정신에 관한 연구' 세미나 태권도 역사 편 5쪽.
48) 황기(1971). 수박도 교본.

성황리에 열렸다. 이처럼 황기가 '수박도'를 고집하면서 1960년 초 대한태수도협회와 1965년 대한태권도협회 창립 과정에서 노병직·이남석·이종우·엄운규 등 협회 창립파와 대립각을 세웠다. 1962년 8월, 황기는 대한태수도협회의 기본 이념과 운영방법이 사도의 근본이념과 어긋난다며 탈퇴했다. 아마도 30대의 젊은 제자들이 의기투합해 협회 운영을 주도해 나가는 것이 못마땅했던 것으로 보인다.[49]

황기는 1965년 또 다시 격랑에 휩싸였다. 그 해 1월 말레이시아 대사직을 마치고 귀국한 최홍희는 자신을 둘러싼 영향력을 활용해 대한태수도협회 제3대 회장에 취임하고 협회 명칭을 대한태권도협회로 개칭했다. 그 당시 황기는 대한수박도회를 사단법인체로 등록하고 독자적인 길을 걸었지만, 최홍희가 주도한 태권도계 통합에 동참해 무덕관 대표 자격으로 통합선언서·통합합의서·통합취지서에 합의했다. 황기는 "최홍희가 회장을 하면 안된다"고 할 정도로 사이가 좋지 않았지만 최홍희의 회유와 대세(大勢)에 따라 통합서에 날인을 한 것으로 알려졌다. 1965년 3월 18일, 최홍희가 주축이 된 각 관의 대표자들은 대한체육회(당시 서울시청 건너편) 대강당에서 '태권도 통합선언식'을 가졌다. 그러나 그 다음날 뜻밖의 일이 벌어졌다. 황기가 통합선언식은 '무효'라며 번복했다. 당시 황기와 독대한 홍종수(무덕관 지도사범)는 "황기 관장의 무효선언은 뜻밖의 일이었다. 무덕관의 앞날과 황기 관장의 위상을 위해 하루 반나절을 충심으로 직언했다"며 이 같이 회고한다.

황기 관장이 끝까지 고집을 피우자 무덕관 고단자들이 크게 반발했다. 황기가 무덕관 관장이지만 개인적인 견해를 무덕관의 전체적인 입장인 양 호도해선 곤란하다며 맞섰다. 고단자들은 별도로 모임을 갖고 심사숙고 끝에 통합 약속을 이행하자는 결론을 내렸다. 김영택은 황기의 독단적인 결정에 따를 수 없다며 그의 출관(出館)을 주장했다. 무덕관에서

---

49) 재미언론인 이호성씨는 협회 구성에 반대했던 황기에 대해 "1960년에 혼자 사단법인 '수박도회를 만들어 문교부에 등록까지 했다. 그러나 당시로선 대세가 태수도로 기울고 있었다. 5·16이후 모든 관이 대한태수도협회로 통합되는 상황에서 황기는 일단 통합에 찬성했다가 수박도회를 해체시킨 문교부의 조치가 부당하다며 법정에 제소, 문교부와 법정싸움을 벌여 무덕관을 피폐의 길로 몰았다"고 술회한다.

제명하자는 것이었다. 당시 김영택은 변호사로 활동하면서 최홍희가 주도한 태권도계 통합에 기여해 최홍희로부터 좋은 평가를 받았던 인물이었다. 그러나 무효 선언을 번복하도록 다시 한 번 종용하자는 내 건의에 따라 고단자들은 마지막으로 황기 관장을 설득할 요량으로 황기를 찾아갔다. 그러나 요지부동이었다. 상황이 이렇게 되자 김영택을 비롯한 고단자들은 "고약한 늙은이"라고 욕을 하고 자리를 박차고 나왔다.[50]

이른바 '황기 파동'을 최홍희도 불쾌하게 여겼다. 황기가 협회 통합을 놓고 잔꾀와 변덕을 부리고 엉뚱한 제안을 했다는 게 최홍희의 주장이다.

통합에 찬성하는 대신 문교부에 법인체로 된 수박도회는 연구기관으로 존석케 해달라는 엉뚱한 요구였다 (…) 나는 더 이상 참을 수가 없어 그의 목덜미를 쥔 채 계단으로 끌고 올라와 모두가 보는 가운데 "이런 나쁜 놈이 어디 있나" 하며 벽에 박았더니 그는 아무 소리 못하고 떨고만 있었다 (…) 나는 그와의 회담을 단념했다.[51]

그 후 황기는 무덕관 최고 의결기구인 시·도 본관장회의에서 제적 당했다. 자신이 만든 무덕관에서 제자들에 의해 축출된 것이다. 이러한 사태를 두고 해석이 무성하다. 대한태수도협회와 통합을 거부한 황기와 협회 통합을 찬성해 이에 가담하는 세력으로 나뉘게 되는데, 이를 무덕관 내부에서는 대한수박도회 수구파와 신간파로 구분하기도 한다.[52]

무덕관 제자들과 결별한 황기는 1965년 8월 필리핀, 66년 9월 말레이시아, 67년 월남에 무덕관을 설치하는 등 꾸준히 활동했다. 또 65년 5월 문교부가 일방적으로 사단법인 대한수박도회의 법인체 허가를 임의로 취소하자 이에 불복하고 고등법원에 행정소송을 제소, 66년 6월 대법원에 상고된 행정소송에서 승소했다.

---

50) 필자가 〈태권도신문〉에 태권도 현대사를 연재하던 1997년 7월, 서울 코리아나호텔 커피숍에서 홍종수 원로를 만나 무덕관 분열과정을 인터뷰한 내용이다. 홍종수 원로는 1998년 췌장암으로 타계했다. 이 내용은 강기석(2001), 태권도 半世紀 서울올림픽기념국민체육진흥공단, 119쪽에 수록되어 있다.
51) 최홍희(1998). 앞의 책. 61쪽.
52) 서상렬(2002). 앞의 책. 3쪽.

이처럼 태권도 무덕관과는 별개의 유파를 형성하며 활동 반경을 넓혀온 그는 1988년 5월 서울 용산구 남영동에 대한수박도회 무덕관을 이전하고 국내보다는 국외에 수박도를 보급하며 대한수박도회 이사장과 무덕관 관장을 겸직했다. 1995년 9월에는 수박도회가 주최한 무덕관 창립 50주년 기념행사에서 수박도 수련의 목표는 '활(活)'이라고 밝혔다. 황기는 2002년 타계했다.

(3) 중앙기독교청년회(YMCA) 권법부 윤병인

윤병인(尹炳仁)은 1920년 만주 봉천(지금의 심양)에서 태어나 연변중학교를 다니며 권법을 익혔다. 그가 배운 권법은 단권(短拳)·장권(長拳)·태극권(太極拳)·팔기권(八騎拳) 등의 형과 봉술(棒術)·도술(刀術)로, 이 권법은 해방 이후 YMCA 권법부의 제자들에게 전수되었다.[53]

윤병인은 1939년부터 1941년까지 일본 도쿄에 있는 일본대학교(Nihon Univerversity) 척식농학과에서 유학을 하며 그 대학 가라테 사범으로 있는 도야마 간켄(遠山寬賢·1888~1966)과 교류를 통해 가라테 기법을 습득했다[54]고 하지만 이견이 있다. 태권도 전문기자 박성진은 윤병인과 도야마 간켄의 관계는 사제지간(師弟之間)으로 분류해야 한다고 주장한다. 20대 초반의 윤병인이 50대 중반의 가라테 고수 중 한 사람으로 꼽히던 도야마 간켄과 어깨를 나란히 하며 '무술 교류'를 했다고 할 수 없다는 것이다. 박성진은 '윤병인과 도야마 간켄의 관계'에 관하여 이렇게 주장한다.

도야마 간켄은 젊은 윤병인의 무술가로서의 재능을 인정하고 제자로 삼아 가라테를 가르치면서도 윤병인의 권법에서 배우고 느끼는 점도 있었을 것이다. 가르친다는 것이 배움

---
53) 허인욱(2008), 앞의 책, 21쪽.
54) 허인욱(2008), 앞의 책, 21쪽.

의 연장이고, 제자에게도 배우는 점이 있는 것이기 때문이다. 그러나, 그렇다고 해서 이들의 관계를 사제지간이 아니라 마치 동급의 무술가가 서로 교류한 것으로 이해할 수는 없다. 도야마 간켄의 제자 목록에 있는 한국인으로는 윤병인 외에도 전상섭, 김기황, 윤쾌병 등이 있다. 이들은 모두 도야마 간켄의 슈토칸 도장의 제자 목록에 사범으로 올라있다. 여기서 전상섭은 바로 조선연무관의 창설자이며 윤쾌병은 전상섭이 행방불명된 후 한국에서 조선연무관에서 이름을 바꾼 지도관의 관장을 맡았다. 김기황은 60년대에 미국으로 이주해 태권도를 전파한 초기 사범으로 이름을 알렸다. 이렇듯 도야마 간켄으로부터 가라테를 배운 태권도 초창기 사범들 중에서 윤병인만을 스승과 대등한 관계로 추앙한다면, 윤병인과 전상섭, 윤쾌병, 김기황 등과의 관계는 애매해지는 것이다. 따라서 윤병인은 도야마 간켄과 무술 교류를 한 것이 아니라, 무술을 배웠다고 분명하게 서술하는 것이 옳다. 도야마 간켄의 제자 중에서 가장 인정 받는 제자 중 하나였다고 이해하는 것이 도야마 간켄과 윤병인의 관계에 대한 객관적인 이해에 가까울 것이다.[55]

도야마 간켄에게 가라테 4단을 받은 윤병인은 대학 가라테부에서 사범 생활을 했다. 그 후 윤병인은 고국이 해방되자 경성농업학교에서 체육교사로 재직하면서 전상섭과 친분이 두터워 조선연무관 권법부에서 무술을 가르쳤다. 이종우는 "윤병인 선생도 일본에서 와서 처음에 우리를 무술을 가르쳤다. 태극권이다 뭐다 중국에서 배운 것을 가르치기도 했다"[56]고 말했다.

윤병인은 손가락이 절반이나 잘려 평소에 장갑을 끼고 다녔다. 이를 두고 그가 만주에 있을 때 마적단이 휘두른 장도를 막다가 손가락이 잘린 것이라고도 하고, 동상에 걸려 빙초산(화학약품)이 좋다는 이야기를 듣고 빙초산에 손가락을 풍덩 집어넣었다가 화상을 입었다는 설도 있다. 하지만 몹시 추웠던 겨울, 이웃들과 모여 불을 쬐고 있을 때

---
55) 무카스. 2012년 1월 24일.
56) 무카스. 2010년 2월 14일.

그의 오른손이 뜨거운 석탄에 데어서 상처를 입었는데 치료를 받지 못해 그렇게 됐다는 설이 유력하다.

윤병인은 YMCA권법부를 창설하기 이전에 성균관대학, 경성농업학교 등에서 권법과 가라테를 지도했다. 그 당시 이승만의 경호원으로 임명됐으나 오른손 손가락을 잃어 이승만 대통령에게 군대식 경례를 할 수 없어 사양했다는 주장도 있다.[57]

1949년 1월 결혼을 한 윤병인은 1950년 6월 24일 연무대회를 개최하는 등 활발하게 활동했지만 6월 25일 한국전쟁이 일어나자 종적을 감췄다. 그 후 윤병인은 거제도 포로수용소에 제자들 몇 명과 수용됐는데, 아마도 북한군과 관련된 어떤 일로 사로잡혀 포로가 되었던 것으로 짐작된다.

1951년 7월 북한과 유엔군의 휴전협상이 시작되자 윤병인은 북한으로 갔다. 그는 1966년 1월부터 1967년 8월까지 북한의 체육위원회 위원으로 임명되어 평양 모란봉체육단에서 특수부대에게 격술을 지도했

> **Tip 윤병인의 서울 정착 과정**
>
> 1946년 청량리에 정착한 윤병인은 경성농업학교에서 체육교사로 재직하면서 학생들을 지도하기도 했으며, 이후 경동중학교로 옮겨 가르쳤는데, 경동중학교에 재직할 때는 전 세계태권도연맹 총재를 지낸 김운용이 수업의 일환으로 권법을 배우기도 했다. 이후에는 건국대학교 학생과장으로, 다시 성균관대학교 학생부 처장으로 교직원 생활을 하기도 했다. 윤병인은 1949년 임승덕과 결혼해, 1949년 12월 5일 딸 윤영숙을 낳았다. 교직원 생활 중에도 윤병인은 조선연무관권법부에서 사범으로 6개월 정도 가르쳤다. 조선연무관에 권법부를 창설한 전상섭이 친한 친구였기 때문이다. 윤병인은 연무시범을 보이기도 했는데, 박철희의 기억에 의하면, 지금의 동대문운동장인 서울운동장에서 장권과 팔기권 등을 시연하는 것을 본 적이 있다고 한다. 당시 '경농 18기'라는 별명으로 소문이 났는데, '경농'은 경성농업학교를 줄인 말로, '18기'는 가라테보다는 만주에서 배운 무술의 비중이 높았던 데서 비롯된 것으로 여겨진다. 1946년 9월 1일 YMCA에 권법부가 설립되면서 사범을 맡아서 제자들을 양성하기 시작했다. 수련은 오후 4시 30부터 시작되었는데, 처음에는 수련생이 5백 명 정도 되었지만, 강도 있게 가르치다보니, 3개월이 지난 후에는 1백 80명으로 줄었다.
>
> 〈무카스. 2011년 5월 9일. 허인욱의 무예이야기 '윤병인의 일본 유학과 서울 정착 과정'〉

---

57) 태권도타임즈. 2011년 3월 1일.

다. 이 때 윤병인은 체육위원회의 주선으로 임정숙과 결혼해 딸과 아들을 낳았다. 1967년 12월 북한의 국제스포츠위원회에서 격술을 국제경기단체로 만들려고 했으나 윤병인은 격술은 경기가 아니어서 국제스포츠단체를 만들 수 없다며 소신을 굽히지 않아 함경북도 청진에 있는 시멘트 공장으로 보내졌다.[58] 1982년까지 시멘트 공장에서 노동자로 생활해온 윤병인은 1983년 4월 3일 폐암으로 일생을 마쳤다.

(4) 송무관 노병직(盧秉直)

노병직은 1919년 개성에서 태어났다. 그는 1936년 12월, 일본 가라테의 본산으로 일컬어지고 있는 공수도 송도관(松濤館)에 입관해 1944년 고향으로 귀향할 때까지 일본에서 공수도 수련과 연구에 몰두했다. 노병직은 1939년 일본에서 가라테를 수련할 당시의 빛바랜 사진을 2007년 태권도신문사에 보내 왔다. 그는 이 사진에 대해 "6.25 동란과 1.4 후퇴 때 피란을 가면서 이 사진을 지갑에 넣고 다니다가 몹시 구겨졌는데, 천만다행으로 가장자리만 구겨져서 항상 하나님께 감사하는 마음으로 간직하고 있다"[59]고 말했다.

송무관 개관자 노병직이 1939년 일본에서 가라테를 수련할 당시의 모습.

노병직은 이원국과 애증의 관계였던 것으로 보인다. 1940년대 일본 유학시절부터 이원국과 알고 지냈던 노병직은 송무관과 청도관 개관 시기를 놓고 인식이 달랐다. 노병직의 증언.

1955년 청도관 고문 겸 명예관장으로 영입된 최홍희 장군은 고위 장성들과 사회 저명인

---

58) 태권도타임즈. 2011년 3월 1일. 재미 김명수 사범의 'YMCA권법부 창설자 윤병인 선생 열대기' 기고에 상세하게 나와 있다.
59) 태권도신문. 2007년 7월 23일.

사들을 청도관 고문 또는 이사들로 끌어들여 청도관 발전에 기여한 사람이다. 그럼에도 불구하고 이원국씨가 최 장군에 대해 이런 저런 (비판의) 말을 할 수 있느냐 (…) 이원국씨가 1950년 6월 부산에서 일본으로 밀항했다는 말은 6.25때 북괴의 부역을 했던 사실을 은폐하기 위한 비굴한 잔꾀이다. 이원국씨는 46년부터 50년 6.25동란까지 4년간 당수도계에 있었을 뿐이다. 그 후 현재까지 수십 년 동안 국내 태권도계와 관계를 맺지 못했고 기여를 하지 않은 사람이다. 과거사를 속이고 거짓말을 하는 언행은 무도인의 자세가 아니다. 마치 협잡꾼이나 일삼는 작태라고 생각한다.[60]

대한공수도협회 및 대한태수도협회 창립에 참여한 노병직은 1963년 12월, 한국 태권도국가대표선수들이 일본 공수도 선수들과 친선 경기를 하러 일본을 방문할 때 감독을 맡았다. 1966년 최홍희의 뒤를 이어 1년 동안 대한태권도협회 회장직을 역임한 노병직은 60년대 후반 국제태권도연맹(ITF) 부총재로 활동했다. 1980년대 중반 미국 미네소타주로 이민을 간 노병직은 1992년 12월 제자 강원식의 요청으로 대한태권도협회가 주최한 제1회 태권도한마당 개회식에서 고수(高手) 품새 시연을 했다. 2007년 10월 고국을 방문한 그는 강원식·이승완·최창신 등과 점심시

> **💡 Tip** **1985년 제자에게 보낸 노병직의 친필 편지**
>
> 태권도의 뿌리인 5개 기간 도장 중 하나인 송무관의 창설자이자 지난해 방한한 바 있는 노병직 선성. 그가 30년 전인 1985년 제자들에게 보낸 2통의 편지를 공개한다. 2통의 편지는 모두 특정 개인이 아닌 '사범 제위'로 통칭되는 제자 및 후배 태권도 사범들에게 보내진 것으로 모두 3월에 보내졌다. 한 통은 A4 2장짜리 분량으로 3월만 표기되고 날짜가 적시되어 있지 않으며, 다른 편지는 A4 4장짜리의 분량으로 3월 27일이라는 날짜가 표기되어 있으며, 맨 위에 제자인 '강무영 사범'의 이름이 적혀 있다. 짧은 분량의 편지가 문맥상 시기적으로 앞선 것으로 보고 편의 상 첫 번째 편지로 표기해서 게재한다. 이번 노병직 선생의 편지에는 태권도의 초창기 역사, 태권도 관 통합에 관한 증언이 포함되어 있으며, 특히 두 번째 편지에는 미묘한 내부 갈등까지도 생생하게 서술되어 있어 진정한 태권도의 역사를 밝히는 게 중요한 자료가 될 것으로 판단된다. 편지 사본은 미국 LA 도산체육관의 창설자 김용길 사범으로부터 입수하였다. 김용길 사범은 노병직 선생의 초기 제자 중 한 명으로 미국 태권도계 및 한인체육계에서 중요한 역할을 맡아온 인물이다.
> 〈헤럴드경제. 2015년 1월 5일. 박성진 기자 '노병직 옹 30년 전 친필 편지'〉

---

60) 노병직은 1998년 송무관 제자인 강원식에게 보낸 편지에서 이렇게 밝혔다.

사를 함께 하며 해방 이후 태권도 모체관(母體館)의 태동과 현대 태권도의 발자취 등을 이야기하면서 "태권도 현대사는 올바르게 기술되어야 한다"고 강조했다.

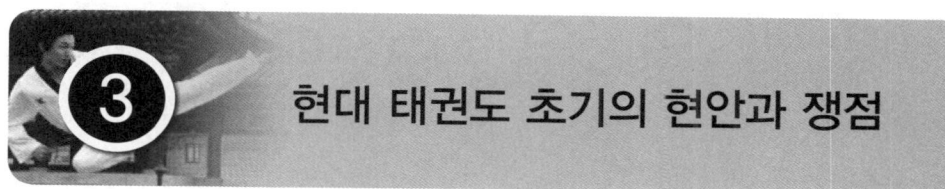
3 현대 태권도 초기의 현안과 쟁점

(1) 모체관에서 파생된 신흥관의 특징

한국전쟁으로 사회가 어수선해지고 모체관 개관자들의 행방이 묘연해지자 독자 노선을 꿈꾸며 도장을 개관하는 사람들이 생겨나기 시작했다. 이것은 본가(本家)에서 분가(分家)한 것으로 해석할 수 있지만, 한솥밥을 먹은 구성원 간의 갈등과 반목을 고스란히 드러냈다. 1950년대 중반부터 모체관에서 갈라져 나왔거나 새롭게 생긴 도장을 '신흥관(新興館)'이라고 한다. 대표적인 것이 창무관·강덕원·한무관·정도관·오도관·국무관·수무관·창헌관·문무관·홍무관 등이다.

창무관(彰武館)과 강덕원(講德院)은 엄밀히 말해 YMCA 권법부에서 파생됐다. 윤병인은 1946년 9월 중앙기독교청년회인 YMCA 권법부에 창무관을 개관하고, 초대 사범에 이남석을 임명했다. 창무관의 명의로 심사를 하고 단증을 발급한 것은 1948년이다. 제3회 창무관 권법 정기심사를 한 후 찍은 기념사진에 단기 4281년으로 되어 있어, 이것이 조작이 아니라면 창무관은 1948년에 이미 존재했음을 알 수 있다. 그 후 윤병인이 한국전쟁에 휩싸여 월북하자 이남석은 김순배 등과 창무관 확장에 나섰다.

체신부 직원이었던 이남석은 1953년 10월 체신부 관계자의 도움으로

1950년대 초 조선총독부를 배경으로 기념사진을 찍고 있는 YMCA 권법부 출신자들. 사진 원안은 창무관 초대 관장 이남석. 김순배와 박철희도 보인다. 이들은 곧 창무관과 강덕원으로 갈라섰다.

창무관을 개관하고 자신이 관장을 맡았다. 부관장은 김순배였다. 창무관은 영창고등학교의 '창'과 무도인의 '무'자를 합쳐 이름 붙였다는 설도 있지만 박철희의 증언에 따르면 윤병인이 '빛날 창(彰)'자에 '호반 무(武)'자를 쓰는 창무관이 좋다고 했다고 하면서, 한국전쟁 이전에 창무관 명칭으로 단증을 발급하기도 했다.[61]

이에 대해 허인욱은 이남석이 YMCA 권법부에서 수련을 하면서 체신부에 별도로 권법부를 설립한 것으로 여겨진다며, 윤병인도 체신부권법부가 YMCA 권법부와는 별개의 도장이었으므로 이남석의 부탁에 따라 '창무관'으로 단증을 발급했던 것으로 보인다[62]고 해석한다. 창무관은 국내에 700여 개의 지관을 설치하고 해외에 450여 개의 도장을 개관할 정도로 성장했다. 1986년 이남석이 미국으로 이민을 간 후 김순배가 3대 관장으로 취임했다.

강덕원은 YMCA 권법부 출신인 홍정표와 박철희에 의해 1956년 9월 서울 신설동에서 개관했다. 강덕원은 '덕을 가르치는 집'을 뜻한다. 기

---
61) 박철희 구술·허인욱 정리(2005), 앞의 책 6쪽.
62) 허인욱(2008), 앞의 책, 99쪽.

존의 '관'이라는 명칭을 사용하지 않고 '원'을 사용한 것은 박철희가 『파사권법』(1958)이라는 교본을 저술한 해인사 경학원의 '원'에서 차용한 것으로, 일본식 '관'이라는 명칭에서 탈피하고자 한 의도에서 비롯됐다.[63]

홍정표와 박철희는 강덕원이 창무관의 분관이라는 주장에 반론을 제기했다. 특히 박철희는 한국전쟁이 끝난 후 YMCA 권법부라는 줄기에서 창무관이 먼저 가지를 뻗고, 그 후 강덕원이 가지를 뻗은 것이기 때문에 강덕원이 창무관에서 분관했다고 해서는 안 된다[64]고 주장한다. 강덕원은 연무대회에 자주 참가했다. 1959년과 1960년 3월 경무대 경찰서 주관으로 열린 '대통령각하 친람 전국무술개인선수권대회'에서는 강덕원 소속 관원들 중심으로 연무가 이루어졌다. 이 대회의 종목은 가라테 형과 장권형 및 대련, 팔기권 등이었다. 강덕원 출신으로는 이금홍·김용채·정화·김정후·이강희·한정일·김병수·임복진 등으로, 박철희가 1971년 미국으로 건너간 후 이금홍이 강덕원무도회 회장으로 부임하면서 인사동으로 사무실을 이전했다.[65]

한무관(韓武館)은 1954년 8월, 조선연무관 권법부 출신의 이교윤이 개관했다. 이교윤은 이종우와의 갈등으로 한국체육관을 휴관한 후 서울 종로구 창신동 강문고등학교 공터에 24인용 천막을 치고 독자적인 길을 걸었다. 한무관은 1969년 10월 서울 종로구 창신동에 중앙도장을 신출해 개관식을 가졌다. 한무관 출신으로는 정익진·변동식·이면형·김철환·이강환 등이 있다. 이교윤은 1965년 『백민인의 태수도교본』을 비롯해 『글로벌 태권도』(2007) 등 활발하게 저술활동을 했다. 이교윤은 지도관이 임시 수련장으로 사용하던 한국체육관이 폐쇄당하고 이종우 등과 마찰을 빚자 서울 종로구 창신동 강문고교 뒤편 공터에 한무관 간판을 내걸고 관원을 모집했다. 이후 한무관은 관세를 넓혀 1969년 서울 왕십리에 중앙도장을 냈다.

---

63) 박철희 구술·허인욱 정리(2005), 앞의 책, 21쪽.
64) 강원식·이경명(1999), 앞의 책, 15쪽.
65) 강덕원과 관련된 내용은 허인욱(2008)의 앞의 책 101~105쪽에 잘 나와 있다.

정도관(正濤館)은 청도관 출신의 이용우가 창설한 도장이다. 이용우는 정도관 이름에 대해 "도장을 개관하려고 하는데 마땅한 이름이 생각나지 않아 엄운규에게 물어보니 청도관에서 '청'하나만 빼면 어떻겠느냐고 해서 곰곰이 생각해보니 '바른 길을 걷는다'라는 무도정신과 딱 맞아 떨어져 정도관이라고 했다"고 말했다.[66] 정도관 출신으로는 장용갑·김재기·김기동·오부웅·주계문·박태현·박경선·심명구 등이 있다.

오도관(吾道館)은 1954년 4월 육군 장성이었던 최홍희에 의해 창설돼 군부대를 중심으로 발전했다. 오도관 창설은 최홍희의 부관이었던 남태희의 역할이 컸다.[67] 오도관의 관명에 대해 최홍희는 "'오도'는 공자가 '나는 오직 한길을 걸어가는 사람이야(吾道一以貫之)라는 뜻과 비슷한 자신의 성격과 태권도를 전 세계에 뻗치겠다는 뜻을 내포하고 있다"[68]고 했다. 당시 최홍희는 청도관 명예관장이었다. 따라서 오도관에는 청도관에서 수련을 하다가 입대한 장교들이 많았다. 남태희를 비롯해 백준기·우종림·고재천·곽근식 등이 그들이다. 청도관 초창기 출신인 현종명은 1954년부터 10년간 오도관 수련생들을 지도했다. 오도관과 청도관의 이 같은 인연은 최홍희가 청도관 명예 4단증을 받는데 좋은 영향을 미쳤다. 백준기는 오도관에 청도관 출신들이 많은 것에 대해 "최홍희 장군은 일본 유학시절 가라테를 배웠다고 하지만 무술과 관련해 뿌리가 없었다"며 "입대한 청도관 출신들을 활용해 군에 태권도를 보급하고 오도관을 창설했다. 청도관이 큰 집이라면 오도관은 작은 집이라고 해도 지나친 말이 아니다"고 증언한다. 오도관과 관련된 백준기의 후일담.

내가 최홍희 장군을 처음 만난 것은 1951년 2월이었다. 강원도 동해안 동부전선의 방위를 전담한 육군 제1군단사령부에서 당시 준장이었던 최홍희 장군을 강릉에서 조우했다.

---

66) 필자가 1998년 서울 서대문구 로타리에 있는 정도관 본관 사무실에서 몇 차례 이용우를 만났다. 엄운규와 절친했던 그는 청도관 초창기 시절과 정도관 창설 배경에 대해 많은 이야기를 들려주었다. 그는 2006년 타계했다.
67) 최홍희(1997). 태권도와 나 1. 사람다움. 339쪽.
68) 강원식·이경명(1999). 앞의 책. 339쪽.

나는 그 때 청도관을 창설한 이원국 관장님으로부터 태권도(당시는 당수도) 2단을 수여받고 장교로 군 복무를 하고 있었다. 1992년 가을, 육군 제1군단사령부 대위였던 나는 통신부 소속이었던 엄운규와 주축이 되어 사령부에 태권도교육대를 만들어 양철로 만든 군 막사를 빌려 장병들에게 태권도를 교육했다. 1994년 초 보병29사단의 사단장이었던 최홍희 장군은 대위 남태희를 부관으로 두고 사단의 방병들에게 태권도를 교육해 오늘날 오도관의 초석을 이뤘다.[69]

최홍희는 1959년 『태권도교본』을 저술했다. 이 책에는 태극, 평안 등 가라테 형과 화랑, 충무, 을지 형 등이 수록되어 있다. 최홍희는 1964년 화랑, 충무, 계백 등 18개 틀을, 1966년에는 4개 틀을 완성해 오도관을 중심으로 군에 보급했다.[70]

오도관은 청도관에서 발급한 단증만 인정하고 나머지 관(館)의 단은 '민간단'이라며 별도로 승단심사를 해서 민간도장과 갈등을 빚었다. 이에 대해 최홍희는 "오도관이 형제관이라 할 수 있는 청도관과의 잦은 교류로 기본동작과 형의 수련체계가 같았으나 지도관과 창무관 등 민간도장의 수련체계와는 달라 군에 맞는 별도의 심사가 필요했기 때문이라고 밝혔다.[71]

(2) 대한공수도협회 창립과 한계

1946년 7월 이원국·전상섭·윤병인·노병직이 주동이 되어 협회를 구성해 보겠다는 의욕으로 2, 3차 회합을 가졌으나[72] 견해 차이로 무산됐다. 1950년 6월 25일 한국전쟁이 일어나자 부산으로 피난을 간 노병직·윤쾌병·황기·이종우·현종명·조영주·김인화 등은 협회 구성

---
69) 백준기는 2006년 10월 필자를 만나 오도관과 최홍희에 대해 많은 이야기를 들려주었다. 이 같은 내용은 태권도신문, 2006년 10월 16일에 게재되어 있다.
70) 최홍희(1998). 태권도와 나 2. 사람다움. 41~43쪽.
71) 강원식·이경명(1999). 앞의 책. 14~15쪽.
72) 대한태권도협회. 태권도 창간호. 1971년 4월. 24쪽.

을 협의하고 대한공수도협회(大韓空手道協會)를 창립했다.

협회 명칭을 왜 '대한공수도협회'라고 했을까? 당시 조선연무관과 중앙기독교청년회(YMCA)는 권법(拳法)을 공식 명칭으로 사용했으나 청도관과 무덕관, 송무관이 공수도를 사용해 대세를 따른 것으로 보인다. 노병직은 "그 당시 공수도협회는 일본 가라테 냄새가 난다는 반론도 있었으나 협회를 대표할만한 명확한 명칭이 없었다"고 말했다.[73]

1950년 10월, 서울이 수복되자 대한공수도협회를 발기한 사람들은 재력가인 이중재를 초대 회장으로 추대하고, 부회장은 정치인 민관식, 이사장은 노병직, 사무국장은 이종우가 맡아 실무진을 구성했다. 이렇게 집행부를 구성한 대한공수도협회는 1953년 7월, 휴전 직후부터 행정 일원화를 위한 결속을 강화해 나갔다.

우선 공인단증 발급에 주력했다. 각 관마다 제각각인 단을 통일하기 위해 우선 관장들의 단을 4단으로 하고, 공인 심사대회의 심사위원은 노병직과 윤쾌병이 맡았다. 한국전쟁으로 인해 조선연무관 창설자인 전상섭과 YMCA 권법부 창설자인 윤병인은 월북했고, 청도관 창설자인 이원국은 일본에 있었기 때문에 심사위원은 두 사람이 맡을 수밖에 없었다.

제1회 공인승단심사대회는 1954년 4월 25일 중앙도장으로 사용하고 있던 청도관 시천교당에서 열렸다. 이 때 손덕성과 이종우, 엄운규, 현종명은 4단을, 박철희는 3단을 각각 부여받았다.[74] 당시 심사에 대한 박철희의 후일담.

> 1954년 육군사관학교에 가기 직전인 중위시절 4단 심사를 봤다. 이 심사에는 엄운규씨

---
73) 강기석(2001). 태권도 半世紀 인물과 역사. 서울올림픽기념국민체육진흥공단. 66쪽.
74) 당시 이종우는 맹장에 걸려 추천으로 4단이 됐다.

도 참가했다. 당시에는 서로 안면은 없었다. 당시 협회라고는 하지만 각 도장별로 별도 수련을 했으므로 실제 수련하는 모습을 서로 본 일은 없었다. 그저 소문을 통해 '어느 관에 누가 어떻다' 더라 하는 정도였다. 엄운규씨는 당시 청도관에서 제일 뛰어난 실력을 지니고 있었다고 한다. 그의 옆차기를 맞고 넘어가지 않는 사람이 없을 정도였다는 소문도 있었다. 그런 엄운규하고 겨루기를 하게 되었다. 서로 잘 모르던 사이였으므로 어떤 특기를 가지고 있는지 몰라 탐색을 하였다. 그러다 내가 돌려차기를 하며 선제공격에 나섰다. 그런데 갑자기 분위기가 이상해졌다. '진짜로 때리는 거냐'는 항의가 들어온 것이다. 엄운규씨하고는 감정이 상할 수도 있다는 생각이 들어서 심사위원인 노병직 선생에게 "뭘 때리는 겁니까, 저 사람이 저렇게 항의를 하고 있는데…"라고 물어 보았다. 노병직 선생이 "가(서) 해"라고 지시해 다시 겨루기가 진행되었다(당시 심사위원은 노병직·윤쾌병) 이후 엄운규가 뛰어오면서 공격하려는 걸 살짝 피하는 찰나 심사를 주관하던 선생님들이 겨루기를 중단시켰다. 한창 혈기 왕성한 때이므로 일이 크게 벌어질지 모른다는 생각에서 그랬던 것이다. 어린 나이 때문이었는지 이때 나는 3단을 취득했다.[75]

  3회부터 5회 승단심사대회는 이남석이 운영하는 옛 중앙청 옆 체신부도장에서 열렸다. 5회 심사에는 47명이 응심해 초단 4명과 2단 1명만이 합격했다.[76] 하지만 대한공수도협회는 창립된 지 얼마 되지 않아 와해됐다. 대한공수도협회 발기에 참여했던 황기는 1953년 중앙심사위원을 주지 않는다며 탈퇴해 대한당수도협회를 만들어 독자 행보를 했다. 손덕성도 집행부와 갈등을 빚어 탈퇴했다. 황기는 1953년 11월 대한체육회에 가입하려고 했지만 대한공수도협회의 윤쾌병과 노병직이 동분서주하며 임원을 보강하고 대한체육회에 진정서를 제출해 당수도협회 가입을 저지하는데 성공했다.[77]

---

75) 무카스, 2010년 2월 1일.
76) 류호평(2001), 한국태권도 심사제도 변천의 역사적 고찰. 박사학위논문. 원광대 대학원. 80쪽.
77) 대한태권도협회. 태권도 창간호. 1971년 4월. 25쪽.

(3) 최홍희와 대한태권도협회의 와해

1959년 최홍희는 국군태권도시범단[78]을 인솔하고 월남과 대만 등에서 순회시범을 마친 뒤 기세당당하게 귀국했다. 우선 협회 명칭을 통일해야 했다.

최홍희는 이 같은 문제를 해결하기 위해 1959년 원효로에 있는 자신의 집으로 지도관 윤쾌병, 송무관 노병직, 창무관 이남석, 무덕관 황기 등을 불러 좌담회를 가졌다. 당시 그가 협회 구성과 명칭 통일을 위해 좌담회를 주재할 수 있었던 것은 청도관과 오도관을 중심으로 '태권도회(跆拳道會)'를 조직한 후 군 장성 신분을 십분 활용했기 때문이다.

이날 간담회는 최홍희의 뜻대로 진행됐다. 특히 협회 명칭을 결정할 때는 그의 의지가 명명백백하게 드러났다. 간담회에 참석한 노병직, 윤쾌병, 이남석 등은 '공수도'를 주장했고, 황기는 '당수도'가 좋다고 했다. 최홍희는 '태권도'를 고수했다. 청도관과 오도관에서 이미 태권도를 사용하고 있다며 물러서지 않았다. 이에 윤쾌병은 "오도관과 청도관에서 오래 전부터 쓰고 있는 까닭에 다른 관들이 굴복하는 느낌이 들어 곤란하다고 본다"며 반대했다.[79]

하지만 최홍희는 태권도를 밀어붙였다. "내가 그들보다 가라테를 먼저 시작했고, 육군 소장이라는 권위에 눌려 순순히 응했다고 본다"[80]고 최홍희는 생각했다. 공수, 당수는 일본말로 가라테인데, 민족의 주체성도 없이 가라테를 고집하는 것은 말도 안 된다는 게 당시 최홍희의 지론

---

78) 국군태권도시범단은 △단장 최홍희 △지휘 남태희 △섭외 김홍걸 △경리 김경을 △단원 고재천 백준기 우종림 곽근식 한차교 김복남 김근택 차수용 윤종걸 김만호 이응삼 이회석 김재룡 등 21명으로 구성했다. 당시 시범단 일원이었던 우종림은 1959년 3월 2일 여의도 비행장에서 괴성의 공군 수송기를 타고 역사적인 길에 올랐다고 증언했다. 최홍희는 시범단 파견을 "민족의 장거(長擧)요 쾌사(快事)"라며 기뻐했다. 최홍희는 군 계급보다 무력을 중시해 시범단을 구성했다. 남태희는 "당시 내가 계급은 낮았어도 태권도의 엄격한 서열 때문에 지휘를 할 수 있었다"고 말했다.
79) 최홍희(1998), 앞의 책, 343~395쪽.
80) 최홍희(1998) 앞의 책, 395쪽.

1959년 9월 최홍희(앞줄 왼쪽에서 세 번째) 주도로 결성된 대한태권도협회 임원들의 포즈를 취하고 있다. 앞줄에 황기, 윤쾌병, 노병직, 이남석, 엄운규, 현종명 등이 보인다.

이었다. 이렇게 해서 1959년 9월 3일, 문교부 체육과장과 대한체육회 이사의 입회한 가운데 대한체육회 회의실에서 청도관, 오도관, 송무관, 창무관, 지도관, 무덕관의 대표들이 모여 회합하고 총회를 거쳐 대한태권도협회(大韓跆拳道協會)를 창립했다.

우여곡절 끝에 대한태권도협회를 창설한 최홍희는 자신이 회장직을 맡고, 부회장에는 노병직과 윤쾌병을 선임했다. 그리고 이사장은 황기, 상임이사에는 이종우, 현종명, 고재천, 이영섭이 각각 선임됐다. 또 엄운규, 배영기, 정창영 등을 이사로 선임하고 대표심사위원은 노병직, 윤쾌병, 심사위원은 이남석, 엄운규, 현종명, 정창영 등이 맡았다.

대한태권도협회는 대한체육회 가입 절차를 밟던 중, 1960년에 일어난 4.19혁명으로 결실을 보지 못했다. 협회를 창립했지만 각 관의 이해관계가 얽혀 활동이 미진했다. 이런 와중에 황기는 대한태권도협회를 탈퇴하고 대한수박도회를 만들었다. 이런 돌출 행동에 대해 대한태권도협회가 발행한 『태권도』창간호는 이렇게 기록했다.

1960년 4월 말경, 4.19혁명 후의 정치적 사회적 혼란을 틈타, 황기는 당시 정계의 권력자인 모씨를 이용하여 전격적으로 문교부에 사단법인 등록을 하였다. 이에 각 도장에서는 문교부에 엄중 항의를 하였다. 타관(他館)에서도 법인체 등록을 받아줄 것을 요청하였더니 문교부 측에서는 헌법이 보장한 결사(結社)의 자유를 막을 수 없으니 정식서류를 제출하라고 하였다. 또 하나의 법인체가 생기면 같은 종목의 단체가 둘이 되는 셈이다.[81]

그렇다면 황기는 왜 대한공수도협회에 이어 대한태권도협회도 탈퇴했을까. 이에 대한 이유는 명확하지 않다. 이에 대해 허인욱은 "무덕관이 당시 가장 큰 세력을 형성하고 있었다는 점에서 개인적인 기득권을 포기하고 싶지 않았을 가능성도 충분히 생각해 볼 수 있다. 이런 가능성 외에 태권도협회 구성 시에 벌어졌던 자리배분 논란에서 볼 수 있듯, 가장 큰 세력을 형성하고 있는 한 관의 책임자에 대한 대우 문제에서 비롯된 불만도 작용했을 것으로 생각된다"[82]고 해석한다. 이런 것을 종합해 볼 때 황기의 야심과 기득권에 대한 집념, 우월의식 등이 탈퇴의 요인으로 작용한 것으로 보인다. 황기의 이 같은 기질과 세계관은 1965년 제자들의 반발로 무덕관이 쪼개지는 비극을 잉태하게 된다. 대한태권도협회와 대한수박도회의 갈등과 대립은 1961년 5.16 군사쿠데타가 일어나기 전까지 이어진다.

---

81) 태권도 창간호, 대한태권도협회, 1971년 4월, 25쪽.
82) 허인욱(2008), 앞의 책, 117쪽.

연구과제

1. 1945년 8월 15일 해방을 전후해 생긴 태권도 모체관(母體館)에 대해 설명하시오.
2. 5대 태권도 모체관 개관자들의 무술 이력과 특징을 설명하시오.
3. 태권도 모체관 중에서 일본 가라테의 영향을 왜 받았으며 그 내용은 무엇인가?
4. 1950년대 모체관에서 분리되어 나온 신흥관의 특징은 무엇인가?
5. '수박도'와 '화수도'에 대해 설명하시오.
6. 대한공수도협회 창립과정과 추진한 사업을 설명하시오.
7. 1950년대 후반 최홍희의 활동과 그가 주도해 만든 대한태권도협회의 개요를 설명하시오.

참고문헌

강기석(2001). 태권도 半世紀 인물과 역사. 서울올림픽기념국민체육진흥공단
강원식·이경명(1999). 태권도 現代史. 보경문화사. 6쪽.
김방출(2006). 태권도사에 대한 논쟁과 재인식. 체육과학연구 17 제1호. 통권65.
동아일보. 1949년 11월 9일자.
대한태권도협회. 태권도 창간호. 1971년 4월.
데일리안. 2007년 10월 20일.
무카스. 2010년 2월 14일.
류호평(2001). 한국태권도 심사제도 변천의 역사적 고찰. 박사학위논문. 원광대 대학원.
박철희 구술·허인욱 정리(2005). 四雲堂의 태권도 이야기. 미간행 소책자.
月刊中央. 1994년 12월호.
李元國(1969). 태권도교본. 進修堂.
서성원(2007). 태권도 현대사와 길동무하다(개정판). 도서출판 상아기획.
신동아. 2002년 4월호(통권 511호).
서상렬(2002). 무덕관은 통합되어야 한다. 미간행소책자.
이교윤(2007). 글로벌 태권도. 조은. 39쪽.
이호성(1995). 한국무술 미대륙 정복하다. 스포츠조선.
일간스포츠. 1975년 4월호.
崔碩男(1955). 拳法敎本(空手道). 東西文化史.
최홍희(1998). 태권도와 나 2. 도서출판 다움. 62쪽
태권도타임즈. 2011년 3월 1일.
태권도신문. 2007년 7월 23일.
태권팡팡. 2004년 6월 15일.
黃琦(1958). 당수도교본. 契良文化社. 22쪽.
黃琦(1949). 花手道敎本. 朝鮮文化敎育出版社
허인욱(2008). 관(館)을 중심으로 살펴본 태권도 형성사. 한국학술정보(주).
헤럴드경제. 2015년 1월 5일.

개정증보판 History & Culture & Taekwondo
태권도 역사와 문화의 이해

 # 제4장 1960년대 태권도 도약기 발자취

📖 학습목표

이 장(章)은 1960년대 초 태권도 통합이 어떤 배경 속에 어떻게 이루어졌고, 그 과정에서 주도적 역할을 한 사람들의 행보를 살펴보면서 대한태권도협회 전신(前身)인 대한태수도협회의 창립이 태권도 현대사에 미친 영향을 이해한다. 또 1955년 태권도를 작명한 최홍희가 1965년 왜 대한태수도협회를 대한태권도협회로 개칭했는지 그 과정의 비화를 알아본다.

이와 함께 대한태권도협회 회장직에서 물러난 최홍희가 1966년 국제태권도연맹을 창립한 배경과 그 후 대한태권도협회와 무슨 일로 분규가 일어났는지 탐구한다.

특히 1960년대 초 태권도 경기화가 어떻게 이루어졌고, 초창기 경기규칙과 대나무 호구 등 경기용품의 특징을 이해한다.

1960년대 태권도 도약기 발자취

 태권도 통합과 대한태수도협회 활동

(1) 대한태수도협회 창립

1961년 5.16 군사쿠데타가 일어나 포고령 제6호에 따라 사회단체 재등록이 시행되자 문교부는 유사단체 통합을 서둘렀다. 문교부는 1961년 7월 12일 대한수박도회, 대한태권도회·공수도 창무관·공수도 송무관·강덕원 무도회·한무관 중앙공수도장 등의 대표를 소집시켜 통합회의를 수차례 주선했다. 그러나 각 관의 이해관계가 얽혀 통합은 쉽게 이뤄지지 않았다.[1]

> **Tip   대한태권도협회 창립일은 1961년 9월 14일**
>
> 우리 협회는 1961년 9월 14일을 창립일로 하고 있다. 대한체육회 90년사는 1961년 9월 19일을 창립일로 기록하고 있다. 위 회의 내용을 보더라도 어느 특정한 날을 창립일로 정할 것인가를 판단하기는 쉽지 않다. 협회는 1961년 9월 14일부터 22일까지의 회의를 연속된 일련의 창립회의로 보고, 회의 개최 이전에 이미 지도자들이 협회 창립에 대한 원천적 합의가 이루어졌던 점을 근거로 회의가 시작된 14일을 창립일로 보기로 하였다.
>
> 〈대한태권도협회(2015). 대한태권도협회 50년사. 상아기획.〉

---
1) 강원식·이경명(1999). 앞의 책. 33쪽.

통합 과정이 순조롭지 않자 당시 참관자로 회의에 참석한 이종우의 건의로 자율적인 기한부 통합을 하기로 하고, 그 결과를 문교부에 보고하기로 했다. 당시 지도관장은 윤쾌병이어서 이종우는 회의에 참석할 대표자격이 없었지만 각 관에 이해를 구해 참관자로 참석했다.

1961년 9월 19일 한국체육관에서 열린 회의는 송무관 관장 노병직이 주재했다. 이날 회의에서는 또 다시 협회 명칭을 놓고 논쟁이 벌어졌다. 남태희는 "1959년 각 관의 대표들이 회합(최홍희 주도로 대한태권도협회를 창설할 때)할 당시, 만장일치로 '태권도'로 한 적이 있으니 태권도로 할 것을 동의한다"고 말했다. 이에 엄운규가 찬성했으나 윤쾌병이 반대했다. "당시 문교부에서 결정했다고 해서 만장일치로 태권도가 된 것이지 만장일치로 된 것은 아니다. 우리는 공수도를 고수하겠다"고 한 것이다. 이 말에 노병직과 이남석 등이 동의했다. 그러나 청도관 출신들이 동조하지 않자 윤쾌병은 태권도의 '태'자와 공수도의 '수'자를 따서 '태수도(跆手道)'로 할 것을 개의했다. 결국 '태수도'를 표결에 부쳐 6표 중 찬성 4표, 기권 2표로 협회 명칭이 '대한태수도협회'로 가결되었다.[2] 당시 최홍희는 '태수도' 명칭에 불만이 많았다. 최홍희의 심경.

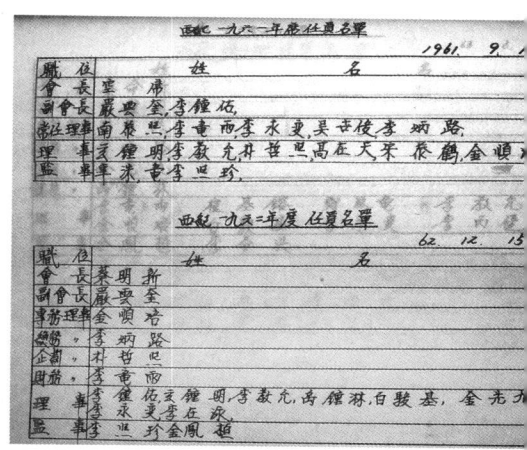

1961년 대한태수도협회 초대 집행부 명단.

4.19학생혁명과 5.16군사쿠데타로 인한 흐트러진 태권도계를 바로 잡는 것이 내게는 무엇보다 시급한 일이었다. 우선 앙숙 간에 있는 청도관장 엄운규와 지도관 수석사범(이종우)의 손을 잡게 한 다음 창무관장 이남석과 함께 그들을 한남동 자택으로 불렀다 (…) "무도의 성질상 '태'자는 꼭 있어야 할 것이 아닌가"하고 물었더니 이종우가 '태'는 좋습니다" 하기에 나는 "태권도를 반대하는 둘을 이해시킬 목적으로 그러면 '권' 자가 문제되는 모양이구만. 사실상 '권'이나 '수'는 비슷하지만"하고 '권'자를 써야 할 이유를 설명하려는 순

---

2) 이 내용은 태수도와 수박도 분규에 대한 공개(2010), 자연과 사람들, 31~69쪽에 잘 서술되어 있다.

간 이남석이 뛰어들어 "그거 참 태권도와 공수도가 합쳤다는 의미에서 태수도라 하는 것이 좋겠습니다"하며 재빨리 건의해왔다(…) 그 다음날 난데없이 '최 장군이 태수도라고 새로 명명했다'는 소문이 들려왔다. 즉시 엄운규에게 물었더니 "그럴 리가 없습니다"하고 시치미를 떼었다. 엄운규는 무엇에 매수되었는지 혹은 이종우의 술수에 말려들었는지 하루 사이에 태수도에 동의했다.[3]

그 후 1961년 9월 22일 창무관에서 제1차 이사회를 열어 초대 회장은 문교부에 일임해 대외인사로 하자고 결정했다. 부회장은 표결을 한 결과, 이종우가 9표, 엄운규가 5표를 얻어 부회장이 됐다. 이 과정에서 각 관의 대표인 무덕관 황기와 지도관 윤쾌병은 적극적으로 참여하지 않았다. 특히 황기는 더 했다. 당시 황기는 "우리들로서는 해 놓은 것이 없고, 도리어 '암'이 되었다고 본다. 꽁무니를 빼는 것이 아니며 사도를 위하여 모든 협력을 기울이겠다"[4]며 한걸음 비켜서는 것처럼 말했지만 실상은 그렇지 않았다. 당시 무덕관 사무총장을 맡고 있던 서상렬은 임원 구성과 이해관계로 갑론을박 하던 중에 엄운규, 이종우 등 젊은 층을 대표하는 사람들의 불손한 언행에 격분한 황기가 탈퇴를 선언하고 퇴장[5]했다는 증언을 보면, 소장파와의 갈등이 어느 정도였는지 짐작할 수 있다. 송무관 노병직은 1962년 9월 5일 이후 협회 유지를 위해 대표심사위원을 승낙하며 뒤늦게 동참[6]했지만 황기와 윤쾌병은 갈수록 소장파들과 멀어졌다. 이와 관련된 박철희 후일담.

통합회의를 여러 차례 했는데 수박도의 황기 선생과 공수도 지도관의 윤쾌병 선생이 적극적으로 참여하지 않았다. 당시 한국체육관 건너편에 있던 동남다방에 문교위원회 김용

---

3) 최홍희(1998). 태권도와 나 2, 사람다움. 15쪽. 최홍희는 통합 명칭을 놓고 고심하고 있는 이들에게 "수(手)는 권(拳)의 아들이라 할 수 있으니 기왕이면 아버지가 되어야지 스스로 아들 노릇할거야 없지 않은가"라며 설득했지만 협회 명칭은 대한태수도협회로 결정됐다. 그는 "태수도가 무의미한 이름인데도 부득이 이를 우겨대는 이유는 그들 머리 속에 아직도 친일망국노 정신이 꽉 박혀있기 때문이다"고 개탄했다.
4) 강원식·이경명(1999). 앞의 책. 39쪽.
5) 서상렬(2002). 앞의 책. 8쪽.
6) 노병직은 대표심사위원을 승낙하며 협회 창립에 참여한 이유에 대해 "그동안 애써서 만든 협회를 계속 지지하겠다는 의지도 되며 혹시라도 있을지 모를 황기의 행위로 보나 그 뒤에도 황기, 윤쾌병 두 사람이 협회를 탈퇴하고 곤욕스럽게 만들었어도 나만이 태수도협회를 꼭 살려야 되겠다는 생각에서였다"고 말했다. 류호평(2001), 한국태권도 심사제도 변천의 역사적 고찰, 원광대박사학위논문, 94쪽.

채씨하고 문교위원 보좌관 이효석 씨가 나를 찾는다고 해서 나갔다. 통합 상황이 어떻게 진행되고 있는지 궁금해서 물어보러 온 것이었다. 진행에 대해선 '우리끼리 알아서 결정할 테니 상관하지 말라'고 해서 돌려보냈다. 통합이 지지부진한 가운데, 통합의 효율을 높이고자 9명 중에서 적은 인원으로 실무자를 줄이면 어떻겠느냐는 의견이 나왔다. 이렇게 해서 엄운규, 이종우 씨가 그 일을 맡게 됐고, 나와 여러 번 만나게 되었다. 이 두 분도 "박 사범에게 일임할 테니 윤쾌병 선생하고 황기 선생을 가입하게 하라"고 했다. 그래서 내가 조건을 걸었다. "종신심사위원으로 모시겠습니다" 그러자 두 사람이 '그건 박 사범이 알아서 하라'고 했고 그래서 그 일을 도맡게 되었다. 윤쾌병 선생이 재직하고 있는 건국대와 황기 선생이 있는 무덕관을 10여 차례 이상 왔다 갔다하면서 협회에 가입하라고 부탁드렸다. 윤쾌병 선생은 '황기 선생이 좋다고 하면 당신도 좋다'고 하셨죠. 황기 선생을 유도회 회관 들어가는 데 있는 수양다방이라는 곳에서 뵙고 '모든 것을 맡기고 젊은 관장들은 그만둘테니 원로들이 하시라'고 했다. 황기 선생은 '태권도라는 이름은 좋은데, 최홍희가 회장이 되는 것은 좋지 않다'고 했다. 나중에 만났을 때는 그런 식으로 말한 적이 없다고 말씀하시기도 했다. 여하튼, 나는 두 분에게 '최고 심사위원이 되시라'고 말씀드렸다. 당시 종신 최고 심사위원으로 두 분을 아무런 조건없이 모시겠다고 한 것이었다. 이 부분에 대해 태권도 역사를 다룬 글들에서 종신제 최고 심사위원을 윤쾌병, 황기 선생이 요구한 걸로 알려져 있으나 실은 그렇지 않다. 내가 그렇게 대우해 드린다고 말씀드린 것이었다. 물론 이전 협회에서 그런 일이 있었는지는 모르겠다. 하지만 내가 관여한 태수도협회(跆手道協會) 때는 내가 먼저 말씀드린 것이다. 몇 달 동안 말씀을 드렸지만 계속 이러저러한 말씀을 하셔서 힘이 들었다. 두 분을 만날 때마다 엄운규 씨와 이종우 씨에게 종로 영풍빌딩 자리에 있던 건물의 2층 명 다방에서 진행 상황을 이야기했다. 그러나 결국은 그분들과의 일이 원만히 풀리지 않게 되었다. 그러자 엄운규, 이종우 씨가 '안 되겠다. 우리끼리라도 해야겠다' 고 해서 협회를 구성하게 된 것이다.[7]

황기와 윤쾌병의 대한태수도협회 탈퇴는 예견된 일이었다. 대한태수도

---
7) 무카스. 2010년 2월 8일.

협회 이사회에서 협회 기능의 제반규정을 토의하던 중 심사위원회 규정을 놓고 황기과 윤쾌병이 협회의 주요 사업이었던 단(段) 심사 안건이 대두되자 이남석·이종우·엄운규 등 3인 집행부는 '종신제'를 철회하고 '연한제'로 합의를 보고 이사회에 정식 안건으로 상정했으나 이사들은 논할 가치가 없다고 일축했다. 그 무렵 황기와 윤쾌병은 1962년 5월에 구두(口頭)로, 그 해 7월에는 태수도협회 이사장 이남석에게 편지를 보내 탈퇴에 대한 구체적인 진행상황을 통보해줄 것을 요청했다. 1962년 7월 20일이었다.

(…) 5.16 혁명과 더불어 뜻한 바가 있어 사도(斯道)의 발전을 도모코자 최선의 협조를 아끼지 않았던 것입니다. 연(然)이나 그 후 소자(小者)의 기대하였던 것과는 반대로 통합체의 움직임이 사도의 근본정신과는 상반되는 방향으로 움직이는 경향이 유(有)함으로 사도의 올바른 전통과 발전은 물론 후세의 정도(正道)의 계승을 위하여 한심지사라 통탄한 나머지 2, 3개월 전에 지도관장 윤쾌병씨와 동반하여 귀 회 이사장을 상봉해 구두(口頭)로 귀 회에서 탈퇴할 것을 정식 요청하였음에도 불구하고 이사장은 부회장에게 가서 이야기 하라고 하기에 그 후 또다시 동일 장소에서 탈퇴를 통보하였는 바 부회장 이종우씨로 하여금 모든 것을 잘 처리하겠다고 윤쾌병씨에게 약속하여 그 결과를 5. 6일 후에 알려주겠다고 언명(言明)하였음에도 현재까지 연락이 없어 (…) 1962년 8월 3일까지 알려주시옵기를 촉망하나이다.[8]

대한태수도협회는 곧바로 답장을 보냈다.

귀하로부터 본회에 발송된 서한을 검증한 결과 그 내용에 있어서 공문(公文)인지 사신(私信)인지 분별키 어렵습니다. 귀하의 서한은 협회의 공문으로 받아들일 수 있는 공문이 아니며 또한 이사장이나 부회장에게 보낸 사신도 아니라고 보나 본회로서는 일단 다음과 같이 답하겠습니다.

---

8) 강원식·이경명(1999). 앞의 책. 53쪽.

1. 귀하가 본회를 탈퇴한다고 구두로 정식 요청하였다는 것은 확실합니다. 그러나 본회 이사장으로서는 서면(書面)으로 정식 탈퇴서를 제시할 것을 요구하였으나 아직 귀하로부터 서면으로 탈퇴서를 받은 적은 없습니다.

2. 이종우 부회장과 귀하와 윤쾌병씨와 이루어진 약속은 이종우 부회장이 의도하고 있는 것과 차이가 있습니다. 설혹 이종우 부회장이 이사회에서 윤쾌병씨와 노병직씨와 귀하의 3인에 대한 문제로 장기간 토론한 것이 있는데 귀하가 원하는 것이 이에 해당하는 것인지 귀하의 서한으로는 한심하기 짝이 없습니다. 이러한 점으로 보아 귀하가 서면으로 원하는 것이 무엇인지 확실히 정해주는 것이 서면으로서의 예의와 정도의 요구가 아니겠습니까.

3. 이종우 부회장에게 약속하였다는 것은 귀하와 윤쾌병씨와의 3자 회의에서 이종우 부회장이 집행부에서 부회장직을 그만 하겠다고 하니까 귀하가 탈퇴를 보류하겠다고 자진하였다는 것은 확실하지 않습니까. 이러한 경로로 보아 오히려 본 협회로서 귀하의 탈퇴를 대기하고 있음에도 불구하고 귀하는 적반하장 격으로 본회로부터 회신을 기다린다는 것은 있을 수 없는 일입니다.[9]

대한태수도협회는 공문 제10호에 대해 황기가 아무런 회신을 보내지 않은 상태에서 탈퇴에 대한 답신을 해달라는 것은 어불성설이라며 맞섰다. 그러면서도 일본에 간 이종우가 돌아오기만을 기다렸다. 이윽고 일본에서 귀국한 이종우는 황기를 만나려고 노력했으나 거절당했다. 결국 황기와 윤쾌병의 탈퇴를 막기 위해 동분서주했던 이종우도 포기하기에 이르렀다. 당시 지도관 관장이었던 윤쾌병이 황기와 함께 1962년 8월 29일 협회를 탈퇴하자 지도관은 이종우 체제가 공고해졌다.

대한태수도협회 부회장으로 실권을 행사한 이종우와 엄운규는 대한태수도협회의 위상정립과 대내외 활동을 위한 힘 있고 덕망있는 회장을 영입하기 위해 총력을 기울였다. 물색 끝에 군사혁명위원회 감찰위원장인 채명신이 유력한 후보로 거론되었다. 채명신을 생각한 것은 군과 유대관계가 깊었던 엄운규였다.

---

9) 강원식·이경명(1999), 앞의 책, 53~54쪽.

이종우와 엄운규는 서울시장 보좌관으로 복무 중이던 청도관 출신의 백준기를 내세웠다. 당시 백준기는 육군 대위였고 채명신은 육군 준장이었다. 대위가 준장을 찾아가 어떤 일을 부탁하고 설득한다는 것은 불가능한 일이었다. 그러나 백준기는 50년대 중반 최홍희가 오도관을 창설해 전 육군에 태권도를 보급할 때 중앙심사위원으로 활약하면서 채명신과 두터운 관계를 쌓아 5.16 정국에서도 감찰위원장실을 출입해 독대를 할 정도로 돈독한 관계를 유지하고 있었다. 백준기는 당시 채명신을 왜 회장으로 추대했는지 이렇게 회고한다.

대한태수도협회가 어렵게 구성됐지만 당시 협회 임원들은 사회적 명성과 지위가 없는 30대 초, 중반의 인사가 대부분이었다. 그래서 협회에 힘을 실어줄 수 있는 마땅한 인사를 찾던 차에 채명신 장군을 회장으로 추대하게 된 것이다. 당시 대한체육회 회장은 국가재건최고위원회 부위원장인 이주일 준장이 맡는 등 사회 분위기상 태권도계는 군세(軍勢)를 업은 인사가 필요했다. 당시 감찰위원장의 위세는 서슬 퍼런 군사집권 시절에서 대단했다.

나는 이종우와 엄운규의 부탁을 받고, 곧장 감찰위원장실로 찾아가 채 장군을 독대했다. 태권도계 전후사정을 얘기하면서 회장을 맡아줄 것을 부탁하자 채 장군은 호방하게 웃으며 즉각 승낙했다. 채 장군의 회장 수락사실을 재빨리 부회장에게 알렸고, 협회에서 표에 붙여 일사불란하게 채 장군을 회장으로 추대하게 된 것이다.[10]

채명신의 생각은 어땠을까?

난 처음에 최홍희 장군을 (회장에) 시키려고 했다. 당시 29사단장이었다. 그 양반이 처음부터 태권도를 했으니 그가 하는 것이 괜찮겠다고 생각했다. 그런데 다른 사람들이 반대했다. 최 장군이 회장을 하면 참여를 안 하겠다는 거다. 내가 하면 같이 하겠다는 거다. 그래서 내가 초대 회장을 맡게 됐다.[11]

채명신의 이 같은 말은 최홍희의 말과 어긋난다. 최홍희는 말레이시아

---
10) 백준기 인터뷰. 2006년 10월. 인터뷰 내용은 태권도신문 2006년 10월 23일자에 게재되어 있다.
11) 태권도신문. 2008년 9월 25일.

1960년대 초 대한태수도협회 집행부가 회식을 하고 있다. 사진 원안은 채명신 회장. 김선규, 김순배, 엄운규, 백준기 등이 보인다.

대사로 떠나기 전 회장으로 추대됐으나 불원간 말레이시아로 가게 돼 있어 채명신을 회장으로 밀었다[12]고 밝혀 대한태수도협회 초대 회장을 둘러싼 진위가 궁금해진다. 한 가지 확실한 것은 최홍희와 갈등을 빚었던 이종우, 엄운규는 그를 회장으로 추대하지 않았다는 것이다. 이렇게 초대 회장을 영입한 대한태수도협회는 1962년 12월 대한체육회의 승인을 얻어 이듬해 2월 23일 정기총회에서 축구, 야구, 수영 등에 이어 28번째로 정식 경기 가맹단체로 발족했다. 그 후 5월 1일 협회 사무실을 대한체육회 323호실로 이전한 대한태수도협회는 6월 24일 집행부를 개편했다. 집행부 임원 명단을 보면 △회장 채명신 △부회장 현종명, 이종우 △전무이사 엄운규, 박철희 △총무이사 이병로 △경기이사 우종림 △이사 이용우, 최기용, 정진용, 이교윤, 김순배, 백준기, 이영섭, 이병건 △감사 김봉식 이령홍 △사무장 김완수 등이었다.

(2) 승단 심사제도 통합

대한태수도협회의 시급한 문제는 각 관(館) 별로 시행되고 있는 '승단

---

[12] 최홍희(1988), 앞의 책, 16쪽.

1962년 대한태수도협회 초단증서 발급장부.

심사'를 통합하는 것이었다. 1962년 11월 11일 국민회당에서 열린 「제1회 전국승단심사대회」에서 회장 채명신은 대회사를 통해 "태수도는 그동안 각 유파별로 자파(自派)만을 위한 발전을 꾀하고 서로 고집과 편견 등으로 통합을 못 보았으나 5.16 군사혁명 이후 구악(舊惡)을 일신하고 단결과 호양(互讓)의 무도인 본분의 자태로 돌아와 통합을 이루었다"며 "과거 자파도장에서 실력이 있든 없든 임의로 단을 부여했지만 협회명칭 아래 공정하게 심사해서 실력 있는 공인단(公認段)을 주게 돼 경사가 아닐 수 없다"고 말했다.

「제1회 전국승단 심사대회」의 식순을 보면, ▷개회 ▷국민의례 ▷혁명공약 ▷개회사 ▷대회장 인사 ▷심사에 대한 주의 ▷심사 ▷강평 ▷단증수여 ▷폐회사 ▷만세 삼창 ▷폐회 순이었다. 제1회 승단심사 대회와 관련된 자료를 소중하게 보관하고 있는 홍정표는 "승단심사는 형(型), 대련(對鍊), 논문(3단 이상)이었어요, 대련은 호구를 착용하고 시합을 하는 형태였다. 초단 응심자는 평안오단형(平安五段型), 철마초단형(鐵馬初段型), 내보진초단형(內步進初段型), 자원형(慈院型), 화랑형(花郞型) 등이었다"고 말했다.[13] 승단심사 임원은 대회장 채명신, 심사위원 이남석·이종우·엄운규·박철희·이영섭·남태희, 경기위원장 현종명, 심판위원 홍정표·김순배·김수진·김선구·이병로·배영기·고재천·이교윤·백준기 등 25명이었다. 심사종목은 형(型)·시합(對鍊)·논문(3단 이상)이었는다. 채명신의 후일담.

당시에는 단증을 남발하는 경우가 많았다. 유단자가 얼마나 되는지 다 파악이 안 될 정도였다. '우리 관(館)에 유단자가 얼마다' 하는 식으로 세 과시를 하기 위한 것 같았다. 그

---

13) 태권도신문에 '태권도 현대사'를 연재하던 1997년, 필자는 서울에서 부인과 여생을 보내고 있던 홍정표 원로를 몇 차례 만나 인터뷰를 했다.

리고 형(품새)도 비슷한 게 많았다. 조금만 바꿔서 이것이 우리 형이다, 하는 식으로. 그래 서는 태권도의 권위가 서지 않겠다고 생각해서 각 계파 대표자를 소집해 협회를 통해 단증 이 나가도록 만들었다. 그리고 각 계파의 형을 통합 정리하도록 했다.[14]

당시 심사 자료를 보면 심판은 주심 1명과 부심 4명, 배심원 2명으로 구성했다. 주심은 호각으로 승부의 판정과 시합의 주도권을 담당했다. 부심은 시합장 사각에 앉아 채점하고 청·홍기로 승부의 판정을 표시했다. 배심원은 본부석에서 주심과 부심의 판정을 시정했다. 경기장은 사각 팔미(八米=8미터)로 정했다. 경기시간은 1회 3분 이었다.

승단 응심자는 자신이 응심하는 단의 형(型) 중 2종을 선택했다. 2단 지정형은 발한형태(拔寒型大)·철기이단형(鐵騎貳段型)·내보진이단형(內步進貳段型)·기마이단형(騏馬貳段型)·충무형(忠武型)이었고, 3단 지정형은 십수형(十手型)·발새형(拔塞型)·연비형(燕飛型)·단권형(短拳型)·노패형(鷺牌型)·계백형(階伯型)·을지형(乙支型), 4단 지정형은 철기삼단형(鐵騎三段型)·내보진삼단형(內步進三段型)·기마삼단형(騎馬三段型)·자은형(慈恩型)·진수형(鎭手型)·암학형(岩鶴型)·진동형(鎭東型)·삼일형(三一型)·장권형(長拳型), 5단 지정형은 공상군형(公相君型)·관공형(觀空型)·오십사보형(五十四步型)·십삼형(十三型)·반월형(半月型)·팔기권형(八騎拳型)이었다.

당시 형(型)은 가라테 기술체계를 답습한 것이었다. 다만 최홍희가 창안해 오도관에서 통용되었던 창헌류의 계백형, 충무형이 포함된 것이 이채롭다. 이것은 최홍희의 영향력을 반증하는 사례라 할 만하다. 홍정표는 창헌류에 대해 "역사적 위인이나 용맹한 동물에서 단명(段名)을 따왔는데, 한때 이승만 대통령에게 아부할 양으로 운암형도 만들었다"며 최홍희의 권력지향성을 지적했다. 3단 이상 응심자는 논문(필기)에 응심해야 했

---

14) 태권도신문, 2008년 9월 25일.

다. 제1회 승단심사 논문 제목은 '각 유파형 통일에 대한 발전과 그 방법' 이었다. 논문제목에서 볼 수 있듯이 당시 대한태수도협회가 얼마나 관 별로 시행되는 형 통일에 지대한 관심을 쏟았는지 알 수 있다. 그러나 논문심사는 시간이 지나면서 유명무실해졌다.

2 최홍희 등장과 대한태권도협회 출범

최홍희는 1963년 말레이시아 대사로 임명돼 재직하면서도 태권도에 대한 애착을 버리지 않았다. 그는 63년 5월경 말레이시아 실력자 중 한 사람인 조하리 상공부장관을 중심으로 말레이시아 태권도협회를 창립하는데 주도적인 역할을 했다. 1964년에는 태권도가 가라테의 그늘에서 완전히 벗어났다는 것을 보여 줄 목적으로 천지틀과 단군틀 등 20개의 틀을 만들어 오도관장 우종림에게 보내기도 했다.

이처럼 자신을 '태권도 창시자'라고 자처하며 태권도에 강한 애착과 집념을 보였던 최홍희는 65년 1월, 한-일 국교 정상화가 막바지에 이를 즈음, 말레이시아 대사직을 끝내고 귀국했다. 당시 대한태수도협회는 1963년 10월에 열린 제44회 전국체육대회에 참가한 후 64년 4월 3일 협회 규약을 개정하고 2대 회장으로 박종태(공화당 국회의원)를 추대했다. 그러나 박종태는 실무 회장이 아니어서 이종우, 엄운규가 실권을 행사했다. 최홍희의 회고담.

말레이시아에서 돌아와 보니 국내의 태권도계는 이종우, 이남석, 그리고 엄운규를 주축으로 한 태수도협회가 체육회 산하에서 기능을 발휘하고 있었다. 또 황기와 윤쾌병이 중심이 된 수박도회는 직접 문교부에 사단법인체로 등록하고 점차 세력을 확장하고 있었으나

태권도는 이름조차 없는 실정이었다.[15]

최홍희는 '태권도' 명칭이 없어진 것에 분노했다. 우선 대한태수도협회를 거머쥐어야 한다는 생각에 설득과 압력을 가해[16] 1965년 1월 대한태수도협회 회장이 된 그는 자신의 말대로 헝클어진 태권도계를 정리하기 위한 작업에 곧바로 돌입했다.

그는 협회장이 되자마자 인맥을 활용해 여러 사업을 전개했다. 그 중 하나가 '해외 태권도 순회시범'이었다. 최홍희는 이동원 외무부장관을 만나 유럽과 아프리카를 순회하는 태권도 해외 시범을 적극 요청했다. 최홍희는 적지 않은 논란도 '태수도'가 아닌 '태권도'를 사용했다. 이와 함께 대한태수도협회와 대한수박도회의 통합을 추진했다. 1962년 대한태수도협회를 탈퇴한 황기와 윤쾌병은 대한수박도회를 문교부 사단법인체로 등록해 관장(管掌)하며 세력을 확장하고 있었다. 당시 대한수박도회는 덩치가 큰 무덕관을 의미하는 것이어서 통합과정에서 배제할 수 없었다. 통합조건은 대한태수도협회 이사 21명 중 3명을 대한수박도회에 할애한다는 조건이었다. 이에 대해 당시 무덕관 사무총장인 서상렬은 명목상 통합이었지만 대한태수도협회가 대한수박도회를 흡수하려는 조건이었던 것[17]으로 인식하고 있었다.

1965년 3월 황기의 반발에도 불구하고 무덕관 고단자들의 동참으로 통합을 일궈낸 최홍희는 1965년 8월 5일 이사회에서 협회 명칭을 '대한태권도협회'로 개칭했다. 이 과정에서 당시 수박도회를 구성하고 있던 무덕관의 대변인 역할을 하던 김영택의 역할이 컸다. 그가 태권도계의 재통합 과정에서 "수박도회와 태수도협회의 통합인 이상 어느 한 쪽의 기존 명칭을 쓸 수 없으므로 이미 세계적으로 알려진 태권도로 해야 한다"고 주장

---
15) 최홍희(1998). 앞의 책. 57쪽.
16) 최홍희(2005). 앞의 책. 233쪽.
17) 서상렬(2002). 앞의 책. 9쪽.

했기 때문이다.[18] 최홍희를 신임 회장으로 받아들이는 조건 중의 하나로 '태수도'라는 명칭에 손을 대서는 안 된다는 조건을 내걸었던 이종우도 어쩔 도리가 없었다고 전해진다. 당시 이종우와 사이가 좋지 않았던 최홍희는 "서로 기술이 다른 오합지졸로 엉성하게 구성한 태수도협회를 장악해 볼 야심을 품었던 이종우는 손을 들게 됐다. 총회에서 이종우가 고집하던 태수도가 한 표 차이로 졌을 때 두 다리를 뻗고 울면서 죽어도 가라테로 만들고야 말겠다고 추태를 보이던 모습이 눈에 선하다"고 말했지만, 이종우는 사실무근이라고 반박한다.

(태수도로) 한번 정했으면 됐지 왜 자꾸 바꾸느냐고 따졌다. 그랬더니 최홍희가 체육회에 압력을 넣어 사태가 아주 복잡해졌다. 나는 그때 "왜 체육회가 명칭까지 바꾸려고 하느냐?"면서 싸우기도 했는데, 결국 태수도 간판을 내리고 태권도로 갈 수 밖에 없었다. (내가 두 다리를 뻗고 울었다는 것은 거짓이라고 주장하면서) 미친 놈(최홍희)이다. 내가 그것 때문에 울었겠는가? 오히려 그 자식이 술만 먹으면 울면서 '나는 두 사람(이종우와 엄운규) 밖에 없어, 나는 믿을 사람이 없어' 그랬다.[19]

하여튼 최홍희의 복귀는 그동안 실권을 행사해온 이종우, 이남석, 엄운규에게는 기분좋은 일이 아니었다. 이들은 최홍희가 대한태권도협회를 독단적으로 운영한다며 대립각을 세웠다. 최홍희에게 반감을 가지고 있는 대다수 이사들이 든든한 버팀목이었다. 이종우의 후일담.

최홍희씨는 협회를 사조직으로 여겨 독선적인 협회 운영을 일삼았다. 그래서 엄운규씨와 그의 경질을 시도했다. 협회 총회가 있는 66년 1월, 아침 일찍 한남동의 최홍희 자택에 찾아가 자진 사퇴를 종용했더니 6개월만 회장직을 더하게 해달라고 했다. 그래서 나는 명예와 권위, 돈 중에 하나를 선택하라고 하면서, 국제태권도연맹을 만들어 줄 테니 회장직에서 물러나라고 했다.[20]

---
18) 최홍희(1988), 앞의 책, 61쪽.
19) 월간 신동아, 2002년 4월호.
20) 태권도신문, 1997년 10월.

결국 최홍희는 1966년 1월 대한태권도협회 이사들의 반발로 회장에 취임한 지 1년 만에 불명예스럽게 퇴진한 것으로 보인다. 하지만 최홍희는 "나는 후임 회장으로 노병직 송무관 관장을 내정하고 9개국 협회로 구성된 국제태권도연맹을 창설했다"[21]고 말해 이사들의 반대로 사퇴하지 않았다고 반박했다.

(1) 무덕관 내부 분열

1965년 협회 통합을 놓고 내부 분열이 가장 심했던 곳은 무덕관(武德館)이었다. 지도관(智道館)도 협회 통합을 놓고 한때 '관장 윤쾌병·대표 이종우'라는 분열 양상을 보이기도 했지만 무덕관처럼 심각한 편은 아니었다. 무덕관이 이처럼 극심한 분열양상을 보인 것은 대한수박도회를 만들어 무덕관과 함께 운영해온 황기의 기질때문으로 보는 시각이 지배적이다.

무덕관 분열이 최고조로 표면화된 것은 1965년 3월 중순이었다. 대한태권도협회 제3대 회장이 된 최홍희의 주도로 몇 차례 모임을 갖고 의견을 조율한 각 관의 대표들은 통합선언서·통합합의서·통합취지서에 합의하고, 1965년 3월 18일 대한체육회 대강당에서 '통합선언식'을 했다. 황기도 협회 통합에 동조, 위의 3가지 통합서에 날인한 상태였다. 그러나 사건은 통합선언식을 마친 다음날 벌어졌다. 황기가 통합선언식을 "무효"라고 하면서 통합서 날인을 번복했기 때문이다. 당시 황기의 입장 변화로 예기치 못한 일을 당한 홍종수(무덕관 대표 사범)는 눈앞이 캄캄해졌다.

통합선언식이 있은 이튿날 오전 10시경, 내가 무덕관 중앙도장에 들어서자 황기 관장이 대뜸 '어제 통합 선언한 거 무효선언 해야겠어'라며 나지막하게 말했다. 하도 어이가 없어 '아니 그게 무슨 말씀입니까? 어제 통합선언을 하고 하루아침에 무효선언을 한다는 건 무도인의 도리가 아닙니다. 무도계의 큰 위치에 계신 분이 명분 없이 통합선언을 번복하

---
21) 최홍희(1988), 앞의 책, 89쪽.

1960년대 중반. 무덕관 고단자들과 결별하기 전 황기 (왼쪽에서 두 번째)

는 건 신의를 저버리는 일이잖습니까?'라고 간곡히 말씀 드렸다. 그러자 황기 관장은 잠시 침묵하더니 '아니야, 최홍희에게 전화를 걸어야 겠어'라며 나보고 전화를 걸라고 했다. 내가 전화를 걸지 않자 손수 최홍희 회장에게 전화를 걸어 '나, 황기인데 어제 통합 선언한 것 오늘 날짜로 무효를 선언합니다'라고 했다. 최홍희가 '갑자기 왜 이러십니까?'하고 반문했지만 황기 관장은 자기 할 말만 하고 전화를 끊었다.[22]

황기는 당시 대한태수도협회 회장이었던 최홍희와 사이가 좋지 않았다. 이에 대해 원로들은 "최홍희씨는 무도 출신이 불분명한데다가 군 세력을 업고 기세당당하게 세력을 확장, 민간 도장과 마찰을 빚어 대다수 사람들이 미덥게 여기지 않았다"고 말한다. 박철희는 "황기 관장을 협회에 가입시키려고 설득할 때 최홍희씨가 회장을 맡으면 태권도가 발전하지 않는다며 협회 참여를 거부했다"고 말했다.

홍종수는 그동안 어려운 상황을 극복하면서 통합을 이뤘는데 이제 와서 갑자기 무효를 선언한다는 것은 무덕관의 입지가 흔들리게 되는 것이라며 간곡하게 만류했다. 하지만 황기는 요지부동이었다. 황기의 무효선언이 전해지자 무덕관에 적(籍)을 두고 있던 김영택 변호사가 무덕관 중앙도장으로 전화를 해왔다. 군 장교 출신이었던 김영택은 김봉환과 함께 무덕관을 대표해 협회 참여를 적극적으로 도모한 인물이었다. 홍종수의 후일담.

"황기 관장을 대신해 제가 전화를 받았는데 김영택씨는 극도로 흥분된 상태였어요. 김영택씨는 거친 말투로 아니, 자기가 시켜서 통합을 적극 추진했는데 이제 와서 이럴 수가

---

22) 필자가 태권도 현대사를 취재하던 1997년 7월, 서울 코리아나호텔 커피숍에서 홍종수 원로를 만나 무덕관 분열과정을 인터뷰한 내용이다. 홍종수 원로는 1998년 췌장암으로 타계했다. 이 내용은 강기석(2001). 태권도 半世紀. 서울올림픽기념국민체육진흥공단에 수록되어 있다.

있습니까? 여태껏 밤잠도 못 자며 고생한 끝에 통합을 이끌어낸 우리들은 뭡니까? 김영택 씨는 한마디 상의 없이 황기 관장이 혼자 결정했다며….”

김영택은 치밀어오는 부아를 주체할 수 없자 황기에게 욕설을 하며 그와 전화를 연결해 달라고 요구했다. 홍종수는 "모름지기 스승인데 욕까지 한다는 건 제자의 도리가 아니다"라며 김영택을 자제시켜 전화를 끊게 한 후 다시 황기를 설득했다.

하지만 황기의 소신은 여전했다. 그 때 김영택이 또 다시 전화를 해 왔다. 전화 내용의 골자는 무덕관 고단자들이 황기의 '무효선언'에 대처하기 위해 긴급고단자회의를 자신의 변호사 사무실에서 주재한다는 것이었다. 3월 18일 정오 무렵이었다. 오전 10시부터 황기와 독대하면서 '무효선언'을 번복하라고 설득하던 홍종수는 황기가 번복할 조짐을 보이지 않자 결국 김영택의 변호사 사무실로 발걸음을 옮겼다.

김영택이 운영하는 변호사 사무실에는 무덕관 고단자들이 15여명 집결해 있었다. 그곳에 모인 고단자들은 황기의 무효선언에 배신감을 느낀 사람들이었다. 긴급고단자회의에서는 처음부터 난상토론이 벌어졌다. 홍종수는 당시 고단자 회의에 대해 "황기관장의 독단적인 무효선언에 무덕관 고단자들이 어떻게 대처할 것인지 앞으로의 무덕관 진로를 고민하는 자리였다"며 당시의 상황을 이렇게 술회했다.

고단자들은 황기 관장의 개인적인 견해를 무덕관 전체의 뜻으로 받아들일 수 없다며 강하게 반발했다. 결국 고단자들은 심사숙고 끝에 만장일치로 통합약속을 이행하자고 결론을 내렸다. 홍종수는 "무덕관을 창설해 20년 가까이 이끌어 오신 분을 내친다는 것은 제자들의 도리에 어긋난다"며 "마지막으로 황기 관장을 찾아뵙고 무효선언을 철회하라고 종용하자"며 고단자들을 설득했다고 한다.

다음날 오후 1시. 김영택 변호사 사무실에 무덕관 고단자들 15명이 다시 한번 모여 앉았다. 숙연한 분위기 속에서 난상토론이 장시간 이어졌다. 김영택을 비롯한 대다수의 고단자들은 황기의 출관을 강력하게 고집했다. 그러나 홍종수는 "마지막으로 제자의 도리를 하자."며 고단자들을 설득, 김영택·김봉완·김해동·김춘도 등 4명과 함께 황기가 있는 무덕관 중앙도장으로 찾아갔다. 황기를 껴안기 위한 몸부림이었으나 최후통첩의 의미도 지닌 방문이었다.

당시 무덕관 중앙도장의 출입구에는 '대한수박도회' 간판이 걸려 있을 정도로 황기의 고집은 대단했다. 무덕관 고단자들에게 황기의 이같은 모습은 무덕관보다 수박도회에 더 집착하는 것으로 비쳤다. 5명의 제자들과 마주 앉은 황기는 그들의 종용에도 아랑곳하지 않고 자신이 결정한 '무효선언'을 번복하지 않았다. 상황이 이렇게 되자 김영택을 위시한 고단자들은 "고약한 늙은이…"라고 욕설을 퍼부으며 자리를 박차고 일어났다. 엄격하기로 소문난 무도계의 사제지간이 무너지는 순간이었다. 홍종수는 당시 상황에 대해 "무덕관 최대의 비극적인 현장이었다"고 말했다. 고단자들은 하직 인사를 끝으로 황기관장과 완전히 결별했다. 다음날 무덕관 중진들은 무덕관 최고의결기구인 시·도 본관장회의를 개최, 합의아래 황기를 제적시키고 홍종수를 관장으로 추대했다. 하지만 홍종수는 이 같은 결정을 선뜻 받아들일 수 없다며 정창영과 이강익을 대표위원으로 추대했다.

이처럼 고단자들이 황기와 결별하는 등 무덕관 분열이 일어나게 된 원인 중의 하나는 대회 참가와 도장 운영의 어려움에 직면한 무덕관 고단자들의 현실적인 판단도 작용했다는 주장도 있다. 무덕관이 대한태권도협회가 아닌 대한수박도회 소속으로 있으면 태권도 대회[23] 참가는 물론 선수 선발에서부터 제외됐다. 대한태권도협회 행사에도 공인단증 소지자에 한하게 함으로써 무덕관 단증을 무력화시키기도 했는데, 이로 인해 관원

---

23) 대한수도협회는 1962년 대한체육회에 가입하고 1963년 10월 전북 전주에서 열린 제44회 전국체육대회부터 태권도가 정식종목이 되었다. 해를 거듭할수록 태권도대회가 활성화하여 1965년 4월에는 제1회 전국태권도신인선수권대회가 열리기도 했다.

모집과 도장운영에 심대한 영향을 받았다는 것이다.[24] 이와 함께 대한태수도협회와의 통합을 거부한 황기와 태수도협회와 통합을 찬성해 협회에 가담하는 세력으로 나뉘게 되는데, 이를 무덕관 내에서는 대한수박도회 수구파와 신간파로 구분하기도 한다.[25] 통합이 결렬된 후 문교부는 1965년 5월 대한수박도회 법인체 허가를 임의로 취소했고, 대한태권도협회는 그 해 9월 5일 이사회에서 황기와 윤쾌병이 제출한 탈퇴서를 수리했다.

무덕관 수석사범 홍종수가 1960년대 초 무덕관 사무실과 함께 사용하던 대한수박도회 사무실을 배경으로 서 있다.

(2) 대한태권도협회와 국제태권도연맹 간의 분규

1960년대 중반이 지나면서 대한태권도협회가 해외파견 사범에 전력을 기울이자 국제태권도연맹과 마찰이 일어나기 시작했다. 해외사범 파견과 단증 발급의 주도권을 놓고 두 단체가 분규에 휩싸인 것이다. 최홍희는 '길을 닦아 놓으니 문둥이가 지나간다'는 속담을 인용하며 대한태권도협회 측을 싸잡아 비난했다. 특히 "중앙정보부의 끄나풀처럼 된 그들은 국내 협회의 주도권을 잡고 정통파 태권도인들을 배척할 뿐만 아니라 내게까지 대항하려 드는 것"[26]이라며 대한태권도협회 김용채 집행부 체제를 적대시했다.

대한태권도협회 집행부, 특히 이종우와 엄운규가 회장인 김용채를 앞세워 최홍희와 맞설 수 있었던 것은 최홍희의 권세가 예전만 못했기 때문이다. 최홍희는 5.16 군사쿠데타로 정권을 잡은 박정희의 노선에 반감을 표출[27]하며 불편하게 지냈다. 이런 틈새를 공화당 국회의원이었던

---

24) 서상렬(2002). 앞의 책. 10쪽.
25) 서상렬(2002). 앞의 책. 3쪽.
26) 최홍희(2005). 앞의 책. 280쪽.
27) 최홍희는 "군 시절 나에게 '각하' 라고 부르며 항상 나를 어려워하던 박정희가 한 나라의 정권을 잡았다 해도 3선 개헌 지지압력

김용채와 이종우, 엄운규가 십분 활용했을 것이다.

국제태권도연맹과 대한태권도협회 간의 갈등은 1960년대 후반부터 본격화했다. 1968년 4월 최홍희가 문교부 제6회 체육상 연구부문 대상 수상자가 됐는데 대한태권도협회에서 수상이 온당하지 않다며 반대했다. 최홍희가 저술한 태권도 관련 서적이 가라테 서적을 표절해서 대외적으로 '태권 한국'의 위신을 떨어뜨렸다는 것이다. 이는 최홍희의 정통성을 부정한 것인데, 최홍희는 이를 두고 가라테를 고수하던 사람들이 태권도 공로자인 것처럼 행세하고 있다며 분개했다.

1968년 4월 17일 국제태권도연맹을 탈퇴한 대한태권도협회는 그 해 8월 국제태권도연맹과 또 충돌했다. 두 단체가 국제군인체육대회(CISM) 집행위원회에 제출하기로 합의한 태권도 경기규정이 현지에 도착하기도 전에 국제태권도연맹 측에서 다른 경기규정을 각 회의대표에게 우송했다는 진위를 놓고 혼선을 빚게 되면서[28] 불신이 극에 달했다.

최홍희는 대한태권도협회와 대립각을 세우자 1968년 7월에 태권도진흥회를 결성하여 독자적인 협회를 만들려고 했다. 하지만 문교부의 승인 거부와 대한태권도협회에서 태권도진흥회과 관련된 임원을 제명하자 결성이 좌절되었다.[29] 대한태권도협회는 국제태권도연맹이 유사단체를 지원하며 파벌을 조장하고 있다고 비난하면서 국제태권도연맹의 해체를 주장하고[30], 협회 내에 태권도 해외 보급 및 지도자 해외파견 등 대외관계를 전담할 상설기구인 '국제분과위원회'를 신설했다. 최홍희는 즉각 성명서를 내며 강하게 반발했다.

등을 뿌리치며 그에게 복종하지 않는 나를 껄끄럽고 부담스런 존재로 여겼을 것이다" 고 했다. 최홍희(2005). 앞의 책. 298쪽.
28) 중앙일보. 1968년 8월 2일자.
29) 허인욱(2008). 앞의 책. 151쪽.
30) 한국일보. 1968년 8월 31일.

대한태권도협회 일부 간부들이 일본의 공수도(가라테)를 보급하고자 함으로 본인이 이를 저지코져 다년간 그들에게 충고를 했는데 (…) 대한태권도협회는 작년 7월 15일 국제태권도연맹에 정식 가맹했고 협회장은 본 연맹 부총재직과 한국지부장까지 겸임했음에도 불구하고 협회는 본인의 체육상 수상을 방해할 목적으로 4월 17일 일방적으로 탈퇴한 것인데, 협회가 국제태권도연맹을 제거하였다 함은 실로 상식 외의 처사라 아니할 수 없다.[31]

이처럼 두 단체가 날선 공방을 벌이며 참예하게 대립하자 대한체육회는 1968년 9월 3일 업무 구분을 명확히 하기 위해 나섰다. 국제태권도연맹에서는 산하 도장을 갖지 못하도록 하면서 국제 간의 친선을 도모하는 업무와 건전한 국제경기를 관장하고, 대한태권도협회에서는 국내 도장설립과 감독, 국내 대회 관장 및 선수 양성 등의 업무를 맡도록 했다.[32] 그해 9월 20일에는 문교부·국방부·중앙정보부 및 체육회 대표로 구성된 8인의 '태권도분규수습위원회'가 신설하고 두 단체 간의 분규를 없애려고 했다. 최홍희는 자신에게 호의적이지 않았던 박정희의 지시로 분규수습위원회가 생겼다며 반기지 않았다.

두 단체는 분규수습위원회의 중재에도 불구하고 또 다시 해외 태권도 사범 파견을 놓고 대립했다. 1968년 12월 9일에 국제태권도연맹과 대한태권도협회 간에 작성된 합의서 내용을 보면 △사범의 해외파견업무는 대한태권도협회 소관이니 당분간 태권도 국제적 보급을 위하여 대한태권도협회 회장과 국제태권도연맹 총재가 협의하여 파견키로 했다. 단 1969년 9월 2일까지 만 1년간 해외 사범파견에 대한 권한을 대한태권도협회에서 완전 장악하기로 했다. △대한태권도협회는 국내의 기존 17개 중앙

---

31) 강원식·이경명(1999). 앞의 책. 163~164쪽.
32) 경향신문. 1968년 9월 5일.

도장과 지관 간의 계열을 없애기 위하여 지체없이 지역별 명칭으로 개칭하도록 했으며 △국제태권도연맹은 여하한 단증도 발급할 수 없으며 가맹국으로부터 4단 이상자에 대한 인준 신청이 있을 경우에는 이를 인준하고 인준서를 발급할 수 있다고 했다. 단 대한태권도협회에 대해서는 인준 권한을 위임하고 4급 이상자에 대하여 국제태권도연맹에 등록만을 시키는 것으로 했다.[33]

최홍희는 해외사범 파견과 단증발급은 국제태권도연맹의 고유 소관 업무라고 여겼다. 하지만 대한태권도협회가 이 업무들도 자기들이 하겠다고 억지를 쓰고, 분규수습위원회의 지침대로 해외사범 파견에 대한 대한태권도협회의 동의를 얻기 위해 보낸 서류를 무조건 회송하는가 하면 이종우를 시켜 해외에 나간 사람들에게 자기들이 만든 것을 하도록 지시해 달라는 요구까지 했다[34]며 분개했다.

국제태권도연맹과 대한태권도협회 간의 분규는 1970년대 초까지 이어졌다. 해외사범 파견, 단증발급, 도장 및 선수 관리 등을 놓고 물러서지 않았다. 이권과 주도권을 놓고 쟁탈전을 벌였다. 보다 못한 대한체육회 태권도분규수습위원회는 1970년 5월 15일 대한태권도협회 부회장인 엄운규를 국제태권도연맹 사무총장으로 선출[35]하고 국제태권도연맹 규약을

> ⓘ **Tip** **대한태권도협회 새로운 품세 발표**
>
> 대한태권도협회는 1967년 11월 30일 협회에서 그동안 연구, 개발해온 새로운 품세를 발표하였다. 발표된 신형(新型)은 고려・신라・백제・십진・태백・금강・지태・천일권・한수 9가지였다. 12월 18일부터 22일까지 대한체육회 체육회관에서 고단자들을 대상으로 강습회를 실시하여 본격적인 보급에 착수하였다. 이 신형들은 이후 새롭게 다듬어져 고려~일여의 현재 품새 체계로 발전하게 되었다.
>
> 〈대한태권도협회(2015). 대한태권도협회 50년사. 상아기획〉

---

33) 허인욱(2008). 앞의 책. 383~384쪽.
34) 최홍희(2005). 앞의 책 280~281쪽.
35) 엄운규는 "확실한 것은 ITF 사무총장으로 일한 적이 없다는 것이다. ITF 사무총장은 주위의 의견에 따라 돌아가신 이남석씨(창무관 관장)가 맡는 것이 좋다고 해서 그 분이 맡았다. 당시 나는 대한태권도협회 부회장이었기 때문에 대한체육회 가맹 경기단체로서 전국체전을 준비하는 것이 중요했지 ITF와 관련된 일이 중요한 것은 아니었다. 내가 한 말은 이종우씨와 김순배씨가 증명해 줄 것이다"고 말했다. 2008년 2월 인터뷰.

통과시켰다. 이날 위원회는 분규 수습의 핵심인 도장 문제를 숙의, 대한태권도협회 및 국제태권도연맹 산하의 도장을 단일화하여 연맹과 협회의 인사들도 균등히 운영하자는 데 의견을 모으고 구체적인 문제는 연맹 총재 최홍희, 협회 부회장 엄운규, 체육회 사무총장 김성집 3인 소위원회에 맡겨 매듭짓도록 했다.[36]

하지만 최홍희는 1971년 8월 분규수습위원회 전체회의에서 불만을 나타내고 탈퇴했다. 이렇게 되자 수습위원회는 더 이상 기능을 발휘할 수 없게 돼 해체되고 최홍희와 대한태권도협회 간의 반목은 심화됐다. 당시 대한태권도협회 7대 회장으로 취임한 김운용은 대한체육회에 가입되어 있는 단체는 대한태권도협회가 유일하다며 국제태권도연맹과의 차별화를 선언했다.

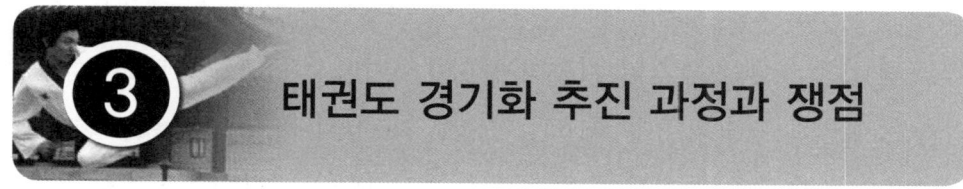
3 태권도 경기화 추진 과정과 쟁점

1. 태권도, 무도에서 스포츠로 영역 확장

1960년대 초 태권도 대중화와 저변확대를 위해 획기적인 정책이 추진됐다. 바로 태권도의 영역을 무도에서 스포츠로 확장하는 것이었다.

양진방은 "태권도의 발달과정에서 가장 큰 변화는 무술에서 경기로의 전환이다. 태권도 경기화는 엄운규·이종우·이남석 등 2세대들이 (자신들이 터득한) 기술을 경기에 적응시키고 발전시켜 경기 태권의 기술체계를 완성하는 데 큰 역할을 했다"[37]며 의미를 부여했다.

---
36) 경향신문. 1970년. 5월 19일.
37) 양진방(1986). 해방이후 한국 태권도의 발전과정과 그 역사적 의의. 서울대 석사학위논문.

1960년대 초까지 각 관(館)은 보호구를 착용하지 않고 태권도 기본동작과 기술을 응용한 공방(攻防) 개념의 '대련(對鍊)'을 했다. '대련(對鍊)'은 일본에서 건너온 무도 용어로, 스포츠 겨루기와는 그 의미와 개념이 다르다. 당시 각 도장에서 행했던 일보대련(一步對鍊), 이보대련(二步대련), 삼보대련(三步대련)은 그동안 익힌 동작과 기술을 응용해 실제로 움직이는 상대를 전제로 공격과 방어를 반복하는 무도적 특성의 수련이라고 할 수 있다.

1959년 3월. 이승만 대통령이 참석한 전시회에서 최익진 사범과 함께 보호구를 착용하고 대련을 시연하고 있는 김병수 원로(뒷 모습). 이에 대해 김 원로는 "국내 최초로 몸을 보호하는 갑옷을 입고 역사적인 풀컨텍트 스파링을 했다"고 말했다.
사진=김병수 재미 사범

이런 현실 속에서 태권도 경기화는 순탄하지 않았다. 태권도가 무도적 특성에서 스포츠로 영역을 확장하자 찬반 논쟁이 치열했다. 태권도 경기화를 반대한 사람은 황기와 최홍희가 대표적이다. 최홍희는 "태권도의 경기화는 태권도 기술의 3대 요소인 형(型), 대련(對鍊), 격파(擊破) 중에서 대련만으로 승부를 결정하게 됨으로 불합리하다. (따라서) 시합을 할 때 착용하는 호구가 기술을 완전히 발휘하게 할 수 없을 것"[38]이라고 말했다.

황기는 태권도를 무술로 규정하고 "무술이란 원래 인간의 생명을 직접적인 대련으로 하는 것이므로 시합이 불가능하다. 기술이 그 형태나 방법에서 근본적으로 변하게 될 것이므로 경기화는 신중하게 고려돼야 한다. 경기화는 결과적으로 무도정신을 무시하게 되고, 단(段)·급(級)의 심사 제도가 불필요하게 된다"[39]며 태권도 경기화를 반대했다.

이에 대해 홍정표는 "무도적인 견지에서 (황기와 최홍희 등이) 태권도 경기화를 못마땅하게 여긴 건 사실이었지만 이종우와 엄운규 등은 태권도가 발전하기 위해서는 스포츠로 전환해야 한다며 각 유파별로 제각각

---

38) 최홍희(1966). 태권도교본. 294쪽.
39) 황기(1971). 수박도교본.

이었 경기규칙을 제정하는 데 열성적이었다."⁴⁰⁾고 말했다.

1961년 9월에 열린 제1차 대한태수도협회(大韓跆手道協會, 대한태권도협회 전신) 이사회에서 9표와 5표를 얻어 부회장에 선출된 이종우와 엄운규는 태권도 경기화를 적극 추진했다. 엄운규는 태권도 저변을 확대하기 위해선 스포츠화가 불가피하다는 결론을 내렸다. 태권도가 대한체육회에 가입하면 1년에 한 번식 개최되는 전국체육대회에 참가할 수 있어 태권도 인구의 저변 확대를 빠르게 이루어낼 수 있다고 생각했다.⁴¹⁾

당시 국가재전최고회의 부의장(이주일 장군)은 태권도 단체가 통합을 하면 대한체육회에 가입해 주겠다고 약속했지만, 대한체육회는 태권도는 무술이지 스포츠가 아니라며 가입을 반대했다.

따라서 1960년대 초 태권도 경기화를 추진하는 과정에서 가장 필요했던 것은 합리적인 경기규정을 제정하는 것이었다. 스포츠의 규칙에 공통적인 성격인 경쟁 조건의 공정성 확보, 안전성 보장, 경기운영의 효율화, 흥미의 제고 등 무술의 성격과 조화시키는 것이 곧 경기규칙 제정의 과정이었다. 이때 무술이 갖는 기술의 다양한 요소들이 일부 제한해야 하는 문제가 발생된다. 즉, 격투의 기술이라는 성격은 줄어들고 규칙에 따라 스포츠로서 우수성이 증명될 수 있도록 재조직하는 것이다.⁴²⁾

허건식은 태권도를 비롯한 무도가 스포츠로 영역을 확장한 것에 대해 다음과 같이 평가한다.

"현대 무도가 스포츠화하면서 무도 본질은 상실한 채 경기적 요소만 강조하고 경기규칙이 수없이 변천하면서 기술적 본질이 상실되었다. 이것은 경기화가 된 무도가 서구의 기능주의적 성격으로 변하고 있는데서 찾을 수 있다. 서구 스포츠의 기능주의는 무도의 특징인 수양적 개념의 목표에 반대되는 경향을 보인다. 태권도의 경우 경기적 성격이 강해지면서

---

40) 홍정표 증언. 1997년 10월.
41) 국기원(2017). 외길 70년, 현대 태권도의 기틀을 다진 엄운규. 도서출판 대한미디어.
42) 임번장(1979). 스포츠 및 그 유사개념의 정의와 분류에 관한 고찰. 서울대학교 사대논총 19집.

1963년 한국 태권도 선수들이 일본 공수도 선수들과 친선경기를 하고 있다. 몸통보호대가 갑옷처럼 무겁게 느껴진다.

스포츠 문화가 안고 있는 지나친 경쟁심과 승부의 집착이 늘어났다. 하지만 무도의 경기화는 문제만 있었던 것은 아니다. 정지된 기술적 개념을 넘어서 규정된 틀 속에서 새로운 기술체계와 수련방법이 자유롭게 발전하는 과정을 만들기도 했다. 태권도는 새로운 겨루기 중심으로 전환한 결과 일본 가라테와 같은 형 중심의 허물에서 벗어날 수 있었다."[43]

이런 가운데, 태권도 경기화가 진행되는 과정에서 가장 두각을 나타냈던 관(館)이 지도관이었다는 것은 가라테 슈토간(修道館) 계열의 한무관(韓武館) 관장을 지낸 윤쾌병과 결코 무관하다고 할 수 없다는 주장이 제기됐다. 박성진(태권도 전문기자)의 주장을 보자.

"한무관의 특징은 보호구(防具)를 가라테 경기에 본격적으로 도입했다는 점이다. 검도 호구에서 착안해 보호구를 가라테 경기에 착용한다는 생각은 한무관 이전에도 있었다. 그러나 본격적으로 경기화를 실현해 보호구 가라테의 실질적인 발상지로 여겨지는 곳이 바로 한무관이다. 태권도 경기화의 뿌리에는 호구를 도입하고 가라테를 경기화하고자 했던 윤쾌병의 한무관이 있다. (세미-컨텍 스타일 보호장비) 호구를 통한 경기화의 성공의 뿌리에는 도야마 간켄의 제자들이 중심이 된 윤쾌병의 한무관이 있었고, 한국에서 경기화를 주

---

43) 무카스. 2005년 2월 17일. 무도 경기화, 어디에 문제가 있는가.

도했던 것도 윤쾌병의 제자들이 중심이 된 지도관이었다는 점은 결코 간과될 수 없는 사실이다."[44]

이 같은 주장은 타당성이 있지만 좀 더 면밀한 검토와 탐구가 필요하다. 태권도 경기화를 주도한 곳은 지도관이 맞지단, 그것이 지도관 중앙본관이 있던 서울이 아니라 전북 전주에 기반을 두고 있던 지도관 선수들이 맹위를 떨쳤기 때문이다. 이들은 윤쾌병의 영향보다는 조선연무관 권법부 초창기 수련생이었던 전일섭(조선연무관 권법부 개관자 전상섭 친동생)과 유병용의 영향을 더 받았다. 따라서 그들이 가라테 경기화에 우호적이었던 윤쾌병과 어떤 관계였는지를 먼저 고찰할 필요가 있다.

한편 한경희는 1962년 전후부터 1972년 개정 전까지를 태권도 경기규칙 제정기, 1972년부터 1990년까지를 경기규칙 정착기, 1990년부터 2009년까지는 경기규칙 발전기로 설정하고 변인요인을 고찰[45]했다.

이에 비해 한창효는 경기규칙 변천과정[46]을 4단계로 구분해, 제1기는 광복 이후부터 1962년 이전까지를 경기규칙 제정 이전기로 보고, 제2기는 1962년 경기규칙이 제정된 시기에서 1973년 세계태권도연맹 창설 이전으로 봤다.

2. 태권도 경기화 추진 과정

가. 경기규칙 개정 전후의 상황

1960년대 초 태권도 경기는 주로 지도관 중앙본관이 있던 한국체육관과 국민회당, 서울운동장 등에 설치한 마룻바닥과 땅바닥에서 행해졌다.

---

44) 박성진. 도야마 간켄의 슈토칸이 태권도에 미친 영향 고찰. 2022년 5월 16일 태권도역사연구회 발제 내용.
45) 한경희(2009). 대한태권도협회 경기규칙의 변천 요인. 박사학위논문. 국민대학교 대학원 체육학과.
46) 한창효(2000). 태권도 경기규칙 변천과정에 관한 고철 석사학위논문. 용인대학교 교육대학원. 28쪽.

각 관(館)에서 했던 대련은 스포츠보다 연마와 수련에 가까워 때문에 통일된 규칙이 없었다.

1962년 대한태수도협회가 경기규칙을 제정하기 이전에 대련은 주로 상대의 신체에 타격을 입히는 것이 아니라 목표 부위에 기술이 닿기 직전에 멈추는 이른바 '촌지방식(寸止方式)'으로 행해졌다.

1960년대 초 한국 국가대표 선수로 활동했던 이승완은 "50년대 초·중반까지는 대부분 촌지방식으로 대련을 했다. 도장에서 그렇게 가르쳤다. 상대방 급소 앞에서 멈추면서 '이쁜'하고 소리치면 그것이 끝나는 것이다"[47]고 말했다. 가라테의 영향 때문이다.

촌지방식의 경기는 1950년대 중·후반에 들어서면서 직접 타격의 기술적 형태가 나타나게 된다.[48] 가라테는 무도적인 측면을 중시하여 촌지방식을 고수했지만 직접 타격을 하지 않으면 어느 것이 유효 득점인지 불분명한데다 심판의 주관적인 판정이 많이 작용해 스포츠로 발전하는 데 한계가 있었다. 가라테의 기술 체계를 답습하고 있던 당시 경기방식은 각 관의 풍조에 따라 달랐다. 태권도 경기화에 앞장선 지도관은 지관별도 대회를 하면서 직접 타격으로 전환했지만 청도관과 송무관은 끊어 쳤다. 송무관 출신의 강원식 증언을 보자.

"송무관 창설자인 노병직과 청도관 창설자인 이원국은 송도관(松濤館)의 후나그시로부터 (가라테를) 전수받았다. 그래서 당시 청도관, 송무관의 경기방식이 비슷하다고 하지만 지도관의 전상섭씨는 송도관에서 전수를 받은 게 아니었기 때문에 시합방식이 다르지. 무덕관(황기 관장은) 중국에서 배웠다고 하셨다고. 그래서 경기의 흐름이 다를 수밖에 없었다."[49]

---

[47] 한창효(2000), 태권도 경기규칙 변천과정에 관한 고철 석사학위논문, 용인대학교 교육대학원, 28쪽.
[48] 한창효(2000), 앞의 논문, 28쪽.
[49] 한창효(2000), 태권도 경기규칙 변천과정에 관한 고철 석사학위논문, 용인대학교 교육대학원, 28쪽. 한창효는 강원식과 2000년 5월 8일 면담을 했다.

1962년 11월 경기규칙 제정 이전에는 무도적 성격이 강해 연령과 체중과 체급에 관계없이 경기가 이루어졌고, 경기형태는 1회전 단판이었다. 경기 전개는 1본 대련, 3본 대련, 자유대련, 단체전 승발전으로 행해졌다. 승발전에는 쉬는 시간이 없었다.[50]

승발전은 주로 지도관에서 했는데, 각 시도 대표선수들이 5명씩 나와서 체중과 상관없이 경기를 했다. 한 선수가 실력이 출중하면 상대편 5명과 연이어 대결할 수 있었다. 1962년 경기규칙이 제정되기 이전에는 주로 '내치기', '메치기', '아시바'로 불리던 잡아 넘기기, 걸어 넘기기와 같은 기술들이 사용되었는데, '아시바'는 일본 유도용어 중 '이시바라이'의 줄임말로 판단된다.[51]

나. 경기규칙 제정 후 주요 대회

대한태수도협회(大韓跆手道協會)는 1962년 11월 3일 경기규칙을 제정했다. 그 후 대한체육회에 가입해 1963년 2월 23일 대한체육회 정기대의원총회에서 정식 경기단체로 승인되면서 태권도 경기화는 급물살을 탔다. 경기규칙의 정규화(正規化)는 그동안 관별로 시행해 오던 경기방식을 일정화했으며, 태권도 스포츠 경기화의 출발을 의미한다.[52] 1962년 제정한 경기규칙의 주요 내용은 다음과 같다.

- 경기장 : 8m×8m 정방형 마룻바닥
- 경기 복장 : 호구 또는 도복만 착용(호구착용 경기와 비호구 착용경기도 가능)
- 경기 시간 : 1분 30초 2회전, 중간휴식 30초
- 부별 구분 : 초기부 3급~초단, 중기부 2~3단, 고기부 4~5단

---

50) 한창효(2000). 앞의 논문. 25~27쪽.
51) 장권(2010). 앞의 논문. 164쪽.
52) 한창효(2000). 앞의 논문. 65쪽.

> **Tip 1963년 공식 대회 개최**
>
> 전년도에 제정된 경기규칙을 바탕으로 1963년 대한태권도협회는 최초로 공식적인 대회를 창설하였다. 1963년 2월 2일 국민회당에서 '1963년도 한국 우수선수선발 제1차전'을 개최함으로써 공식적인 전국대회의 효시가 되었다. 오늘날 우수선수선발대회의 시작을 알리게 되었다.
> 곧 이어 2월 9일 같은 장소에서 제2차전이 개최되었으며, 2월 16일 최종전이 개최되었다. 중기부와 고기부로 나뉘어 경량급(輕量級), 중량급(中量級), 중량급(重量級)으로 나누어 체급별로 치러진 대회는 태권도 경기 발전의 출발점이 되었다.
> 최초의 공식대회인 우수대회는 호구를 착용하지 않고 이루어졌으며, 손기술의 얼굴 공격은 제한되었지만 걸어 넘기기나 쳐 넘기기 같은 기술이 허용되었다.
> 6월 9일 국민회당에서 일본원정 파견 대표선수 선발전을 개최하여 12명의 선수를 선발하였다. 명단은 다음과 같다.
> · 경량급 −56kg 이하=이용준(3단), 김용태(3단)
> · 중량급 −65kg 이하=김일식(3단), 이승완(5단), 이문성(2단), 황대진(2단)
> · 중량급 −65kg 이상=최창근(3단), 조점선(4단), 안대섭(2단), 최영렬(1단)
>
> 〈대한태권도협회(2015). 대한태권도협회 50년사. 상아기획.〉

−경기 종류 : 개인전, 단체전(체급 구분없이 5인제)

−경기방식 종류 : 승발전, 리그전, 토너먼트전

−체급 구분 : 경량급 −56kg 이하, 중(中)량급 −56〜−62kg, 중(重)량급 −62kg〜68kg, 무제한급 −68kg

−심판 : 배심 2명, 주심 1명, 부심 4명 7심제

−득점 부위 : 명치, 양 옆구리, 양 어깨, 안면(족기 공격에 한함)

−득점 구분 : 수권 공격 1점, 족기 공격(면상) 2점, 그 외 1점. 공격은 수권 1회 공격 후 족기 1회 공격하였을 시 득점으로 인정하며, 족기 공격은 연속 공격 인정. 주심은 이 외의 기술을 억제한다. (1)넘어진 상대에 대하여 공격하는 것 (2)씨름 행위와 태클 등 기타 위험행위를 하는 것 (3)음부를 공격하는 것 (4)머리로 박치기 하는 것 (5)안면을 수권 또는 팔꿈치로 공격하는 것 (6)시간을 공비하는 것 (7)심판원의 주의를 받았는데도 행동을 거듭하는 행위 (8)상대에게 고의로 피해를 주기 위한 행위 (9)무례, 폭언, 폭행, 야비한 행위를 하는 것. 이상의 행동과 행위로 심판원에게 주의를 2회 받은 후 거듭 범하였을 때는 퇴장, 출전금지, 자격상실 등을 선언한다.

대한태수도협회는 제정된 경기규칙을 토대로 1963년 최초로 공식 대회를 개최했다. 1963년 2월 2일 국민회당에서 개최한 '1963년도 한국우수선수선발 제1차전'은 공식적인 전국대회의 효시라고 할 수 있다. 이어 2월 9일 같은 장소에서 2차전, 2월 16일 최종전이 열렸다. 이 대회는 호구를 착용하지 않고 이루어졌으며, 손기술의 얼굴 공격은 제한되었지만 걸어 넘기기나 쳐 넘기기 같은 기술이 허용됐다.[53] 첫 공식대회인 한국우수선수선발대회 입상자는 다음과 같다.

- 김병원(한무관) 1위, 지선구(지도관) 2위
- 황대진(전북지도관) 1위, 황녕학(한무관) 2위
- 이중언(한무관) 1위, 이호웅(전북지도관) 2위
- 신윤식(한국체육관) 1위, 조동섭(강덕원) 2위
- 이승완(전북지도관) 1위, 김일식(한국체육관) 2위
- 최창근(오도관) 1위, 최광식(전북지도관) 2위

그 해 6월 9일 국민회당에서 일본원정 파견 대표선수선발전을 개최해 12명의 선수를 선발하였다. 선발 명단은 경량급 −56kg 이하 이용준(3단)·김용태(3단), 중량급 −65kg 이하 김일식(3단)·이승완(5단)·이문성(2단)·황대진(2단), 중량급 −65kg 이상 최창근(3단)·조점선(4단)·안대섭(2단)·최영렬(1단)이었다.

초창기 대회는 경량급(輕量級)·중량급(中量級)·중량급(重量級) 3체급으로 열렸다. 1964년부터 무제한급이 추가되어 4체급으로 바뀌었고, 1965년에 핀급부터 헤비급까지 8체급으로 확대됐다. 대표적인 대회를 살펴보면 △1963년도 한국우수선수선발전(1963.2.국민회당) △제1회 전국중고등대학단체대항전(1963.6.국민회당) △3.1절기념개인선수권대

53) 대한태권도협회(2015). 대한태권도협회 50년사. 상아기획.

회(1964.3.동국대강당) △제1회 전국태권도신인선수권대회(1965.4.한국체육관) △제1회 전국중고대종별개인선수권대회(1966.7.한성여고) △제1회 대통령기쟁탈전국태권도대회(1966.10.장충체육관) 등이다.

심판의 역할도 제한했다. 심판 인원수와 역할을 1961년 11월 2일 경기규정이 제정되면서 배심원 2명, 4단 이상 주심 1명, 부심 4명 등 7심제였다. 주심과 부심의 유무(有無)에 대해선 증언이 엇갈린다. 이종우는 "주심은 있었고 부심은 없었다. 처음에는 주심 혼자서 경기를 진행했으나 (주심이) 혼자서 하니까 다 기억을 못하니까 힘들어서 부심을 두 명을 놓고 깃을 들어서 손을 들어서 행하기도 했다"[54]고 증언했다. 한 가지 분명한 것은 각 관별로 대련을 할 때 주심과 부심의 역할이 달랐고, 부심이 없는 관도 있었다는 것이다.

당시 대회는 해외 파견 선발전을 제외하고 중기부와 고기부로 나뉘어 경량급(輕量級)·중량급(中量級)·중량급(重量級)으로 열렸다. 서울신문 후원으로 열린 제1회 대통령기쟁탈 태권도대회는 1팀에 6명씩 참가해 선봉·전위·중견·후의·주장·후보 순서로 체급과 관계없이 각 팀에서 선수 명단을 제출하고 5명이 순서대로 기량을 겨루는 단체전이었다. 관(館) 의식이 팽배했던 당시 태권도계는 승패의 이해관계에 따라 마찰이 잦았다. 여기에 군 참가팀의 혈기왕성한 응원과 의협심은 경기장을 가끔 난장판으로 만들었다. 당시 심판으로 활동했던 홍정표의 증언.

"해병대와 공수부대의 선수들이 맞붙어 경기를 할 때는 심판들도 긴장했다. 판정시비가 나서 해병대와 공수부대들이 싸움을 할 때는 심판들이 무서워 숨을 정도로 시끌벅적했다. 소속 부대 장교가 나와서 명령조로 말려야 그치곤 했으니까."[55]

1960년대 중반에 이르자 겨루기 선수를 중점적으로 육성하는 학교가

---

54) 한창효(2000), 앞의 논문. 26쪽. 한창효는 이종우와 2000년 5월 8일 면담을 했다.
55) 홍정표 증언. 1997년 10월.

생겨나기 시작했다. 대표적인 학교는 전북 지도관의 영향을 받은 전주고를 비롯해 수송중, 당무중 등이었다. 대한태권도협회는 태권도 경기가 활기를 띠자 1968년 장충체육관에서 제1회 주한외국인태권도개인선수권대회를 개최했다. 당시 대한태권도협회 회장이었던 김용채의 후일담.

"내가 회장을 맡았을 때는 이미 태권도가 경기단체로 대한체육회에 가입되어 있어서 대한체육회 건물에 태권도협회가 입주를 하게 되었다. 하지만 당시에는 (제대로 된) 경기규칙은 마련되어 있지 않았다. 사범마다 서로 다른 점수를 주던 시기였다. 이래서는 안 되겠다 싶어 경기규칙을 정해 경기단체로서의 토대를 마련했다. 경기화를 위해서 호구 개발에 노력하기도 했었는데, 처음에는 대나무를 넣은 호구였던 것으로 생각한다."[56]

태권도 경기규칙은 1962년 11월 제정된 후 1972년까지 5차례 개정했다. 1963년 2월 26일 제1차 개정, 1964년 4월 23일 제2차 개정, 1967년 3월 7일 제3차 개정, 1968년 6월 26일 제4차 개정, 1972년 1월 20일 제5차 개정을 했다. 이 중 1967년 제3차 개정과 1968년 제4차 개정 때 많은 것이 바뀌었다. 3차 개정 때는 득점을 차등화 했다. 발로 얼굴을 차거나 뛰어차기, 두발망상, 뛰어 옆차기, 몸 돌려차기 등은 2점을 줬다. 개인전 무승부일 때는 체중이 적은 선수를 승자로 규정했다. 4차 개정 때는 선수의 호구 착용을 의무화했고, 경기장은 정방형 8m로 축소했다. 또 경기시간은 1분 30초 2회전에서 2분 3회전으로 변경했다. 소년부와 여자부는 1분 3회전, 중간휴식은 30초로 했다.

한편 세계태권도연맹은 1973년 5월 28일 제1회 세계태권도선수권대회에 참가한 19개국의 대표가 참석한 가운데 서울에서 창립총회를 갖고 경기규칙을 제정했다.

---

56) 무카스. 2010년 1월 4일. 원로들의 이야기 김용채.

다. 전국체육대회 태권도 종목의 특징

1962년 제43회 전국체육대회에 태권도가 시범종목으로 채택되고, 1963년 제44회 전국체육대회에서 정식종목으로 채택되면서 태권도는 스포츠의 체계를 잡아나갔다. 경기규칙 제정, 경기장 규격 통일, 보호구 및 장비 개발, 심판의 기능과 역할 정립, 선수선발 등 무술에서 스포츠로 변화하는 기틀을 다졌다.

태권도는 1962년 10월 24일 경북 대구에서 열린 제43회 전국체육대회에 5인 단체전(고등부, 일반부)이 시범종목으로 참가했다. 당시 각 시·도의 태권도협회가 제대로 창립되지 않은데다 태권도 경기가 전국에서 고르게 이뤄지지 않아 대표 선수 구성이 원활하지 않자 전라북도와 경상북도에서 자체 선수들을 응급히 구성해 참가[57]했다. 이에 대해 윤종욱은 연구논문에서 다음과 같이 서술했다.

전주지방의 지도관을 중심으로 태권도 경기화를 적극 추진해 왔던 전라북도의 경우 이미 상당한 경기 경험을 가진 선수들을 보유하고 있었지만 경상북도는 경기 경험이 전무했으며, 심지어는 협회조차 경기단체로서 제대로 체계를 갖추어 있지 않았다. 시범경기를 위해 전라북도는 고등부, 일반부 두 팀이 출전하였으며, 경상북도는 부별 구분에 대한 개념도 없이 각 관을 중심으로 세 팀을 조직하여 경기에 참가하였다.[58]

1962년 전국체육대회 시범종목에서 선수들이 사용한 기술은 주먹으로 얼굴가격을 금지하고, 걸어 넘기기는 허용했다. 경기방식은 단체전으로 체급 구분 없이 선봉-전위-중견-후위-주장 순으로 대전하는 방식을 사용했다. 시범경기에 대비해 경기규칙과 경기방식 등이 잘 준비되지 못해

---

57) 1962년 전국체육대회 태권도 시범종목에 참가한 선수들은 다음과 같다. 전북 고등부는 유기대·오석환·최영렬·성광호·김재화, 일반부는 조점선·최광식·이호용·이문성·문창균. 경북 지도관은 김정웅·장기용·박성규·권일웅·임의제, 청도관은 박종화·박정일·최말교·박재춘·소정섭이었다. 대한태권도협회(2014). 대한태권도협회 50년사.
58) 윤종욱(2008). 경북·대구지역 태권도 경기 발전과정. 영남대학교 스포츠과학대학원. 석사학위논문.

전라북도와 경상북도가 공동 우승했다.[59]

태권도는 1963년 10월 전북 전주에서 열린 제44회 전국체육대회부터 단체전(중등부, 고등부, 대학부, 일반부)이 정식종목으로 채택됐다. 이 때 경기규칙은 전북에서 사용하던 수신호와 용어 등을 거의 그대로 사용했다.

태권도는 1964년 인천에서 열린 제45회 전국체육대회부터 단체전에서 개인전(학생부, 일반중기, 일반고기) 각 부별 플라이급에서 헤비급까지 7체급으로 열리다가 1965년 전남 광주에서 열린 제46회 전국체육대회부터 가 부별 핀급부터 헤비급까지 8체급으로 확대되어 열렸다.

당시 태권도 경기는 전북 전주에 기반을 두고 있던 지도관 선수들이 맹위를 떨쳤다. 대표적인 선수가 이승완·조점선·황대진·안대섭·이문성·최영렬 등이다. 1963년 대한태수도협회 대표선수로 일본 공수도 선수들과 친선경기를 했던 이승완의 증언. 당시 선수들이 구사했던 기술을 알 수 있다.

"조점선, 안대섭, 황대진, 이문성, 최영렬 등 6명과 일본에 가서 가라테와 겐뽀 가라테와 교환경기를 했는데 경기방식은 룰이 없기 때문에 그 사람들 룰에 맞춰서 경기를 했고, 우리의 기술은 내치기, 주먹, 앞차기, 돌려차기, 옆차기를 주로 했는데 겐뽀 가라테 선수들은 링을 잡고 움직이는 것을 잘했고 가라테 선수들은 발차기와 주먹이 있었는데 그 발차기가 지금의 K-1에서 하는 로우킥 형식이야, 앞차기도 로우킥이고 옆차기도 로우킥인데, 우리선 수들이 돌려차기를 하는데 잘 막더라고 얼굴을 차면 차는 대로 맞는 거야. 돌려차기에 대한 방어가 없더라고…."[60]

이처럼 전북이 태권도 경기화를 선도하게 된 것은 전일섭이 이끄는 지도관이 전주에 자리를 잡은 뒤 다양한 종류의 대회가 자주 열렸기 때문이

---
59) 윤종욱(2008), 앞 논문.
60) 장권(2010), 앞의 논문, 172쪽. 이승완 면담은 2008년 7월 15일.

다.

　한·일 교류전은 물론 전주와 군산지역 지도관끼리의 겨루기는 지역의 자존심을 건 치열한 양상을 띠었다. 김혁종은 "군산과 전주의 시합이 있을 때면 일주일 전부터 잠을 못 잤다. 전주에서 대회가 열릴 때 전즈가 이기면 뒤탈이 없는데, 군산이 이기기라도 하면 버스터미널까지 쫓아 와서 버스를 못 타게 하고 텃세를 부리기도 했다. 지금 생각하면 추억거리"라고 회고했다.[61]

　대한태권도협회는 1966년 7월에 전국중·고·대·종별개인선수권대회와 10월에 대통령기쟁탈전국단체대항전대회를 창설했다. 그 해 열린 국가대표선발전은 1·2차 선발전을 통과한 선수와 그해 최우수 선발전 우승자가 최종전에서 맞붙어 각 체급별 대표를 선발했다. 모두 14명의 대표를 뽑았는데, 박동근·최동진·박연희·유기대·유형환·최동진 등 6명이 전북 출신이었다.[62] 전북일보. 2014년 6월 18일.

　최광근·장권은 "태권도 경기 중심 속에는 전북이 있었다"며 다음과 같이 주장했다.

"초창기 태권도 경기화에 적극적이었던 전라북도 지역을 중심으로 언론의 시각을 통하여 우리나라 태권도의 경기화에 대한 역사적 배경을 알아보고자 하였다. 이 연구의 목적을 달성하기 위하여 초창기 태권도 경기의 시작과 발전배경에 대한 국내 주요 일간지와 전라북도의 신문기사를 중심으로 분석하였으며, 경기화와 관련된 주요인사와의 면담, 관련 문헌자료의 검토를 통해 자료를 보완하였다. 그 결과는 다음과 같다. 첫째, 태권도 경기의 중심 속에는 전라북도가 있었다. 1962년 제43회 전국체전에서 태권도 경기가 시범종목으로 채택되었고, 당시 시범경기는 전라북도의 주도로 진행이 되었으며, 태권도 경기의 보호장비인 호구 제작과 사용에 중추적인 역할을 하는 등 전라북도는 태권도 경기화 출발점에

---

61) 전북일보. 2014년 6월 11일.
62) 전북일보. 2014년 6월 18일.

지대한 영향을 미쳤다."[63]

라. 초창기 몸통보호구 특성과 의무화

우리나라에 소개된 몸통보호구는 일본 검도의 영향을 받은 '방구대타(防具對打)' 호구였다. 1961년 5월 12일 전주공설운동장에서 열린 한국 전주 팀(지도관)과 일본 공수도 팀이 친선대회를 할 때 선수들이 이 호구를 착용하고 경기를 했다. 전주지도관 출신인 유병룡은 "초창기에는 얼굴에는 야구를 할 때 쓰는 마스크를 쓰고…손끝을 자른 것(얇은 장갑)을 끼고 얼굴을 때리기도 하고…검도할 때 입던 호구를 입기도 했다"[64] 고 증언했는데, 이는 '방구대타' 호구를 의미하는 것으로 보인다.

이처럼 한·일 친선경기 때 처음 사용한 몸통보호구는 일본 검도용이었다. 그러나 태권도에는 잘 맞지 않았다. 검도 호구를 차면 움직임이 둔하여 태권도의 빠른 동작을 할 수 없었다. 또 검도 호구는 칼날을 막기 위한 것으로 너무 단단하게 만들어져 자칫하면 손이나 발가락이 부서지기도 했다.[65] 따라서 태권도 경기에 적합한 보호구를 개발해야 했다. 이번에도 지도관 전북본관을 이끌고 있는 전일섭과 유병용이 적극 나섰다.

"태권도에 알맞은 호구 개발이 필요했는데, 많은 고민과 연구 끝에 생각해 낸 것이 대나무 호구였다. 전일섭 관장과 유병용 사범 등이 적극적으로 나섰고, 전일섭 관장의 부인이 바느질을 했다. 신문지로 본을 떠서 입어보고 만들었는데 애초에는 뒷부분이 없이 옆구리까지만 가렸다. 대나무를 쪼개서 세로로 배열하고 솜으로 감싼 뒤 베를 대고 누볐다. 이처럼 만들어진 호구는 대한태권도협회의 승인을 받아 62년 대구체전 시범경기 때 처음으로 사용된 뒤, 63년 전주체전부터 본격적으로 활용됐다. 애초에는 위-아래 2단으로 만들었

---

63) 최광근·장권(2015). 태권도 경기화의 역사적 배경과 언론사적 의미:전라북도 지역을 중심으로. 한국체육사학회. 체육학사학회지 20권4호.
64) 장권(2010). 앞의 논문. 163쪽. 장권은 유병룡과 2008년 8월 12일 면담했다.
65) 전북일보. 2014년 6월 11일.

다. 그러나 시간이 가면서 위험성을 깨닫게 됐다. 대나무가 부러지면서 헝겊을 뚫고 삐져 나와 손을 다치는 경우가 적지 않았다. 특히 2단 호구는 중간에 접혀지는 곳이 명치 부근이어서 자칫하면 장기가 다치는 등 큰 불상사의 위험도 있었다. 따라서 나중에는 2단의 호구를 3단으로 개조했고, 그러다보니 활동성도 훨씬 좋아졌다."[66]

1962년 전국체육대회에서 시범종목으로 열린 태권도 경기는 경북 선수들에게는 매우 생소했다. 경북 대표로 경기를 한 최말교는 "호구복을 착용하고 경기를 하긴 했는데, 처음에는 호구복이라는 것도 몰랐고, 경기장에 가서 전라북도 팀이 만들어온 호구복을 처음 봤다"[67]고 증언했다.

몸통보호구(호구)는 1962년 국회의사당에서 열린 경기에서 개인이 제작해 사용한 호구가 최초의 태권도 보호구[68]라는 주장 속에, 1962년 전국체육대회 태권도 시범종목에서 대나무로 만든 몸통보호구를 정식으로 사용했다는 게 정설로 받아들여지고 있다.

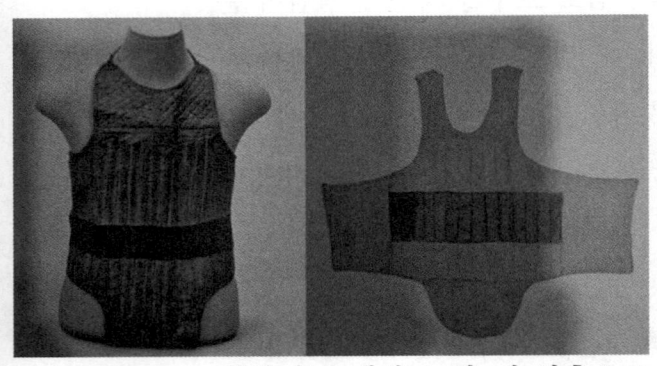

1960년대 사용한 대나무 몸통 보호구
사진=국립태권도박물관

대나무 호구는 무겁고 투박했다. 대나무 조각을 얇게 다듬어 광목천을 솜으로 감싸서 꿰맸는데, 선수들이 타격을 하다가 손과 발을 다치기도 했다. 이에 대해 강원식은 "처음 호구는 대나무를 묶어서 만들었다. 원래 앞차기는 맨발로 찰 때 앞축으로 차게 되면 소리가 잘 안 나서 발등으로 차게 되면 소리가 잘 나니까 부심들이 소리를 듣고 점수를 주게 됐다. 소리에 의해서 채점이 이뤄지다 보니 발등으로 차는 '거적발 형태'로 공격해서 공격자의 부상이 매우 컸다"[69]고 했고, 유형환은 "당시(1960년대 중후반)에는 손기술이 많아서 (다치지 않기 위해) 손에 붕대를 감고 경기를

---
66) 전북일보, 2014년 6월 11일.
67) 윤종욱(2008), 앞 논문. 재인용.
68) 한창효(2000), 앞의 논문. 35쪽. 최초의 대나무 몸통보호구는 전일섭이 만들었다는 것이 통설이다.
69) 김진경(2014). 태권도 겨루기 경기화 과정으로 살펴본 경기장 시설 변천과정에 관한 연구. 전주대학교 교육대학원 석사학위논문. 재인용. 강원식 인터뷰. 2013.11.09.

했다. 선수들이 경기를 하면 발로 몸통을 때릴 때 '딱' 소리가 대나무에 맞아 나는 소리라는 것을 심판들이 듣고 점수를 줬다. 맞은 선수보다 공격한 선수가 더 부상을 많이…"[70]라고 말했다. 대한태권도협회는 1968년 경기규정을 개정해 몸통보호구 착용을 의무화했다.

1971년 서울운동장 옆 옥외 배구장에 마룻바닥을 설치해 놓고 전국체전 태권도 경기를 하고 있다.

사진=대한태권도협회

> **Tip**   1950~70년대 '전북 겨루기 태권도' 재조명 테마전

태권도진흥재단(이사장 직무대행 이종갑)은 태권도 겨루기 뿌리라고 할 수 있는 '전북 겨루기 태권도'의 문화적 가치를 재조명하기 위해 상설 테마전을 2023년 10월 8일까지 국립태권도박물관에서 개최한다.
'전북 겨루기 태권도'는 광복 이후부터 1970년대 전북 지역에서 발전한 태권도 기술 및 수련 체계로서 실전과 가까운 직접 타격 형식의 겨루기를 선호한 특징을 가지고 있으며 이로 인해 전국체육대회에서 태권도가 정식 종목으로 채택되는 데 큰 역할을 했다.
또한 현재 사용하는 태권도 호구의 형태와 유사한 대나무를 활용한 보호구를 최초로 개발해 경기에서 사용하며 현재 태권도를 견인한 의미로 전북 무형문화재로 지정되어 있다. 이번 전시는 국내에서 펼쳐진 최초 국제 무예대회인 '한·일 친선 공수도 대회'와 '전국체육대회', '일본국 파견 태권도 국가대표 선수' 등 1940~60년대 사진과 메달, 상장, 경기 규정집, 고단자 발급대장 등의 유물이 선보여진다. 특히 태권도 경기화를 주도한 전북 지도관 고) 전일섭(1922~2000) 사범의 도복과 띠 등 전북 태권도의 역사를 보여주는 자료들을 한 번에 만날 수 있다. 이종갑 태권도진흥재단 이사장 직무대행은 "전북 겨루기 태권도는 현대 태권도 겨루기 기술 발전과 경기화 과정에서 중요한 부분을 차지하고 있고 태권도 발전과정에서 매우 중요한 학술적 가치를 갖는다"고 말했다.

〈태권도 타임즈, 2023년 7월 10일.〉

---

70) 김진경(2014), 앞의 논문 재인용. 유형환 인터뷰 2013.10.23.

연구과제

1. 1961년 대한태수도협회가 창립된 배경과 과정을 설명하시오.
2. 협회 명칭이 '태수도(跆手道)'로 결정된 까닭을 설명하시오.
3. 1962년 11월 대한태수도협회가 시행한 제1회 전국승단심사대회 심사종목은 무엇인가?
4. 1965년 최홍희는 왜 협회 명칭을 '태수도'에서 '태권도'로 바꾸자고 주장했나?
5. 무덕관 창립자 황기는 왜 태권도 통합에 반대해 독자노선을 택했는지 설명하시오.
6. 1960년대 후반 대한태권도협회와 국제태권도연맹이 해외사범 파견과 단증 발급 문제를 놓고 왜 대립각을 세웠는지 설명하시오.
7. 1960년대 초 태권도 경기화 과정과 당시 적용했던 경기규칙 및 경기 용품을 설명하시오.

참고문헌

무카스. 2010년 1월 4일. 원로들의 이야기 김용채 편.
장권(2010). 한국 태권도 경기사 연구. 박사학위논문. 우석대학교 대학원.
최홍희(1966). 태권도지침. 서울:정연사.
한경희(2009). 대한태권도협회 경기규칙의 변천 요인. 박사학위논문. 국민대학교 대학원.
한창효(2000). 태권도 경기규칙 변천과정에 관한 고찰. 석사학위논문. 용인대학교 교육대학원.
황기(1970). 수박도교본. 서울:계량문화사.
양진방(1986). 해방이후 한국 태권도의 발전과정과 그 역사적 의의. 서울대 석사학위논문.
윤종욱(2008). 경북·대구지역 태권도 경기 발전과정. 영남대학교 스포츠과학대학원. 석사학위논문.
임번장(1979). 스포츠 및 그 유사개념의 정의와 분류에 관한 고찰. 서울대학교 사대논총 19집.
전북일보. 2014년 6월 11일
최광근·장권(2015). 태권도 경기화의 역사적 배경과 언론사적 의미:전라북도 지역을 중심으로 한국체육사학회. 체육학사학회지 20권4호.

개정증보판 History & Culture & Taekwondo
태권도역사와 문화의이해

제5장 1970년대 태권도 발전기 성과와 쟁점

📖 학습목표

이 장(章)은 태권도 발전 및 중흥의 토대를 이룬 1970년대 태권도의 상황과 주요 정책 및 사업을 이해하는데 학습 목표를 두고 있다. 1971년 제7대 대한태권도협회 회장으로 취임한 김운용의 공적을 살펴본 후 1972년 대한태권도협회 중앙도장으로 건립된 국기원과 1973년 창설된 세계태권도연맹의 개요를 공부한다. 또 태권도 스포츠를 촉진한 세계태권도선수권대회의 특징을 살펴본다. 이와 함께 태권도 발전과 통합에 큰 영향을 비친 관(館) 통폐합이 어떤 취지로 어떻게 이루어졌는지 탐구하고, 과제와 한계를 알아본다.

제5장 1970년대 태권도 발전기 성과와 쟁점

1 국기원 건립과정과 의미

김운용이 국기원 내부 공사 현장을 둘러보고 있다.

1971년 11월 19일은 태권도계에서 역사적인 날이다. 태권도인들의 오랜 숙원이었던 대한태권도협회 중앙도장이 서울 성동구 역삼동 산 79번지의 야트막한 언덕 위에서 기공했기 때문이다. 당시 태권도계는 대회나 심사를 치를 곳이 마땅하지 않아 한성여고체육관과 장충체육관, 서울운동장 옥외 배구장 등에서 대회와 심사를 개최했다.

국기원 건립은 1969년부터 추진됐다. 당시 대한태권도협회장이었던 김용채는 국회의원 신분을 활용, 1970년 국회 추경예산에서 2천8백 여 만 원을 지원받아 중앙도장 건립재정을 확보했다. 이를 두고 홍종수는 "1969년부터 대한태권도협회는 130만 명 회원들의 수련의 전당으로 센터 건립을 적극 추진하여 왔다"며 "1970년도 국회에서 국고보조금 2,850만 원이 결정되었는데, 이것은 전임 회장 김용채씨의 공(功)이 컸

국기원 건립 모습. 골조 공사가 거의 끝나 외형이 드러나 있다.

다"¹⁾고 밝혔다. 김용채도 "중앙도장이 건립되기까지는 내가 재정을 확보하는 등 어느 정도 기반을 다져놨는데 김운용 총재가 모든 것을 다한 것처럼 알려져 서운하다"²⁾고 토로하기도 했다.

국기원 건립은 1971년 김운용이 제7대 대한태권도협회 회장에 취임하면서 본격화했다. 당시 그는 '태권도센터' 건립에 대한 의지를 내비쳤다. 태권도센터는 국기원을 의미했다.

"현재 문교부에서 태권도센터 건립의 예산으로 3천만원 정도를 책정한 것으로 알고 있다. 그러나 이만한 자금으로서는 태권도센터 건립 기금으로는 태부족이다. 적어도 1억 원 이상의 예산 확보를 위해 건립 기금을 모급하고 아울러 대지 물색 등 기초조사를 추진하겠다. 모든 태권도인들의 희망이자 단결의 광장이 될 태권도센터 건립 계획을 1차와 2차로 구분, 당장 금년부터 실현시키는 것이 장기적인 포석으로 이룩하겠다."³⁾

김운용은 또 "태권도 종주국인 우리에게 태권도센터의 필요성은 절대적이다. 그래서 2억 원의 기금으로 센터 건립을 계획한 것"⁴⁾이라고 밝혔다. 그의 이러한 의지는 각 언론을 타고 확산됐다. 태권도계의 여론도 좋

---

1) 대한태권도협회. 태권도 창간호 1971년 4월.
2) 1998년 7월 김용채 인터뷰.
3) 월간스포츠. 1971년 2월호.
4) 대한태권도협회. 태권도. 1971년 4월.

1971년 대한태권도협회 중앙도장(국기원)을 건립하기 위해 관계자들이 서울 강남 구릉에 자리잡은 국기원 건립 부지를 답사하고 있다.

았다. 김운용은 회장에 취임한 지 얼마 지나지 않아 태권도계 이론가인 이종우를 만나 태권도 청사진을 구상했다.

국기원이 기공하기까지 우여곡절이 많았다. 특히 부지를 놓고 이런 저런 말들이 많았다. 부지는 서울 한남동 삼거리 타원호텔 부근과 연세대 봉원사 부근, 그리고 강남 역삼공원 등이 물망에 올랐는데, 이종우가 강력히 주장했던 타원호텔 부근은 리틀엔젤스가 땅을 이미 확보한 상태라 제외됐다. 결국 최종 결정은 김운용이 내릴 수 밖에 없었다.

김운용은 서울 시내의 시유지를 조사한 다음, 막역한 사이였던 양택식 서울시장을 찾아가 도움을 청했다. 양택식은 "잠실 쪽이 어떻겠느냐"고 권유했지만 김운용은 이미 사전 조사를 마친 역삼동 산꼭대기를 고집했다. 양택식은 평평한 좋은 땅을 놔두고 왜 하필 산꼭대기에 중앙도장을

> **Tip 국기원 건립 과정 비화**
>
> 1970년대 초 태권도와 관련된 행정은 대한태권도협회가 맡았다. 회원들을 대상으로 교육도 하고 훈련도 해야 하는데 마땅한 공간이 없었다. 당시 대한태권도협회는 서울 무교동에 있는 대한체육회 건물에 있었다. 행사는 주로 체육회 강당을 빌려서 썼는데 불편한 것이 많았다.
>
> 그래서 생각해낸 것이 태권도만 전용으로 사용하는 '중앙도장'이었다. 중앙도장을 지으려면 우선 마땅한 부지가 있어야 했다. 그래서 부지 물색을 위해 나와 이종우가 의논을 해서 이곳 저곳 많이 돌아다녔다. 성남 남한산성 부근과 서울 남산, 잠실도 가 봤지만 마땅한 곳이 없었다. 중앙도장 부지 선정에 청와대의 영향도 있었다고 본다. 그래서 그런지 양택식 서울시장의 도움을 받기도 했다.
>
> 어느 날 김운용 회장이 중앙도장 부지로 역삼공원이 좋다며 가보라고 했다. 그 곳에 가보니 질퍽한 진흙 땅에 자갈이 많았다. 당시 강남은 개발되기 전이어서 도로망도 제대로 구축되어 있지 않았다. 허허벌판이었다.
>
> 그런데다 역삼공원 주위는 야트막한 야산으로 봉오리가 솟아 올라와 있었다. 나와 이종우는 "여기에 어떻게 건물을 짓냐"며 탐탁하지 않았지만 김운용 회장은 평지보다 높은 것에 지어야 상징과 기상을 나타낼 수 있다며 역삼공원을 부지로 결정했다.
>
> 그 곳이 중앙도장 부지로 결정되자 포크레인 등 공사 장비를 동원해 솟아 있는 봉오리 주위를 평탄하게 만들었다. 그리고 그 곳에 건물의 뼈대를 세웠다.
>
> 이로써 우리나라는 태권도 종주국의 위상을 갖추게 되었다. 1976년에 준공된 서울 반포동의 고속버스 요금소에서도 국기원이 보였다. 버스를 탄 승객들은 "저 파란 지붕이 뭐야? 무슨 건물이야"고 할 정도였다.
>
> 〈국기원(2015) 발주, 엄운규 원로 증언채록 중에서〉

지으려고 하는지 이해가 가지 않았다. 김운용은 나름대로 생각이 있었다. 태권도를 발전·육성시키려면 각 관을 통합하고 관리할 수 있는 중앙도장이 필요한데 중앙 도장이 그러한 역할을 하려면 일종의 신비감을 지닌 기념비적 상징물이어야 했다. 넓은 땅 한복판에 있기 보다는 산꼭대기에 우뚝 솟아 높은 기상과 힘을 뽐낼 수 있어야 했다. 그 당시에는 고층빌딩이 세워지기 전이었다. 만약 역삼동 산꼭대기에 중앙도장이 세워진다면 그야말로 세계태권도본부로서 손색이 없을 것이라고 인식했다.[5]

이렇게 해서 국기원 부지로 역삼동 구릉이 최종 결정됐다. 당시 부지는 푸석푸석한 흙과 자갈이 많았다. 강남을 개발하기 전이라 도로망이 제대로 구축되지 않았을 뿐만 아니라 건물이 듬성듬성 들어서 있는 허허벌판이었다. 건립 자금은 김운용이 끌어 들였다. 삼성을 비롯해 동양고속, 대농, OB, 진로, 동양방직 등 민간차원에서 건립비가 모아졌고, 쌍용과 인천제철, 동아기업, 벽산, 한국유리, 동광유리 등은 건축자재를 도와주었다. 김운용은 왜 국기원[6] 건립에 남다른 애착을 가졌을까?

태권도도 구심점이 있어야 하는데 그것이 곧 국기원이다 (…) 태권도를 발전, 육성시키기 위해서는 우선 혼란 상태에 있었던 각지의 도장을 통합해 관리할 수 있는 국기원이 꼭 필요했다. 더구나 중앙도장을 건설하는 것은 모든 태권도인의 염원이기도 했다 (…) 태권도의 바랑시인 국내에 외국인 수련자들에게 자랑할 만한 중앙도장이 없다는 것은 부끄러운 일이었다.[7]

김운용은 국기원을 태권도의 기념비적인 상징물로 인식했다. 그러나 준공 과정은 험난했다. 오일쇼크 파동으로 공사비가 턱없이 부족했다. 정부보조금이 3,000만 원 밖에 되지 않아 나머지 비용은 찬조금으로 해결해야만 했다.

---

5) 국기원(1997). 世界跆拳道센터 國技院 25년史. 眞實기획. 61~62쪽.
6) 대한태권도협회 중앙도장 명칭은 1973년 2월 6일 국기원으로 개명됐다. 이와 관련, 김운용은 "이름을 '국기관'으로 할 계획이었지만 이미 일본에서 스모 전당을 '국기관'이라 명명하고 있었다. 그래서 일본에 뒤이어 따라하는 것은 피하고 싶은 분위기가 강하였기에 '국기원'으로 정하였다"고 밝혔다. 김운용(2006), 世界를 向한 挑戰.. 연세대학교출판부. 65쪽.
7) 김운용(2006). 세계를 향한 도전. 연세대학교 출판부. 65~66쪽.

완공된 국기원 전경. 강남 개발 이전이라 주위가 허허벌판이다.

여건이 최악이었다. 당시 전 세계적으로 제1차 오일쇼크 파동이 일어나 건립추진에 난항을 겪었다. 한국경제가 어려울 때이다. 대한태권도협회에서 심사비 천원 중 백원 씩 떼어 몇 년간 적립한 중앙도장 건립기금燈만원으로는 철근 몇 톤 사기도 힘든 실정이었다. 그래서 150만원은 대한태권도협회의 태권도교본 제작비로 나머지는 협회 운영비로 충당된 것으로 안다. 국내 정재계 인사는 모두 만나 지원을 부탁했다. 그 정성어린 돈과 물품으로 국기원 건립을 진행했다.[8]

드디어 1972년 11월 30일, 기공한 지 1년 여 만에 국기원이 준공되었다. 총 공사비 2억 원이 투입된 중앙도장 건축주는 대한태권도협회이었고, 시공자는 보성산업주식회사였다. 지붕에 청기와로 얹고 건물 정면에는 팔괘를 상징하는 여덟 개의 원추 기둥을 세웠다. 2천 평의 대지면적에 연건평 1천2백40여 평의 지하 1층, 지상 3층 건물 속에는

---

8) 김운용닷컴. 2010년 8월 10일. 김운용칼럼 ; 우리의 국기원과 중국의 소림사. 김운용은 이 칼럼에서 국기원 건립에 도움을 준 사람들과 액수를 소개했다. 내용은 다음과 같다. △강신호 동아제약 회장 : 분수형 정수기 1대 △경성방직 회장 : 200만원 △김동수 비서관 : 철재의자 100개 △김성건 쌍용회장 : 시멘트 3500포대 △김인득 벽산건설 회장 : 지붕공사전체 △김종필 총리 : 100만원(급수펌프대용) △동광유리, 한국유리 : 유리공사전체 △미 Fluor 회장 : 3000달러 △미 GULF 석유 : 5000달러 △미 TC 항공사 로이 초크 회장 : 5000달러 △박무승 전주제지 회장, : 분수형 정수기 1대 △박보희 문화재이사장 : 1000만원 △박용곤 한양식품사장(현 두산그룹 명예회장) : 50만원 △박용학 대농회장 : 200만원 △박종규 청와대 경호실장 : 식목 1000구루, 300만원 △송요찬 전 내각수반(당시 인천제철 사장) : 300만원(정문건립), 철근 600톤 △승상배 동아상호 회장 : 목재지원 △양택식 서울시장 : 대지 2000평 두상대여(이후 5500평으로 늘림), 청송 은행나무 2구루 △이민하 동양고속사장 : 1500만원(설계비포함) △이병철 삼성회장 : 300만원 △이준구 사범 : 500달러 △장익용 진로회장 : 1000만원, 윤곡정 건립 800만원 △전인문 사범 : 500달러 △정인영 현대건설부사장 : 200만원 △조시학 사범 : 3000달러 △주한독일대사 : 철재 캐비넷 100세트, 참대 20세트 △청와대 : 전화 2대 지원 △풍한제지 사장 : 200만원 △한국일보 : 식목 5000구루 △한미재단 : 10,000달러 △화천공사 : 200만원. 김운용은 "여기에 내 사재를 털어 건립비 1000만원, 국기원 재단법인 등록비용 200만원, 수위실 건설 100만원 등 총 1300만원을 국기원 건립에 힘을 보탰다. 참고로 당시는 철근 1톤이 2만원, 시멘트 한 포대가 270원, 청와대 5급 경호관 월급이 2만원 하던 시절이었다"고 회고했다.

227평의 경기장과 강의실, 샤워실 등을 갖췄다.

국기원 설계를 담당했던 서울대학교 건축학과 교수 이광노는 "한국 태권도의 위세를 과시하는 상징적인 모습을 건축에 담고자 한국 고유의 얼이 담긴 청기와를 지붕에 덮고 태권도 8괘형에 부합하는 8개의 둥근 기둥을 건물 전면에 배치하는 등 우리 전통무예 도장의 면모를 갖추는 데 주력했다"[9]고 말했다.

국기원 준공식에서 총리 김종필은 치사를 통해 "한국의 태권도는 태권도 발전에 요람이 될 중앙도장까지 갖추게 되어 국기로서의 면모를 일신하게 됐다"며 "1백30만 태권도인은 일치단결하여 앞으로 이 도장을 더욱 활용해서 보다 비약적인 발전으로 국위선양과 국민체위 향상에 기여하고 태권 한국의 참모습을 세계만방에 더욱 굳게 심어 나가는데 분발하자"고 당부했다. 김운용은 "승단심사를 단일화하고 일선 사범들을 재교육하여 기량 면에서도 세계에 으뜸가는 태권도 본산의 진면목을 보이겠다"[10]고 다짐했다. 또 "한국의 국기인 태권도의 참 모습을 세계에 과시하기 위해 1973년 5월 서울에서 한국의 사범이 파견되어 있는 40개국 외국팀을 초청해 세계태권도대회를 개최하겠다"[11]고 의욕에 찬 포부를 밝혔다.

이렇게 출발한 국기원은 태권도 백년대계의 포석으로 △승품(단) 심사 단일화 △국내외 사범의 자질향상 △국제규모 대회와 국내 경기 대회 개최 △태권도 기술의 일원화 △태권도인의 긍지를 가다듬어 국위선양과 국민체육에 이바지 등을 목표로 내걸었다. 김운용은 국기원을 건립한 지 40년이 지난 후 이렇게 회고했다.

태권도의 비전(Vision)은 1971년 태권도의 국기화, 세계화, 국위 선양의 기수, 호국의 기수 등을 내걸면서 시작되었다. 1972년 12월 9일, 1년 만에 자력(自力)으로 태

---

9) 대한태권도협회. 태권도. 1973년 3월.
10) 국기원(1997). 앞의 책. 59쪽.
11) 국기원(1997). 앞의 책. 59쪽.

권도인의 염원인 대한태권도협회 중앙도장(국기원)을 완공했고, 이를 원동력으로 태권도가 국기화의 길을 걷는 초석을 마련했다. 국기원의 재단법인 등록 후 30여 개로 난립하던 태권도관을 통합하고 연수원 개설, 승단 심사통일, 품세 통합, 해외사범 파견과 지원, 역사 정립, 교본과 〈태권도〉지 발간 등을 진행하여 태권도의 역사와 전통을 만들어 나갔다. 또 가라테나 쿵푸와 차별화된 경기 규칙을 만들어 세계에 내놓았다. 그렇게 현대태권도의 모습을 정립됐다. 특히 석유파동으로 어려웠던 시절임에도 불구하고 국기원 건립에는 개인적으로 많은 지인들이 후원을 아끼지 않았다. 40년이 넘게 세월이 흘렀지만 감사한 마음은 여전하다. 1973년 태권도인의 염원을

Tip '국기 태권도' 유래와 진품 논란

박정희 전 대통령이 쓴 '국기 태권도' 친필 휘호의 진품은 어디에 있을까?
현재 진품이 몇 장이나 되고, 누가 소장하고 있는지 불분명한 가운데, 영인본과 필사본이 넘쳐 나고 있다. 국기원과 대한태권도협회에 걸려 있는 '국기 태권도' 휘호도 진품이 아니다. '국기 태권도'는 1971년 3월 20일 박정희 전 대통령이 당시 김운용 대한태권도협회 회장에게 써줬다. 이에 대해 김 전 회장은 이렇게 회고했다.

"1971년 대한태권도협회장에 취임한 후 태권도를 국기화하는 것이 나의 첫 번째 임무였다. 그리고 태권도를 세계화하고 국위선양의 기수, 호국의 기수로 만드는 것이 비전이었다. 그런데 태권도는 국기도 아니었고, 씨름과 축구가 서로 국기라고 했다. 당시 태권도는 여러 모로 약했다. 그래서 박정희 대통령께 말씀드려 '국기 태권도' 친필 휘호를 받아냈다."

'국기 태권도' 친필 휘호의 쟁점은 두 가지. 박 전 대통령이 몇 장을 써줬고, 누가 진품을 가지고 있느냐는 것이다. 친필 휘호는 1장과 5장으로 엇갈리고 있다. 12월 4일 태권도원은 국립 태권도박물관에 기증한 유물 중 박정희 전 대통령의 친필 휘호라며 김영작 씨가 기증한 '국기 태권도'의 진위 여부를 가렸다. 이에 대해 김영작 씨는 12월 4일 "나의 스승인 이남석 관장님께 받았다. 진품이 아니면 돌려달라. 개인 전시회를 열겠다"며 불쾌한 감정을 드러냈다. 반면 김호재 씨는 "김영작 씨가 어디서 어떻게 국기 태권도 휘호를 받았는지 몰라도 내가 소장하고 있는 것이 진짜다. 감정을 다 받아놓았다"며 자신감을 보였다. 두 사람의 공통점은 창무관 출신으로, '국기 태권도' 휘호를 스승인 이남석 관장에게 받았다는 것이다. '국기 태권도' 휘호에 대해 한 태권도 언론인은 "박 전 대통령이 써준 친필 휘호는 1장이다. 이것을 실무자들이 30장 인쇄한 후 복사해서 유포했다. 김영작 씨와 김호재 씨가 소장하고 있는 것은 모두 진품이 아니다"고 말했다.

이런 가운데, 미술사학을 전공한 한 전문가는 "인쇄본을 확대하면 망점이 보이는데, 획의 끝이 동그랗다"며 "종이 재질과 놓고, 필체 등을 객관적으로 감정하는 전문가에게 맡기면 금방 진품 여부가 드러날 것이다"고 말했다.

한편 김운용 전 회장을 만나 '국기 태권도' 휘호에 대해 "박정희 대통령이 한 장을 써줬는데, 어디에 있는지 모른다"고 말했다.

〈태권저널. 2015년 12월 23일.〉

품고 신축된 국기원에서 20개국을 모아 5월 25일부터 27일까지 3일간 제1회 세계태권도선수권대회를 개최하고 28일에는 19개국이 참가하여 세계태권도연맹(WTF)을 창설했다. 초대 총재에 김운용, 사무총장에 이종우를 선출하고 태권도의 전국조직 확장 및 강화 그리고 세계화를 향해 장도를 떠나게 되었다. 대한태권도협회는 종주국으로서 기둥이 되고, 세계태권도연맹은 전 세계 보급과 그 관리에, 국기원은 무도정신과 전통을 유지하면서 양대기구를 지원하는 삼위일체(三位一體)로 움직이게 만든 것이다. 3개 기구로 나눈 것은 누가 시킨 것도 아니다. 역사의 사명이고, 시대정신이 깃든 일이었다.[12]

'대한태권도협회 중앙도장'은 1973년 재단법인 국기원(國技院)으로 거듭났다. 국기원은 설립 목적을 정관 첫 머리에서 다음과 같이 밝혔다.

법인은 고유한 한국문화의 소산(所産)인 태권도를 범국민운동화하여 국민의 체력 향상과 건전하고 명랑한 기풍을 진작시키고 범세계적으로는 태권도의 전통적인 정신과 기술을 올바르게 보급시켜 국위선양을 도모함으로써 민족문화 발전에 이바지함을 목적으로 한다.

국기원이 건립되자 태권도와 관련된 대회와 교육이 국기원에서 열렸다. 1973년 5월 제1회 세계태권도선수권대회에 이어 제1회 아시아태권도선수권대회가 1974년 10월 18일부터 20일까지 3일간 국기원에서 열렸다. 대한태권도협회와 세계태권도연맹이 공동 주최한 이 대회에는 한국을 비롯해 자유중국, 필리핀, 싱가폴, 말레이시아, 홍콩, 일본, 오스트레일리아, 베트남, 크메르, 괌 등의 선수들이 참가했다.

---

12) 김운용닷컴. 2011년 8월 29일. 김운용칼럼 ; 태권도 어디까지 왔는가

2 태권도 관(館) 통합의 중요성과 의미

1945년 해방 전후 태동한 현대적 의미의 태권도는 1960년대 말까지 전국에 40여 개의 관(館)이 난립하여 파벌을 조장하는 등 태권도 발전의 걸림돌로 작용했다. 이에 대한태권도협회는 1974년부터 40여 개의 관을 9개관으로 정비하면서 태권도계 분파 일소와 통합을 추진하기 시작했다.

1976년 5월 20일, 대한태권도협회 가맹단체인 각 관장단회의는 자율적으로 관 의식을 배제하고 태권도 종주국으로서 면모를 더욱 확고히 하기 위해 기존 관명을 완전 폐지하고 직할로서 행정상의 편의를 위해 아라비아 숫자로 호칭하기로 결의했다.

일선 도장에서 사용하던 관 명칭은 지역 또는 고유 명칭을 사용하기로 했는데, 변경 호칭된 관명은 ▷1관=송무관 ▷2관=한무관 ▷3관=창무관 ▷4관=무덕관 ▷5관=오도관 ▷6관=강덕원 ▷7관=정도관 ▷8관=지도관 ▷9관=청도관으로 호칭하기로 했다. 그러나 후일 무덕관의 분파작용으로 무덕관에서 탈퇴한 사람들이 모여 3관의 관리 아래 두도록 해 10관을 관리관으로 호칭했다.

관 통합이 본격적으로 추진된 것은 1977년부터이다. 당시 관의 폐해에 불만이 많던 강원식(송무관), 황춘성(무덕관), 김호재(창무관), 김재희(정도관), 원철희(지도관), 곽병호(오도관) 등은 승단심사 부정 등 관의 해악을 없애기 위해서는 관을 없애야 한다는 데 뜻을 같이하고, 전국 시·도를 순회하면서 연판장을 받았다. 이 일은 황춘성과 김호재가 주로 맡았다.

대한태권도협회는 1977년 1월 8일, 대한체육회 대강당에서 정기대의원총회를 개최하고 관 통합을 중요한 의제로 채택했다. 이날 노상석(중고연맹 대의원)이 "관적(館籍)을 자유롭게 이적할 수 있어야 된다"고 말하자 손석진(부산대의원)과 정중성(중앙대의원)은 "기본 질서는 지켜야 된다"며 신중론을 폈다.

일부 대의원들은 관 통합의 원칙에는 찬성하지만 시기상조라며 머뭇거렸지만 관 통합을 위한 특별위원회를 구성할 것을 만장일치로 찬성하고 위원회 구성을 회장(김운용)에게 일임했다.

이로써 관 통합을 위한 특설기구 설치와 국기원에 심사와 교육 등을 관장하는 특별 기구가 구성됐다. 이날 총회에서는 기술심의회에서 관리하는 관리관에 대한 문제도 거론됐다. 관리관은 어떠한 배경으로 운영되고 있고, 관리관에서 발급하는 증명서에 대한 문제가 모아지자 김운용은 "어느 관이든지 이상한 증명은 발급될 수 없다. 총회 후 해결할 수 있는 방안을 모색하자"고 제안했다. 관리관은 홍종수의 제자인 최남도가 무덕관을 좌지우지하자 이에 반발한 서울 중심의 고단자들이 세력을 규합해 창설한 관(館)으로 김인석, 황춘성이 주축 멤버였다.

총회 결의에 따라 1977년 2월 23일 원로 태권도인과 중앙도장 관장 등 15명으로 '관통합추진위원회'가 결성됐다. 관통합추진위원회는 1년의 유예기간을 갖고 그동안 중앙본관장들이 자기 계열(館)을 모두 포기한다는 데 합의했다. 그 해 8월에는 태권도계의 고질적인 파벌의식과 행정·기술체계의 난맥상을 바로잡기 위해 태권도 관통합작업 담당기구인 총본관을 발족했다. 새로 발족된 총본관 임원진에는 ▷총본관장=김운용 ▷부관장=이종우·엄운규 ▷사무총장=이남석 ▷감사=이병로·강원식 ▷세칙심의위원회=이종우·엄운규·이남석·강원식·곽병오 등이었다.[13] 이에 대한 이종우의 후일담.

---
13) 대한태권도협회(1978). 계간 태권도. 3월호.

(관 통합은) 9개가 주축이다. 우선 협회 기준으로 9개관으로 정리했는데 관 파벌 때문에 힘들었다. 그래서 내가 '통합관'을 주장했다. 그런데 한 사람이 '그렇게 하면 이종우한테 다 먹힌다'고 해서, 그냥 을지로 6가에 9개 관이 함께 쓰는 총본관 사무실을 얻었다. 그때 9개 관이 모두 책상을 가지고 들어와서 복작거렸다.[14]

총본관이 구성되었지만 관 통합을 위한 움직임은 큰 진척이 없었다. 1978년 7월 말까지 10개관을 발전적으로 통·폐합한다고 했지만 창무관 사무실(서울 을지로 6가)을 임시 사무실로 정했을 뿐 관 통합을 위한 뚜렷한 움직임을 보여주지 못했다. 특히 자발적으로 관을 해체한 관은 없었을 뿐만 아니라 오히려 파벌의식이 경제적 이익과 깊이 관련되어 있어 현실적으로 불가능하다는 여론이 형성되기도 했다.

이 같은 지적과 여론에 부담을 느낀 총본관은 서울 소재 각 관들로부터 승품 및 승단심사 대상자를 받아 대한태권도협회에 추천하고, 각 도(道)의 총본관이 설립되면 이를 지방으로 확대해 나간다는 청사진을 밝혔다.[15]

총본관은 1978년 7월 초 이사회를 열고 서울의 10개 중앙 관의 통합은 어렵지 않다는 전제 아래 지방조직의 통합문제를 먼저 해결해야 한다고

1960년대 후반, 지도관 소속 태권도인들이 강원도 홍천에서 동계 수련을 하고 있다. 맨 왼쪽에 서 있는 사람은 당시 지도관 총관장이었던 이종우. 사진=박원직

---

14) 신동아. 2002년 4월호. 이종우 국기원 부원장의 '태권도 과거' 충격적 고백!
15) 스포츠. 1978년 2월 9일.

결의하고, 지방 관 통합 과정에서 발생할지도 모를 혼란을 미연에 방지한다는 취지에 따라 중앙관 통합에 앞서 도(道)관장들에게 관통합의 취지를 설명하고 각 도(道)의 도장의 실태를 파악하기로 했다. 특히 '先통합-後조직'을 앞세웠던 종래의 관념에서 벗어나 '先조직-後통합'으로 방향을 전환해 관 통합에 대한 의지를 분명히 했다.[16] 당시의 상황에 대해 이종우는 "김운용씨하고 의논해서 그 때까지 각 관에서 심사를 보고 협회에 신청하던 단증 제도를 완전히 바꾸었다. 총본관을 폐지하고 단증 발급을 협회로 넘겨버린 것이다. 그러고 나니까 관장들은 맥을 못 추게 됐고 협회가 태권도의 기준이 된 것이다"[17]고 말했지만 이 말에 대한 사실여부는 좀 더 알아볼 필요가 있다.

이윽고 1978년 8월 7일. 태권도계의 숙원이었던 관 통합을 총본관 이사회의 결의에 따라 10개 관을 폐쇄하기로 합의했다. 태권도 발전을 위한 역사적 한 장(章)을 여는 순간이었다. 이날 10개 관의 관장들은 관 통합이 태권도의 고질적인 분파의식을 버리고 좀 더 알찬 태권도와 세계화의 원동력이 된다는 데 의견을 모아 결의문을 채택했다. 서명날인 순서는 1관 전정웅(송무관), 2관 이교윤(한무관), 3관 이남석(창무관), 4관 최남도(무덕관), 5관 곽병오(오도관), 6관 이금홍(강덕원), 7관 이용우(정도관), 8관 이종우(지도관), 9관 엄운규(청도관), 10관 김인석(관리관), 그리고 입회인으로 이병로, 강원식이 서명했다. 채택한 결의문 내용은 다음과 같다.

- 태권도계가 30년간을 유지하여온 관 계열을 폐지하고 사도계의 총화단결을 위해 총매진한다. 1972년부터 품세와 용어를 통일하여 기술적 단일화 작업을 진행하여 왔고, 관 명칭을 폐지하여 숫자표시로 계열을 축소, 정비하여 오늘에 이른 것이다. 승단심사를 계열

---

16) 대한태권도협회(1978). 계간 태권도 9월호.
17) 신동아. 2002년 4월호.

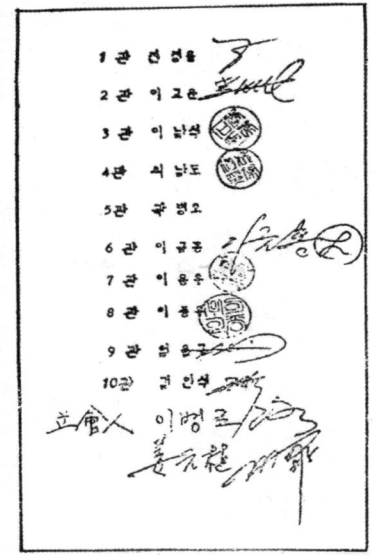

10개관 관통합 서명 날인

별로 추천하던 업무를 폐지하고 일선 도장에서 사범이 직접 총본관에 추천키로 한다.

- 우리들은 명실상부한 일선 도장 사범과 수련자들의 권익보호를 위해 행정상의 봉사자로 참신한 업무를 집행한다.

- 우리들은 태권도가 지닌 국가적 사명을 절감하여 태권도 지도자 본연의 자세를 확고히 지켜 총화단결에 앞장서서 위계질서 확립의 총력을 경주한다.

- 우리들은 태권도 종주국의 지도자로서 세계 정상의 위치를 계속 굳히기 위해 기술개발에 전념할 것을 다짐한다.

- 종래의 계열별 유지를 위해 존속된 관 사무실 유지를 오늘부로 폐쇄하고 모든 행정상의 근거를 무효로 한다.

- 총본관은 국기원와 긴밀한 유대를 공고히 하여 행정상의 유지를 위해 최선을 다한다.

- 우리들은 총본관의 일원으로서 태권도 발전을 위해 사심 없는 기여를 서명날인으로 결의한다.

이로써 관 통합을 본격적으로 추진한 지 1년여 만에 결실을 이루는 듯 했으나 총본관은 폐쇄되고 원점으로 돌아가는 현상을 맞이했고, 구폐로 작용했던 파벌문제를 청산하는 데는 동상이몽의 결과를 낳게 됐다. 그러나 물은 거슬러 올라가게 할 수 없듯이 각 관을 폐쇄하고 협회 중심의 단일화작업의 물결은 중견층인사들의 부단한 노력과 일부 중앙 관장의 협조로 결실을 얻게 되어 단일화를 꾀할 수 있는 구심점을 구축했다. 관 통합에 얽힌 강원식 후일담. 그는 당시 대한태권도협회 전무이사였다.

내가 관을 없애자고 할 때, 힘이 되어준 사람은 이종우 관장이었다. 이 관장은 같은 연령인 다른 사람들과는 달리 관은 없어져야 한다며 나에게 조언을 많이 해 주었다. 그러나 나머지 중앙 관장들은 수입과 직결되는 문제이다 보니 관을 없애자는 주장에 반대를 했다. 관을 없애면 위계질서가 파괴된다느니, 뿌리가 없어진다느니 하면서 반발했지만, 그것은 대부분 태권도 발전보다는 이해타산과 맞물려 있었다.

세간에 김운용 회장이 관을 없애는 것에 적극적으로 나섰다고 하지만, 김운용 회장은 관을 없애는 것을 좋아하지 않았다. 그 이유는 이종우와 엄운규씨만 잘 다독거리면 태권도계를 자기 마음대로 끌고 나갈 수 있는데, 일사분란하게 끌고 나갈 수 있는 조직을 만든다는 게 쉬운 일이 아니었기 때문이다.[18]

태권도 9개관 마크.

그러나 관 통합 후유증은 사라지지 않았다. 찬반논쟁 끝에 관 통합을 이룬 태권도계는 일부 태권도인의 우려대로 관 통합을 이룬 지 얼마 가지 못해 심각한 후유증을 겪어야만 했다. 승품 및 승단심사권을 잃은 중앙도장 관장들이 명분과 실리 사이에서 입장정리를 하지 않았기 때문이다.

당시 승품 및 승담심사의 비율은 ▷일선 사범 30% ▷중앙본관 25% ▷道협회 10% ▷道본관 10%로 분배해주었으나 대한태권도협회가 관 통합의 의지에 따라 심사규정에 「승품 및 승단심사는 소속장의 추천을 받아야 한다.」고 명시되어 있는 항목을 '소속장'을 종래의 중앙본관장 대신에 '협회등록 도장 관장'이라고 새로운 유권해석을 내려 전국적으로 심사비 배분을 ▷국기원 40% ▷시·도협회 40% ▷中央협회 20%

---

18) 1996년부터 2002년까지 태권도신문 사장이었던 강원식은 기자들에게 관 통합에 대한 후일담을 자주 들려주었다. 2010년부터 2012년까지 특수법인 초대 국기원장을 역임한 그는 현재 경기도 이천에서 여생을 생활하고 있다.

로 집행했기 때문이다.

이처럼 승품 및 승단심사를 본관을 거치지 않고 일선 도장에서 직접 추천하도록 한다는 결정이 1978년 12월 대의원총회를 통해 시행되자 관 통합에 찬성했거나 반대했던 사람들이 격렬하게 반발하기도 했다.

1980년대부터 외형상 행정적으로 관은 없어졌지만, 관연(館緣)은 여전히 존재해 인사 청탁 등 줄서기와 줄대기 행태는 사라지지 않았다. 지도관을 비롯한 일부 관들은 창설일에 기념식을 갖는 등 연대와 결속을 다지고 있다.

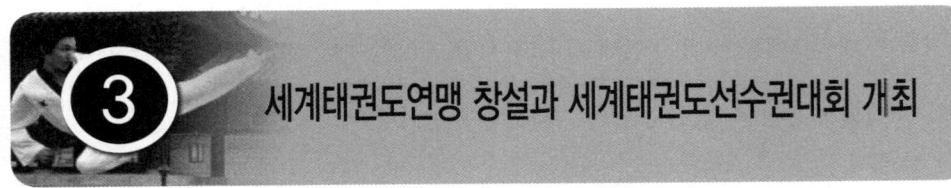

3 세계태권도연맹 창설과 세계태권도선수권대회 개최

(1) 1973년 세계태권도연맹 창설

대한태권도협회 중앙도장(국기원)이 건립되자 태권도 국제기구의 필요성이 대두되었다. 중앙도장 개원식이 끝나고 난 후 대한태권도협회가 중심이 되어서 국제기구를 만드는 것이 좋겠다고 협의했다. 김운용 회장은 중앙도장 준공식에서 "한국의 사범이 파견되어 있는 40여 개국의 외국팀을 초청해 세계태권도선수권대회를 개최하겠다"고 밝혔다. 제1회 세계태권도선수권대회를 성공적으로 개최한 후 참가국 대표단들을 대상으로 세계태권도연맹을 창설하기로 한 것이다. 이에 대한 엄운규의 후일담. 당시 엄운규는 대한태권도협회 사무총장이었다.

"이 같은 계획에 따라 나와 이종우는 김운용 회장이 마련해준 비행기 티켓을 가지고 일본을 경유해 미국 등 해외에서 활동 중인 한인 사범들을 찾아가 세계대회를 개최하는 취지를 설명하고 참가를 유도했다. 그 때 우리가 한인 사범들에게 한 말은 대회 참가를 위한 왕복 비행기 값은 제공해 주지만 한국에서의 체재비는 각자 부담해야 한다는 것이었다. 이렇게 해서 1973년 5월 25일 제1회 세계태권도선수권대회가 국기원에서 열렸다. 대한태권도협회가 주최하고 문교부와 문화공보부가 후원한 이 대회에는 16개 나라에서 20개 팀이 참가했다."

1973년 5월 세계태권도연맹 창립을 축하하는 만평(대한태권도협회 발간 태권도지)

1973년 5월, 제1회 세계태권도선수권대회가 끝난 뒤 대한태권도협회는 각 국에서 온 대표단을 초청해 세계태권도연맹(World Taekwondo Federation)을 창설했다. 국기원에서 열린 창립총회에는 주최국인 한국을 비롯하여 프랑스, 서독, 오스트리아, 미국, 멕시코, 콜롬비아, 과테말라, 우간다, 아이보리코스트, 자유중국, 말레이시아, 필리핀, 홍콩, 보르네이, 싱가포르, 크메르 등 17개국 대표가 참석했다. 이날 창립총회에서 세계태권도연맹 정관을 제정했다. 주요 내용은 다음과 같다.

본 연맹은 세계태권도연맹이라 한다. 태권도는 고유한 한국문화의 소산이다. 본 연맹을 조직함은 태권도의 종주국으로서 한국의 전통적인 정신과 기술을 세계 만방에 올바르게 보급시켜 한국이 태권도의 지도국으로서 그 사명과 지도적 위치를 항구적으로 확고히 계속 유지하는데 그 의의를 가지고 1973년 5월 28일 창립을 가졌다.

정관을 제정한 후 김운용을 4년 임기의 초대 총재로 선출했다. 총회는 세계선수권대회를 매 2년마다 개최하기로 했다. 대한태권도협회 주도로 세계태권도연맹이 창설됨으로써 본격적으로 태권도를 국제 스포츠로 발전시킬 수 있는 발판을 마련했다. 또 해외 각 국가에 지부 설치와 사범 파견, 단증문제와 기술 통일 등 앞으로 발전을 위한 많은 일을 해 나갈 수 있게 되었다.

(2) 1~3회 세계태권도선수권대회 개요와 특징

제1회 세계태권도선수권대회가 1973년 5월 25일 16개국 20개 팀에서 161명이 참가한 가운데 국기원에서 열렸다. 대한태권도협회 회장 김운용은 개회사에서 "갈망하던 제1회 세계태권도대회가 태권도 종주국인 한국에서, 또한 우리 손으로 만든 중앙도장에서 열게 된 것을 기쁘게 생각한다. 이번 대회는 최초로 열리는 대회인 만큼 준비나 진행 면에서 미흡한 점이 없지 않지만 태권도를 세계의 스포츠로 승화시키는 것에 깊은 의의를 지닌다"고 말했다.

선수들을 인솔해 대회에 참가한 한인 사범들은 서독 서윤남, 우간다 김남석, 프랑스 이관영, 필리핀 홍성천, 자유중국 노효영, 말레이시아 양우엽, 오스트리아 이경명, 아이보리코스트 김영태, 맥시코 문대원, 싱가포르 이성수, 캄보디아 최정혁·김시종, 미국은 전인문·민경호·강명구 등이다. 제1회 세계태권도선수권대회에서 실무자로 활동한 엄운규의 후일담.

"첫 대회라 경기규칙과 참가 자격이 통일되지 않는 등 체계적이지 않아 세계대회였지만 첫 대회라 '오픈대회'로 치러졌다. 그래서 누구는 받아주고 누구는 오지 말라고 할 수 없어 참가 신청을 해오면 다 받아줬다. 미국처럼 큰 나라는 중부-동부-서부 팀 등 3개 팀이 참가했다. 대회 종합시상식을 할 때는 한인 사범들이 각 국 선수단을 대표해 1~3위 시상대에 나란히 서서 포즈를 취했다. 오픈대회로 열린 첫 대회라 적용한 경기규칙을 이해하지 못하는 선수들도 있었다. 몸통보호대를 착용해 보지 않은 선수들이 호구를 착용하고 경기를 하기도 했고, 주먹으로 얼굴을 공격할 수 없는데 얼굴을 가격해 다치는 선수들도 있었다."[19]

---
19) 국기원(2015) 발주 엄운규 원로 증언채록.

1973년 5월 국기원에서 열린 제1회 세계태권도선수권대회 경기 모습

한국 대표팀은 이번 대회에서 단체전과 개인전 경-중량급의 우승을 모조리 휩쓸어 태권도 종주국의 위상을 과시했다. 대회 마지막 날 한국은 단체전에서 미국 동부팀을 맞아 3대1로 물리쳐 우승했고, 개인전 중량급 결승에서 김정태는 미동부팀 워렌을, 경량급 이기형은 서독 샤베로를 각각 판정으로 꺾고 첫 패권을 거머쥐었다. 샤베로는 옆차기, 돌려차기 등 기술은 뛰어났으나 경기운영에서 이기형에게 뒤졌다.

중량급 우승을 차지한 김정태는 재치 있는 앞차기가 주특기로 1m81cm의 키에 72kg의 체격을 갖춘 선수였다. 중학교 2학년 때부터 태권도를 시작한 김정태는 제52, 53회 전국체전에서 잇따라 우승한 베테랑 선수로, 동아대를 거쳐 해병대에 복무하고 있었다.

이번 대회는 최초로 열린 만큼 그에 따른 문제점도 많이 나타났다. 첫째 세계태권도연맹이 정식으로 창립(세계태권도연맹은 73년 5월 28일에 창립총회를 갖고 창립됨) 되지 않은 상태에서 대회가 열려 경기규칙과 참가자격이 통일되지 않았다. 서독의 경우 선수들이 처음으로 호구를 착용하고 경기를 해서 기량을 발휘하는데 애로점이 많았고, 미국 등 참가국은 한국과 경기규칙 적용이 달라 해프닝이 연출하기도 했다. 규칙 적용의 애매한 본보기를 들면, 주먹으로 안면을 공격할 수 없는데도 서독의 볼파르트 선수가 미국선수의 안면 반칙공격을 받고 크게 부상을 당했다. 그런데도 판정결과는 미국 선수의 승리도 돌아갔다. 반칙에 대한 명확한 판정과 이에 따른 페널티가 적용되지 않았던 것이다.

이번 대회에서는 얼굴을 가격하지 않는 범위에서 손기술에 의한 공격도 득점으로 인정됐는데, 한국 선수들이 득점 위주의 작전으로 발기술보다 손기술을 많이 사용했다는 지적을 받기도 했다. 일간스포츠 이쾌영은 "손기술에 의한 득점 위주 작전은 자칫하면 태권도의 매력을 반감시킬 수도 있다"며 "태권도가 일본의 가라테보다 나은 점이 발기술이라고 한다면 이 강점을 좀 더 살려 복싱이나 레슬링과 다른 기술적인 특징을 만들어야 하지 않을까?"라고 제시했다.

또한 이번 대회는 참가 원칙에서도 개선할 여지를 남겼다. 세계태권도선수권대회가 친선경기가 아닌 이상 국제경기의 관례에 따라 국가단위의 대표팀이 참가해야 함에도 불구하고, 미국은 3개팀이 출전하고, 서독과는 별도로 서베를린이 출전하는가 하면 말레이시아와 다른 사바가 따로 출전을 신청해 혼선을 빚은 것은 반드시 개선해야 할 점으로 지적됐다.

제2회 세계태권도선수권대회는 1975년 8월 서울에서 열렸다. 한국이 8체급을 석권하며 제1회 대회에 이어 종합우승을 차지하자 국내 언론들은 이번 대회의 성적과 태권도의 가치를 대대적으로 보도했다. 〈동아일보〉는 9월 1일자 '태권도의 국제화'라는 사설에서 "맨발과 맨손으로 국위(國威)를 해외에 선양하고 재정 수입도 적지 않게 올리는 운동이 태권도"라며 태권도를 새롭게 바라보았다. 다음은 사설 요지.

(중략) 인종과 부귀의 구별 없이 육대주에 뛰어든 한국의 태권도 사범들은 그들이 이국만리에서 여는 도장에 이방인이란 소외감을 씻고, 모국의 태극기를 자랑스럽게 걸고는 훈련을 시작하고 훈련이 끝날 때마다 한국어 구령으로 모국기에 대한 경례를 준엄하게 한다. (중략) 태권도 사범들의 기여는 단순히 모국을 위한 것으로 그치지 않는다.

이들은 태권도가 무엇인지 모르는 처녀지에 뛰어들어 태권도 전통의 비법을 이국에 전파하는 사도역할을 한다. 특히 태권도의 수련은 정신집중과 자신연마, 정의감 배양, 심신도야 등을 겸비하고 있는 운동이므로 현지사회에 봉사하는 바 자못 크다. (중략) 태권도가 국제경기연맹(GAIF)에 가입될 가능성이 크다는 보도는 이 분야 뿐만 아니라 우리나라의 전 스포츠계를 위해 영예로운 일이 아닐 수 없다. 한국 스포츠로써는 60년 사상 처음으로 국제경기연맹본부를 서울에 둘 수 있게 된 것이다.

이 사설은 중반부까지 태권도의 우수성과 가치를 높이 평가하면서 "세계태권도선수권대회 개최도 물론 좋지만 현재 낯선 땅에 떨어져 태권도 보급과 도장운영에 심혈을 쏟고 있는 사범들을 물심양면으로 돕고 부담을 덜어줄 수 있는 지원방법을 강구하는 것도 강조한다"며 해외에서 활동 중인 한인사범들에게 격려와 지원이 필요하다고 덧붙였다.

〈서울신문〉은 1975년 9월 2일자 '태권도의 교훈'이라는 기사를 통해 "해외에서 태권도는 이미 한국의 국기(國技)로 받아들여지고 있는 실정"이라며 "태권도의 세계화는 우리 것을 가지고 있으면서도 기를 펴지 못하던 습성을 타파하고 세계를 개척하는데 좋은 교훈을 주었다"고 소개했다.

제3회 세계태권도선수권대회는 1977년 9월 미국 시카고에서 열렸다. 대회 포스터에서 주목을 끈 것은 포스터 우측 상-하단에 한글로 '제3회

Tip   1977년 낭심보호대 공인, 한국대표팀 세계대회 앞두고 맹훈련

대한태권도협회는 1977년 경기용 낭심보호대를 공인품으로 선정해 제3회 세계태권도선수권대회 파견 대표선수 1차 평가전부터 사용했다. 공인된 낭심보호대는 범무사에서 제작된 것으로 보호대 상단에 협회 마크와 공인이라는 표시를 했다. 한국 대표팀은 세계대회를 앞두고 태권도 종주국 위세를 떨치기 위해 맹훈련을 했다. 대표팀은 8체급 중 6체급 우승을 목표로 하루 3시간씩 합동훈련에 돌입했다. 〈서울신문〉은 77년 8월 11일자에서 이렇게 보도했다. "정만순, 고의민 코치의 열성어린 지도아래 연일 비지땀을 흘리고 있는 대표선수들이야말로 3차례에 걸친 평가전을 통해 선발된 '태권한국'의 정예들이다. 고의민 코치는 "기본체력 단련과 테크닉 연마가 합동훈련의 주목적인더 이것이 끝나면 태능선수촌에 들어가 최종훈련을 할 예정"이라고 말했다. 미들급과 헤비급은 체력의 열세로 약간 고전하겠지만 웰터급 이하의 경량급에서는 금메달을 모조리 휩쓸겠다는 결의가 가득하다."

〈서울신문. 1977년 8월 11일〉

세계태권도선수권대회'라고 표기한 것이다. 조직위원회는 이 포스터를 1만 부 인쇄해 세계 각국의 회원국으로 발송해 대회 참가국이 50여 개국으로 늘어날 것이라고 전망했다. 세계태권도연맹은 제3회 세계태권도선수권대회에 유고, 루마니아, 폴란드, 헝가리 등 동구 공산권 국가를 비롯해 65개 회원국 중 41개국이 참가를 신청해 왔다고 밝혔다. 김운용은 이번 대회를 통해 태권도가 일본의 가라테를 누르고 세계에 태권도 붐을 일으키는데 그 목적을 두겠다고 말했다.

미국 시카고 엠피 디어터 실내체육관에서 열린 대회 최종일 경기에서 한국은 핀급의 여성기(청주농고), 페더급의 박정호(육군), 웰터급의 유영갑(육군) 등이 3개의 금메달을 추가해 8체급 중 7체급을 우승하는 쾌거를 달성했다. 이날 웰터급에 출전한 유영갑은 준결승까지 무난히 진출한 후 멕시코 마누엘 후아도를 맞아 돌려차기를 자유자재로 구사하며 판정으로 눌러 결승에 올라 우승을 거머쥐었다. 플라이급에 출전한 하석광(해군)과 헤비급에 출전한 안장식(명지대)이 금메달을 목에 걸었고, 16일 경기에서는 밴텀급의 김종기(서울체고)와 미들급의 허송(육군)이 한 수 위의 기량을 뽐내며 우승을 차지했다. 그러나 라이트급에 출전한 최재천은 결승에서 자유중국의 황민벤에게 판정패, 아쉽게 은메달에 머물렀다.

이번 대회에는 46개국에서 250여 명의 선수가 참가했다. 이번 대회의 국제심판은 30명으로 한국심판은 4명, 외국인 심판이 12명, 그 나머지는 재미한국인 사범들이었다. 외국심판이 심판직을 수행한 것은 이번 대회가 처음이었다. 한국대표팀은 예상대로 대회 3연패를 달성했다.

한국을 벗어나 외국에서 최초로 열린 이번 대회에서 한국 팀은 8체급 중 단 1개의 체급에서 금메달을 쟁취하지 못했다는 점 때문에 기억에 남을만하다는 이야기로 흘러나왔다. 그러나 세계 각국의 기량이 일취월장하고 있는 점을 감안해 당초 중량급 체급에서는 2개 정도의 금메달 획득이 어려울 것이라고 전망한 것과는 달리 비교적 좋은 성적을 거뒀다는 평가도 많았다. 한국 팀 선수 중 가장 시원한 경기를 펼친 선수는 하석광이었다. 하 선수는 2차례의 KO승을 연출해 외국 선수들은 물론 관중들에게 강한 인상을 남겼다.

이번 대회는 겉으론 화려한 대회였으나 문제점도 적지 않았다. 〈서울신문〉 최창신은 진행 자체를 보다 짜임새 있게 풀어나가야 하고, 한국이 아닌 제3국의 개최일 경우 그 지방 또는 국가의 사회적 지원을 받아 대회를 성대히 개최하도록 노력해야 한다고 지적했다. 또 외국인 심판의 자질향상도 필요하다며 심판들의 채점방법에 대한 계몽이 시급하다고 강조했다.

대회가 끝난 후 대회 평가에서 한국의 언론들은 태권도 종주국을 지키려면 기술개발에 좀 더 힘써야 하고, 자유중국과 멕시코 등의 실력이 크게 향상돼 이를 견제해야 한다고 제시했다. 미국 시카고에서 열린 제3회 세계태권도선수권대회에서 종합우승을 차지하고 돌아온 한국대표팀은 태권도인 뿐만 아니라 정부로부터 열렬한 환영을 받았다.

대통령 박정희는 1977년 9월 28일 청와대에서 세계태권도선수권대회를 3연패한 한국대표팀과 제1회 세계청소년배구선수권대회(여자)에서 우승한 여자대표팀을 초청해 다과를 베풀고 치하했다. 이 자리에서 대통령은 "선수 여러분들이 꾸준히 연마한 실력으로 세계 각국의 선수들을 제압하고 우승한 것은 바로 우리 국력의 신장을 소개한 것이며 체육외교"라고 치하했다.

 1975년 '태권도 세계화의 해' 선언

〈조선일보〉는 1975년 1월 31일자에 대한체육회 가맹 경기단체 중 대한태권도협회의 청사진을 비중있게 다뤘다. 김운용은 "일본의 국기(國技)라는 유도가 동경올림픽 및 뮌헨올림픽에 채택됐고, 소련의 삼보가 국제기구를 갖고 있어 세계 스포츠로 인정받고 있는 것으로 보아 태권도도 머지않아 국제 공인의 스포츠로 발전할 것"이라며 태권도의 미래를 밝게 내다봤다.

당시 태권도계는 일본의 유도가 동경올림픽에 이어 뮌헨올림픽에서까지 올림픽 정식종목으로 채택되자 태권도의 올림픽 정식종목도 충분히 가능하다는 여론이 형성되기 시작했다. 또 세계 각국에 세계태권도연맹의 지부를 설치하고, 영문 태권도 교본을 발간하는 동시에 태권도대학을 설립하자는 움직임까지 일어, 태권도계의 '르네상스'를 연상케 할 정도였다. 그러나 아직까지 관(館)의 통합이 이뤄지지 않아 태권도의 기술체계 정립과 행정일원화의 걸림돌로 작용했고, 세계태권도연맹(WTF)과 국제태권도연맹(ITF)간의 갈등이 점점 증폭돼 국제 스포츠계의 시선은 좋지 않았다.

〈조선일보〉는 김운용의 인터뷰뿐만 아니라 각 관(館)을 대표하는 관장들의 제언도 소개했다. 창무관(彰武館) 관장 이남석은 '나의 제언'에서 "태권도의 세계 스포츠화와 올림픽 종목으로의 채택을 위해서 터권도인은 일치단결해 새로운 기술개발로 태권도의 우수성을 과시해야 한다. 또 태권도의 저변확대를 위해 외국 심판들에게도 자세히 심판규정을 교육시켜야 한다. 그리고 종주국의 조직적인 행정체계를 갖춰 세계 태권도 수준의 격차를 좁혀 나가야 한다"고 말했다. 오도관(吾道館) 관장 현종명은 "한국 선수들의 기술은 득점위주의 단조로운 면이 있는 반면 미주 및 유럽 선수들은 다양하고 폭넓은 기술을 보여주고 있어 대조를 이룬다. 외국 선수들은 다리가 길어 많은 기술연구가 없으면 앞으로 1년 내에 한국 선수들이 큰 위협을 느낄 것"이라고 지적하면서 국내 선수들을 해외에 파견만 할 것이 아니라 외국팀을 초청, 그들과의 겨루기를 통해 고도의 기술을 개발해야 한다고 강조했다. 무덕관(武德館) 관장 홍종수는 품새 통일과 과학화를 주장했다. 그는 "통일된 품새로 제56회 전국체전 때 매스게임을 펼쳐 조직적이고 과학화된 면을 일반 국민들에게 보여줄 필요가 있다. 세계태권도연맹의 본부인 국기원에 외국 관광객을 초청해 시범경기를 보여줘 국위선양에 앞장서야 한다"고 말했다.

1975년 태권도계는 김운용이 새해 벽두에 선언한대로 '태권도의 세계화의 해'를 위해 발 빠른 행보를 보여줬다. 이미 세계 각국에서 태권도를 보급하고 있는 한인사범들이 서서히 자리를 잡고 있어 국내 태권도계는 '세계로 뻗어가는 한국의 태권도'라는 말까지 써가며 한인사범들의 활약상에 박수갈채를 보냈다.

1972년 1월에 열린 대한태권도협회 정기대의원총회에서 김운용 회장(오른쪽)이 "태권도인들이 지난날을 반성하고, 태권도의 명실상부한 비약적인 발전을 위해 노력하자"고 말하고 있다. 사진=대한태권도협회 발간 태권도, 1972년 2월호.

연구과제

1. 1971년 대한태권도협회 회장에 취임한 김운용의 활동과 공적은?
2. 1972년 대한태권도협회 중앙도장으로 건립된 과정을 설명하시오.
3. '국기 태권도'의 유래에 대해 설명하시오.
4. 관(館) 통합 과정과 그 의미는 무엇인가?
5. 1~3회 세계태권도선수권대회의 개요와 특징을 설명하시오.
6. 1970년대 초 해외 파견 사범 선발시험의 선발기준은?
7. 1970년대 중반 태권도 세계화는 어떻게 진행되었나?

참고문헌

국기원(1997). 世界跆拳道센터 國技院 25年史. 眞寶기획.
국기원(2015). 발주 엄운규 원로 증언채록.
김운용(2006). 세계를 향한 도전. 연세대 출판부.
김운용닷컴. 2010년 8월 10일. 김운용 칼럼.
김운용닷컴. 2011년 8월 29일. 김운용 칼럼.
대한태권도협회(1971). 태권도 창간호.
대한태권도협회(1978). 태권도 3월호.
신동아. 2002년 4월호. 이종우 국기원 부원장의 '태권도 과거' 충격적 고백.
월간스포츠. 1971년 2월호.

개정증보판 History & Culture & Taekwondo
태권도 역사와 문화의 이해

 # 제6장 파월 태권도 교관단의 역할과 활동

📖 학습목표

이 장(章)은 1960년대 중반, 월남에 파견되어 태권도 세계화에 한 몫을 담당한 태권도 교관단의 활약상을 탐구하는데 목표가 있다. 한국 정부는 1964년 어떤 과정을 거쳐 정식으로 태권도 교관단을 군사원조 목적으로 월남에 파병했는지 알아본다.
이와 함께 태권도 교관단이 태권도를 통해 어떻게 민사심리전을 펼쳤고, 연합군을 비롯해 현지인들과 군인, 경찰들에게 태권도를 보급한 현황을 알아본다. 또 교관단의 고충과 대우, 성과 등도 탐구한다.

제6장 파월 태권도 교관단의 역할과 활동

1 태권도 교관단 파견 과정과 목적

한국은 1956년 5월 월남(越南)[1]과 국교를 수립했다.

태권도와 월남의 인연은 1957년 한국을 방문한 월남의 대통령(응오 딘 지엠) 대통령이 태권도 연무시범을 보고 매료되면서 시작됐다. 월남 대통령은 한국군 포병대대 연병장에서 "벽돌과 기왓장 10매와 10cm 가량의 나무판자를 손가락으로 깨는 시범을 보고 그들의 손을 어루만져보며 신기로워 하는 표정"[2] 을 지은 것은 한국군이 월남에 진출하는 토대가 됐다.

1959년 3월, 월남의 요청에 따라 국방부는 육·해·공·해병대 장병으로 국군태권도시범단(21명)을 구성했다. 단장은 최홍희(소장), 감독은 김홍걸(대령), 지휘는 남태희(대위)를 임명하고, 단원은 고재천·백준기·우종림·한차교·김복남·김순택·하수용 등이었다. 대부분 최홍희가 만든 오도관 소속의 장병이었다.

국군태권도시범단은 당초 1~2주일 정도 월남에 머물러 시범을 할 계

---

1) 당시 국내에서는 남과 북으로 분단된 남베트남은 '월남', 북베트남은 '월맹'으로 칭했다.
2) 경향신문, 1957년 9월 21일.

획이었지만 월남 국민들의 반응이 좋아 월남 대통령의 요청으로 1개월 체류하며 하루 평균 2~3회 시범을 했다.[3]

그 후 월남 정부의 요청에 따라 1962년 12월 남태희를 단장으로 한 태권도 교관 3명(김승규·정영휘·추교일)이 월남에 파견됐다. 이들은 6개월 동안 사이공(Saigon)과 투덕(Tuduk)에서 월남 장병뿐만 아니라 현지 학생들에게 태권도를 가르쳤지만 월남 정부의 요청으로 남태희와 김승규는 6개월 더 현지에서 태권도를 가르쳤다.[4]

태권도 교관단 월남 파병은 월남전[5]이 본격화하면서 활기를 띠었다. 한국 정부는 1964년 정식으로 태권도 교관단이 포함된 군사원조단을 월남에 파병했다. 1964년 7월 31일 한국 정부는 국회에서 여당과 야당의 동의를 거쳐서 1개 태권도 교관단 10명과 1개 이동외과병원 130명을 월남에 파견할 것을 가결했다. 모두 비전투부대였다.[6]

태권도 교관단 활약상을 보도한 경향신문 1965년 3월 26일자.

태권도 교관단 파병이 결정되자 우선 각 부대에서 3단 이상의 태권도 유단자[7] 중에서 9명을 엄선하고, 단장 선발위원으로 육군본부 일반참모부 처장급 장성 7명이 전 군의 6단 사범 중 전원을 대상으로 심사한 결과, 육대정규 과정 피교육 중인 소령 백준기[8]를 초대 파월태권도교관단 단장으로 선출했다. 단원 9명은 백준기가 결정했다. 인선된 9명의 단원은 대위와 중위 계급의 3~4단으로 박양규·이대희·곽주환·추교일·

---

3) 동아일보. 1959년 3월 14일.
4) 동아일보. 1963년 10월 16일 '월남 휩쓰는 우리 태권도' 기사에는 남태희 소령과 김승규 대위의 활약상이 나와 있다.
5) 한국군은 미국의 요청과 한국전쟁의 보은 명목으로 1964년 7월 18일부터 1973년 3월23일까지 8년 8개월 간에 걸쳐 참전하여 4천9백60명이 전사했다. 한겨레신문. 1993년 11월 20일.
6) 경향신문. 1964년 7월 30일자 '월남파병에 동의' 기사에는 장교로 구성된 태권도교관 10명도 파병에 포함되어 있다고 보도했다.
7) 1964년 7월 현재, 한국군 태권도 유단자는 3~4단은 237명 등 총 1,413명이었다. 국방부 인사국 정책자료(1964.07).
8) 백준기는 해방 이후 청도관에서 무술을 수련한 뒤 1950년 육군 소위로 입대해 1952년 엄운규와 함께 육군 제1군 사령부에서 장병들에게 태권도를 가르쳤다. 1959년에는 미국 육군공병학교 초등군사반 유학을 마치고 귀국해 육군본부 본부사령실에서 시설과장을 맡았다. 1959년 11월에는 육군본부 중앙도장을 정식으로 개관하고 태권도 지도요원을 배출했다. (2006년 10월 초 백준기 인터뷰)

1965년 태권도 교관단 백준기 단장이 주월남 한국대사관 뜰에서 연무시범을 하고 있다.

김봉규 · 임경환 · 유형선 · 임승해 · 김수련 등이었다. 다음은 백준기의 후일담.

"교관단 인선이 완료되고 편성이 정비된 태권도교관단은 1964년 7월 20일부터 매일 새벽 5시에 일어나 서울 창동에서 도봉산까지 왕복 20Km를 맨발로 구보를 하는 등 강훈련을 했다. 또 합숙훈련을 통해 기본 동작과 품새, 겨루기, 격파 등의 기법을 통일했다. 8월 8일까지 1차 교육을 끝내고 언제라도 출발 명령이 떨어지면 월남 전쟁터로 떠날 채비를 했다. 이 부대의 공식 명칭은 초대파월한국군사원조단(ROK MAGV)라고 명명되었다. 1964년 8월 24일, 육군본부 광장에서는 초대파월태권도교관단과 제1병원인 한국군군사원조단결단식 겸 환송식이 정일권 국무총리를 위시한 김성은 국방부장관, 하우즈 유엔군사령관 등 국내외 귀빈이 참석한 가운데 성대하게 열렸다. 박정희 대통령이 선물한 팔찌(은제군번)를 장병 전원에게 수여해 사기진작과 무운장구를 빌었다."[9]

태권도 교관단 파병은 시범과 태권도 보급이 아닌 군사 · 정치적인 목적에서 이뤄졌다. 1964년 8월 육군본부 광장에서 초대 파월한국군 군사

---

9) 2006년 10월 백준기 인터뷰. 인터뷰 내용은 태권도신문 2006년 10~12월에 게재되어 있다.

지원단의 결단식과 환송식이 열렸다. 그리고 지령 제2호를 하달하고 1차로 파병되는 태권도 교관단에 대한 임무가 주어졌다. 그 내용을 보자.

　-공산 침략으로 위협을 받고 있는 월남에 태권도 지도를 한다.
　-군사지원단은 주월한국대사관 및 월남 정부, 파월 미군 당국과 긴밀한 협조를 유지한다.
　-사이공에 도착하는 동시에 대한민국 국방부 지휘 하에 두되 주월 한국대사관의 지휘 감독을 받는다.[10]

　이들은 그 해 9월 11일 해군 군함(LST편)을 타고 부산항을 출발해 10일 후 월남 사이공에 도착했다. 월남 민간인들은 '환영 따이한 태권도'이라고 적혀 있는 펼침막을 펼쳐들고 반겼다. 이 중에는 1962년 태권도 교관단에게 태권도를 배운 현지인들도 있었다. 백준기는 태권도 교관단의 활동기반 구축과 태권도의 위력을 알리기 위해 1965년 9월 한국대사관 정원에서 태권도 연무시범을 선보였다. 백준기의 회고담.

　"태권도 교관단의 첫 번째 시범이었습니다. 때문에 저를 비롯한 교관단의 긴장은 이루 말할 수 없었지만 태권도를 알리는 데 시범이 제격이었어요. 시범을 위해 1959년 동남아 순회시범 때 인연을 맺은 월남 제자들을 태권도복 차림으로 집결시킨 뒤 교관들의 지도 아래 맹훈련을 거듭했습니다."[11]

　이날 한국대사관 정원에서 펼쳐진 태권도 연무시범은 월남에 파견된 각국의 언론기관원과 외교사절단 등이 몰려와 문전성시를 이뤘다. 이 같은 성과로 태권도 교관단은 태권도 보급 및 교육임무를 수행하기 위해 월남 측과 미군최고사령관 측과의 합의를 거쳐 주요 거점에 교관단을 배치

10) 전사편찬위원회(1978). 파월한국군전사 1(상). 국방부.
11) 태권도신문. 2006년 12월 4일.

하는 성과를 거두게 된다. 이로써 태권도 교관단은 월남 투둑(Tuduk)에 있는 월남군 보병학교를 비롯해 말라트에 있는 육군사관학교와 나트랑의 해군사관학교에 각각 3명으로 구성된 교관단을 파견, 월남 정부의 지원 속에 태권도를 본격적으로 보급하기에 이르렀다.

태권도 교관들은 보통 1일 5시간 태권도를 지도했다. 월남 보병학교의 경우에는 각 예하 부대에서 선발된 체육장교와 하사관을 유단자로 양성해 교관으로 활용할 수 있는 수준으로 태권도를 가르쳤다. 이들은 유단자가 되는데 1년 정도 시간이 걸렸다.[12]

국내 언론들도 태권도교관단의 활약상을 크게 보도했다. 〈동아일보〉는 '월남에 태권 붐·한국어 붐' 제목의 기사[13]에서 태권도 교관단의 현황과 태권도 수련 열기를 보도했고, 〈경향신문〉은 '월남에 태권도 붐' 제목의 기사[14]에서 다름과 같이 보도했다.

　–한국장교가 외치는 우리말 구령에 따라 1백 여 명의 월남 군인들이 발을 음직이며 팔을 힘껏 뻗었다. 주월남 한국군사원조단 태권도 교관단이 파견된 투덕의 월남군보병학교의 월남태권도 도장에서다 (…) 1964년 9월 22일 태권도 교관단 10명이 월남에 와 지금까지 2천2백 명의 월남 군인에게 태권도를 가르치고 있다 (…) 월맹공산 측은 한국군이 월남군에 태권기술을 가르치는 것은 무기를 공급하는 것과 같다 (…)

그러나 태권도를 지도하는 과정에서 고민이 생겼다. 언어 소통이었다. 어느 나라 말로 가르칠 것인지 결정해야 했다. 백준기의 말.

"월남인 피교육자들에게 태권도 용어를 영어로 가르칠 것이냐 우리말로 가르칠 것이냐를 놓고 의견이 분분했다. 그러나 태권도 기술만을 보급하는 것이 목적이 아니고 우리의

---

12) 사편찬연구소(2002). 증언을 통해 본 베트남전쟁과 한국군. 제1권. 서울:군사편찬연구소.
13) 동아일보. 1964년 10월 20일.
14) 경향신문. 1965년 3월 26일.

얼과 혼을 심는데 더 큰 뜻이 있다는 의견이 많아 모든 구령과 용어를 우리말로 통일했다. 처음에는 교관들이 무척 힘들어 했다. 구령과 함께 똑같은 동작을 반복해서 보여주며 앞차기, 옆차기, 돌려차기 등을 가르치는 것은 쉬운 일이 아니었다. 그러나 가장 큰 어려움은 태권도를 가르치는 교관들에 비해 태권도를 배우려는 민간인들이 너무 많아 무한정 수련생들을 받아들일 수 없는 실정이었다."[15]

태권도 교관단이 각 부대에 배치돼 태권도를 가르치자 월남 현지인들이 모여들었다. 사관학교 정규수업이 끝나면 일과 후 다시 지역별로 운동장에 태권도를 배우겠다는 수련생들을 모아 놓고 태권도를 가르쳤지만, 날이 갈수록 지원자들이 늘어나 인원수를 제한할 수밖에 없었다. 백준기는 한국합참당국에 교관 보충 상신을 올려 교관들을 장교로 국한하지 말고 사병 출신의 교관을 충원해 달라고 건의했다.

태권도 교관단이 부대 안에서 태권도를 연마하고 있다.

"그러던 어느 날, 붕타우에 있는 월남공수특전단장이 나를 찾아와 자기네 공수부대에 태권도를 가르치는 교관을 파견해 달라고 요청했다. 나는 간곡한 요청을 뿌리칠 수 없어서 나트랑에 있는 이대희 대위에게 붕타우를 책임지라고 당부하고, 이동외과 병원장 이형수 중령과 협의해 병원경비중대원으로 근무하고 있던 사병 중 태권도 유단자인 홍도 중사와 오태용 하사를 차출해 교관으로 임명해 교관은 10명에서 12명으로 늘어났다. 이런 일도 있었다. 월남군총사령부 군수참모였던 온 장군은 자기 아들 세 명을 직접 데리고 와서 나의 제자로 키워줄 것을 간청했으며, 교관들의 위상이 높아지자 지방 유지들은 우리 교관들을 저녁식사에 초대하는 것을 '권세의 심벌'로 여겼다."[16]

---

15) 태권도신문. 2006년 12월 4일.
16) 태권도신문. 2006년 12월 4일.

 태권도 교관단의 활동과 임무

　태권도 교관단은 월남인들이 민간 도장을 설립하자 기술 지원을 아끼지 않았다. 백준기는 월남 태권도의 조직을 체계적으로 관리하고 태권도 보급을 효율적으로 하기 위해 다각적으로 노력한 끝에 1965년 월남태권도협회가 창설되었다.

　1966년 9월에는 사이공에 주월한국군사령부가 설치되면서 비둘기부대에 소속되어 있던 태권도 교관단이 70명으로 증편되었다. 단장 김석규가 이끈 교관단 70명은 곧 82명으로 늘어나 교관단 본부를 월남군정쟁정치국사령부 내에 두고 각각의 부대에 파견된 교관들과의 연락과 협조를 용이하게 하기 위하여 월남군 연락장교 1명을 지원받아 운용했다. 또 월남군 각 군 사령부, 군단, 사단 등 주요부대 45개소에 태권도 교육대를 설치하여 대통령 경호실, 경찰, 민병대, 학교, 민간도장에 이르기까지 태권도 지도가 대대적으로 이뤄지도록 했다.[17]

월남 태권도 수련생을 격려하고 있는 채명신 사령관. 월남지역에 파월된 태권도 교관단 현황.

---
17) 최점현(2008). 대한민국 태권도 오천년사, 도서출판 상아기획, 129쪽.

이 무렵 청룡부대는 월남에 태권도장을 세워 태권 붐을 일으켰다. 경찰국의 요청으로 광나이 성에 태권도 교관을 처음 파견했던 청룡 태권반은 다낭, 광나이 등 여러 곳에서 시범행사를 마쳤고 광나이에만 5개소의 도장을 개관했다. 청룡 태권도시범장에는 군·경·민·학생 그리고 미군을 포함 5백 여 명의 월남인 수련자가 매일 오전·오후 2회로 나눠 훈련을 받았다. 그 중에는 2백 여 명의 여학생들도 있었다.[18]

1967년 1월 '주월한국군태권도협회'가 월남에 설립됐다. 회장은 채명신 사령관이 맡고 명예 부회장을 만들어 월남 전쟁정치총국장을 위촉했다. 당시 주둔하던 한국군 별로 지부를 설치해 제1지부 청룡, 제2지부 맹호, 제3지부 백마, 제4지부 비둘기부대, 제5지부 교관단 등으로 편성했다.[19]

이처럼 월남에서 태권도 교관단이 활발하게 활동할 수 있었던 것은 파월한국군사령부 사령관 채명신의 역할이 컸다. 1962년 대한태수도협회 초대 회장을 역임한 채명신은 교관단에 각별한 관심과 배려를 아끼지 않으며 태권도를 군사전술의 일환으로 삼았다. 채명신은 맹호부대 군수참모인 우종림에게 태권도 시범단을 만들게 하여 주둔지역 퀴논지역의 월남군부대, 경찰, 학교, 민간인들에게 태권도 시범을 보이며 민사심리전(民事心理戰)[20]으로 활용했다.

1967년 5월, 월남을 방문한 최홍희는 월남 현지 수련생들에게 환영을 받았다. 채명신에게 호의적이었던 그는 이렇게 말했다.

"베트남에 파견된 한국군이 잘 싸운 이유가 만약 태권도의 위력에 있었다면 그것은 초대 주월사령관 채명신 장군의 숨은 공로라 하겠다. 태권도 5단 까지 받은 그는 휘하 전 부대에 태권도를 장려함으로써 전력을 강화해 베트콩이 접근을 꺼렸고 끊임없이 태권도 시

---

18) 경향신문. 1966년 12월 28일.
19) 전무회(1969). 주월한국군태권도교관단 통사. 주월한구군태권도교관단 사진집.
20) 민사심리전은 아군이 주둔하고 있는 현지에서 아군의 강인함을 알리고 군사작전을 유리하기 위한 일종의 선전, 심리전술이다.

범을 통해 대민사업에 절대적인 성과를 거두었다."[21]

1969년 태권도교관단 5진의 단장을 맡은 김봉식은 태권도를 활용한 민사심리전에 대해 이렇게 말했다.

"태권도를 민사심리전으로 활용한 건 채 장군의 지략이었어요. 월남의 주요부대가 주둔해 있는 각 지역에 교관단을 파견, 수시로 대대적인 태권도 시범을 선보였는데, 이는 시범을 통해 한국군의 전투력이 강하다는 것을 간접적으로 심어주기 위함이었지요. 월남 대통령도 태권도에 관심이 많아서 채 장군과 함께 대통령 관저에서 승급심사와 시범을 관람할 정도였지요."[22]

이처럼 태권도 열풍이 확산되자 주월한국군사령부는 전문 교관을 200여 명으로 늘려 남베트남 군단급 부대에 한국군 태권도지구대를 설치했다. 아울러 맹호·백마·청룡 등 각급 부대도 태권도 교육에 적극 나서도록 했다.[23]

태권도 교관단은 월남의 주요 부대 및 각급 학교, 경찰서 등에 파견돼 태권도 보급에 전력을 기울였다. 당시 교관단의 태권도 보급 활동은 월남의 군인과 경찰은 물론 현지 학생과 여성들에게도 호응이 좋았다. 월남의 수상, 국회의장 등 사회 유력인사들의 자녀들도 태권도를 배울 정도로 인기가 좋았다. 특히 월남전 참전국인 미국을 비롯해 호주, 뉴질랜드, 태국 등 각 국의 군인들도 태권도에 관심을 가졌다.

하지만 태권도를 배운 일부 현지 학생들이 교사에게 덤벼들고, 월남의 전통무술인 보비남을 수련하는 사람들이 반발했다. 사이공 신문에 "월남인은 태권도보다 보비남을 배우자", "월남인은 월남기 이외 태극기에 경

---

21) 최홍희(2005). 태권도와 나. 도서출판 길모금. 254쪽.
22) 김봉식 인터뷰, 1997년 9월 15일. 김봉식은 "태권도 교관들은 국내의 우수한 사범(장병)들을 선발해서 파견했기 때문에 기량 면에서 뛰어났다. 월남에 가면 돈 번다는 인식이 장병들 사이에 널리 퍼졌는데 그중 교관의 인기가 매우 높았다"고 회고했다.
23) 국방일보, 2006년 2월 22일.

례하지 말자"는 등 태권도 배척기사가 게재되기도 했다. 이에 따라 채명신은 태권도 정신과 예의를 강조하기 위해 태권도 5개 수칙을 만들어 태권도 수련을 할 때 암기하도록 했다. 태권도 5개 수칙은 다음과 같다.

1970년에 열린 주월한국군 사령관기쟁탈태권도대회 개회식에서 한국군, 월남군 장성들이 경례를 하고 있다.

- 우리는 태권도의 수련으로 심신을 연마하여 반공의 초석이 되자
- 우리는 신의와 겸손을 생명으로 상호 단결하여 정의의 사도가 되자
- 우리는 인내와 근면으로 솔선수범하는 나라의 일꾼이 되자
- 우리는 예의와 명예를 존중히 여기며 친절과 봉사로서 약자를 보호하는 등불이 되자
- 우리는 연마된 심신과 기술을 정당방위에만 행사하는 참다운 무도인이 되자

교관단의 임무는 엄격했다. 당시 교관단의 세부적인 임무[24]는 다음과 같다.

- 월남군 부대, 정부기관 및 기타 부대에 대하여 태권도를 교육하고 심사하며 시범 또는 심사 요청이 있으면 이를 지원함으로써 월남 태권도의 발전을 도모한다.
- 월남태권도협회와의 유기적인 발전을 위한 제반사항을 지원하고 협조한다
- 주월 외국인들에게 태권도에 관한 사항을 지원·협조한다
- 태권도를 통하여 월남군·관·민과의 친목을 도모하여 양국 간의 유대강화와 주월한국군의 대민심리전을 효율적으로 발전시키는 데 기여한다
- 주월한국군의 태권도에 대한 제반사항을 장악하고 현황을 유지한다

월남 전역에서 운영되던 태권도장 규모는 교관단과 한국군 부대 자체

---

24) 전무회(1996). 주월한국군 태권도교관단 통사. 서울:도서출판.

도장이 모두 포함된 것이다. 1969년 9월에는 187개소 도장이 운영[25]됐는데 87개소는 교관단, 62개소는 한국군 부대에서 운영하는 도장이었다.[26] 도장에는 통상 장교와 사병 2명이 1개 조로 파견됐다.[27]

교관들은 월남 전역에 배치되어 보통 1일 8시간 태권도를 보급하고 교육했다. 주요 배치 지역은 월남군 각 군단사령부, 사단사령부, 유년사관학교, 육사, 해서, 공사, 통신학교, 헌병학교, 하사관학교, 신병훈련소, 심리전대, 민병대였다. 군대 이외에도 경찰, 연합사, 대통령 경호실, 군사정보대 등에도 교관들을 파견했다. 교관들은 대부분 해당 지역에 배치된 주월미군 군사고문단과 함께 생활했다. 월남군 부대와 가까운 곳에 한국군이 주둔하면 한국군 시설도 함께 이용했다.[28]

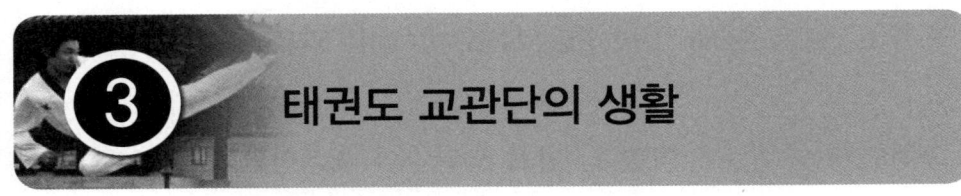

3 태권도 교관단의 생활

태권도 교관들은 대우가 좋았다. 월남전에 참전한 한국군 사병 월급이 55불 정도였고, 미국군 사병 월급이 250달러 정도였는데, 교관들은 한 번 태권도 교습을 할 때마다 10달러를 받았다. 보통 한 달에 25번 교습을 하면 250달러의 수입이 생길 정도였다. 1966년 미국계 월남 건설지원 청부회사인 RMK는 경비원을 훈련시킬 태권도 유단자 120명을 보내달라고 한국 국방부에 요청했다. 한 달에 480~500불을 준다는 조건이었다.[29] 1968년 월남에 파병되어 태권도 교관으로 활동한 신동기는 교관들의 수입에 대해 이 같이 증언하며 교관들의 일상을 이렇게 회고했다.

---
25) 동아일보. 1969년 9월 23일.
26) 군사편찬연구소(2002). 증언을 통해 본 베트남전쟁과 한국군 제1권, 서울:군사편찬연구소.
27) 동아일보. 1966년 10월 19일.
28) 북한대학원대학교 산학협력단(2023). 주월한국군 태권도교관단의 활동과 기증자료 분석보고서. 구술자료 인용.
29) 경향신문. 1966년 8월 17일.

"나는 맹호부대 태권도 교관단에 선발되어 처음 한 달은 매일 8시간 이상 태권도 교관 훈련을 받았는데 거의 대다수 교관들이 3단 이상의 고수들이었다. 그러나 맹호 교관단에서는 과거 사회에서 배운 태권도는 모두 무시되었고 군대식 태권도 기본동작과 품새를 기초부터 교육시키고 새로운 군교관으로 재탄생시켰다 (…) 태권도 교관단은 거의 매일 월남군부대와 학교를 돌아다니며 태권도의 위력적인 시범을 보이니 한국군은 그들에게 신비스럽고 두려운 존재였다. 원래는 태권도 교육과 시범이 대민 봉사의 목적이었으나 결과적으로는 한국군이 월남 사람보다 훨씬 강하다는 인식을 주어 정신적으로 싸움의 기선을 잡지 않았나 생각된다 (…) 태권도 수련은 맨땅이나 시멘트 바닥에서 맨발로 행해졌다. 또 한 달에 서너 번씩 시범을 하여야 되었다. 그때 지금의 태권도 수련화가 있었다면 얼마나 좋았을까 하는 생각이 든다. 그 당시 월남군 부대와 각종 행사에 태권도 시범은 빠질 수 없는 중요 행사가 되었다. 주월 태권도 교관단은 태권도 발전에 큰 주춧돌이 되었다고 자부한다."[30]

1967년 7월 월남에 파병된 정우진은 한국군사령부에 태권도 유단자라고 말한 뒤 태권도교관이 되고 싶다고 말했다. 정우진의 후일담.

"나는 월남에서 태권도를 가르쳤다. 처음에는 한국 병사들만을 대상으로 가르쳤지만, 같은 부대에 소속되어 있는 미군들과 월남군들도 배우고 싶다는 뜻을 전해왔다. 하루는 한국군, 다른 하루는 미군, 다음 날은 월남군 이런 식으로 태권도를 가르치다 보니 점점 수강생들이 늘어났고, 나중에는 군인들뿐 아니라 인근 마을의 민간인들까지 가세했다."[31]

---

30) 태권도신문. 2008년 5월 12일.
31) 정우진(2002). 세계가 우리를 기다린다. 행림출판. 101쪽.

4. 태권도 교관단의 성과와 의미

1965년 10월 월남태권도협회가 창설되면서 월남 현지인들이 스스로 태권도를 보급·발전시키는 토대를 마련했다. 기존에 한국군이 담당하던 태권도 승단심사 담당하고 경연대회를 개최했다. 당시 월남에서는 태권도 인기에 힘입어 태권도 대회가 많이 열렸다. 주월한국군이 주초한 '군사령관기태권도대회'와 '아세아태권도시합' 등이 대표적이었다. 대회가 열릴 때마다 교관들은 다채롭게 시범을 선보였다.

이처럼 태권도 저변이 확대되면서 월남의 태권도 수련인구와 유단자가 증가했다. 1971년 3단 유단자 21명, 2단 165명, 1단 1,500명 등 월남태권도협회에 등록한 인원이 20만 명이 넘었다.[32] 종합해 보면, 1964년 파병부터 1973년 철군할 때까지 교관단에 의해 태권도를 수련한 군인, 경찰, 민간인, 학생들은 229,913명이었고, 이 중에서 유단자가 2,916명 배출됐다.[33]

태권도 교관단은 월남인에게만 태권도를 가르치지 않았다. 1970년 크메르 국방성의 훈련국장이 주월한국군을 방문해 태권도 시범을 보고 교관 파견을 정부에 요청해 한국 정부는 장교 2명을 파견해 태권도를 교육[34]하는 등 1971년 7월부터 72년 10월까지 크메르군이 주월한국군사령부에 와서 태권도를 교육받았다.[35] 십자성부대는 1971년 크메르공화국군 장교 30여 명에게도 태권도를 가르쳤다. 이들은 24주 1천 56시간의 교육기간에 태권도는 물론 소부대전술 및 화기학, 기타 일반학(한국 소개

---
32) 조선일보, 1971년 1월 30일.
33) 주월한국군사령부(1973), 월남전 종합연구.
34) 합동참모대학(1971), 고문단안(태권도단 포함).
35) 주월한국군사령부 태권도 훈련지원 문건(1971.06.04).

및 한국어 교육)도 연수 받았다.[36]

 이처럼 태권도 교관단은 1964년 1진이 정식 파월된 이후 1973년 9진에 이르기까지 백준기·최동희·김석규·고재천·김봉식·정병길·감승규·유형선·홍금식 등 9명의 단장과 647명은 교관요원이 활동하며 태권도 세계화의 기초를 닦았다. 교관단은 월남군 부대의 편성에 따른 주둔지역에 따라 지휘 계통을 확립해 효율적으로 운영하면서 북쪽으로 후에, 남쪽으로 메콩·델타에 이르기까지 광범위한 지역에서 태권도를 보급했다.

 특히 교관단은 민사작전, 심리전, 군사원조 등의 측면에서 충분한 역할을 했다. 월남인들에 대한 태권도 교육은 민사작전 측면에서 한국과 한국군에 대한 호감도를 상승시켰고, 한국군 작전에도 긍정적인 효과를 가져왔다. 이러한 태권도에 대한 우호적인 여론은 월남 주민들과의 유대강화로 이어져, 작전 성공과 3,223건의 첩보 수집으로 이어졌다.[37]

 태권도 교관단 활동은 태권도 역사에서 많은 의미를 지니고 있다. 〈주월한국군 태권도교관단의 활동과 기증자료 분석보고서〉[38]는 다음과 같이 교관단의 의미를 풀이했다.

―태권도의 해외 진출사에서 태권도교관단이 그 출발선에 있다는 점이다. 1950년대 일부 국가를 대상으로 태권도 시범단의 방문이 이뤄지기는 했지만 국가 차원에서 태권도 교관이 장기간 파견되어 주둔국의 군인과 국민을 대상으로 태권도를 교육하고, 300여 회가 넘는 시범을 선보인 것은 교관단이 처음이자 유일했다. 교관단의 역할과 활동은 태권도 현대사에서 빼놓을 수 없는 역사적 사실이다.
―현대전쟁에 한국군의 무도가 처음 참여한 사례라는 점이다. 태권도가 현대전쟁에

---

36) 경향신문. 1971년 9월 15일.
37) 주월한국군사령부(1973). 월남전 종합연구.
38) 이 보고서는 북한대학원대학교 산학협력단이 태권도진흥재단으로부터 연구용역을 맡아 2023년 제출한 자료이다. 이 보고서는 월남전 당시 '주월한국군 태권도교관단'의 파병과 활동에 대해 살펴보고, 이들이 국립태권도박물관에 기증한 자료의 역사적 가치를 평가하여 앞으로 문화재 등록을 위한 기초연구를 수행하는 것을 목적으로 했다.

참여해 부여된 임무를 성공적으로 수행했다는 점에서 특별한 의미를 지니고, 한국형 대외 군사원조의 시작이라는 점에서 주목할 만한 부분이다.

-교관단에 의해 전파된 한국의 태권도가 현재도 계속해서 이어지고 있다는 점이다. 교관들과 사제 관계로 맺어진 월남의 인적 네트워크와 현지에 뿌리 내린 태권도는 (월남 패망 후) 국가 차원의 단교와는 별개로 연결 고리가 이어져 당시 한국군 태권도의 활동과 역할을 국가의 외교 관계 차원에서도 살펴볼 필요가 있을 만큼 중요한 의미를 내포하고 있다.

> **Tip** '주월한국군 태권도교관단' 활동 보고서 발간
>
> 태권도진흥재단 국립태권도박물관은 1960년대부터 70년대 월남전 당시 한국군 태권도 교관단의 파병과 활동을 정리하고 관련 자료를 문화재로 등록하기 위해 '주월한국군 태권도 교관단의 활동과 기증자료 분석 보고서'를 발간했다. 보고서에는 월남전 당시 파병된 600여 명 태권도 교관단의 1964년부터 1973년까지 10여 년간의 활동을 담고 있다. 태권도 교관단은 현지에서 23만여 명에게 태권도를 지도해 2916명의 유단자 배출했으며 351회의 태권도 시범으로 태권도를 알리는 첨병으로서 한국과 한국군에 대한 호감도를 높이고 한국군 작전에도 다양한 긍정적 효과를 가져왔다. 태권도진흥재단이 이번 보고서에 대해 각별한 애정을 쏟고 있는 이유는 태권도 해외 진출사에서 주월 한국군 태권도 교관단이 그 출발선에 있기 때문이다. (…)
>
> 이번 보고서는 월남전 태권도 교관단에 관한 연구에 있어 자료 부족 등을 극복하고 발간되었다는 특이점을 갖는다. 지난 3월 주월 한국군 교관단에서 국립태권도박물관으로 당시 문서, 기념패, 메달, 훈장, 사진 등 227점의 자료를 기증해 옴에 따라 주월 한국군 태권도 교관단 활동에 대한 실증적 유물로 보고서 발간이 이루어졌다. 한편, 태권도진흥재단은 '주월한국군 태권도교관단의 활동과 기증자료 분석보고서'를 국립태권도박물관 누리집과 태권도라키비움 사이트에 공개하고 태권도 단체와 군 관련 기관 등에 전달할 예정으로 관련 연구를 이어갈 계획이다..
>
> 〈스포츠투데이, 2023년 9월 13일, 태권도진흥재단, '주월한국군 태권도교관단' 활동 보고서 발간.〉

연구과제

1. 한국 정부가 월남에 태권도 교관단을 파병한 과정을 설명하시오.
2. 태권도 교관단은 어떤 이유로, 어떻게 태권도를 통한 민사심리전을 펼쳤나?
3. 국내 언론이 보도한 태권도 교관단의 활약상을 설명하시오.
4. 파월한국군 사령관 채명신의 태권도 애정과 지원은?
5. 태권도 교관단의 주요 임무를 설명하시오.
6. 태권도 교관단의 고충과 대우는 어떠했나?

참고문헌

국방일보. 2006년 2월 22일. 군사편찬연구소(2002. 증언을 통해 본 베트남전쟁과 한국군 제1권, 서울:군사편찬연구소.
경향신문. 1964년 7월 30일.
경향신문. 1965년 3월 26일.
경향신문. 1966년 12월 28일.
경향신문. 1971년 9월 15일.
동아일보. 1963년 10월 16일.
동아일보. 1964년 10월 20일.
북한대학원대학교 산학협력단(2023). 주월한국군 태권도교관단의 활동과 기증자료 분석보고서. 구술자료 인용.
정우진(2002). 세계가 우리를 기다린다. 행림출판.
주월한국군사령부(1973). 월남전 종합연구.
주월한국군사령부 태권도 훈련지원 문건(1971.06.04)
최홍희(2005). 태권도와 나. 도서출판 길모금. 254쪽.
최점현(2008). 대한민국 태권도 오천년사. 도서출판 상아기획. 129쪽.
합동참모대학(1971). 고문단안(태권도단 포함).
태권도신문. 2006년 12월 4일 태권도신문. 2008년 5월 12일.

개정증보판 History & Culture & Taekwondo
태권도역사와 문화의이해

개정증보판 History & Culture & Taekwondo
태권도역사와 문화의 이해

 제7장 태권도 세계화 과정과 한인 사범들의 활약

📖 학습목표

이 장(章)은 태권도 세계화가 언제부터 어떤 배경 속에 이루어졌고, 어떤 환경과 여건 속에서 각 대륙에 태권도가 보급되었는지 탐색하는 데 있다. 5개 대륙에서 전개된 태권도 보급과 진출의 특징을 알아본다.

이와 함께 1960년대부터 본격적으로 추진된 해외파견 사범제도가 어떠한 과정과 형식을 통하여 해외 각 국에 파견되었고, 해외 현지에서 어떻게 태권도를 보급하였는지를 살펴본다. 특히 한인 사범들이 태권도를 보급하는 과정에서 어떤 어려움이 있었고, 온갖 역경 속에서 '민간외교관' 역할을 수행하며 국가 인지도를 높이는데 힘썼는지도 탐구한다.

이 밖에 태권도 보급을 둘러싸고 세계태권도연맹과 국제태권도연맹이 왜 대립각을 세웠는지 이해하고, 내실있는 해외 파견 사범제도를 위하여 정부와 태권도 유관기관이 어떤 노력을 펼쳐야 하는지도 알아본다.

제7장 태권도 세계화 과정과 한인 사범들의 활약

1  태권도 세계화와 각 대륙 개척사

태권도 세계화는 한인 사범들이 5대양 6대주로 건너가 현지인들에게 태권도를 보급하면서 이루어졌다. 1950년대 후반부터 미주지역을 비롯한 해외에 한인 사범들이 진출하면서 태권도 저변이 확대되었다.

태권도 사범의 초기 해외 진출은 한국에서 태권도를 수련한 유단자들이 대부분 유학, 이민 등과 같은 개인적인 동기로 현지에 거주하다 학비 보조 등의 이유로 태권도장을 개관하면서 시작되었고, 1960~70년대 들어 해외 출국이 자유롭지 않은 상황 속에서 국제태권도연맹(ITF)과 세계태권도연맹(WTF) 산하 대한태권도협회 등 유관기관의 추천으로 여권 및 취업비자를 취득하거나, 현지에 정착한 사범들의 초청으로 해외에 진출했다.[1] 또 한국전쟁 참전 미군 병사와 기타 각국 유엔군 병사들이 한국에서 수련한 태권도를 본국에 돌아가 보급하여 현지인 사범 1세대가 되기도 했다.[2] 아울러 1964년 월남전에 파병된 태권도 교관단이 월남 현지인들과 유엔군들에게 태권도를 지도하면서 태권도 세계화

---
1) 진실화해를 위한 과거사 정리위원회(2009). 2008년 하반기 조사보고서. 태권도의 국제적 보급을 통한 국위선양의 건. 276~278쪽.
2) 이충영(2002). 태권도 세계화가 한국 스포츠 외교에 미친 영향. 경희대학교 산업정보대학원 스포츠외교학과. 24쪽.

를 촉진했다.

1960년대 후반 대한태권도협회는 국제태권도연맹과 해외 파견 사범을 놓고 대립각을 세우면서 주도권을 쥐기 위해 많은 사범들을 해외에 파견했다. 당시 회장이었던 김용채는 주무부처인 문교부와 외무부 장관 등을 만나 협회의 허락을 받은 사람들에 대해서는 해외 진출을 하도록 주선을 해서 4~5년 사이에 1,500명 정도의 해외 사범이 배출되었다.[3] 하지만 이 같은 증언은 신빙성이 부족하다. 1975년 40여 개국에서 702명의 사범이 활약하고 있다[4]는 언론의 보도가 있기 때문이다.

1972년 대한태권도협회가 출간한 태권도 잡지.

그 후 1972년 국기원(前身 대한태권도협회 중앙도장)이 건립되고, 1973년 세계태권도연맹이 창설되면서 한국 정부의 지원 속에 한인 사범들이 해외로 파견되면서 태권도 세계화는 탄력을 받았다. 당시 사범 파견은 문교부 지침에 따라 대한태권도협회가 사범을 선발하여 문교부의 추천을 받은 후 대한체육회 승인을 받아야 했다. 이 같은 과정을 거쳐 35개국에 태권도가 보급됐다.[5]

김운용은 1975년 '태권도의 세계화의 해'를 위해 발 빠른 행보를 했다. 이미 세계 각국에서 태권도를 보급하고 있는 한인 사범들이 자리를 잡고 있어 국내 태권도계는 '세계로 뻗어가는 한국의 태권도'라는 말까지 써가며 한인 사범들의 활약상에 박수갈채를 보냈다.

정부는 태권도의 해외 진출을 위한 다양한 노력을 해왔다. 1990년에는 외교통상부의 한국국제협력단(KOICA)를 통한 태권도 봉사 단원 파견과 1991년 정부 사범 파견 사업을 시행하여 진행해 오다가 2009년부터 문화체육관광부로 이관됐다.

---

3) 태권도진흥재단(2010). 태권도 해외 보급(진출) 역사 연구. 미주지역. 47쪽.
4) 경향신문. 1975년 8월 5일.
5) 대한태권도협회(1973). 7·8통합호. 64쪽.

(1) 아시아

아시아에 태권도가 본격적으로 보급되기 시작한 것은 1960년대 중반부터이다. 당시 태권도가 쉽게 보급된 곳은 우리나라와 지리적으로 가까운 동남아시아였다. 그러나 동남아시아는 불교와 유교의 영향으로 외국문화에 폐쇄적이었다. 게다가 각 나라에는 고유무술이 있어 타국 무술에 대한 '텃세'가 심했다. 중국에는 쿵후, 베트남에는 보비남, 인도네시아에는 펜스작시렛, 말레이시아엔 바실나, 태국엔 킥복싱, 인도엔 셀렘방 일본엔 유도와 가라테 등 고유무술이 있어 태권도를 보급하고 확장하는 데 어려움이 많았다. 특히 1950년대 후반부터 태권도에 받아 들인 베트남은 고유무술을 지키기 위해 태권도를 배척하자는 움직임이 있었다. 1969년 월남태권도교관단장을 역임한 김봉식은 〈태권도신문〉과의 인터뷰에서 "태권도를 민사심리전으로 적극 활용하여 월남을 순회하며 태권도를 보급할 때 고유무술(보비남)을 지키려는 월남 민족주의 사람들이 강하게 반발하기도 했다"고 말했다.

가. 대만

대만에 태권도가 본격적으로 알려진 것은 1967년이다. 한국을 방문한 장경국 대만 국방부장이 국군태권도시범을 보고 귀국 해 장개석 총통에게 태권도의 우수성을 알린 것이 계기가 되어 태권도 교관단이 파견된 것이다. 태권도 교관단 활동을 한 정영휘의 말에 따르면, 1967년 1월 18일 홍성인 중령을 단장으로 육군 노효영, 정영휘 소령과 이영환, 강석정 대위 등 5명의 교관단이 국가 사절단으로 대만에 첫 발을 디뎠다. 정영휘의 후일담.

"1차 교관단에게 시범이 잦았다. 대만 측의 요구에 의해서, 우리가 필요하다고 생각하면 언제라도 시범을 했다. 부상을 입어도 내색을 할 수가 없었다. 나는 관수격파를 맡았다. 태권도는 여러 가지로 검증을 받았다. 일본의 가라테, 태국의 격추기, 유도와 권투, 군대의 도수방어(徒手防禦)와 비교 우위를 입증하는 데는 실기 시범을 앞둔 이론적 설명이 주효했다. 5명의 교관단원들은 각자 특기를 살려 육체와 두뇌, 물리적 기술과 무도인의 정신으로 콧대 높고 의구심이 많은 대국인들을 설득하는데 성공했다. 1차 교관단의 2년 임기를 마치자 홍성인 중령과 노효영 소령은 오래 몸 담았던 군복을 벗고 대만을 다시 찾아 도장을 열었다. 얼마 후 홍 사범은 떠나고 노 사범 혼자 남아 대만에 태권도의 뿌리를 내리는데 이바지했다. 그 후에도 3년 동안 3개 팀의 한국군 교관단의 파견이 이어졌다."[6]

그 후 김승규·손복규·김기동·정지수·양해룡·송상근 등 군 장교들이 대만으로 파견됐다. 대한태권도협회로부터 파견된 민간 한인 사범은 강종길·박부광·강익무·김사옥·한성수·김덕남·홍상래·최영식·이종원·김동수·홍상길·정장렬 등이었다. 이 시기를 맞춰 대만은 1973년 1월 17일, 대만태권도협회를 창설해 세계태권도연맹 회원국으로 가입했다.

대만 태권도를 논할 때 김사옥을 거론하지 않을 수 없다. 1975년 창립된 주중한국태권도사범회 간사로 활동했던 김사옥은 한인 사범들의 활약이 눈 부시자 공개적으로 도전을 해 오는 사람들이 많았다고 밝혔다. 그는 "1975년 10월 17일, 한국에서 거주하다가 대만으로 이주해온 한국인 화교 오삼수씨(쿵푸인)는 신문 매체를 통해 한국 태권도 사범들에게 공개 도전을 해 왔다. 당시 나는 기자회견을 통해 경기규칙이 다른 태권도와 쿵푸가 대결을 할 수는 없으나 상사에 대한 책임을 지고 도전해 온다면 얼마든지 도전을 수락하겠다는 뜻을 전달하였다. 이틀 후 중화민국태권도협회에서 대결을 하기로 했는데, 당시 김기동과 나, 한성수, 홍상래

---
6) 월드 태권도, 1998년 3월호.

사범들이 참가하였고, 도전자 오삼수는 불참했다"고 회고했다.

그 후부터 대만 경찰들은 한인 사범들이 운영하는 도장에 압력을 가하기 시작했다. 1977년부터 중화민국태권도협회는 한인 사범들에게 노골적으로 압력을 가해와 노효영을 비롯한 사범들은 본국 및 제3국으로 철수했고, 군에 파견된 교관들은 그해 10월 철수했다. 대만에 태권도를 보급한 지 10년이 되는 해부터 주재국 사범들에게 밀려나게 된 것이다. 한인 사범들이 철수했지만 주재국에서 필요에 따라 한인 사범을 초청하여 학교나 선수촌에서 코치 역할을 맡겼다.

2000년대 들어서면서 대만에서 태권도 인지도는 많이 높아졌다. 2004년 아테네올림픽에서 대만이 올림픽 사상 2개의 금메달을 태권도 종목에서 획득하자 태권도 열풍에 휩싸여 있다. 태권도 인구는 200만 명이 넘으며, 타이베이 시내의 679개 태권도장을 포함하여 대만전체 동호회 및 도장 단위의 모임은 1천여 개가 넘는다. 이들 태권도 수련자들의 80% 아동층이며, 육군을 비롯한 군대 및 경찰에서는 필수적으로 태권도를 배운다고 한다. 이들 수련자들이 태권도 도복 및 호구 구매하고자 하는 경우, 스포츠 용품점에서 직접 구매하는 경우보다는 각 태권도장을 통해 구매하는 경우가 많다.[7]

그러던 2010년 태권도 열기에 찬물을 끼얹는 일이 벌어졌다. 광저우 아시안게임 태권도 경기에서 대만선수 양수쥔이 실격 처리되면서 불거진

> **① Tip   아테네올림픽 金 획득 후 대만의 태권도 열풍**
>
> 대만은 역대 올림픽에서 두 개의 금메달을 땄는데 모두 태권도에서 나왔다. 2004년 아테네올림픽에서 남자 58kg급의 추무옌과 여자 49kg급의 천쉬친이 금메달을 목에 걸었다. 그 후 대만은 태권도 열풍에 휩싸였다. 당시 2300만 명인 대만 인구의 10명 중 1명에 가까운 200만명이 태권도를 배웠다. 타이베이 시내에 7000개 가까운 태권도장이 자리잡았다. 태권도 동호회는 1000개를 훌쩍 웃돌았으며, 군대와 경찰에서는 필수적으로 태권도를 가르쳤다. '한류' 드라마보다 훨씬 큰 파급력이었다. 이 같은 통계는 태권도 용품에 대한 대만 수출이 급증하자 당시 우리 대만무역대표부가 작성해 보고한 것이다.
>
> 〈문화일보, 2010년 12월 23일.〉

---

7) 김환희(2004). 대만 올림픽 금메달 획득으로 태권도 인기 동향보고서. KOTRA.

대만 사람들의 반한(反韓) 감정이 좀처럼 수그러들지 않았다. 세계태권도연맹(WTF) 홈페이지가 대만인으로 추정되는 해커에 의해 해킹을 당했다. WTF가 상벌위원회를 열어 양수쥔에게 3개월 출전정지의 징계를 확정해 대만 측에 통고한 직후였다. WTF는 코치에게 20개월 자격정지, 대만태권도협회는 5만 달러의 벌금을 물게 했다. 대만은 국제스포츠중재재판소에 소송을 준비했다. 이번 사건으로 몇몇 대만인은 태극기를 불태우고 한국 학교에 계란을 투척하는 등 반한감정이 극에 달했다. 대만에 영웅이 돼 돌아간 양수쥔이 오히려 국민들에게 한국에 대한 비난을 자제해달라고 요청할 정도였다. 국내에는 보도되지 않았지만 미국에 거주하는 대만인 태권도 지도자들과 대만 집권당인 국민당 미국지부까지 한국을 비난하는 캠페인을 벌일 만큼 이슈가 넓게 번졌다. 이번 사건은 대만의 지방선거와 맞물리면서 정치적으로 이용된 측면이 적지 않다.[8]

2009년 대만에서 방영된 드라마 '열혈 청춘'. 총 20부작으로 대만의 한 소녀가 올림픽 경기를 시청하다 우연히 태권도에서 활약을 하는 선수를 발견한 후 태권도에 관심을 가진 소녀는 대만에 있는 태권도장을 다니게 된다. 태권도장에서 소녀와 소년들 사이에서 일어나는 좌충우돌 에피소드와 로맨스를 다뤘다.

한편 2009년 대만의 한 방송사는 태권도를 소재로 한 드라마 '열혈 청춘'을 총 20부작으로 제작해 방영했다. 내용은 대만의 한 소녀가 올림픽 경기를 시청하다가 우연히 태권도에서 활약을 하는 선수를 발견하고 태권도에 관심을 가져서 대만에 있는 태권도장을 다니면서 생기는 좌충우돌 에피소드와 로맨스를 다뤘다.

나. 중국

중국에 태권도가 본격적으로 보급되기 시작한 것은 1980년대 중반부터이다. 북한과 정치, 지리적으로 가까웠던 중국은 북한이 가입되어 있는 국제태권도연맹(ITF)의 태권도를 먼저 받아들였다. 1986년 6월, ITF 창설자 최홍희는 북한과 중국이 무술단 교류를 할 때 조선태권도위원회 시

---

8) 문화일보. 2010년 12월 23일.

중국에 태권도 뿌리 내린다
국가대표팀 구성…일부학교 정식교과 채택

우슈(武術)의 나라 중국. 우리나라의 태권도가 빠르게 보급되고 있다. 길림성 흑룡강성 요녕성 등 조선족이 모여 살고 있는 동북 3성을 중심으로 뿌리를 내려온 태권도가 최근에는 북경 심양 상해 심천 등 중국인 사회에도 차츰 기반을 넓히고 있다는 소식이다.

태권도는 현지 중국정부의 승인하에 조선족 소학교의 체육교과목에 정식으로 채택되고 있으며, 올해부터는 중학교 1학년도 체육시간에 배울 수 있게 됐다. 뿐만 아니라 중국국가대표권도팀도 구성돼 합숙훈련을 하는 등 그동안 전통무술에 눌려 빛을 보지 못했던 태권도가 중국에서도 조만간 붐을 일으킬 조짐이다.

중국에서의 태권도 보급은 한국국기원에서 파견된 金鳳七단(연변태권도협회총관장)이 6년여동안 노력을 기울여온 결과라는 게 교민사회의 지배적인 견해이다. 金7단은 현재 연변 용정 화룡 지역에서 조선족 학생 6천여명을 지도하는 한편, 현진에서 훈련중인 중국가대표팀의 자문역할도 맡고 있다.

연변교민사회의 경우 금년초 발생한 한국인 피살사건 이후 교민들의 신변안전을 위해 유사시 긴급출동조직을 구성했는데 여기에 金7단을 중심으로 태권도 유단자인 한국인과 조선족들이 적극참여, 교민사회의 든든한 보호막이 되고 있다.

(北京=黃義鳳)

동아일보 1996년
2월 16일자 기사.

범단9)을 이끌고 중국 베이징과 서안, 제남 등을 순회하며 공연을 했다.

북한에 태권도를 보급하던 1980년대 초부터 중국 진출에 관심을 기울여온 최홍희는 중국에서의 순회 공연을 계기로 1987년부터 장춘과 하얼빈 등에서 태권도사범요원교육을 실시했다. ITF 시범단의 공연은 중국에 태권도의 씨앗을 뿌려 놓았을 뿐만 아니라 중국 정부 관련 인사들의 긍정적인 반응을 이끌어냈다.10)

하지만 1990년대 들어서면서 상황은 급격히 바뀌었다. 1992년 8월 한국과 중국이 정식으로 수교하면서 한국이 주도하고 있는 WTF 태권도가 중국 진출의 물꼬를 트기 시작했다. 당시 중국은 '죽(竹)의 장막'이라 일컬어졌지만 개혁 개방정책으로 한국과 문화, 스포츠, 경제 분야에서 교류가 활발해지면서 자연스럽게 WTF 태권도를 수용했다.

중국에 WTF 태권도가 공식적으로 알려진 것은 1992년 12월, 한국을 방문한 연변 조선족자치주 체육총회부주석이 태권도 시범을 보고 탄복해 국기원 태권도시범단의 중국 방문을 중재하면서 비롯됐다. 대한태권도협회는 1992년 12월 14일 태권도 시범단(임원 4명, 단원 8명)의 중국 파견을 체육청소년부로부터 승인받고11), 8일 동안 연변조선족자치주에서 시범을 선보였다.

이것을 계기로 중국과 태권도 교류의 물꼬를 튼 시범단은 1993년 1월과 94년 8월, 심양과 하얼빈, 상하이, 북경, 천진 등을 순회하며 시범을 선보였다. 이에 발맞춰 중국의 각 성(省)에 태권도 붐이 일어 국립체육대학교를 비롯한 각 체육대학에서 태권도를 체육종목의 하나로 가르치게 됐다. 특히 1994년 9월 4일 태권도가 하계올림픽 정식종목으로 채택되

---

9) 시범단은 남자 17명, 여자 7명 등 30명으로 구성했다. 중국은 체육위원회와 우슈연맹위원회가 시범단을 맞이했다. 최홍희(1998). 앞의 책, 360쪽.
10) 유진산(2008). 태권도의 중국 진출 역사 및 현황. 석사학위논문. 경희대학교 대학원
11) 동아일보. 1992년 12월 15일.

면서 태권도에 대한 중국의 관심은 날로 높아졌다.

중국 당국은 1992년 10월 국가체육운동위원회 종합사(綜合司)와 국제사(國際司) 허가로 태권도 기획팀을 구성하고 1995년 8월 중국태권도협회를 설립했다. 이러한 시대흐름으로 1994년 5월에는 하북성에서 최초로 태권도 코치와 심판교육을 실시하고, 그 해 9월에는 운남성 곤명시에서 15개 팀 150여 명의 선수가 참가한 가운데 제1회 전국태권도대회가 열렸다. 1995년 5월에는 22개 팀 250여 명의 선수들이 북경체육대학에서 열린 제1회 중국태권도선수권대회에 참가했다.[12] 당시 WTF의 추천으로 중국에 건너가 중국태권도대표팀 코치를 맡았던 양진방은 "북한 계열의 국제태권도연맹과 한국이 주도하는 세계태권도연맹 사이에서 망설이던 중국이 올림픽 정식종목 채택을 계기로 세계태권도연맹으로 방향을 확정지었다. 조선족이 많은 연변을 중심으로 태권도가 신종 인기스포츠로 각광받고 있다"고 말했다.[13]

이처럼 중국의 태권도 발전 속도가 두드러지자 한국도 관심을 가졌다. 대한태권도협회는 중국에 태권도시범단을 주기적으로 파견하며 태권도 교류를 촉진했다. 대한태권도협회 전무 강원식은 "인구가 12억이나 되는 중국에서 태권도가 성장한다면 태권도의 해외 보급 가운데 중국은 가장 큰 성공작이 될 것"[14]이라고 말했다.

하지만 태권도에 대한 체계적인 이론과 실기가 허술해 중국 태권도 발전의 걸림돌로 작용했다. 이런 난관을 돌파하기 위해 중국태권도협회는 태권도 연수단을 한국에 파견했다. 1995년 8월, WTF에 정식 가입 신청서를 제출하고, 기술 전수에 협력해 줄 것을 요청했다. 중국 태권도 연수단은 1996년 8월에도 한국을 방문, 서울지하철공사 연수원에서 연간 훈련계획 및 세부계획 작성법, 전문체력 훈련법, 태권도 기본 기술 및 응용

---

12) 왕추월(2010). 중국태권도의 발전과정 및 전략에 관한 연구. 박사학위논문. 용인대학교 대학원. 39쪽.
13) 한국일보. 1995년 10월 27일.
14) 동아일보. 1995년 5월 21일.

기술 등 태권도 교육을 체계적으로 받았다. 주로 길림성과 흑룡강성, 요녕성 등 조선족이 모여 살고 있는 동북 3성을 중심으로 뿌리를 내려온 태권도는 북경과 심양, 상해, 심천 등 중국인 사회에도 차츰 기반을 넓혀가며[15] 중국 전역으로 저변을 확대해 나갔다.

이러한 흐름은 겨루기 대회에서 성과로 나타났다. 1996년 6월 호주에서 열린 제12회 아시아태권도선수권대회에서 중국대표팀은 남자가 동메달을 획득했다. 국제규모 태권도 대회에서 첫 메달이었다. 중국은 태권도 대회 메달 획득해 박차를 가해 1999년 6월 캐나다에서 열린 제14회 세계태권도선수권대회 여자 55kg급에서 첫 번째 금메달을 획득했다. 2000년 시드니올림픽에서는 여자 헤비급의 천중(陳中)이 금메달을 획득했고, 2004년 아테네올림픽에서는 금메달 2개, 2008년 베이징올림픽에서는 금메달 2개를 획득해 한국을 위협하는 태권도 강국으로 부상했다.

중국은 2001년 광동성에서 열린 전국운동회에서 태권도를 정식종목으로 채택했다. 이를 계기로 중국의 각 성(省)마다 태권도 붐이 일어 국립체육대학교를 비롯한 각 체육대학에서 태권도가 인기종목으로 자리를 잡아갔다. 그 중 서안체육대학이 국가체육위원회로부터 태권도 중점대학으로 승인을 받아 활기를 띠었다.

중국태권도협회가 2006년 발간한 '경기 태권도 등록표'를 보면, 48개 팀에 등록 선수는 2000명에 달했다. 규모가 가장 큰 팀은 광동성으로 남자 선수 142명, 여자선수 122명으로 남녀선수 인원에 큰 차이가 없었다.[16] 경제가 비교적 발달한 지역이나 연해지역(광동, 산동, 절강)의 팀에는 등록선수가 많고 우수한 성적을 많이 거뒀다.[17]

하지만 이 시기 중국 선수들은 대부분 어릴 적부터 태권도를 체계적으로 배운 경우가 드물었다. 중국은 세계태권도선수권대회와 올림픽 등에

---
15) 동아일보, 1996년 2월 16일.
16) 중국태권도협회 2006년도 경기태권도 등록표.
17) 왕추월(2010), 용인대학교 대학원 박사학위 논문, 중국태권도의 발전과정 및 전략에 관한 연구, 53쪽.

서 좋은 성적을 거두기 위해 신장이 크고 체격이 좋은 육상, 농구 선수들을 태권도 선수로 전향시켰다. 코치들도 우슈의 산타(散打)와 복싱 종목 출신들도 태권도와 밀접한 연관이 없었다.

중국은 '경기 태권도' 못지않게 '대중 태권도'에도 관심을 기울였다. 1995년 중국태권도협회가 설립되면서 태권도 전반에 대한 제도가 정비됐다. 태권도 도장관리제도를 비롯해 태권도 시장관리제도, 태권도 품·단제도 등이 제도화되고 태권도 지도자 자격시험 등도 체계를 잡아 나갔다. 중국이 태권도 시장을 개방하자 한국의 태권도인들도 중국에 진출해 태권도장을 운영하는 등 대중 태권도 인구[18]의 확대에 기여했다.

2003년 한국을 방문한 중국인 유학생 한 웨이(韓偉)는 태권도를 제대로 배우기 위해서 한국을 방문했다고 밝혔다. 중국 허난성에서 태어난 뤄양은 어린 시절부터 자연스럽게 소림무술의 봉술과 검술, 창술 등을 익히며 무도인의 꿈을 키워나갔지만, 1988년 서울올림픽 때 TV로 태권도를 보고 소림 무술과는 다른 절제와 집중의 '아름다움'을 느꼈다. 그는 "어차피 무예의 기술이란 비슷하지 않는가. 그러나 스승께 깍듯이 인사하는 등 태권도의 예의와 도리는 그 어떤 무술에서도 볼 수 없었던 것이라 충격적이었다. 이것이 진정한 무도(武道)라고 느꼈다"고 말했다.

중국에는 뤄양처럼 태권도에 심취한 젊은이들이 점점 많아졌다. 2008년 현재 중국에서 태권도를 수련하고 있는 동호인은 4천만 명(2008년 9월 현재, 국기원 남자 유품·단자 3867명, 여자는 468명)으로 추산되고 있다. 2007년 12월 중국태권도협회의 한 관계자는 "중국 태권도 인구를 5천만 명으로 늘리기 위해 노력하고 있다"고 말해 이 같은 추산을 뒷받침해주고 있다. 〈경향신문〉은 중국에서 부는 태권도 바람을 이렇게 보도했다.

---

[18] 왕추월(2010), 용인대학교 대학원 박사학위 논문, 중국태권도의 발전과정 및 전략에 관한 연구, 53쪽.

중국 무술인 쿵푸(功夫)가 아시아 무술의 맹주 자리를 차지한 태권도를 부러워하고 있다. 중국 공산당 기관지 인민일보의 자매지인 환구시보(環球時報)는 미국, 독일, 케냐의 현지 취재를 통해 리샤오룽(李小龍), 청룽(成龍), 리롄제(李連杰) 등 영화배우들의 활약에 힘입어 세계적으로 많이 알려진 쿵푸가 태권도보다 외국에서의 도장이나 수련생이 턱없이 적고 국제적 위상을 찾지 못하는 원인을 진단, 분석했다. 신문은 태권도가 유럽에서 아시아 무술의 대표주자였던 일본의 유도나 합기도를 최근 들어 제쳤다고 전했다. 유럽의 태권도 인구는 1천 만 명을 웃돌아 쿵푸 인구(1백 만 명)를 압도하고 있다는 설명이다. 미국 휴스턴의 경우 중국 쿵푸 도장이 시 전체에 걸쳐 15개인 반면 태권도 도장은 한 동네에서만 수십 곳에 이른다. 아프리카 대륙의 50여 개 국 가운데 태권도는 23개국에 연맹을 창설, 운영하고 있는 반면 쿵푸는 변변한 도장조차 찾을 길이 없다는 지적이다. 태권도가 앞서고 있는 이유에 대해 독일 루르지방에서 쿵푸 도장을 운영하고 있는 하우저 사범은 "태권도는 초심자들이 손쉽게 배울 수 있는 반면 쿵푸는 오래 배워야 한다"고 지적했다. 미국 휴스턴에서 7년째 쿵푸 도장을 운영하고 있는 스싱하오(釋行浩) 사범은 "태권도는 승단 심사를 통해 미국인들의 경쟁심리나 성취동기를 부추기는 효과가 있다"고 평가했다. 특히 중국 무술인들이 주목하는 것은 태권도가 2000년 올림픽 정식 종목으로 채택된 이후 세계태권도연맹이 앞장서 조직적으로 국제화 보급에 총력을 기울였다는 점이다.[19]

2000년대에 들어서면서 태권도 민간교류는 더욱 활발해졌다. 2001년 중국 사천성 언론인 대표단과 중국 교육 관계자 연수단은 4월과 6월 각각 서울 미동초등학교를 방문해 태권도 시범을 참관했고, 중국 길림성 훈춘시 체육학교 학생들은 그해 6월 국기원을 방문하기도 했다. 또 김철희가 이끈 중국 호북성 무한시 태권도 수련생들은 2002년 8월 미동초등학교를 방문, 태권도 종주국을 직접 체험하는 기쁨을 누렸다. 이 밖에 경기도태권도협회, 대구시태권도협회, 경북태권도협회와 많은 대학에서도 중국 태권도 단체와 자매결연을 하는 등 태권도 민간교류를 전개했다.

---

19) 중국태권도협회가 집계한 중국 대중 태권도 인구 자원을 보면, 1997년 중국의 태권도장은 100개소였으나 1998년 300개소, 1999년 800개소로 늘어났다. 2009년에는 4600개소에서 1100만 명의 태권도 인구가 있는 것으로 되어 있다.

중국태권도협회는 2006년에 들어서자 본격적으로 심사제도와 태권도장 설치 등을 정비하기 시작했다. 중국태권도협회는 2006년 4월 중국 북경체육학교에서 승품·단 심사제도의 체계화를 주제로 1차 협의를 했다. 이 자리에서 중국태권도협회는 국기원에 승품·단 심사권을 중국협회에 위임해 줄 것을 요청하면서, 중국 내에서 활동 중인 한국인 사범(200명 추산)이 중국협회 회원으로 등록하면 중국 내에서의 사범자격과 태권도장 운영을 인정하고 각종 대회참가와 대학 전형에도 혜택을 부여하는 등 한국인 지도자들에 대한 권익보호를 약속했다. 이제까지 중국에서는 국기원 4단 이상의 고단자가 개인적으로 추천할 경우 국기원이 서류심사를 통해 단증을 발급해 왔으며 중국협회는 승품·단 심사나 단증 발급업무에서 배제되어 왔다.[20]

중국태권도협회는 국기원의 협조를 받아 심사제도를 체계화하기 위한 작업에 착수해 2006년 9월 심사제도와 관련된 역할 및 업무분담을 골자로 하는 협정을 국기원과 체결했다. 중국은 협정 체결 전까지 국기원 심사규정의 1군 국가(국가협회의 태권도 단체 장악력이 70% 이상인 국가)에 포함되지 않아 승품·단을 개인자격으로 신청했다. 국기원은 승단(품) 심사 추천권을 개인자격이 아닌 중국협회에만 위임하고 심사권 위임에 따른 홍보기간이 필요하다고 판단, 7개월 뒤인 2007년 4월부터 시행하기로 합의했다.

중국태권도협회는 중국 내 태권도 유사단체의 단증발급과 각종 대회 등에 대한 법적 조치 등을 강화해 국기원의 권익을 보호할 것을 약속했다. 이와 함께 협정서 체결 후 국기원 승단신청 수를 매년 1천명으로 보장하고 승단신청 수를 확대하기 위해 중국협회가 실시하는 각종 대회에 국기원 단증 소지자에 한해서만 대회에 참가할 수 있도록 제한규정을 대회요강에 명시하기로 했다. 중국은 태권도만을 전문적으로 관리하는 '대

---

20) 경향신문. 2005년 3월 7일.

중태권도관리부'를 중국체육총국 산하에 올림픽 보장부에 신설하고 사이비 단체들에 의한 혼란을 강력히 규제한다는 방침을 세웠다. 중국은 대중태권도허가제를 통해 각 성(省)과 시(市)협회 조직을 체계화하고 중국협회의 태권도 통제권을 강화해 나갔다. 이에 따라 2006년 6월부터 중국에서 태권도장을 신설하려면 중국협회가 주관하는 사범지도자연수를 이수해야 했고, 도장을 운영하는 관장들도 사범지도자연수를 받아야만 했다.[21]

상황이 이렇게 되자 중국에서 한인 사범들의 설 자리는 좁아졌다. 재중대한태권도협회 이유성 회장은 2007년 2월 국기원 정문 앞에서 중국에 있는 한인 사범들의 심사와 관련한 권한을 회복시켜 달라고 요구하는 피켓을 몸에 걸고 1인 시위를 했다. 그의 요구는 중국에서의 심사권한이 중국협회에 일임되도록 국기원이 결정하고 양측이 협정을 체결해 자신들의 수련생에 한하여 심사권을 행사해오던 대부분의 한인 사범들이 그 권한을 중국협회에 넘겨 여러 가지 어려움이 발생하게 되었으므로 이를 개선해 달라는 것이었다. 이에 대해 국기원 관계자들은 "중국 내에 태권도협회가 발족되어 제 기능을 발휘하고 있는 마당에 이들에게 심사권을 공식적으로 부여하는 것은 너무 당연한 일이다. 이 원칙 하에서 우리 한인사범들의 권익을 보호하는 것은 기술적이며 합리적으로 검토해 나갈 문제"라고 말했다.

태권도 전문기자 박성진은 중국 태권도가 가지고 있는 문제점에 대해 "중국 태권도 문제는 크게 두 가지로 요약할 수 있다. 하나는 한인 태권도 사범과 중국태권도협회 간의 관계정립이다. 다른 하나는 한인 태권도 사범들 간의 문제다. 두 가지 문제는 이미 몇 차례 보도가 된 바도 있다. 다만 핵심적인 것은 화합이라는 단어로 정리할 수있다. 한인 사범과 중국협회의 화합, 한인 사범들 간의 화합이다"[22]고 말했다.

이런 가운데 중국이 한국을 긴장시키는 일이 일어났다. 2006년 6월,

---
21) 태권도신문. 2006년 4월 24일.
22) 태권도신문. 2006년 4월 24일.

성도일보(成都日報) 인터넷 판은 쓰촨(四川)성 교육청이 태권도를 초등학교 필수과목으로 채택키로 하고 실무작업을 마무리해 곧 정식 시행에 들어간다고 전했기 때문이다. 이 신문은 쓰촨성이 초등학교에 태권도를 정식 보급하려고 하는 것은 신체단련은 물론 예의에 소홀한 중국 어린이들의 정신 수양에 큰 도움이 될 것이라고 밝혔다.

2007년에는 한국 태권도계에 충격을 주는 일이 일어났다. 그 해 5월 중국 베이징 창핑(昌平)체육관에서 열린 제18회 세계태권도선수권대회 개막식에서 장내 아나운서가 "태권도는 중국의 고대무술에서 비롯됐다"고 말해 논란을 일으켰다. 당시 한국 태권도인들은 '동북공정'[23]을 위한 하나의 과정이라며 불쾌한 감정을 나타냈다. 이에 대해 대한태권도협회 기획이사 양진방은 "대꾸할 가치도 없는 말"이라고 일축했고, 계명대 교수 이규형은 "우슈와 태권도가 한 뿌리라면 동작에서 조금이라도 비슷한 점을 찾을 수 있을 것이다. 그렇지만 누가 봐도 판이하게 다른 무술을 한 뿌리라고 주장하는 것은 억지"라고 지적했다.

중국은 2007년 5월 세계태권도선수권대회, 2008년 4월에는 아시아태권도선수권대회를 유치하며 태권도 강국으로 발돋움했다. 2008년 8월에 열린 베이징올림픽도 중국의 태권도 역량을 세계에 과시했다. 국기원도 중국과 태권도 교류를 본격화했다. 2009년 12월 제18기 외국인 1, 2, 3급 사범지도자교육을 중국 청도에서 중국태권도협회의 승인으로 개최했다. 이번 사범지도자교육은 국기원연수원이 주관하고 재중한인사범회, 태권도창명연구원, 청도시마어커다 태권도구락부가 주최해 3단 이상 사범 50여 명이 참가했다. 연수과목으로는 도장경영론, 태권도사, 태권도지도론, 경기규칙, 심사규정, 태권도와 응급처치, 태권도 카운슬링, 시범

---

[23] '동북공정(東北工程)'은 중국 동북지역이 역사·문화적으로 중국의 영역이었음을 확인하기 위해 시작된 국책 학술사업. 2002년 중국 사회과학원이 주축이 되어 시작했으며 정식명칭은 '동북변강역사여현상계열연구공정(東北邊疆歷史與現狀系列研究工程)'. 중국은 '아시아의 중심이 중국'이라는 것을 강조하고 있다. 동북공정의 궁극적인 목적은 중국의 전략지역인 동북지역, 특히 고구려·발해 등 한반도와 관련된 역사를 중국의 역사로 만드는 것이다. 중국은 이를 통해 한반도가 통일될 경우 일어날 수 있는 영토분쟁을 미연에 방지할 의도로 해석된다. (이투데이, 2011년 10월 19일)

방법론Ⅰ(기초) 등 이론과 태권도 용어 및 기본동작, 품새론Ⅰ(유급자), 품새론Ⅱ(유단자), 겨루기론Ⅰ(지도) 등이었다. 국기원 오대영 연수처장은 "이번 중국내 국기원사범자격 교육은 중국 태권도를 규범화, 정규화의 길로 이끌 것이며 중국태권도의 발전과 보급에 많은 영향을 미칠 것"이라고 말했다.

2009년 12월 국기원 이사장 이승완은 중국 국가체육총국장실에서 중국 국가체육국 주석 겸 중국올림픽위원회 위원장 유붕, 부국장 최대림과 환담하고 국기원과 중국 간 상호 신뢰를 바탕으로 태권도 발전을 위해 함께 노력하자고 합의했다. 이 자리에서 유붕은 "세계태권도본부 국기원 이사장 겸 원장 직무대행께서 직접 중국을 방문하여 태권도지도자들을 격려한 것은 물론 명예단증 수여를 한 것에 영광스럽게 생각한다"며 "이에 대한 보답으로 중국올림픽위원회는 태권도가 중국에서 더욱 활성화 되고 태권도를 통한 양국의 우호증진이 될 수 있도록 최선을 다하겠다"고 말했다. 2010년 2월에는 중국 요령성과 길림성, 흑룡강성 등 동북3성에서 태권도를 보급하고 있는 한국인 사범 17명과 중국인 사범 10여 명이 대의원총회를 열고 배상준 사범을 중국태권도연합회(CTU) 동북지부장으로 선출하고 출범식을 가졌다.

민간 태권도 교류도 활기를 띠었다. 대한스포츠외교협회 국제태권도교류연구소 전영만 일행은 2010년 12월 중국 강서성태권도협회 금정회의 초청으로 강서성 성도인 남창시에서 세미나를 했다. 전북 완주군과 완주군태권도협회는 2010년 11월 열린 제4회 완주군수배 및 협회장배태권도대회에 자매결연 도시인 중국 장쑤성 화이안시의 태권도 대표단을 초청, 품새, 격파 시범 및 대표단 간의 시범경기를 했다. 이번 초청은 화이안시에 태권도 사범을 파견한 1년 간의 교육성과를 살펴보고, 화이안시의 자라나는 선수들에게 종주국의 태권도 문화를 전수하고 태권도를 통한 양 시군 간 우호증

진 및 교류사업의 성과를 제고하기 위해 마련됐다.[24]

재중국대한태권도협회는 태권도공원 조성사업에 관심을 보였다. 재중국대한태권도협회 집행부는 2010년 11월 12일 태권도진흥재단을 방문해 상징지구 기부금을 전달했다. 2011년 9월 주중한국문화원은 대한태권도협회, 중국태권도협회와 공동으로 2011 한중태권도한마당-한중태권도문화제를 개최했다. 중국 후베이(湖北)성 우한(武漢)시의 우한체육관, 중남극장, 우한공안훈련기지에서 열린 이번 행사에는 한중 양국 태권도 선수 600여 명이 참가했고 태권도 시범단 공연과 문화예술공연도 펼쳐졌다. 이 행사는 2008년부터 대한태권도협회와 중국태권도협회가 공동으로 주최해 1~2회는 베이징에서, 3회는 광저우에서 열렸다.

중국의 태권도 발전 가능성은 무한하다. 중국 극립체육대학교에 태권도학과가 개설되어 우수한 선수와 지도자들을 배출하고 있고 상해 국립체육대학교에서는 태권도학 학부과정은 물론 석사과정까지 개설되어 중국인뿐만 아니라 한국인을 포함한 외국인 유학생까지 받고 있다.

이런 가운데 2013년 9월 태권도진흥재단이 중극태권도협회와 주중한

🔍 Tip　　　**"중국 태권도 시장은 무한한 잠재력 갖고 있다"**

2010년 12월. 대한스포츠외교협회 국제태권도교류연구소 전영만 일행은 중국 강서성태권도협회 초청으로 남창에서 세미나를 했다. 전영만은 세미나를 마치고 이렇게 회고했다.

"이번 세미나에 참가한 중국인 지도자들 중에는 태권도를 전혀 해보지 않은 사람도 수십 명 있었으며 이러한 관장들은 실기지도법 강의에 참여하지 않고 40여 명 정도가 귀가했다. 중국 태권도가 보급된 지는 15년이 되었으며 대도시에서의 도장운영은 이미 포화상태가 됐다. 지방 신설 도시에는 아직 도장들이 많지 않아 수련생이 1천 명이 넘는 곳도 있었다. 한국인 지도자들도 대도시에서 도장을 개설하였다가 최근에는 심각한 운영난을 겪는 곳도 있었다.

그러나 중국인 지도자들과의 경쟁에서 앞선 한국인 지도자들의 성공적 도장들도 소문이 돌 정도로 잘 운영되는 곳도 있었다. 강서성태권도협회 금정회 회장은 누나와 함께 6개의 도장을 직영하였으며 회원 가맹 도장이 60여 개나 되었다. 직영도장 대부분은 200~300평 공간을 확보하고 대규모로 운영을 하고 있었다.

중국의 태권도 시장은 아직도 무한한 잠재력을 갖고 있다. 이번에 공동 주최한 창명연구원의 회원도장 수는 600여 개로 세미나 참가자 모집에도 강한 조직력과 마케팅을 과시하였다.

〈태권라인. 2011년 1월 6일. 중국 강서성 태권도세미나를 마치고.〉

---

24) 뉴스웨이. 2010년 11월 29일.

국문화원, 주칭다오한국총영사관과 공동으로 베이징과 칭다오에서 '한·중 태권도 교류 및 발전 세미나'를 개최했다. 중국태권도협회의 차오타오(曹涛) 부장은 '중국 태권도 발전 전략 연구' 발표를 통해, 중국 내 태권도 위상을 소개하고 중국 정부가 추진 중인 다양한 태권도 발전 전략을 설명했다. 그는 "중국에서는 매년 전국단위 경기에 출전하는 선수가 천여 명에 달하고, 1만여 개 도장에서 약 300만 명이 태권도를 수련하고 있다. 중국 정부는 엘리트 선수 육성과 대중 시장 확대, 관련 법령 정비 등 다각도의 정책을 진행하고 있다"고 말했다.[25]

2014년 12월에는 반가운 소식이 들렸다. 중국에 진출해 있는 한인 사범들이 하나로 뭉쳤기 때문이다. 그동안 한인 사범 조직은 중국태권도협회에서 국기원 심사권을 위임받은 '재중한인태권도협회'와 대한체육회 국외 지부인 '재중대한태권도협회'로 양분되어 중국에 진출해 있는 한인 사범들의 도장운영은 물론 태권도인의 화합에도 심각한 저해요인으로 작용해 왔다는 비판을 받아왔다.

재중국태권도협회 초대 회장으로 추대된 이우식은 취임식에서 "1990년도에 처음 중국에 진출한 태권도는 한류문화의 도화선이 되어 2000년대에는 드라마와 K-POP 등 선풍적 인기를 몰고 왔다. 하지만 정작 태권도는 조직이 양분되고 도장경영이 어려워지는 등 많은 혼란이 있었다. 우선 양분되어있는 두 조직을 조속히 결집시켜 한인의 위상을 높이고, 중국 내 한인도장 활성화를 모색하고, 각 체육 단체들과 유기적인 관계를 정립할 뿐 아니라 빠른 시일 안에 제1회 재중태권도협회 대회를 유치하도록 노력하겠다"고 말했다.[26]

재중국태권도협회는 중국 전역에서 한인 사범들이 경영하고 있는 150여 개소 도장의 국기원 승품·단 심사업무와 도장 운영 지원, 한국 전국

---

25) 태권도신문. 2013년 9월 26일.
26) 태권도신문. 2014년 12월 19일.

체육대회 참가 등에 주력하고 있다.

다. 이란

이란은 군대와 경찰을 훈련시키기 위해 태권도를 도입했다. 1971년 이란의 초청을 받아 국군교관단 자격으로 파견된 장교 김수련과 김정훈, 함광식은 이란의 수도 테헤란 소재의 육군공수특전단에 기거하면서 이란군 간부들에게 태권도를 가르쳤다.

대한태권도협회는 이란 국왕과 왕비, 왕자를 위해 3벌의 도복을 준비해 보내 주는 등 이란 보급에 힘을 보태 주었다. 이란은 중동 국가 중에서도 태권도 발전 속도가 빨랐다. 1985년 이란무도협회에 속해 있던 이란태권도협회가 독립하자 이란 정부는 강신철을 초청했다. 1986년 이란 대표팀을 이끌고 86서울아시안게임에 참가한 이란 대표팀 코치 강신철은 태권도 종목에서 종합 2위를 했다. 그는 이번 대회를 대비해 신체조건이 좋은 이란 선수에게 경기 상황에 따른 임기응변식 경기 운영을 중점적으로 가르쳤다.

강신철은 이란의 애브라함 가게리가 금메달을 획득하자 "4명의 선수만 보내겠다고 한 이란 NOC를 악착같이 설득해 한 명의 선수를 더 데려왔는데 바로 그 선수가 복덩이었던 셈이다. 욕심같아선 은메달이라도 하나 더 땄으면 좋겠는데 다른 나라에서 고생하는 동료(한인 지도자)들을 생각하면 말도 안 되는 일"이라며 밝게 웃었다.[27]

이란태권도협회 회장 플랏가르(S.M. Pouladgar)는 2002년 〈태권도신문〉과의 인터뷰에서 "이란의 국기(國技)는 레슬링이지만 앞으로 태권도로 바꿀 수 있도록 노력하고 있는 중이다. 최근 5년간 100만 달러의 예산을 들여 태권도 발전과 선수를 위해 투자를 하고 있다. 참고로 한국의 국

---
27) 경향신문. 1986년. 10월 2일.

기원에 버금가는 규모의 센터를 건축하고 있는 중이다"며 "실업 태권도팀은 7년간 매주 리그전을 펼친다. 이는 세계에서 유일한 국가라 자부한다. 실업팀은 항공사, 통신사 등 16개 팀이 있으며, 청소년 팀은 26개가 있다. 참고로 5년 전부터 여성 청소년 팀을 육성하고 있다"고 설명했다.

이런 노력은 성과도 나타났다. 이란은 2010년 광저우 아시아경기대회에서 금메달 3, 동메달 1개를 획득해 한국(금2, 은3)을 제치고 1위에 올랐다. 1986년 서울 아시아경기대회에서 태권도가 처음으로 정식종목으로 채택된 이후 한국이 남자부 1위를 내준 것은 이번이 처음이다.

이란은 그 후 2004년 아테네올림픽 남자 68kg급과 2008 베이징올림픽 남자 80kg급에서 금메달을 획득했다. 세계선수권대회와 아시아선수권대회에서 한국 선수들을 위협하며 종합 1위를 놓고 다툰 것도 2000년대에 들어서면서부터다. '한국선수 킬러'로 잘 알려진 하디는 이란의 스타로 대접받았다.

이란 태권도의 또 다른 강점은 국제대회 경험이 많은 선수들로 대표팀을 구성해 새로운 경기규칙에 능동적으로 대처한다는 것이다. 대표선수들이 1년 단위로 바뀌는 한국하고는 시스템이 다르다. 호탕한 선수들의 기질도 좋은 성적을 내는데 한 몫을 하고 있다. 이란 선수들은 한국 선수들을 두려워하지 않고 있다. 외국의 많은 태권도 대표팀들이 한국으로 전지훈련을 오지만 이란은 그렇지 않다.

이제 이란은 유소년-주니어-시니어 겨루기 부문에서 세계 최강의 실력을 갖췄다. 2015년 8월 무주 태권도원 T1 경기장에서 열린 제2회 세계카뎃(유소년)태권도선수권대회 첫날, 남녀 5체급 금메달을 휩쓸었다. 풀랏가르는 "수개월 전부터 합숙훈련을 하며 대회를 준비했다. 3개월 전부터는 무주와 비슷한 환경의 이란 북부지역에서 아침, 저녁으로 합숙훈련을 실시했다. 시니어뿐만 아니라 카뎃 부문에서도 이란 30개 지역 중 29

개 지역 리그전에 선수들을 출전시켜 대표 선수들을 선발하고 있다. 시니어, 주니어, 카뎃까지 모두 연 14회의 리그전 속에서 실전을 거듭하며, 훈련 방법에 대해 연구하고 개발하고 있다"고 설명한다.

이란은 1년 55-56주 중 36~37주가 태권도 리그전이 열린다. 리그전을 통해 카뎃, 주니어, 시니어 선수들이 매번 격돌하고 이를 바탕으로 선수들의 순위가 결정되고, 뒤바뀐다. 리그전이 기량 향상의 가장 큰 핵심이라는 것이다. 이란 태권도의 투자와 저변의 질이 다르다. 이란에서는 선수들이 생계에 상관없이 훈련에만 매진할 수 있도록 도협회 차원에서부터 지원을 한다. 한 달에 두 번씩은 도협회 차원에서 선수들을 따로 모아 훈련을 시킨다. 여기에 실업 팀 선수들의 경우 회사들 간 경쟁관계로 인해 선수 개인에 대한 투자 역시 적지 않다. 태권도 인기 역시 한국과는 다르다. 스포츠 방송, 주말 황금시간대에 태권도 경기만 내보내는 채널이 따로 있을 정도다. TV 방송을 통해 선수들 개개인이 광고가 되고, 여기에 투자가 뒤따르고, 자연스럽게 태권도를 하고 싶어하는 선수층 저변이 확보된다.[28]

> **Tip 한국 청소년 선수들, 이란에서 첫 해외전훈**
>
> 한국 태권도의 미래를 책임질 중등부 대표선수들이 태권도 강국 이란에서 전지훈련을 원활하게 하고 있다. 중등부 대표선수(남녀 각 6명)들은 대한태권도협회(KTA) 청소년대표 육성사업 프로그램 일환으로 지난 6일 이란으로 해외 첫 전지훈련을 떠났다. 이번 이란 전지훈련은 대한체육회가 책정한 해외 전지훈련 비용 3,000만 원에 KTA가 추가  예산을 지원받아 당초 계획보다 지도자 1명과 선수 2명이 증원되어 방성원 전임지도자를 포함해 지도자 2명과 남녀 선수 각 6명, KTA 실무자(주무) 등 총 16명이 파견됐다. 선수들은 이란 선수촌에서 코칭 스태프와 숙식을 함께 하며 같은 건물에 있는 웨이트 트레이닝장과 태권도 훈련장에서 이란 선수들과 합숙훈련을 하고 있다. 훈련은 이란의 종교와 문화를 고려해 남녀 선수들을 분리해 이뤄지고 있다. 방성원 감독은 "숙소와 훈련 환경이 아주 좋다"며 "훈련은 이란 코치들도 참여해 오전에 기초 체력훈련, 오후에 전술훈련을 한다. 주로 경기에 필요한 기술만 집중적으로 연마하고 있다"고 말했다.
>
> 〈태권저널. 2015년 11월 27일. 한국 중등부 이란 첫 전훈 Good!〉

---

28) 태권도신문. 2015년 8월 26일.

플랏가르는 이란 여자 태권도의 성장 비결에 대해 이렇게 말했다.

"이란에서는 이슬람 문화라 여성 복장에 대한 제한이 있어 여자 선수들의 활약이 그리 크지 않았다. 태권도는 2002년 부산 아시안게임 때 첫 여자 태권도 팀이 출전을 했다. 국가에서 출전을 위해 허가를 받기위한 절차가 상당히 힘들었는데 세계태권도연맹에서도 히잡을 쓰고 시합을 할 수 있다 해서 처음엔 실력이 안 되는 여자 선수들을 데리고 경기에 나갔다. 여자 선수들은 남자들과 비교하면 수련장소와 시간제한이 많다. 그래서 아직 어려움이 많다. 그 대신 여자 선수들은 여건이 열악하므로 의욕이 더 많고 다행히 여자 선수들을 위해서도 리그전을 계속 진행하고 있다. 그리고 세계유소년, 청소년대회에서 메달을 딴 선수는 남자, 여자 동등하게 포상을 하고 있다. 하지만 시니어는 아직 평준화가 되진 못했지만 유소년, 청소년과 똑같이 국가 포상이 된다."[29]

라. 태국

태국은 무에타이와 킥복싱 등 고유무술의 기반이 강해 다른 동남아 국가에 비해 태권도가 진출하는데 어려움이 많았다. 그러나 월남전을 계기로 미국 장병들이 태국에 주둔하면서 태권도 보급이 한결 수월해졌다.

대한태권도협회는 1960년대 중반부터 배영기·안석준·박동근·송기영·박병훈·허문선·김명수·이완주·김진성·안석준·김승곤·김진우·정유영·남성복·정장근·송찬휘 등이 파견됐다. 그 중에서 권옥희는 1969년 대한태권도협회가 선발한 여성 첫 사범으로 태국에 파견됐다.

태국 태권도의 시초는 1966년 한국인 사범 6명이 태국으로 들어와서 미국 공군과 해병들에게 태권도를 가르친 것으로 시작됐다. 김병수, 박동근, 안석준 등의 사범이 미군 해병들에게 태권도를 가르친 후 방콕에 거주하며 태국인에게 태권도를 가르친 것이 태국 태권도의 시발점이라 할

---
29) 무카스. 2015년 9월 2일.

수 있다. 안석준과 박동근은 무술학교에서 태권도를 가르쳤다. 김병수는 1974년 태국을 떠나기 전 한국에 있던 송기영을 불러 들여 자신이 운영하던 태권도 무술학교 도장을 인계해 주었다. 그 후 송기영은 태권도 보급을 위하여 스포츠클럽에서 태권도를 가르치다가 태국 정부의 요청으로 왕립경찰 사관학교와 제21 보병연대, 군사기술훈련학교 등에서 태권도를 가르치게 됐다.[30]

1975년 김병수와 송기영에게 태권도를 배운 말리가 캄파논(여성)은 태국인으로는 최초로 영국 대사관 맞은 편에 '아팟사 무술학교'라는 태권도장을 설립해 활발하게 태권도를 보급하며 1978년 태권도무술협회(현재 태국태권도협회)를 설립하고 태국 태권도 발전에 중추적인 역할을 담당했다.

태국의 태권도 열기는 2007년 6월 한국-태국 수교 50주년을 기념하기 위해 열린 '한국-태국 프렌즈십 태권도 토너먼트'에서 확인할 수 있었다. 태국태권도협회가 주최해 '2008 베이징올림픽' 태국대표선수선발전을 겸한 이번 대회에는 각 체급별로 예선을 거친 선수 50여 명이 출전해 5천 명을 수용하는 방콕 패션아일랜드 경기장이 관중들로 가득 찼다. 개막식 때는 풍물패와 부채춤 공연, 사물놀이 공연과 함께 태권도 시범이 펼쳐졌다.

태국 태권도의 저변과 위상을 높인 사범은 단연 최영석이다. 2002년 태국 국가대표 태권도대표팀 코치를 맡아 부산 아시안게임에서 은메달 2개를 따낸 그는 태국 제자들의 요청으로 정식 감독이 됐다. 2004 아테네 올림픽에서 태국 태권도 사상 처음으로 동메달을 획득한 후 2008 베이징 올림픽과 2012 런던올림픽에서 각각 은메달 1개를 획득해 그 공로로 태국 국왕에게 훈장을 받았다.

한류 열풍을 등에 업고 2004 아테네올림픽 이후 태권도의 저변이 확

---

30) 펫라다 싸릿차라 라이(2012). 태국의 태권도 발전과정 및 선호도에 관한 연구. 한국외국어대학교 국제지역대학원. 한국학과 사회문화 전공. 12쪽.

대되면서 2011년 태국 태권도 인구는 100만 명에 달하고 태권도장은 2000여 곳에 달했다.[31] 방콕에는 태권도장이 40곳이 있고, 대학교와 백화점 문화센터에서 태권도를 가르치고 있다.

정성희의 활동도 이채롭다. 2004년 태국 왕실 경찰사관학교 지도 사범으로 초청된 그는 현재 태국에서 10개의 태권도장을 경영하고 있다. 2014년 K-타이거즈 시범단을 태국에 초청해 팬미팅을 기획한 정성희는 "K 타이거즈는 태국뿐만 아니라 북미, 남미 등 전 세계적으로 여느 아이돌 못지않은 인기를 누리고 있으며, 이들은 이제 단순히 태권도 시범단을 넘어 새로운 한류스타로 성장하고 있다"고 설명했다.[32]

2014년 11월, 우석대는 태국 방콕에서 태국태권도협회와 태권도 교육 프로그램을 태국의 선수와 유망주들에게 전수하기로 협약했다. 또 태국태권도협회와 산하 클럽에 교수와 학생을 파견, 태권도 기술과 지도방법을 가르쳐 주고, 태국인을 위한 태권도 교재를 공동으로 개발하는 방안도 추진하기로 했다.

마. 사우디아라비아

1970년대 중반, 세계태권도연맹에 의하면 중동지역에 태권도가 진출해 있는 나라는 사우디아라비아를 비롯해 이란, 바레인, 터키, 이집트 등 21개국에 달했다. 이중 각 나라에 진출해 직접 태권도 기술을 지도하는 것은 물론 태권도 단체 조직과 운영에 참여하고 있는 한인 사범은 50여 명이었다. 특히 중동 건설 붐을 타고 현지에 나간 민간 기업체 기술진에 태권도 사범이 있는 경우가 많았다.

중동의 태권도 사범은 다른 지역에 비해 태권도의 진출이 늦어 일본 가라테의 견제 속에서도 태권도의 우수성을 알리고 보급 활동에 심혈을 기

---
31) 태국태권도협회(2010). 태국 태권도 역사.
32) 쿠키뉴스. 2014년 11월 17일.

울여 왔다. 1977년에는 중동태권도연맹의 결성 작업을 끝내고 중동지역 태권도선수권대회를 개최하는 등 태권도 토착화의 기틀을 마련했다.

매일경제 1983년 6월 11일자 기사.

사우디아라비아의 리아드에서 개최된 제2회 중동태권도선수권대회에는 13개국이 참가, 태권도는 중동지역에 안주지(安住地)를 구축했다. 사우디아라비아를 비롯해 이란, 바레인 등에는 한인 사범들이 진출해 태권도협회가 구성되는 등 활발하게 태권도가 보급됐다. 특히 중동 건설 붐을 타고 현지에 진출한 민간 기업체의 기술진에 태권도 유단자가 의외로 많아 태권도 열풍에 한 몫을 담당했다.

중동지역은 종교적인 배경과 생활 인습, 그리고 뜨거운 날씨 등으로 태권도를 보급하는데 악조건이 많았다. 여기에 이미 일본의 가라테 세력이 자리를 잡고 있어 한인 사범들의 눈물겨운 고충은 한두 가지가 아니었다. 그러나 한인 사범들의 열성적인 노력으로 중동태권도연맹이 결성됐고, 1978년 12월에는 중동지역태권도선수권대회가 개최되는 등 태권도 토착화를 위한 기틀을 마련했다.

사우디아라비아 리아드에서 개최된 제2회 중동선수권태권도대회에는 13개국이 출전해 태권도가 가라테의 기세를 꺾는 기반을 다져나갔다. 양승일이 '열사(熱沙)의 나라' 사우디아라비아에 도착한 것은 1979년 4월이었다. 김포공항을 출발해 타이페이와 싱가포르를 거쳐 장장 17시간을 비행한 끝에 사우디아라비아 다란 국제공항에 도착했다. 그는 우연한 기회에 사우디 전역에서 전화공사를 하고 있는 동아건설소장과 교통경찰서에 인사차 방문했다가 그곳에서 태권도 시범을 보이기 됐다. 그 자리에서 태권도의 무술 특성을 알리기 위해 양손 손날격파와 주먹바로지르기 격파 등을 주저하지 않고 했다. 각고의 노력 끝에 그는 사우디아라비아 동부 지역의 교통량을 한 눈에 볼 수 있는 상황실과 가지고 있는 교통경찰국 건물 내의 강당에 태권도 수련장을 개관했다. 수련장 규모는 200여 평으로, 태권도를 수련하기에는 부족함이 없었다. 양승일은 일본의 가라테만 알고 있는 현지인들의 인식 전환으로 위해 부단히 노력했다. 그는 "오래 전부터 일본의 가라테만 알았던 이들이 벽돌을 주먹으로 깨고 몸을 날려 옆차기로 송판을 격파하고, 태권도 대(對) 권총 겨루기, 검 겨루기 등 갖가지 호신법으로 태권도의 신비성을 자기들 눈으로 직접 보고 느끼도록 하기 까지 피눈물이 나는 노력이 뒤따랐다"고 말했다.

이런 노력으로 코리아는 한국으로 통하게 됐고, 경미한 차량 위반사고는 현지 경찰들도 거의 문제 삼지 않았다. 특히 일부 경찰관들은 양 사범이 거리를 지나갈 때마다 우리나라 말로 '태권도'를 외치며 인사를 나눴다. 양승일은 "날이 갈수록 우리 한국인에 대한 인식이 과분할 정도로 좋아하는데, 이는 우리의 태권도를 이들이 알게 되면서부터 오는 현상임에 틀림없다"고 확신했다.

한편 사우디아라비아 동부지역에 태권도가 활발하게 보급되는 데에는 한국 건설회사들이 많은 도움을 줬다. 당시 대통령 최규하가 사우디아라비아를 방문했을 때 태권도를 배운 경찰관들이 직접 수행 경호를 맡아 그의 위상을 한껏 높였다.

바. 인도

인도에는 언제, 어떻게 태권도가 보급됐을까? 어떤 사람들이 인도 현지인들에게 태권도를 가르쳤을까? 그리고 인도의 태권도 성장 가능성은 얼마나 될까?

인도에 태권도가 언제부터 보급되었는지는 명확하게 알 수 없다. 다만 1970년대 중반 베트남 전쟁이 끝난 뒤 태권도 교관으로 활동했던 사람들이 인접해 있는 인도로 건너가 태권도를 보급했다는 추측이 있을 뿐이다.

인도는 특유의 세습적 신분계급 제도인 '카스트(Caste) 제도'로 인해 다른 동남아 국가와는 달리 태권도 보급이 어려웠다. 귀족과 상류층이 아닌 하층민에게 태권도를 가르쳐 저변을 확대하는 것은 시간도 많이 걸리고 고충도 많았다.

하지만 1990년대 들어 복음을 전도하는 선교단체가 태권도를 적극 활용하면서 빈민촌의 하층민들이 태권도를 배울 수 있는 기회가 확대됐다. 태권도 선교사 중심으로 태권도가 보급된 것이다. 대표적인 사람이 선교사 김홍조. 1993년 인도에 건너간 그는 복음 전도와 함께 태권도 겨루기 선수들을 육성했다. 이재구는 뱅갈로 빈민촌에서 태권도를 활용한 선교활동을 활발하게 전개했다. 그는 2천 여 명의 인도인들에게 태권도를 보급한 뒤 1998년 국기원이 주최한 세계태권도한마당에 참가해 "인도에는 가라테와 쿵푸가 잘 보급되고 있지만, 선교활동을 통해 태권도를 보급해 나갈 것"이라고 말했다.

1976년 출범한 인도는 2000년대에 들어서자 태권도 선수들을 집중 육성하기 시작했다. 인도태권도협회는 2002년 부산 아시안게임에서 인도 선수가 태권도 종목에서 사상 최초로 동메달을 획득하자 정부의 지원을 받아 태권도 선수 육성에 적극 나섰다.

그 후 신체 단련을 위해 경찰들과 여대생들도 태권도를 배우는 사회 분위기가 형성됐다. 2005년 인도 외무부 장관의 손자들에게 태권도를 가르친 윤영미는 "인도는 경찰을 중심으로 태권도가 활성화하고 있다"고 말했다. 이 무렵 인도 델리대학교의 여학생들이 태권도를 수련하는 모습이 인도 언론에 보도돼 주목을 끌었다.

2006년 인도 델리(Delhi) 출신의 유학생 32명이 영남외국어대 태권도과에 입학하기 위해 입국했다. 이들은 영남외대 한국어학당에서 한국어

교육을 수료한 후 태권도 학과 정규과정에 이수하고 졸업 후 인도에서 태권도 사범으로 활동했다. 2010년 10월에는 인도 북서부지역의 고교 태권도 선수 3명이 대구산업정보대를 찾아 특별 훈련을 받았다.

국기원은 해외 태권도 보급을 강화하고 국기원 단증의 세계화를 위해 2008년부터 국가협회의 요청을 받아 기술(품새)교육과 특별승단심사를 실시했다. 인도는 인도네시아, 카자흐스탄, 뉴질랜드 등에 이어 2010년 3월 특별승단심사를 실시했다. 이번 심사에 파견된 김병윤은 이번 교육에 대해 "4단에서 7단까지 170여 명의 응심자들은 심사 실시 전 2일간 품새 지도교육을 받았고, 교육이 끝나는 날 품새와 겨루기 실기심사를 받았다. 응심자들은 품새 교육이 끝난 후에도 체육관에 남아 복습하는 등 열의를 보여 이번 특별심사가 인도 태권도 보급과 발전의 촉매 역할을 할 것으로 기대된다"고 말했다.

2011년 12월, 인도 IT도시인 뱅갈로에서 10개국의 선수들이 참가한

> **Tip**   "태권도 성장 충분, 상류층 공략해야 저변 확대 수월"
>
>
>
> 이정희 사범은 2011년 10월 국기원 해외사범파견사업 일환으로 인도에 파견돼 인도에서 가장 큰 국제학교 미국대사관학교와 델리사립학교, 델리대학교에서 태권도를 가르치고 있다. 델리대학교는 학생 수만 20만 명이 넘는다.
>
> — 인도 태권도의 발전 가능성은.
>
> △ 이들의 성격, 문화, 정서, 체격 등을 고려해 잘 살린다면, 인적자원이 풍성한 인도의 미래는 밝다. 인도의 인구는 12억으로 60%가 30대 미만이다. 이들에게 태권도가 보급된다면 앞으로 태권도의 강국으로 성장할 수 있다. 한국과 기업들의 후원이 절실하다.
>
> — 인도인이 보는 태권도는.
>
> △ 인도는 서민들이 태권도를 선호하고 있지만 중—상류층들도 즐겨하고 있다. 한 예로 델리의 한 태권드장 수련비는 한 달에 Rs4000이다. 한국과 비슷하다. 태권도는 올림픽 정식종목이어서 인도 정부에서도 엘리트 선수들을 집중 육성하고 있다. 미국처럼 인도에서도 태권도가 엘리트 스포츠로 자리를 잡아가고 있다.
>
> — 하류층. 즉 서민에게 태권도를 보급하는 것은 한계가 있나.
>
> △ 그렇다. 인도의 카스트제도로 상류층에 태권도를 우선적으로 보급해야 한다. 유명인사가 태권도를 하면 인도에서는 엄청난 파급효과가 있다. 하지만 이들은 다른 문화를 잘 수용하지 않고 무시하는 경향이 있다. 그래서 다방면의 전략이 필요하다. 정부의 주요인사와 영화배우, 군 장성들에게 국기원 태권도 명예 단증을 수여하여 인도의 주류 상류층에게 태권도를 전파해 나가야 한다.
>
> 〈태권라인. 2012년 4월 12일. 인도 이정희 사범 인터뷰.〉

가운데 제4회 미션컵태권도챔피온십이 열렸다. 이 대회는 (사)세계태권도선교협회 인도지회가 주최해 품새, 겨루기 종목에서 자웅을 겨뤘다.

2012년 1월, 인도 북동부에 있는 인구 110만의 미조람주(州)에서 일주일간 태권도지도자 및 선수 세미나가 열렸다. 국기원 해외파견사범으로 인도에서 활동하고 있는 이정희의 주도로 열린 이번 세미나는 미조람주(州)정부와 인도태권도협회, 미조람주(州)태권도협회가 주최하고 주인도 대한민국대사관이 후원한 가운데 120명이 참가했다.

이정희에 따르면, 인도의 태권도 수련생은 약 100만 명으로 1500여 개 학교에서 15만 명이 태권도를 수련하고 있다. 그는 "5년 안에 2만5000명으로 유품(단)자를 확대시킬 계획"이라고 말했다.[33]

경기도태권도협회(회장 박윤국)는 2012년 1월 인도 대학 측과 태권도학과 신설을 논의했다. 일행은 벵갈주 여야 원내대표, 정부 관계자들을 만나 태권도학과 설립·운영을 위한 협약을 체결하기로 했다. 이에 대해 박윤국은 "이 협약을 통해 인도 태권도 발전과 국내 태권도 대학 졸업생들의 해외 진출에 도움이 될 것"이라고 말했다.[34]

2015년 7월에는 인도 아쌈주 고아띠에서 국기원 승품-단 심사 및 태권도 세미나가 열렸다. 이번 행사는 인도태권도협회(TFI)에서 주최하고 국기원에서 파견한 이정희가 강사로 초청되어 진행했다. 현재 인도태권도협회 전 집행부의 부정부패 여파로 전 집행부와 현 집행부가 인도 정부(NOC)로부터 관리단체로 지정되어 태권도 관련 행사가 차질을 빚었다. 이정희는 "150여 명이 참가한 가운데 열린 이번 행사를 통해 인도태권도협회는 분열된 태권도인들을 통합시켜 소정의 목적을 달성했다. 라자까까띠 회장의 말처럼 오는 11월 인도 전국 심사를 대대적으로 개최하고, 내년엔 국기원컵도 열릴 것으로 본다"고 말했다.[35]

한편 국기원은 해외 시장 공략 차원에서 인도에 무도 태권도를 보급하

---

[33] 태권라인. 2012년 4월 12일. 인도 태권도를 아시나요.
[34] 태권라인. 2011년 1월 31일. 경기도태권도협회, 인도에 태권도학과 신설 추진.
[35] 태권저널. 2015년 7월 16일. 인도서 국기원 심사 열려.

기 위해 심혈을 기울이고 있다. 2015년까지 국기원 품·단증을 취득한 인도 태권도인은 4586명이다.

사. 일본

유도와 가라테, 검도의 본고장인 일본은 다른 나라에 비해 태권도 보급이 늦고 더디다. 1960년대 초 태권도 국가대표 선수들이 일본 공수도 선수들과 친선경기를 하면서 교류의 활로를 찾았지만 두 나라의 역사, 정치, 문화 등의 차이로 한인 시범들의 진출이 쉽지 않았다.

그러나 1990년대에 들어서면서 상황이 달라지기 시작했다. 1994년 태권도가 올림픽 정식종목으로 채택되자 태권도에 별다른 관심을 보이지 않던 일본 체육계 사람들이 서서히 관심을 갖기 시작했다. 1995년 9월 오사카에서 열린 일본오픈태권도선수권대회는 일본에서도 태권도가 뿌리를 내릴 수 있다는 신호탄을 의미했다.

재일본태권도협회는 광복 50주년을 기념하고 시드니올림픽 태권도 정식종목 채택을 기념하기 위해 이 대회를 개최한 것이다. 당시 세계태권도연맹은 일본오픈태권도선수권대회를 통해 태권도를 일본에 정착시킬 수 있다는 호기로 삼고 대회를 후원하는 등 지원을 아끼지 않은 것으로 알려졌다. 일본태권도대표팀 감독을 지낸 김한노는 "2000년 시드니올림픽에서 일본이 태권도로 동메달을 획득하자 태권도에 대한 관심이 눈에 띄게 늘어났다. 태권도장이 200여 개로 증가했고, 1,000명도 안 되던 선수층도 2배나 늘어났다"고 말했다.[36]

하지만 일본은 여전히 태권도 불모지였다. 국기원 단증을 취득하는 일본인은 연간 300명도 되지 않았다. 국기원은 그대로 있을 수 없었다. 2007년 10월 일본태권도협회의 초청으로 교육분과를 파견해 46명의 일

---
36) 태권도신문. 2003년

본 태권도인들에게 품새를 가르쳤다. 일본 체육과학 연구센터에서 열린 세미나에서 태권도 기본동작과 유급자, 유단자 품새에 주안점을 뒀다. 교육에 참가한 교육생들 중에는 가라테 출신들도 있었다. 그들에게 품새를 가르친 황인식은 이렇게 말했다.

"태권도가 가라테의 영향을 받았던 그렇지 않든 간에 현재의 태권도는 가라테와는 완전히 다르다. 태권도 동작의 경우, 유(柔)에서 강(剛)으로 흐르는 동작으로 타격을 배가(倍加)시킬 수 있는 동작인 반면, 가라테를 익힌 이들은 대부분 강(剛)에서 강(剛)으로, 그것도 힘을 일부 흘리지 않고 완전히 멈춰버리는 동작이 많았다. 하체는 강한 상체의 동작에만 치중하여 낮고 넓게 잡혀 있었다. 덕분에 태권도 특유의 민첩성이나 빠르기를 이끌어낼 수 없어 이번 교육에선 많은 시간을 할애해 기본동작에 중점을 두었다."[37]

이런 가운데 2012년 16명의 일본 쿄리츠여자대학교 태권도 선수들이 제10회 한국여성태권도연맹회장배 전국태권도품새대회에 참가하기 위해 국기원을 찾았다. 현재 일본 도쿄에는 쿄리츠여대를 포함해 10개 대학, 오사카에도 비슷한 수의 대학에서 태권도부가 운영 중이다. 이번 런던올림픽에는 여자체급에서 2명의 선수가 본선에 진출했다. 2014년에는 일

🔍 Tip   일본 꿈나무 태권도 선수들, 태권도원에서 전지훈련

2016년 새해 일본의 태권도 꿈나무들이 전지훈련을 위해 한국의 태권도원을 찾아 화제다. 무주 태권도원에서 한국의 태권도 꿈나무들과 함께 동계 전지훈련을 한 이들은 바로 일본 ㅁ 야기현 센다이 지역에서 온 초등학생 11명과 아이하라 요시마사 코치(40).
요시마사 코치는 "정식 대표 팀은 아니지만 2년 전부터 일본 전국 대회 입상자들을 선발해 한국과 교류를 하고 있다. 자매결연을 한 서울 중랑초가 태권도원으로 전지훈련을 간다는 말에 동행하게 됐다"고 말했다.
한국처럼 진학이나 대학입시, 성적을 위해서가 아닌 '재미있는 태권도 경기를 보여줄 수 있는 선수'를 육성하는 것이 요시마사 코치만의 지도 철학이다. 요시마사 코치는 "물론 국가를 대표해 올림픽과 세계선수권에 출전하고, 메달을 획득해 국가 위상을 높이는 것도 중요한 부분이다. 그러나 태권도 겨루기가 재미있는 경기라는 것을 보여줄 수 있는 선수를 배출하는 것이 나에게는 가장 큰 목표다"라고 밝혔다.

〈태권도신문. 2016년 1월 11일. 일본 꿈나무들, 태권도 좋아 왔다고 '전해라'.〉

---

[37] 태권도신문. 2007년 10월 29일. 국기원, 일본에서 품새 교육 실시.

본 효고현태권도협회(회장 김진수)가 태권도진흥재단을 방문해 태권도원 상징지구 건립을 위한 기부금을 전달했다.

2015년 일본 태권도계에 경사가 났다. 그 해 5월 러시아 첼랴빈스크에서 열린 WTF 세계태권도선수권대회에서 일본이 42년 사상 최초로 금메달을 획득했다. 여자 -57kg급 하마다 마유(세계랭킹 4위)는 이 체급 세계랭킹 1위 칼보 고메즈를 꺾고 금메달을 목에 걸었다. 역대 30년간 세계선수권에 출전해 은메달 1, 동메달 5개 전부인 일본은 아시안게임과 올림픽에서도 금메달은 없다. 1989년 한국인 최초의 대표팀 감독을 맡은 이래 금메달을 단 한 번도 따지 못했던 김천구는 마유의 금메달에 감격했다. 김천구는 "첫 세계 선수권 우승이라 기쁘다. 다른 것보다 마유의 금메달을 통해 앞으로 일본 내 태권도 발전에 중요한 유소년 육성에 JOC 예산을 받는데 활로를 뚫을 수 있어 좋다. 이번 대회에 오기 전에 반드시 금메달 따올 테니 예산이나 확보해 달라고 말하고 왔다"고 말했다.[38]

2016년 1월, 한국과 일본 주니어 친선교류 태권도 시범발표회가 오사카에서 열려 주목을 끌었다. 오사카총영사관문화원과 국기원, 자일대한

> **ⓘ Tip 일본태권도협회 비리로 '비상'**
>
>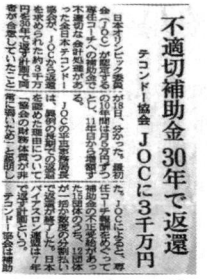
> 일본태권도협회가 일본올림픽위원회(JOC)로부터 선임코치 명목으로 지급받는 보조금을 부당한 방법으로 사용한 것이 드러나는 등 부적절한 회계처리로 일본 내무부로부터 권고조치에 이어 반환통보를 받은 것으로 드러나 일본 태권도계가 분란에 빠졌다.
> 일본태권도협회는 2013년 4월 신제도의 공익사단법률을 내무부 감독 하에 운영하게 되었으나 여러 가지 법률 위 반사항을 변경할 필요가 있다는 판정을 받아 권고조치를 받은 상황이다.
> 이로 인해 일본 내 뉴스와 TV, 신문, 인터넷 등의 매체에서는 '태권도가 잘못된 태권도로 변질되고 있다'고 보도했고, 2020년 도쿄올림픽을 앞둔 일본 태권도인들은 실망에 빠져 태권도 열기가 식어가고 있다며 빠른 시간 안에 협회의 정상적인 운영을 바라고 있다고 전했다. 또 일부 스포츠뉴스에서는 일본 전국체전(2020년 올림픽종목) 14개 종목 중 태권도, 근대5종 2개의 종목의 미가맹처리 된 것으로 전했다.
>
> 〈태권도신문. 2014년 4월 24일. 일본태권도협회 보조금 논란으로 비상.〉

---

38) 무카스. 2015년 5월 19일. 가라테 나라 일본, 세계선수권 첫 금메달 획득.

체육회 후원으로 열린 이 행사는 가라테가 참가해 의미를 더했다. 일본태권도연맹은 내부 문제로 시끄럽다. 하지만 태권도 유단자 육성을 비롯해 태권도장 확산, 일본전국체육대회 태권도 정식종목 채택, 학교 태권도 정규수업 채택 등을 주요 사업으로 추진하고 있다. 김한노는 2016년 일본 태권도 현황에 대해 "산하 지도지부 25개에 도장은 200개 정도된다. 태권도 인구는 1만 여 명이다"[39]고 말했다.

아. 인도네시아

인도네시아의 태권도 역사는 1960년대 중반부터 시작됐다. 1960년대 초, 말레이시아 대사로 있던 최홍희에 의해 인접 지역인 수마트라 자바섬에 태권도가 보급됐다. 1976년 세계태권도연맹에 가입한 인도네시아는 최오영이 태권도를 보급했다. 그 후 1986년 아시안게임과 1988년 올림픽을 앞두고 정책적으로 외무부 아주국 소속으로 허영이 인도네시아에 파견돼 태권도 발전의 전환기를 마련했다. 허영은 태권도 체계를 단일화하고 국기원 단증을 의무화하면서 제14회 SEA-GAME에 태권도 종목을 가입시키는데 기여했다. 그 후 이종남과 오일남 등이 태권도 보급 및 선수 육성에 힘썼다.

그러던 2013년 인도네시아 태권도가 새로운 활력을 일으켰다. 6월 인도네시아 자카르타에서 열린 제2회 아시아주니어태권도품새선수권대회에서 인도네시아는 남녀 단체 창작품새와 남자 개인, 남자 단체 등에서 4개의 동메달을 차지했다. 출전했던 여섯 명의 선수가 모두 메달을 차지하는 기염을 토했다.

인도네시아가 오픈대회를 제외한 국가대항전 성격의 품새 국제대회에서 네 개의 메달을 차지한 것은 이번이 처음이다. 국제대회에서 별다른

---
39) 태권저널. 2016년 1월 18일. 일본 태권도 현황.

성적을 거두지 못하다가 '2012 포천 세계대학태권도선수권대회'에서 남자 단체 동메달, 2012년 제7회 세계태권도품새선수권대회에서 창작품새 여자 개인 동메달 등 2012년부터 품새 관련 국제대회에서 메달을 획득하기 시작했다.

이렇듯 인도네시아 선수들의 기량이 일취월장한 이유에는 빼놓을 수 없는 사람이 있다. 바로 국기원 해외 파견사범으로 인도네시아 품새 국가대표팀 감독을 맡고 있는 신승중. 주인도네시아한국대사는 "신승증 사범의 활약으로 인도네시아 태권도 발전에 새로운 바람이 불고 있다"며 "신 사범이 가르친 선수들이 국제대회에 입상하면 그것이 인도네시아 국가 위상과 직결될 뿐만 아니라 태권도 인구가 기하급수적으로 증가하는 계기가 될 것"이라고 말했다.[40]

인도네시아에서 8년 동안 태권도 보급에 힘쓰고 있는 곽영민은 2016년 1월 주인도네시아한국 대사 표창을 받았다. 그는 재인도네시아 대한체육회 태권도 감독으로 재직 중이며, 인도네시아 대통령 경호실 태권도를 지도하는 중책을 수행하고 있다.[41]

인도네시아는 2018 아시안게임 개최를 앞두고 태권도를 효자종목으로 집중 육성하고 있다. 특히 품새 종목에 두각을 나타내고 있어, 아시안게임에 품새가 정식종목으로 채택되도록 힘쓰고 있다. 2013년 발리에서 제8회 세계태권도품새선수권대회를 개최한 인도네시아는 2016년 6월에 발리에서 제1회 WTF 세계비치태권도선수권대회를 개최할 예정이다. 이는 2017년 미국 샌디에이고에서 열리는 제1회 월드비치게임에 태권도를 정식종목으로 넣기 위한 프레대회 성격이다. 이런 가운데 2016년 1월 태권도진흥재단은 인도네시아태권도협회와 태권도 진흥 보급과 활성화를 위한 업무협약을 체결했다.

---

[40] 무카스, 2013년 6월 28일, 신승중 파견사범, 인도네시아 태권도 새바람.
[41] 태권도조선, 2016년 1월 5일, 곽영민 사범, 한국대사 표창.

자. 그 밖의 나라

중동의 부국(富國) 카타르에서는 허영과 나종열이 각자의 위치에서 태권도를 가르쳤다. 허영 은 1982년 석유 산유국으로 이름난 카타르에 정착, 전쟁과 무더위와 싸우며 태권도를 보급해 왔다.

초창기 군인들만 태권도를 수련했다. 허영은 카타르 군 참모총장과 군 스포츠 사무총장의 태권도에 대한 열정을 등에 업고, 그들에게 개인 지도를 하면서 태권도의 인식을 심어나갔다. 그러나 고충은 한두 가지가 아니었다. 종교와 풍습, 그리고 식문화 등이 그의 활동을 제약했다.

나종열은 1979년 카타르 정부의 초청으로 이곳에 와 군부대에서 태권도를 지도했다. 군부대 졸업식에서 태권도 시범을 해 달라는 부탁을 받고 시범을 시작해 국제군인체육대회 시범, 아시아축구대회 예선전 시범, 사관학교 졸업식 시범 등으로 태권도의 저변을 확대해 나갔다.

나종열은 1981년부터 카타르 대표팀 코치를 맡아 82년 싱가폴에서 열린 아시아선수권대회에 출전, 은메달과 동메달을 각 1개씩 획득해 종합

> **Tip** 스리랑카에서 돈과 권력 대신 '명예' 택한 이기수 사범
>
> 1997년 스리랑카 정부는 이기수 사범에게 군·경에 무술 지도를 부탁했다. 스리랑카 국민은 태권도라는 무술도 한국이라는 나라도 모두 생소했다. 실력을 통해 태권도의 위대함을 증명한 이 사범은 군경출신 제자들을 통해 단체를 구성하면서 태권도 전파와 확대에 힘썼다. 110개 학교에 태권도부를 창설하고, 전국체전에 정식종목에도 진입시켰다. 각종 태권도 대회를 만들어 나가면서 육군특수
>
>
>
> 부대, 특공대, 헌병대에 태권도를 필수 훈련 과목으로 채택했다. 일반인들에게도 태권도를 접할 방안을 마련했다. 제자들이 태권도장을 열어 수련생을 양성하면서 안정적인 생활을 할 수 있도록 도왔다. 이 사범은 돈과 권력 대신 명예를 선택했다. 그 판단은 정확했다. 군경출신 제자들이 승승장구해 태권도 발전에 기여하기 시작했다. 이 사범의 제자들은 스리랑카 사회 각 분야에서 두각을 나타냈고, 이들은 이 사범을 진심으로 존경했다. 그 힘은 돈과 권력 따위에 비할 수 없이 컸다. 2015년 이 사범이 스리랑카 육군 헌병대 훈련학교 훈련생들에게 태권도를 가르치고 있다. 그는 "스리랑카 수도 콜롬보에서 7시간 걸리는 헌병대 훈련학교를 방문, 3일 동안 세미나를 하며 훈련생들에게 태권도를 가르쳤다"며 "훈련학교는 앞으로 태권도를 더 많이 가르치고 지원하겠다고 밝혔다"고 말했다.
>
> 〈태권저널. 2015년 9월 17일. 태권도조선 2016년 1월 4일. 스리랑카 태권도 영웅 이기수 사범의 정착기.〉

5위를 했다. 그 후 왕실과 군부대 관계자로부터 인정을 받아 그 후 특수부대인 왕실 경호대와 왕을 직접 경호하는 경호 수행원들에게 태권도를 가르쳤다.

지중해 연안에 위치한 요르단에서는 유영한이 활동을 했다. 그는 언어소통의 장벽을 딛고 한국건설업체의 지원 속에 암만에 있는 국립체육관과 중고등학교, 개인클럽에서 태권도를 지도했다.

필리핀은 동남아시아 국가 중 태권도 보급에 가장 열성적인 나라로 손꼽히고 있다. 1970년 김복만이 혈혈단신 필리핀으로 건너가 태권도 보급에 앞장섰고, 그 뒤를 이어 박용만, 이성수, 홍성천이 태권도를 가르쳤다. 그 중 홍석천이 돋보인다. 1966년 국가대표 선수로 활동했던 홍석천은 1976년 대한태권도협회 추천으로 4개월간 필리핀 육군사관학교 생도들을 가르치기 위해 필리핀에 갔다가 그 곳에 정착했다. 당시 국내 설계사무소에서 일하고 있던 그는 계약이 만료돼 귀국하려고 했으나 필리핀 국방장관의 만류로 계약 연장을 했다가 부인과 딸 3명과 필리핀에 정착했다. 홍석천은 박용만이 닦아 놓은 터전을 발판으로 제2회 아시아태권도선수권대회에 출전해 3위에 입상하고 정재계 인사 등 상류층과 두터운 친분관계를 유지하며 태권도 발전에 기여를 했다. 1995년 필리핀에는 한

> **Tip 몽골 50개 도장에서 4천 명 태권도 수련**
>
> 몽골은 지금 태권도 열풍이 뜨겁다. 얼마 전 울란바토르에서 '전국태권대회'가 열렸는데, 이 대회에 참가하기 위해 지방에서 버스를 타고 1박 2일을 달려온 선수들도 있다. 경기가 시작되자 힘찬 발차기로 상대를 제압한다. 송판 다섯 개를 단숨에 격파하는 묘기에 관객석에서 환호성이 터져 나온다. 몽골 21개 지역 대표로 출전한 300여 명의 선수들은 그동안 갈고닦은 태권도 실력을 뽐냈다. 멘드자르갈 참가 선수는 "태권도를 배우면서 공부도 더 잘하게 됐고, 태권도를 발전시킬 수 있도록 노력하고 있다"고 말했다. 이번 대회에는 울란바토르에서 천 킬로미터 떨어진 고비알타이 지역에서 차를 타고 10시간을 넘게 달려온 선수들도 참가해 눈길을 끌었다. 브첵트 고비알타이 대표팀 감독은 "저희 지역에 태권도가 보급된 지는 13년 정도 됐다. 현재 26명의 대표 선수들이 국제 대회와 국내 대회에 참가해 좋은 성적을 거두고 있다"고 말했다.
> 일본 무술 가라데와 북한 태권도가 먼저 자리 잡은 몽골에 우리나라 태권도가 보급되기 시작한 건 24년 전. 이제는 몽골 전역 50여 개의 태권도장에서 4천여 명이 태권도를 배우고 있다.
> 몽골올림픽위원회는 레슬링과 권투, 유도 다음으로 태권도를 메달 획득 종목으로 선정했다.
> 〈YTN. 2015년 11월 28일. 몽골은 지금 태권도 열풍.〉

인 사범 6명이 활동했는데, 태권도 인구는 30만 명인 것으로 알려졌다.

몽고인들도 1990년대 초반부터 태권도를 배웠다. 몽고에 본격적으로 태권도를 보급한 사람은 김경태이다. 김영태는 1992년 몽고 수도 울란바트라의 한 건물에 도장을 개관해 갖은 고생을 하며 3천여 명의 제자들을 길러냈다. 김영태의 후일담.

"비좁은 아파트에서 혼자 자취를 하자니 음식이 입에 맞지 않아 몸무게는 10Kg 이상 빠지고 말은 안 통하는데, 관원 모을 일이 참으로 걱정이었습니다. 먼저 진출한 북한의 태권도와 일본 가라테의 방해 공작도 있었고요. 3년간의 몽고 생활로 몽고인과 우정을 쌓았지만 항상 모자라는 건 활동비입니다. 돈을 모으기는커녕 그동안 쓴 돈이 6만 달러가 넘어요. 관원들에게 수련비로 1인당 월 6달러를 받고 있지만, 몽고인들은 1인당 국민소득이 300달러여서 태반이 수련비조차 내지 못하는 실정입니다."[42]

말레이시아에는 1963년부터 우재림·최창근·김종찬·김창용·장영호·양우협 등이 태권도를 보·급했다. 1974년 태권도협회가 창립된 싱가포르에는 김복만·이병무·이준재·한차교 등이, 홍콩에는 1963년부터 김복만 사범을 비롯, 승강용·봉석근 등이 태권도를 가르쳤다. 특히 승강용은 4백 명의 도장 수련자 외에 경찰서 학교 등 9개소 이상을 순회 지도했다.

태권도는 전쟁의 상처를 딛고 재활하려는 아프가니스탄 어린이와 젊은이에게 활력을 주었다. 아프가니스탄 바그람 기지에서 의료 지원 활동을 펼치고 있는 동의부대와 다산부대 장병들은 2004년부터 미국 등 동맹군과 현지 주민을 대상으로 태권도 교실을 운영하고 있다.

동의부대는 태권도 교실이 현지 주민들과 동맹군에 한국의 전통 문화를 알리는 것은 물론 전쟁의 폐허 속에서도 희망을 잃지 않는 불굴의 정신력과 체력을 아프가니스탄 어린이들에게 심어 줄 것으로 기대했다.

---

42) 스포츠신문, 1995년

다산부대도 2004년 3월부터 아프가니스탄 어린이를 대상으로 태권도 교실을 운영했다. 현지 어린이들이 태권도 배우기를 희망하지만 바그람 기지 출입 절차상의 이유로 기지 여단사령부에서 수용할 수 있는 최대 인원은 20명이었지만 어린이들은 애착심과 자부심이 대단했다. 태권도를 배우는 어린이들은 아프간 고유 민속 옷, 청바지, 면바지 등을 입고 왔다. 그나마 청바지에 찢어진 운동화를 착용한 어린이는 제법 복장을 갖춘 편이다. 대부분 아이들은 슬리퍼나 맨발로 온다. 아이들은 가끔씩 돌에 발바닥이 찔려도 전혀 개의치 않았다.

이런 가운데 최근 한국 정부의 지원으로 수도 카불시 서북부인 아프샤르 지역에 설립된 한-아프간 직업훈련원(Afghanistan-Korea Vocational Training Center)에서는 지난 4월부터 훈련생들을 대상으로 태권도 수련이 주 3차례 이뤄졌다. 한국국제협력단(KOICA) 측은 1시간 30분 수련 시간에 훈련생들은 온 몸을 흠뻑 적실 정도로 땀을 흘리며, 오랜 전쟁과 경제적 어려움으로 억눌린 심신을 단련한다. 또 태권도 수련으로 미래에 맞설 수 있는 도전정신을 배웠다고 밝혔다. 태권도 강사는 타지키스탄 국가대표팀 코치 경력이 있는 한국인 사범이 맡았다. 동남아시아 인도네시아 인근의 조그만 섬나라 동티모르에 태권도 바람이 불고 있다. 동티모르는 400년 동안 포르투갈령으로 남아 있다가 베트남 전쟁이 끝난 직후 인도네시아의 무력 침공에 의해 1977년 인도네시아령(領) 동티모르주로 편입됐다가 2002년 인도네시아로부터 분리되어 완전히 독립했다.

한국의 강원도 크기만한 이 곳에서 태권도 열풍을 일으키고 있는 사람은 바로 이재오. 2012년 동티모르 국립경찰학교에 파견되어 경찰에 최초로 태권도를 보급한 그는 2013년 4월, 한국인 사범 최초로 동티모르 체육청소년청과와 국가대표팀 감독 및 동티모르태권도협회 자문관으로 계약해 동티모르 태권도국가대표팀을 창설했다.

현재 동티모르 체육청소년청과 한국인 태권도사범 최초로 계약을 맺고 국가대표팀 선발 및 훈련을 총괄하며 동티모르태권도협회 자문관으로 협회 운영을 지원하고 있다.

(2) 아메리카

아메리카 대륙은 흔히 북미와 중미, 남미로 나뉜다. 이 곳에 속해 있는 태권도 조직을 '판아메리카태권도연맹'(팬암태권도연맹)이라고 한다. 2015년 현재 팬암태권도연맹에는 44개국이 가입되어 있다.

팬암지역에 태권도가 본격적으로 보급되기 시작한 것은 1960년대 중반부터이다. 하지만 일본 가라테가 먼저 자리를 잡고 있어 태권도의 저변을 확대하는데 고충이 많았다. 일부 한인 사범들은 가라테의 아성(牙城)과 현실의 벽에 부딪혀 '코리안 가라테'라는 간판을 내걸고 태권도를 보급해야만 했다.

1970년대 중반이 되면서 태권도가 가라테의 그늘에서 벗어나기 시작했다. 1973년 세계태권도연맹(WTF)이 창설된 후 태권도 스포츠화를 적극 추진하자 미국체육회(AAU)는 1974년 태권도를 정식종목으로 채택했

> **Tip** '팬암태권도연맹'을 아시나요?
>
> 팬암태권도연맹(PATU)은 1977년 9월 시카고에서 결성돼 초대 회장에 댄 마로(Dan Marrow)가 추대되었고 사무총장은 민경호가 맡았다. 팬암연맹의 태동은 1977년 시카고에서 열린 제3회 세계태권도선수권대회 기간에 김운용 WTF 총재가 조직하게 되는데, 그 조직의 뿌리는 1975년에 캐나다, 미국, 멕시코 그리고 푸에토 리코(Puerto Rico)로 구성된 북아메리카 태권도연맹에 연원된다.
> PATU는 김 총재의 의견에 따라 회장은 현지인이 맡는 게 좋다는 취지에서 제3회 대회가 열린 시카고 대회의 대회장 댄 마로가 회장으로 추대됐다. 민경호는 회칙을 사전에 준비하여 팬암 태권도연맹 결성에 결정적인 역할을 수행했다. 시카고에서 통과된 회칙에 따르면 팬암대회는 3개 지역인 북-중-남미지역에서 돌아가면서 개최하기로 되어 있었다. 제1회 팬암태권도선수권대회는 1978년 9월 17일~22일 멕시코시티에서 10개국에서 152명의 선수 및 임원이 참가한 가운데 열렸다.
> 〈태권도문화연구소(2011). 태권도 용어정보사전.〉

고, 1975년 캐나다 몬트리올에서 WTF가 국제경기연맹총연합회(GAISF)에 가입하면서 태권도의 위상이 한층 높아졌다.

1984년 세계태권도연맹이 집계한 판아메리카 한인 사범은 1,039명, 외국인 사범은 1,037명이었다. 캐나다와 미국 등 선진국에는 정부 차원에서 한인 사범을 파견하지 않았다. 대부분 자발적인 이민과 유학, 초청 등으로 건너가 태권도를 보급했다. 이에 비해 중남미에는 정부 파견 사범이 1960년대 중반부터 진출했다. 그 후 1980년대 중반부터 현지 태권도인들의 영향력이 커지면서 한인 사범들의 역할이 줄어들자 미국 등 다른 지역으로 활로를 개척하거나 다른 사업으로 전환하는 한인 사범들이 나타나기 시작했다.

한편 팬암지역은 다른 지역에 비해 국제태권도연맹(ITF)의 세(勢)가 커서 WTF 소속의 태권도인들과 마찰을 빚기도 했다.

가. 미국

한인 사범들이 가장 많이 진출한 나라는 미국이다. 미국인에게 태권도를 처음 소개한 사람은 최홍희이다. 그는 1949년 미국에 유학을 가서 미육군 종합학교 고등군사반 동료들에게 태권도를 소개했다.[43]

1963년에는 공식적인 경로를 통해 태권도가 미국에 소개됐다. 당시 〈동아일보〉 기사를 보면 대한태수도협회(大韓跆手道協會)는 미국 가라테 아카데미로부터 사범 초청을 받고 박철희를 단장으로 김병수, 이강희 등 3명의 사범을 1965년 7월 말까지 1년 6개월 동안 미국에서 태수도를 교수할 예정[44]이라고 되어 있다.

1960대 중·후반까지 미국에 진출한 한인 사범들은 이준구·김정구·라종남·지정권·최성규·이강희·이영구·이행웅·김기영·신현옥·박

---
43) 최홍희91983). 태권도백과사전. 국제태권도연맹. 234쪽.
44) 동아일보. 1963년 12월 18일.

규창·이용선·김영준·방준환·
조시학·정석종·신종선·서영
익·김수진·강태두·지정태·정
낙용·배문규·김대식·백문규·
김영준 등이다.

동아일보 1965년
4월 14일자 기사.

이준구·조시학·황세진·전인문 등은 1950년대 중반부터 60년대 초 유학생으로 미국에 갔다가 학비를 마련하기 위해 태권도를 지도했다. 강명규·조남상·전계배·박장률 등은 군부대와 공공기관의 초청으로 미국에 건너가 태권도를 보급했다. 또 해당 부대 미군의 초청을 받아 도미(渡美)하거나 개인적인 친분으로 초청을 받아 미국에 가기도 했다.[45]

1960년대 후반 한인 사범들이 미국에 많이 진출한 이유 중의 하나는 이민법 개정이 어느 정도 작용했다. 1965년 발효된 이민법 '하트-셀러법 (Hart-Ceiier Act)'[46]으로 전문 기술인력과 단순 노무자들의 이민이 허용되자 태권도 사범과 간호사, 병아리 감별사 등의 이민이 증가했다.

1960~70년대 미국에서의 태권도 보급 현황을 구체적으로 살펴보자.

태권도가 가파르게 보급된 곳은 워싱톤 DC였다. 이곳의 사범들은 경제적으로도 부유한 생활을 했다. 그 대표적인 사범이 이준구·조시학·김기황·심상규·이영국 등이다. 1957년 제대 뒤 미국 텍사스 주립대학 토목과 유학생으로 미국에 건너간 이준구는 1958년 4월 자신이 다니던 대학교에 '태권도 아카데미'를 열어 유학비를 벌면서 태권도를 보급했다. 62년에 워싱턴에 '준리 태권도'라는 도장을 개관, 사업가 교수, 정치인들에게 태권도를 가르치며 유명 인사가 됐다. 김기황은 심상규와 함께 1963년 워싱톤과 디트로이트에 각각 정착, 미국 동-중부에 태권도 바람을 조성했다. 김기황은 한인 태권도 사범으로는 두 번째로 워싱톤 근교에

---

45) 김주연(2007). 태권도의 미국 진출과 미국체육회 가입. 서울대 박사학위 논문. 49쪽.
46) '하트-셀러법(Hart-Ceiier Act)'은 태평양 연안 아시아 국가에서 연간 17만 명의 미국 이주를 허용하는 법안으로, 우리나라에는 2만 명이 미국으로 이민을 갈 수 있었다.

무덕관 이름으로 도장을 열었다. 외국어대학 영어과를 다닌 심상규는 미 8군부대에서 태권도를 지도하다가 63년 미국에 건너왔다. 그는 대한태권도협회를 통한 해외 파견사범 외무부 등록 1호로 알려졌다. 재미언론인 이호성는 『태권도 아메리칸 드림 40년』에서 "도장을 사업으로 키우기 위해 미국식 계약제를 제일 먼저 도입한 사람은 심상규였다. 동양무도가 상품성이 있으려면 미국의 스포츠와는 다른 신비스러움을 지녀야 한다는데 착안했다"고 평가했다.

이원국은 이영복, 이영호 형제들과 함께 워싱턴에서 7개의 도장의 운영하며 태권도 대회를 개최하는 등 태권도 붐 조성에 기여했다. 986년에는 미국 전역의 유명 사범들을 초청, 시범대회를 열 정도로 열정이 대단했다. 1967년 미국으로 건너간 김대현은 3개 도장을 운영하면서 Long IsIand대학교와 C.W.Post대학 등에서 태권도 강사로 활동하면서 사업에 뛰어 들어 뉴욕한인실업인협회 2대 회장을 역임 했다. 강서정은 1969년 한인 상가가 밀집해 있는 브루클린에 도장을 개관했다. 강서정은 초창기 손덕성의 도움을 많이 받았다. 그 후 강서정은 이행웅이 만든 태권도 조직인 미국태권도협회(ATA)에서 임원으로 활동한 뒤 77년에는 국제태권도연맹 부총재를 역임하는 등 활동을 하다가 최홍희가 북한에 태권도를 보급하러 가자고 제의하자 국제태권도연맹과 결별했다. 1969년 미국 뉴욕으로 건너가 조시학의 도장에서 태권도를 가르친 이종세는 필라델피아로 자리를 옮겨 4년간 고생한 끝에 2개의 도장을 개관했다. 그는 73년 잠시 귀국해 "해외로 진출하는 사범들은 한국만 떠나면 문제없이 성공할 수 있을 것이라는 안일한 생각을 가지고 있다"며 해외 진출 사범들을 위한 특별 교육이 마련돼야 한다고 강조했다. 김일회는 미국 동부지역에서 활동했다. 1971년 미국 펜실베니아로 건너가 태권도 보급에 힘쓰면서 1975년 로우돌핀 고등학교 체육 정규과목에 태권도를 채택시켰다.

대한태권도협회가 1972년 발표한 해외 태권도 현황을 보면, 37개국에 7백여 명의 한인 사범들이 활동했는데, 미국에는 302명의 사범이 활동해 수련생이 20만 명에 달했다.[47] 1971년 12월 3일자 〈동아일보〉에 따르면, 미국 뉴욕의 태권도장에서 태권도를 배운 인구는 21만여 명이 넘었다. 워싱톤과 샌프란시스코 등 주요 도시의 태권도 인구는 30만 명이 넘는 것으로 추정했다.[48]

1970년대 한인 사범이 운영하던 미국의 한 태권도장에 태극기와 성조기가 걸려 있다.

미국인들이 태권도를 수련한 까닭은 범죄 예방을 위한 호신술과 동양무술에 대한 신비감 때문이었다. 하지만 미국인들은 태권도를 일본의 가라테와 동일한 것으로 보거나 중국 쿵푸의 일종으로 생각했다. 때문에 초창기 한인 사범들은 어렵게 도장을 개관해도 현지 수련생들을 모으기 위해 '코리안 가라테'라는 간판을 내걸었다.

'코리안 가라테'라는 명칭으로 태권도를 가르쳐야만 했던 한인 사범들은 자존심이 몹시 상했지만 한국의 역사와 예절 등을 가르치고 도장에는 태극기와 성조기를 나란히 걸어 놓았다. 미국 텍사스에서 5개의 도장을

> 🔍 Tip **한인 사범들은 왜 '코리안 가라테' 사용했나?**
>
>
>
> 1980년대 이전까지 많은 한인 사범들이 '태권도'라는 명칭보다는 '가라테' 혹은 '코리안 가라테'라는 명칭으로 도장을 운영했다. 여기에는 가라테라는 명칭이 동양무도 전체를 가리키는 용어로 보편적으로 사용되었으며, 한국 사범들의 기법이 일본의 가라테와 그 연원을 같이하고 실제로 가르치는 형이나 기술 등이 동일하다는 점에서 굳이 다른 명칭으로 부를 필요가 없었다. 오히려 도장을 유지하는 데는 가라테라는 용어 사용이 도움을 주었기 때문에 굳이 미국인들이 익숙하지 않은 '태권도' 명칭을 사용할 필요를 느끼지 못했던 것이다. 그렇다 하더라도 국적 혹은 기법 상의 차이 때문인지 일본이나 오키나와 가라테와 현지 미국인들이 구별을 하고 있었고, 한인 사범들도 일본과는 국가 간에 불편한 과거로 인해 일본 가라테와는 차별성을 두고자 했다.
>
> 〈 태권도진흥재단(2010). 태권도 해외 보급(진출) 역사 연구. 미주지역. 38쪽.〉

---

47) 매일경제. 1972년 1월 24일.
48) 김주연이 연구한 '한국 유도의 미국진출 배경과 활동'을 보면 미국에 먼저 진출한 한국 유도가 태권도의 미국 진출에 결정적인 역할을 했다고 되어 있다.

개관한 추교승은 1973년 대한태권도협회에 보낸 서신에서 "이 곳의 태권도 붐은 지난해보다 월등히 향상되었다. 태권도를 배우는 수련생들은 태권도인의 긍지를 갖고 자동차나 옷에 도장 마크를 달고 다닌다. 태권도에 관한 새로운 서적과 도장에 부착할 김운용 회장님의 대형 사진을 보내 달라"고 요청했다.

그러던 1974년 태권도가 미국에서 뿌리를 내리게 된 중요한 일이 실현됐다. 미국에서 큰 스포츠 조직인 미국체육회(AAU)에 태권도가 가입한 것이다. 1972년 가라테협회가 미국체육회에 가입하면서 태권도의 입지가 더 줄어들어 '코리안 가라테'로 굳혀지는 것처럼 보였지만, 2년 후 태권도가 미국체육회에 가입하면서 가라테와는 별개의 독자적인 길을 갈 수 있게 됐다.

태권도가 미국체육회에 가입할 수 있었던 것은 1963년 미국에 정착한 민경호의 노력이 컸다. 그는 "태권도를 위해 아무런 일을 하지 않는다면 태권도는 가라테의 그늘에서 영원히 벗어나지 못할 것"이라고 생각해 유도가 레슬링협회의 산하 조직에 들어갔다가 독립하는 과정을 보면 그 해법을 찾았다. 민경호는 미국체육회 집행위원회가 태권도 경기규칙과 기술적인 측면을 묻자 다음과 같이 제시했다.

> **Tip** 태권도 미국체육회 가입과 민경호의 노력
>
> 태권도가 미국체육회에 가입할 수 있었던 것은 민경호의 노력이 컸다. 그는 "태권도를 위해 아무런 일을 하지 않는다면 태권도는 가라테의 그늘에서 영원히 벗어나지 못할 것"이라고 생각해 유도가 레슬링협회의 산하 조직에 들어갔다가 독립하는 과정을 보면 그 해법을 찾았다. 민경호는 미국체육회 집행위원회가 태권도를 정식종목으로 허용할 수 있는지에 대해 태권도 경기규칙과 기술적인 측면을 묻자 다음과 같이 제시했다.
> "태권도는 발기술이 70%이며, 몸을 자주 돌리면서 점프를 하는 움직임이 많다. 경기는 2분 3회전으로 보호장비를 사용한다. 손을 사용한 머리공격을 금지되어 있다. 반면 가라테는 손기술이 70%이고 돌거나 점프를 하는 동작이 거의 없으며, 다리와 팔의 움직임은 직선적이다. 경기는 1회전이고 심판이 득점을 선언하려고 하면 선수들의 동작을 멈추게 한다. 또 보호장비를 사용하지 않으며 손을 사용한 머리공격이 허용된다."
>
> 〈경향신문. 1974년 4월 19일.〉

"태권도는 발기술이 70%이며, 몸을 자주 돌리면서 점프를 하는 움직임이 많다. 경기는 2분 3회전이로 보호장비를 사용한다. 손을 사용한 머리공격을 금지되어 있다. 반면 가라테는 손기술이 70%이고 돌거나 점프를 하는 동작이 거의 없으며, 다리와 팔의 움직임은 직선적이다. 경기는 1회전이고 심판이 득점을 선언하려고 하면 선수들의 동작을 멈추게 한다. 또 보호장비를 사용하지 않으며 손을 사용한 머리공격이 허용된다."[49]

1975년부터 한인 사범들은 미국체육회 태권도위원회에 가입하기 시작했다. 미국에서 태권도가 공인을 받았다는 기쁨이 컸던 것이다. 1975년 미국 로스엔젤레스에서 활동하던 정대웅은 미국 무술 시장에 대해 "중국 무술 스타 이소룡 붐을 타고 한때 쿵푸를 근간으로 한 중국스타일이 유행했으나 동양스타일의 무술 22개 종목 가운데 차차 태권도의 인기가 확산되고 있다"[50]고 말했다. 이준구는 권투선수 무하마드 알 리가 태권도를 배워 미국 사회에서 치열하게 벌어지고 있는 태권도와 가라테 그리고 쿵푸 등의 보급 경쟁에서 태권도가 주도권을 쥐게 된 계기가 됐다[51]고 했지만 '코리안 가라테'를 사용하는 한인 사범들은 여전히 있었다.

1978년 해외 파견 사범 현황을 보면, 55개국에 690명의 사범이 진출해 그 중에 미국이 364명[52]이어서 해외 전체 사범의 53%를 차지했다. 1980년대에 들어서면서 미국 태권도 시장은 가파르게 성장했다. 하지만 집계는 좀 차이가 있다. 1981년 미국에는 1천 여 개의 도장에서 5백 여 명의 한인 사범을 비롯한 1천 여 명의 사범[53]들이 태권도를 보급했다는 기록이 있는 반면 1984년 미국에서 활동한 한인 사범이 826명[54], 1987년 기록에는 미국의 태권도 보급률이 3년간 5배로 늘어 750개 도장에서 1만 8천 명 이상이 태권도를 배웠다[55]고 되어 있다.

---

49) 경향신문. 1974년 4월 19일.
50) 동아일보. 1975년 1월 30일.
51) 경향신문. 1976년 6월 21일.
52) 양진방(1986). 앞의 논문. 51쪽.
53) 대한태권도협회(1980). 태권도 35호. 20~21쪽.
54) 대한태권도협회(1984). 태권도 49호. 79~80쪽.
55) 동아일보. 1987년 8월 4일.

1980년대 중반, 이준구의 활약은 단연 돋보였다. 그는 85년 6월 미국 상원의원회관에서 태권도 승단심사를 열고 3명의 하원의원과 1명의 전직 하원의원에게 블랙 벨트을 수여했다. 이준구는 어떻게 미국 정치인들에게 태권도를 가르칠 수 있었을까?

"이준구가 미국 의회 의원들과 인연을 맺은 것은 제임스 클리브랜드 의원 피습사건 때문이었다. 65년 어느 날 클리브랜드 위원이 피습을 당한 뉴스를 들은 그는 곧바로 클리브랜드에게 전화를 걸었다. 태권도를 배우면 불량배의 테러쯤은 얼마든지 격퇴시킬 수 있다고 했다. 이준구는 태권도의 호신술로서의 강점을 설명하며 그를 설득했다 (…) 뉴스의 초점이 되어 있던 클리브랜드와 이준구의 '폭력 퇴치를 위한 만남'은 이준구의 발차기 시범 사진과 함께 미국 언론에 크게 실렸다. 이것이 미국 정가에 새롭게 태권도 바람을 불게 한 동기가 됐다 (…) 미국 의원들과 이준구의 친분 관계는 60년대와 70년대 초반 한미관계에 보이지 않는 힘이 되었다. 왜냐하면 국회의원들이 미국 의원들을 만나려면 이준구를 통하지 않고는 불가능했기 때문이다."[56]

미국의 태권도가 가족 중심의 생활체육으로 자리를 잡아가는데 공헌한 사람 중의 한 명은 이행웅이다. 그는 독특한 경영 마인드로 자신의 영역을 넓혀 나간 사람이다. 1969년 미국태권도협회(ATA)를 창설한 그는 동

> 🔍 **Tip** 　**美 공교육에 태권도 인기**
>
> 태권도를 정규 과목으로 채택하는 미국 공립학교들이 늘고 있다. 미국에 불고 있는 태권도 교육 바람. 무엇 때문일까. 학교 체육관이 떠나갈 듯한 구령소리. 모든 구령에는 상대를 존경한다는 뜻의 'Sir'가 붙습니다. 작년 가을부터 태권도 수업을 시작한 이 학교 태권도의 수료식은 학부모들까지 참여하는 마을축제처럼 진행됐다. 한국 학생이 한 명도 없는 이 학교가 태권도를 정식 교과목으로 채택하고 또 이렇게 열광하는 이유는 무엇일까? 아이들에게 어른에 대한 존경, 겸손, 감사의 마음 같은 미덕을 가르치기 때문이다. 2001년 미국 공교육에 처음 진출한 태권도, 지금은 미국 동부지역에만 70여 개 학교가 태권도를 수업시간에 가르치고 있다. 태권도의 교육효과가 성공사례를 통해 입증되면서 그 확산속도는 더욱 빨라지고 있다.
>
> 〈태권저널. 2015년 9월 17일. 태권도조선 2016년 1월 4일. 스리랑카 태권도 영웅 이기수 사범의 정착기.〉

---

56) 이호성(2010). 태권도 아메리카 드림 40년.

양의 정신과 의식을 가미해 태권도를 보급하며 1991년 ATA 산하 도장의 사범 180여 명을 인솔하고 아산 현충사에서 극기훈련을 했다. 그는 평소 "미국에 태권도가 넓고 깊게 뿌리를 내릴 수 있었던 것은 동양의 유불선을 무술과 접목, 극기를 강조한 덕택"이라고 강조했다.

김영군의 활약도 빼놓을 수 없다. 미국 남부 플로리다주 올랜도에서 활동한 그는 『태권도의 세계』등 태권도 서적을 편찬하고 무술영화 '마이애비 커넥션'에 출연하며 태권도 관련 사업체를 운영했다. 또 고아원 돕기 운동, 장학재단을 설립하는 등 지역사회에서 봉사도 했다.

이런 가운데, 1980년대 후반 남성이 주류를 이루고 있는 미국 태권도 실정에서 한인 여성의 활동이 눈길을 끌었다. 남궁명석과 김영숙이 대표적이다. 1978년 대학을 졸업하자 곧바로 미국으로 건너간 남궁명석은 화려한 선수 경력을 인정받아 노스캐롤라이나주에 도장을 개관하고 태권도를 보급했다. 남궁명석의 후일담.

"도장을 개관할 당시, 한국을 소개하는 홍보물에 국기원에서 태권도를 하는 나의 모습이 담긴 방송이 방영되는 운도 따랐다. 언어의 경우 한국에서 어느 정도 공부를 해서 어려움은 없었지만, 문화적 차이는 힘들었다. 하지만 현지인들에게 한국적으로 예의를 갖추니 현지인들도 존중하고 이해해 줬다. 미국 제자들이 손을 흔들면 나는 90도로 허리를 굽혀 인사를 하곤 했다. 미국에선 중상층 계층이 태권도를 배워 태권도가 품위 있고 수준 높은 무도로 인식되고 있다."[57]

1987년 미국태권도연맹(USTU) 이사 및 여성분과위원장을 맡았던 김영숙은 범죄가 많은 미국에서 태권도는 여성에게 무리가 없는 호신술이라며 미국 사회 속에 태권도의 저변을 확대했다. 그는 74년 미국으로 건너가기 전까지 이화여대를 비롯해 연세대와 성신여대에서 태권도를 가르쳤다.

---
57) 태권도신문. 2003년. 남궁명석 재미 사범 인터뷰.

1985년 태권도는 미국의 주류 스포츠에 완전히 들어갔다. 미국올림픽위원회(USOC) 산하의 미국태권도연맹(USTU)이 출범한 것이다. 이로써 태권도는 미국의 공식 스포츠 조직에서 재정을 지원받고 선수촌을 사용할 수 있게 됐다. 그 해 미국전국체육대회에 태권도가 정식종목이 되고 곧 이어 팬암게임 종목으로 채택되면서 미국태권도연맹의 회원도 늘어났다.

1990년대에 들어서자 태권도는 가라테와 완전히 다른 무예이자 스포츠로 인정을 받았다. 몇 가지 일화를 보자. 1996년 미국 텍사스주 맥알렌시 시빅센터에서 300여 명의 선수들이 참가한 가운데 태권도 대회가 열렸다. 이날 안대섭은 오덜 브랜드 맥알렌 시장에게 명예 검은띠를 수여했다. 미국 텍사스주 일대는 80년대 초까지만 해도 일본의 가라테가 격투기의 전형으로 자리를 잡고 있었는데, 이런 풍토에 제동을 걸고 나선 사람이 바로 안대섭이었다. 1960년대 태권도 선수 생활을 하며 72년까지 서울시경(서울경찰청 전신)에서 무도교관으로 활동했던 그는 69년 멕시코에, 72년에는 에콰도르 대통령 경호실과 육군사관학교에 태권도를 보급하며 남미 진출의 교두보를 확보하기도 했다.

박원직은 1972년 8월 미국으로 건너가 미시건주 데드로이트시에서 6년간 활동하다가 텍사스주 포트워스로 이주했다. 그는 곧바로 텍사스태권도협회를 만들고 포트워스 국제태권도대회를 개최해 훌륭한 시민상을 받았다. 2003년 구성된 미국무궁화태권도고단자회 초대 회장을 맡은 박

💡 Tip   美 한인사범들, 북가주태권도협회 만든다

북가주 태권도인들이 2016년 1월 헤이워드 한국의 집에서 만나 침체된 북가주 지역 태권도 모임을 활성화하기 위해 협회를 만들기로 뜻을 모았다. 이 자리에는 버클리대 민경호 박사를 비롯해 안창섭 UCMAP 디렉터, 구평회 전 가주태권도협회장, 박양규 SF체육회장, 심진섭, 박종근, 최의정, 한지환 관장 등 8명이 모였다. 신년인사를 겸해 모인 이 자리에서 참석자들은 오랜 시간 침체돼 있는 북가주 지역 태권도 모임을 활성화하기 위해 북가주태권도협회를 창설에 만장일치로 뜻을 모았으며, 오는 3월12일 2차 모임을 열기로 했다. 오클랜드 오가네에서 열리는 2차모임에서는 정관 등 협회 구성을 위한 구체적인 논의를 할 예정이다. 프리몬트 행동관 최의정 관장은 "북가주 지역 태권도인들의 활발한 활동을 위해 오는 3월 열리는 2차 모임에는 뜻있는 분들의 많은 참석을 부탁드린다"고 전했다.

〈태권저널. 2015년 9월 17일. 태권도조선 2016년 1월 4일. 스리랑카 태권도 영웅 이기수 사범의 정착기.〉

사범은 지역사회 및 동포사회 발전을 위하여 한인회장직을 맡았다.

이 밖에도 시카고 박균석·은상기, 미시간 박대진, 테네시 신승의, 워싱톤 이운세, 맨해튼 황성철·황주철, 오하이오 송영길·안경원·김영치·최준표·정영남, 캔자스시티 김춘수, 캘리포니아 민경호·강명규, 노스캐롤라이나 한국형, 오클라호마주 이희섭, 텍사스 정진송·임규붕·추교승·김인선, 필라델피아 이종세, 마이애미 서중근, 휴스턴 박영돈, 일리노이주 김수곤, 뉴저지시티 장순길, 포클랜드 김병철·김제경 등도 태권도 보급에 정진했다.

2016년 현재 미국에는 공조직에 소속되지 않은 사조직 등 자체적인 태권도 단체가 많다. 그래서 그런지 미국 태권도의 대부분은 '독립단체'이고, 10% 내외가 WTF와 국기원에 소속된 단체라고 말한다. ITF는 2002년 최홍희가 타계하면서 진전이 없는 상태이다. 한인 사범들도 국기원이 발급하는 단증을 사용하지 않고 자체적으로 발급하는 경우는 여전하다. 2015년 국기원 자체 집계에 따르면, 국기원 품·단증을 취득하는 미국 태권도인은 3만 명에 불과했다.

이 같은 상황을 타개하기 위해 국기원은 2015년 미국지도자협회(AMA)와 세계태권도지도자연맹(WTMU) 등의 관계자들을 만나 한인 사범들과 소통하고 국기원 목적사업을 설명했다. 또 캘리포니아태권도연맹(CTU), 캘리포니아태권도협회(CUTA)와 업무협약을 체결하고 국기원과 협력해 무도 태권도 보급과 발전을 위해 서로 힘써 나가기로 했다.

나. 캐나다

캐나다는 미국보다 태권도 보급이 늦었다. 1960년대 중반부터 캐나다에서 태권도를 보급한 한인 사범들은 이종수·이종태·박종수·이경태·

윤오장·전덕기·이태은·강주원·조희용·경명수·정수환·하기성·정용수·정원갑·김근하·김종설·박관서·손태환·민형근 등이다.

태권도 보급은 주로 교민들이 많이 거주하고 있는 몬트리올과 토론토, 오타와, 밴쿠버 등에서 이뤄졌다. 캐나다 퀘벡주에 있는 몬트리올에는 1964년 이종수에 의해 최초로 태권도가 보급되었다. 그 다음으로 이종태와 박종수가 1968년 온타리오주 토론토에서 도장을 열었다. 이런 까닭에 이종수는 태권도 명예의 전당 홈페이지에 캐나다 태권도의 아버지로 소개되어 있다.[58]

캐나다는 1970년대에 들어서면서 태권도 저변이 확대되기 시작했다. 이미 자리를 잡고 있던 일본 가라테의 아성에도 벗어났던 것이다. 1969년 캐나다에 진출한 전덕기는 1970년대 캐나다 태권도 보급 상황에 대해 이렇게 말했다.

"(1973년) 9월 9일 태권도 경기를 마련할 기회를 갖게 되었다. 희망과 용기를 불어넣어 준 고무적인 것이었다. 일본인들 가라테 시합은 이곳에서 종종 보는데, 관람객이 별로 없을 뿐 아니라 출전하는 선수들이 적어서 흥미조차 못 느끼는데 비하여 태권도 경기에는 약 2천 명의 관람객이 동원되고 270명 선수가 참가해 대성황을 이루었다. 장시간 태권도 경기를 통하여 태권도의 참 모습을 관객들에게 충분히 전달할 수 있으므로 수 많은 태권도 수련 지망생들이 쇄도해 오고…"[59]

캐나다태권도협회[60]는 1978년 공식적으로 세계태권도연맹 회원국이 되었다. 이태은 13년 동안 회장으로 있으면서 오늘날의 캐나다태권도협회를 일으키는 중책을 맡았다.[61] 전남 광주에서 의사의 아들로 태어난 이태은이 캐나다로 건너간 것은 1975년. 공사장 인부, 식당 접시닦이 등 생업

---

58) 태권도진흥재단(2010). 태권도 해외 보급(진출) 역사 연구. 미주지역. 109쪽.
59) 태권도진흥재단(2010). 앞의 책, 108쪽.
60) 박종수에 의하면, 1970년에 한국의 캐나다공사가 태권도 단체 설립을 종용했다고 한다. 이에 박종수를 중심으로 강덕원 출신의 이경태, 지도관의 이종수 등이 모여서 로빈슨이라는 국회의원을 회장으로 하여 캐나다태권도협회를 설립하였다. 그러나 태권도 단체 설립 요건을 갖추지 못해 실패했다.
61) 태권도진흥재단(2010). 앞의 책, 105쪽.

을 위해 힘든 삶을 살아온 그는 1977년 오타와로 옮긴 뒤 '이태은 태권도 학교'를 개설하고 캐나다 동부 지역 일대에서 태권도를 보급했다. 그 후 1988년부터 2001년까지 캐나다태권도협회장을 역임하면서 태권도를 캐나다 정부의 공식 지원종목으로 지정받도록 하는 등 태권도의 보급과 위상 제고에 크게 기여해 왔다. 1997년 오타와시에 이어 2005년에는 온타리오주가 '이태은의 날'을 제정해 해마다 기념행사를 하고 있으며, 1999년에는 오타와 스포츠 명예의 전당에 그의 이름을 올렸다.

박종수는 캐나다 한인사회에서 성공한 인물로 꼽힌다. 그는 1975년 토론토 지역의 7곳에 '종팍태권도' 간판을 내걸고 도장을 운영했다. 그가 일본 가라테의 텃세가 심한 이곳에서 태권도라는 간판을 걸고 성공하기까지는 태권도를 적절히 상품화하고 기업화했기 때문이다. TV에도 출연해 고난도 격파 시범을 하며 태권도가 가라테를 능가한다는 이미지를 심어주기도 했다.

1970년대 초 국제태권도연맹(ITF)를 창설한 최홍희가 캐나다로 망명해 오면서 캐나다의 태권도 분위기가 복잡한 양상을 띠기 시작했다. 최홍희가 한국 서울에 있던 ITF 본부를 토론토로 이전하고 캐나다에서 생활을 하게 된 데는 박종수의 영향도 작용했다. 이에 대한 최홍희의 후일담.

"내가 캐나다를 망명지로 선택하고 토론토에 국제태권도연맹 본부를 옮긴 이유는 무엇보다 중립국이라는 태권도 이념에 합치되고 내가 원하는 조국통일 운동을 하기에 안성맞춤 (…) 애제자 중의 한 명인 박종수 사범이 있는 점도 힘이 되었다."[62]

박종수의 도움을 받아 토론토에 정착한 최홍희는 1973년부터 ITF의 전열을 가다듬고 시범단을 구성해 각 대륙을 돌며 순회 시범을 펼쳤다. 1974년에는 몬트리올에서 제1회 ITF선수권대회를 개최하면서 세계태권도연맹(WTF) 소속의 사범들과 마찰을 빚기 시작했다. 캐나다에서 태

---

62) 최홍희(2002). 태권도와 나2. 도서출판 다음. 192쪽.

권도를 보급하면 ITF에서 활동했던 한인 사범은 박종수·김종찬·이준재·박정태·한삼수·김길우·최익선·전덕기·최창근·권태성·박정택·최광조·김양광 등이었다. 윤오장은 캐나다에서 ITF 세력이 확장되자 우려와 경계심을 나타냈다. 다음은 윤오장이 대한태권도협회에 보낸 서신.

"최홍희씨가 와서 '태권도의 창시자가 최씨 자신이며 과거 일본에서 가라테를 수련하다가 분에 맞지 않아 한국에 건너가 태권도를 시작, 지금은 세계 60개국에 자기의 태권도장이 있다'고 허위 선전 및 망발을 늘어놓고 다니면서 화제가 되고 있다. 현지 사범들은 변호사를 통해 최시의 망발을 규탄하는 고소장을 제출 중이며, 한국의 역사 속에 자라온 민족무예를 개인의 영리와 이익을 위해 말살하려는 행위에 분개하고 있다."[63]

1996년 캐나다 토론토에 도장을 개관한 박관서는 자녀들의 교육 때문에 이곳으로 이민을 왔다. 그가 인구밀도가 낮은 캐나다 토론토에서 성공적으로 도장을 운영할 수 있었던 것은 가족 모두가 분담해 도장 운영에 정성을 다했기 때문이다. 아내는 입관 상담을 맡고, 아동 지도는 막내딸 찬유가 거들었다. 특히 외국인 수련생을 대상으로 한글 교실을 운영하며 모국어 사랑을 펼쳤다.

이런 가운데 2011년 캐나다태권도협회장 정수환이 계명대와 태권도 분야 교류를 위한 양해각서(MOU)를 체결했다. 경주에서 열린 세계태권도선수권대회에 캐나다 대표선수들을 인솔하고온 정수환은 캐나다 태권도계 현황에 대해 "태권도 수련생 중 대회에 참가하는 비율은 3~4%에 불과하다. 대부분 태권도장에서 마샬아츠 개념으로 수련을 하고 있다"며 "현재 캐나다에는 150여 명의 한인 태권도 사범들이 활동하고 있다. 10년 전 '정통태권도회'를 만들어 정보도 교류하고 행사도 하고 있다"고 말

---
63) 대한태권도협회(1971). 태권도 7, 8. 67쪽.

했다. 그러면서 캐나다태권도협회 발전 방안에 대해 "2005년부터 캐나다 정부가 인정하는 연수원 개념의 정식교육을 추진하고 있다. 이 곳에서 교육을 받으면 정식 자격증을 취득할 수 있도록 교재를 만들기 위해 노력하고 있다. 현재 1~5단계의 스포츠 석사과정을 준비하고 있다. 또 2012년 이후 캐나다체육부 산하에 투기종목센터(태권도, 복싱, 유도 등)가 만들어져 태권도센터가 건립되면 한국 태권도 선수들을 초청해 합동훈련을 하고 싶다"고 밝혔다.[64]

다. 멕시코

중남미에 태권도가 본격적으로 보급된 것은 1970년대 초였다. 동남아와 유럽, 미주지역에 비해 시기적으로 늦게 보급되었다. '멕시코' 하면 떠오르는 태권도인이 있다. 바로 문대원이다. 세인들을 그를 가리켜 '멕시코 태권도계의 대부'라고 일컫는다.

문대원은 어떻게 멕시코로 건너가 태권도를 보급하게 됐을까? 대전에서 태권도를 배운 그는 경희대 정치외교학과에 다니다가 미국 텍사스 주립대로 유학을 가 건축학을 공부했다. 그러던 어느 날 우연히 무술대회 경연에 나가 타고난 근성과 무술 실력으로 두각을 나타냈다. 무술잡지의 표지 모델에 될 정도로 유명세를 탔다. 그러던 중 멕시코에서 열린 무술대회에 초청되어 갔다가 그 곳에 정착하게 됐다. 1969년이었다. 문대원의 후일담.

"당시 멕시코도 (미국처럼) 가라테가 대세였다. 처음 접수한 도장은 가라테 도장으로 도장 정면에 붙어있는 일장기와 일본 가라테의 전설인 마부니의 초상을 떼어버리고 태극기를 붙이는 것을 시작으로 가라테 수련자들을 태권도의 길로 이끌었다. '태권도는 가라테의 아류'라고 주장하는 일본인 사범이 대련을 요청해 옆차기 한방으로 제압했다. 1970년

---
64) 태권라인, 2011년 5월 27일, 정수환 회장 인터뷰.

대 들어 제자들이 멕시코 무도대회에서 가라테를 누르기 시작했고, 제2회 세계태권도선수권대회에서 멕시코가 3위를 한 것이 멕시코 태권도 열풍의 도화선이 됐다."[65]

2000년대에 들어서면서 멕시코에 한류 열풍이 불면서 태권도의 인기도 덩달아 좋아졌다. 멕시코는 2010년 티후아나에서 세계주니어선수권대회를 개최한 데 이어 2013년 푸에블라에서 세계선수권대회, 2014년 케레타로에서 그랑프리 파이널을 개최했다. 2013년 대회에서는 6000여 관중석을 유료 관객들로 메웠다. 태권도 경기의 유료화는 국내에서조차 상상할 수 없는 일이다. 프로복싱, 프로레슬링 등 격투기 종목에 유독 열광하는 멕시코 사람들은 2008년 베이징올림픽에서 2개의 금메달을 따낸 뒤 태권도에 빠져들었다. 멕시코는 2012년부터 프로리그를 운영할 만큼 태권도가 한국보다 더욱 활성화돼 있다.[66]

2013년 제21회 세계선수권대회가 열린 인구 150만 명의 푸에블라에도 130여 개의 태권도 도장이 있다. 태권도를 소재로 한 '탈' 공연에는 5000석의 좌석을 가득 채울 정도로 인기를 끌었다. 129개국이 선수단을 파견한 이번 세계선수권대회는 1968년 멕시코 올림픽 이후 가장 많은 국가가 출전한 대회여서 멕시코 연방정부와 푸에블라 주 정부까지 나선 국가적 행사로 치렀다.[67]

이런 흐름을 타고 멕시코 품새대표선수들이 2013년 여름 경북 문경을 찾았다. 감독 이강영을 포함한 14명의 임원과 선수들은 문경에서 전지훈련을 하고 춘천코리아오픈국제태권도대회에 참가했다.

2015년 현재 멕시코에는 태권도장이 3,500여 곳이 있다. 태권도를 수련하는 인구는 200만여 명. 그 중 30만 명이 문대원에게 태권도를 익힌 사람들이다. 그는 멕시코 전역에 450개의 도장을 운영하며 1년에 8개월

---

65) 한국경제TV. 2015년 11월 20일. 아즈텍 문명의 전사 후예들을 태권도의 전사들로 키우는 문대원 관장.
66) 국민일보. 2015년 12월 3일. 멕시코, 태권도 인기몰이.
67) 쿠키뉴스. 2013년 7월 23일. 멕시코에 부는 한류 열풍, 태권도가 첨병.

동안 지방을 돌며 도장을 운영하고 있다. 이 밖에 박상권과 방영인 형제 등도 태권도 지도에 열성이다.

라. 브라질

브라질은 남미 태권도의 중심축이다. 1968년 임정도가 최초로 브라질에 건너간 후 1970년대부터 본격적으로 태권도가 보급되며 눈에 띄게 성장했다.

1973년 브라질태권도협회가 개최한 제1회 리우데자네이루태권도대회에는 11개 태권도장이 참가했는데 이우재가 운영하는 도장 4개와 이희섭이 운영하는 도장 1개 등이 참가했다. 이 대회가 해마다 계속 열리면서 리우가라테협회가 리우태권도협회로 재발족하는 계기를 만들었으며, 가라테 유단자 13명이 태권도로 전향하기도 했다.[68]

한인 사범들이 본격적으로 브라질에 파견되던 1975년에 브라질태권도협회는 세계태권도연맹에 가입하고, 1976년에 판암태권도연맹에 가입하면서 점층적인 발전을 이뤘다. 이 시기 변종찬과 박봉서가 태권도 보급에 열성이었다.

실질적인 브라질 태권도 개척자는 조상민이다. 조상민은 1970년 브라질 이민을 가 상파울로에 브라질 최초의 태권도장을 개관했다. 하지만 한국인과 일본인이 밀집되어 있는 마을에 도장을 개관했지만 관원을 모집하는 것이 수월하지 않았다. 현지 주민들의 관심을 이끌어내야 했지만 아무리 태권도 홍보를 해도 브라질 사람들은 태권도에 도통 관심을 갖지 않았다. 하는 수 없이 조상민은 지인의 권유에 따라 도장 간판을 '한국 가라테'로 내걸었다.

1970~80년대 브라질에서 태권도를 보급한 한인 사범들은 줄잡아 50

---

[68] 대한태권도협회(1973). 태권도 7·8통합호.

명에 이른다. 권금준·이우재·방건모·김상인·신광수·김용민·임창선·이태보·홍성장·문정길·김정렬·강홍순·이계준·변종찬·장재규·장영섭·이희섭·오주열·김요준·김요진·김윤식·최순명·박영환·정형수·김준호·김남웅·이백수·이신화·강홍순·송병순 등은 태권도를 통한 민간외교관 역할을 수행했다.

브라질에서 태권도 보급이 가장 활발하게 이뤄지고 있는 곳은 상파울로와 리오이다. 권금준과 방건모, 이계준, 이백수 등의 폭넓은 사회활동으로 태권도에 대한 관심과 호응이 점점 커졌다. 특히 방건모는 상파울주 소재 연방대학교에서 체육학 교수로 활동하면서 태권도 지도에 힘을 기울이고 있고, 이백수는 언론인으로서 언론매체를 통한 태권도 홍보활동에 기여를 하고 있다. 이안순은 브라질 최초로 여성 사범으로 활동하다가 최순명과 결혼해 브라질 최초의 태권도 사범 부부가 됐다.

1988년 브라질에는 255개의 도장과 35만 여 명의 수련생, 유단자 1천 여 명에 이르렀다. 또 연병경찰뿐만 아니라 상파울루 경찰학교 생도들이 태권도를 필수과목으로 배웠다. 이 뿐만이 아니다. 초등학교를 중심으로 태권도를 교과과목으로 채택하고 있다. 김용민(전 브라질태권도협회장)은 "2009년 5월에 태권도 교과과정 사업계획서가 브라질 문화교육부에 정식 승인됐다. 각 학교 별로 태권도를 선택 수업으로 결정하게 되면 지원금이 지급되는 구조가 만들어진 것"이라고 말했다. 김용민은 2010년 말까지 10,000개 학교까지 확대될 것으로 예상했다. 브라질 정부는 각 초등학교에서 태권도를 체육수업으로 선택하면 태권도 용품 구입비로 4,000달러, 지도자에게 매달 150달러를 지원한다.[69]

이처럼 브라질 정부가 태권도를 교과목으로 채택하는 이유는 '태권도=인성교육'으로 인정했기 때문이다. 김용민은 "브라질에선 인성교육을 담당해줄 교육 프로그램이나 정규 교과과정이 없다. 하지만 태권도 수련을

---

69) 무카스. 2010년 3월 25일. 브라질 5,000개 초등학교에 태권도 선택 교과목 채택.

통한 정신, 인내, 극기, 예의교육이 브라질 사회에 긍정적인 영향을 미쳤다"고 설명한다.

한인 사범들이 주축을 이룬 브라질태권도협회의 활동도 활발하다. 1년에 2회 이상 정기적으로 어린이집 등 사회교육기관에 사범들을 파견, 태권도 보급과 지도 및 수련 용품을 지원하고 있다. 브라질리아시 산타마리아 소재 성녀 마리아 어린이집의 어린이들에게 태권도를 가르쳤다.

브라질태권도협회는 1998년 브라질 태권도 보급 28주년을 기념하기 위해 국제미스태권도선발대회 등 태권도페스티벌을 열어 태권도 보급에 활력을 불어넣었다. 이날 대회는 브라질 태권도계 원로인 권금준의 총괄로 김요진 주축으로 치러졌다. 대회는 태권도챔피언십, 국제미스태권도경연대회, 세계더블매치챔피언십 등 3부문으로 나눠 관중의 흥미를 배가시켰다는 평가를 받았다. 특히 국제미스태권도경연대회는 95년부터 브라질에서 태권도를 수련한 여성들이 참가해 태권도 수련을 통해 가꾼 육체적인 아름다움과 성숙함을 겨루는 대회로, 도복을 입고 태권도 동작을 선보이는 순서로 진행됐다.

그 후 2006년 브라질 태권도 보급 36주년을 기념하는 브라질태권도페스티벌이 열렸다. 이 행사에는 브라질오픈세계태권도대회, 남미태권도챔피언십, 브라질전국태권왕대회, 세계품새대회 등이 부대 행사로 열려 브라질 태권도의 위세를 과시했다. 상파울로태권도협회(회장 김요준)는 브라질 태권도 수련자들을 위한 『태권도 겨루기론』(포르투갈어판) 제2권을 출판해 호텔 특별 룸에서 초청 귀빈 인사 180명이 참석한 가운데 출판식을 가졌다. 이어 열린 브라질 원로 사범 초청 세미나에서 조상민은 한국 태권도 초창기 브라질 보급 과정, 이우재는 태권도 사범의 자세와 예의, 김용민은 세계 태권도 현황과 브라질태권도연맹의 역할, 임창선은 태권도 경기 발전과정과 심판의 중요성, 방건모는 태권도와 동양 철학에 대해

각각 주제 발표를 했다.[70]

이런 가운데 2008년 3월에는 브라질 태권도시범단(BTDT)이 공식 창단했다. 시범단 창단에 앞장선 사람들은 초대 단장을 맡은 신형석과 부단장 김동욱, 감독 오창훈, 코치 용재훈이다.

2010년 브라질을 방문해 '남미 태권도 진출사'를 연구한 허건식은 "최근 브라질 교육정부는 태권도를 방과 후 학교 프로그램으로 적용하기 위해 노력하고 있다고 한다. 브라질 정부는 올해까지 1만 여 개의 학교가 신청할 것이라고 내다보고 있다. 문제는 태권도를 가르칠 지도자 교육이다. 이 프로그램을 기획한 김용민 사범은 각 학교에 파견될 사범교육에 매진하고 있다"고 말했다.

한편 브라질은 2005년 세계태권도선수권대회에서 첫 번째 금메달을 획득했고, 2008 베이징올림픽에서도 사상 첫 동메달을 획득했다. 현재 태권도는 브라질 정부로부터 올림픽 장려종목으로 인정받고 있다. 2016년 리우데자네이루올림픽을 앞두고 브라질 정부는 태권도를 집중 육성종목으로 선정하고 투자하고 있다.

마. 콜롬비아

남미와 북미를 잇는 파나마를 접경에 자리잡은 콜롬비아는 1960년대 후반부터 태권도가 다른 무술을 제치고 조직화 되어 갔다. 그 한가운데에 이경득, 이기정, 김용석의 노력이 있었다. 1976년 콜롬비아에 국제사범 자격으로 파견된 이기정은 콜롬비아태권도협회 기술지도위원장으로 맡아 각급 고등학교에 태권도를 보급했고, 김용석은 메데진대학과 안티오키아 주립대학에서 태권도를 지도했다.

당시 콜롬비아에는 가라테, 유도, 쿵푸가 보급되고 있었지만, 태권도는

---

70) 태권도신문. 2006년 9월 4일. "태권도 페스티벌" 브라질오픈 대회 성료.

콜롬비아체육회에 가입이 되어 있지는 않은 실정이었다. 여기에 세계태권도연맹과 국제태권도연맹으로 나눠져 태권도 미래는 척박했다.

이런 현실에 실망을 한 이기정은 고위층의 배려로 콜롬비아 국영 TV에 출연, 당시 문화공보부가 제작한 태권도 영상물을 보여 주고 태권도 역사에 대해 설명을 했다. 그는 척박한 중남미에서 살아남으려면 신용과 성실이 가장 중요하다고 인식하고 마음 자세를 굳건히 했다. 그런 노력의 결실로 1977년에는 콜롬비아태권도협회 기술지도위원장으로 활약하면서 수도 보고타에 도장을 개관했다. 또 고등학교, 대학교, 경찰서에서 태권도를 가르치며 자신의 위상을 다져나갔다. 1978년에는 세계태권도연맹의 승인을 받아 제1회 콜롬비아태권도선수권대회를 개최하기도 했다.

이러한 이기정의 노력으로 태권도가 중남미 최초로 국가단위 체육회에 가입해 콜롬비아 보고타 체육대회 정식종목으로 채택됐다. 그는 1979년 당시의 고충과 감격에 대해 "낯선 외지의 벽안의 제자들에게 국위 선양이라는 미명 아래 깨어지고 부서지는 고통을 감수하면서 조국의 국기 태권도를 보급해 왔다. 보고타 체육회에 가입되던 날, 나는 그저 덤덤한 상태에서 상처투성이인 손을 조용히 내려다보면서 가장 기뻐해야 할 입장이면서도 어쩐지 서글픔이 느껴졌다"[71]고 회고했다.

한편 콜롬비아는 세계태권도연맹과 국제태권도연맹 간의 대립으로 사범들 간의 이전투구와 이해득실에 따른 폐해가 발생했다. 이기정은 이러한 실상에 대해 "오늘의 세계연맹 소속 사범이 내일의 국제연맹 소속 사범이고, 내일의 국제연맹 소속 사범이 세계연맹 소속이라고 말한다. 그저 흔들리는 물결처럼 조그마한 이익이 있는 곳으로 (…) 또한 일부는 미국에 있는 당수도협회와 선이 연결돼 정통파라고 주장하고 (…) 남미 지역에는 연맹도 많고 협회도 많다. 자칭 9단, 10단도 많다"[72]고 지적했다.

---

71) 대한태권도협회(1979). 태권도 31·32통합호.
72) 대한태권도협회(1979). 태권도 31·32통합호.

바. 페루

페루 태권도 역사는 '이기형 사범의 역사'와 통한다. 그만큼 태권도 보급을 위해 이기형이 남긴 족적은 이루 헤아릴 수 없을 정도다.

1973년 제1회 세계태권도선수권대회에 출전해 우승한 이기형은 20년간 페루에서 태권도를 보급하며 페루태권도협회장을 맡았다. 그는 2003년 페루 똘레도 대통령 영부인에게 태권도 명예3단증을 수여하며 페루 고위 인사들과의 관계도 돈독했다. 2003년 고국을 방문해 〈태권도신문〉과의 인터뷰에서 "1997년부터 열린 페루국제오픈태권도대회에 영부인이 참석해 태권도 명예3단증을 줬다. 영부인이 이 대회에 참석하자 각 중앙 언론들이 보도해 자연스럽게 태권도가 집중 홍보되는 효과를 얻었다. 영부인이 페루에서 세계태권도선수권대회를 개최할 수 있도록 페루 관광부에 지원을 요청할 것이라고 약속했다. 세계선수권대회 페루 개최는 페루 태권도뿐만 아니라 남미 태권도 발전을 위해서라도 절대적으로 필요하다"고 말했다.

그러던 어느 날, 그는 자택 근처에서 강도가 쏜 총탄에 맞아 숨졌다. 페루 주재 한국대사관에 따르면 이 사범은 한 은행에 들른 뒤 귀가하던 중 은행에서 돈 찾는 것을 보고 쫓아온 강도 4명에게 붙잡혀 몸싸움을 벌이다 이 중 한 명이 쏜 총탄에 맞았다.

페루 대통령 경호원과 군경을 지도하는 태권도 교관을 지내 페루에서 잘 알려진 이 사범이 피살당하자 주요 일간지들은 강도 피살 사건을 일제히 주요 기사로 전했다. 리마에서 거행된 이 사범의 영결식에는 제자 및 동료 100여 명이 참석했으며 알레한드로 똘레도 대통령의 부인도 조문을 왔다. 이 사범에게는 태권도 보급과 한-페루 양국 관계 증진에 기여한 공로로 페루주재한국대사관에서 국민훈장 동백장을 수여했다.

한편 태권도를 통한 선교를 위해 2004년 최락천이 페루에서 태권도 선교사로 활동하고 있다.

사. 그 밖의 나라

1969년 대한체육회가 집계한 '남미진출 태권도 사범 현황'을 보면 사범은 5명으로 되어 있는데, 이민을 통해 남미에 정착해서 태권도를 보급한 사람들은 누락된 것으로 보인다.

중남미 태권도는 1964년 파라과이로 이민간 이우복과 1965년 진출한 명덕선에 의해 보급이 시작되었다. 이들은 남미에 최초로 진출한 사범으로, 대통령 경호원으로 활동하며 태권도를 보급했다. 그 뒤를 이어 1967년 아르헨티나 김한창·최남성·정광석, 콜롬비아 이경득, 볼리비아 김휘영·김만복·탁보선 등이 진출해 군인과 경찰에 태권도를 보급하고 도장을 개설했다.[73] 코스타리카에는 1969년 양원건이 대학에서 경제학을 전공하며 태권도를 보급했고, 베네수엘라에는 김홍기가 1971년부터 대학교와 경찰, 학교에 태권도를 보급하며 사범양성과정을 두어 교육하기도 했다.[74] 에콰도르에는 1970년 이범재, 엘살바로드에는 1971년 정만순, 아르헨티나에는 1977년 구영채가 진출해 태권도를 보급했다.

칠레의 태권도 역사는 피노체트 군사정권 시절인 1970년대 중반부터 본격적으로 태권도가 보급되었다. 1977년 김영수가 산티아고에 민간 도장을 개설하면서 뒤를 이어 전영근·안용택·김지용 등이 군과 민간인들에게 태권도를 가르쳤다.

당시 태권도 대회를 개최하려면 군사정권의 영향으로 국방부에 허락을

---

73) 태권도진흥재단(2010), 앞의 책, 165~166쪽.
74) 대한태권도협회(1974), 태권도 13호.

> **Tip 1970년대 후반 아르헨티나 태권도 보급 과정**
>
> 1977년 아르헨티나에 진출한 구영채 사범은 당시 아르헨티나 시대상과 태권도 보급에 대해 이렇게 회고했다.
> "아르헨티나는 이미 태권도의 불모지가 아니었다. 수도(首都) 부에노스 아이레스 시내에는 한국인 태권도 사범이 가르치는 태권도 도장이 서너 개 있었고, 어느 한인 사범은 이 나라 정보기관의 특수인사들에게 태권도를 가르치고 있었다. 그분들은 이런저런 개인 입장으로 이민을 왔다가 태권도 특기를 살려 도장을 운영하고 태권도를 가르치고 있는 거였다. 군정(軍政)으로 언론이 탄압받고 억눌린 심정을 표현할 길 없던 그때, 극장에서는 이소룡이 주연으로 나오는 무술영화가 한창 인기였다. 이 나라 젊은 청년들은 신비하기도 하고 낯설기도 한 동양의 무술에 흠뻑 빠져들었다. 그래서인지 한인이 가르치는 태권도 도장으로 많은 수강생들이 몰려들게 됐다. 가히 태권도 붐이라 할만 했다."
>
> 〈태권도신문, 2009년 6월 8일, 구영채-세계를 향하여,〉

받아야 했다. 이런 가운데 1985년 칠레 육군과 해군, 경찰 등에서 태권도 보급을 필요성을 느끼고 선수 출신인 조남수·김승환·김한노를 초청했다. 이들은 오전에는 군인들에게, 오후에는 민간인들에게 태권도를 가르쳤다. 1986년 칠레태권도연맹이 창설되자 조남수는 칠레대표팀 코치를 맡아 제9회 세계선수권대회 등 각종 국제대회에 칠레 선수들을 데리고 참가했다.

조남수는 "1997년 칠레에 있는 민간 도장은 100여 곳 된다. 1년에 한 번씩 사범교육을 한다. 칠레에서 태권도를 보급하면서 가장 힘들었던 것은 가라테의 인지도 때문이었다. 칠레에서 상영되는 모든 무술영화에서 태권도 출신 배우가 없었던 것도 이유가 되었다"고 말했다.[75]

1970년 파라과이에 김영군이 처음으로 진출해 태권도 보급에 열의를 보였고, 베네수엘라에는 이종우와 김홍기, 김흥기 형제들이 열성적으로 태권도를 가르쳤다. 트리니다드토바고에선 정진영이 태권도를 보급했다.

온두라스에서는 국기원 파견사범 김호석이 온두라스 군·경과 대통령 경호실에 태권도를 보급하고 있다. 2012년부터 온두라스에서 파견 활동

---
75) 월간 태권도, 1997년 7월호.

을 펼치고 있는 김호석 사범이 세계태권도평화봉사재단(TPC) 16기 단원들과 함께 온두라스 공공기관에서 현지인을 대상으로 태권도를 지도, 온두라스에 활기를 불어넣고 있다. 김호석은 온두라스 국립 종합대학교에서 교수로 재직하며 교양 과목 및 국립대학 태권도 시범단 감독도 겸하고 있다.

미첼 이디아케스 바라닷(Idiaqeuz Baradat) 주한 온두라스 대사는 태권도인이다. 어렸을 때부터 한국 문화를 접할 기회가 있었는데 바로 태권도를 통해서였다. 온두라스의 첫 태권도 사범으로 온 송봉경에게 태권도를 배운 그는 "태권도를 온두라스에 들여와 공교육의 한 과정으로 포함할 수 있도록 노력하고 있다. 태권도의 장점은 명상을 통해 인격을 개발시켜 준다는 것이다. 온두라스 전 대통령도 검은 띠 4단의 태권도 유단자였다. 태권도는 올림픽 종목이기에 올림픽위원회도 많은 지원을 하고 있다"고 말했다.[76]

(3) 유럽

유럽은 1960년대 중반부터 활발하게 태권도 보급이 이뤄졌다.

유럽에서 태권도 보급이 가장 활발한 나라는 스페인과 프랑스, 독일이다. 제1회 유럽태권도선수권대회가 1976년 5월 스페인 바르셀로나에서 개최됐다. 이 대회를 참관했던 이경명(유럽태권도연맹 기술위원장)은 "구라파에 태권도의 씨앗을 뿌리기 시작한 지 10여 년의 세월이 흘렀다. 국가 단위별로 협회가 구성되고 협회를 이끄는 임원들은 한인 사범들의 제자들"이라며, 한인 사범들의 위상이 흔들리고 있다고 염려했다. 그러면서 한인사범들이 현지 태권도인들로부터 배척당하는 이유 중의 하나로 자질

---

[76] 미래한국, 2015년 4월 14일, 미첼 이디아케스 바라닷 주한 온두라스 대사.

1970년대 유럽에서 활발하게 활동하던 한인 사범들.

부족을 뽑았다.

그는 1976년 대한태권도협회가 발행한 『태권도』(가을호)에 기고한 글에서 "기술과 이론, 인격, 지도력의 결핍에서 오는 빈혈 현상으로 (한인 사범들은) 스스로 설 땅을 잃어가고 있다"고 지적하면서 심판의 불공정 판정으로 소속 선수가 패했다고 한낮에 술에 만취돼 심판을 죽인다고 소동을 벌이고, 제자가 출전자격 실격으로 중도하차 당하자 이에 격분해 세계태권도연맹에서 탈퇴한다고 망언을 하고, 심판 판정에 불만을 품고 저질 심판이 주도하는 경기에는 더 이상 경기를 할 수 없다면서 선수들에게 기권을 시킨 사례를 언급하며 한인 사범들의 각성을 촉구했다.

유럽태권도연맹은 1976년 5월 스페인 바르셀로나에서 창설됐다. 창립 총회에는 스페인과 벨기에, 오스트리아, 포르투갈, 독일, 이탈리아 등 12개국이 참여했고, 그를 기념해 그 해 12개국 123명의 선수가 참가한 가운데 제1회 유럽태권도선수권대회를 바르셀로나에서 개최했다. 2016년 유럽의 53개국 중 50개국이 유럽태권도연맹에 가입한 것은 유럽에서 활동한 한인 사범들의 노력이라고 할 수 있다.

가. 스페인

스페인은 태권도 강국이다. 유럽에 가장 많은 한인 사범들이 진출한 나라이기도 하다. 스페인에 태권도가 처음으로 보급된 것은 1960년대 중반이다. 1966년 조용훈, 김재원이 스페인 민병대와 경찰학교에서 태권도를 가르치면서 비롯됐다. 당시 스페인은 일본 상품이 쏟아져 나와 일본 상품과 함께 가라테를 곳곳에 전파해 놓고 있었다. 때문에 태권도가 가라테의 텃세를 극복하고 저변확대를 하는 것은 쉬운 일이 아니었다.

그러나 스페인의 수도 마드리드에서 김재원 사범을 비롯해 윤여봉·조용훈·조용식 등이 가라테의 아성을 무너뜨리기 위해 각고의 노력을 다했다. 바로셀로나에서는 김광일·노원식·조홍식·전영태·이영래·이영우·최원철·김일홍·정권수 등의 활약이 돋보였다. 전영태와 조용식은 자기 소유 도장을 소유하고 있었다. 1963년 파독광부 2기로 독일에 갔던 전영태는 광부생활을 그만두고 스페인으로 건너와 1967년 바로셀로나에 정착했다. 그 후 '준타이(Jun Tai)' 태권도장을 여러 개 운영하면서 이영래를 초청했다.

조홍식은 황태자를 가르쳤고 최원철은 사마란치의 아들을 가르치면서 명성을 날렸다. 1974년 스페인으로 건너가 그라나다 경찰들에게 태권도를 가르친 서태석의 활약도 잊어선 안 된다.

1986년 7월 〈주간 스포츠〉는 스페인에 부는 태권도 바람을 소개하면서 '마드리드부터 농촌 구석구석까지, 한글간판 도장 250여 개'라는 제목을 달았다. 이 기사에서 김재원은 "미국 다음으로 한국인들이 세운 태권도장이 가장 많은 나라가 바로 스페인이다. 전국에 220여 명의 한국인 사범들이 국왕부터 군인, 경찰, 시골 아낙네들까지 태권도를 연마시키고 있다. 국위선양은 물론 외화획득에도 한 몫을 하고 있는 셈이다"고 말했다.

1970년대 중반, 이재권은 스페인 갈리사아에 있었다. 그는 초창기 시절 현지인들과의 생활방식과 언어 문제로 시련을 겪기도 했지만 개개인의 성격과 심리를 분석하고 모범을 보인 끝에 5년 만에 200명의 관원을 확보했다. 그의 도장에서는 군부대 장교와 변호사, 의사, 간호사, 은행원 교수 뿐만 아니라 대학생, 경찰 등 5세에서 60세 이상의 사람들이 태권도를 수련했다.

1980년대 초 스페인에는 1천여 명의 교포가 살고 있었는데 김재원은 교민회장, 어수일과 이영우, 이선재는 부회장을 맡고 있어 교포사회에서 태권도인의 비중과 역할이 어느 정도였는지 알 수 있다. 그 당시 스페인에서 활동한 한인 사범은 150여 명. 현지 태권도 인구만 해도 10만 여 명에 달한 것으로 전해졌다.

당시 스페인태권도협회 회장을 지낸 최원철은 사마란치 IOC위원장의 아들인 안토니오 사마란치에게 태권도를 가르쳐 주목을 끌기도 했다. 어수일은 1974년 스페인에 정착해 5개의 도장을 운영하며 제자들이 운영하는 7개의 지관을 거느렸다. 그는 스페인 대표팀을 맡아 1979년 제4회 세계태권도선수권대회 6위를 차지한 것을 비롯해 1980년 제3회 유럽태권도선수권대회 주니어팀 우승, 81년 제1회 월드게임 4위 등 스페인 팀을 태권도 강국으로 키워 동양인 최초로 스페인 정부에서 체육훈장 동장을 받았다. 그 후 김영기가 스페인태권도협회 기술위원장과 스페인태권도대표팀 감독으로 활동했다.

2009년 조선대가 시행한 '국제태권도아카데미'에 참가했던 장춘경의 권유로 2010년 대학을 졸업하고 스페인에 간 고영권은 "스페인에서는 가족이 함께 태권도를 배우는 경우가 많다. 일반인과 학생 비율이 반반 정도이다. 태권도를 하면서 가족 간에 대화가 늘었고 유대관계가 돈독해졌다는 말을 많이 듣는다"고 말했다. 그가 스페인 말과 문화에 빨리 적응한 데는 태권도를 배우다가 연인으로 발전한 히메네즈 이사벨의 도움이 컸다. 이사벨은 도장을 함께 운영하면서 방과 후 교사로 학교에서 태권도를 가르치고 있다.[77]

---

77) 국제뉴스. 2014년 7월 16일.

나. 프랑스

프랑스는 오랫동안 세계가라테연맹(WKF) 회장국을 할 정도로 유럽 중에서도 가라테의 저변이 넓어서 태권도가 자리를 잡는데 어려운 것이 많았다.

이처럼 가라테 텃세가 심한 프랑스에 1969년 이관영이 파리에 진출했다. 그 뒤를 이어 방서홍·이용선·이문호·김용호·김종완·강승식·이원식·한천택·허광선·박문수·최윤수·박필원·이만우·여승구·이성재·박성우·이문영 등이 프랑스 전역에 태권도를 보급했다. 주요 사범들의 활동을 보자.

프랑스 태권도 대부로 불리우는 이관영은 '이관영 한국무술 아카데미'를 운영하며 한인으로서는 유일하게 프랑스 경찰청 특수범죄수사대에서 경호 교관으로 근무한 그는 프랑스는 물론 인근 유럽, 아프리카 등을 두루 다니며 태권도 혼을 심었다.

1972년 〈조선일보〉는 이관영에 대한 기사를 게재했다. '프랑스에 태권도 붐'이라는 제목의 기사는 이관영이 3년 동안 파리에서 도장 10개를 운영하며 가라테에 도전해 태권도 전도사로 활발하게 활동하고 있다는 내용이다.

그로부터 32년이 지난 2004년 11월, 프랑스 파리 13구에 있는 샤를레티 실내체육관에서는 프랑스인 3000여 명의 시선이 이관영에게 고정됐다. 그가 프랑스에 태권도를 보급한 지 35주년을 맞아 제자들이 마련한 이날 행사에는 궂은 날씨에도 프랑스 전역과 벨기에 등에서 달려온 선수 1000여 명과 관중 2000여 명이 갈채와 환호를 보냈다.

김용호도 프랑스에서 왕성하게 활동했다. 1978년 프랑스에 건너와 2개의 태권도장을 운영한 김 사범은 84년 프랑스 한인회장으로 당선됐다.

그는 프랑스로 오기 전 대한태권도협회 국제분과위원장과 홍보분과위원장을 역임해 태권도계에서 인맥이 두터운 편이었다. 1984년 11명의 사범이 단합해 태권도협회를 발족하고 나름대로 활동 계획을 세우기도 했다.

1970년대 프랑스에 정착한 한인 사범들은 결속력이 강했다. 1972년 대한태권도협회 경기규정에 따라 한인 사범들이 주축이 되어 제1회 프랑스태권도단체대항전을 개최한 후 1974년에는 프랑스대사관의 후원으로 유럽태권도축제를 열어 이를 계기로 유럽 한인 사범들의 친목회가 발기[78] 했지만 현재 프랑스에는 한인 사범과 관련된 공식 조직이 없다.

한인 사범들이 유럽, 특히 프랑스에 정착해 태권도를 보급하는 것은 쉬운 일이 아니었다. 프랑스는 독자적인 태권도장보다는 클럽 형태 위주로 태권도와 가라테 등을 가르치기 때문에 도장을 운영해서 생활하는 것은 힘들었다. 그렇다 보니 다른 사업으로 전향하거나 겸업하는 사범들도 생겨났다.

그러던 1994년 9월 4일 프랑스에서 열린 IOC 총회에서 태권도가 하계올림픽 정식종목으로 채택된 이후 프랑스에서도 태권도를 바라보는 시각이 달라졌다. 이듬해 1995년 태권도는 가라테협회 산하의 한 분과에서 독립해 프랑스태권도협회를 창설했다. 프랑스태권도협회는 한인 사범을 기술위원장에 선임하고 대부분 프랑스인들이 주요 직책을 맡고 있다.

프랑스의 태권도 인구는 대략 5만 명 정도로 유도나 가라테의 30만 명에 비해 아직은 적은 편이다. 최근 태권도 수련 인구는 매년 늘어나는 반면 가라테 인구는 줄어들고 있다[79]고 하지만 태권도가 사회체육으로 발전하기에는 갈 길이 멀어 보인다.

프랑스 태권도 발전은 근거지는 리옹이다. 2014년 리옹에서 주프랑스한국대사관과 프랑스한국문화원, 프랑스태권도연맹이 제5회 주불한국대사배 태권도대회를 열었다. 2008년 파리에서 처음 열린 대회는 프랑스

---

78) 태권도진흥재단(2012), 앞의 책, 88~89쪽.
79) 태권도진흥재단(20120, 앞의 책, 86쪽.

내 태권도 저변을 확대하고, 한국의 문화를 알리는 역할을 해 왔다. 청소년·시니어·프로를 막론하고 프랑스 태권도인이 모여 실력을 겨루는 전국 규모의 대회로, 360여 명이 참가했다.[80]

한편 2014년 6월 프랑스 남부 칸느지역의 태권도 수련생 26명이 한국을 찾아 2주 동안 창덕궁, 종묘, 수원화성 등 유네스코 세계문화유산을 차례로 방문하고 광장시장을 찾아 우리전통시장의 정취를 맛보았다.

다. 독일

독일의 태권도 보급은 1960대 초 한국 광산근로자가 독일에 파견되면서 산발적으로 보급되었다. 이석희·서명수·서윤남·곽금식·신부영·김광웅·윤경운·문양근·이범희·박광철 등 파독 근로자들은 낮에는 광산에서 일하고 저녁에는 클럽에 나가 태권도를 가르쳤다.

1954년 12월 박정희 대통령이 독일을 방문했을 때 마이크 앤더슨이 도복을 입고 환영하자 대통령은 감명을 받았다. 이것이 계기가 되어 대통령 지시로 태권도시범단이 1965년 서독에 방문할 수 있는 계기가 되었고,[81] 1965년 한국태권도친선교류단(단장 최홍희)이 서독에 도착해 시범을 하자 서독의 당수(唐手) 선수들은 태권도를 배우겠다고 자진하여 한국태권도 독일지부를 결성하고 한인 사범 3명을 초청했다.[82]

대한태권도협회는 1966년 권재화를 정식 사범으로 독일로 파견한 후 서윤남, 이경명을 파견했다. 권재화는 1967년 뮌헨에서 제1회 독일태권도선수권대회를 개최하고 국위선양을 했다. 이 대회에는 100여 명이 선수해 1천 550여 명의 관중이 지켜보았다.[83] 권재화는 1968년 "독일태권도협회가 현재 독일연방체육회에 가입신청을 하고 있는데 가입만 되면

---
80) 연합뉴스. 2014년 4월 17일.
81) 태권도진흥재단(2012). 태권도 해외 진출 역사 연구. 유럽-아프리카 지역. 22쪽.
82) 동아일보. 1965년 11월 20일. 코리아 태권사절단.
83) 매일경제. 1967년 10월 27일. 커가는 한국 태권도 서독서 선수권대회.

태권도가 저절로 올림픽 경기종목이 되는 것"이라며 1973년 미국으로 옮기기까지 독일에 44개의 도장을 차려 태권도 보급에 앞장섰다.[84]

1972년 서독에는 40여 명의 한인 사범들이 75개 도장에서 2만 2천여 명의 현지인에게 태권도를 보급해, 유럽에서는 가장 큰 태권도 시장이었다. 유럽에서의 대부분 사범들은 그곳 현지인들과 고용계약으로 태권도를 지도했는데, 박광철은 75년 10월 서독 아켄 시에 자기 명의로 도장을 개관, 튼튼한 기반을 다져나갔다. 1972년 8월 서독 뮌헨의 한 백화점 홀에서 1,300여 명의 관람객이 운집한 가운데 태권도 연무시범이 열렸다. 시범을 보인 대부분의 사범들은 이미 수년 전부터 독일과 여러 나라에 파견돼 태권도를 가르치고 있던 사범들이 주축을 이뤘다. 그 중에서 한국에서 태권도를 수련하다가 유학생으로 와 있거나 혹은 기술자나 광부로 왔던 사람들 중 태권도를 잘 했던 사람들도 시범을 선보여 참관인들의 경탄을 자아나게 했다. 태권도 연무시범자 명단을 보면 서윤남·이경명·이광영·장기혁·서영철·김만금·이금이·김광웅·김태현·송천수·장광명·송찬호·조복남·곽금식·정흠일·이종규 등이다. 이날 시범은

2015년 독일에서 활동하고 있는 한인 사범들이 한자리에 모였다.
(제공=고의민)

---

84) 경향신문. 1968년 7월 24일. 서독 태권도 사범 권씨 올림픽 경기종목된다.

대한태권도협회 의장 이종우와 사무총장 엄운규도 지켜봤다. 시범이 끝난 뒤 대한태권도협회에서 파견된 일행이 소개되자 지금까지 국제태권도연맹에 등록됐던 서독태권도협회가 기술교류 협정을 제의해 왔다. 이에 대한태권도협회 일행들은 권재화에게 서독태권도협회의 책임 있는 답변과 설명을 듣고 신중히 검토한 끝에 서독 주재 한국 영사관에서 그 협정서 조인식을 가졌다. 이날 오후에는 서독 주재 한인 사범들의 회의가 열렸다. 이날 회의에서는 국제태권도연맹의 형에 대한 처리는 순차적으로 대한태권도협회 형으로 전환하고, 한국 태권도 발전을 위하여 단결 협동할 것을 협의했다.

1980년대 독일 태권도 현황은 정확한 것이 없다. 바이에른주태권도협회는 1981년 1,943명의 회원이 있었고, 1983년에는 63개의 클럽, 2000년에 178개의 클럽에 8,676명의 회원이 있다가 2007년 169개 클럽에 14,607명의 회원이 있는 것으로 조사됐다.[85]

1980년 7월 WTF가 국제올림픽위원회(IOC)의 정식 승인단체로 인정을 받자 1981년 재독대한태권도협회를 발족했다. 역대 회장은 서윤남·허종술·김만금·이근태·이유환·채수웅·백진건·김우선·김일권·라진호·박길도·김태현 등이다. 1998년 재득태권도협회는 독일 뒤셀드르프 하인리히 하이네 종합학교 체육관에서 제13회 주독한국대사배 국제태권도대회를 개최했다. 독일, 폴란드, 네덜란드 등 25개 팀 2백여 명의 선수들이 출전했다. 김일권은 "세계적으로 보급된 스포츠 가운데 유일하게 경기용어가 한국어인 태권도의 세계화를 통해 한국문화의 세계적 보편성을 앞당길 수 있다"며 "외교통상도 중요하지만 올림픽경기종목으로 채택된 후 이미 세계적으로 저변확대가 시작된 태권도 활성화에 관계 당국이 더욱 적극적인 관심을 기울이는 문화외교정책이 필요하다"고 말

---
85) 태권도진흥재단(2012), 앞의 책, 65쪽.

했다.

현재 독일 각 지역에서 활동하고 있는 한인 사범들을 살펴보면 함부르크 신부영, 하노버 이근태·이범의·송천수, 베를린 최종관·김태현·채수웅·정선채·표낙선, 오스나브뤼크 윤광중, 빌레펠트 정한규, 파더보른 송유태·김형주, 뮌스터 송찬호, 함 김동경, 도르트문트 정용석, 레클링하우젠 김우강, 복흠 이유환, 노이스 황재복, 뒤스부르크 오근고·임의도·김인영, 오바하우젠 차용길, 아헨 김철환, 에센 백진건·신인식, 부퍼탈 정찬학, 겔센키르켄 김영희, 쾰른 김홍영·강학영·조금일, 레버쿠젠 김우선, 뒤셀도르프 정금석·김일권·여홍연, 뒤렌 박창호, 본 유병도, 비스바덴 허종술, 프랑크푸르트 이범익·이강현, 다름슈타트 고명·신선도, 자르브뤼켄 라진오·박길도, 슈튜트가르트 박수남, 칼스류헤 곽금식, 하이델베르크 나해남, 뮌헨 고의민, 보덴제 정흠일·김만금 등이다.[86]

이런 가운데, 2012년 세계태권도연맹 부총재와 영국태권도협회장을 지낸 박수남이 독일태권도협회장에 당선했다. 박수남은 독일 카셀에서 열린 독일태권도협회장 선거에서 경선을 거쳐 새 회장이 됐다.

라. 영국

북유럽에 속해 있는 영국은 다른 유럽지역에 비해 태권도 보급이 비교적 늦었다. 또 WTF보다는 ITF가 상대적으로 강했다.

영국을 대표하는 한인 사범은 이기하이다. ITF를 창설한 최홍희의 권유로 미8군에서 태권도를 가르치던 이기하는 싱가포르를 거쳐 1967년 영국으로 건너갔다. 그는 영국태권도협회를 만들고 ITF 수석 부총재를

---

86) 태권도진흥재단(2012). 앞의 책. 67~68쪽.

역임하면서 WTF와는 거리를 두었다. 이와 반대로 1971년 영국에 유학생 신분으로 온 신동완은 이기하와 교류를 했지만 WTF 태권도를 추구했다.

2012년 8월 영국 런던에서 열린 하계올림픽은 영국에 태권도 바람을 일으켰다. 런던 시내에서 태권도 갈라 행사가 열려 세계화가 된 태권도의 진면목을 보여줬다. 유료로 운영된 태권도 경기장은 연일 관중들로 매진됐고, 거대 방송사인 BBC가 생중계한 태권도 경기는 태권도의 인지도를 한층 높였다는 평가를 받았다. 이런 영향으로 2014년 12월 맨체스터에서 WTF의 야심작인 월드 태권도 그랑프리 첫 대회가 열렸다.

영국은 태권도 경기의 데이터베이스를 구축해 상대팀을 과학적으로 분석하는 것으로 유명하다. 영국태권도협회와는 별도 조직인 'GB 태권도'는 영국 대표팀 운영을 총괄한다. GB 태권도의 체계적인 선수 지원 시스템은 영국을 태권도 신흥 강호로 발돋움시킨 밑거름이다. GB 태권도 운영팀장에 따르면 이 조직에는 30여 명의 직원이 있다. 이 가운데 한국인 코치 2명을 포함한 6명의 전임지도자 등 20명이 경기부에서 일한다. 비디오 분석관, 스포츠 심리 전문가, 체력담당관, 영양사 등의 지원 인력도 포함됐다.[87]

이런 바탕 속에서 제이드 존스는 영국을 대표하는 선수로 성장했다. 2012년 런던올림픽에 참가해 여자 −57kg급에서 우승한 후 2015년 월드태권도 그랑프리시리즈에서 여러 번 금메달을 획득해 2016년 리우올림픽의 유력한 금메달 후보로 기대를 받고 있다.

한편 영국태권도협회는 2013년 태권도진흥재단을 방문해 런던올림픽 태권도 자료와 기념품을 전달했다. 기증 자료에는 런던올림픽에서 영국 태권도 사상 처음으로 올림픽 금메달을 딴 여자 57kg급 제이드 존스를 비롯해 남자 80kg급 동메달리스트 루탈로 무함마드 등 영국을 대표하는 태권도 스타들의 서명을 담아 특별 제작한 헤드기어도 포함됐다.

---

[87] 연합뉴스. 2015년 5월 9일.

마. 러시아

동토(凍土)의 나라 러시아에 세계태권도연맹의 태권도가 보급된 것은 1988년 서울올림픽 이후이다. 1989년 4월 한국무역진흥공사 모스크바 사무소가 세워지기 이전부터 정부와 기업인들은 태권도를 앞세워 '철(鐵)의 장막'을 걷어내기 시작했다. 그 해 세계태권도연맹 총재였던 김운용은 "1988년 소련에서 태권도와 같은 무도의 보급을 금지하는 법률이 폐지되어 태권도의 보급이 본격화하게 되었다"고 말했다.[88] 하지만 러시아는 소비에트연방공화국이 해체되기 전 사회주의를 대표하는 나라여서 북한이 받아들인 ITF 태권도가 자리를 잡고 있었다.

미국에서 활동했던 이준구는 1989년 12월 미국-소련 친선예술대회가 열린 모스크바와 레닌그라드에서 소련국가에 맞추어 '태권무'를 선보였다. 그 후 지속적으로 방문해 러시아 태권도 보급에 견인차 역할을 했다.[89]

WTF 소속의 소련태권도연맹은 1990년 결성되어 그 해 7월 WTF에 정식으로 가입하고 한국 주도의 태권도를 받아들이기 시작했다. 이에 1990년 5월 국기원태권도시범단이 소련을 비롯해 헝가리와 불가리아 등 동구권 3개국을 순회하며 시범을 하고 기술 전수를 위한 세미나를 했다. 1992년 2월에는 대한체육과학대학(현재 용인대) 태권도시범단이 레닌그라드(상트페테르부르크) 스포츠위원회의 초청을 받아 그 곳에서 시범을 했다.

1992년 정부 파견으로 상트페테르부르크에 있는 레쯔카프트 체육대학에서 태권도를 지도한 김종길은 1998년 귀국해 "10년 미만의 태권도 역사 속에서도 러시아태권도협회는 두 번에 걸쳐 유럽선수권대회와 세계대학태권도 선수권대회를 유치했으며, 각종 국제대회에서 우수한 성적을

---
[88] 경향신문, 1989년 1월 14일.
[89] 태권도진흥재단(2012), 앞의 책, 181쪽.

거두고 있다"며 다음과 같이 러시아 태권도 현황을 설명했다.

"1989년 사회주위가 붕괴되면서 세계태권도연맹의 태권도가 러시아에 보급되기 시작했다. 그러나 열악한 생활수준으로 한국의 태권도 지도자들이 러시아에 오는 것을 흔쾌히 지원하지 않았다. 태권도가 보급된 지 10년이 흐른 현재 러시아의 태권도 인구는 2만 명 정도이지만 많은 수련생들이 체육복 차림으로 태권도를 배우고 있다. 러시아태권도협회는 두 번이나 유럽태권도선수권대회와 96세계대학선수권대회를 치러냈다. 한 가지 우스운 현상은 품새조차 모르는 상황에서 경기 기술만 고집한다는 것이다."[90]

세네갈 정부파견 사범으로 활동하던 이상진은 1994년 우여곡절 끝에 상트페테르부르크로 건너가 경찰관들에게 태권도를 교육했다. 호신술 위주로 태권도를 가르치며 민간 태권도 수련인구를 넓힌 그는 1996년 상트페테르부르크태권도협회를 결성했다. 이기정은 한인 사범으로는 처음으로 러시아 모스크바 국립체육대학에서 태권도를 가르쳤다.

이런 가운데, 1995년 러시아 볼가 강변에 위치한 니즈니노브고로트시에 있는 한 건물의 태권도장에서는 기합소리가 울려 퍼졌다. 카자흐스탄에서 태어난 고려인 장 루보미르가 91년 개관한 도장에서 태권도를 가르친 것이다. 그는 〈동아일보〉와의 인터뷰에서 "과도기를 맞고 있는 러시아는 외국의 스포츠에 관심이 많다. 특히 태권도는 급속히 확산되고 있

> **Tip 러시아 푸틴 대통령, 태권도 명예 9단증 수여**
>
>
>
> 공식 방한한 블라디미르 푸틴 러시아 대통령이 세계태권도연맹(WTF) 명예 9단증을 받았다. 조정원 세계태권도연맹 총재는 13일 오후 서울 소공동 롯데호텔에서 푸틴 대통령에게 명예 9단증과 태권도복을 수여하고 태권도 발전에 대한 의견을 나눴다. 연맹에 따르면 푸틴 대통령은 이 자리에서 '앞으로 러시아에서 태권도 발전에 적극 협조하겠다'고 밝혔다. 세계태권도연맹은 2009년 11월 청와대에서 버락 오바마 미국 대통령에게도 명예 9단증을 수여한 바 있다.
>
> 〈연합뉴스, 2013년 11월 13일, 세계태권도연맹, 푸틴 대통령에게 명예 9단증 수여.〉

---

90) 월드 태권도, 1997년, 11월호.

다"고 말했다.

한편 2010년 모스크바를 비롯한 러시아 각 지역에서 선발된 태권도 시범단 10명이 주러시아한국문화원의 지원으로 한국을 방문해 국기원 시범단과 합동훈련을 실시했다. 이들을 인솔하고 온 임국현은 "러시아 태권도 인구가 최근 급신장하고 있다. 러시아 태권도인들이 시범을 가까이 접하기는 어려웠다. 이번 시범단 활동을 계기로 러시아에도 태권도 시범이 널리 보급되도록 할 계획"이라고 밝혔다.

한편 2009년 처음으로 러시아에서 열린 제2회 주러시아한국대사배 태권도대회에는 러시아 67개 주별 예선을 마치고 결선에 올라온 총 8개주 팀이 참가했다.

바. 이탈리아[91]

이탈리아의 대표적인 한인 사범은 박선재이다. 1958년 로마대학에 경영학을 배우러 유학을 떠난 박선재는 1966년 처음 도장을 연 뒤 5년 만에 이탈리아 전역에 8개 도장으로 확대시켰고 유단자 18명 포함, 수련생이 1천 명에 이르렀다. 그 후 박춘웅, 박영길 두 동생을 불러 태권도 보급에 더욱 박차를 가했고 68년 4월에는 동구권 국가인 유고에도 태권도를 보급했다.

박영길은 1968년부터 현재까지 밀라노에서 군인, 경찰과 국가대표팀을 지도해오면서 경제적인 지원은 만족스럽지 않지만 제자들을 10만여 명을 배출했다.

이탈리아는 프랑스처럼 가라테의 영향이 강했다. 이탈리아 정부는 이탈리아가라테태권도연맹에서 태권도를 떼어내 이탈리아태권도협회(FITA)를 창설했다. 1994년 태권도가 하계올림픽 정식종목으로 채택된

---

[91] 이탈리아 태권도 보급 현황은 마르코 이엔나가 2013년 경희대학교 대학원에서 취득한 석사학위 논문 '한국 태권도 사범들의 이탈리아 현지정착과 현실에 관한 연구'에 잘 나와 있다.

분위기가 작용했다. 태권도가 올림픽 정식종목이 되면서 FITA는 이탈리아올림픽위원회의 정식 가맹단체가 되어 정부 보조금을 받았다. 뿐만 아니라 전용훈련장과 숙소 등의 지원을 받아 2012년 런던올림픽 금메달로 획득했다.

이탈리아태권도협회는 2011년 성화대와 2012년 우석대와 산학교류협력 협약을 갖고 태권도 관련 분야에서 교류와 협력을 약속했다. 이 자리에 참석한 이탈리아 태권도대표팀 감독 윤순철은 2015년 태권도 보급 공로를 인정받아 문화체육관광부 장관 표창을 받았다.

사. 폴란드

1970년대 중반, 이경명은 오스트리아태권도협회 부회장을 맡고 있으면서 간혹 폴란드에 태권도를 전파한 Kanarski Jerzy씨를 통해 폴란드로 건너가 태권도를 가르쳤다. 체코와 소련을 국경으로 하고 있는 폴란드는 공산권 국가로 유고슬라비아에 이어 두 번째로 동유럽에서 태권도를 받아들인 것으로 알려졌다. 다음은 이경명이 1975년 대한태권도협회에 편지로 전해온 폴란드 방문 활동 주요 내용.

"공산권에서는 유고에 태권도가 보급되었을 뿐이다. 유고는 지난 75년 서울에서 열린 제2회 세계태권도선수권대회에도 참가한 바 있다. 폴란드 수도 바르샤바에서 1백 65km 떨어진 루볼린을 중심으로 5개 소도시에서 태권도가 조용히 보급되어 가고 있음을 확인하고 현지와 연락을 취하게 되었다 (…) 수련생들의 상의에는 한글로 '태권도'라고 뚜렷이 새겨져 있었고, 수련시간에는 세계태권도연맹 기(旗)를 정면 벽에 걸어두고 '경례'라는 우리말로 인사를 했다. 그들의 말로는 한국의 태극기를 걸어놓고 싶지만 여러 가지 사정이 허락하지 않아 못하는 것이 섭섭하다고 했다. 이러한 태권도장의 한편에서는 일본의 가라테가 바르샤바 등 3개 도시에 도장을 두고 첫 번째 전국선수권대회를 개최할 움직임을 보이고 있다. 따라서 이곳에서도 뒤늦게 태권도와 가라테의 경쟁이 시작된 것이다."[92]

〈스포츠〉신문은 1977년 6월 9일자에서 '공산권 폴란드에 뿌리내린 한국 태권도'라는 기사를 보도했다. 이 기사는 이경명이 폴란드에 입국해 그곳에서 태권도 기술 지도를 비롯해 승단심사를 실시했다고 전했다. 이날 승단심사에는 5백 명의 관중이 지켜봤으며 한국에서 제작한 태권도 영화(16밀리)가 상영되기도 했다.

2015년 동유럽 폴란드에서 태권도 품새대회에서 열렸다. 바르샤바 체육관에서 열린 대회에는 아이부터 어른까지 성별과 나이도 다양했다. 올해로 3번째인 품새대회에는 3백여 명의 선수들이 실력을 겨뤘다. 주폴란드한국문화원장은 "폴란드에는 전국적으로 백여 개의 클럽에서 약 만 여 명의 태권도 수련원이 활동을 하고 있다"고 말했다.[93]

이런 가운데, 2015년 2월 폴란드태권도협회 회장(알투르 흐미엘라쉬)이 국기원과 세계태권도연맹 등 주요 태권도 기관을 방문해 폴란드태권도의 현황과 발전을 위해 의견을 나눴다. 폴란드 회장은 "폴란드태권도협회는 아직 세계태권도계 주류 무대에서 눈에 띄는 활약을 보이지는 못하고 있지만, 폴란드 정부 차원에서도 태권도에 대한 관심이 높아지고 있다. 주폴란드한국대사배 태권도대회가 열리고 있고, 최근에는 체육부장관에게 명예 태권도 6단이 수여되면서 폴란드 체육계의 태권도에 대한 관심은 앞으로 더욱 높아질 것으로 본다"고 말했다. 그와 동행한 폴란드협회 사무총장 강철인은 "폴란드는 전통적으로 ITF 태권도가 강세를 보인 지역이다. 그러나 올림픽의 영향으로 이제는 많은 ITF 태권도장들이 WTF로 전향을 했고, 이러한 추세는 앞으로도 지속될 것이라는 전망이다"라고 말했다.[94]

---

92) 대한태권도협회(1975). 태권도.
93) KTV. 2015년 11월 24일. 폴란드서 태권도 품새대회…열기 후끈.
94) 태권도타임즈. 2015년 3월 27일. 폴란드태권도협회장, 첫 공식 방한.

아. 그 밖의 나라들

1980년대 중반, 오스트리아에서는 8명의 한인 사범들이 활동했다. 문희석은 1983년 헬스클럽과 함께 태권도장을 개관했고, 김정관은 83년 오스트리아 인스브르그시의 한 초등학교의 체육관을 빌려 태권도 시범대회 겸 승단심사를 실시했다. 이광배는 오스트리아 비엔나에서 '단군태권도클럽'을 열었다. 그 곳의 언론은 태권도 수련생들과 가위차기를 하는 이광배의 모습을 크게 싣고 '태권도란 무엇인가'에 대해 상세히 보도함으로써 태권도 사범에 대한 인식을 새롭게 했다. 1972년 비엔나에 정착한 서영철은 노력 끝에 외교관들의 자녀들만 다니는 아메리칸 스쿨을 비롯해 쿠푸스틴시와 가즈시에서 태권도를 가르쳤다.

그리스에선 강찬진이 아테네와 솔노니카에서 태권도 저변확대에 열성을 보였다. 그는 제1대 대한태수도협회 회장을 역임한 주그리스한국대사 채명신의 적극적인 후원 아래 지중해의 풍광을 즐기며 태권도를 보급했다. 2004년 그리스에서 열린 아테네올림픽에서 그리스태권도대표팀을 이끈 사람은 오영주이다. 2000년 3월, 그리스로 건너가 대표팀을 맡고 있는 오영주는 그리스 태권도의 경기력을 한 단계 발전시킨 주역으로 인정을 받았다.

유럽과 아시아를 이어주는 터키에는 1965년 조수세가 처음으로 진출해 기반을 닦았고, 1988년 프랑스 리스에서 활동하던 박문수의 권유로 벨기에로 간 진윤섭은 1995년 벨기에태권도국가대표 코치로 활동했다.

핀란드는 주로 스포츠 클럽에서 태권도를 가르쳤다. 당시 핀란드에는 태권도뿐만 아니라 가라테와 쿵푸, 유도 등 동양무술을 가르치는 곳이 많았다. 핀란드 태권도를 이야기하려면 황대진을 빼놓을 수 없다. 1979년 핀란드로 건너가 핀란드한인회장을 역임한 그는 2003년 핀란드정부로부터 황무지 개척자 공로를 인정받아 훈장을 받았다. 그는 핀란드에서 자리를 잡자 러시아와 라트비아 에스토니아에도 태권도를 보급하기 위한 활동을 계속했다. 전동근, 박종만도 핀란드에서 태권도를 가르쳤다. 1996년 핀란드를 다녀온 김영선은 핀란드의 태권도 현황에 대해 이렇게 말했다.

"대부분 국가에서 태권도의 보급은 한국인 사범이 여는 개인 도장에 의해 출발한다. 태권도장은 일종의 사설 교육업소 성격을 띠고 있다. 하지만 핀란드, 스웨덴 등이 속한 스칸디나비아 국가들은 여건이 사뭇 다르다. 국가가 사회 보장제도의 일환으로 각종 체육 운동 시설을 거의 무상으로 제공해 태권도, 가라테, 유도 같은 무술도 클럽을 중심으로 형성되어 있다. 이 때문에 개인 무술도장은 핀란드에서 존재하기 어렵다. 비싼 임대료를 주고 사설 도장을 열어 봤자 수련비가 저렴한 클럽과는 경쟁이 되질 않는다. 그나마 인기가 있는 태권도장은 헬싱키와 라이디에 2곳의 사설 도장이 있는 정도이다."[95]

스웨덴에서는 림원섭이 NICKS체육관을 개관하고 태권도를 보급했고, 최용덕은 1988년 대학 졸업 후 모로코 유학길에 올랐다가 사정이 여의치 않아 스위스로 발길을 돌려 공공시설 등을 임대해 로잔과 제네바 등에서 도장을 운영하며 태권도를 보급했다.

노르웨이에선 조은섭이 활약하고 있다. 노르웨이 전통태권도회 회장을 하고 있는 그는 2009년 상명대와 노르웨이 전통태권도회 산학협력을 체결했다. 1999년 광주시태권도협회와의 자매결연을 위해 노르웨이 사범

---

95) 월드 태권도. 1996년 12월호.

7명과 함께 광주를 찾은 노르웨이 태권도협회장 훈스타드는 1980년부터 시작한 일본 가라테를 그만 두고 태권도를 배웠다. 사진작가인 아버지를 따라 태권도를 시작한 그는 노르웨이 수도 오슬로에 6개의 체육관을 가지고 있을 정도로 태권도 사랑이 대단하다. 얼마 전에는 그의 권유로 어머니도 태권도를 시작해 '태권도 가족'이 됐다. 그는 "가라테처럼 공격적이지 않은 태권도는 운동으로 적격일 뿐 아니라 정신 건강에도 좋다"고 밝게 웃었다.[96]

1970년대 중반, 네덜란드에도 태권도 바람이 불었다. 1976년 8월 네덜란드 부도 본드(Budo Bond) 주최로 북해 해변의 센트푸르트에서 '태권도 여름학교'가 열렸다. 이 행사에는 네덜란드 뿐만 아니라 덴마크, 서독, 벨기에, 터키 등에서 많은 유단자들이 참석해 아름다운 자연을 즐기며 태권도의 기술과 심판교육을 받았다. 또 그해 9월 25일 네덜란드 덴하그시 체육관에서는 7개국 10개팀이 참가한 가운데 유럽 태권도 친선단체대항전이 열렸다. 체급별 5명이 단체전 토너먼트로 열린 이날 대회에서는 대회 이전에 대회 명칭을 둘러싸고 네덜란드태권도협회와 물의가 있었지만, 유럽 주재 한인 사범들의 협조로 무사히 대회를 마쳤다.

1977년 5월에는 허흥택 주재로 구주지역 국제태권도대회가 네덜란드 헤이그에서 열렸다. 이 대회에는 영국, 덴마크 등 6개국 10개 팀이 참가해 네덜란드팀이 우승을 거머쥐었다. 이 대회에서는 벨기에 이범수, 프랑스 이문호, 오스트리아 이경명, 손종호, 독일 신부영, 송용대, 김만금, 박창철, 황재복, 김기정, 김광우, 장수창 등이 심판 등 대회 관계자로 활약했다.

---

96) 연합뉴스. 1999년 7월 13일.

덴마크의 태권도 열기도 거세게 불었다. 1976년 4월 썬더보로그에서 개최된 태권도 연무시범에서 신부영, 김만금, 박광철을 비롯해 최경안, 백전식, 이범례 등이 시범을 보여 현지 관중들로부터 박수갈채를 받았다. 특히 수련생들 중 여자 수련생이 많은 이곳에서 가진 태권도 연무시범은 앞으로 태권도 동호인을 확대하는데 밝은 전망을 보여줬다.

(4) 아프리카

아프리카 대륙에는 1960년대 말부터 활발하게 태권도 보급이 이루어졌다. 아이보리코스트(舊 코트디브와르) 김영태·케냐 윤목·가나 곽기옥·이집트 노승옥, 정기영·우간다 김남석, 김화일·모로코 김상천, 이용기·가봉 박정원, 신경호·세네갈 이상진·나이지리아 김무천 등이 활동했다.

가. 남아프리카공화국

1970년 정부파견 사범으로 남아프리카공화국에 온 윤목은 30년이 넘게 아프리카 태권도 발전과 진흥을 위해 힘썼다. 1998년 한국을 방문한 그는 케냐에서 열리는 제5회 전아프리카 태권도 대회를 준비하기 위해 사비 4만 달러를 투자했다며 아프리카 태권도 진흥에 관심을 가져달라고 말했다. 당시 그는 케냐태권도협회 회장이었다. 그는 〈태권도신문〉과의 인터뷰에서 "아프리카에는 이집트를 비롯해 남아프리카공화국, 레소토, 탄자니아, 케냐, 가나, 세네갈, 가봉 등 20여 개국에서 30여 명의 한인 사범이 활동하고 있다. 케냐에는 400개 도장이 있을 정도로 태권도 저변 확대는 이뤄졌으나 수준은 낮은 편"이라고 말했다.

윤목에 따르면, 아프리카에 있는 한인 사범들은 태권도 지도만으로는 생활을 할 수가 없어 생업을 위해 사업을 하거나 다른 부업을 겸해야 했다. 아프리카에서 한인 사범의 대우와 위상은 군경(軍警)과 정부 지도층 인사를 지도해야 좋은 대우를 받는다고 한다.

남아공 육군은 2007년 3월, 요하네스버그 인근 하이델베르그에 위치한 육군체육부대 내부에 태권도센터를 설립했다. 태권도센터에서 육성된 태권도 교관은 앞으로 소속 부대에 배치돼 사병들에게 태권도를 가르치거나 2008년에 새로 개설되는 유단자급에 다시 도전해 더욱 실력을 닦은 뒤 원대 복귀해 사병 등을 상대로 태권도를 교육하게 된다.

남아공 육군 측은 태권도를 통해 우리 군의 전력이 증강될 것으로 기대하자 남아공 한국대사는 "태권도가 남아공 육군에 전파되는 것을 계기로 양국간 우호협력관계가 더욱 강화될 것으로 믿는다"고 강조했다.

아프리카 대륙에서 군이 태권도를 정규 훈련과목으로 채택하기는 매우 이례적으로, 태권도의 해외저변 확대와 두 나라 간의 우호협력관계를 강화하는 데 크게 기여할 것으로 기대된다. 남아공 육군은 한국에서 파견된 태권도 사범을 통해 장교와 부사관으로 구성된 100~120명의 교관 요원을 훈련시켰다.

이 시기 남아프리카공화국 유일의 체육중-고등학교인 '프리토리아대학 부설 스포츠아카데미'에 태권도가 처음으로 채택돼 신입생을 모집했다. 〈연합통신〉 보도에 따르면, 행정수도인 프리토리아에 소재한 이 학교는 올해 처음 태권도를 교과목으로 개설, 10학년 학생 2명과 9학년 학생 1명을 신입생으로 받아들여 선수양성을 실시했다. 학생들은 일반 정규 교과 과목을 이수하면서 프리토리아대학 내에 소재한 별도의 국가대표 선수 훈련원인 하이퍼포먼스센터(HPC) 시설을 함께 이용하면서 태권도를 수련했다. 한국국제협력단(KOICA)에서 파견된 조정현은 HPC에서 태권도 국가대표 선수들을 가르쳤다.

나. 이집트

북아프리카의 중심 이집트에 태권도가 처음으로 알려진 것은 1965년 최홍희가 이끈 '구-아태권도사절단'이 카이로에서 시범을 하면서부터다. 아프리카를 통틀어 이집트에서 활동한 한인 사범들이 가장 많다. 이집트에서 활동한 초창기 한인 사범은 노승옥을 비롯해 조경행·김승주·정기영·임한수·정성홍 등이다. 2007년부터 한국국제협력단 태권도 봉사요원으로 정형주와 한혜진·김사무엘·오준섭·여영동·이용석·이승희·송병근 등이 2년 3개월 과정으로 이집트에 파견됐다.

주요 사범들의 활동을 보자. 1974년 이집트로 유학을 갔던 노승옥과

> **Tip 아프리카 파견 사범 초청 간담회 개최**
>
> 태권도진흥재단은 2007년 1월 해외 사범들을 초청하여 간담회를 가졌다. 이번 간담회는 해외로 파견되었던 사범들의 경험을 듣고, 태권도원의 성공적인 조성과 적극적인 홍보방법에 대한 고견을 얻고자 하는 목적에서 준비되었다. 간담회에 참석한 사범들과 파견기간은 다음과 같다.
>
> ◆ 강문현 / 파견국가 : 리비아 파견기간 : 1975년 10월~1977년 8월
> ◆ 곽기옥 / 파견국가 : 가나 파견기간 : 1978년 8월~1987년 9월
> ◆ 김무천 / 파견국가 : 나이지리아 파견기간 : 1983년 8월~1989년 8월
> ◆ 김범수 / 파견국가 : 중앙아프리카 파견기간 : 1981년 11월~1993년 2월
> ◆ 김영석 / 파견국가 : 나이지리아 파견기간 : 1987년 12월~1989년 3월
> ◆ 김영태 / 파견국가 : 코트디브와르 파견기간 : 1968년 6월~1995년 5월
> ◆ 김종기 / 파견국가 : 수단 파견기간 : 1986년 9월~1987년 9월
> ◆ 김철오 / 파견국가 : 수단 파견기간 : 1981년 1월~1985년 12월
> ◆ 김화일 / 파견국가 : 스와질랜드, 우간다 파견기간 : 1974년 11월~1976년
> ◆ 박남현 / 파견국가 : 가봉 파견기간 : 1981년 2월~1985년 7월
> ◆ 신경호 / 파견국가 : 가봉 파견기간 : 1976년 4월~1978년 5월
> ◆ 심종진 / 파견국가 : 수단 파견기간 : 1984년 9월~1986년 9월
> ◆ 이상진 / 파견국가 : 세네갈 파견기간 : 1983년 3월~1993년 4월
> ◆ 이용기 / 파견국가 : 모로코 파견기간 : 1974년 4월~1981년 4월
> ◆ 최기철 / 파견국가 : 가나 파견기간 : 1978년 8월~1980년 8월
>
> 〈무카스, 2007년 1월 27일.〉

조경행은 1978년 개인 자격으로 이집트에 태권도를 보급했다. 이것을 계기로 1978년 이집트태권도협회를 구성하고 이듬해 WTF에 가입하게 되었다. 노승옥은 1976년 이집트 경찰대학 총장을 이집트태권도협회장으로 추대한 후 국기원을 방문해 이집트에 태권도가 조직적으로 운영되고 있다고 알렸다. 특히 경찰대학 출신 태권도 제자들의 헌신적인 역할은 이집트 태권도 보급의 안전기를 맞이하게 했다. 노승옥과 함께 태권도를 보급한 조경행은 "노 사범은 이집트에 태권도를 보급하기 위해 매일 직접 모든 태권도 수련 프로그램과 계획을 세웠다. 태권도만큼 한국을 알릴 수 있는 것은 없다고 생각해 아랍의 기득권 사회에 태권도를 올려 놓는 것이 중요한 과제였다"고 말했다.

2010년 이집트 아스완에서 태권도를 보급하고 있는 한혜진 사범.

이집트에서 태권도가 성장할 수 있었던 계기는 1986년 임한수가 이집트 태권도 대표선수들을 이끌고 미국 버클리대학에서 열린 제1회 세계대학태권도선수권대회에 참가해 종합 3위를 한 것이 좋은 영향을 미쳤다. 그 후 1988년 서울올림픽에서 태권도가 시범종목으로 치러지자 이집트 정부는 태권도를 정책적으로 지원하기 시작했다. 쿵푸의 인기는 여전했지만 정기영은 "1984년 때만 해도 태권도 인구는 1만 명도 안 됐지만, 1990년대 후반에는 10만 명으로 늘었다"고 말했다.

2009년 KOICA 태권도 요원으로 이집트 아스완에 파견된 한혜진은 KOICA 지원사업으로 태권도 전용도장 신축공사를 진행했다. 그는 "1년여 밤잠을 설쳐가며 어렵게 준비해온 꿈의 태권도장 건축이 시작됐다." 첫 삽을 뜨던 날은 흥분을 감출 수 없었다. 이날 밤 수련을 마치고 수련생들과 학부모들에게 최초로 태권도장 건축계획을 공식적으로 발표했다. 실내 태권도 전용 도장이 생긴다는 소식을 들은 수련생들과 학부모 모두는 일제히 "사~봄님(사범님) 캄솨(감사) 합니다. 소트란~쇼크란(아랍어,

감사하다)" 계속된 감사인사와 함께 "함두릴라"를 연발하기 시작했다"고 감격스러워 했다.

다. 그 밖의 나라들

1968년 아이보리코스트로 건너간 김영태는 라이베리아, 카메룬, 중앙아프리카 등에도 태권도를 보급했다. 〈동아일보〉는 김영태의 활약을 이렇게 보도했다.

"김영태 사범은 코트디브와르 대통령 실에서 지급한 관용차를 타고 다닌다. 현지 정부의 고문으로 진출한 유럽인들을 제외하고 동양인으로서 이 나라 관용차를 타는 사람은 그뿐이라고 한다. 1980년 8월에는 현지 정부로부터 체육훈장을 받았다. 그의 인기는 생선시장에서도 입증된다. 그가 경영하는 서울식당의 재료를 구하기 위해 차를 몰고 시장에 들어서면 흑인 꼬마들이 일제히 몰려온다. '매튜(불어로 사범이라는 뜻)'를 연발하며 그의 차를 돌봐주겠다고 야단이다."[97]

1969년 10월 우간다 정부의 초청을 받아 의술(醫術) 업무를 겸해 파견된 김남석은 2년 만에 태권도 수련자를 3천여 명 길러냈다. 당시 우간다에 살고 있는 교포는 50가구에 불과했다. 우간다는 철저한 관료사회였다. 따라서 의사 신분으로 파견된 그는 고급관리로 대우를 받으면서 비교적 어렵지 않게 태권도를 보급할 수 있었다.

박정원과 신경호는 가봉공화국에서 태권도 보급에 전력했다. 1976년 가봉에 파견된 이들은 가봉의 대통령 경호실, 헌병사령부, 특전사, 경찰 등 주요 5개 부처를 분담해 불철주야 태권도 보급과 지도에 노력, 수련생

---
97) 동아일보. 1986년 9월.

500여 명을 배출하고, 대통령 경호실장 등이 임석한 가운데 제1회 승단 심사를 실시하기도 했다.

주로 프랑스에서 활동했던 이관영은 70년대 중반 세네갈에 건너가 태권도를 보급하기도 했다. 그는 1974년 세네갈 박람회 때 태권도 시범을 하기 위해 세네갈에 갔지만 예상한 것보다 가라테의 저변이 넓어 당황했다. 그는 세네갈 체육성 장관을 만나 세네갈 군대에서 시범을 하는 것을 협의하고, 시범을 마쳤다.

1985년 7월 대한태권도협회의 추천으로 모로코에 파견된 김상천은 교민이 거의 없는 이곳에서 온갖 어려움을 극복하고 태권도를 보급했다. 모로코에는 1970년대 초 태권도가 보급됐지만, 불모지가 다름이 없었다.

1981년 모로코체육연맹에 태권도가 정식 가맹단체로 등록됐지만, 선수들의 기량이나 태권도 인프라는 미흡하기 짝이 없었다. 김상천은 1986년 국내의 한 언론과 인터뷰에서 "모로코의 태권도 붐은 이제 절정기이

> **Tip 르완다 태권도를 아시나요?**
>
>
>
> 1인당 GDP 769달러(세계 164위), 어려운 환경에도 포기하지 않고 태권도를 수련하고 있는 아프리카 중동부 르완다의 태권도 국가대표 시범단이 태권도원을 방문했다.
>
> 지난 2월에 창단한 르완다 태권도 국가대표 시범단(정지만 사범, 코이카 파견)은 총 15명. 이들은 전용 훈련장도 없이 매주 2, 3회 훈련을 실시하고 있으며 그동안 르완다에서 18회의 시범을 선보였다.
>
> 그리고 세계태권도한마당 참가를 위해 지난달 26일 입국, 정지만 사범의 인솔로 한마당 참가 후 지난 3일 태권도원으로 향했다. 한마당 출전이 르완다 시범단에게 결코 쉬운 일은 아니었다. 어려운 환경 속에서 선수단을 위한 항공권 마련은 불가능했고, 결국 항공권 마련을 위해 르완다 국내에서 자선 바자회를 열어 가까스로 비행기 티켓을 구했다.
>
> 이 소식을 접한 태권도진흥재단은 태권도 진흥을 위해 르완다 태권도 국가대표 시범단을 돕기로 했고, 세계태권도한마당이 끝난 후 시범단을 태권도원으로 초대했다. 물론 숙박, 식비 등 기타 제반 사항을 무료로 제공하고, 태권도원에서 전통체력수련을 할 수 있도록 준비했다.
>
> 〈태권도신문. 2015년 8월 5일. 태권도원 찾은 르완다 대표 시범단.〉

다. 현재 수련생은 1만 5천 여 명이지만, 1~2년 이내에 지금의 두 배 이상 늘어날 것이다. 미지의 대륙인 아프리카에 나를 키워준 태권도를 통해 우리나라를 알린다는 것에 긍지를 느낀다"고 말했다.

1980년대 초 케냐 정부의 초청을 받고 가족과 함께 아프리카에 간 이종길은 자녀들의 교육 환경이 너무 열악해 레소토로 옮겨 태권도를 보급했다. 1966년 영국보호령에서 독립해 영국식 입헌군주국인 레소토에서 그는 군대와 경찰, 학교, 교회 같은 공공단체를 위주로 태권도를 보급해 5천여 명의 제자들을 길러냈다. 2003년 레소토 국방부 체육위원으로 활약하며 레소토 군인 태권도 보급에도 힘썼다.

한국전쟁 당시 아프리카에서 유일하게 군대를 파견했던 에티오피아에도 태권도가 보급되었다. 2003년부터 에티오피아 대표팀 코치로 활동하고 있는 박노칠은 매일 2시간씩 에티오피아 국방부에서 태권도를 가르치며 한국을 알리는 데 앞장섰다. 그는 "2003년 아디스아바바에는 18개 태권도장이 있고, 3000여 명의 에티오피아 젊은이들이 태권도를 배우고 있다"고 말했다.

유럽과 아프리카의 가교 역할을 하고 있는 튀니지에도 태권도 바람이 불어 현지인들이 태권도장을 찾고 있다. 셀마 튀니지 영어교사는 "한국을 알기 전에 태권도를 먼저 알았다"며 태권도가 민간외교로 큰 힘을 발휘하고 있다고 밝혔다. 1990년대 중반부터 전부터 이곳에서 태권도 전도사 역할을 하고 있는 임봉석은 튀니지대표팀 코치로 활동했다. 태권도 바람으로 우리나라의 과학기술과 전기통신, 한국어를 배우려는 학생들도 꾸준히 늘어났다. 튀니지 국립마누바대학 한국어과에 등록한 학생은

200명이 넘는다. 한국의 문화상징인 태권도가 아프리카 땅에 우리 문화를 심는 소중한 씨앗이 되고 있는 것이다.

LG전자는 나이지리아에서 스포츠 마케팅을 통해 브랜드 위상을 높이기 위해 태권도 대회를 후원하고 있다. LG전자가 한국을 대표하는 태권도로 프리미엄 브랜드 이미지와 한국 알리기에 나선 것이다.

(5) 오세아니아

가. 호주

1965년 호주로 건너가 가라테와 유도의 기세를 꺾고 태권도의 저변이 확대되는 데 큰 역할을 한 사람은 노계형이다. 그는 1995년 〈국민일보〉와의 인터뷰에서 "호주에는 현재 500여 도장에 한국인 사범이 50여 명 있다. 한국인 사범들은 호주 사범들과 5만여 명의 수련생을 가르치고 있다. 태권도가 올림픽 정식종목이 돼 수련생들이 더 늘어날 것으로 보이며, 국가적 지원도 훨씬 좋아졌다"고 말했다.

1969년 문교부 체육국 추천으로 호주로 이민을 온 이종철의 활약도 뛰어났다. 호주와 뉴질랜드에 도장을 개관해 100만 명이 넘는 제자들을 길러냈다. 1995년 당시, 뉴질랜드 인구는 3백50만 명, 태권도 동호인은 5천여 명이었다.

대한태권도협회는 1998년 11월 호주와 뉴질랜드에 태권도 순회시범단을 파견해 두 나라의 태권도 저변확대를 꾀했다. 올림픽 정식종목으로 채택된 태권도가 2000년 시드니올림픽에서 데뷔하기 때문이었다. 이윽고 2000년 9월 사상 최초로 올림픽 정식종목이 된 태권도의 올림픽 무대에 서기 전 대회조직위원회(SOCOG)와 호주태권도협회에 따르면 태권도 마지막 경기가 열릴 스포츠센터에 들어올 수 있는 입장권은 남아있지 않았다. 예선과 결승까지 모두 3차례에 나눠 치러질 태권도 입장권 가격은 각각 45, 80호주달러. 평일 입장권도 85% 가량 팔려나갈 정도로 태권도가 큰 인기를 끌었다.[98]

그러던 2005년 호주태권도협회가 시드니 올림픽파크 내 주립경기장(State Sports Centre)에서 개최한 제1회 호주 태권도 무예대회 및 호주 국가대표 선발전에서 강형국 태권도교실 출신 교민 자녀 3명이 국가대표로 선발됐다. 이번 대회는 호주 전역 태권도 선수들을 대상으로 한 것으로, 시드니를 비롯해 메번, 브리즈번, 퍼스, 타스마니아, 캔버라 등에서 출전한 400여 선수들이 각 종목에서 경합을 벌였다. 강형국은 태권도 시범단을 구성해 각종 행사에서 태권도를 소개하는데 앞장서 왔다.[99]

> **Tip 호주 원주민, 태권도 수련**
>
>
>
> 호주 시드니에서 약 900km 떨어진 브리워리나시에서 열린 호주 최대의 원주민 축제인 나이독 페스티벌에서 원주민 아이들이 한국인 태권도 사범 서희씨에게 태권도를 배우고 있다. 재호 교민인 서씨는 5년째 나이독 페스티벌 기간에 원주민 마을을 방문해 이들에게 태권도 자원봉사를 해오고 있다. 나이독 페스티벌은 1930년대 후반 호주 원주민들의 권리 증진을 위한 저항 운동에서 시작된 후 1955년부터 현재의 형태로 원주민 문화를 소개하는 축제로 현재까지 계속되고 있다. 나이독 주관위는 매년 7월 첫째주를 나이독 페스티벌 주간으로 지정한 후 호주 원주민의 문화, 역사를 기념하기 위한 다양한 행사를 호주 전역에서 진행한다.
>
> 〈연합뉴스. 2013년 7월 9일. 호주 원주민 축제에서 태권도 선보이는 원주민 아이들.〉

---

98) 연합뉴스. 2000년 9월 19일. 태권도, 일부 입장권 매진.
99) 한국신문. 2005년 7월 1일. 호주 태권도 국가대표에 교민자녀 3명 선발.

호주에서 세계태권도문화엑스포에 참가한 줄리어스 뷰레이는 유도를 하다가 태권도의 스피드와 박진감, 스릴에 반해 태권도로 전향했다. 그는 "태권도는 강한 정신과 극기심을 심어준다. 몸과 영혼을 함께 단련시킬 수 있는 운동으로 자기 수양에 정말 도움이 된다. 맬버른에 있는 5개의 도장에 16~170명의 유단자가 있는데, 그 중 70명 정도가 성인이다. 호주에서는 나이든 사람도 태권도를 많이 한다"고 말했다.[100]

2015년 충북보건과학대학교는 호주 태권도월드(대표 유인철)와 취업 활성화를 위한 업무협약을 맺었다. 양 기관은 협정식을 갖고 충북보건과학대 태권도외교과 학생들에게 해외 인턴십과 취업기회 제공에 상호 협력하기로 했다. 이번 협정으로 호주 태권도월드는 매년 태권도외교과 학생 20명 인턴실습과 5명을 채용하기로 약정했다.[101]

나. 뉴질랜드

뉴질랜드의 태권도 조직은 한동안 통합을 하지 못했다. 특정 개인과 단체가 분산되어 뉴질랜드 태권도 발전을 저해하고 있다는 비판을 받았다.

그러던 2005년, 뉴질랜드 한인들이 주축이 되어 '태권도 뉴질랜드'(TNZ·회장 김태경)가 창립돼 2006년 세계태권도연맹(WTF)과 뉴질랜드올림픽위원회(NZOC)로부터 정식 승인을 받았다. TNZ는 정식 승인과 함께 오클랜드에서 제2회 세계태권도연맹 오세아니아 태권도 챔피언십을 개최한다. 이 대회는 뉴질랜드에서 WTF가 인가한 최초의 국제대회가 되며, 뉴질랜드 SKY TV를 통해 방영될 예정이다.

---
100) 전북일보. 2014년 8월 26일. 세계속의 태권도-⑤세계인이 즐긴다.
101) 머니투데이. 2015년 10월 21일. 충북보건과학대, 호주 태권도월드와 산학협정 체결.

TNZ는 앞으로 각종 태권도 경기의 출전 및 선수 선발을 주관하고 태권도 승급 및 승단 심사를 직접 관장한다. 김태경은 "정식 승인을 받기 위해 14년간 많은 노력을 기울였다"고 말했다.[102] 뉴질랜드에서 '마스터리'로 통하는 이정남은 30년 동안 현지인들에게 태권도를 가르쳤다.

　한편 2011년 남태평양의 작은 섬나라 사모아가 사상 처음으로 올림픽 태권도 경기 출전권을 획득했다. 2012년 런던올림픽 태권도 오세아니아 대륙선발전에서 뉴질랜드와 호주, 파푸아 뉴기니, 사모아 등 4개국이 출전권을 땄다. 선발전은 뉴칼레도니아에서 11개국 35명의 선수가 참가한 가운데 열렸다.

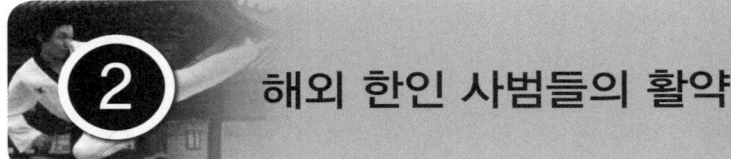

해외 한인 사범들의 활약

(1) 해외 파견 사범의 개요와 현황

　해외에서 활동하고 있는 한인 사범은 유학이나 이민, 초청, 취업 등의 이유로 해외에서 태권도를 가르치고 있거나 외국의 요청에 의해 한국 정부 및 국기원과 대한태권도협회, 세계태권도연맹 등 태권도 유관기관의 필요에 따라 아시아를 비롯해 유럽과 아메리카, 아프리카, 오세아니아에 파견된 사범을 일컫는다.

　1971년 대한태권도협회 회장, 1972년 국기원 초대 원장, 1973년 세계태권도연맹 초대 총재를 역임한 김운용은 당시의 태권도 발전 및 세계화

---

102) 연합뉴스. 2006년 8월 18일. 뉴질랜드 한인주축 태권도단체 WTF서 정식 승인.

전략에 대해 이렇게 회고한다.

"태권도인의 염원인 대한태권도협회 중앙도장(국기원)을 완공했고, 이를 원동력으로 태권도가 국기화의 길을 걷는 초석을 마련했다. 국기원의 재단법인 등록 후 30여 개로 난립하던 태권도관을 통합하고 연수원 개설, 승단 심사통일, 품세 통합, 해외사범 파견과 지원, 역사 정립, 교본과 태권도지 발간 등을 진행하여 태권도의 역사와 전통을 만들어 나갔다."[103]

일반적으로 정부파견 사범은 외교부와 외교통상부 KOICA를 통해서 파견된 사범을 의미한다. 정부 파견사범은 1972년부터 1990년까지 외교부에서 관할하였고, 1991년에 외교통상부 산하 KOICA로 이관되었다가 2009년 문화체육관광부로 이관되었다.

외교문서에 태권도 사범과 관련된 내용과 파일은 1976년부터 등장한다. 사범 파견에 당시 외교부와 중앙정보부가 깊이 관여했고, 주로 중동지역과 아프리카, 남미에 파견되었다. 해외에 사범이 파견된 것은 국내 태권도 사범들의 해외 진출 욕구와 국외 태권도 수련인구 증가에 따른 것으로 군 복무 대체를 위해 KOICA 소속으로 파견되기도 했다. KOICA 태권도 파견사업은 정부파견 사범과 봉사단원 파견으로 나눌 수 있음. 정부파견 사범은 1991년부터 2008년까지 시행되었고, 봉사단원 파견은 1990년부터 현재까지 계속 진행되고 있다. 이 과정에서 태권도 세계화와 한국문화 보급을 위하여 태권도 유관기관과 한국정부가 적극 나서 일정 자격을 갖춘 태권도 유단자들을 해외에 파견시켰다. 특히 해를 거듭할수록 태권도 보급이 활발해지고 태권도가 올림픽 정식 종목으로 채택되자 해외 각 국에서 태권도 원천기술을 배우려고 국내 태권도 지도자들을 필요로 하게 되었다. 또 국내 대학교 70여 개의 태권도 관련 학과와 1만 2천 여 개 태권도장에서 배출되는 태권도 전공생과 유단자들이 급격히 증가하면서 해외 진출을 통해 취업 문제를 해결

---

[103] 김운용닷컴. 2011년 8월 29일. 김운용칼럼: 태권도 어디까지 왔는가.

하려는 분위기가 고조되었다. 각 대학교 태권도 관련 학과와 국기원 및 한국 정부는 사회 문제로 대두하고 있는 청년 실업 문제를 조금이라도 해결하기 위해 국내 태권도 전공생들을 국외 태권도장과 연계시켜 해외 진출과 취업을 지원하기 위해 인턴사범을 선발해 교육시킨 후 해외에 파견하고 있다.

이와 같은 실정으로 인하여 해외에 파견되는 사범들은 계속 증가할 것으로 보인다. 이 과정에서 여러 가지 문제가 발생하고 있어 행정-제도적으로 해결해야 과제가 많다. 각 대학 태권도 전공생들이 추천 형식을 통해 해외 태권도장에 인턴사범으로 파견되어 현지에서 활동하는 과정에서 각종 민원이 발생하고 있고, 태권도 유관기관과 정부의 의지로 파견되는 사범들도 교육과정 및 양성과정이 체계적으로 정형화가 안 되어 있다.

따라서 국내 태권도 지도자들을 해외에 파견하는 데 주력하기보다는 그 전에 태권도 기술과 정신을 올바르게 터득하고 현지에 잘 적응하도록 소양 및 전문교육을 체계적으로 실시하고, 일정 기간마다 재교육을 정례화하는 등의 제도적 장치가 필요하다.

국기원은 2009년부터 대한민국과 개발도상국가와의 우호 협력관계 및 상호교류를 증진시키고 이들 국가의 태권도 보급발전에 기여하기 위해서 사범을 파견하고 있다. 국기원은 2011년부터 각 대학교 태권도 전공생들을 대상으로 태권도 인턴사범을 선발하여 미주에 파견하고 있다. 2011년 75명, 2012년 50명의 인턴사범은 뉴욕문화원 관할 34개 태권도장과 워싱턴DC 문화원 관할 16개 도장에 파견되었다. 자격 요건은 태권도나 체육 관련 학과 졸업생, 졸업예정자로 태권도 4단 이상자를 대상으로 하며 태권도 사범자격증 소지자, 태권도 관련 경력자(지도자, 선수, 심판 등), 영어회화 능숙자, 미국 비자 소지자는 우대했다.

(2) 해외파견 사범의 진출과정과 형태

가. 개인(민간) 동기의 해외 진출

태권도 사범의 초창기 해외 진출은 1950년대부터 시작됐다. 초창기 해외 진출은 주로 한국에서 태권도를 수련한 유단자들이 유학이나 이민, 초청 등 개인적인 동기로 이루어졌다.

사범들이 민간 차원에서 개인적 동기로 유럽에 진출한 것은 1960년대 중반부터이다. 유럽의 경우는 돈을 벌기 위해 광부로 독일에 정착한 경우가 가장 많고, 이민과 유학, 초청 등 다양한 경로르 진출했다. 아프리카에 진출한 사범들은 미주나 유럽과는 달리 현지에 오랫동안 정착하는 경우는 거의 없었다. 잦은 내란으로 인한 불안정한 치안과 낙후된 경제, 열악한 생활환경 등으로 현지 적응이 어려웠기 때문이다.

유학과 이민에 의한 민간차원의 해외 진출은 1980년대에 들어서도 활발하게 이루어졌다. 해외 출국과 여행이 자유롭게 되자 대학에서 태권도를 전공한 사람들이 해외에 도장을 개관하기도 했고, 이민과 초청 등 다양한 경로를 통해 해외에 나갔다.

나. 태권도 유관기관을 통한 해외 파견

대한태권도협회는 1966년 제1회 해외 파견사범 선발시험을 실시하여 권재화 등을 해외에 파견했다. 대한태권도협회 파견분과위원회는 해외 파견사범 선발과 관련, 태권도 종주국으로서 국위선양과 스포츠 외교사절의 임무를 다하기 위하여 우수 사범을 선발했다.

해외 사범 파견은 대한태권도협회가 먼저 시작하였으나 1966년 창설된 국제태권도연맹(ITF)이 1967년 문교부 및 외무부 사회단체에 등록한 후 해외파견 사범에 뛰어들면서 대한태권도협회와 갈등을 빚었다.

1960년대 후반 해외 파견사업을 놓고 두 단체 간의 경쟁이 치열해지자 대한태권도협회는 태권도 해외 보급과 사범 파견 등 대외 관계를 전담할 '국제위원회'를 신설하는 등 사범 파견에 박차를 가하였다. 당시 대한태권도협회장 김용채는 문교부와 외무부 장관을 만나 협회의 허락을 받은 자에 대해서는 해외에 사범을 파견할 수 있도록 요청하였다. 이 같은 노력에 따라 해외 파견 사범은 문교부 지침에 따라 대한태권도협회가 사범을 선발하여 문교부의 추천을 받아 대한체육회 해외파견 초청심의위원회 승인을 거쳐 파견하였다.

대한태권도협회는 1974년 제2회 해외 파견사범 선발시험을 실시했다. 선발 기준과 파견 대상자는 ①회원으로 4단 이상인 자 ②고등학교 이상 학력으로 영어 또는 당해국 언어를 해득할 수 있는 자 ③지도자교육을 마친 자로서 사범자격증을 보유한 자 ④본회 벌칙에 해당되지 않는 자들로, 당시 선발시험은 해외 각 국에서 답지하고 있는 사범파견 요청에 따라 각 국의 정부를 통하여 온 공식 요청만 선발대상으로 삼았다. 시험 내용은 실기와 이론을 병행했다. 격파는 송판 회전격파, 손날격파였고, 품새는 팔괘와 고려, 겨루기는 1분 30초 3회전이었다. 이론 시험은 태권도 기술 일반과 상식 일반으로 나눠 태권도 현황과 동정 및 사회, 역사에 대한 문제를 출제했다.

이와 같은 선발 시험을 통해 합격한 사람은 김희근 · 이문화 · 이복한 · 곽기옥이다. 중남미에는 1970년대 중반부터 사범을 파견했다. 대한태권도협회는 1970대 중반 변종찬과 박봉서를 브라질에 파견하고, 1979년에는 페루와의 외교를 강화하기 위하여 정의황을 페루에 파견했다.

국기원은 2009년부터 정부의 지원을 받아 아프리카와 동남아시아, 남미 등 저개발국가와의 협력 및 상호교류와 태권도 보급을 위하여 사범을 파견하고 있다. 또 2011년부터 '해외태권도인턴사범 파견사업'의 일환으로 태권도 전공생들을 대상으로 인턴사범을 선발하여 미주에 파견했다.

> **Tip 문체부, 국기원과 함께 해외 파견 사업 확대**
>
> 문화체육관광부는 국기원과 함께 태권도를 세계 각지로 확산하기 위해 '태권도 사범 파견 사업'을 지속적으로 확대해 나갈 예정이다. 지난해까지 남아공, 우루과이 등 19개국에 19명의 태권도 사범을 파견했으며, 올해는 12개국(레소토, 알제리, 우간다, 케냐, 콜롬비아, 파나마, 동티모르, 인도네시아, 타지키스탄, 태국, 말레이시아, 벨라루스)에 12명을 추가로 파견할 예정이다. 이번 추가 파견이 이뤄지면 총 30개국에 31명의 태권도 사범이 진출하게 되며, 이들은 한류 원조인 태권도의 해외 보급에 크게 기여할 것으로 예상된다. 태권도 사범 파견은 문체부가 우리나라 정통 무예와 함께 정신문화를 해외에 소개하는 차원으로 진행하고 있다. 최근 우리나라 문화에 대한 관심이 높아지면서 다시 한 번 태권도의 한류 콘텐츠로서의 가치가 부각되고 있다. 파견된 태권도 사범들은 현지 문화원, 대사관 및 국가협회 등에서 근무하면서 태권도를 보급하고, 우리 문화의 가치를 함께 나누는 '태권도 문화 전도사'로서의 역할을 담당하게 된다. 이번에 파견되는 사범은 국립대학 태권도학과 수업 지도(우간다), 국가대표 지도(알제리, 태국, 인도네시아) 등의 다양한 역할을 수행할 계획이다.
>
> 〈태권저널, 2014년 3월 13일, 태권도 사범, 해외 파견 사업 확대.〉

다. 정부 지원을 통한 해외 파견

정부의 해외 파견사범 사업은 1972년부터 1990년까지 외교부에서 관할하다가 1991년에 외교통상부 산하 한국국제협력단(KOICA)으로 이관되어 태권도 봉사단원을 파견했다. 이 사업은 2008년 12월 종료되고 2009년 1월부터 문화체육관광부로 이관되었다. KOICA 자료에 따르면, 1972년 아프리카 레소토에 사범을 처음으로 파견한 후 2008년까지 40개국 78명(아시아 9개국 16명, 중남미 1개국 1명, 유럽 1개국 1명, 중동

4개국 8명, 아프리카 22개국 49명, CIS 3개국 3명)의 사범을 해외에 파견했다. 미국에는 정부 지원으로 사범을 파견하지 않았다.

아프리카에는 다른 대륙에 비해 정부 파견사범이 진출했다. 이는 1960년대 중반부터 추진된 '대아정책(對阿政策)'이 영향을 미쳤다. 아프리카에 인력을 수출하고 기술을 원조하는 등 우호협력 관계를 강화하여 북한과의 외교 경쟁에서 우위를 점하려는 정부 의지가 반영된 셈이다.

아프리카에는 북한에 우호적이면서 한국과 미수교 국가가 많아 정부에선 외교 정보 수집 차원에서 사범을 적극 활용했다. 1968년 코트디부아르에 파견된 김영태은 중앙정보부로부터 독일어를 교육받았고, 1975년 리비아에 파견된 강문현도 중앙정보부의 영향을 받았다. 1970년 케냐에 파견된 윤목은 한국 정부를 대신하여 사범들이 외교활동을 하고 북한 공작원들과 부딪히며 외무부에서 할 수 없는 일을 많이 했다고 주장했다. 이처럼 아프리카에 사범을 적극 파견한 것은 '친한류 우호정서'를 만들고, 아프리카 여러 나라와 수교한 북한을 견제하기 위하여 군과 경찰에 인적 네트워크를 구축하려고 한 것이다.

2009년 1월에 열린 '2011년 체육정책 대국민 업무보고'에서 문화체육관광부는 올림픽 핵심종목 선정을 위한 태권도 세계화 지원 태권도 진흥을 위한 기반 구축 및 국제행사 개최 등을 통해 태권도의 브랜드 파워(Brand Power)를 창출하겠다고 발표했다. 이날 문화체육관광부 장관은 "정부가 추진하고 있는 사업과 연계해 태권도학과 졸업생들이 전공을 살려 사회에 진출할 수 있도록 돕겠다. 미국과 제3세계에 인턴십 프로그램,

전문 사범, 태권도봉사단 파견 등 종합적인 대책을 마련해 지원하겠다"고 말했다.[104]

문화체육관광부는 2014년 사범 파견 사업을 확대해 나갔다. 2013년까지 남아공, 우루과이 등 19개국에 19명의 사범을 파견했는데, 2014년에는 12개국(레소토, 알제리, 우간다, 케냐, 콜롬비아, 파나마, 동티모르, 인도네시아, 타지키스탄, 태국, 말레이시아, 벨라루스)에 12명을 추가로 파견했다.

(3) 해외 파견 사범의 활동과 과제

개인적 동기로 해외에 진출했든 태권도 유관기관 및 정부의 지원으로 해외에 파견됐든 한인 사범들은 세계 각 국에서 태권도를 보급하며 우리나라 문화를 알리고 민간 외교를 하면서 국가 브랜드 제고에 기여하고 있

🔍 Tip 정부가 추진한 해외파견사범 교환 각서

한국 정부는 2001년 12월 인도네시아와 태권도 사범 파견에 관한 각서를 교환했다. 이 문서는 인도네시아 외무부 경제차관보에게 발송했다. 태권도 사범의 지위에 대해 다음의 같은 약정을 제안했다.
1. 한국정부는 무상원조의 형식으로 2년간 태권도 교육을 실시하기 위한 사범을 인도네시아에 파견한다.
2. 한국정부는 사범과 그 가족의 대한민국 – 인도네시아 간 여행경비 및 인도네시아에서의 활동에 대한 급여를 부담한다.
3. 인도네시아 정부는 한국국제협력단과 협의 후 사범이 훈련을 실시할 적절한 기관을 지정한다.
4. 인도네시아 정부는 인도네시아에서의 사범의 임무수행을 원활하게 하기 위하여 다음 사항을 이행한다.
   가. 사범 및 가족에 대한 신변안전 보장
   나. 사범과 그 가족의 임무와 관련된 인도네시아로의 입출국시 어떠한 출입국 제한으로부터 면제
   다. 비자발급을 포함한 사범 및 가족에 대한 입국과 관련된 비용 면제
   라. 사범의 임무수행을 위하여 사용될 목적으로 인도네시아로 반입 또는 반출되는 태권도 용품 및 개인 물품에 대한 관세, 조세 및 기타 정부부과금 면제
   마. 사범이 한국정부로부터 받는 보수 또는 수당에 대한 소득세 및 기타 정부부과금 면제
   바. 고의 또는 중대한 과실로 인한 작위 또는 부작위의 경우를 제외하고 사범의 공적 임무수행과정에서 발생하는 작위 또는 부작위에 대하여 제3자가 제기하는 소송에서의 책임 면제
   사. 인도네시아에서 활동 중 사범 및 가족에 대한 응급 의료처치 제공
   자. 인도네시아에서 부여된 업무수행을 위하여 발생하는 지방여행경비 부담

〈네이버 지식 iN, 2003년 10월 10일, 대한민국 정부와 인도네시아공화국 정부간의 태권도사범 파견에 관한 교환각서.〉

---

104) 태권라인, 2011년 2월 25일.

2014년 해외파견 한인사범들이 국기원이 실시한 보수교육을 받고 한 자리에 모였다.

다. 한인 사범들은 현지인들에게 태권도를 가르치면서 우리나라 경제·문화·외교분야에 긍정적인 영향을 미쳤다. 단순히 태권도만 보급한 것이 아니라 우리나라 문화 전령사이자 민간외교관 역할을 수행하고 있는 셈이다.

앞으로 정부와 태권도 기관이 관심을 기울여야 하는 것은 파견 확대 이외에 사범들의 처우개선에 적극 나서야 한다는 것이다. 2009년 보수교육을 받기 위하여 국기원에 온 사견 사범들은 경제적인 어려움을 토로하였다. 다음은 이와 관련된 기사.

저개발 국가로 파견돼 태권도 보급과 홍보에 앞장서온 파견 사범들의 급여가 올해부터 대폭 감소될 전망이다. 국기원은 해외 파견사범 교육기간 중 사범들과 근무계약을 체결했다. 계약서 내용 중 사범들의 가장 큰 불만을 산 부분이 급여 조항이다. 종전 정부파견 사범으로 활동할 때 미국 달러로 지급되던 급여를 새로운 사업의 주체가 된 국기원이 한화로 환산해서 지급하겠다고 고쳤기 때문. 계약서 단서조항에 환율을 1,100원으로 고정 환산해 지급하겠다는 내용이 들어간 것이다. 현지에서 한화를 사용할 수 없기 때문에 사범들은 다시 미국 달러를 구매해야 한다. 현재 US 1$의 현찰 매입가는 1,500원대. 1,100원으로 환산하여 지급된 급여로 다시 미국 달러를 구매한다면 결국 급여가 30% 가까이 삭감되는 것이나 다름없다. 한 사범은 "당장 교육비가 걱정이다. 예산의 어려움 때문인 것은 이해하지만 해외파견 사범들도 현지에서 경제적 어려움을 겪고 있다. 저개발 국가라고 해서 물가가 많이 싸다는 생각은 잘못된 생각이다. 대부분 수입에 의존하다 보니 공산품의 경우 한국보다 물가가 비싸다. 저렴한 것은 자체 생산되는 일부 품목뿐이다"고 현지 사정을 설명했다.[105]

국기원은 2012년 9월 파견사범들이 현지에서 태권도 활성화에 많이 기여할 수 있도록 적극 지원해 나갈 계획이라고 밝혔다. 이와 함께 2015년 '태권도 사범 파견사업' 정책에 따라 △현지 실사를 통해 사범을 파견하는 국가를 확대하고 △사범의 역량 향상을 위해 교육을 활성화하며 △사범에 대한 성과평가체계를 구축해 나가기로 했다.

2023년 11월, 강원도 속초 롯데리조트에서 열린 '2023년 국기원파견사범연합회 정기총회'에서 이기수 사범이 신임 회장으로 선출됐다.

이기수 신임 회장은 현재 스리랑카태권도협회 기술위원장 겸 세계군인체육연맹(CISM) 태권도 상임고문을 맡고 있다.

이 회장은 정우민 프랑스 사범(프랑스 대표팀 코치)을 사무총장에, 이철권 사범(요르단 국가정보부 사범)을 총무에 임명했다. 이어서, 5개 지역 연합회 대륙 회장으로 아시아 회장에 이광호 사범(오사카후 및 효고현태권도협회 이사), 유럽 회장에 이덕휘 사범(조지아 대표팀 감독), 남미 회장에 김호석 사범(온두라스 검찰청 및 국립대 교수), 오세아니아 회장에 차동민 사범(호주 청소년 대표팀 코치), 아프리카 회장에 정지만 사범(르완다 대표팀 감독)을 각각 임명했다.

또한, 연합회 자문위원으로 최용석 사범(캄보디아 대표팀 감독), 이승

---

[105] 태권도신문. 2009년 2월 18일.

규 사범(키르기즈스탄태권도협회 기술위원장), 이주상 사범(방글라데시 대표팀 감독), 전영기 사범(판아메리카연맹 기술위원장), 조정현 사범(핀란드 대표팀 감독), 권영달 사범(네팔경찰청 사범), 유웅조 사범(미얀마 대표팀 감독)이 위촉되었다.

해외 파견 사범은 각국 공관, 국가협회 및 국가대표팀, 군과 경찰, 정부 주요기관 등과 친밀한 연결망을 구축해 공공외교를 활발하게 추진하고 있다.

한편 국기원은 문화체육관광부와 협의해 2023년 53개국에 사범을 파견했다.

🔍 Tip 정부파견 사범제도 존속 필요

(…) 정부파견사범들은 오로지 가슴에 태극기 하나를 품고 태권도를 보급하겠다며 한국을 떠날 당시의 각오를 다지고 또 다지며 젊음을 바쳐 태권도를 전파하고 있다. 정부파견 사범들은 파견된 나라에서 무엇을 어떻게 해야 할지를 잘 알고 태권도를 통해 대한민국을 그 나라 국민들 마음 속에 심어주고 있다. 이 사범들의 역할은 굳이 나열하지 않아도 한국을 위해 큰일을 하고 있다는 것쯤은 다 알고 있는 사실이다. 그런데 갑작스럽게 정부가 해외 파견 사범제도를 폐지하기로 결정했다 (…) 태권도 불모지인 후진국에서 정부파견 사범들이 청춘을 바쳐 이뤄낸 성과가 무시된 것이나 다름없다. 이들의 노력으로 이제 겨우 태권도가 대중화 단계에 접어들고 있는 상태다 (…) 후진국에 태권도 사범 정부파견 사업을 폐지한다는 것은 국제사회 흐름에도 역행하는 것이다. 태권도는 이미 세계화 국제화 돼있다. 한국이 자랑스럽게 내세울 수 있는 유일한 것이 태권도다. 태권도가 스포츠외교에 일익을 담당 수 있도록 정부파견 사업이 중단되는 사태가 없기를 기대한다.

〈태권도신문. 2008년 8월 18일. 이재봉 한국체육대학교 교수 기고.〉

연구과제

1. 해외에 파견된 사범들의 개념과 정의를 설명해 보시오.
2. 해외에 진출한 사범들의 유형을 설명해 보시오.
3. 해외 파견 사범들이 어떤 임무를 띠었고, 태권도 보급을 위하여 어떻게 활동을 하였으며, 고충은 무엇이었는지 설명하시오.
4. 태권도 유관기관이나 정부가 파견한 사범은 아니지만 유학과 이민, 초청 등 민간 차원에서 해외에 나간 사범들에 대해서 설명해 보시오.
5. 해외 파견 사범들을 '민간외교관' 또는 '문화전령사' 라고 하는 이유는 무엇인가?
6. 파견 사범들이 국가 인지도 및 이미지 제고를 위하여 어떤 노력을 기울였는지 설명해 보시오.
7. 해외파견 사범사업이 왜 지속적으로 추진되어야 하는지 설명해 보시오.
8. 국기원이 왜 해외파견 사범사업에 관심을 가져야 하는지 설명해 보시오.
9. 앞으로 어디에 중점을 두고 해외파견 사범교육이 이루어져야 하는지 설명해 보시오.
10. 국기원이 글로벌 태권도 인재 육성을 위해 어떤 역할을 해야 하는지 설명해 보시오.

참고문헌

김운용닷컴. 2011년 8월 29일. 김운용칼럼.
경향신문 1993년 3월 9일.
네이버 지식 iN. 2003년 10월 10일.
동아일보. 2008년 7월. '민간외교관 태권도'
무카스. 2007년 1월 27일.
문화체육관광부 국제체육과. 2014년 2월 27일.
문화체육관광부 정책브리핑. 2014년 2월 27일.
서성원(2008). 태권도 현대사와 길동무하다. 서울: 상아기획.
서성원(2012). 태권도뎐(傳). 서울: 상아기획.
성제훈(2014). 태권도 세계화과정에 나타난 오리엔탈리즘의 규명. 서울대학교 대학원 석사학위논문.
연합뉴스. 2008년 9월 7일.
이경명(2011). 태권도 용어정보사전. 세계태권도연맹.
진실화해를 위한 과거사정립위원회(2009). 2008년 하반기 조사보고서 -태권도의 국제적 보급을 통한 국위선양의 건.
태권도진흥재단(2010). 태권도해외진출사연구보고서(미주지역).
태권도진흥재단(2012). 태권도해외진출사연구보고서(유럽, 아프리카지역).
태권라인. 2012. 9월 6일.
태권도신문. 2009년 2월 18일.
허인욱(2008). 관을 중심으로 살펴본 태권도형성사. 서울:한국학술정보(주).

개정증보판 History & Culture & Taekwondo
태권도 역사와 문화의 이해

 제8장 북한 태권도 흐름과 특징

📖 학습목표

이 장(章)은 남한 태권도와 다른 길을 걷고 있는 북한 태권도의 실상과 과제를 이해하는데 있다. 1980년대 초 국제태권도연맹(ITF)를 창설한 최홍희가 어떤 경로를 통해 북한에 ITF 태권도를 보급하게 되었는지 그 동기를 살펴보고, 북한 태권도의 이념적 특징과 태권도 관련 주요 시설물을 알아본다.

특히 태권도 대중화와 과학화를 내세우며 1990년대 중반 보급한 '건강 태권도'의 개요를 이해하고, 2000년대 들어서서 변화하고 있는 북한 태권도의 상황과 쟁점을 탐구한다.

제8장 북한 태권도 흐름과 특징

1 ITF는 북한 태권도가 아니다

　북한은 국제태권도연맹(ITF)을 창설한 나라가 아니다. ITF 가입국이다. 1966년 한국에서 창설된 ITF를 1980년에 받아들인 후 2002년 ITF 창설자 최홍희가 타계하자 여러 갈래로 나눠진 ITF의 한 분파를 주도하고 있을 뿐이다.

　한국 정부와 세계태권도연맹(WT)이 태권도 통합과 남북 태권드 교류를 추진할 때 북한이 주도하고 있는 ITF를 협상 파트너로 삼은 것은 남과 북의 특수한 정세와 태권도를 올림픽 정식종목으로 유지해야 하는 세계 스포츠의 흐름 때문이다.

　하지만 2000년대 들어서면서 태권도 통합과 남북 태권도 교류의 파트너로 북한 ITF가 부상하면서 'ITF=북한 태권도'라는 잘못된 인식이 확산됐다.

　이런 인식에 가장 많이 불만을 표출한 사람은 북한에 ITF를 보급한 최홍희의 친아들 최중화였다. "ITF는 엄연히 한국 태권도"라고 규정한 그는 2008년 9월, 한국정부의 승인 속에 34년 만에 귀국한 후 북한 태권도의 실상을 폭로했다.

그는 기자회견에서 "장웅 계열의 ITF는 북한 노동당 통일전선부 전위조직"이라며 북한이 태권도를 정치적으로 이용 하고 있다고 비판했다. 최중화의 주장에 따르면, 북한의 통일전선부는 최홍희로부터 수천만 달러 규모의 자금 지원을 요청받고 매년 30만 달러의 조직 운영자금과 120만 달러의 세계대회 개최 경비를 지원했다. 그 대신 통일전선부는 1980년 이후 ITF의 태권도 사범들의 해외 파견을 직접 관장했다.[1]

이 같은 주장은 2015년에도 이어졌다. 최중화는 2015년 대전에서 "아버지는 태권도 정신을 인종, 사상, 종교에 관계없이 알려야 한다는 신념을 가지고 계셨다. 그 때문에 북한에 태권도를 전파했지만 북한에선 태권도를 이용해 사상을 전파하기 시작해 북한과 연을 끊은 지 오래다. 한국에 뿌리를 두고 있는 ITF가 빨리 자리를 잡았으면 한다"[2]고 말했다.

경향신문 1980년 9월 25일자 기사.

② 북한의 태권도 보급 과정과 현황

최홍희와 북한 태권도는 밀접한 관계이다. 북한에 태권도가 보급되어 '태권도 모국(母國)'을 자처한 배경에는 최홍희가 있기 때문이다.

1972년 캐나다로 망명해 캐나다 국적을 취득한 최홍희는 박정희 체제를 노골적으로 비난하면서 WT와 첨예하게 대립했다. 최홍희는 "첫 태권도 국제기구인 ITF를 군대 후배 박정희가 정치적(3선 개헌)으로 이용하려다 내가 반대하고 캐나다로 망명하니까 김운용을 시켜서 만든 게 세계

---
1) 중앙선데이. 2009. 09. 08. "국제태권도연맹은 북한 통전부의 전위 조직"
2) 중도일보. 2015. 08. 25. 최중화 총재 "ITF는 북한 태권도 아니다"

태권도연맹"[3]이라고 여길 정도로 앙금이 심했다.

1970년대 후반부터 자신을 따르던 제자들이 외압 등 여러 가지 이유로 ITF를 이탈하자 최홍희는 새로운 돌파구를 찾기 위해 폴란드와 헝가리 등 동유럽 사회주의 국가로 눈을 돌렸다. 그 후 1979년 6월, 동유럽 4개국과 서유럽 10개국이 참여한 '통일유럽태권도연맹'을 만들어 사상과 이념, 종교를 초월해 태권도를 보급하고 싶다는 열망 속에 소련과 중국, 북한에도 관심을 기울였다.

최홍희는 북한 방문을 비밀리에 추진했다.

"국내외 제자들은 대부분 내 곁을 떠났다. 나와 가까우면 너도 빨갱이로 처벌 받는다고 온갖 협박 등을 제자와 가족들에 했기 때문이다. 최홍희 개인 대 박정희 국가 세력과는 싸움 자체가 될 수 없었다. 이제 내 정통태권도가 매장되는 건 시간 문제였다. 고민 끝에 북한에 '내 태권도를 배울 생각이 있느냐'고 편지를 썼다."[4]

최홍희는 조선체육지도위원회에서 공식 초청장을 받자 이기하·박정태·림원섭·이석희·최중화·김석준 등 제자들과 외국인 사범들을 모아 북한을 방문했다. 1980년 9월이었다. 북한에 ITF를 보급하는 시발점이 된 것이다.

최홍희는 북한에 간 동기에 대해 "내가 북한에 들어가게 된 동기는 태권도를 가르칠 수 있는 곳이면 이 세상 어디든 간다는 신념에 따른 것이었다. 북한도 내 조국인데 가지 못할 이유가 뭔가. 북한은 국제태권도연맹 산하에 있는 가입국의 하나"[5]라고 말했지만, 갈수록 자신의 입지와 ITF가 쇠퇴하는 상황에서 북한은 위험하지만 시도해볼만한 '미개척지'였을 것이다.

최홍희 일행은 조선체육지도위원회의 환대 속에 평양체육관에서 2만

---

3) 월드코리안뉴스(worldKorea), 2021.12.09. 송광호 기자가 만난 북녘땅-40.
4) 월드코리안뉴스(worldKorea), 2020.07.25. 송광호 기자가 만난 북녘 땅-3. 최홍희 국제태권도연맹 총재가 방북 취재 도와.
5) 인사이드월드, 1997년 3월호.

명이 지켜보는 가운데 첫 시범을 했다. 체육관 벽면에는 '조국을 방문한 최홍희 선생과 그 일행을 열렬히 환영한다'는 펼침막에 걸려 있었다. 그 후 평양과 지방을 오가며 2주 동안 펼친 시범은 성공적이었다. 시범을 보였던 박정태는 "(함께 선보인) 격술은 태권도보다 기술이 많이 떨어졌다. 격술 고단자들과 세미나를 갖고 기술을 검토·비교하기도 했다"⁶⁾고 말했다.

태권도전당 외관과 내부

이러한 흐름 속에 최홍희는 북한 태권도 사범요원 교육을 맡았다. 7개월 동안 교육을 마치고 44명의 교육생 중 19명에게는 4단, 나머지는 3단을 줬다. 그는 "7개월이라는 짧은 기간에 보통 10년 이상 배워야 할 그 많은 동작들을 완 전 습득한 것을 보고 정말 놀랐다"⁷⁾고 기뻐했다.

북한은 왜 최홍희를 극진하게 예우하며 태권도 전수를 총괄하게 했을까? 북한은 국제사회에서 맹위를 떨치고 있는 남한의 태권도, 즉 WT를 견제해야 했다. 남한으로부터 배척을 받고 있었던 최홍희도 북한과 두터운 관계를 유지하고 싶었을 것이다. 북한의 관점에서 본다면, 태권도를 창시한 장본인으로 자신에게 정통성이 있다고 주장한 최홍희를 남북한 태권도 문제가 발생할 경우, 태권도의 정통성을 주장하며 주도권을 행사할 수 있을 것이라는 정치적 속셈도 작용한 것으로 볼 수 있다.

최홍희에 대한 북한의 평가는 최홍희가 북한에 태권도를 전수하기 이전과 이후가 다르다. 북한은 최홍희를 조국과 인민을 배반한 역적이라며 '반공분자', '반역자'라고 성토했다. 북한 태생이지만 한국전쟁 때 남한의 장성으로 북한 인민군과 맞서 싸운 전력을 문제 삼은 것이다. 하지만 최홍희가 북한에 태권도를 보급하면서 친북성향을 띠자 '조국을 버리고 남조선과 해외로 다녀봐야 조국이 제일이고 장군님의 품을 떠난 인생은 낙

---

6) 월드코리안뉴스(worldKorea). 2021.12.09. 송광호 기자가 만난 북녘땅-40.
7) 최홍희(1998). 태권도와 나 2. 도서출판 다움. 323쪽.

엽 같은 것이다. 조국과 수령님의 품만이 진정 자기 운영을 맡길 수 있는 품'이라고 선전했다.[8] 최홍희가 북한 당국의 대남선전용으로 활용된 것이다.

최홍희는 1980년대 초 친아들 최중화를 가족과 함께 평양으로 보냈다. 제2기 사범요원교육을 도와주면서 기술을 향상시키라는 권유를 최중화가 흔쾌히 받아들였다. 북한에 간 최중화는 최홍희의 뜻에 따라 ITF 태권도를 가르쳤다. 당시의 상황을 최중화는 이렇게 회고한다.

"80년대 부친이 '이북도 우리 민족이고 태권도를 모르면 안 된다'면서 태권도 시범단 16명을 구성해 이북을 방문했다. 나도 시범단의 한 명이었다. 이후 이북과 계약을 하고 사범교육을 했다. 1981년 1기, 1982년 2기생을 교육했다. 하지만 3기부터는 이북 자체에서 교육하겠다고 했다. 처음에는 무슨 뜻인지 몰랐다. 우리 보고 손을 떼 달라는 얘기였다. 이후 본의 아니게 이북에서 약 2년간 더 생활한 뒤 1983년 동유럽으로 나와 태권도를 보급했다."[9]

하지만 시간이 지나면서 북한의 태도가 달라지기 시작했다. 북한의 요청에 따라 사범을 양성하는 등 태권도를 보급하는 만큼 해외에 사범을 파견하고 시범단을 운영하는 권한은 북한이 아닌 ITF가 행사하길 원했다. 당시 최홍희는 북한에 태권도를 보급하면서 △해외에 파견된 국제사범은 ITF가 지휘 통제한다 △총재를 통해서만 해외에 나가 있는 사범들과 접촉할 수 있다 △조선태권도위원회는 ITF 승인없이 어떠한 나라에도 시범단이나 사범을 파견할 수 없다 등의 원칙을 고수했다.[10] 이는 북한에 ITF가 귀속되지 않겠다는 최홍희의 강한 의지로 해석할 수 있다. 하지만 북한은 태권도 기술을 전수받자 사범양성 및 파견과 시범단 운영을 자체적으로 하겠다고 최홍희와 선을 그었다.

---

8) 데일리NK. 2011.03.23.
9) 동아일보. 2008.09.08.
10) 최홍희(1998). 앞의 책. 448쪽.

2011년 북한 학생들이 평양의 학생소년궁전에서 태권도를 수련하고 있다.

북한은 최홍희의 ITF태권도를 수용하는 과정에서 북한식의 운영체계를 구축했다. 국제적인 고립과 심각한 경제난 속에서 우리식 사회주의와 조선민족 제일주의를 표방했는데, 민족체육으로 태권도를 집중적으로 육성한 것이다. 1992년 김일성의 '태권도 과학화와 생활화' 지침을 김정일이 'ITF 태권도와 건강태권도' 프로그램으로 구체화했다. 이를 계승한 김정은은 2015년 태권도를 전략종목으로 지정하고 '온 나라를 태권도화'하도록 했으며, 국가무형문화유산으로도 지정하는 등 태권도를 중시하고 있다.[11]

북한은 2011년 평양에서 ITF 세계태권도선수권대회를 개최했다. 北ITF가 주도하는 세계태권도선수권대회는 2년에 한 번씩 열리는데, 종합 우승은 늘 북한이 차지했다. 2020년 1월, 북한 노동당 기관지 노동신문은 2019년 평양에서 열린 제21차 태권도세계선수권대회에 대해 "성인, 청소년, 노장 부류로 나뉘어 70여 개 나라와 지역에서 남녀 태권도 선수 970여 명이 참가했다"라고 보도했다.

---

11) 통일뉴스, 2020.02.17. 홍성보 기고, 2032년 공동올림픽을 위한 남북 태권도 협력(1).

3. 북한이 풀이하는 태권도 유래와 개념

그렇다면 북한은 태권도의 유래와 개념을 어떻게 해석할까? 북한은 고구려 시대에 성행했던 맨손무술 수박이 조선시대 택견으로 발전해 평양지방에서 유행하던 날파람으로 이어져 내려왔다는 논리를 펴며, 조선시대에 이르러 내리막길을 걷다가 '태권도'라는 이름으로 불리게 된 것은 주체 44(1955)년부터였다고 주장한다.

2017년에는 1790년에 간행된 '무예도보통지'(武藝圖譜通志)'를 세계기록유산으로 등재 신청을 하는 과정에서, 무예도보통지가 북한 태권도의 원형이라고 주장해 주목을 끌었다. 북한의 태권도 최고 행정기관인 조선태권도위원회는 태권도에 대해 다음과 같이 정의를 내렸다.

2002년 9월 대한 태권도협회 시범단이 평양 공연을 마친 후 북한 어린이가 '조선무도 태권도'를 쓰고 있다.

─조선 인민의 슬기와 용맹, 넋이 깃들어 있는 태권도는 모든 기술동작들이 과학적 원리에 기초하여 체계화된 독특한 무도이다 (…) 우리의 태권도는 위력이나 기술이 우월할 뿐만 아니라 정의감, 강의성, 겸손성, 그리고 결단성을 키우기 위해 높은 기술과 함께 정신교육을 강조하는 독특한 무도이다. 그래서 우리의 태권도를 가리켜 일명 '호신예술'이라고도 부르는 것이다.[12]

북한은 '태권도는 정신교육을 강조하는 독특한 무도'라고 정의하지만 북한의 태권도 이념과 사상은 남한의 태권도와 차이가 많다. 최홍희가 창안한 ITF 태권도를 수용하면서도 북한 나름의 새로운 사상을 가미했다. 북한 태권도를 연구한 홍성보는 "북한 태권도는 물질을 중시하는 유물론적 경향을 띠면서 이념, 기술, 운영체계에 이르기까지 주체사상의 영향을 받았다"며 "그 결과 북한 태권도는 주체사상에 근거한 이념적 특성을 보이고 있으며, 이를 실현하기 위한 운영체계도 당과 수령 중심의 중앙집권적인 경향을 보이고 있다"고 말한다.

이와 함께 최홍희가 창안한 24개의 틀을 수용하고 있지만, 동양사상과 유교 논리 등 관념적인 것을 가급적 배제하고 유물론적 이념과 주체사상에 부합하는 틀을 중시하고 있다. 북한의 주체사상을 담고 있는 주체틀의 연무선은 백두산을 의미한다.

북한을 대표하는 최고의 태권도 행정 기관은 조선태권도위원회이다. 조선태권도위원회는 체육제도위원회에 소속되어 태권도 보급과 정책 등 실무를 총괄하고 있다.

조선태권도위원회는 2019년 『태권도』1, 2(학원용)와 『유단자가 되는 길』(기초편), 『어린이들을 위한 바둑문제집』1(사활편, 맥수편), 『바둑유단자가 되기 위한 맥수 250문제』를 출판했다.[13]

북한의 노동신문은 2022년 조선태권도위원회의 활동과 관련, "태권도

---

12) 조선태권도위원회(2004), 태권도 호신술, 평양 : 외국문종합출판사.
13) 통일뉴스, 2021.05.19. 북, 각 도의 태권도학원에 바둑학급.

모국의 영예를 빛내는 세계적인 태권도 강자들을 많이 키워내기 위한 사업에 총력을 집중하고 있다. 조선태권도위원회의 책임일꾼들은 정치 사업을 확고히 앞세워 일꾼들의 경쟁열의를 고조시키면서 해당 부서들에서 과학화를 틀어쥐고 태권도 기술 발전에 박차를 가하도록 조직사업을 박력 있게 진행하고 있다"[14]고 보도했다.

조선태권도위원회 소속 태권도정보기술교류사는 2022년 11월 태권도 교육프로그램 '조선의 태권도'를 출품[15]한 데 이어 임의의 각도에서 모든 태권도 틀 동작을 구체적으로 볼 수 있는 모바일 앱〈조선태권도2-1.0〉을 내놓기도 했다.[16]

4 북한 태권도 시설과 건축물

북한이 자랑하는 태권도 시설과 건축물을 보자. 김정일은 1987년 5월, 북한이 태권도 발상지라고 강조하며 세계적으로 가장 큰 태권도 건물을 건설하라고 지시했다. 이 지시에 따라 북한 당국은 1만8천㎡에 달하는 태권도전당을 짓기 위해 북한 최고의 건설 인력을 투입했다.

이렇게 해서 1992년 평양 청춘거리에 건립한〈태권도전당〉은 민족무도 발전의 거점을 표방하고 있다. 2015년 개건이 추진되어 관람석과 경기장, 선수대기실, 과학기술보급실, 국제통신실 등의 시설을 갖췄다.[17]

2018년 11월, 세계태권도연맹(WT) 태권도 시범단과 함께〈태권도전당〉을 방문한 배진남(연합뉴스 기자)는 다음과 같이 기술했다.

---

14) news1. 2022.08.28. 북 "태권도 모국…세계적 강자 키워내는 사업 총력".
15) NK경제. 2022.11.04. 북한, 체육과학기술 성과 소개.
16) 연합뉴스. 2023.03.07. 다양해지는 북한 모바일 앱.
17) 통일뉴스. 2022.08.21. 북, 태권도전당 준공 5년.

태권도전당은 평양 청춘거리 체육촌에 있는 태권도 경기 및 훈련센터로 북한 태권도의 상징과도 같다. 우선 본 건물로 오르는 계단 중앙에 발차기하는 태권도인을 형상화한 거대한 조형물이 우뚝 솟아 금빛으로 번쩍거리며 시선을 끈다. 주 건물에 들어서니 정면에 백두산을 형상화한 대형 모자이크 벽화가 맞이했다. 주 건물에는 한 번에 다섯 코트에서 경기할 수 있는 2천352석의 경기장이 있다. 1m 높이의 중앙 코트는 승강식으로 만들어졌다. 경기장 주변에는 훈련장, 남녀 선수대기실과 탈의실, 심판원실, 기자회견실, 녹화편집실 등 여러 방이 있었다. 태권도용품과 기념품을 파는 상점도 있다.[18]

또 '2012년 〈태권도전당〉 인근에 건립한 〈태권도성지중심(성지관)〉'은 연건축면적 1만2천㎡의 2층 건물이다. 조선식 합각지붕에 태권도역사관, 지식보급실, 훈련관, 국제회의실, 태권도과학연구소, 최홍희 유품전시실 등 부속시설을 갖췄다. 북한 노동신문은 "태권도성지중심이 완공됨으로써 우리 민족의 슬기와 기상 어린 태권도를 널리 보급선전하며 태권도 모국으로서의 존엄과 영예를 높이 떨치는 데 이바지할 수 있게 됐다"[19]고 보도했다.

한편 북한은 당의 체육 정책에 따라 황해북도에 태권도훈련관을 새로 건설[20]하고, 노동력 확보와 단결력 고취를 위해 인민들을 대상으로 태권도 생활화 정책을 전개하고 있다.

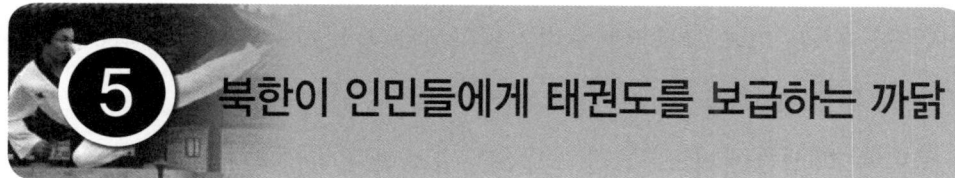

5 북한이 인민들에게 태권도를 보급하는 까닭

그렇다면 북한은 어떤 이유로 유치원부터 노인들에 이르기까지 태권도

---

18) 연합뉴스, 2018.11.01. 北 태권도 과거와 현재.
19) 연합뉴스, 2012.04.21. 北, 평양 청춘거리에 '태권도성지' 준공.
20) 뉴스1, 2020.11.25. 북한 "황해북도 태권도훈련관 새로 건설".

를 보급할까.

　이 물음의 해답을 찾기 위해선 북한 체육의 개념과 정의를 먼저 이해해야 한다. 북한에서 체육의 정의는 '건장한 체력을 가지도록 하기 위하여 일정한 규칙에 따라 육체적인 운동을 하며 몸과 마음을 단련시키는 것'으로 규정하고 있다. '여가 선용'이 없을 뿐 보편적인 체육의 개념과 별반 다르지 않다.

　북한에는 체육법이 있다. 여기에는 인상적인 문구가 있다. 체육법 3조를 보면, '체육의 대중화·생활화와 노동과 국방에 튼튼히 준비…'라고 되어 있어, 개인의 건강증진보다는 노동과 국방을 위한 신체 단련과 체력 강화를 강조하는 것처럼 보인다.

　김일성과 김정일의 교시(敎示)와 체육 관련 법을 살펴보면, 북한의 체육 정책은 국방체육·인민통합·노동 생산성 증대·인민 체력증진·국제대회 국위선양 등을 위해 체육 활동을 의무화하거나 장려한다고 할 수 있다.

　태권도의 경우도 체육활동에 포함되기 때문에, 북한 당국이 태권도를 장려하고 의무화하는 이유는 △국방체육 일환으로 체력을 튼튼하게 하고 △집단 체육활동을 통해 일심단결을 꾀하며 △노동 생산성 증대를 위해 인민들의 건강과 체력을 강화하고 △국제 체육대회에서 좋은 성적을 거둬 체제를 선전하려고 하기 때문으로 풀이할 수 있다. 소학교에 다니는 어린 학생들도 방학 기간에 노력지원활동(노동)을 의무적으로 하려면 태권도 등을 통해 체력을 튼튼하게 해야 한다.

　북한은 학생들에게도 '생산 노동'을 강조한다. '사회주의 헌법'에는 교육과 생산 노동을 밀접히 경합하도록 명시해 학생들은 학기와 방학 중에 모내기, 김매기, 나무심기, 나무 열매따기 등 다양한 생산 노동에 의무적으로 참여해야 한다.[21] 학생들의 체육 활동이 개인의 건강 증진과 체력 강

---

21) 블로그 국가정보학. 북한 교육·문화.

화를 통해 노동 생산성으로 연결하려는 의도를 엿볼 수 있다.

북한은 1980년대 후반부터 소학교 등 학교에 태권도 기산을 운영하며 학교별 대항전을 하면서,[22] 1990년대 중반부터 군중체육의 일환으로 협동농장과 공장, 학교, 군에 율동을 가미한 '건강태권도'를 보급하는 등 태권도 생활화에 박차를 가했다.

2011년 9월 북한이 유치한 제17차 ITF 태권도세계선수권대회 포스터.

이에 대해 장웅은 "유치원에서부터 학교, 직장, 집에서까지 태권도를 한다. 우리 같은 늙은이들은 노인태권도가 있고, 소년태권도, 건강태권도도 있다"[23]고 말했다. 북한은 2019년부터 평양에 있는 유치원에서 어린이들에게 태권도를 가르쳐주는 교육을 활발하게 벌이며, 유급자들을 위한 태권도 배우기 프로그램과 태권도 교육 용품을 개발하고 있다.[24]

남한의 초등학교에 해당하는 소학교에서 방과 후 특기를 배우는 과외 활동으로 태권도를 배우는 학생들을 '태권도 소조원(小組員)'[25]이라고 한다. 이들은 태권도 기본동작을 비롯해 음악에 맞춰 태권도 율동 무용을 하는 등 태권도 기량이 뛰어나 북한에서 열리는 국제태권도대회 개막 공연에서 실력을 뽐내기도 한다.[26] 또 각 도에 태권도 선수를 집중 육성하는 '태권도 과외학교'를 신설해 컴퓨터를 활용한 동영상 태권도 교육프로그램을 개발하는 데도 힘쓰고 있다.

---

22) 연합뉴스. 2020.01.14. 北, 어린이 태권도 교육 활발.
23) 한겨레. 2005.
24) 연합뉴스. 2020.01.14. 北, 어린이 태권도 교육 활발.
25) '태권도 소조원'의 활동이 가장 활발한 곳은 만경대학생소년궁전이다. 1989년 개관한 이 곳에는 200여 개의 각종 소조가 있다. 남북 관계가 좋을 때 남한 방문단이 단골로 가는 참관지이다.
26) KBS. 2018.03.17. 요즘 북한은.

> **Tip** ITF는 '북한 태권도'가 아니다
>
> 태권도 종주국임에도 아직도 국제태권도연맹(ITF) 보다 '북한 태권도'라는 명칭이 더 익숙한 국내 상황. 심지어 국내의 여러 타 무도 사범들과 자주 자리를 함께 하는데도 이러한 오해는 무도계라고 해서, 또 사범님들이라고 해서 크게 다르지 않다.
>
> 물론 과거에 비하면 'ITF 태권도'라는 단일한 종목에 대한 인지도는 높아졌다. 그런데도 많은 사람이 아직 '북한 태권도'가 더 친숙한 현실이 지도자이자 수련자로서 또 태권도를 사랑하는 사람으로서 가슴 아프다.
>
> ITF는 1966년 3월 22일 서울의 옛 조선호텔 로즈룸에서 (월남, 말레이시아, 싱가포르, 서독, 미국, 터키, 이탈리아, 아랍공화국, 한국) 9개국이 모여 창설된 대한민국 최초의 태권도 국제기구이다. 현재 우리에게 익숙한 올림픽 종목의 태권도인 세계태권도연맹(WT)은 1973년에 창설되었다.
>
> 'ITF=북한 태권도, WT=남한 태권도'의 오해 가득한 공식은 아마도 1972년 캐나다로 망명한 창시자 故 최홍희 총재와 초기 사범님들이 1980년대 초반, 북에 보급한 사실 때문일 것이다. 최홍희 총재의 행보가 정치적으로는 왜곡되어 보일 수 있으나 실질적인 반한 활동을 한 것은 없다. 오로지 당당한 민족주의 정신으로 한민족에게 동일한 태권도를 보급하고자 하신 것일 뿐. (…)
>
> 지금도 수련자들은 여전히 주변인들에게 "ITF태권도를 하고 있어요" 하면 대부분 모르거나 "아, 북한 태권도?"하고 오해하고 있는 지인들이 많아 쓴웃음을 짓는다고 하니 지도자로서 가슴이 아프다.
>
> 단순히 이분법적 논리로 가르지 말고 역사적인 사실을 바탕으로 잘못된 인식을 바로 잡을 수는 있다. 한 집안의 형제가 외모도 성격도 성장 환경도 다르다고 해서 남남일 수는 없지 않은가. WT와 ITF의 관계도 그와 같다. 한국을 대표하는 두 갈래의 태권도가 서로를 인정하고 각자의 장점을 교류 및 활용한다면 태권도 또한 더욱 우리나라의 자랑스러운 문화로 안착되리라 생각한다.
>
> 〈무카스, 2019년 4월 16일, 유승희 칼럼_아직도 ITF를 '북한태권도'로 알고 계신가요?〉

연구과제

1. 북한에 태권도가 보급된 시기와 과정을 설명하시오.
2. 북한 태권도와 최홍희는 뗄레야 뗄 수 없는 관계이다. 북한 태권도가 성장하게 된 배경에는 최홍희의 힘이 컸다. 이에 대해 설명하시오.
3. 1980년대 최홍희가 북한에 ITF 태권도를 보급하면서 내세웠던 원칙은 무엇인가?
4. 태권도 관련된 북한의 주요 시설물은 무엇인가?
5. 북한의 조선태권도위원회와 체육지도위원회가 공동으로 만든 '건강태권도'에 대해 설명하시오.
6. 북한 태권도의 이념적 특징을 설명하시오.
7. 태권도 시범단을 활용한 북한의 태권도 외교전략을 설명하시오.
8. 최중화는 왜 ITF는 북한 태권도가 아니라고 강하게 반박하는가?
9. 북한이 태권도를 통해 외화벌이에 나선 이유는?

참고문헌

뉴스1. 2020. 11.25.
노컷뉴스. 2011년 9월 22일.
데일리NK. 2010년 11월 17일.
동아일보. 2011년 5월 10일.
신동아. 2008년 8월 25일.
연합통신. 2014년 6월 20일.
연합통신. 2014년 6월 20일.
월드코리안뉴스(woridKorea). 2021.12.09. 송광호 기자가 만난 북녘땅-40.
인사이드월드. 1997년 3월호.
중앙선데이. 2009년 9월 8일.
정재훈(2004). 절세의 위인과 태권도. 평양 : 평양출판사.
조선태권도위원회(2004). 태권도 호신술. 평양 : 외국문종합출판사.
홍성보(2005). 북한 태권도의 특성에 관한 연구. 석사학위논문. 경남대 국한대학원.
통일뉴스. 2022년 8월 21일.

개정증보판 History & Culture & Taekwondo
태권도역사와 문화의이해

개정증보판 History & Culture & Taekwondo
태권도 역사와 문화의 이해

제9장 WT-ITF 통합 움직임과 남북 태권도 교류

📖 학습목표

이 장(章)은 세계 태권도계를 양분해온 세계태권도연맹(WT)와 국제태권도연맹(WT)가 언제부터 무슨 이유로 통합을 위한 노력을 기울였고, 두 단체의 입장을 무엇이었는지 학습하는 데 있다. 특히 2002년 ITF 창설자 최홍희가 타계하면서 북한을 중심으로 전개된 장웅 계열의 ITF와 조정원이 이끄는 WT 간의 실질적인 통합 과정과 쟁점을 살펴본다.

이와 함께 남과 북이 대치하고 있는 상황에서 북한 주도의 ITF와 남한 주도의 WT가 남북 태권도 교류에 어떠한 영향을 미쳤는지 탐구한다. 이 과정에서 ITF의 정통성을 내세우며 북한 장웅의 태권도 교류와 통합 행보에 제동을 걸고 나선 최중화 계열의 ITF가 왜 "태권도를 정치도구로 악용하지 말라"고 경고했는지 그 내막을 이해한다.

제9장 WT-ITF 통합 움직임과 남북 태권도 교류

1 1980~90년대 통합 움직임

 태권도의 양대산맥인 세계태권도연맹(WT)과 국제태권도연맹(ITF) 간의 교류와 통합은 독자적으로 발전해온 이질성과 남과 북의 정세에 따라 부침(浮沈)을 거듭해 왔다.

 WT와 ITF가 최초로 태권도 통합을 시도한 것은 1982년 4월이다. WT는 태권도인의 단결과 1988년 서울올림픽, 86년 서울아시안게임을 비롯한 공식 국제 행사에 모든 태권도인이 참여할 수 있는 길을 열기 위하여 벤쿠버와 서울에서 ITF 태권도 통합위원회와의 협의를 갖고 합의문에 서명했다. 1982년 ITF 사무총장이었던 김종찬 ITF 통합위원장과 WT 배종호 사무총장이 서명한 합의문의 골자는 △합의된 기구의 명칭은 WT △부총재, 심사위원장, 유럽태권도연맹 회장직을 ITF에 안배 △대륙연맹 및 국가협회 임원선출에서 ITF와 WT를 공정히 배정 △태권도 발전을 위한 경기규정 연구개발 △WT와 ITF 품새를 모두 인정하고 새로운 품새 개발 △수요자 중심의 실용적인 도복 개발 등으로, 주목할 만한 것은 통합된 기구의 명칭을 WT로 한다는 점과 ITF에 부총재를 비롯한 주요 직책 일부를 안배한다는 점이다. 다음은 이 합의문을 취재한 박성진의 기사 요지.

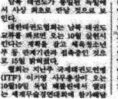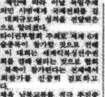

경향신문 1991년 7월 16일자 기사.

ITF는 WT에 비해 먼저 설립이 되긴 했지만, 합의 당시인 1982년의 상황으로 볼 때 WT가 IOC(국제올림픽위원회)와 GAISF(국제경기연맹 총연합회)이 이미 가입이 되어 있는 상태로 국제스포츠계에서 자리를 잡아가고 있었던 데 비해, ITF는 국제조직으로서의 규모가 미약하고 재정적인 바탕이 없었던 상황이었다. 이러한 이유 등으로 통합기구의 명칭은 WT로 합의되었다. 또, 현재와 마찬가지로 국제적인 조직으로서 열세에 놓여있던 ITF가 WT로 흡수통합되는 형식을 우려하여 주요 직책 일부를 요구했고, 이 부분이 어느 정도 받아들여진 것으로 해석할 수 있다.[1]

하지만 ITF는 이사회를 통해 결정된 추가 내용을 WT에 요구했고, WT는 ITF의 요구사항 중 일부만을 수용한다는 답변을 보내오는 과정에서 ITF 내부에 분란이 생겨 통합합의가 무위로 돌아갔다.

ITF는 1985년 6월, 오스트리아 빈에서 WT 측과 접촉해 태권도 통합을 모색했다. 이 자리에 WT 사무차장 송상근과 ITF 사무총장 박정태가 참석했다. 이 자리에서 오고간 대화를 발췌해 요약하면 다음과 같다.

△ITF= "통합문제는 절실하니 대등한 입장에서 논의하자."

△WT= "통합은 어려운 일이 아니다. 여러분이 북한에 태권도 교육을 하여 북한군사력을 증강케하는 것은 이적행위다."

△ITF= "우리가 북한에 갔다 왔다고 해서 빨갱이 취급을 하며 조건부 대좌하는 것은 못마땅하다."

△WT= "여러분과 ITF가 북한과 손을 잡겠다는 약속을 서명협정에 삽입시키자."

△ITF= "그것은 어렵다. 북한은 단지 ITF 회원국이기 때문에 그들의 조언을 받는 것이다."

---

[1] 무카스. 2007년 6월 29일.

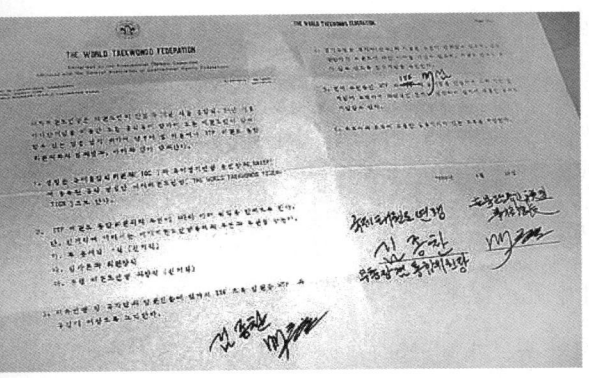

1982년 ITF 김종찬 사무총장과 WT 배종호 사무총장이 서명한 통합 관련 합의문.

△WT= "북한 쪽은 ITF를 예속시켜 최홍희 총재로 하여금 지령에 의해 ITF를 운영케하고 있다. WT와 ITF 통합이란 말이 안 되며 여러분이 언제든지 들어올 수 있게 문을 개방해 놓고 있다."

△ITF= "ITF 회원국과 수련자 약 1백 간 명이 IOC에 반대를 제기하게 되면 서울올림픽의 시범경기 후 WT와 태권도는 IOC에서 승인이 취소되게 된다. 대신 가라테가 올림픽 종목이 될 것이다." [2]

남과 북 사이에 냉전 이데올로기가 첨예하던 시절, WT는 ITF에 북한과의 결별을 요구했고, ITF는 북한은 하나의 회원국일 뿐이라며 팽팽하게 맞섰다. 당시 양 측은 네 차례 접촉했으나 의견 차이를 좁히지 못했다.

1986년에도 태권도 통합의 기운이 이어졌다. 최홍희는 태권도는 더 이상 한국 정부의 정치도구로 사용되어선 안 된다며 태권도가 통합을 하면 올림픽 정식종목에 빨리 채택될 수 있고 무도로서의 경기규정을 명확히 제정함으로써 태권도의 권위와 기술을 대내외에 과시할 수 있다[3]고 보았다.

1986년 WT 총재 김운용이 국제올림픽위원회(IOC) 위원이 되자 WT는 가입국을 점점 늘리며 88서울올림픽 시범종목으로 채택되는 등 활기를 띤 반면, ITF는 큰 진전이 없었다. 여기에 88서울올림픽에 불참하면서까지 ITF의 핵심 회원국인 북한을 지지해온 쿠바가 1991년 9월 아바나에서 열린 남북아메리카대회 태권도 경기에서 ITF가 아닌 WT의 경기규칙에 따라 대회를 열고, ITF의 주요 회원국이었던 소련과 폴란드, 체코, 헝가리, 불가리아 등이 잇따라 탈퇴하자 ITF는 주춤거렸다.

이처럼 ITF가 어려운 환경에 처하자 1990년 4월, 한국 체육부는 일본 도쿄에서 9월에 열리는 IOC총회에서 태권도 올림픽 정식종목 채택을 위

---

2) 대한태권도협회, 태권도, 1992년 6월호.
3) 최홍희(2005), 앞의 책, 477쪽.

해 WT가 ITF를 흡수 통합하는 방안을 추진하기 시작했다. 당시 한국 체육부는 태권도 종주국의 이미지를 높이기 위해 진출기반이 취약한 중국, 소련 등 공산권에 태권도를 적극 보급시키기 위해서는 양분된 태권도를 통합하는 것이 급선무라고 판단했다. 양분되어 있는 태권도 체제로 인해 남한이 주도권을 가지고 있는 WT의 태권도가 올림픽 정식종목으로 채택되는데 저해요소로 작용한다고 인정했기 때문이다.

이럴 즈음, ITF 사무총장 이기영은 자신의 명의로 된 서신을 한국정부에 보내 태권도 통합제의를 해 왔다. 1991년 5월에 발송된 이 편지에는 빠른 시일 안에 중립국에서 양쪽 단체의 사무총장이 만나 통합을 위한 1차 실무자 협상을 갖자고 제의하고, 세부적 협상방안도 마련하고 있다는 내용이었다.

ITF는 또 대한태권도협회가 서신을 통해 밝힌 태권도 남북교류 문제를 남북체육회담에서 협의하자는 제의를 승낙하고, 1992년 9월 북한에서 열리는 제8차 세계태권도대회에서 남북단일팀을 구성하자고 밝혔다. 남북단일팀 구성 문제는 북한의 조선태권도연맹과 한국의 대한태권도협회가 협의하고 ITF는 WT과의 통합을 논의하게 된다고 덧붙였다.

그 후 1991년 11월에는 미국 뉴욕과 LA에서 남북한 태권도가 분단 46년 만에 처음으로 교류를 가질 것으로 보였다. 당시 대한태권도협회는 재미 태권도인 정우진의 중재로 남북한 UN가입을 기념해 11월 15일부터 30일까지 미국 내 교민 밀집지역에서 남북한 태권도 순회 시범을 계획했다. 북한은 이번 시범에 남자 8명과 여자 2명, 임원 1명 등 모두 11명을 파견하고, 대한태권도협회는 북한과의 대결 양상을 피하기 위해 어린이 시범단을 파견할 예정이었다. 이에 대한 정우진의 후일담.

1991년 나는 미 국무성에 질의 문서를 보냈다. 순수한 문화체육분야 교류의 하나로 미국 내에서 북한의 태권도 시범대회를 여는 것이 가능한가를 묻는 질문이었다. 답변은 오케이였다. 다음에 평양에 질의를 하였다. 그들의 답변은 오케이 이상이었다 (…) 한국에도 연락을 취했다. 처음 연락을 취한 곳은 국기원이었다. 그러나 국기원 관계자는 '자신들의 소관이 아닌 것 같다'고 전화를 끊었다. WT 김운용 총재가 회장으로 있는 대한체육회에 전화를 했다. 소관이 아니라는 똑같은 대답이었다 (…) 어렵게 박철언 당시 체육부 장관과 연락이 되었다. 그리고 승낙을 얻었다. 이제 정말 남북한이 한데 모인 진짜 태권도 잔치를 벌일 일만 남은 것이다.[4]

그러나 남북한 시범공연은 이뤄지지 못했다. 뉴욕과 LA, 시카고 등 개최 장소를 정하고 공연 날짜를 정하는 동안 미국의 정책적인 자금을 받은 것이 아니냐, 혹시 빨갱이가 아니냐는 소리가 정우진의 귀에 들려왔다. 정우진은 좌절했다.

추측컨대, 김운용 씨는 자신이 이끄는 WT가 아닌, 미국에 있는 몇 몇 태권도인들이 그 같은 일을 추진하는 게 못마땅했던 모양이었다. 나는 그 자리에 쓰러지고 싶을 정도로 좌절감을 느꼈다. 아무 사심없이 추진한 태권도 잔치인데, 미국도 아니고 북한도 아닌 바로 내 조국이자 친정인 한국에 의해서 그 일이 무산되었다는 사실이 더욱 가슴 아팠다.[5]

미국에서 남북 태권도 시범공연이 무산된 것은 WT의 반대 이외에도 남북한 이데올로기가 많이 작용했던 것으로 보인다. 당시 영국 버밍엄에서 열린 IOC총회에서 WT가 주도한 태권도가 1996년 애틀란타올림픽 정식종목 채택에 실패하자 분위기가 냉각됐다. 태권도 정식종목 채택이 무산된 것은 북한을 지지한 ITF라고 알려졌기 때문이다. 당시 최홍희는 IOC위원장 사마란치에게 서신을 보내 "한국 측의 태권도 기구인 WT와 ITF 간의 통합이 없이는 태권도가 올림픽 정식종목에 채택되는 것을 반대한다"고 밝혔다. 김운용은 ITF의 방해공작으로 태권도가 올림픽 종목이 되

---

[4] 정우진(2002), 세계가 우리를 기다린다. 행림출판. 344~345쪽. 정우진은 이 책에서 "미국은 한국과 긴밀한 동맹 관계를 유지하고 있기 때문에 만약 미국과 북한이 태권도 교류를 한다면 남북한 간의 교류를 가능하게 하는 밑거름이 될 수 있을 것이라는 생각이었다"고 밝혔다.
[5] 정우진(2002), 앞의 책. 346쪽.

지 못했다며 분노했고, 체육청소년부는 북한이 지원하고 있는 ITF가 제의한 태권도 교류 제의를 거부했다.

체육청소년부는 1991년 7월 ITF의 진의(眞意)를 구체적으로 파악하면서 "WT와 줄곧 대립적인 입장을 취해 사실상 서로를 인정하지 않는 상태이므로, ITF를 상대로 한 태권도 교류접촉은 불가능하다"고 밝혔다. 체육청소년부의 한 관계자는 이기영이 자필 서한을 통해 남북한 태권도 교류를 제의한 것에 대해 "북측의 입장이 순수한 것이라면 왜 최홍희 명의의 서한을 보내지 않았겠느냐"고 반문하고 "최홍희씨가 사마란치 IOC위원장을 접촉해 태권도의 올림픽 정식종목 채택을 반대한 것도 남북 교류의 의도를 의심케 하는 증거"라고 말했다. 그러나 체육청소년부는 북한의 조선태권도연맹과 대한태권도협회 등 남북한 민간단체가 교류를 하면 적극적으로 지원할 방침이라고 덧붙였다.

이런 가운데 〈한겨레신문〉 기자 하성봉은 1992년 '태권도 남북교류를 기대하며'라는 글에서 WT와 ITF의 통합을 촉구했다.

"거슬러 올라가면 두 단체는 한뿌리에서 파생된 두 가지일 뿐이며 그간의 정치-사회적 상황이 두 단체의 통합에 방해해온 것은 지상을 통해 전해진 바와 같다. 그러나 체육게의 상황은 과거와는 판이하게 달 있다. 지난해(1991년) 이미 남과 북이 축구와 탁구 등 경기에서 단일팀을 구성한 전례가 있다 (중략) 세계태권도연맹은 국제태권도연맹에 대해 IOC가 인정하는 공식 기구가 아니라는 '공식성' 여부를 문제 삼을 수 있겠으나 때로는 대승적인 입장에서 상대방을 껴안는 넓은 포용력도 필요하다. 물론 '흡수통합' 이 아닌 상대방의 자존심을 살리는 묘책으로서 말이다 (중략) 북한이 참여하는 바로셀로나올림픽에서 태권도의 남북 교류 합의라는 두 번째 희소식이 터져 나올 것을 기대해 본다."[6]

이 무렵 최홍희도 태권도 통합에 긍정적이었다. 그는 "태권도인들이 뭉치면 우리나라는 통일될 수 있다. 1억에 가까운 태권도인들이 전 세계에

---

6) 대한태권도협회, 태권도, 1992년 6월호.

서 통일을 외친다고 생각해보라. 태권도의 과학적인 기술을 한국 방방곡곡에 다니며 직접 가르치고 싶다"[7]며 적극성을 보였다. 미국에서 활동 중인 이준구·조시학·한차교·이행웅·정우진 중진 사범들이 남북통일의 원동력이 될 WT와 ITF 통합을 부르짖는 성명서를 준비한다는 말을 듣고 기뻐하기도 했다.

 2000년대 남북 태권도 교류 내용

2000년이 되자 남북 관계가 해빙무드를 타면서 남북 태권도 교류의 성사 가능성이 점점 높아졌다. 2000년 6월, 김대중과 김정일이 역사적인 정상회담을 한 후 남북 태권도 교류는 급물살을 탔다.

북한올림픽위원회 위원 겸 북한체육부 부상(차관) 장웅은 남북 정상회담 당시 대한체육회장 자격으로 참석한 김운용에게 "태권도로 손을 잡을 일이 있다"고 말했고, 시드니 올림픽에 참가한 북한선수단장 윤성범도 "우리 민족이 만들어 낸 태권도 종목도 통일팀을 구성했으면 좋겠다"며 남북 태권도 교류에 관심을 나타냈다. 또 제1회 국제태권도연맹 아시아태권도선수권대회에 참가한 북한 서기장 리봉만은 "남북 태권도 단일팀이 가능하다"고 말해, 현재 북한이 남북 화해무드에 맞춰 태권도 통합에 남다른 관심을 기울이고 있음을 엿보게 했다. 김운용도 2000년 10월, 시드니 올림픽 현장에서 남북 태권도 교류에 대한 자신의 입장을 밝혔다. 그는 "세계태권도연맹 비회원국인 북한과의 태권도 교류와 협력을 위해 이미 물밑작업을 진행하고 있다"며 "남북 태권도 교류가 이뤄질 경우 서로 상향평준화의 효과를 기대할 수 있을 것"이라고 말했다.

---

7) 최홍희(2005), 앞의 책, 440쪽.

여기서 최홍희의 행보에 관심을 가져볼 만하다. '친북인사'라는 말까지 들으며 자신이 만든 ITF 태권도를 북한에 본격적으로 보급한 그는 2001년 북한 노동당 창건 55주년 기념식에 참석한 뒤 김정일를 접견했다. 이 자리에서 최 총재는 남북 태권도 교류와 북한 태권도 저변확대에 대해 자신의 소신을 밝힌 것으로 알려졌다. 최홍희가 김정일에게 어떤 이야기를 했는지는 알 수 없지만, 김정일을 접견한 것 자체가 현재 북한에서의 그의 위상을 엿볼 수 있게 하는 대목이다. 미국과 캐나다를 오가며 활동하고 있는 정우진은 최홍희가 김정일에게 "WT와 ITF의 통합에 대해 어떻게 생각하느냐?"고 묻자 김 위원장이 "최 총재가 통합을 원한다면 내가 적극 돕겠다"고 말했다는 것을 최홍희로부터 들었다고 밝혔다.

여기서 주목할 것은 북측이 남북 태권도 교류를 적극 제의해 왔다는 점이다. 북측은 2001년 1월, 남북장관급회담 전금진 북한 단장 명의의 전화통지문에서 남북 태권도 교환을 위한 실무접촉을 제의해 왔다. 이에 김운용은 "구체적인 계획은 세워지지 않았지만 북한 태권도인들과 접촉에 나설 것"이라고 말했다. 급기야 2001년 2월, 조선태권도위원회 위원장 황영봉이 남북 시범단 교환을 위한 국장급 차원의 실무접촉을 제의하기에 이르렀다. 이에 대한태권도협회는 실무기획단을 구성하고 정부와 긴밀한 협의에 들어갔다. 그러나 실무접촉은 일정과 장소 등에서 미묘한 입장 차이를 보였다. 북측은 금강산을 고집했고, 남측은 평양이나 서울을 주장했다.

이런 가운데 2002년 5월 북한 평양에서 남북한 태권도 학술회의가 열렸다. 이번 학술회의에는 남한에서 오노균(충청대·남북태권도 연구소장) 유승희(경희대) 정찬모(단국대) 진중의 교수(용인대) 등 10개 대학의 태권도 전문가 11명이 참가했다.[8]

2000년대 들어 남북의 화해무드가 조성되자 남북 태권도 교류도 활기

---

8) 동아일보. 2002년 5월 27일자.

를 띠었다. 2002년 9월과 10월, 남과 북을 대표하는 대한태권도협회와 조선태권도위원회가 평양과 서울을 상호 방문을 하며 시범공연을 했다. 북측 시범단은 서울 올림픽공원 역도경기장에서 열린 1차 공연에서 간결하면서도 힘 있는 기술을 선보였다. 김영월 조선태권도전당 안내원의 설명으로 진행된 시범에서 김성기 단원을 비롯한 21명의 단원들은 틀과 맞서기, 종합위력, 특기술 등을 다양하게 펼쳐보였다.

이날 북측 시범을 본 관중들은 대부분 남측 태권도와 구별되는 그들만의 특징에 신선한 충격과 함께 당혹감을 느꼈다. 남측 태권도와 비교할 때 전통무술의 고유성을 이어가려는 노력을 볼 수 있어서 신선했다는 반응이 있는 반면, 너무 힘에 의존하는 경향이 짙다는 반응도 있었다. 특히 몽둥이 꺾기 등 일부 시범은 '밤무대 차력쇼'를 연상케 했다고 지적하는 사람들이 적지 않았다.

북측 시범단은 '조국 통일'과 '우리는 하나'를 외치며 첫날 공연을 마무리했다. 북측 배농만 단원은 "남쪽 사람들이 한 마음으로 환호해 줘 감사한다. 태권도를 통해 통일의 기초를 다져 나갈 것을 확신한다"고 말했다. 북측의 시범이 끝나자 국내 태권도계에선 다양한 반응이 쏟아져 나왔다. 오노균은 "북측 시범단이 서울에서 공연을 한 것만으로도 매우 의미 있는 일"

2002년 10월 서울 올림픽공원 안에 있는 역도경기장에서 공연을 한 북한태권도시범단이 '우리는 하나'라는 펼침막을 들고 관중들의 환호에 답례하고 있다.

이라고 하면서도 "태권도는 태권도다워야 하는데, 각목으로 온몸을 패는 시범은 태권도라고 할 수 없다"고 지적했다. 류병관은 "오랫동안 수련과 단련을 거쳐 보여주는 정적이면서도 무게가 있고 집중력이 있는 시범을 기대했는데, 내 기대에는 훨씬 못 미쳤다"며 "관중들을 의식해 뭔가 보여주려는 집착이 보여 안타까웠다"고 평했다.

그러나 북측 시범에 대해 '잘했다', '잘 못했다'라고 평가하기보다는 이번 기회를 통해 남북의 태권도를 새롭게 해석하고 동질성을 찾기 위한 노력이 필요하다는 여론이 일었다. 안용규는 "대한태권도협회 집행부와 상의해 남북 태권도와 관련된 세미나를 개최하는 것을 생각해 보겠다"고 밝혔다.

북측 태권도 시범단의 서울 공연이 순탄하게 끝나자 국내외 태권도인들이 남북 태권도 교류의 정례화와 통합에 깊은 관심을 나타냈다. 김운용은 북한 조선태권도위원회 위원장 황봉영과 시범단원들을 워커힐호텔로 초청해 만찬을 했다. 김운용은 "최홍희 총재가 사망하고 북한 장웅 IOC 위원이 ITF의 새 총재가 되면서 상황은 완전히 달라졌다. (남북 태권도) 교류 이야기가 나오고 WT와 ITF의 통합 움직임도 시작됐다"[9]며 남북 태권도 교류와 통합에 호의적이었다.

하지만 섣부른 통합에 반대하는 기류가 많았다. 북측의 성급한 제안을 무턱대고 받아들일 수 없을 뿐만 아니라 통합에 대해 가타부타 말할 입장이 아니라는 것이다. 남측의 중진 인사는 "남북 태권도 통합은 크게 WT와 ITF 통합을 의미하는 것인데, 어떻게 두 단체를 비교할 수 있겠느냐"며 섣부른 통합을 일축했다.

오노균은 남북 태권도 통합에 대해 "민족정서를 토대로 남북 태권도의 동질성 회복하는 것이 중요하다"고 밝혔다. 그는 KBS 라디오 '한국, 오늘과 내일' 프로그램에 출연, "남북 태권도의 본래 뿌리는 같다. 현재 남북의 태권도는 상당한 이질성을 갖고 있다. 첫째 소속된 가맹단체가 달라

---

9) 김운용(2009), 앞의 책, 138~140쪽. 김운용은 "내가 WT 총재를 그만둔 뒤 WT에서 수차례 방문과 시범단 파견을 요청했는데 북한이 계속 거절했다. WT와 ITF 통합 문제도 유야무야되는 것 같아 안타깝다"고 말했다.

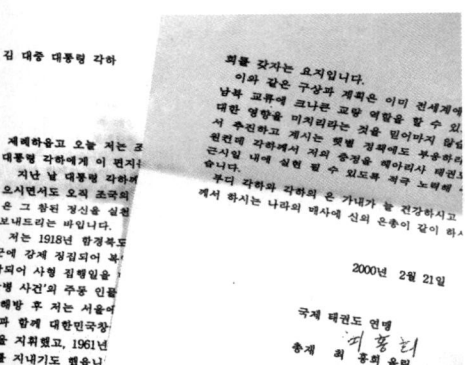

2000년 2월. 판문점 시범을 추진한 최홍희가 김대중 대통령에게 편지를 보내 '태권도 평화 시범단의 남북 순회 및 판문점 시범'이 실현될 수 있도록 지지해 달라고 부탁하고 있다.

북한은 비엔나에 본부를 둔 국제태권도연맹(ITF)으로 장웅 총재가 이끄는 조직에 조선태권도위원회 황봉영 위원장이 가입해 있다"고 말했다. 그는 이어 "북한은 무도 중심으로 군이나 사업장에서 태권도가 발전해 온 반면에 남한은 경기 중심과 도장, 학교중심으로 발전해 경기방식과 규정이 다르며, 태권도를 수련하는 용어와 다양한 기술이 서로 다르다"고 설명했다. 이와 함께 오 교수는 남북 태권도 교류의 의미에 대해 "무엇보다 민족 분단의 아픔 속에 태권도 역시 양분되어 있다는 것이 가슴 아픈 일"이라며 "그래서 태권도의 교류는 바로 하나 된 우리 민족을 상징한다"고 강조했다. 또 "시드니 올림픽에 이어 아테네 올림픽에서도 남북 선수단이 하나 되어 개막식에 입장했듯이 태권도 교류를 통해 민족의 동질성을 회복하고 향후 태권도 통합에도 큰 도움을 줄 것으로 기대한다"고 말했다.

남과 북이 태권도 교류를 하기 전인 2000년 2월, 캐나다에 머물고 있던 최홍희는 판문점 시범을 추진했다. 그는 김대중에게 편지를 보내 '태권도 평화 시범단의 남북 순회 및 판문점 시범'이 실현될 수 있도록 지지해 달라고 정중히 부탁했다. "조국통일과 국민의 복리를 위해 주야로 헌신하시는 대통령 각하에게 이 편지를 올리는 기쁨을 가졌습니다"로 시작되는 이 편지의 내용은 미국 사범 78명으로 구성된 평화시범단이 미주 사범 강창진의 인솔로 북한을 방문, 그곳 사범들과 합동 친선수련을 마치고 판문점으로 내려와 평화 시범을 펼친다는 것이다.

최홍희는 이 같은 구상과 계획은 이미 세계에 보급된 태권도가 남북교류에 큰 교량 역할을 할 수 있으며, 나라의 점진적 통일에도 지대한 영향을 미칠 것이라고 주장했다. 그는 태권도 평화 시범단의 판문점 시범이

"대통령께서 추진하고 계시는 햇볕정책에 부응하리라고 확신한다"며 "근시일 내에 실현될 수 있도록 적극 노력해 주시기를 간절히 바란다"며 밝혔다. 그러나 최홍희가 구상한 평화 시범단의 판문점 시범은 남북 정세 등 여러 가지 이유로 실현되지 않았다.

그리고 그해 가을, 최홍희는 〈스포츠투데이〉 기자와의 전화 인터뷰에서 "김운용 세계태권도연맹 총재로부터 공식 초청장을 받으면 한국행을 신중히 고려하겠다"고 말했다. 이 말은 세계태권도연맹이 2001년 11월 제주에서 열리는 세계선수권대회에 국제태권도연맹 총재인 최홍희를 공식 초청하겠다는 의사를 밝힌 뒤 나온 말이어서 주목을 끌었다. 최홍희는 "김운용 총재가 나를 한국에 초청하겠다는 말은 금시초문이다. 만약 공식 초청이 온다면 충분히 생각해 보겠다"며 조심스러운 반응을 보였다. 당시 최홍희는 고령으로 귀가 어두워져 장시간 대화를 나눌 수 없는 처지였다. 따라서 전화 인터뷰보다는 서면인터뷰를 통해 감춰진 태권도 역사와 향후 태권도 통합에 대한 자신의 입장을 밝히겠다고 말하기도 했다.

그런 상황에서 경문대학 교수 이승훈이 남북태권도연구소(소장 오노균)의 주선으로 캐나다에 거주하고 있는 최홍희를 만났다. 이 자리에서 최홍희는 "남북한 태권도가 통합되려면 원칙적으로 기술교류가 이뤄져야 한다"고 밝혔다. 그러나 그는 남북한 정치문제가 두 단체의 통합을 막는 걸림돌로 작용하고 있다고 말했다. 그는 이승훈과의 면담에서 세계태권도연맹(WT) 태권도의 문제점을 지적하며 국제태권도연맹(ITF) 태권도의 우수성을 여러 차례 강조했다. "ITF 기술은 영원히 간다. WT는 품새 기술이 별로 없다. WT는 스포츠 태권도이고 ITF는 무도 태권도"라는 소신을 굽히지 않았다. 그러면서도 그는 남북한 태권도의 통합은 절대적으로 필요하다"[10]고 밝혔다.

---

10) 최홍희는 이승훈과의 면담에서 "태권도가 통합이 필요한 이유는 태권도가 통합되었다고 가정하면 태권도인이 5천만이라고 했을 때 통합되면 1억 인구는 된다. WT, ITF의 정식 회원국이 통합되면 정식회원국 수가 배로 증가한다. UN에서도 코리아가 통일되기를 희망한다. 참모진과 두 단체의 통합에 대해 논의한 적이 있었다. 두 단체가 통합이 되었을 경우 돈으로 계산해 보았더니 경제적인 이익이 1년에 50억 이상 수입을 추정할 수가 있었다" 고 말했다.

이날 최홍희가 밝힌 남북 태권도 통합 과정에서 필요한 것은 첫째 단일 팀을 만드는 것이고, 둘째는 기술을 통일시킨 뒤 서로 기술을 교류하는 것이다. 그러나 그는 남북 단일팀 구성에 대해선 현재로선 말할 수 없다며, 그 전에 WT 총재 김운용을 만나야 한다고 내비쳤다. 하지만 2002년 최홍희가 세상을 떠나 김운용과의 만남은 이뤄지지 않았다.

3 북한 주도 ITF와 WT 간의 통합 노력

2002년 최홍희가 타계한 후 북한 장웅 계열의 ITF는 2003년부터 태권도 통합을 제의해 왔다. 2003년 8월, 대구에서 열린 하계유니버시아드대회 기간에 김운용은 인터불고호텔에서 장웅을 만났다. 이 자리에서 장웅은 WT와 ITF의 기술, 행정 통합위원회를 구성하기 위한 회담을 제의했다. 그는 "통합조정위원회 구성은 두 단체 통합을 위한 전 단계"라고 전제하면서 "태권도까지 분열될 수 없다. 태권도가 남북통일운동에 앞장서야 한다"고 말했다.

그러나 태권도 통합에 대한 WT의 입장은 달랐다. 조정원은 WT와 ITF, 남과 북의 태권도 통합에 대해 이렇게 말했다.

아테네올림픽 때 처음 장웅 IOC 위원을 만나 덕담을 주고받으며 남북 태권도에 대해 많은 대화를 나눴습니다. 올림픽이 끝난 후에는 자크 로게 IOC 위원장과 IOC 스포츠국장, 장웅 위원과 별도로 만나 남북 태권도 교류와 통합에 대해 포괄적으로 이야기를 나눴는데, 내 생각으로는 남북 태권도 통합이 간단한 문제가 아닌 것 같습니다. 현재로선 1대1 통합은 불가능합니다. 통합을 하려면 상당한 시간이 걸릴 것으로 보입니다. 당시 장웅 위원은 로게 위원장에게 남북 통합 문제를 조율해 줄 것을 요청했는데, 로게 위원장은 남북 문제에 관심을 보이면서도 '자신의 직분상 그렇게 할 수는 없다'고 분명하게 선을 그었습니다. WT는 IOC가 인정하는 공식 스포츠 기구인데 반해 ITF는 그렇지 않기 때문이죠.[11]

이렇듯 WT와 ITF의 입장은 달랐다. 특히 최중화 계열의 ITF는 북한의 장웅이 태권도를 정치적인 수단으로 활용하고 있다며 두 단체 간의 통합에 반대했다.

2004년 6월, WT 새 총재 조정원은 장웅과 그리스 아테네 시내의 한국음식점에서 만나 태권도 화합 방안을 놓고 머리를 맞댔다. 2시간 이어진 환담에서 두 총재는 태권도의 세계화를 위한 '상생의 길'을 찾기로 하고 올림픽 기간에 긴밀한 협의를 계속하기로 의견을 모았다. 회동 후 장웅은 "태권도가 우리 민족의 기를 표출하는 스포츠인데 북과 남이 따로 갈 수는 없지 않느냐"며 "서로 힘을 합쳐서 잘해보자는 뜻을 같이 했다"고 말했다.

조정원과 장웅은 그 이후에도 자주 만났다. 2005년 6월, 스위스 로잔 국제올림픽위원회(IOC) 본부에서 두 총재는 IOC 위원장 자크 로게가 참석한 가운데 회동을 가졌다. 이날 회동에서는 WT와 ITF의 기술적, 행정적 사안과 통합의 타당성 등 제반 문제를 논의하기 위해 양 기구 실무자를 포함하는 한시적인 실무위원회를 구성할 것을 논의했다. 조정원은 WT 집행위원회를 개최해 실무위 구성을 포함한 모든 문제에 대한 입장을 정리하기로 했으며, 자크 로게는 양대 기구의 대화 노력을 적극 환영했다.

2005년 6월, WT와 ITF는 태권도 양대 기구의 기술적 측면을 논의하기 위한 위원회 구성에 원칙적인 합의했다. WT는 "중국 베이징에서 열린 ITF와의 실무자 회의에서 태권도기술통합조정위원회를 설립해 양대 기구에서 공동위원장 1명과 각각 2~3명의 위원을 두기로 잠정 합의했다"고 밝혔다. 기술통합조정위에서 두 기구의 상이한 품새 및 경기 방식과 관련해 기술적

---

11) 태권도신문. 2004년 10월 4일.

인 문제를 우선 논의하고, 향후 올림픽 태권도 경기에 두 기구가 함께 참여할 가능성을 찾도록 노력하기로 했다.

WT와 ITF는 이후 각각 집행위원회와 총회의 승인을 얻어 기술통합조정위를 출범시키기로 했다. 이날 회의에는 WT 사무차장 최만식과 ITF 사무차장 리용선이 각각 양 기구의 단장으로 참석, 합의서에 서명했다. 이처럼 태권도 통합을 위한 움직임이 활발해지자 2005년 7월, 장웅은 "한민족의 스포츠인 태권도는 올림픽 정식종목으로 유지돼야 한다"며 적극적인 모습을 보였다.

장웅은 2005년 117차 IOC 총회에 참석하기 위해 싱가포르를 방문한 자리에서 아리랑국제방송과 단독 대담을 갖고 "태권도는 이미 세계적인 스포츠가 돼 있고 북한도 태권도의 세계화를 위해 많은 기여를 했다"면서 "그동안 남북한이 공동으로 태권도 보급에 노력한 만큼 국제 사회가 이에 걸맞은 평가를 내리길 기대한다"고 밝혔다.

그러던 2006년 12월, 장웅이 충격적인 말을 했다. 그는 "자크 로게 IOC 위원장으로부터 두 연맹 간의 통합 문제에 더 이상 진전이 없으면 태권도 중재에서 손을 떼겠다는 최후통첩을 받았다"고 한 언론에서 밝혔다. 장웅은 태권도 통합 회담이 계속 결렬되는 이유에 대해 "WT 측이 IOC의 중재 내용을 왜곡하고 있기 때문"이라고 말했다. 그는 "IOC로부터 온 공문에 따르면 쌍방(WT와 ITF)이 '기술통합'과 '행정통합'을 동시에 추진하되 먼저 기술통합을 선행하라는 요구였다"며 "사실 이렇게 돼야 통합문제 해결이 빨라질 수 있다. 그러나 WT 측은 행정통합은 아예 제쳐 놓고 기술통합에만 한정해 말하고 있다. 진정 그들이 태권도 통합문제에 관심이 있는지 의심스럽다"고 비판했다. 장웅은 만약 다시 회담이 결렬된다면 태권도에 어떤 변화가 생길 수 있느냐는 물음에 "태권도가 올림픽에서 쫓겨날 수 있다는 것"이라며 "지난번에 2표차로 올림픽에 남은 것이 아닌가. 다음번 투표는 오는 2009년 10월 덴마크에서 결정한다. 그때 잘못하면 태권도가 탈락하고 대신 가라데 등 다른 무도가 들어갈 수 있다"고 경고했다. 이 말은 태권도 통합을 하지 않으면 올림픽 정식종목에서 탈락할 수도 있다는 의미도 읽혔다.

그는 WT 주도의 태권도 분위기에 대해서도 불만을 드러냈다. 장웅은 "지금 WT 측에선 ITF가 사조직이라는 등, 여러 분파가 있다는 등 말들을 한다. 그러나 김운용 총재 때도 내가 총재로 있는 ITF만이 정통이라는 것을 인정하지 않았나. WT는 IOC 중재안대로 기술통합을 선행시키되, 행정통합 역시 동시에 추진토록 해야 할 것이다. 만약 통합문제가 해결 안 되면, 그렇게까지는 행동하고 싶지 않지만 IOC측에 근본적인 태권도 인가 문제 제기를 고려하겠다"고 엄포를 놓았다.

2005년 6월 조정원 WTF 총재와 장웅 북한 ITF 총재가 스위스 로잔 국제올림픽위원회 본부에서 만나 악수하고 있다.

장웅은 2007년 4월 조선태권도위원회 소속의 북한태권도시범단과 한국을 방문했다. 그는 〈한겨레신문〉과의 인터뷰에서 "남북 태권도의 교류, 나아가 통합을 이뤄내는 일은 국제스포츠 경쟁 속에서 태권도가 살아남는 민족 내부의 과제"라고 밝혔다. 태권도에 대한 그의 말은 거침이 없었다.

민족적인 견지에서 보면, 민족이 분열돼 있는데다 태권도까지 분열돼 있다. 게다가 올림픽에선 태권도 퇴출문제가 제기됐는데 그게 바로 내일모레로 닥쳤다. 태권도 문턱에 가라테가 와 있다. 그리스 아테네올림픽을 계기로 심판문제와 흥미 부진 등 심각성이 드러났다. 재미없는 걸 개선하는 것은 가능하지만, 퇴출문제는 우리 마음대로 할 수 없다. 단결하지 않으면 안 된다.[12]

2007년 4월 8일 서울 강남구 삼성동에 있는 WT 본부를 방문한 장웅은 "비행기로 남북은 실제 1시간이면 오갈 수 있다. 우리 민족의 분단이 1시간 지경이면, 태권도는 아직 몇 시간 지경인지 모르겠다"며 태권도 발

---

12) 한겨레신문. 2007년 4월 21일.

전을 위해서는 통합이 필요하다고 강조했다.

이 무렵, 영산대 교수 구효송은 "WT와 ITF의 통합작업을 근본적으로 환영한다"고 하면서도 다음과 같이 지적했다.

우리가 겪는 역사가 바로 분열과 통합의 역사이기는 하지만, 나누어져 있던 단체가 통합을 하고자 하는 욕망은 역시 자연스러운 것이기 때문이다. 하지만 이 통합논의가 태권도를 사랑하는 순수한 열정에서 나온 것이 아니라 현재 그들에게 쏟아지는 비판의 화살을 다른 곳으로 돌리려는 목적에서 나온, 정치적으로 불순한 것이라면 이는 또 다른 우려를 낳을 수밖에 없다 (중략) 양 기관의 통합작업이 과연 건강한 것인지 묻지 않을 수 없다. 이것이 서로의 정치적 입지를 굳히기 위한 얄팍한 '상술'에서 추진되는 작업이라면 어디에서 그 정당성을 인정받을 것인가. 더구나 ITF는 이미 언급한 바와 같이 3개의 단체로 나뉘어 있는데 무엇을 근거로 장웅의 조직이 그 대표성을 가지는지에 대한 납득할만한 설명이 아쉽다. WT는 ITF가 자체 통일을 이룬 후에 그 통일된 단체와 태권도 통합작업을 추진해도 충분히 명분을 가진다. 그렇지 않은 현재의 상황에서 WT 자체의 모순을 숨기기 위해 졸속적인 통합작업을 고수한다면 이는 근본적인 해결책이 아니다. 이보다 중요한 것이 WT의 조직정비이며 그로 인한 태권도계의 안정화이기 때문이다.[13]

> **Tip 최중화 총재 "ITF는 북한 태권도 아니다"**
>
> "국제태권도연맹(ITF)은 북한 태권도가 아니다."
> 2017 ITF 아시아선수권대회의 한국 개최 준비를 위해 대전 롯데호텔에 묵고 있는 ITF 최중화 총재는 이같이 단호히 말하며 이번 대회가 한국에서 열리게 된 의미를 소개했다. 우리나라에서 만들어져 세계로 전파된 ITF는 현재 북한 태권도라고 오해받고 있다. 최 총재는 이번 ITF 아시아선수권대회를 성공리에 마쳐 오해를 풀고 싶어했다. ITF가 북한 태권도라는 오해는 총재의 아버지이자 창립자인 최홍희 씨가 북한에 전파하면서 발생했다. 최 총재는 "아버지는 태권도 정신을 인종, 사상, 종교에 관계없이 알려야 한다는 신념을 가지고 계셨다. 그 때문에 북한에 태권도를 전파했지만 북한에선 태권도를 이용해 사상을 전파하기 시작해 북한과 연을 끊은 지 오래다"라고 말했다. 우리나라에 제대로 정착되지 못했지만 ITF는 대한민국을 알리는 중요한 역할을 하고 있다. 최 총재는 "외국인들이 한국의 얼을 느낄 수 있게 하는 것 내가 ITF를 전파하는 목적"이며 "한국에 뿌리를 두고 있는 IFT가 빨리 자리잡았으면 한다"고 했다.
> 〈중도일보, 2015년 8월 25일.〉

---

13) 무카스. 2007년 7월 4일.

장웅의 태권도 통합 행보와 논리에 대해 최중화 계열의 ITF 측은 "태권도를 정치도구로 악용하지 말라"고 경고했다. 2002년 최홍희가 타계한 후 장웅 계열의 ITF는 '정통성'을 놓고 대립해온 최중화 계열의 ITF는 WT가 남북 태권도 교류와 통합을 위해 장웅 계열의 ITF를 '파트너'로 삼는 것에 불만을 나타냈다. 최중화 측은 "WT가 북한의 태권도 단체를 평화 통일의 동반자로 인식하는 것에는 긍정적으로 평가하지만, 북한이 태권도를 정치, 외교적 도구로 이용하려는 시도에 일부 무지한 사람들이 '북한 태권도'라는 고유명사를 만들어 남한의 태권도를 북한에게 넘기려 하는 것에 개탄한다"고 비판했다. 2008년 9월 한국정부의 인가(認可)를 통해 30여 년 만에 귀국한 최중화는 "북한 장웅계 ITF는 노동당 전위조직"이라고 폭로하면서 "현재 진행되고 있는 통합논의는 WT와 ITF간의 문제가 아니라 남한과 북한간의 문제다. 북한은 ITF를 정치적으로 이용하고 있다"고 말했다.

WT와 북한 주도의 ITF는 2008년 9월 제5차 회의를 끝으로 더 이상 태권도 통합을 논의하지 않았다. 통합조정위 산하에 품새와 겨루기 분과위원회를 설치하기로 합의했을 뿐 구체적이고 실질적인 통합안을 내놓지 못했다. 통합 논의가 무산된 것은 남북의 긴장과 대립도 한 몫을 했지만 통합 방법론의 차이, 즉 기구통합이 우선되어야 한다는 ITF와 기술통합을 강조하고 있는 WT 간의 입장 차이를 좁히지 못했기 때문이다.

이런 가운데 장웅은 2011년 9월 7일 평양 인민문화궁전에서 가진 미국의소리(VOA) 방송과 인터뷰에서 "조정원 박사가 WTF 총재가 된 이후 태권도 두 연맹 사이에 회담이 베이징에서 비밀리에 11차례 진행됐는데 전혀 진전이 되지 않았다"며 "이것(통합)은 통일된 다음에야 되겠다고 생각한다"고 밝혔다. 논란은 조 총재와 장 총재가 통합논의를 위해 비밀리에 접촉했느냐 하는 것이다. 또 통합회의에 두 총재가 실질적으로 대면한

2007년 3월 WTF 관계자들과 북한 주도 ITF 관계자들이 중국 베이징에서 만나 두 기구의 태권도 기술 및 행정 통합 논의를 위한 태권도통합조정위원회를 구성했다.

것이 몇 번인 것인가도 논란거리다.

이와 관련, WT는 일부 언론에 보도된 '남북, 베이징서 태권도통합 비밀회담' 기사에 대해 "비밀회담은 없었다"고 반박했다. WT는 보도자료를 통해 "남북 태권도통합 비밀회담 관련 제목의 기사 중 '조정원 박사가 WT 총재가 된 이후 태권도 두 연맹 사이에 회담이 베이징에서 비밀리에 11차례 진행됐는데 전혀 진전이 되지 않았다'는 기사는 맞지 않다"면서 "로게 IOC위원장, 조정원 WT총재, 장웅 ITF 총재 간 3자 모임을 스위스 로잔에서 2차례, 중국 베이징에서 실무자 회담 4차례 및 본 회담 5차례, 총 11번의 모임은 있었으나 별도의 비밀회담은 없었다"고 해명했다.

WT의 주된 기류는 회원국과 올림픽 종목 등 WT가 지니고 있는 조직의 규모와 위상을 놓고 봤을 때 ITF와 1대 1동수(同數) 개념의 통합은 설득력이 없다는 입장이다. WT가 ITF를 흡수하는 통합방법은 가능할지 몰라도 1대 1의 기구 통합은 가당치가 않다며 북한 주도의 ITF는 WT와 통합을 논의하기 전에 3개 분파로 나뉘어져 있는 ITF통합이 선행되어야 한다는 목소리가 힘을 얻는 것도 바로 이러한 이유 때문이다.

한편 ITF 소속의 원로 사범들이 북한 장웅이 이끄는 ITF에서 이탈해 그 배경에 관심이 쏠렸다. 최홍희의 좌장으로 활동했던 박종수는 2010년

4월에 이탈했고, 이기하는 2011년 탈퇴했다. 두 사람의 공통점은 1966년 ITF 창설 멤버로 40년 넘게 ITF 저변확대에 힘을 보탠 뒤 2002년 최 총재가 타계하면서 최중화 계열이 아닌 장웅 계열의 ITF에서 활동했다는 것이다. 특히 두 사람은 '태권도는 하나'라는 최홍희의 유훈에 따라 누구보다도 태권도 통합을 위해 노력해 왔다. 따라서 ITF의 원로 사범인 두 사람이 북한 주도의 ITF에서 이탈한 것은 장웅 계열의 ITF로는 태권도 통합을 이룰 수 없다는 신념에 따른 것으로 보인다. 여기에 북한이라는 이데올로기에 묶여 활동을 제약받는 것도 작용했다. 박종수는 최중화 총재가 이끄는 ITF에 합류한 뒤 장웅 ITF 계열을 떠난 이유에 대해 이렇게 말했다.

2014년 8월 21일 조정원 총재와 장웅 총재가 토마스 바흐 IOC위원장이 지켜보는 가운데 상호협력 협정서에 서명하고 있다.

> 최 장군(최홍희)께서 저세상으로 가기 전에 '김운용을 견제해 ITF를 지켜 태권도를 하나로 만드는 데 도움이 될 인물은 장웅이다'라고 말씀해 그쪽을 선택했다. 하지만 장 위원은 당초 약속과 달리 태권도를 정치적으로 이용했다. 최 장군의 뜻은 태권도의 통합이었는데 그쪽에는 전혀 관심이 없었다. 그래서 독단의 장벽을 넘어 떠나기로 결심했다.[14]

장웅 ITF 계열이 태권도를 정치적으로 이용하고 있다는 박종수의 말은 최중화 총재의 주장과 궤를 같이하고 있다. 2009년 9월 한국정부의 승인으로 귀국한 최중화는 "장웅 ITF는 북한 노동당 전위조직이다. 사범들을 해외에 파견해 공작원으로 이용했다"고 폭로했다. 태권도가 특정 이데올로기에 사로잡혀서는 안 된다는 의미였다.

이런 가운데, 이기하도 장웅 계열을 탈퇴했다. 탈퇴 이유는 구체적으로 알 수 없지만 북한 주도의 ITF 활동에 한계를 느낀 것으로 보인다. 그는 탈퇴서에서 "하나의 태권도라는 꿈이 창시자 최홍희 장군이 원하는 바에

---

14) 동아일보. 2011년 5월 10일.

따르고 자신의 꿈은 국제조직이든 국내조직이든 간에 소속해 있는 태권도를 수련하고자 하는 모든 이에게 지도하기를 바란다"고 했다. 이기하는 2005년 한국을 방문해 "최 장군(최홍희)이 눈을 감으며 남긴 유지가 바로 태권도의 통합"이라며 "태권도를 북한 식, 남한 식으로 편 가르는 것은 정말 왜곡된 태도"[15]라고 말했다.

그러던 2014년 8월, WT와 ITF는 통합과 관련한 협정서를 체결했다. 유스올림픽이 열리는 중국 난징에서 IOC 위원장 토마스 바흐가 입회한 가운데 WT 총재 조정원과 ITF 총재 장웅은 '태권도 뿌리는 하나이며 태권도 단체는 나눠져선 안 된다'는 원칙에 뜻을 같이 하며 협정서에 서명했다. 협정서의 주요 내용은 △WT와 ITF는 상호 존중하고 올림픽 정신 안에서 더 나은 태권도 번영과 발전을 위해 상호협력한다 △WT와 ITF는 각 연맹에서 주최하는 태권도 대회와 두 연맹에서 공동 주최하는 태권도 행사에 선수단을 참가시키고 대회규정은 각각 연맹의 경기규칙을 준수한다 △WT는 이르면 2016년 리오올림픽에 ITF 선수단이 참가하는 기회를 제공하도록 노력한다 △WT와 ITF는 다국적인들로 구성된 각각의 시범단을 구성하여 적절한 시기가 되면 남북한 교환 시범을 포함하여 국제사회에서 태권도 홍보를 한다 등이다.

이런 가운데 2015년 5월, WT와 ITF가 통합을 위한 의미 있는 첫걸음을 내딛었다. 러시아 첼랴빈스크 트락토르 아레나에서 WT가 주최한 '2015 첼랴빈스크 세계태권도선수권대회' 개회식에 북한이 주도하는 ITF 임원과 북한 태권도 시범 단원을 포함한 22명이 참가해 눈길을 모았다.

ITF는 북한 시범단원 13명(남자 10, 여자 3)과 체코 2명, 러시아 2명 등 17명으로 구성된 시범단(단장 배능만)이 이날 오후 6시부터 2시간 동안 진행되는 개막식에 20분 동안 ITF의 기본동작과 틀(품새), 호신술, 기술 및 위력 격파 등의 시범을 20분간 선보였다.

---

15) 연합뉴스. 2004년 6월 29일.

이번 WT 공식 행사에 ITF가 참가한 것은 WT 창설 42년 만의 처음이다. ITF 황호용은 "ITF와 WT의 뿌리는 하나지만, 서로 다른 길을 걸어왔다. 오늘 시범을 통해 서로 어떤 기술로 발전해왔는지 잘 볼 수 있을 것이다. ITF 구성은 기본동작과 틀(품새), 맞서기(겨루기), 단련, 호신술로 크게 다섯 가지로 돼 있다"고 말했다. 이번 방문에 대한 소감에 대해서는 "다른 길을 걸어온 양 단체가 통합을 위해 두 단체 총재가 지난 10년 넘게 노력을 기울인 노력이자 결실이다. 향후 협력의 기초가 될 것이다"면서 "이번 시범단 공연은 역시도 태권도가 신뢰하는 길로 나아가는 첫 걸음이 될 것"이라고 말했다.

　　조정원은 "지난해 ITF와 합의된 내용이 실행되어 매우 기쁘게 생각한다. 태권도가 진정 하나가 되는 계기가 될 것으로 기대한다"면서 "이번 교류는 일회성이 아닌 점차 확대 될 것이다. WT와 ITF의 뜻은 세계(W-I) 태권도(T)의 뜻을 의미한다. 더불어 IOC 정신에 평화에 기여하는 특별한 의미도 있다"고 밝혔다.[16]

　　2016년 6월, 전북 무주에서 열린 '2017 WT 세계태권도선수권대회'에 북한이 주도하는 ITF 시범단이 방문했다. 경기장을 찾은 문재인 대통령은 "태권도는 하나다. 하나의 뿌리에서 자라난 태권도가 본의 아니게 둘로 갈라져 성장해 덩치가 커졌다. 하나로 합쳐지면 더 큰 하나가 될 것"이라며 반겼다.

　　북한 ITF 시범단은 곧 이어 국기원을 처음으로 방문해 공연을 했다. 방명록에 '태권도는 하나!'라고 쓴 리용선 ITF 총재는 "태권도의 뿌리는 하나이지만 불행하게도 둘로 나뉘었다. 지금처럼 우리가 종횡무진 세계를 누빌 때 더 큰 영향력을 발휘하게 될 것"[17]이라고 했다.

　　그 후 북한 ITF 시범단은 2018년 2월, 평창 동계올림픽 개막식전 행사에서 WT 시범단과 합동 공연을 하고, 속초와 서울에서도 그 바람을 이어

---
16) 태권저널. 2015년 5월 17일.
17) 통일뉴스. 2017.06.29. 북 태권도, 사상 첫 국기원 방문.

갔다. 그리고 2018년 4월, 남측 예술단의 평양 공연에 동행한 WT 시범단은 평양 태권도전당에서 처음으로 단독 공연을 펼치고 평양대극장에서 북한 ITF 시범단과 합동 공연을 했다. 6개월 후에 평양에 도착한 WT 방문단은 공연을 했다.

마침내 두 단체는 11월 2일 평양 양각도 국제호텔에서 태권도 통합과 발전을 위한 합의서를 체결했다. 두 단체가 체결한 합의서의 핵심은 △태권도 통합을 추진할 공동기구(위원회) 구성 합의 △공동기구의 명칭과 성격, 활 동내용 등은 실무회의에서 결정 △해외에서 합동 시범공연 추진 △단일 시범단 구성해 공동훈련 진행하기 위한 훈련센터 설치 △시범적으로 각 연맹의 경기규정으로 진행하는 국제대회 공동 주최 △태권도 국제대회에 참가할 수 있게 단증과 심판자격증은 정해진 절차를 거쳐 인정 △유네스코 무형문화유산에 태권도를 함께 등재하기 위해 적극 협력 등이다. 이 외에도 태권도 통합을 촉진하기 위해 여러 활동도 공동으로 진행하기로 했다. 두 단체는 '평양합의서'를 이행하기 위해 2019년 4월, IOC 본부가 있는 스위스 로잔에서 합동공연을 한데 이어 5월에는 ITF 본부가 있는 오스트리아 빈에서도 합동 공연을 펼쳤다.

하지만 두 단체가 체결한 합의 내용 중 유럽에서 합동 공연을 한 것 외에는 뚜렷한 성과가 없다. 태권도 교류와 통합 움직임은 북한과 미국, 한국과 북한의 관계가 냉각되면서 중단됐다.

2018년 11월, 평양 양각도국제호텔에서 조정원 WT 총재(왼쪽)와 리용선 북한 주도 ITF 총재가 태권도 통합을 위한 합의서에 서명한 후 손을 맞잡고 있다. 사진=무카스

④ 태권도 교류와 통합, 새로운 패러다임 필요

1982년부터 2019년까지 격랑과 진통 속에 이어져온 태권도 교류와 기구 통합 움직임은 동력을 상실했다. 요동치는 국내외 정세와 세계 스포츠의 흐름, 그리고 남북의 특수성 등이 맞물리면서 교착상태에 빠져 있다. 이러한 흐름은 남북, 북미 간에 화해무드가 조성되지 않는 한 계속될 것이다. IOC의 중재 속에 북한 ITF만 협상 파트너로 인정해온 태권도 교류와 통합 과정은 정치와 정세 속에 갇혀 있기 때문이다.

이제 태권도 교류와 통합은 새로운 접근 방식이 필요하다. 그동안 관례처럼 전개된 인식의 체계와 사고(思考)의 틀을 과감하게 깨고 새로운 방안을 모색해야 한다. 교착과 답보 상태에 놓여 있는 현실을 직시하고, 새로운 패러다임으로 대체해야 한다.

(1) 남북 태권도 교류 주체는 대한태권도협회와 조선태권도위원회

북한이 체제 유지를 위한 선전도구로 태권도를 활용한다면, 우리는 태권도 교류를 단계적으로 추진할 수 있는 실질적인 전략과 실무 협상 방안을 촘촘하게 준비해야 한다. 더 이상 북한의 술수에 휘말려선 안 된다.

특히 WT가 남북 태권도 교류의 전면에 나서는 관례를 깨뜨려야 한다. 다국적 글로벌 스포츠 조직인 WT는 태권도 교류의 주체가 될 수 없다. 남북 태권도 교류의 주체는 한국의 최고 태권도 행정기관인 대한태권도협회가 맡아야 하고, 북한은 1980년대 초 설립된 조선태권도위원회가 나서는 것이 타당하다.

한국 태권도의 출발점은 대한태권도협회라고 할 수 있다. 1972년 11월 건립된 국기원은 대한태권도협회 중앙도장이었고, 1973년 5월 창설된 WT는 대한태권도협회 집행부가 주도적으로 만들었다.

따라서 태권도 현안과 정책은 WT 본부가 서울에 있고 한국인이 총재라고 해도 대한태권도협회가 맡는 것이 타당하다. 만약 외국인이 WT 총재가 되어 탈(脫) 한국화가 짙어지고 외국으로 WT 본부를 이전하면 WT가 남북 태권도 교류에 나서는 동력과 명분은 사라질 것이다.

북한의 당 중심 위계적 구조와 체제의 특성상 북한 ITF가 조선태권도위원회에 지휘권을 행사할지는 몰라도 북한 ITF와 조선태권도위원회는 '공동 운명체'라고 할 수 있다. 조선태권도위원회 소속의 임원과 시범단원들이 북한 ITF 소속으로 활동하기 때문이다. 2018 평창동계올림픽에서 WT 시범단과 개막식 공연을 함께 한 북한 ITF 시범단의 대부분은 조선태권도위원회 소속이었다. 따라서 북한 ITF는 북한에만 한정된 기구가 아니다. 장웅의 말대로 120개국이 회원국이라고 한다면, 조선태권도위원회는 북한을 대표해 북한 ITF에 가입한 것이다. 따라서 북한을 대표하는 조선태권도위원회가 대한태권도협회와 남북 태권도 교류·통합을 모색하는 것이 타당하다.

2005년부터 IOC의 중재 속에 WT와 북한 ITF가 행정 통합에 앞서 기술과 규칙을 먼저 통일한 후 올림픽 공동 참가와 기구 통합을 모색하기로 했지만, 이러한 WT와 북한 ITF의 교류는 올림픽 참가를 위한 '경기 태권도' 중심의 IOC를 경유하는 방식이라는 한계가 있다. 다른 분야와 마찬가지로 민족의 동질성 회복과 한반도에서의 평화공존의 토대를 마련하기 위해서도 남북 태권도 단체들의 직접적인 교류가 필요하고, 남북 태권도 문제가 자칫 국제적 이해관계에 의해 좌우될 수도 있다는 우려[18]를 간

---

18) 통일뉴스, 2020.02.18. 홍성보 기고, 2032년 공동올림픽을 위한 남북 태권도 협력(2).

과해선 안 된다. 남북이 태권도 교류와 통합을 추진하더라도 보편성과 타당성을 갖춰야 한다. 남북 태권도 교류가 원활하게 전개되려면 남북을 대표하는 대한태권도협회와 조선태권도위원회가 협의 과정을 통해 서로의 이해를 증진시키고 공동의 실익을 추구하면서 진행해야 한다. 특히 중장기적인 계획 속에 단계적·점진적·지속적으로 교류를 확대해 나가야 할 것이다.[19]

태권도는 아리랑·한글·김치와 함께 남북을 대표하는 문화유산이자 겨레의 브랜드이다. 따라서 태권도는 단순히 무예·스포츠의 영역을 뛰어넘어 남북을 상징할 수 있는 문화유산으로 풍요롭게 가꾸어 나가야 한다. 남북 태권도 교류가 남북 화해와 민족의 동질성, 한반도 평화 증진에 기여하기를 바란다.

(2) WT는 언제까지 북한 ITF만 상대할 건가 ; 다른 ITF로 교류 범위 넓히자

결론부터 말하면, 태권도 교류와 통합의 협상 파트너로 북한 주도 ITF에 매달려선 안 된다. 언제까지 태권도를 정치 수단화하고 체제 유지와 선전에 악용하고 있는 북한의 술수에 언제까지 놀아날 것인지 따지지 않을 수 없다.

남북 간에 합의된 여러 협정이 제대로 지켜진 것이 없듯이 태권도 교류·통합과 관련된 협정도 마찬가지다. 지금까지 10여 차례 실무회의를 갖고 의향서와 협정서에 여러 번 서명했지만 이행된 것은 합동 공연뿐이다. 남북 태권도 교류와 통합을 촉진하기 위해 공동 기구를 구성하고, 합의에 서명한 내용을 이행하기 위해 매월 1번 이상 만나 협의 대책을 논하자는 약속은 3년 전부터 물거품이 됐다. 코로나-19 여파보다는 북·미,

---
19) 이봉·김범식(2002). 남·북 태권도 교류의 추진 정책 방안. 한국스포츠산업경영학회지. 제7권 제1호.

남·북 관계가 경색되면서 태권도 교류는 답보상태에 놓였다. 이런 상황에서 남북이 공동으로 합동훈련을 하고 국제태권도대회를 개최하며, 힘을 합쳐 유네스코 세계문화유산에 태권도를 공동으로 등재하는 것이 이뤄질 수 있겠는가.

체제가 다른 남과 북의 태권도 교류를 정례화하고 통합을 추진하는 것은 매우 어렵다. 남북 스포츠 교류는 정치와 연동이 될 수밖에 없다. 태권도 교류와 통합도 남과 북의 정치적 이해관계에 예속되어 남북 관계의 완화와 냉각에 따라 추진과 중단이 되풀이되는 한계를 보이고 있다. 대체로 한국에 보수정부가 들어서면 남북 교류는 북의 일방적으로 중단했다.

이제 WT는 태권도 교류와 통합의 파트너로 북한 ITF만 상대해선 안 된다. 북한은 ITF 수입국이지 창설국이 아니다. 따라서 ITF의 정통성과 대표성이 결여되어 있다.

ITF 분열은 2002년 6월 15일 최홍희가 북한 평양에서 사망[20]하면서 본격화했다. 북한은 장웅을 후계자로 지명했다는 최홍희의 유훈을 공개하며 그해 9월 평양에서 임시총회를 열어 차기 총재로 선출됐다. IOC 위원인 장웅은 올림픽 퇴출의 위기에 놓인 WT의 상황을 교묘하게 자극하고 남북의 특수한 정세를 활용해 태권도 교류와 통합의 파트너로 WT와 북한 ITF를 테이블에 올려 놓았다. 여기에 한국 정부와 WT는 남북 정세와 IOC 중재 등 현실적인 요인에 따라 북한 ITF를 포괄적인 남북 태권도 교류와 통합의 주체 단체로 받아들였다.

하지만 최홍희 친아들인 최중화는 북한이 공개한 유훈에 의혹을 제기하며 총재 선출이 적법하게 이뤄지지 않았다며 별도의 ITF 조직을 만들어, 북한이 태권도를 정치도구로 악용하고 있다고 비판했다.

이와 함께 ITF가 크게 3갈래로 분열되어 있는 것도 두 기구의 교류와 통

---

20) 최홍희는 병세가 악화되자 한국에 들어오기를 바랐다. 하지만 김대중 정부는 친북행위 등을 문제 삼으며 공식 사과 성명을 발표한 뒤 입국 승인을 받으라고 했다. 최홍희가 이를 거절하면서 방한은 무산됐다. 최홍희는 암 수술 등을 위해 북한 병원을 택했고, 결국 병원에서 유언과 함께 세상을 떠났다. 최홍희는 북한 애국열사릉에 묻혔지만 유족들의 생각은 달랐다. 월드코리안신문. 2021.02.23. 송광호 기자가 만난 북녘 땅-22. 한국에서 태어났지만 북에서 살아야 했던 K노인의 스토리.

합의 걸림돌로 작용하고 있다. 현재 북한 ITF, 최중화 ITF, 폴 와일러 ITF로 갈라져 규모와 회원국은 각각 주장하는 것에 따라 다르다. 분열되지 않고 하나도 통합되어 있는 WT가 가입 회원국과 세계 스포츠 위상 등 모든 면에서 ITF보다 월등히 앞서 있는데, 3갈래로 분열되어 있는 북한 ITF만을 상대로 교류와 통합을 모색하는 것은 이치와 명분에 맞지 않는다.

이런 상황에서 WT가 북한 ITF를 상대로 1대1 동수(同數)로 기술과 행정 통합을 모색하는 것 자체가 아이러니컬한 일이다. 2005년 WT와 북한 ITF가 태권도 발전을 위한 기술과 행정 통합을 논의한 후 2006년 태권도 통합조정위원회를 구성했지만, WT 중심의 '흡수 통합' 논리와 북한 ITF가 주장하고 있는 '1대1 통합'이 엇박자 속에 진척이 없다는 것은 많은 것을 시사해 준다.

따라서 가장 현실적인 방안은 WT와 ITF 간의 통합 모색은 먼저 3개 갈래로 분열된 ITF를 먼저 통합한 후 WT와 통합해야 한다. WT와 북한 ITF가 통합하더라도 다른 계열의 ITF가 존재한다면 혼란과 반목은 계속될 수밖에 없기 때문이다.

최중화 ITF도 북한 ITF와 무의미한 반복과 대립을 유지할 게 아니라 태권도 교류를 위해 능동적인 자세로 움직여야 한다. 특히 ITF의 정체성과 대표성이 북한 ITF보다는 최중화 ITF에 있다면 대한태권도협회와 국기원과 긴밀히 접촉해 상호 이해와 융합의 토대를 마련하는 노력을 기울여야 할 것이다. 기술 교류와 행정 통합 이전에 상호 이해와 신뢰 구축이 먼저 이뤄지는 것이 매우 중요하다.

이런 상황에서 태권도 기구 통합과 남북 태권도 교류의 한 축이었던 장웅이 2018년 IOC 위원직에서 물러났다. 그로부터 4년이 지난 2022년 2월, 북한은 장웅의 후임 격으로 리용선을 IOC 후보로 추천해 달라고 IOC에 요청했다가 거절당했다. IOC가 거절한 이유는 일방적으로 도쿄올림픽

에 불참한 북한에 대한 제재적 성격이 반영된 것으로 보인다.[21]

　북한의 스포츠 거물급 인사였던 장웅이 IOC에서 떠나고 IOC 위원이 한 명도 없는 북한의 대외 스포츠 외교 상황에서 WT가 북한 ITF를 상대로 예전처럼 태권도 교류와 통합을 논의해 나갈지 의문이다. 특히 남북관계가 급속히 냉각되어 남북 문화·체육 교류가 중단된 현실을 감안하면, WT와 ITF 간의 기구 통합과 남북 태권도 교류는 새로운 명제를 설정해 패러다임을 전환해야 할 것이다.

---

21) 뉴스1, 2022.02.23, 도쿄올림픽 불참 여파?…IOC, 북한 장웅 후임 추천 요청 거절.

연구과제

1. 세계태권도연맹과 국제태권도연맹은 언제부터 무슨 이유로 통합을 논의했는지 설명하시오.
2. 태권도 단체 통합에 대한 양쪽의 수장(首長)인 김운용과 최홍희의 입장과 견해는 무엇이었나?
3. 최홍희 타계 이후 세계태권도연맹과 국제태권도연맹 간의 태권도 교류와 통합 움직임을 설명하시오.
4. 2008년 한국정부의 인가(認可)를 받아 최중화는 왜 "북한 장웅계 ITF는 노동당 전위 조직이다. 북한은 ITF를 정치적으로 악용하지 말라"고 경고했는지 그 내막은 무엇인가?
5. 세계태권도연맹과 국제태권도연맹은 엄연히 한국과 북한 두 나라만의 단체가 아닌데, 남북 태권도 교류에 영향을 미치고 있는지 설명하시오.
6. 북한 주도의 ITF가 올림픽 종목인 태권도 경기에 참가하려는 까닭은 무엇인가?

참고문헌

마이데일리. 2009년 10월 21일.
무카스. 2010년 12월 13일.
문화저널21. 2009년 10월 29일.
미주 중앙일보. 2015년 11월 14일.
박동영(2007). 태권도 시범의 상설 공연문화 정착을 위한 방향 모색. 석사학위논문. 한국체육대학교 대학
부산일보. 2009. 5. 12.
서성원(2015), 태권도뎐. 애니빅.
새전북신문. 2015년 9월 24일. 끝없는 태권도원 사직행렬.
주간한국매거진. 2009년 10월 27일.
전북도민일보. 2014년 10월 15일. 태권도원 개장 6개월 애물단지 전락하나.
한국경제. 2015년 12월 29일. 예술이 된 태권도, 1등 문화상품 날갯짓.
한국일보. 2010년 1월 10일.
한국무예신문. 2014. 2. 13. 태권도' 등 K-Culture로 신한류 창출
태권도신문 사이트. 2006. 1. 2.
태권도신문. 2006년 6월 5일. 태권도공원 방문객 추정의 허상.
태권저널. 2015년 4월 2일. 김중헌 총장 인터뷰.
티브이데일리. 2010년 3월 18일.
KBS. 2014년 7월 18일.

개정증보판 History & Culture & Taekwondo
태권도역사와 문화의 이해

제10장 태권도와 올림픽

📖 학습목표

이 장(章)은 태권도계의 숙원사업이었던 태권도가 어떤 노력으로 어떻게 하계올림픽 정식종목으로 채택되었는지 그 당시 시대적 상황과 세계태권도연맹 및 한인 사범들의 활동을 탐색하는 데 있다. 특히 세계태권도연맹 김운용 총재가 펼친 '스포츠 외교'의 안팎을 이해하고, 국제태권도연맹은 왜 태권도가 올림픽 정식종목이 되는 것을 반대했는지 탐구한다.

이와 함께 2000년 시드니올림픽부터 2004년 아테네올림픽, 2008년 베이징올림픽, 2012년 런던올림픽에서 태권도 종목이 어떻게 펼쳐졌고, 과제는 무엇이었는지 살펴본다. 아울러 세계태권도연맹이 태권도를 올림픽에 잔류시키기 위해 어떤 노력과 제도적 혁신을 추진하였는지 상세히 알아본다.

제10장 태권도와 올림픽

1 태권도의 올림픽 정식종목 채택 과정

김운용 총재(왼쪽)과 사마란치 IOC 위원장.

1994년 9월 4일은 태권도계의 경사스러운 날이다. 프랑스 파리에서 열린 제103차 국제올림픽위원회(IOC) 총회에서 85대0 만장일치로 태권도가 2000년 시드니올림픽 정식종목으로 채택되었기 때문이다.

태권도가 올림픽 정식종목으로 채택된 것은 큰 의미를 지닌다. 한국어는 올림픽 공식 언어인 영어, 불어, 일본어에 이어 네 번째로 올림픽 언어의 반열에 올랐고, '유사종목은 올림픽 정식종목이 될 수 없다'는 IOC 규정에 따라 일본의 가라테, 중국의 우슈 등 다른 격투기 종목의 견제를 뿌리칠 수 있게 되었다.

태권도의 올림픽 정식종목 채택에 크게 기여한 김운용은 사마란치 IOC 위원장의 절대적인 이해와 지원도 태권도가 정식종목으로 채택되는데 큰 힘이 됐다고 고백했다.

1973년 5월 세계태권도연맹을 창설한 김운용은 세계태권도선수권대회를 개최하며 태권도 세계화에 박차를 가했다. 국기원 창설 원장과 대한태권도협회 회장을 겸직하고 있던 그는 태권도 세계화만이 태권도 중흥의 초석이 될 것이라고 확신했다.

김운용은 가라테를 극복하고 태권도를 국제 스포츠 세계에서 공인받기 위해 부단히 노력했다. 당시 미주 등 해외의 일부 태권도장은 '코리안 가라테(Korean Karate)'라고 간판을 내걸고 태권도를 가르치는 등 가라테의 위세에 눌려 있었다. 그는 국제총경기단체연합회(GAISF) 가입을 서둘렀다. 김운용의 증언.

WT는 국제 실적 쌓기와 국제적 우산을 쓰는 것을 최대 목표로 삼았다. 먼저 국제적인 우산(승인)부터 쓰기 시작했다. 그러지 않으면 강대한 가라테에 밀려 임의단체로 끝날 판이었다. 또 1974년 10월, 국기원에서 제1회 아시아태권도선수권대회를 개최하고 아시아연맹을 창설했다. 곧 이어 1975년에는 장충체육관에서 35개국이 참가하는 제2회 세계태권도선수권대회를 열고 이때 참석했던 GAISF의 오스카 스테이트(Oscar State) 사무총장의 권고로 1975년 10월 5일 몬트리올 GAISF 총회에서 유도, 가라테, ITF, 수영 등의 반대를 물리치고 만장일치로 가입하였다. 이는 참 중요한 사건이다. GAISF 가입을 통해 태권도는 공인 국제연맹이 되어 다른 올림픽 및 비올림픽 국제스포츠연맹과 경쟁하고 공존하는 단체가 됐기 때문이다. 공식적으로 국제무대에 첫 걸음을 내딛게 된 것이다.[1]

대한태권도협회는 1975년을 '태권도 세계화의 해'로 선언하고 '해외에서 활약하고 있는 사범 여러분께'라는 제목으로 이렇게 당부했다.

---

[1] 김운용닷컴, 2011년 8월 29일, 김운용칼럼 ; 태권도 어디까지 왔는가. 김운용은 이 칼럼에서 "이때부터 태권도는 위로는 국제공인이라는 우산을 쓰고, 아래로는 산재되어 있는 각국 협회조직을 각국 NOC 산하에서 공인 및 예산 지원을 받는 작업에 박차를 가했다"며 "워낙 발전속도가 빠르다 보니 총재를 무조건 따르고 보좌하던 엄운규, 이종우, 홍종수, 이남석, 이교윤, 이금홍, 김순배 등의 관장들도 어리벙벙했을 것이다"고 말했다.

국기 태권도 선양에 앞장서고 있는 해외사범 여러분의 노고를 치하하는 바입니다. 이제 우리의 태권도는 세계 정상의 위치에 놓여 있으며 (…) 가라테라는 도전자를 위협하고 있는 것도 사실 (…) 가라테와 태권도가 공존할 수 있다는 사고방식은 우리의 장래를 위협하는 가공할 존재라는 것은 재인식해야 (…) 우리는 세계 아마추어 스포츠의 지상목표인 태권도가 올림픽 정식종목에 채택돼야 하겠기에 국제경기연맹(GAIF)에 가맹이 절실한 때이므로 한국에 있는 관장단(館長團)은 해외 사범 여러분의 적극적인 협조를 바라며 (…)[2]

이 글의 핵심은 태권도가 올림픽 종목에 하루빨리 채택될 수 있도록 해외 각 국에서 활동 중인 한인 사범들이 세계태권도연맹 가입국을 늘리는 데 힘쓰고, 태권도의 세계화를 위협하는 가라테에 당당하게 맞서라는 것이다.

이런 노력으로 1975년 10월 캐나다 몬트리올에서 열린 국제경기연맹연합회(GAIF) 총회에서 세계태권도연맹은 정회원으로 가입되어 태권도가 세계 스포츠로 발돋움하는 토대를 마련했다. GAIF 총회는 세계스포츠연맹 대표들이 모인 스포츠계의 UN총회로 일컬어진다. 태권도는 국제유도연맹이 반대하고 가라테의 유사종목이라는 일본의 방해로 GAIF 가입이 어려웠지만 2회에 걸쳐 세계태권도선수권대회를 개최하고 국제태권도심판강습회를 실시하는 등 행정체계의 일원화로 이 같은 결실을 보게 됐다.

1980년 7월에도 희소식을 날아왔다. IOC 제83차 총회에서 태권도가 올림픽 종목으로 승인됐다. 김운용은 "세계태권도연맹이 국제경기연맹에 가입한 지 5년도 안 되는 시점에서 염원해오던 올림픽 가입이 이뤄진 것은 태권도의 현대화, 세계화에 적극 주력한 태권도인들의 영광"이라며 기뻐했다.

이처럼 태권도가 올림픽 종목으로 승인되자 올림픽 정식종목 채택을 위한 가속도가 붙었다. 하지만 제동이 걸렸다. 1982년 2월 태권도가 88

---

[2] 대한태권도협회, 계간 태권도 1975년.

년 서울올림픽 정식종목이 아닌 시범종목으로 채택된 것이다. 태권도가 시범종목에 그치자 주위에서는 일본의 가라테와 중국의 우슈 등과 비슷한 형태를 지닌 태권도가 정식종목이 되면 유사종목이 반발할 것을 우려했기 때문이라고 해석했다. 김운용은 당시 〈조선일보〉와의 인터뷰에서 "가라테와 우슈와의 경쟁관계 때문에 마치 태권도가 정식종목에 채택되지 않았다고 보는 일부의 보도는 근거가 없다"고 일축했다. 당시만 해도 태권도계의 힘을 가지고는 올림픽 정식종목이 될 수도 없었고, 시범종목이 된 것도 IOC 위원장인 사마란치[3]의 도움이 있었기에 겨우 될 수 있었다는 것이다.

이러한 풍랑을 거쳐 태권도는 86아시아경기대회 정식종목으로 채택된 데 이어 88서울올림픽 시범종목으로 채택됐다. 이윽고 1988년 9월 17일부터 20일까지 장충체육관에서 서울올림픽 시범종목으로 채택된 태권도 경기가 열렸다. 남자 32개국 120명, 여자 16개국 63명이 참가한 경기에서 한국 남자대표팀은 금메달 7개, 은메달 1개를 획득해 종합우승을 했지만, 여자대표팀은 금메달 2개, 은메달 3개, 동메달 2개로 미국에 밀려 2위를 했다. 여자대표팀이 홈그라운드의 잇점에도 불구하고 종합우승을 하지 못하자 한국 태권도계의 충격은 컸다. 당시 여자대표팀 코치를 맡았던 김영인, 박필순은 그 이유를 이렇게 진단했다.

여자부 경기는 대만, 스페인, 터키, 미국, 멕시코가 한국과 더불어 각 체급에서 우승을 다룰 것으로 예상했는데, 월등한 체격과 기술로 고른 기량을 보여준 미국이 금메달 3개, 은메달 1개, 동메달 2개를 따내며 1위를 석권했다. 외국 선수들은 다양한 전술에 의한 공격과 득점보다는 주로 긴 발을 이용한 직선 동작을 많이 구사했다. 또 스텝 동작에 속지 않으며 움직임에 따라 앞 발로 견제하는 것이 공통점으로 나타났다. 따라서 우리 선수들은 앞발을 사용하는 동작에 대한 대비책을 강구해야 하며 역으로 공격할 수 있는 과감성이 필

---

[3] 사마란치는 1982년 한국에 왔다. 김운용은 사마란치를 극진히 예우하고 국기원으로 초대해 태권도 시범을 선보이고 태권도 현황을 설명했다.

요하다. 우리 선수들은 신장의 열세를 만회하기 위해 전술 훈련을 충분히 했으나 과감성 결여와 실전 경험의 부족 등으로 인한 엄청난 신장 차이로 역습을 당하는 일이 일어났다. 경기에서 중요한 것은 순간적인 상황 대처이다. 그러한 상황을 유리하게 이끌어 나아갈 수 있기 위해서는 신장의 격차를 좁혀야 하고 강한 정신력과 근성을 키워야 한다.[4]

서울올림픽 시범종목으로 치러진 태권도 경기가 호평을 받자 IOC는 1989년 4월 스페인 바로셀로나에서 열린 집행위원회에서 92년 바로셀로나올림픽에도 시범종목으로 채택했다. 김운용은 "IOC헌장 제48조에 따르면 시범종목은 두 종목밖에 안 되도록 되어 있어 추가가 불가능한 것을 사마란치 IOC 위원장과 집행위원회 위원들의 특별한 협조로 태권도를 시범종목에 추가하게 되었다"고 설명했다.

1992년 8월 3일부터 5일까지 바로셀로나올림픽에서 태권도 시범종목이 열렸다. 남자 26개국 64명, 여자 25개국 64명이 참가한 이 경기에서 한국 남자는 금메달 3개, 동메달 1개로 1위를 했고, 여자는 금메달 2개, 은메달 1개로 스페인과 대만에 이어 3위를 했다.[5]

이런 과정을 거쳐 1994년 9월 4일 프랑스 파리에서 개최된 제103차 IOC 총회에서 태권도는 드디어 하계올림픽 정식종목으로 채택됐다. 올림픽 정식종목 채택을 기념하기 위해 KBS배 국제태권도선수권대회가 1994년 12월 10일과 11일 장충체육관에서 열렸다. KBS와 세계태권도연맹이 공동 주최한 이 대회는 올림픽 정식종목이 된 태권도 위상을 강화하고 세계화에 성공한 태권도의 인식을 새롭게 하는데 주안점을 뒀다.

---

[4] 대한태권도협회, 계간 태권도 제66호. 서울올림픽 태권도 시범종목 한국대표팀 성적은 다음과 같다. △남자부 ■금메달=권쾌호(핀급), 하태경(플라이급), 지용석(밴텀급), 장명삼(페더급), 박봉권(라이트급), 정국현(웰터급), 이계행(미들급) ■은메달=김종석(헤비급) △여자부 ■금메달=추난률(플라이급), 김현희(미들급) ■은메달=이화진(핀급), 김지숙(웰터급), 장윤정(헤비급) ■동메달=박선영(밴텀급), 김소영(페더급)

[5] 한국대표팀 성적은 다음과 같다. △남자부 ■금메달=김병철(페더급), 하태경(웰터급), 김재경(헤비급) ■은메달=서성교(플라이급) △여자부 ■금메달=황은숙(밴텀급), 이선희(미들급) ■은메달=정은옥(라이트급)

2 김운용의 노력과 비화

태권도가 올림픽 정식종목이 되는 데 큰 역할을 한 사람은 단연 김운용이다. 그는 태권도가 올림픽 종목으로 채택된 결정적인 요인에 대해 이렇게 말했다.

국운, 태권도운, 대통령운도 따랐다고 본다. 나는 지난 73년 세계태권도연맹을 창설해 20년간 태권도 사범을 세계에 보급하는 등 태권도를 세계화하는데 노력을 많이 했다. 그동안 태권도가 이루어놓은 성과를 바탕으로 우리나라가 88년 서울올림픽을 성공적으로 개최해 인류평화에 이바지한 것도 큰 도움이 됐다고 생각한다.[6]

김운용은 1971년 제7대 대한태권도협회 회장에 취임한 후 1972년 국기원 창설 원장과 1973년 세계태권도연맹 창설 총재를 겸직하면서 태권도 세계화와 국제 스포츠 위상 강화를 부르짖었다. 그것의 최종 목표는 올림픽 정식종목 채택이었다.

이러한 목표를 달성하기 위하여 1970년대를 분주하게 보낸 김운용은 1983년 8월 판 아메리카(Pan Am)대회에 태권도가 정식종목으로 채택되자 태권도의 국제적 지위가 크게 향상됐다며 기뻐했다. 그는 1986년 10월 국제올림픽위원회(IOC) 위원과 국제경기연맹총연합회(GAISF) 회장으로 선출되어 세계 스포츠 주요 인사로 우뚝 섰다. 이때부터 태권도는 국제무대에서 쾌속질주를 했다. 김운용의 성장은 태권도 발전과 그 궤를 같이 했다. 당시 김운용의 심정은 어땠을까?

1987년 8월 케냐 나이로비(Nairobi)에서 11개국이 참가한 제4회 아프리카 게임에서

---

[6] 한겨레신문. 1994.

태권도 경기가 개최됐고, 1987년 8월 미국 인디애나폴리스에서 열린 제10회 팬암게임에는 26개국 128명이 참가한 태권도 경기가 열렸다. 이때부터 미주대륙에서는 IOC와 GAISF라는 큰 우산 아래 각국 NOC의 승인과 예산지원을 받게 되었으며 가라테와 우슈 그리고 ITF를 앞질러 급속히 보급됐다. 이 과정에서 물론 한국사범들의 지위도 격상되었다. 1987년 9월 자카르타에서 열린 14회 동남아게임에 5개국 58명의 선수가 참가한 태권도경기를 개최됐고, 같은 해 10월 IOC 초청으로 스위스 로잔에 국기원 시범단을 파견해 올림픽 주간행사에서 시범을 보였다. 이는 태권도가 스포츠 경기로 우수함을 홍보하고, 태권도를 확실하게 인식시키기 위한 계획이었다. 1988년 9월, 88서울올림픽 태권도 시범경기가 실시됐다. 사마란치 위원장을 비롯한 많은 IOC 위원이 직접 시상을 하기도 했고, 9월 17일 올림픽 개회식에는 식전행사로 공수특전단의 멋진 태권도 시범이 세계에 중계돼 강렬한 인상을 남겼다.[7]

   서울올림픽은 태권도 세계화에 큰 도움이 됐다. 김운용은 서울올림픽 준비상황을 보러 오는 외국의 귀빈들을 국기원에 초대해 태권도 시범을 보이고 명예단증을 줬다. 김운용은 "사마란치를 필두로 IOC 위원, 각국 NOC 위원, 각국의 장·차관 등이 국기원에 와서 태권도의 세계화 상황을 보고 갔다"며 이것이 태권도를 세계에 알리는 기폭제가 됐다고 밝혔다.

   1992년 7월, 바로셀로나 IOC 총회에서 김운용은 IOC 부위원장에 당선됐다. 그 해 8월 88서울올림픽에 이어 바로셀로나올림픽에서도 태권도가 시범종목이 됐다. 당시 IOC 헌장은 시범종목은 2개로 제한되어 있었다. 이미 페로타바스카와 롤러스케이트 두 개 종목이 확정되어 태권도가 시범종목으로 채택될 수 없었다. 이에 대해 김운용은 '특별한 이유'가 있었다고 밝혔다.

   내가 사마란치 위원장에게 건의하여 일차로 태권도를 1일간 전시종목으로 선정해 놓고, 다시 4일간 시범종목으로 격상한 특례를 만들었다. 이렇게 IOC 규정까지 넘어서며

---

7) 김운용닷컴. 2011년 8월 29일. 김운용칼럼 ; 태권도 어디까지 왔는가.

2회 연속 태권도의 시범종목 채택을 관철시킨 데는 다 이유가 있다. 이런 것이 모두 향후 올림픽 정식종목 채택 때 실적으로 작용하는 것을 잘 알고 있었기 때문이다. 이때 스페인 카를로스 국왕, 사마란치 위원장을 비롯한 많은 IOC 위원들이 참관하고 시상했다. 사마란치 위원장은 태권도 경기도 TV 방영에 맞춰 유도처럼 도복색깔을 청·홍으로 바꾸기를 제안했지만 흰 도복의 정통성을 지키기 위해 호구와 헤드기어를 청·홍으로 사용한다는 역발상을 다시 제안해 사마란치가 이를 받아 들였다. 귀국 후 헤드기어가 흰색으로 돼 있는 것을 청·홍으로 바꾸도록 지시했다.[8]

1990년대 초 1996 애틀란타올림픽에 태권도가 정식종목으로 채택되지 않자 국내의 일부 언론은 '태권도 올림픽 채택 무산, 변명 급급'이라고 비판했다. '김운용 책임론'이 거론되자 김운용은 근거없는 주장이라며 강하게 반박했다.

태권도가 우선적으로 해야 할 일은 세계에 많이 보급하여 태권도를 알리는 것이었다. 올림픽 종목 자격에 부합하는 경기규칙과 안전보호 장치를 만들고, 각국 체육회와 IOC 위원들로부터 태권도가 인정을 받도록 끊임없이 노력해야 했다. 96년 올림픽에 태권도가 정식종목으로 채택되는 것은 90년 열린 IOC 총회에서 결정되는데, 태권도는 88년 우리나라에서 올림픽을 개최한 덕에 올림픽 시범종목이 되었다 (중략) IOC 헌장에는 시범종목이 2개인데 IOC집행위원회 결정으로 태권도가 세 번째로 시범종목이 되었다. 당시 나는 IOC 부위원장으로 선출되어 바로셀로나올림픽의 조정관으로 TV방영권 교섭을 담당했기 때문에 IOC나 바로셀로나올림픽 조직위원회가 나의 제안을 받아줬다. 그러나 아틀란타올림픽에서는 IOC헌장이 바뀌어 시범종목이 없어져 태권도가 올림픽에 참가할 수 없었다. 태권도의 올림픽 정식종목 채택은 한국정부가 나서서 해결될 일은 아니고 IOC 내부에서 세계태권도연맹과 국기원 창설자인 나의 역량으로 이뤄야 할 일이었다. 그런데도 정부 부처와 언론은 잘 알지도 못하면서 96년 올림픽에 태권도가 정식종목으

---

8) 김운용닷컴. 2011년 8월 29일. 김운용칼럼 ; 태권도 어디까지 왔는가.

로 채택되지 않았다고 왈가왈부했다. 나는 그런 기사와 정치적 쇼에는 관심이 없었다.[9]

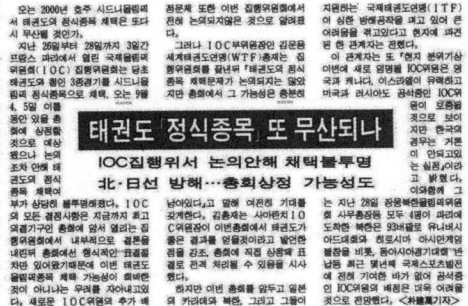

경향신문 1994년 8월 30일자 기사.

1993년이 되자 김운용은 국제태권도연맹(ITF) 총재 최홍희와 대립각을 세웠다. 최홍희는 태권도 기술의 우월성과 단증의 권위는 ITF가 WTF보다 몇 배는 높다고 여겼다. 태권도의 정통성도 ITF가 가지고 있다고 확신했다. 최홍희는 'ITF가 WTF에 흡수통합된다', 'ITF는 해체된다'는 언론의 보도에 김운용이 개입했다며 "체육기자들을 마음대로 매수할 수 있는 김운용이 원흉이다. 그는 정부와 체육계에 자기의 실력을 과시함으로써 태권도가 아직도 올림픽에 들어가지 못한 데 대한 책임 추궁을 잠시나마 면하기 위해서였을 것"[10] 이라고 쏘아붙였다.

이런 상황에서 태권도 올림픽 정식종목 채택 여부를 둘러싸고 두 사람은 날선 공방을 벌였다. 최홍희는 WT에 대해 가라테 동작을 모방한 '가짜 태권도'라며 ITF를 배제한 채 WT가 단독으로 올림픽 정식종목이 되어선 안 된다고 주장했다.

김운용은 ITF의 이 같은 공세에 일일이 대응하지 않고 1993년 8월, 미국의 핵심시설인 뉴욕 메디슨스퀘어가든에서 제11회 세계태권도선수권대회(여자는 4회)를 개최했다. 82개국 443명의 남자선수와 54개국 226명의 여자선수가 참가했다. 그 때 IOC위원(Ganga, Anita de Frantz, Santander, Mendoza, Rodriguez, Arroyo), Huba 스포츠인테른 사장, Togay AIPS 회장, 미국올림픽위원장, 애틀랜타올림픽조직위원장(Bill Payne), IOC 스포츠국장(Felli) 등 유명 인사를 초청해 태권도의 위상을 각인시켰다. 이것을 두고 김운용은 "미국의 심장으

---

9) 김운용은 2008년 7월 비서관을 통해 필자에게 이 같은 견해를 밝혀왔다.
10) 최홍희(2005). 앞의 책. 441쪽.

로 불리는 메디슨스퀘어가든(Madison Square Garden)이라는 상징적인 장소에서, ABC 방송사에 의한 TV생중계와 IOC위원 및 VIP 초빙 등 그야말로 양적으로나 질적으로나 지금 생각해도 어마어마한 대회를 치러낸 것이다. 이 또한 올림픽 채택을 위한 마지막 포석이었다"[11]고 회고했다.

이러한 노력의 결실은 실현됐다. 1994년 9월 4일 김운용은 활짝 웃었다. 프랑스 파리에서 열린 제103차 IOC 총회에서 태권도가 2000년 시드니올림픽 정식종목으로 채택됐기 때문이다. 국내 언론과 체육계는 '태권도 하면 김운용, 김운용 하면 태권도'라며 그의 공로를 추켜세웠다. 김운용은 "지금까지 겪어 온 수많은 승부 중에서도 최대 하이라이트는 태권도 올림픽 종목 채택이었다. 이 민족사적 쾌거는 나 개인에게도 많은 영광을 안겨다 주었다. 그해 대부분의 언론들은 태권도의 쾌거를 스포츠는 물론 전체 10대 뉴스의 꼭대기에 올려놓았다"[12] 며 벅찬 감동을 숨기지 않았다.

그 당시 태권도가 올림픽 정식종목에 채택될 것이라고 확신한 사람은 거의 없었다. 태권도가 올림픽 정식종목이 되려면 우선 IOC 프로그램위원회를 통과해야만 했다. 하지만 1993년 IOC 프로그램위원회에 상정됐지만 찬성 9, 반대 11표로 부결됐다. 김운용은 "태권도가 정식종목으로 되면 모두에게 다 좋지만 만약 안 됐을 경우 나 혼자서 책임을 다 뒤집어 써야 할 입장이었다"고 말할 정도였다. '우사종목은 올림픽 정식종목이 될 수 없다'는 IOC 규정에 따라 일본 가라테와 중국 우슈의 견제도 심했다. 특히 ITF는 "WT 태권도는 가라테를 모방한 사이비"라며 IOC에 항의했다. 김운용은 "파리 테팡스에 있는 IOC 총회장 주변과 집행위원 숙소에는 북한 공작원들과 ITF 사범들이 몰려와서 IOC 위

---

11) 김운용닷컴. 2011년 8월 29일. 김운용칼럼 ; 태권도 어디까지 왔는가. 김운용은 이 칼럼에서 "지금처럼 4년에 800만 달러씩 IOC에서 분담금이 나오기 전이었던 까닭에 자체 마케팅으로 행사를 추진했다. 지금처럼 엄청난 액수의 IOC 예산지원이 있었으면 더 멋있는 대회를 할 수 있었을 것이다. 이때 경기위원장은 박연희 사범, 부위원장은 박연환 사범이었다" 며 두 사범의 공로를 높이 샀다.
12) 김운용(2006), 世界를 向한 挑戰.. 연세대학교출판부

원들 방에 매일 WT 비방문서를 넣었다"[13] 고 말했다. 그는 북한이 ITF를 지원하고 있다고 믿었다. ITF에 대한 김운용의 반감은 강했다. 그는 "WT가 75년 국제경기연맹총연합회에 가입할 때, 태권도가 IOC 승인 종목이 될 때, 올림픽 정식종목이 될 때마다 방해공작을 했다"며 "WT가 국제공인기구가 되고 태권도가 올림픽 종목이 되면서 ITF는 힘을 잃어갔다"[14] 고 말했다. 김운용은 사마란치 IOC위원장의 절대적인 이해와 지원이 큰 힘이 됐다고 고백하면서 올림픽 정식종목 채택 과정의 비화를 털어놓았다.

1994년 5월 첫 번째 도전이었던 IOC 프로그램위원회에서 태권도 채택은 총11명 중 9명이 반대해 부결되었다. 그러나 1994년 9월 4일, 103차 IOC 총회에서 85대0의 만장일치로 태권도가 정식종목으로 채택되었다. 부결된 상황을 불과 4개월 만에 뒤집은 것이다. 이는 세계인을 놀라게 한 사건이었으며 IOC 내에서도 믿기 힘들 일이라고 평가했다. 프로그램위원회 부결 이후 사마란치를 적극적으로 설득했다. 그러자 사마란치는 태권도를 트라이애슬론(Triathlon)과 같이 남녀 1체급씩 2개의 금메달로 하자고 제안했다. 한 체급씩이면 아예 안하는 것이 낫겠다고 했고 나의 강경한 건의에 사마란치는 남녀 2체급씩 4개에 동의했다. 이어 사마란치의 권고에 따라 집행위원 전원을 밤새도록 찾아다니며 설득을 했고 9월 3일 집행위에서 남녀 3체급씩 6체급을 독단적으로 상정, 통과하게 됐다.

마지막으로 9월 4일 총회에서는 또 독단적으로 다시 한 체급씩을 늘려 남녀 4체급씩 8체급을 최종 제안했다. 사마란치는 집행위원회 후에도 총회에 상정하기를 꺼렸으나 나의 간청으로 마침내 상정에 동의했다. 총회에서 WT의 현황, 실적은 문제가 없었다. 하지만 ITF 문제 즉 '1개 스포츠에 2개의 연맹'이 문제로 제기됐다. 타 단체를 흠집 내는 것은 옳지 않다고 판단해 ITF는 잘 모르겠고 WT의 보급현황과 실적만 설명하겠다고 탄박했다. GAISF, 월드게임, CISM, FISU, 팬암(Panam), OCA, 아프리카(Africa) 등 각 대륙게임 채택 현황, 올림픽 시범경기 2회, 경기룰, 헤드기어·호구 등 장비안전 강화 등의 실적을 설명하며 ITF와의 차별화를 강조했다. 이것이 적중했고, 또 서울올림픽을 전후해서 국기

---

13) 김운용(2009). 앞의 책. 217~218쪽.
14) 김운용(2009). 앞의 책. 138쪽.

원에 초청된 40여 명의 IOC위원들의 도움으로 85대0의 만장일치 채택이 가능했다.

당시 필자는 IOC 부위원장 겸 IOC TV위원장으로 태권도 정식종목 채택을 역설했고 한국, 미국, 스페인, 독일, 이태리, 프랑스 등 전 세계 태권도 사범들이 IOC 총회장 밖에서 나를 응원하고 경호했다. 돈이 없어 그 사범들을 지원해 주지도 못해 미안하게 생각했다. 이때 ITF와 가라테 관계자들이 WT 반대문서를 각 IOC위원들 방과 총회장에 돌리고 주변을 어슬렁거리며 위협을 했다.[15]

태권도가 올림픽 정식종목으로 채택되자 한국 정부는 축하를 하며 재정 지원을 제안했다. 하지만 김운용은 정부의 도움없이 자신과 태권도인들의 힘으로 일군 쾌거를 역사에 남기고 싶었다. 특히 한인 사범[16]들이 태권도 세계화에 기여했다며 고마움을 나타냈다. 한국 정부는 제103차 IOC 총회에서 태권도가 올림픽 정식종목으로 채택된 날을 기리기 위해 2006년부터 9월 4일을 '태권도의 날'로 지정했다.

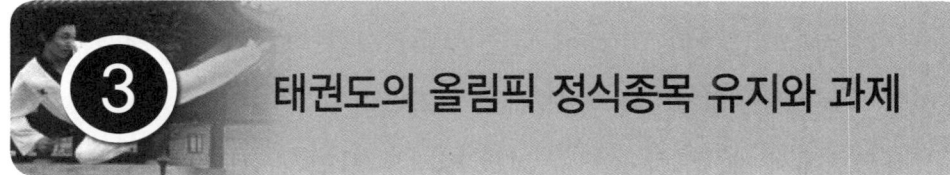

3. 태권도의 올림픽 정식종목 유지와 과제

태권도는 2000년 시드니올림픽에 정식종목으로 데뷔했다. 그리고 2004년 아테네올림픽도 무난하게 치러냈다. 하지만 주위의 반응은 그리 호의적이지 않았다. 심판 판정의 불공정과 재미없는 경기를 지적하는 여론이 높았다. 태권도가 올림픽 정식종목에서 탈락할 것이라는 추측이 나돌자 WT는 바짝 긴장했다.

---

15) 김운용닷컴. 2011년 8월 29일. 김운용칼럼 ; 태권도 어디까지 왔는가.
16) 김운용은 조시학・전인문・이준구・김기황・박연희・김일회・이상철・김유진・권덕근・김영근・이형로・김찬용・민경호・양동자・김광웅・안경원・김종수・김영숙・남궁명석・박종태・정순기・이승형・서명수・황대진・김용호・이관영・서윤남・김광일・박수남・김만금・박선재・박영길・이경명・이광배・안헌기・문대원・김영민・이기형・이종철・이종수・윤오장・이종수・김명수・김영태・윤목・이영우・어수일・김영기・최원철・정선용・송기영・노효영 등 수 많은 사범들이 태권도 세계화를 위해 함께 뛰어줬다고 말했다. 김운용(2009). 앞의 책 216쪽.

드디어 2005년 7월, 태권도가 올림픽에서 살아남을 수 있을지 운명을 결정하는 날이 다가왔다. 자크 로게 IOC 위원장은 "모든 종목이 올림픽에 필요한 것은 아니다"며 과반수 찬성을 이끌어내지 못하는 종목에 대한 올림픽 퇴출 의지를 나타냈다. 현행 28개 종목 전체를 심판대에 올려 찬반투표를 거쳐야 하는 상황에서, 태권도는 118명의 IOC 위원의 과반수 지지를 얻어야 2012년 베이징올림픽까지 정식종목이 될 수 있었다.

국내외 태권도계가 긴장한 가운데 IOC 위원들의 투표가 개표됐다. 태권도는 가까스로 살아남았다. 투표결과를 비밀로 하는 IOC의 원칙에 따라 태권도가 몇 표를 얻었는지 정확히 알 수 없지만 "1표 차이로 겨우 살아남았다"는 뒷담화가 들렸다. 반면 야구와 소프트볼은 올림픽에서 퇴출됐다.

이로써 태권도는 2000년 시드니올림픽에서 처음으로 정식종목에 채택된 이래 4회 연속 올림픽 무대에서 서게 됐다. 이번 태권도의 정식종목 유지는 WTF의 개혁안과 경기규칙 개정 등이 인정받은 결과였지만 해결해야 할 과제는 많았다. 미디어 노출 부족, 심판 판정의 불공정성, 경기 흥미의 저하 등이 해결해야 할 과제로 지적됐다.

싱가포르에서 제117차 IOC 총회를 지켜본 안민석 국회의원(국회 문화체육관광위원회)은 "태권도는 일단 2012년 올림픽에 채택되었지만 방심할 상황은 결코 아니다"며 다음과 같이 제안했다.

태권도가 세계인들로부터 인정받아 안정적인 올림픽 종목으로 남기 위한 몇 가지 과제가 있다. 첫째, 태권도를 올림픽에 정착시키려면 외교력이 절실하다. 하루속히 스포츠 외교 시스템을 구축해야 한다. 둘째, 남북의 태권도 통합을 추진해야 할 시점이다. 민족의 국기라고 일컫는 태권도가 남북으로 갈라진 현실을 더 이상 방치해서는 안 된다. 태권도 통합은 민족정신의 통합을 의미할 뿐만 아니라 민족화해와 평화를 세계적으로 과시하는 계기가 될 것이다. 양측은 대승적 차원에서 양보와 이해를 통해 태권도 통합을 추진해야 한다. 단일 태권도가 더욱 흥미 있는 종목으로 세계인들의 인정을 받는다면 태권도 퇴출 우려는 불식될 것이다. 셋째, 태권도의 세계화를 실현해야 한다. 사실 지금까지 태권도가 현실에 안주하면서, 세계화 경쟁에 게을리한 측면을 부인할 수 없다. 태권도 세계기구인 WT의 회장을 비롯한 대다수의 주요 임원들을 한국인들이 지배해온 현실을 개선해야 한다는 세계의 태권도인의 목소리가 높다. 또 WT의 사무국이 꼭 서울에 위치할 이유도 없다고 생각한다. 태권도를 자랑하기에 앞서 종주국에서 태권도 위상을 점검할 필요가 있다. 국내 태권도 도장을 가보면 대다수의 수련생이 초등학생이며 여성이나 성인들은 거의 찾아보기 힘들다. 근본적 대책이 있어야 할 것이다.[17]

조정원은 "베이징올림픽 종목으로는 남았지만 2012년 런던올림픽 뒤에는 장담할 수 없는 상황"이라며 싱가포르 총회에서 '소프트볼 탈락' 발표멘트를 듣던 돈 포토 세계소프트볼연맹 회장이 얼굴이 하얘지더니 잠시 후 짐을 싸가지고 호텔을 떠나던 모습을 보면서 피도 눈물도 없는 국제 스포츠계를 실감했다고 말했다.[18]

WT는 태권도 올림픽 잔류를 위하여 세계 태권도 인구를 1억 명으로 늘리고, 마케팅 전략을 강화해 수익을 늘려 회원국을 지원하겠다고 밝혔다. 또 태권도의 이미지 및 대외 역량을 강화하기 위하여 세계품새선수권대회와 세계장애인태권도선수권대회를 개최하겠다는 복안도 내놓았다.

조정원은 2008년 6월 서울 한국언론재단에서 기자회견을 열고 "태권도가 올림픽 정식 종목으로 남기 위해서는 공정한 심판 판정과 대중적 인기가 최대 관건"이라고 강조하며 베이징올림픽 코치 세미나를 열어 페어플레이 결의문을 채택했다고 밝혔다. 또 올림픽 심판 29명을 대상으로 △주심 경기운영 △부심 득점판단 판정 △일관성 있는 판정을 위한 가이드라인 설정 등을 주 내용으로 하는 심판 보수교육을 실시했다.

이런 노력 속에 2008년 베이징올림픽이 끝난 후 태권도는 또 다시 올

---
17) 오마이뉴스. 2005년 7월 12일.
18) 한계레신문. 2006년. 9월 3일.

림픽 정식종목 심판대에 올랐다. 그런데 2005년에 이어 '태권도 퇴출론'이 수면 위로 떠올랐다. 〈무카스〉는 베이징 올림픽 현장에서 '태권도 퇴출설'이 처음으로 확인됐다고 보도했다. 관련 기사를 보자.

아직도 IOC 내에서 막강한 영향력을 가지고 있는 후안 안토니오 사마란치 명예 IOC위원장이 직접 언급해 시간이 지날수록 파장이 커지고 있다. 사마란치 명예위원장은 베이징 프라임호텔 내 코리아하우스에서 김운용 전 IOC위원과 만난 자리에서 "IOC 내에서 태권도가 올림픽 정식종목으로 남아 있는 것에 대해 반대하는 사람들이 있다"고 분명히 언급했다. 한국기자들을 상대로 직접 한 발언으로 IOC내에 '태권도 퇴출 세력'이 있다는 것을 공식 확인했다는 의미가 있다. 물론 2005년 싱가포르 IOC총회에서 가까스로 2012년 런던올림픽 종목의 위치를 유지했고, 최근 들어 WT 각종 문제로 인해 2009년 IOC총회에서 태권도가 2016년 올림픽에서 제외될 가능성이 높다는 국내외 전망이 다수 나왔다. 하지만 IOC 최고위층이 직접 태권도 퇴출과 관련된 내용을 발언한 것은 향후 한층 위기감을 고조시킬 것으로 예상된다.[19]

하지만 이러한 우려와는 달리 IOC는 2016년 하계올림픽 종목으로 태권도를 잔류시켰다. 이에 따라 태권도는 2012년 런던올림픽에 이어 2016년 올림픽까지 위상을 유지할 수 있게 됐다. 유사 격투기 종목인 가라테가 2016 올림픽 후보 종목으로 선정됐다면 태권도는 올림픽 종목으로서 위상이 흔들릴 수 있는 상황이었지만 가라테는 이번에도 올림픽의 높은 장벽을 넘지 못했다. 국내 언론들은 태권도가 올림픽 종목으로 위상을 굳건히 다진 것은 다양한 개혁을 통해 '재미없는 스포츠'에서 벗어나 지구촌이 즐기는 스포츠로 거듭나고 있기 때문이라고 해석했다.

2012년 런던올림픽을 앞두고 WT는 승부수를 던졌다. 판정의 공정성과 흥미진진한 경기를 위한 제도적 개선에 박차를 가하면서 다양한 홍보행사로 태권도의 이미지와 위상을 알려 나갔다.

---

19) 무카스. 2008년 8월 15일.

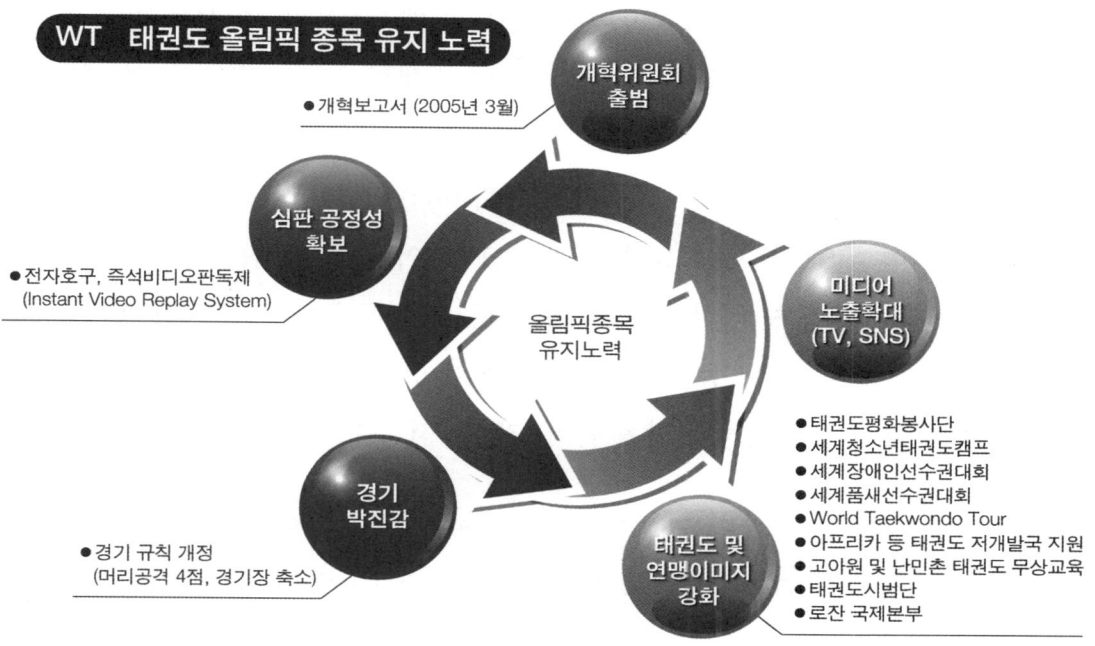

특히 판정의 공정성을 담보하기 위해 올림픽 최초로 전자호구 시스템을 도입하기로 했다. 득점도 세분해 몸통 1점, 몸통 회전공격 2점, 머리 3점, 머리 회전공격 4점 등으로 바꾸고 판정을 보완하기 위해 즉시비디오판독제도 실시하기로 했다. 공격 중심의 경기를 위해 베이징올림픽 때 경기장 규격이었던 가로-세로 각 10x10m를 8x8m로 줄였다. 경기 회피나 지연 행위에 대한 벌칙도 강화시켰다. 이와 함께 IOC 평가항목 중 하나인 글로벌 스폰서 확보와 미디어 노출에도 온 힘을 기울였다.

WT가 이렇게 적극적으로 나선 것은 되풀이되는 '태권도 퇴출론'을 불식시키고 2020년 올림픽에 안정적으로 진입하기 위해서였다. 2020년 올림픽부터 핵심종목(Core Sports)을 현재의 26개에서 25개로 줄이기 때문에 태권도의 올림픽 잔류 여부를 장담할 수 없었던 것도 작용했다. 2004년 아테네올림픽 때 자크 로게 IOC 위원장이 태권도 경기를 지켜보는 가운데 판정 시비가 일어났고 2008년 베이징올림픽에서는 판정 시비와 함께 심판 폭행 등 불미스러운 일이 발생해 WT를 가슴 졸이게 했다. 조정원은 2012년 7월 WT 회의실에서 태권도 전문기자들과 간담회를 갖고, "태권도가 올림픽 정식종목을 유지하려면 런던올림픽을 잘 치러내는 것이 무엇보다도 중요하다"고 밝혔다. 이날 조 총재는 런던올림픽 준비 내용, 올림픽 정식종목 유지를 위한 노력, 세계태권도연맹 아카데미(WTA) 설치 이유, 장애인 태권도 활성화 방안, 홍보대행사 협약 체결 등에 대한 자신의 견해를 밝혔다. 이 자리에서 그는 이렇게 말했다.

판정 시비를 최소화하기 위해 엄격하게 심판을 선발해 교육을 했고, 비디오리플레이시스템(IVR)을 도입했다. 총 6대의 카메라를 가동해 판독의 투명성을 높이고 판독 영상을 경기장 대형 스크린을 통해 공개한다. 올림픽 정식종목으로 살아남기 위해 판정 잡음을 최소화하고 태권도 경기의 우수성을 알리기 위해 전자호구를 도입하고 경기규칙을 개정하는 등 국제적 추세에 맞게 바꿀 것은 과감하게 바꿨다. 이번 런던올림픽에서는 국제올림픽위원회(IOC) 프로그램위원회 위원들과 집행위원들에게 태권도의 좋은 이미지를 알리는데 주력할 것이다.[20]

WT는 태권도의 올림픽 잔류를 확신했다. 2005년 올림픽 종목 평가를 계기로 태권도의 올림픽 정식종목 유지를 위해 부단히 노력해 왔기 때문이다. 다만 IOC 위원들이 정치적으로 올림픽 종목을 선택할 수도 있어 이를 극복하기 위해선 런던올림픽을 아무런 잡음없이 치러내는 것이 중요했다. 조정원은 "런던올림픽이 끝나면 평가항목을 작성해 IOC 프로그램위원회에 제출해야 한다. 26개의 평가항목 중에서 90점을 줄 정도로 많은 노력을 기울여 왔다. 하지만 글로벌 스폰서가 없어 재정 자립도가 부족하고 언론 홍보가 취약해 미디어 노출이 약점으로 지적되고 있다. 2013년 2월 IOC 집행위원회 총회 전까지 홍보대행사인 JTA와 협약을

---

20) 태권라인미디어. 2012년 7월 24일.

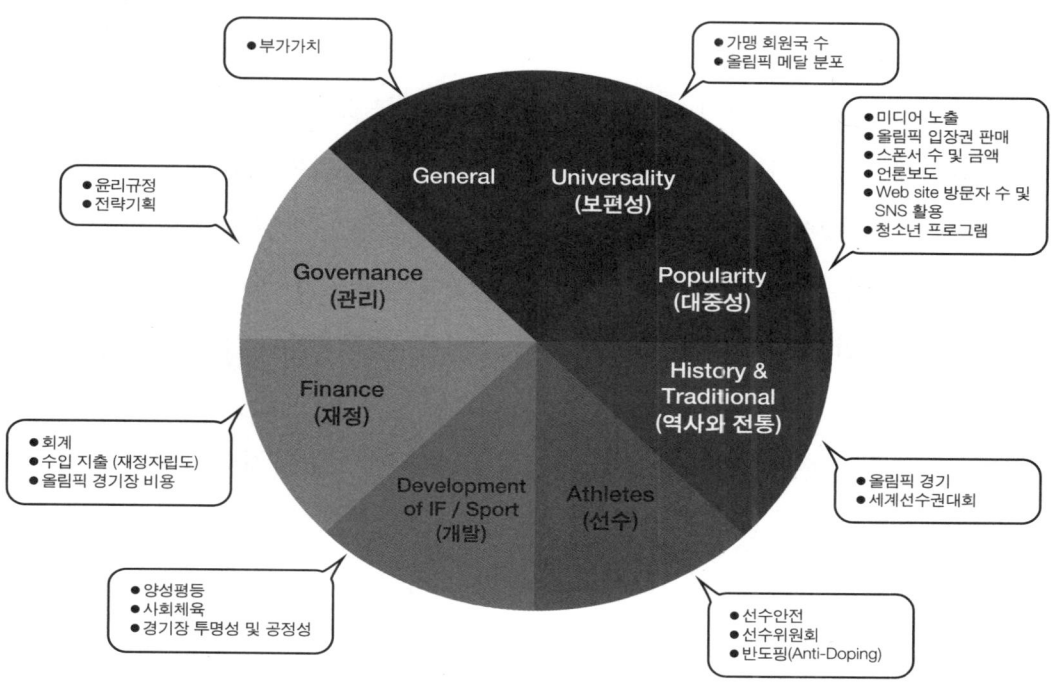

체결해 지속적으로 태권도를 홍보할 계획이다"고 말했다.[21]

2012년 8월 WT는 런던올림픽을 성공적으로 치러냈다. 과거 올림픽에 비해 판정 시비가 거의 없었고 63개 참가국 중 21개국이 최소 1개 이상의 메달을 획득했다. 또 남녀 각 4개의 금메달을 한국을 비롯한 8개국이 1개씩 골고루 가져가 평가 항목 중 하나인 태권도의 보편성을 넓혔다.

이런 긍정적인 영향으로 2013년 9월 태권도는 올림픽 핵심종목 25개에 포함되어 2020년까지 올림픽 무대에 서게 됐다. 하지만 WT는 2024년 올림픽에 잔류하기 위한 작업에 착수했다. 올림픽 핵심종목 25개에 포함돼 퇴출 위기에서 벗어났지만 마음을 놓을 수 없기 때문이다. 조정원은 "태권도가 올림픽 영구종목이 됐다는 것은 천만의 말씀이다. IOC 집행위원회 2차 투표에서 태권도의 퇴출에 몰린 표가 5표나 된다. 낮은 자세로 더 노

---

21) 태권라인미디어. 2012년 7월 24일.

력해야 한다"며 변화와 개혁을 늦추지 않겠다는 의지를 보였다.

이런 가운데, 2013년 7월 태권도 올림픽 잔류에 주도적인 역할을 했던 조정원은 4선에 성공했다. 멕시코 푸에블라에서 열린 WT 총재선거에서 단독으로 입후보, 투표없이 만장일치로 추대됐다. 조정원은 장애인올림픽(패럴림픽)에 태권도가 정식종목에 포함되면 2024년 올림픽 잔류에 긍정적인 영향을 미칠 것이라고 바라보고 있다. 올림픽과 유스올림픽, 아시안게임, 유러피언게임, 유니버시아드 등 메이저 대회에 태권도가 정식종목이 된 상황에서 장애인올림픽에 태권도가 정식종목으로 채택되면 더할 나위가 없이 경사이기 때문이다.

한편 태권도전문기자회는 2014년 7월 WT 후원으로 가천대에서 WT 임원들과 실무자들이 참석한 가운데 '재미있는 태권도 경기'를 위한 토론회를 가졌다. 2016년 올림픽을 대비해 조 총재의 지시로 현장에서 태권도를 취재하는 기자들의 목소리를 수용하기 위해서였다. WT는 2016년 올림픽을 성공적으로 치러내야 2024년 올림픽에서도 살아남을 수 있다고 여기고 있다. WT는 전자헤드기어와 팔각경기장, 겨루기 경기복 도입에 박차를 가하고 있다.

조정원은 2015년 신년사에서 WT의 주요 행정 패러다임을 바꾸어야 할 시점이라고 밝혔다. 그는 "심판의 공정성 확보와 박진감 넘치는 경기를 만들기 위해 모든 역량을 집중해 왔으며, 그 결과 지금 이 두 문제는 상당한 성공을 거두었다고 생각한다"며 "태권도 경기를 더욱 언론 친화적으로 만들고, 마케팅 활동을 강화하여 관중을 끌어들여야 한다. 또 선수들을 언론에 노출시켜 태권도 스타를 만들어야 한다"고 강조했다.

한편 2016 리우올림픽부터 세계랭킹에 따른 자동출전권을 부여하면서 한 나라에서 체급당 한 명씩, 최대 8체급 모두에 출전할 수 있도록 했다. WT는 2015년 12월까지 체급별 올림픽랭킹에서 6위 안에 든 48명에게 리우 올림픽 출전권을 줬다. 출전권은 해당선수가 속한 국가올림픽위원회(NOC)가 갖는 것이 원칙이지만 대한태권도협회는 상위 6위 안에 든 우리 선수가 한 명뿐이면 별도의 평가전 없이 그 선수에게 리우 올림픽 출전 자격을 주기로 했다.

올림픽 태권도 경기에는 체급별로 16명씩, 총 128명이 출전한다. WT 올림픽랭킹에 따라 이미 48장의 티켓이 배정됐고, 5개 대륙선발전을 통해 72장(아시아·유럽·팬아메리카·아프리카 각 16장, 오세아니아 8장)의 출전권이 주인을 찾아간다. 개최국 브라질은 4장의 자동출전권을 갖는다. 나머지 4장은 IOC, 국가올림픽위원회총연합회(ANOC), WT 등 3자가 합의해 추천하는 와일드카드 몫이다.

2016 리우올림픽부터는 팔각경기장에서 경기를 한다. 선수들의 적극적인 공격을 유도하고 사각(死角)이 줄어 판정에 도움이 된다는 긍정적인 평가 때문이다. 또 원형의 레슬링 경기장과 정사각형의 유도경기장과 차별화를 위한 포석도 깔려 있다. 이 밖에 전자호구의 정밀도를 높여 몸통에 이어 헤드기어에도 전자호구 시스템을 적용한다.

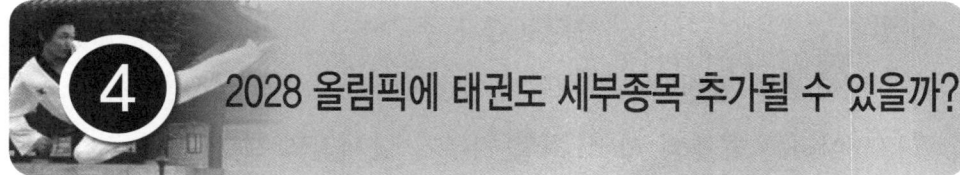

4. 2028 올림픽에 태권도 세부종목 추가될 수 있을까?

2028년 로스앤젤레스(LA) 올림픽을 앞두고 추가 종목 5개와 기존 종목에서 어떤 경기가 세부 종목으로 채택될 것인지에 관심이 쏠리고 있다.

LA올림픽 조직위원회는 2023년 10월 국제올림픽위원회(IOC)에 5개 종목에 대한 정식종목 추가를 건의했다. 추가 종목으로 추천한 5개 종목은 야구·소프트볼, 플래그 풋볼, 크리켓, 라크로스, 스쿼시. 추가 종목은 내년

2024 파리올림픽이 열리기 전에 결정될 것으로 보인다.

그동안 올림픽 개최국의 정식종목 추가 요청은 대부분 받아들여졌다. 2020도쿄올림픽 때 가라테를 한시적(1번)으로 채택한 것이 대표적이다.

IOC는 정식종목 추가에 대해 올림픽 개최국의 다양성, 미래에 대한 긍정적인 신념, 창의성 등을 반영해 새로운 차원의 즐거움을 주는데 초점을 맞추고 있다. 특히 올림픽에 대한 젊은 층의 관심과 참여를 높이기 위해 레저스포츠 개념의 역동적이고 자유로우며 양성평등에 부합한 혼성 종목이 추가될 가능성이 높다.

IOC는 이미 지난 3월 수영, 골프, 기계체조, 유도, 스케이트보드, 스포츠클라이밍, 서핑, 태권도 등 28개 종목을 LA올림픽 기초 종목으로 승인했다. 역사가 깊은 복싱과 역도, 근대5종 등은 올림픽에서 밀려날 위기에 놓였다.

이런 흐름 속에서 세계태권도연맹(WT)은 남녀 혼성 겨루기 단체전과 비치태권도 자유품새, 옥타곤 다이아몬드게임 중 1개 종목을 태권도 세부 종목으로 추가하기 위해 힘쓰고 있다.

겨루기 혼성단체전은 2023년 9월 중국 항저우 아시안게임에서 처음으로 도입됐다. 혼성 겨루기 단체전은 IOC가 추구하는 양성평등 기조와 어울린다는 점에서 올림픽 정식종목 채택이 가능하다는 추측을 낳고 있다.

WT도 이러한 흐름에 따라 혼성 겨루기 단체전의 LA올림픽 정식종목 채택을 위해 힘쓰고 있다. WT 관계자는 최근 한 언론과 인터뷰에서 "최근 IOC는 올림픽 정식종목과 출전 선수의 수를 줄이고 있지만, 혼성 경기는 확대하고 있다. 올림픽 정식종목 채택을 위해 노력하고 있다"고 말했다. 2024년 파리올림픽 태권도 종목에서 쇼케이스 형식으로 혼성단체전이 열릴 예정이다.

WT는 젊은층의 취향에 맞는 '비치태권도 자유품새'도 전략적으로 접근하고 있다. 조정원 WT 총재는 2023년 8월 춘천에서 열린 임시집행위원회에서 "태권도는 IOC에서 가장 다이내믹한 종목 중 하나로 평가 받는다. 변화를 따라가는 것을 넘어 주도하는 종목으로 거듭나겠다"며 "비치태권도는 2028 LA올림픽 정식종목으로 추가될 수 있도록 IOC와 긴밀하게 협의해 나가겠다"고 말했다.

이와 함께 WT는 춘천시에서 2024년부터 2026년까지 3년 동안 옥타곤 다이아몬드 게임을 개최하기로 확정했다. 조 총재는 "이번 태권도문화축제에서 선보인 옥타곤 다이아몬드 게임은 우리가 2028 LA올림픽 도입을 목표로 추진 중인 새로운 태권도 경기 시스템이다. 이 경기가 발전해 올림픽에 채택될 수 있도록 많이 관심을 가져 달라"고 말했다.

한편 하계올림픽 종목인 태권도는 겨루기에 남녀 4개 체급씩, 총 8개 금메달이 걸려 있다.

> ### 🔍 Tip 올림픽박물관에 태권도 동상 세워 "세계 평화 기여"
>
>
>
> 스위스 로잔 올림픽 박물관에 태권도 동상이 세워졌다.
> 세계태권도연맹에 따르면 국제올림픽위원회(IOC)는 2023년 11월 15일(한국시각) 스위스 로잔 올림픽 박물관에서 제막식을 열고, 세계태권도연맹 창립 50주년을 기념하고 태권도와 올림픽의 지속적인 동행을 기원하는 취지로 태권도 동상을 건립했다.
> 올림픽 박물관에 들어선 태권도 조형물은 이탈리아 조각가 밀로스 이폴리티가 1년여에 걸쳐 완성한 것으로, 25㎝ 두께 팔각형 받침대 위에서 두 명의 태권도 선수가 서로에게 뒤돌려차기를 시도하는 장면을 담았다. 헤드 기어에 전자 호구를 착용한 모습으로 '올림픽 태권도'를 형상화했다. 실제 올림픽 경기장과 똑같은 모습의 받침대 모서리 표면엔 태권도에 참여하는 5개 대륙 이름과 세계태권도연맹 구호인 '희망과 꿈을 주는 스포츠'(Sport of hopes and dreams) 문구를 새겼다.
> 세계태권도연맹에 따르면 바흐 위원장은 "태권도는 세계에서 가장 빠르게 성장하는 종목이자 세계인의 사랑을 받는 매력적인 스포츠"라며 "태권도 동상은 태권도가 올림픽 종목으로서 뿐 아니라 국제 사회에서 굳건한 위상을 확보했다는 걸 보여준다"고 말했다.
>
> 〈한겨레신문, 2023년 11월 16일〉

연구과제

1. 태권도가 하계올림픽 정식종목으로 채택된 시기와 과정을 설명하시오.
2. 태권도의 올림픽 정식종목화를 위해 김운용이 펼친 '스포츠 외교'를 설명하시오.
3. 국제태권도연맹은 왜 세계태권도연맹이 추진하고 있는 태권도 올림픽 정식종목화를 반대했나?
4. 태권도의 올림픽 종목 퇴출 여론이 생기는 근본적인 이유는 무엇인가?
5. 2005년 이후 세계태권도연맹이 태권도의 올림픽 종목 유지를 위해 어떤 노력과 개선을 했는지 구체적으로 설명하시오.
6. 태권도가 2020년 도쿄올림픽에 이어 2024년 올림픽에서 살아 남으려면 어떤 제도적 노력을 해야 하는지 설명하시오.

참고문헌

김운용(2006). 世界를 向한 挑戰.. 연세대학교출판부
김운용닷컴. 2011년 8월 29일. 김운용칼럼 ; 태권도 어디까지 왔는가.
대한태권도협회. 계간 태권도 1975년.
대한태권도협회. 계간 태권도 제66호.
무카스. 2008년 8월 15일.
오마이뉴스. 2005년 7월 12일.
태권라인미디어. 2012년 7월 24일. 태권저널. 2015년 12월 17일
한계레신문. 2006년. 9월 3일.

개정증보판 History & Culture & Taekwondo
태권도역사와 문화의이해

제11장 태권도 학술·출판문화와 주요 서적의 특징

📖 학습목표

이 장(章)은 태권도 학술·출판문화의 현주소와 과제를 살펴보고, 1950년대부터 출간되기 시작한 무술 및 태권도 관련 서적의 특징과 시대별 흐름을 이해하는데 학습목표가 있다. 또 언제부터 '태권도'를 붙인 교본과 서적이 출간되었고, 일본 가라테와의 연관성 등 논란을 살펴본다. 이와 함께 1990년대부터 다양한 주제로 출간된 태권도 서적은 어떤 것들이 있으며, 태권도 출판문화의 과제와 발전 방안을 제시한다.

제11장 태권도 학술·출판문화와 주요 서적의 특징

1 태권도 학술·출판문화의 현주소와 과제

(1) 태권도 학술문화의 현주소

2006년 11월, 용인대학교 무도대학에서 의미있는 학술세미나가 열렸다. 한국대학생태권도연합회(UTSA)가 주최한 정기세미나에 경원대, 경희대, 용인대, 한국체대 등 수도권 소재 4개 대학교 태권도학과생이 모여 학교별로 주제를 발표하고 토론을 했다. 이 행사를 취재한 〈태권도신문〉 김홍철은 "전문학자들이 진행하는 세미나와 비교해 학술적인 논리전개와 체계적인 구성부분에서 다소 미흡한 점도 있었지만 태권도학과생들의 노력으로 세미나가 열렸다는 것만으로도 의미를 부여하기에 충분했다"며 "앞으로도 태권도학과생들의 세미나는 지속적으로 개최돼야 하며, 이 자리를 통해 태권도 이론에 대한 지식을 공유하고 폭넓은 시야를 가지기를 바란다"고 말했다. UTSA는 해마다 학술세미나를 개최하고 있다. 2011년 10월 상지대에서 열린 세미나에서 경희대 이수진은 "태권도를 전공하는 학생들이 전공자라는 말이 부끄럽지 않게 이론공부를 충실히 했으면

> **Tip 태권도 관련 논문과 서적은 얼마나 될까?**
>
> (…) 태권도 관련 연구는 박사학위논문(국내외) 433편, 석사학위논문 2823편이 발표되었으며, 학술지는 총 3,148편이 발표되었다. 이는 단일 스포츠 종목으로는 최대(最多)라 하여도 과언이 아닐 것이다. 이제 태권도 서적도 거의 300권에 육박하고 있다 (…) 연도별로 태권도 서적 273권을 분석한 결과 1959년을 포함한 1960년대에는 총 6권, 1970년대에는 10권, 1980년대에는 31권, 1990년대에는 39권, 2000년대에는 141권, 2010년대에 접어들어서는 2014년 현재까지 46권의 태권도 서적이 발간된 것을 볼 수 있다. 이 중에서 총서류는 101권, 교재류는 144권, 문학류 28권으로 분류되었다. 다음으로 총서류에서 명칭은 '교본'이 가장 많았으며, '태권도'를 서적의 제목으로 사용한 경우가 많았다. 교재류는 이론교재와 실기교재로 구분하였으며 이론교재 107권, 실기교재 37권으로 분석되었다. 다음으로 문학은 에세이, 소설, 동화, 기타로 구분하여 총 28권을 분석하였다. 또한 태권도가 학문적으로 발전하기 의해서는 다양한 분야의 이론을 분석하고, 이해할 수 있어야 하며, 이는 태권도 서적들이 태권도를 학문적으로 연구하는 학자들의 지식에 대한 갈망의 해소를 가져다 줄 수 있고 또한 이러한 태권도에 관심있는 사람들이 태권도를 다양한 분야에서 접근함으로써 서로 고민하고 새롭게 발전시켜 나갈 수 있는 방안을 제시해주기도 하는 것이다. 하지만 아직까지 어느 한쪽에 치우친 서적의 경향이 보이기 때문에 향후에는 그동안 연구되지 않고, 발간되지 않은 분야의 서적의 발간이 이루어져야 할 것이다.
>
> 〈곽정현·양대승(2015). 태권도 서적의 분석과 역할 탐색. 한국체육과학회지. 제24권 제1호.〉

좋겠다. 각 대학마다 태권도 학술 동아리가 늘어나 많은 학생들이 태권도학에 관심을 가졌으면 좋겠다"고 말해 주목을 끌었다.

2016년 현재 태권도 관련 2~4년제 학과는 약 40개교로 정년·비정년 교수는 300명을 웃돈다. 하지만 교수 인원수에 비해 논문의 양(量)과 질(質)은 기대에 미치지 못하고 있다. 태권도 관련 논문이 턱없이 부족한 것은 부인할 수 없는 사실이다. 또 교수 업적평가에서 큰 비중을 차지하고 있는 연구실적을 위해 논문편수를 변칙으로 늘리고 부풀리는 병리현상도 횡행하고 있다. "서로 읽지도 않는 허접한 논문들을 양산하느라 교수들은 바쁘기만 하고"(김진석 인하대 교수), "엄청난 양의 쓰레기 같은 논문이 쏟아진다"(강명관 부산대 교수)는 비판의 목소리는 이 같은 실상을 꼬집은 것이다.

태권도 학계도 이와 별반 다르지 않다. 공동저자 끼워 넣기, 논문 쪼개기, 짜깁기, 베끼기가 횡행한 지 오래다. 논문 내용은 엇비슷한데 제목만 다른 '쌍둥이 논문'을 비롯해 자료와 수치를 약간씩 조작한 '형제 논문', 기존의 논문을 짜깁기한 '짬뽕 논문'은 여전하다. 여기에 몇 몇 교수들은 집필에 참여하지 않은 동료 교수들의 이름을 함께 넣어 저작물의 깊이보다는 실적을 올리기 위한 공저(共著) 관행을 부채질하고 있다. 강명관은 교수들의 속성을 소인배(小人輩)에 비유했다.

소인배들의 특징은 대개 이러하다. 이들은 평소 친하게 지내는 사람이 많다. 마당발이다. 대학에서 목도한 경우를 들어본다. 이들은 교수이기는 하지만 교수로서의 기본 임무인 연구와 교육에는 별로 관심이 없다. 그 대신 사람을 만나는 데 시간을 다 보낸다. 만나 술이라도 한 잔 하게 되면 상대방과 족보를 맞추어 본다. 처음 보는 사이라 해도 성씨를 따지고, 고향을 따지고, 살았던 곳을 따지다 보면 어느 곳에선가 반드시 겹치는 지점이 있기 마련이다. 그 지점을 확인하는 바로 그 순간 졸지에 선배와 후배가 된다.

소인배는 흔히 '속물'로 바꿔 부르기도 하는데, 강 교수의 눈에는 동료 교수들이 속물로 보였는가 보다. 급변하는 사회 환경과 처절한 생존경쟁 속에서 최고의 지성인이라고 하는 교수들도 '속물주의(스노비즘)'에서 자유로울 수 없다는 개탄으로 들린다. 태권도 관련 교수들 중 일부도 여기에 속한다. 대학생들의 눈에는 이 같은 실상이 어떻게 보일까? 신랄한 비판을 보자.

(…) 태권도를 전공하는 석·박사들이 수두룩한데 이들은 과연 무엇을 교재로 연구하는지 의구심이 들 정도이다. 태권도학과 설립시 개설된 강좌인 태권도개론, 품새론, 겨루기론과 같은 이론은 전공 도서가 존재한다. 그러나 태권도의 실용성을 부가시켜 개설된 태권도 트레이닝론, 태권도 운동학, 태권도 국제관계론, 태권도 과학 측정론 등과 같은 강좌의 경우는 아예 없을 정도로 부족한 실정이다. 전공도서가 존재한다 하더라도 태권도가 주인이 아닌 트레이닝, 국제관계론 등이 주인이 된 주객전도의 전공도서가 존재하고 있다. 즉, 기존 전공도서에 태권도 명칭만 끼여 넣은 식의 수준 이하의 도서라는 점은 태권도학계가 부끄러워해야 할 대목이 아닐 수 없다.[1]

---
1) 무카스. 2012. 2. 6. 태권도학과 전공서적 무엇이 있나?

현재까지 출간된 태권도 서적[2]과 교재는 주로 태권도 교본과 개론 등 태권도에 대한 종합적인 이론과 품새론, 시범론, 겨루기론 등 실기 위주의 교재가 주류를 이루고 있다. 물론 1990년대 말부터 태권도의 철학, 역사, 건강, 문화, 도장경영을 다룬 서적과 교재가 발간되고 있지만, 질(質)적인 측면에서 기대에 미치지 못하고 있는 실정이다. 이 같은 현상을 염려하고 있는 태권도인들은 태권도 전공 학생들을 제대로 가르치기 위해선 양질의 교재가 많이 출간되어야 한다고 입을 모으고 있다. 안용규는 구체적인 현황을 제시하며 교재 개발의 중요성을 강조한다. 안 교수는 "태권도 학문의 정체성 확립을 위해 실기 위주의 교본류에 머물 것이 아니라 과학적 근거에 바탕을 두고 이론을 체계적으로 정리한 종합 교과서가 편찬되어야 한다"고 밝혔다.

그렇다면, 양질의 태권도 교재를 많이 만들기 위해선 누가 어떤 노력을 기울여야 할까? 많은 태권도인들은 우선 학생들을 가르치는 교수들의 자성과 노력이 필요하다고 지적한다. 1년에 연구 논문을 한 번도 안 쓰는 교수들을 겨냥한 질타가 아닐 수 없다. 하지만 글쓰기를 어려워하는 실기 전공 교수들에게 일률적으로 교재를 펴내라고 하는 것은 현실 여건상 무리라는 지적도 있다. 실기를 가르치는 교수들에게 글을 쓰고 책을 만들라고 하는 것은 지나친 요구일 수도 있다. 또 대중 서적이 아니기 때문에 출판사와 어렵게 계약을 해야 하는 등 여러 가지 고충도 많아 교재를 만들고 발간하는 과정이 생각처럼 수월하지 않다는 의견도 있다. 교수들에게 저작을 종용하기보다는 태권도 교수들이 공동 연구 노력을 통해 교재 개발에 나서야 한다.

---

2) 태권도 서적을 가장 많이 출판한 곳은 도서출판 상아기획(대표 문상필)이다. 1997년부터 태권도와 관련된 책을 출판해온 상아기획은 2013년까지 30여 권의 책을 출판했다.

(2) 태권도 학술단체의 실태와 과제

태권도의 외형적인 발전에도 불구하고, 태권도 학술 진흥을 위한 여건과 풍토가 미흡하다는 우려는 오래 전부터 제기되어 왔다. 태권도 학술에 관심이 많은 태권도인들은 학술진흥재단에 태권도 관련 학술단체가 등재되지 않은 실상을 알고 몹시 당혹스러워하고 있다.

국내 태권도 학계에는 1988년에 창립된 태권도학회와 1997년에 창립된 국제태권도과학학회가 있었다. 두 단체는 척박한 여건 속에서도 태권도 연구풍토 조성과 학문 진흥을 위해 나름대로 노력해 왔다. 하지만 회원 간의 결속 부족과 재정 열악 등으로 지속적인 활동을 하지 못하고 유명무실한 단체로 전락했다. 국제태권도과학학회는 1997년 12월 동국대에서 학술세미나를 개최한 이후 종적을 감췄다. 태권도 학계에 종사하는 사람들조차 이런 학회가 있는지조차 모르고 있을 정도다. 이에 비해 태권도학회는 1990년대 후반, 진중의가 신임 회장으로 취임한 후 전익기, 성낙준, 이승훈 등과 힘을 합쳐 학술세미나를 개최와 학술지를 발간하는 등 재도약의 발판을 마련했다. 그러나 주축 회원들의 열정이 식으면서 숙원 사업이었던 학술진흥재단 등재를 앞두고 두고 침체기에 빠지고 말았다. 따라서 진 회장의 공약이었던 사단법인화 추진, 다수의 회원 확

⚠ Tip '국기원 태권도 연구' 한국연구재단 등재후보학술지 선정

국기원태권도연구소가 발간하고 있는 '국기원 태권도연구'가 태권도 학술지로는 처음으로 한국연구재단 등재후보학술지로 선정되는 쾌거를 이뤘다. 국기원연구소는 지난 2년 동안 '국기원 태권도연구' 한국연구재단 등재후보학술지 선정을 위한 자격 요건을 갖추기 위해 평가 기준을 전면적으로 정비하고 논문의 질적 향상을 위해 연구 장려금을 지급하는 등 많은 노력을 기울여 왔다. 한국연구재단 등재(후보)지 선정 자격 여건을 갖추기 시작한 2013년도부터 준비하여 지난해 처음으로 신청했으나 2014년도 등재지에 선정되지 못해 지난해부터 한국연구재단 학술지 평가 기준을 근거로 전면적인 정비를 실시했다. 앞으로도 연구소는 이번 선정을 계기로 '국기원 태권도연구'를 국제학술지로 발돋움시키고자 '국기원 태권드연구'를 역량 있는 태권도 관련 학자들의 연구 참여, 독자층의 확대 및 논문 투고 비율을 높여 학술지의 질적 수준을 세계적 수준으로 끌어올리는데 주력할 계획이다.

〈태권저널. 2015년 7월 17일. 태권도 학술지, 공신력 확보 청신호.〉

보, 인터넷 홈페이지 개설 등은 실현되지 못했다.

이런 가운데, 2006년 12월 태권도문화연대가 창립되어 주목을 끌었다. 50명이 발기인대회에 참여한 태권도문화연대는 태권도 발전을 위한 연구와 태권도의 새로운 문화적 가치 창출을 목적으로 삼았다. 대표적인 사업은 태권도 학술연구를 하고 학술도서를 간행하며 정기적으로 학술세미나와 강연회를 개최하는 것이었다. 그 일환으로 2007년 12월 『태권도학 연구 1』(도서출판 상아기획)를 펴냈다. 태권도문화연대 회장 이창후는 이 연구지를 발간하는 취지에 대해 서문에서 이렇게 밝혔다.

(…) 기존의 학회지들이 많지만, 태권도에 대한 연구 논문들을 중심으로 하는 학회지는 없는 형편이다. 게다가 그 학회지들에 투고되는 논문들은 학문적인 형식만을 갖추었을 뿐 실질적으로 필요한 연구들을 수행하는 논문들이 아니다 (…) 매번 논의되는 논문들은 태권도의 전통무술 논쟁이나 설문지에 의한 통계논문, 혹은 생리학 실험에 의한 통계 논문들이 주이다 (…) 태권도문화연대에서 발간하는 태권도학 연구지는 이러한 문제점을 극복하기 위해서 시도되는 학문적 노력이다 (…) 태권도에 실질적으로 도움이 되는, 그리하여 태권도인들이 관심을 가지고 필요로 하는 학적인 연구를 수행하는 연구 논문집이 되고자 노력할 것이다.[3]

하지만 웅대한 포부로 출범한 태권도문화연대는 주위의 기대와는 달리 창립 목적을 제대로 실현하지 못하고 유명무실해졌다. 2008년 창립한 태권도학술포럼도 마찬가지였다. 그 해 11월 강원도 한림성심대학에서 '제1회 태권도학술심포지엄'을 개최했지만 기대에 미치지 못했다. 건강한 태권도 담론을 형성해 나가고 척박한 태권도 학술 토양을 비옥하게 만들어 나갈 것처럼 보였지만 시간이 지나면서 회원들의 결속이 약화되는 등 내부 문제로 와해됐다.

---

[3] 태권도문화연대(2007). 태권도학 연구 1. 도서출판 상아기획. 3쪽.

이처럼 태권도 학술단체가 지속적인 활동을 하지 못하는 가장 큰 이유는 재정이 열악하기 때문이다. 학술세미나 개최와 학술지 발간을 위해서는 예산이 필요한데, 후원 업체가 없는 상황에서 회비만으로는 역부족이었다. 예산 확보를 위해 회원 배가 운동을 벌이고 후원업체를 찾아 나섰으나 여의치 않았다. 회원 간의 연대 및 결속력 부족도 발전을 저해하는 요소로 작용했고, 태권도 관련 교수와 학자들을 폭넓게 끌어들이는 전략도 미흡했다. 여기에 일부 교수들은 학회 구성원이 싫어 동참할 수 없다며 난색을 표하기도 했다. 태권도 학술단체가 침체기에서 벗어나 종주국의 위상에 걸맞은 면모로 탈바꿈하려면 △집행부의 확고한 의지 △회원 간의 연대의식 강화 △사업을 전개하기 위한 예산 확보 △우수 회원 영입 △태권도 행정기관과의 협력 등의 과제를 해결해야 한다. 안용규는 "태권도 미래를 위해 태권도학과와 그 구성원인 교수 및 학자들이 움직여야 한다. 학회는 몇몇이 노니는 끼리끼리의 힘겨루기 집단이 아닌 태권도학을 연구하는 많은 연구자들의 등용문이 돼야 하며, 태권도 학자집단의 구심적 역할을 수행할 수 있어야 한다"고 제시했다.

한편 2015년 10월 한국태권도학회가 창립되어 태권도를 전공하는 젊은 학사, 석사, 박사는 물론 태권도 관련 단체, 기업, 언론 등에 종사하는 관계자들로 활동 범위를 확대해 나가고 있다.

(3) 태권도 출판문화의 실상

태권도 관련 연구는 박사학위논문(국내외) 433편, 석사학위논문 2823편이 발표되었으며, 학술지는 총 3,148편이 발표되었다. 이는 단일 스포츠 종목으로는 최다(最多)라 하여도 과언이 아닐 것이다. 이제 태권도 서적도 거의 300권에 육박하고 있다. 이것은 태권도가 학문적인 토대를 마

련한 객관적인 근거가 될 수 있을 것이다.[4]

　태권도의 학문적 토대가 튼튼하려면 태권도와 관련된 책이 많이 출간되어야 한다. 다행히 2000년대에 들어서면서 교육·건강·역사·문화·산업·경기·행정·과학 등 다양한 주제의 책들이 나왔다.

　하지만 태권도 출판문화는 여전히 허약하다. 그 이유 중 하나는 바로 독서를 하지 않는 태권도계에서 찾을 수 있다. 스낵컬쳐 시대(스낵처럼 간단하게 즐길 수 있는 콘텐츠)의 도래로 단 시간 내에 가볍게 즐길 수 있는 콘텐츠 형태가 자연스럽게 자리 잡으면서 성인 10명 중 4명은 1년에 책을 한 권도 읽지 않고 있다. 문화체육관광부가 2015년 국민 독서 실태를 조사했더니 책을 한 번이라도 읽은 성인은 전체의 65.3%에 불과했다고 한다.[5]

　태권도계의 현실은 이보다 더 심하다. 태권도인 10명 중 80%는 1년에 책을 한 권도 읽지 않을 것이다. 실상이 이렇다 보니 태권도 관련 서적에 관심을 갖고 태권도 책을 읽는 사람은 거의 없다. 태권도 전공생들도 책을 멀리하다 보니 태권도 책을 출판하려는 출판사도 흔치 않다. 수익이 나지 않기 때문이다.

　그런 가운데 1년에 몇 권씩 태권도와 관련된 책을 출판하는 곳이 있다. 바로 상아기획(자회사 애니빅)이다. 1997년부터 태권도와 관련된 책을 출판해온 상아기획[6]은 2015년까지 70여 권을 태권도 서적을 펴냈다.

　하지만 상아기획은 서적을 출판해 수익을 거둔 것은 없다. 상아기획 수장고에는 수 많은 종류의 책이 팔리지 않아 반품되어 쌓여 있다. 초판 인쇄 1천 권이 팔리는 것은 극히 일부분, 대다수 책들은 몇 백 권 판매에 그치고 있다. 태권도 책인데도 태권도인들에게 외면을 받고 있다. 그런데도 문상필은 태권도 지식콘텐츠산업의 활성화를 위해 꾸준히 태권도 관련

---

[4] 곽정현·양대승(2015). 태권도 서적의 분석과 역할 탐색. 한국체육과학회지. 제24권 제1호.
[5] 대전일보. 2016년 2월 5일. 여백 독서.
[6] 상아기획은 1995년 일선 도장 관원 모집 포스터를 만들며 태권도 산업을 뛰어 들었다. 책받침, 달력, 노트, 필통, 수첩, 가방, 메달, 트로피, 인형, 상장, 입관 안내서, 태권도 캐릭터, 홍보 책자, 태권도 사진 등 도장 홍보에 필요한 것을 제작해 판매했다.

서적을 출판하고 있다. 문상필은 2016년 2월, SNS를 통해 소회를 밝혔다. 그의 고충과 신념을 엿볼 수 있다.

"태권도 산업을 하면서 가장 힘들었던 것은 태권도 책 출판이었다. 70여 종의 태권도 책과 50여 종의 태권도 전자책을 만들었다. 스마트폰을 이용해서 동영상을 볼 수 있는 태권도 품새 책까지 만들었다. 태권도 책은 원고를 검토한 후 초벌 원고 수정, 사진 촬영, 편집, 교정, 교열, 인쇄, 제본, 배포 등 많은 단계를 거친다. 그리고 생각보다 많은 시간과 우수한 기획자와 훌륭한 편집 디자이너가 필요하다. 이처럼 많은 시간과 우수한 인력을 투자해도 태권도 책은 시장에서 외면을 받는다. 더 잘 만들어보자! 앞으로 태권도 발전은 문화, 그 중에 태권도 책에서 시작되는 것이라는 믿음에는 변함이 없다. 21년 태권도 산업에서 터득한 내공을 바탕으로 태권도 책을 더 잘 만들어야 겠다."

태권도 관련 서적 출판은 지식콘텐츠산업으로 매우 중요하다. 국기원과 대한태권도협회 등 태권도 제도권도 해마다 태권도 출판 지식 산업 발전 및 건전한 출판문화 조성에 기여해 온 출판인들을 발굴해 포상하고 출판인들의 사기 진작 및 관련 업계 발전을 도모해야 한다.

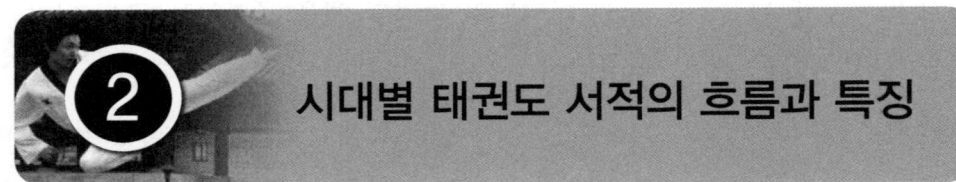

② 시대별 태권도 서적의 흐름과 특징

(1) 무술 관련 초창기 교본

1945년 8월 15일 해방 이후 무술과 관련된 최초의 문헌은 무엇일까? 또 최초의 태권도 교본은 누가 언제 저술했을까? 태권도 학자 김영선은 태권도 관련 서적과 교본은 해방 후 발흥한 현대 맨손 타격무예의 토양과 흐름 속에서 산출된 문화적 소산이기 때문에 초창기 출간된 무예 서적들을 통해 추후 태권도로 편입된 갖가지 맨손무예의 명칭을 알 수 있다[7]고 주장한다.

이런 측면에서 봤을 때 무술 관련 최초의 교본은 무덕관 창설자 황기가 1950년 펴낸 『花手道敎本(화수도교본)』(조선문화교육출판사, 1950)이다. '화수도(花手道)'는 당수도와 더불어 태권도라는 명칭을 본격적으로 사용하기 전인 1950년대 통용되던 명칭이다. 이 책은 초보자용으로 보급하기 위해 초판 3천부를 인쇄했는데, 한국전쟁(6.25)이 터져 발간한 지 한 달 만에 공급이 끊겼다. 이 책은 1958년 『唐手道敎本(당수도교본)』(계량문화사)으로 수정 증보되었다. 황기는 왜 '화수도'라는 명칭을 썼다가 '당수도'로 바꿨을까? 황기의 해명이 흥미롭다.

'화(花)'자는 과거의 화랑도의 두자(頭字)를 채택한 것이니 이는 우리나라의 역사적 전통으로 비추어 보드라도 의미심장한 바가 있음은 재언은 불요하니 (…) '수(手)'자는 당수도의 수자를 인용함도 되지마는 수라함은 손을 의미함이요 또 사람을 표현함이요 나가서는 자격 실력이나 물리학적 표현도 되어 어원, 어감도 대단히 부드러워 넉넉이 사도(斯道)의 대표어로서 채택되어 부끄럼이 없다고 생각된다 (…) '도(道)'자인데 이 자는 고래로부터 전하야 내려온 말이며 이에 대하야는 현명한 세인이 다 주지하는 사실임으로 다언을 피하는 바이다. 그리하야 삼문자로 합하야 '화수도(花手道)'라 칭하게 된 것이다.[8]

황기는 일반인들에게 널리 알려져 있는 '당수도(唐手道)'를 단념하지 않았다. 이러한 마음은 1960년 출간한 『당수도교본』을 보면 엿볼 수 있다.

일반 대중은 '당수도'라고 하여야 잘 알아듣는 것만은 사실이다. 그리하여 창설 초기인

---

[7] 김영선(2014). 국기원 태권도연구 제5권 제2호. 최초의 태권도 교본에 관한 연구. 2쪽.
[8] 黃琦(1949). 花手道敎本. 朝鮮文化敎育出版社. 37~38쪽.

지라 일반적으로 온당한 인식과 보급을 조속하게 하려면 일반이 잘 알고 있는 명칭을 사용하는 것이 효과적일 것이기 때문에 (생략) 우리나라에 적합하고 이상적인 명칭을 마련하여 나아갈 방침인 만큼 당수도라는 이름은 어디까지나 임시적인 명칭에 지나지 않은 것이다.[9]

이러한 황기의 주장에 대해 노병직은 평가 절하했다. 황기가 남만주에서 무술을 배웠다고 하지만 실제로 일본 공수도를 답습했다는 것이다.

황기가 1950년 발행한 화수도교본과 1958년 발행한 당수도교본, 그리고 1970년 발행한 수박도대감 등의 책은 후나코시 선생이 저술, 발행한 책들을 번역, 표절 개조한 책이다. 황기는 자칭 남만주에서 십팔기(十八技)를 배웠다고 말하고 있으나 그의 출신 도장과 그에게 십팔기를 가르쳐준 사람은 밝혀지지 않고 있으며, 그의 지도방법은 중국 십팔기가 아니라 일본 공수도 송도관 류(流)를 그대로 행해 왔다.[10]

노병직의 이 같은 지적에 최홍희도 태극, 평안, 발색, 철기 등 일본 가라테 형을 자기의 작품인 양 황기가 속여 왔다[11]고 비판한다. 황기는 1950년대 중반에 이르러 '수박도(手搏道)'에 빠졌다. 1956년 『무예도보통지』를 접하게 되면서 '수박도'라는 명칭으로 정착하게 된다. 복사기가 없던 시절 2년에 걸쳐 필사하고 이를 바탕으로 '수박도'라는 명칭을 제정하게 된 것이다.[12]

1950년대 중반에는 최석남의 『拳法敎本(권법교본)』(동서문화사, 1955)과 박철희의 『破邪拳法(파사권법)』(일문사, 1958) 등 '권법(拳法)'[13]을 붙인 서적이 출간됐다. 『拳法敎本(권법교본)』은 해방 이후 두 번째로 출간된 태권도 관련 서적이다. 최석남은 "우리 권법이 처음으로 일본으로 수입된 것은 제1차 세계대전 직후 충승인(沖繩人) 후나고시기친

---

9) 황기(1960), 앞의 책 27쪽.
10) 노병직이 2000년 11월 송무관 제자 강원식에서 보낸 편지의 일부 내용.
11) 최홍희(1998), 태권도와 나 2, 도서출판 다움, 62쪽.
12) 허인욱(2008), 앞의 책, 68쪽.
13) 이종우는 권법에 대해 "조선연무관이라는 간판을 내걸고 유도부와 권법부를 만들었다. 그때부터 권법부에서 가라테를 배웠다. 권법이 바로 일본 가라테이다. 일본말로 부르면 국민감정도 있고 하니까 권법이라고 부른 것이다"고 했다. 신동아, 2002년 4월호 참조.

(富名腰·1868~1957)이라는 자가 왜도(倭都) 동경에 도항(渡航)하여 처음으로 권법을 주로 동경대학, 경응대학 학생층에게 보급시킨 것이 그 효시이며 연대로 따지면 불과 30여 년밖에 되지 않는다"고 설명한다. 최석남은 권법과 공수도를 혼재해 사용하며 화랑도와 권법, 불교와 권법, 고려무사와 권법 등 자료를 인용하며 권법의 역사성을 강조했다. 태권도 역사가 이경명은 "우리는 지은이가 한 권의 '권법교본'을 내기까지 많은 연구를 하였다는 것을 노력의 흔적을 보며 미뤄 짐작할 수 있었다. 무엇보다 권법의 기원이 우리 고유의 무예사(武藝史)에 유래하고 있다는 점을 밝히려고 노력하였다. 교본에서 보이는 황기의 '수박도'나 최석남의 '권법' 등은 이름이 다르긴 하나 그 뿌리는 하나이다. 예부터 뿌리내린 한민족 무예의 정신과 기법이 시대에 따라 면면히 전승되고 있다는 것을 알 수 있다"[14]고 평가했다.

『破邪拳法(파사권법)』을 저술한 박철희는 1956년 육군사관학교 교관을 그만 두고 합천 해인사에서 그동안 배운 권법을 중심으로 '파사권법'을 집필했다. '파사권법'의 파사는 삿된 것을 깨트리고 바름을 드러낸다는 '파사현정(破邪顯正)'에서 따온 것이다. 박철희는 이 책의 내용과 구성에 대해 이렇게 말했다.

박철희가 저술한 '파사권법' 표지와 서문

'파사권법'의 파사는 삿된 것을 깨트리고 바름을 드러낸다는 '파사현정(破邪顯正)'에서 따온 것입니다. '활인권법'의 활인(活人)은 홍익인간의 뜻으로 다른 사람을 널리 이롭게 하자는 의미입니다. '완인권법'의 완인(完人)은 인간을 완성하고자 한 뜻에서 붙인 것인데, 이 명칭들은 권법, 즉 태권도를 하는 목적이 담겨 있습니다. 즉 '파사권법'은 내가 수련한 권법의 이름이라기보다는 무예를 통해 이루고자 하는 저의 이상이 담긴 명칭인 것입니다. '파사권법'에는 윤병인 선생님이 창

---

14) 무카스. 2010. 9. 15. 최석남의 권법교본, 5년 만에 빛을 보다.

안한 기본형 1절 부터 5절의 내용도 수록되어 있습니다. 제가 개인적으로 정리한 정공형 중 제1형도 포함되어 있죠. 자세를 고정한 채 뒷손으로 찌르는 걸 해 보자는 뜻에서 형을 만들게 된 것입니다.[15]

(2) 1959년 '태권도' 붙인 교본 등장

'태권도'라는 이름으로 출판된 최초의 교본은 최홍희가 1959년 펴낸 『태권도교본』(성화문화, 1959)이라는 것이 정설이었다. 1955년 부관 남태희와 함께 옥편을 뒤져 '태권도'를 작명한 지 4년 후 이 책을 펴낸 것이다. 그런데 최초의 태권도 교본은 최홍희가 『태권도교본』을 펴내기 한 달 전에 육군사관학교가 교재 형식으로 태권도 교본을 출판했다는 주장이 제기됐다. 김영선은 "두 종의 교본 모두 현대 태권도의 성립 과정에 시초를 장식할 뿐만 아니라 당시의 무예 지식과 기술 체계를 상세히 담고 있다"며 다음과 같은 결론을 도출했다.

태권도는 육군사관학교 정규 교과과정으로 채택되어 1959년 9월, 생도 교재용으로 최초의 태권도 교본이 편찬되었다. 이어 한달 후 최홍희에 의해 하드커버 양장으로 된 태권도 교본이 출간되었다 (…) 육군사관학교에서 교재 형식으로 태권도 교본이 출간되었다는 것은 태권도부와 태권도 교육과정이 그만큼 활성화되었음을 입증하는 증거로 볼 수 있다 (…) 육군사관학교 교본은 전반적으로 공수도 의존도가 높아 보였지만 자유대련을 중시하

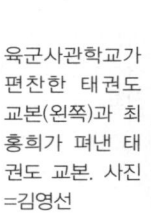

육군사관학교가 편찬한 태권도 교본(왼쪽)과 최홍희가 펴낸 태권도 교본. 사진=김영선

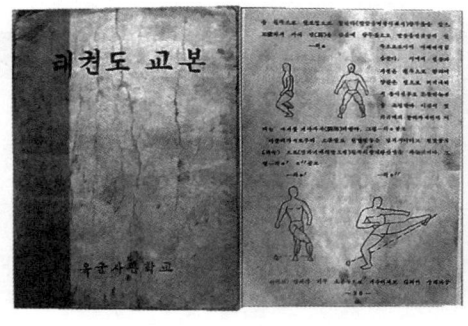 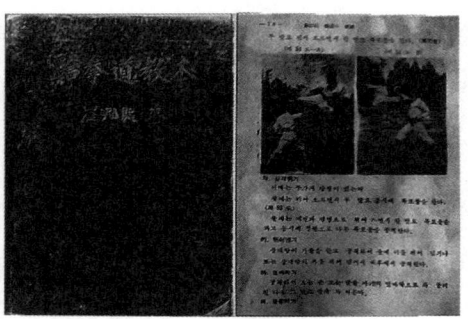

---

15) 무카스, 2010. 1. 28. 원로들의 이야기 – 박철희 편(5부).

는 단급 심사방식에서는 공수도와 차별화된 경향으로 판단된다.[16]

육군사관학교 태권도 교본은 저자명이 없어 누가 저술했는지 알 수 없다. 이에 대해 김영선은 "교본의 집필진은 유종렬 지도교수와 현종명, 엄운규, 박해만 등 청도관 사범들도 추정되었고 이들은 남태희와 더불어 최홍희의 태권도 교본 편찬에도 참여한 사실을 알 수 있다"며 "최홍희 교본은 육사 교본에 비해 내용 면에서 훨씬 충실도가 높다. 태권도 기술 체계의 구성과 분류가 세부적으로 명시되어 있을 뿐만 아니라 많은 사진과 해설을 싣고 있는 반면 육사 교본은 간략한 그림과 해설에 그치고 있다"고 평했다.[17]

이쯤에서 최홍희가 『태권도교본』을 펴내던 1959년 당시의 상황을 살펴볼 필요가 있다. 당시 최홍희는 대한체육회와 동등한 무도회를 별도로 창립하기 위한 계획을 추진하던 중 대한체육회에 가입하는 방법을 택했다. 유도회, 검도회와 함께 무도회를 창립하려 했으나 두 단체가 대한체육회에 가입하는 바람에 태권도만으로는 무도회를 만들 수가 없게 된 것이다. 1959년 9월, 자신의 집으로 지도관 윤쾌병, 송무관 노병직, 창무관 이남석, 무덕관 황기 등 태권도 모체관(母體館·기간도장)의 관장을 초청한 최홍희는 대한체육회에 가입하는 단체명 통일을 위한 간담회를 주재했다. 그 자리에서 공수도와 당수도를 고집하는 것에 못마땅해 하면서 이렇게 말했다.

여러분들이 좋아하는 공수, 당수는 일본말로 가라테인데, 이 좌석에서 가라테를 고집해야 할 사람은 바로 나요. 나는 일제시대 가라테를 배웠으며 (…) 우리가 해방되었고 또 우리 민족무도를 만들자는 뜻에서 가라테를 버리자는 것인데 해방 후에 배운 당신들이 무엇 때문에 가라테를 고집하는 거요? 하고 언성을 높였더니 모두들 아무 반박도 못하고 "그러

---
16) 김영선(2014). 국기원 태권도연구 제5권 제2호. 최초의 태권도 교본에 관한 연구. 21-22쪽.
17) 김영선(2014). 앞의 논문. 15-21쪽.

면 태권도로 합시다" 하고 동의했다.[18]

이 책에 대해 허인욱은 "최홍희가 펴낸 태권도교본을 보면, '수도와 수도에 의한 단련'과 '손목에 의한 단련' 항목 편에 두 사람이 마주서서 전진후퇴를 하며 수도와 수도를, 안손목과 안손목·바깥손목과 바깥손목을 부딪치는 훈련방법이 기재되어 있는데, 이 훈련방법들은 가라테에서는 보기 힘든 훈련방법으로 중앙기독교청년회(YMCA) 권법부를 창설한 윤병인의 무예에서 영향을 받은 것이 아닌가 생각된다[19]고 평했다. 허인욱의 생각처럼 최홍희가 윤병인에게 무술을 배웠을 수도 있다. 하지만 윤병인을 가리켜 상당한 무예의 경지에 올라 있다고 하는 등 윤병인을 과대평가하는 것은 아닌지 의문이다.

(3) 최홍희 저술과 가라테 연관성 논란

1960년대에 들어서자 '태권도 교본' 종류의 서적이 연이어 출간됐다. 주목할 사람은 단연 최홍희. 그는 1959년 『태권도 교본』을 펴낸 데 이어 1966년 『태권도지침』(정연사)을 출간했다.

그는 "『태권도지침』이 출간됨으로써 태권도와 가라테(공수도)의 기술과 철학이 서로 다른 무도라는 것이 점차 인식되기 시작했다"며 다음과 같이 의미를 부여했다.

최홍희가 지은 '태권도지침'

"태권도를 가라테로부터 완전 분리시키고, 둘째 가라테를 태권도로 속여 돈벌이하는 사이비의 정체를 폭로하고, 셋째 일본 기술을 사수하겠다는 비애국적인 무도인들로 하여금 부득이 태권도 기술로 전환하지 않고서는 못 배기도록 하고, 넷째 코리언이 일본 가라테를 가르쳐준다 해서 나쁘다고 할 수는 없지만 엉터리로 가르치는 바람에 민족

---
18) 최홍희(2005). 앞의 책 171쪽.
19) 허인욱(2008). 앞의 책. 36쪽.

의 망신을 자아내는 가짜 사범들까지도…"[20]

하지만 1970~80년대 최홍희를 따르며 국제태권도연맹(ITF) 소속 사범으로 활동한 림원섭은 이렇게 반박한다.

"최 총재의 회고록 『태권도와 나』라는 책 안에는 최 총재의 태권도 동작 사진이 15개 있다. 그중 중복된 동작 사진은 5개가 있어 실상은 10개의 동작 사진이 있는데, 5개 동작은 태권도 동작이 아니다. 가라테 동작을 하고 있는 것이다. 특히 옆차기는 가라테 동작과 똑같다. 최 총재는 평소 수천 개의 태권도 동작이 있다고 하면서 자기 회고록에 15개 동작, 그것도 중복된 동작이 5개인데, 이는 사람을 교묘히 우롱하는 처사이다."[21]

당시 최홍희는 태권도의 개념과 정의를 어떻게 인식하고 있었을까? 『태권도지침』에 수록된 내용을 보자.

"태권도란 무엇인가? 이는 수세기 동안 동양의 여러 나라에서 숭상해 오던 무술로, 오늘날 우리나라에 의해 완전한 무도로서의 체계와 면모를 갖추었다. 그러나 각국마다 자기 나라의 특징에 맞는 이름을 붙이고 있으니, 중국에서는 '군따오' 혹은 '천파', 일본에서는 '가라데' 혹은 '젬뽀', 말레이시아에서는 '실나'라고 각각 호칭한다. 그런데 우리나라에서 부르는 태권도는 글자 그대로 태(跆)는 '발로 뛴다, 찬다, 밟는다'라는 뜻이요, 권(拳)은 주먹을 의미하며, 도(道)는 길 혹은 무도의 방법을 의미한다. 따라서 태권도는 몸에 아무런 무기도 호구도 갖지 않고 발로 뛰고 차고 밟고 피하고, 손 또는 주먹으로 찌르고 때리고 뚫고 막고 하는 기술에다 정신수양을 겸한 무도이다."[22]

최홍희는 이 책에서 20개 형(型)을 태권도 고유의 것이라고 소개하면

---

20) 최홍희(1998). 태권도와 나2. 도서출판 다움.
21) 태권도신문. 1998년 10월 기고.
22) 최홍희(1966). 태권도지침. 정연사.

서, 소림류 및 소령류와 함께 자신의 아호(雅號)를 딴 창헌류를 기술했다.

최홍희는 가라테 소림유와 소령유에 대해 "일본과 오키나와, 혹은 중국에서 발생한 것인데 그 역사와 유래는 명확하지 않다"면서 "소림유는 가볍고 빠른 동작, 소령유는 느리고 무거운 동작이 특징"이라고 설명했다.

창헌류는 각 형(型)의 이름이나 동작의 수(數), 연무선에 역사적 인물들의 이름이나 호(號)를 따서 지칭한 것으로 ▷하늘과 땅을 뜻한 '천지' ▷단군성조를 뜻한 '단군' ▷안창호 선생의 아호를 딴 '도산' ▷원효대사를 뜻한 '원효' ▷조선조 성리학 학자 이이의 아호를 딴 '율곡' ▷안중군 의사를 뜻한 '중근' ▷성리학 대학자 이황의 아호를 딴 '퇴계' ▷삼국통일의 원동력이 된 화랑도를 뜻한 '화랑' ▷이순신 장군을 뜻한 '충무' ▷광개토왕을 뜻한 '개' ▷고려 말 충신 정몽주의 아호를 딴 '은' ▷백제의 명장 계백장군을 뜻한 '백' ▷김유신 장군을 뜻한 '신' ▷김덕령 장군의 시호를 딴 '장' ▷을지문덕을 뜻한 '지' ▷33인의 민족대표를 뜻한 '일' ▷최영 장군의 이름을 딴 '영' ▷독립운동가 조만식 선생의 호를 딴 '당' ▷세종대왕을 의미한 '종' ▷단일민족을 뜻한 '일' 등 20개이다.

최홍희는 창헌류의 특징에 대해 "가볍고 무거운 동작, 그리고 빠르고 느린 동작을 혼합함으로써 몸이 가벼운 사람도 무거운 동작을 할 수 있는 반면 몸이 무거운 사람도 가벼운 동작을 할 수 있도록 하면서 족기(足技)를 광범위하게 사용했다"고 설명한다.

최홍희는 『태권도지침』에서 태권도를 소개하면서 "태권은 파고력보다 공방의 기술이 선행됨을 입증하는 것"이라며 "태권에 선수(先手)가 없다는 원칙을 보아서도…"라고 했다. 여기서 말하는 '선수(先手)'는 '선방' 즉 '먼저 공격'을 뜻하는데, 이 말은 최홍희의 스승 격인 후나고시 치킨(船越義珍, 1868-1957)이 먼저 사용한 "공수도(가라테)에는 선수가 없다"는 말을 최홍희가 차용했다고 볼 수 있다.

최홍희의 주장에 대해 이견도 있다. 일본 유학시절에 배운 가라테를 변형해 창헌류와 틀을 만들었다는 것이다. '모방'과 '창조', '변형'과 '변용'의 관점과 풀이를 어떻게 할 것인지 따져 볼만한 대목이다.

이경명은 최홍희와 가라테와의 연관성에 대해 이렇게 해석한다.

"후나고시 키친의 첫 저작은 『공수도교범』(1935)이고 최홍희의 첫 저작은 『태권도교본』(1959)이다. 20년의 차이를 보이고 있다. 최홍희의 무도 출발은 일본 가라테에 뿌리를 두고 있다. 2단의 가라테 보유자라고 알려져 있으나 실은 가라테 3급이 전부라고 한다. 어쩌면 최홍희는 후나고시 기찐의 영향을 많이 받은 듯하다. 책의 이름에서 '교범(敎範)'을 '교본(敎本)'이라 하고 당수 등 '수(手)'에서 '권(拳)'으로 바꾸는 재주를 보였다. 공수라는 '빈손'보다는 밟을 '태(跆)' +주먹 '권(拳)' 조합은 절묘한 것으로 역동적이다."[23]

허건식은 2018년 11월 '최홍희 탄생 100주년'을 맞아 태권박스미디어와 한국체육대학교가 공종 주최한 〈태권도와 삶 ; 최홍희 어떻게 볼 것인가〉 학술대회에서 최홍희에 대해 "최홍희가 태권도를 창제·창시한 것이 맞다고 본다. 태권도를 100% 만들어야 창시와 창제라는 말을 사용하는 것은 아니다"라며 "최홍희는 'Found'(창설자·설립자)이다. 태권도 이념을 부여했다. 최홍희는 가장 기초적인 태권도 연구 영역에서 중요한 기초를 깔고 있다"고 말했다.

한편 '태권도 교본'의 특징을 연구해온 엄재영은 "최홍희는 1972년 『태권도교서』 출간 이후 후굴서기, 전굴서기와 같은 공수도(가라테)의 용어를 ㄴ자 서기, 걷는 서기와 같이 순 우리말로 명칭을 변경해 사용하고, 1983년 11권의 방대한 분량의 태권도백과사전에서는 '형(型)'을 '틀'이라는 용어로 변경했다"[24]고 말했다.

---
23) 한국무예신문. 2011년 11월 15일.
24) 무카스. 2022년 12월 13일. 기고.

(4) 태권도 교본류 1970~80년대 관통

태수도(跆手道)가 통용되던 1960년대 중반, 이교윤은 『백만인의 태수도교본』(토픽출판사, 1965)을 펴냈다. 지은이는 책의 서문에서 태수도에 대해 "이 무도는 과학적으로 연구·검토하여 체계화시켜 놓은 것이다. 다시 말하면 강유, 음양, 호흡의 원리에 근본을 두고 적수공권(赤手空拳·맨손맨주먹)으로 호신과 함께 적을 막는 공방자재(自在)의 윤리적 교훈을 바탕으로 삼는 무도"라고 설명했다. '태권도 창시주'라 자처한 이원국[25]은 좀 뒤늦게 『태권도교범』(진수당, 1968)을 펴냈다. 지은이는 이 책에서 해방 전인 1944년 한국 최초로 '당수도 청도관'이라는 간판을 걸고 한국 태권도의 보급에 투신했다고 주장한다. 또 이원국은 자신의 저서 『태권도교본』에서 청도관을 개관해 무술을 가르친 이유에 대해 "가라테를 배우던 당시 오끼나와의 실정과 비교하여 무기가 없는 우리 한국이야말로 적수공권[26]의 이 무도가 극히 긴요함을 절실히 느끼고 깨달은 바가 있어 보급했다. 권법 비슷한 것이 신라의 화랑도들에 의해 애중되고 필수무예로 상당한 성황을 보다가 그 후 조선 말엽에 와서 족기(足技)로만 구성된 '태껸'이 전해져 왔으나 그것마저 일제 때 자취를 감추었다"[27]고 밝혔다. 이 같은 말은 가라테를 일본 무술이 아닌 오끼나와 토착무술로 인식한 것으로 읽힌다.

이 책의 부록에는 팔괘 1장부터 8장까지와 대한태권도협회 제정한 유단자 형(型)이 수록되어 있다. 당시 고려의 품새선은 'ㅣ'자, 15품수였던 것이 지금의 고려는 품새선은 선비 '士'자 품수는 30개로 구성되어 있다.

양진방은 이 책에 대해 "이 시기에 나온 책 중 태권도의 원리 등을 구체

---

25) 이원국은 1907년 충북 영동의 유복한 집안에서 태어났다. 영동에서 소학교를 졸업한 뒤 일본으로 건너가 동경 중앙대학에서 법학을 전공했다. 서성원(2008), 태권도 현대사와 길동무하다(개정판), 도서출판 상아기획, 264~270쪽. 대학시절 권투부에서 활동하던 그는 우연한 기회에 가라테에 심취해 일본 가라테의 본관인 송도관(松濤館)에 입문해 후나코시 기찐((船越義珍)에게 가라테를 배워 5년 만에 4단을 부여받았다. 그 후 귀국해 청도관을 창설했다. 미국에서 여생을 보내다가 2003년 97세로 타계했다.
26) 맨손과 맨주먹이란 뜻으로, 곧 아무 것도 가진 것이 없음을 의미한다.
27) 이원국(1968), 앞의 책, 34쪽.

적으로 다뤄 잘 만든 책 중에 하나"라며 가치를 부여했다. 하지만 강원식은 "이원국은 해방 전 일본 유학생 시절 가라테를 배운 사람이기 때문에 정통 태권도인이라고 볼 수 없다"며 평가 절하했다. 안근아는 "이원국은 태권도 근대사에서 태권도의 가라테 기원설과 전통성을 주장하는 학자들 사이에 가장 핵심적인 논의 대상이다. 그가 현재의 태권도와 관련이 있는지 없는지 또는 그가 설립했던 도장(청도관)이 태권도장이었는지, 가라테 도장이었는지를 판가름하는 것은 태권도 역사를 정립하는 데 주요 사안일 수 있다"[28]고 밝혔다.

1970년대에도 태권도 교본 잇따라 출간됐다. 특이한 것은 개인 이외에 대한태권도협회와 세계태권도연맹이 공인 교본을 간행했다는 것이다. 대한태권도협회는 1972년 최초로 공인 교본 성격의 『태권도 교본 품세편』(1972)을 펴냈다. 발행인은 김운용 회장이고 엮은이는 기술심의회 이종우 초대 의장이다. 이종우는 "만 권의 책을 읽기보다 한 권의 책을 만들기란 그리 쉬운 일은 아니었다"며 공인 교본을 펴내기까지의 고충을 토로했다.

1972년 대한태권도협회가 발행한 '태권도교본' 품세편

책에 수록된 내용은 태권도 정의를 비롯해 태권도의 발생과 형성, 태권도에 필요한 역학적 풀이, 예의규범, 지도상의 유의점, 수련과정표, 도복 띠 매는 법과 접는 법 등이다.

이 책은 '품세편'에 맞게 유급자용 팔괘와 고려에서 일여에 이르는 유단자 품새와 부록 형식으로 태극 품새 등 모두 25개의 품새를 수록했다. 대한태권도협회는 1968년 품세제정위원회를 구성하여 팔괘와 고려부터 한수, 일여 등 17개 품세를 만들었다. 이어 1972년 학교교과 과정에 삽입할 품새 태극을 1장부터 8장까지 제정하여 보급했다.

이경명은 이 책에 대해 "교본은 1972년 대한태권도협회에서 처음 펴

---

28) 안근아·이재봉·안용규. 태권도와 이원국. 체육스포츠인물사. 21세기교육사.

낸 데 이어 삼일서적(펴낸이 김영채)에서 다시 펴낸다. 간기(刊記: 책을 펴낸 때와 곳)면에 1975년 4월 '처음' 펴냄, 1992년 11월 이어 펴냄으로 표기하고 있다. 판쇄 표시가 처음이 아니기에 '신판'(new edition)이라 밝혀야 옳다. 삼일서적에서 처음으로 펴냄이라는 표기는 독자로 하여금 자칫 오해를 자아낼 수 있다. 이 교본의 오리지날(original)은 1972년도 판(版)이라는 것을 분명히 인식할 필요가 있다"[29]고 지적했다.

『태권도 교본 품세편』은 1975년 제2회 세계태권도선수권 기간에 세계태권도연맹이 『Taekwondo (Poomse)』(Shin JIn Gak) 영문판으로 번역하여 펴냈다. 이는 김운용이 국기원과 세계태권도연맹 수장(首將)이었기 때문에 가능했다. 2007년 세계태권도연맹은 두 번째로 영어로 『The Book of Teaching &Learning Taekwondo』(Jungdam Media)에서 간행했다.

국기원은 1987년 『국기태권도교본』(삼훈출판사)을 펴냈다. 이 책은 2000년 재판 1쇄 및 2002년 증보판을 오성출판사가 발행했다. 국기원장 김운용은 발간사에서 "국기 태권도는 한민족 고유의 무도로 우리의 자랑스러운 문화유산이다. 태권도의 정신적 본질은 인격의 순화를 통한 참된 윤리관의 배양에 있다. 따라서 이미 제정된 태권도인의 예의규범은 우리 태권도인의 행동지침이며 생활철학인 것이다"고 말했다.

이 책은 태권도 역사, 태권도 정신철학, 태권도의 과학적 기초, 태권도의 지도, 태권도의 기본동작, 태권도의 품새, 태권도 겨루기, 태권도 시범, 태권도 경기개요, 태권도 선수훈련, 상해예방과 처치와 부록으로 심사규정, 대한태권도협회 예의규범 등 모두 11장으로 구성되어 있다. 태권도 찬가(한규인 작사, 강영화 작곡)를 비롯해 태권도 기본동작과 품새의 이론을 세부적으로 다뤘다.

이 책은 18년이 지난 2005년 수개월의 연구 과정을 거쳐 한글과 영문

---

[29] 무카스. 2010. 11. 5. 대태협 최초의 공인 태권도교본(품새편) 펴내다.

혼용으로 수정해 발간했다. 『Taekwondo Textbook 태권도교본』이 바로 그것이다. 이종관은 "기존 교본은 품새 형태에 대한 설명은 있었지만 동작의 기준을 명확히 정하지 않아 가르치는 지도자마다 조금씩 동작이 다르게 나타났다. 새 교본은 동작의 시작점과 끝점을 명시함으로써 기준을 통일한 것"이라고 설명했다.

(5) 1980년대 이후 태권도 서적의 다양화

1980년대 중반 김철이 저술한 『태권도 교육론』(원광대, 1986)과 김경지·김광성이 공저한 『한국 태권도사』(서울 : 경운출판사, 1988)는 태권도 교육과 역사 이론에 살결을 보탰다. 최홍희가 저술한 15권의 『태권도 백과사전』(평양 : 외국문종합출판, 1983)은 흥미롭다. 최홍희는 머리글에서 "태권도를 개인의 정치도구로 이용하려는 역대 위정자들과 싸우다 보니 일시적이나마 오늘과 같은 남한 독재정권하에서는 시키는 대로 할 수밖에 없는 동족과 마치 적대관계에 있는 듯한 오인마저 받고 있는 터이다"고 밝혔다. 이 책에서 최홍희는 '대련' 용어를 '맞서기'로 바꿔 부르며 "맞서기에는 약속 맞서기, 반자유 맞서기, 자유 맞서기(경기 맞서기), 발맞서기, 모범 맞서기 그리고 약속자유 맞서기로 세분한다"고 설명했다. 이 책은 2008년 북한의 조선태권도위원회에서 총 4천 800페이지 분량을 한글판과 영문판이 함께 출간됐다. 태권도 발전사와 기술, 태권도인들의 활동 등을 소개하면서 태권도 동작 구성과 함께 3천200여 가지에 달하는 동작을 사진과 함께 실었다.

1990년대 말부터 2000년 초에 출간된 태권도 서적

1990년대에 들어서면서 태권도 서적의 주제가 다양해졌다. 이 시기는 태권도 발전과 세계화의 기틀을 다져 나가는 상황이었기 때문에 국기원

과 세계태권도연맹, 대한태권도협회 등 태권도 기관을 비롯해 많은 태권도인들의 저술 활동이 활발했다. 김용옥이 저술한 『태권도철학의 구성원리』(통나무, 1990)는 논란의 한복판에 있었다. 저자는 이 책에서 "대한민국에는 태권도가 없다. 우리가 태권도라고 부르는 모든 무술의 조형은 완벽하게 메이드인 재팬(made in japan)이다. 이 사실에 대해서 추호의 거짓말도 있을 수 없다"고 주장해 큰 반향을 일으켰다. 이창후는 '태권도현대사와 새로운 논쟁들'이라는 책에서 김용옥을 '가라테 유입론자'의 대표적인 인물로 거론하며 신랄하게 비판했다.

그 후 태권도 역사를 다룬 책이 연달아 출간됐다. 강원식-이경명 공저의 『태권도 현대사』(보경문화사, 1999)를 비롯해 안용규의 『태권도 역사 정신 철학』(2000), 배영상-송형석-이규형의 『오늘에 다시 보는 태권도』(이문출판사, 2002)이 바로 그것이다. 안용규는 『태권도 역사 정신 철학』에서 "이 책의 모든 내용은 저자의 단편적인 주장일지도 모른다. 비록 작은 지식의 조각들이지만 태권도 지식체계 형성을 위해 책상을 떠나지 못하고 고민하는 태권도인에게 설레는 가슴으로 안아 던진다"고 밝혔다. 3명이 공저한 『오늘에 다시 보는 태권도』는 태권도 개념론, 역사론, 기술론, 의미론, 교육론을 다뤘다. 서문에는 의미심장한 내용이 실려 있다.

"(…) 기존의 태권도 관련 서적들을 살펴보면 대부분 실기서뿐이고 그나마 몇 권 되지 않는 이론서조차도 태권도의 '오랜 전통'과 '우수성'을 과시하기 위해 입증되지 않은 사실을 무분별하게 나열하거나, 태권도와 내적 연관성이 전혀 없는 동양철학의 편린들을 끌어다가 억지로 끼워 맞추는 형식으로 구성되어 있다 (…) 태권도를 바라보는 대중의 시선도 많이 달라지고 있다. 이러한 시기에 보다 성숙한 태권도 문화를 창출해 내기 위해서는 무엇보다도 태권도에 대한 체계적으로 합리적인 이론화 작업이 요구된다."[30]

---

30) 배영상-송형석-이규형(2002). 오늘에 다시보는 태권도. 이문출판사. 3~4쪽.

2000년대에 들어서면서 개론서와 교본류에서 벗어나 철학, 건강, 역사, 문화 등 다양한 주제의 서적이 잇따라 출간되어 태권도 학문 진흥과 담론(談論) 형성에 긍정적인 영향을 미쳤다.

지칠규의 『인생의 챔피언을 탄생시키는 무도철학』 시리즈도 눈여겨 볼 만 하다. 저자는 서문에서 "무도에는 성경처럼 행동지침이 될 만한 경전이 존재하지 않는다"고 안타까워하면서 무도 지도자가 제자들을 가르치기 위한 수행지침의 사례를 구체적으로 제시했다. 『태권도의 철학적 원리』(2000), 『태권도의 삼재강유론』(2003), 『태권도심경』(2007) 등을 펴낸 이창후는 2004년 '태권도는 가라테의 영향을 일부 받기도 했지만 태껸의 전통을 계승하면서 발전한 한국의 전통무술'이라고 주장한 책을 출간했다. 『태권도현대사와 새로운 논쟁들』(상아기획)이 그것이다.

조임형이 펴낸 『경기력향상을 위한 태권도훈련방법의 이해』(도서출판 무지개사, 2006)와 경희대 출신의 전정우·박대성·윤정욱이 펴낸 『태권도 경기지도법』(대한미디어)은 태권도 겨루기 서적으로 눈길을 끌었다. 태권도 교육 및 도장경영의 비법을 알려주는 서적도 출간됐다. 도장경영 전문가 손성도는 『감동의 쇼를 하라』(도서출판 Book in, 2007)를 펴냈다. 저자는 대구에서 태권도장을 경영하며 최고의 자리에 오르기까지의 과정과 도장경영 노하우가 담겨 있다. 류병관은 『태권도가 건강에 좋아요』에 이어 2007년 『태권도가 정신건강에 좋아요』(광림북하우스)와 『태권도와 전통무예 수련』(광림북하우스)를 펴냈다. 『태권도가 정신건강에 좋아요』는 제1권 운동과 건강에 이어 미래의 건강 문화를 주도하고 성인에게 아주 좋은 운동이 태권도이고, 그것을 이끄는 주체가 태권도장이라고 주장하고 있다.

류병관이 저술한 태권도 책

2010년에도 태권도 서적은 계속 출간됐다. 이경명 태권도문화연구소장 외 8명이 공저한 『WTF 태권도용어정보사전』(세계태권도연맹)은 태권도 기술, 역사, 용어, 인물 등 500여 페이지 분량에 태권도에 관한 대부분의 내용을 집약했다. 한마디로 '태권도 백과사전'이라고 할 수 있다. 이경명 소장은 "태권도 정보를 이해하는데 600개 표제어를 선정해 태권도를 깊이있고 구체적으로 이해 할 수 있도록 서술했다"고 말했다.[31]

2011년 도장지원사업의 일환으로 『KTA 태권도장 지도자 교육편람』을 출간한 KTA는 그 후 『태권도 인성교육』(상아기획, 2012)과 『태권도 실전손기술』(상아기획, 2013), 『태권도 호신술』(상아기획, 2014)을 연달아 펴냈다. 이 무렵 김영선은 세계 각국의 태권도 우표를 수집해 『우표로 보는 태권도 발자취』(상아기획, 2011)를 펴냈고, 최호성은 『성공하는 태권도장 경영의 7가지 비밀』(도서출판 시학사, 2011), 서울대학교 태권도부 상송회는 『태권도리더십 '공부벌레들의 이단옆차기'』(2011)을 출간해 눈길을 끌었다. 이 무렵, 태권도 관련 서적 9권이 전자책(ebook)으로 발행됐다. PC 등으로 손쉽게 태권도 서적을 읽을 수 있게 됐다. 이경명은 자신이 저술한 책 중 일부를 전자책으로 전환해 퍼플 교보북(kyobobook.co.k)에 상재했다.

2012년 8월에는 이정규가 태권도를 과학적으로 분석한 『태권도의 과학』(상아기획)을 출간했다. 이 책의 주제어는 태권도, 과학, 생체역학, 스포츠로 태권도 기술에 대한 과학적 이해와 분석의 실마리를 제공하는 데 주안점을 뒀다.

이와 함께 하태은의 『태권도 아동 인성발달 개론』(애니빅, 2014), 전정우의 『현대사회와 태권도』(대한미디어, 2014), 서성원의 『태권도 면(傳)』, 강성철의 『태권도 생체역학』(애니빅, 2015), 이동희의 『실전 태권도』(k-Boos, 2015), 강익필의 『태권도 공인품새 해설 Ⅱ』(상아기획, 2015)도

---

31) 박성진 〈태권도조선〉 기자는 "WTF판 태권도사전이라는 점에서 ITF판 태권도사전을 자연스럽게 떠올리게 한다. 'ITF판 태권도백과사전'은 1985년에 고(故) 최홍희 ITF총재에 의해 만들어진 바 있다"며 "ITF판 태권도백과사전'은 시기적으로도 앞섰을 뿐만 아니라 분량 면에서도 전15권 4천8백여 페이지로 방대하다. 발간 당시에 이미 영문판도 함께 나왔다는 점에서 WTF 태권도사전편찬 작업은 이제부터 시작이라고 할 수 있을 듯하다"고 했다. 태권라인. 2010. 2. 16.

주목을 끌었다.

'품새 지도자 베테랑' 강익필은 2022년 두 딸과 함께 『태권도 품새의 완전한 이해』(출판 태권박스미디어)를 펴냈다. 이 책은 총 3권으로 엮었다. 1권은 기본동작부터 유급자 품새 태극 4장, 2권은 태권 5장부터 유단자 금강 품새, 3권은 태백부터 일여 품새를 담았다.

이정규가 지은 '태권도의 과학'

저자들은 품새의 개념을 확장해 "실제 상황에서 발생하는 여러 가지 유기적인 신체 움직임을 품새 수련을 통하여 대처할 수 있는 능력을 배양하는 것"이라며 "품새의 동작은 여러 방법으로 활용될 수 있으며, 그 기술의 해석은 신체 움직임과 힘의 운용에 적합하게 해석되어야 한다"고 강조했다. 이 책의 특징은 기본동작과 품새 기술을 세부적이고 입체적으로 설명하면서 한글과 영문으로 쉽게 풀이했다는 것이다. 각 동작과 기술에 대한 용어풀이와 기술지침, 유의사항을 촘촘하게 풀이하고, 주요 동작은 그래픽을 활용해 입체적으로 설명했다. 특히 시대 흐름에 맞게 독자들의 이해를 높이기 위해 책 안에 QR 코드를 넣어 주요 동작과 기술을 동영상으로 생동감 있게 볼 수 있도록 했다.

2023년에는 전정우가 『태권도 사회학』(DH미디어)을 펴냈다. 저자는 기존 태권도의 인문사회학적 관점의 한계를 극복하고, 사회과학적 이론을 바탕으로 총체적이고 발전적인 시각에서 상세한 설명과 도표 등을 덧붙였다. 출판사는 "기존 태권도 이론에서 더 이상 나아가지 못하거나, 태권도 사회학의 체계를 잡고 싶거나, 태권도 사회학적 형성과정에 대한 통찰이 필요한 분들에게 꼭 필요한 책"이라고 밝혔다.

탐구하기

1. 태권도 학술 및 출판의 실상에 대해 설명하시오.
2. 태권도 학술단체가 제대로 활동하지 못하고 와해되는 이유는 무엇 때문인가?
3. 1950년대 출간된 『파사권법』과 『권법교본』 등 무술 관련 서적의 개요와 특징을 설명하시오.
4. '태권도'라는 이름으로 출판된 최초의 교본은 무엇이고, 그 책의 특징은 무엇인가?
5. 1960년대부터 시대별 태권도 서적의 특징과 주요 내용을 설명하시오.
6. 태권도 기원과 유래 등을 다룬 태권도 역사서적은 어떤 것이 있고, 논란의 핵심은 무엇인가?
7. 태권도 지도와 경영을 다룬 서적은 언제부터 출간되기 시작했나? 이를 위한 대한태권도협회의 노력을 설명하시오.
8. 지식 출판 사업으로 태권도 서적 출간을 활성화하려면 어떤 오력이 필요한지 제시하시오.

참고문헌

김영선(2014). 국기원 태권도연구 제5권 제2호. 최초의 태권도 교본에 관한 연구.
네이버. 블로그 2011. 2. 12. ebonadmiral.egloos.com/5481333
무카스. 2010. 1. 28. 원로들의 이야기 – 박철희 편(5부).
배영상-송형석-이규형(2002). 오늘에 다시보는 태권도. 이문출판사. 3
안근아 · 이재봉 · 안용규. 태권도와 이원국. 체육스포츠인물사. 21세기교육사.
최홍희(1998). 태권도와 나 2. 도서출판 다움.
한국무예신문. 2011년 11월 15일.
黃埼(1949). 花手道敎本. 朝鮮文化敎育出版社.
허인욱(2008). 관(館)을 중심으로 살펴본 태권도 형성사. 한국학술정보(주).

개정증보판 History & Culture & Taekwondo
태권도 역사와 문화의 이해

 # 제12장 여성 태권도의 문화와 흐름

학습목표

이 장(章)은 남성의 전유물처럼 인식되던 태권도 세계에 언제부터 어떤 배경으로 여성 태권도 바람이 불기 시작했고, 1960년대 후반부터 시대별 여성 태권도의 흐름과 발전 과정을 이해하는데 주안점을 두고 있다.
이와 함께 2002년 재출범한 한국여성태권도연맹이 추진한 사업 및 정책을 살펴보고 한계 및 과제를 알아보고, 앞으로 여성 태권도가 더 발전하고 활성화하려면 어떤 노력이 필요한지 제시한다.

제12장 여성 태권도의 문화와 흐름

1 1960년대 ; 여성 태권도 물꼬 트다

　1960년대 초까지만 해도 태권도는 남성의 전유물이었다. 1963년 전주에서 열린 제44회 전국체육대회에서 태권도가 정식종목으로 채택되는 등 태권도 경기가 활기를 띠었지만 태권도 선수는 남자뿐이었다. '여자가 도복을 입고 운동하는 것을 마치 동물원의 원숭이처럼 여기었다'[1]는 말은 여성 태권도를 바라보는 당시의 인식이 어떠했는지를 단적으로 보여준다.

　1960년대 중반이 되자 태권도를 수련하는 여성들이 눈에 띄기 시작했다. 한국 여성들에게 태권도가 본격적으로 태동했던 시기는 박정희 정권이 실시했던 국민체육진흥법과 엘리트 스포츠정책을 보급했던 시기와 일치[2]한다는 주장도 있다.

　여성이 출전한 첫 공식 태권도 대회는 1968년 6월에 열린 제1회 주한외국인태권도개인선수권대회인 것으로 보인다. 1970년 10월 24일부터 25일까지 열린 제1회 전국국민학교태권도개인선수권대회 겸 전국여자부태권도개인선수권대회에는 41명의 여자선수를 포함한 446명이 출전해 3

---

1) 대한태권도협회, 태권도, 제29호.
2) 최광근(2009), 한국여성 태권도 변천과정, 한국체육사학회지 제14권 제3호, 4쪽.

명의 여자부 선수권자가 탄생했다.³⁾ 1971년에는 한성여고에서 전국여자태권도우수선발전이 열렸다. A조는 2단 이상, B조는 1단, C조는 1급에서 3급까지 단과 급을 제한했다. 이 대회에서 A조 1위는 남궁명석, 2위는 염은실, 3위는 최춘희, 김춘옥 등이 각각 입상했으나 체급별 경기가 아닌 태권도의 단(段)과 급(級)의 형태로 진행되어 국가대표선발전이라고 보기에는 무리가 있다.⁴⁾ 1970년 10월에는 전국국민학교태권도선수권대회에 여자부 경기가 신설되어 여성 태권도에 대한 관심이 높아졌다.

이러한 사회 분위기로 1969년 해외에 첫 파견된 여성 사범이 배출됐다. 당시 3단이었던 권옥희(24)는 태국으로 건너가 1년 동안 월 3백 달러씩 받고 그 곳에서 여성 수련생들을 가르치게 됐다. 8남매 중 막내딸인 권옥희가 태권도를 시작한 것은 덕성여중 2학년 때였다. 밖에서 얻어맞고 들어오는 동생을 따라 태권도장에 갔다가 태권도를 배우게 됐다. 지도관 사범 이병로 제자인 권옥희는 태권도를 수련한 지 1년 7개월만인 1963년 10월에 대한태수도협회 공인 초단에 합격하고, 2단을 취득한 후 1967년 3단을 받았다.

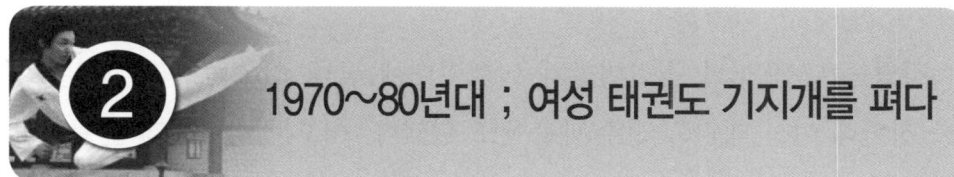

② 1970~80년대 ; 여성 태권도 기지개를 펴다

1972년 대한태권도협회가 발행한 「태권도」에 '여성과 태권도'라는 제목으로 기고한 김명종은 "태권도 인구는 130만 명에 달하고 있으며 그 중 1,000여 명의 여자 선수가 포함되어 있다. 각종 대회가 벌어질 때마다 새로운 선수가 등장해 남자를 능가하는 대범하고 강렬한 경기를 보여줄

---

3) 여자부개인전 A조(2단) 결승에선 남궁명석이 염은실에게 판정승, B조(초단) 결승은 김순아가 최형숙에게 판정승, C조(1급-3급) 결승에선 김순옥이 곽영환에 KO승을 거뒀다.
4) 신동선(2010). 한국여성태권도경기의 변천과정. 한국체육대학교 석사학위논문. 신동선은 이 논문에서 "1970년대 초반에 선수로 활동했던 남궁명석, 염은실, 최춘희 등은 우리나라 여성 태권도 경기의 선구자적인 역할을 했던 여성 선수들이라고 사료된다"고 밝혔다.

때 태권도는 남자 전용의 경기가 아니고 남녀 공히 즐기는 스포츠로서 면모가 갖춰졌다"고 밝혔다.

1978년 프레월드게임 여자부선발대회에서는 유단자 자격을 가진 선수들만이 출전했다. 특히 이 대회는 처음으로 8체급으로 나뉘어 선발전이 열려 임신자·유선섭·김경주·양현자·김지연·남궁숙·김안나·안선미 등이 여자국가대표선수로 선발되어 여성 태권도 경기의 기반을 잡은 대회라 할 수 있다. 1982년 11월부터는 '여자태권도대표선수선발전'이라는 공식 명칭으로 여자국가대표선발전이 열렸다. 이 대회 1위자는 한국·대만 친선경기에 처음으로 파견되었다.[5]

여성전문태권도장은 1971년 김영숙(4단)이 개관했다. 서울 이화여대 건너편에 문을 연 김영숙은 이렇게 말했다.

> 미용체조, 호신술 겸 건강을 위해 태권도가 여성들에게 많이 보급됐으면 해요. 물론 거친 운동임엔 틀림없지만 한참 뛰고 땀을 쏟고 나면 정신적인 피로나 괴로움이 싹 가시면서 후련해지니까요 (…) 세계 각국에 우리나라 여성들 힘으로 태권도가 보급되도록 제자를 많이 길러내고, 스포츠를 통한 외교사절의 역할도 해야겠고, 못 다한 그림공부도 계속하고 싶고 (…)[6]

김영숙은 1975년 정란여상과 이화여대에 국내 최초의 여자 태권도부를 창단해 여성 태권도 선수 배출에도 힘썼다. 이후 청산여상과 은광여고, 인천체고 등에도 여자부를 만들어 여성 선수 육성에 심혈을 기울였다.

이런 발전 과정을 토대로 1979년 3월 30일, 한국여성태권도연맹 창립 총회가 국기원 회의실에서 열렸다. 한국여성태권도연맹은 창립 취지문과 규약(안)을 만들고 사업계획과 예산(안)을 가다듬었다. 여성태권도연맹 초대 회장으로 선출된 이학선(당시 새마을봉사회 중앙회장)은 "여성의 태권도 수련이 미용체조 이상의 의미를 부여하기 위해 결성을 추진하게 됐

---

5) 신동선(2010). 한국여성태권도경기의 변천과정. 한국체육대학교 석사학위논문.
6) 조선일보. 1971년 7월 11일.

1970년대 초 여자 태권도 선수들이 겨루기를 하고 있다.
사진=대한태권도협회

다"고 말했다.[7]

그 후 한국여성태권도연맹은 1979년 9월 28일 국기원에서 제1회 전국여성태권도개인선수권대회를 개최한 것을 비롯해 여성태권도시범단 선발대회, 해외 파견선수 강화훈련 등을 실시했지만 1983년 재정난과 주위의 편견으로 와해됐다.[8]

여성 태권도부는 1970년대 중반 청산여상, 인천체고, 은광여고, 성암여상 등 4개 학교에 불과했지만 1986년 중학교 25개 팀, 고등학교 30개 팀, 대학교 6개 팀으로 증가하는 등 여성 선수들도 많이 늘어났다. 하지만 과제가 많았다. 1980년대 중반까지 국내 여자선수가 참가할 수 있는 대회는 크게 대한태권도협회, 한국중·고등학교태권도연맹, 대학태권도연맹, 연세대학교가 개최한 대회들이었다[9]. 당시 청산여상 태권도부 감

---

7) 경향신문. 1979년 3월 30일. 대한태권도협회는 협회 산하에 여성연맹을 둘 수 없다는 대한체육회 지침에 따라 기술심의회에 여성분과를 신설했다. "여성연맹이 왜 필요한지 모르겠다. 여성연맹이 생겼으니까 남성연맹도 만들어야 한다"는 인식은 일부 남성 태권도인들 사이에 여전히 존재한다.
8) 이학선은 2009년 6월 16일 태권도신문과 인터뷰에서 "당시 주변에서 (여성연맹 결성에 대한) 만류가 많았다. 일반인들은 태권도에 대해 좋지 않은 인식을 가지고 있었다. 뿐만 아니라 외부의 재정 지원도 없었기 때문에 개인적인 출자도 많았다. 물론 자발적인 것이었다"고 말했다.
9) 최광근(2009). 한국여성 태권도 변천과정. 한국체육사학회지 제14권 제3호. 7쪽.

독은 김영인은 "여자 선수들은 국내대회가 연간 4~5회에 불과한 실정이다. 여자 태권도가 소년체전과 전국체전에 정식종목으로 추가되어야 한다"고 지적했다.[10]

남자 선수들에게 비해 대회에 참가하는 횟수가 적은 것도 여성 태권도의 발전을 저해했지만 여성 태권도인에 대한 몰이해와 배타적인 생각이 더 큰 문제였다. 1986년 선수생활을 은퇴한 임신자는 여성 태권도의 현실을 이렇게 토로했다.

> 여성 태권도의 현실. 이 자체에 내 자신은 밝고 희망적이기보다는 불확실하고 비관적으로 판단되어지는 이유는 무엇일까 (…) 무조건 여성들이 태권도를 하고 경기를 갖는 것에 대해 배태적인 생각과 조소 섞인 말투로 무시한다면, 그것이 바로 많은 이들의 실망과 불신감을 갖게 되는 원인이 된다 (…) 여성이라는 개념에서 탈피해서 태권도를 사랑하는 사람들이라 칭하자. 우리나라의 봉건적이고 유교사상에 입각한 고정관념에서 벗어나 태권도를 사랑하는 여성들에게 마음껏 기량을 펼치고 그 토대 위에 새로운 삶을 개척할 수 있게 의식을 갖는다면 얼마나 공명정대한 생각인가.[11]

1980년 초·중반 호신과 건강을 위해 태권도를 수련하는 여성이 해마다 늘어나 한국여성태권도연맹에 등록된 여성 유단자는 2만 여명에 달했고, 각급 여학교에서 태권도를 권장하거나 태권도부가 많이 생겨났다. 서울 은광여자중·고등학교는 조회시간마다 6천 명 전교생이 태권도를 활

> **Tip 시대별 여성 태권도 활동 인구**
>
> 1970년대 초 당시 국내 수련인구는 대략 1백 30만 명. 그 중 여성 수련생의 숫자는 700여 명이라고 전해졌다. 전체 수련인구 중에 0.05%로 100명 중 1명도 채 되지 않은 수이다. 2006년 국기원이 제시한 자료에 따르면 지난 10년(1996.1~2006.1)동안 태권도 승품·단을 획득한 여성 인구는 전체 30만 7,458명으로 남성 수련인구를 합친 전체 수련인구 318만 3,806명 중 약 9.7%에 해당된다. 지난 10년간 1품~4품까지 여성 수련자는 22만 9,635명이 배출됐으며 1단은 4만 8,532명, 2단이 1만 6,125명, 3단 8,761명, 4단 3,405명, 5단 830명, 6단 147명, 7단 19명, 8단 4명, 9단은 없는 것으로 기록됐다. 국내 도장에서 여성 지도자는 약 100명 안팎이다. 시도별로 따져보면 서울시 13명, 대전시 1명, 인천시 3명, 울산시 5명, 경기도 24명, 강원도 1명, 제주도 4명, 충북 1명, 충남 6~7명, 전북 3명, 경남 10명 광주 11명, 전남 7명 등이다.
>
> 〈태권도신문, 2006년 5월 29일〉

---

10) 대한태권도협회, 태권도, 1986년 6월호.
11) 대한태권도협회, 태권도, 제58호.

용한 88체조를 했고, 경북여자상업고등학교는 체육시간에 태권도를 가르쳤다. 체육주임 박은영(5단)은 "전교생이 태권도 기본동작을 익히고, 태권도부 창단을 계획하고 있다"[12]고 했다. 여자대학교에서도 태권도 바람이 불었다. 1975년 결성된 이화여자대학교 동아리 '이화태권도'는 매주 월·수·금요일 정기적으로 태권도를 수련했다. 1985년까지 대학태권도연맹에 소속되어 주로 체육학과 체육특기생을 중심으로 유단자들이 주를 이뤘으나 86년부터 이화여대 동아리연합회 산하로 들어오면서 순수한 아마추어로만 구성되어 15명이 활동하고 있다. 이화태권도부장 서영희는 "여자대학 태권도 활성화를 위해 다른 여대에도 태권도부가 많이 생겨 여대 태권도부 끼리 교류가 있어야 될 것"[13]이라고 말했다.

이런 가운데, 태권도 승단심사에 응심하는 여성들도 당당한 모습을 보였다. 1983년 4단에 응심한 신정열은 "여성 태권도 저변확대 일환인 태권무용 보급에 심혈을 쏟다가 승단 기회를 넘겨 응심하게 됐다"고 했고, 정효심은 "여자가 태권도를 한다면 사회에서 부정적으로 보은 경우가 있는데, 태권도를 해보니 전신 관절운동으로 건강관리에도 좋고 인내심과 정신적인 면에거 강인한 의지가 생겨 많은 여성에게 권하고 싶다"[14]고 말했다. 남자들의 독무대였던 태권도 심판계에도 여성 바람이 불었다. 1981년 3월 여성 최초로 심판자격증을 취득한 장정남을 비롯해 최종숙 등이 여자 심판의 선도적 역할을 했다. 대한태권도협회는 1981년 장정남과 김안자 등 여자 심판들이 돋보이게 활동하고 있다며, 앞으로 각종 대회에서 여성 심판들을 적극 기용할 것이라고 밝혔다. 당시 언론보도를 보자.

(…) 장정남(27·4단) 양은 1981년 여성태권도연맹전에서 심판으로 데뷔한 후 지금까지 80게임 이상 심판을 맡았다. 태권도가 88올림픽 경기종목으로 채택될 것을 대비해 국제태권도심판이 되는 것이 그녀의 꿈. 월수입 20만 원에 게임을 맡으면 1일 심판비가 1만 원 (…)[15]

---

12) 대한태권도협회. 태권도. 1982년 7월호.
13) 日퀴스포츠. 1989년 5월 29일.
14) 대한태권도협회. 태권도. 1983년 10월호.
15) 동아일보. 1982년 2월 8일.

1987년 3월 대한태권도협회가 주최한 춘계종별태권도선수권대회에 3명의 여성 심판이 위촉됐다. 그 전에 열린 1986년 심판강습회에 서춘희·양인옥·박정옥 3명이 참가해 실기와 필기시험에 합격하고 3급 심판자격증을 취득했다. 서춘희 후일담.

"주목할 것은 여자 교육생이 (전체 300명) 3명이라는 사실이었다 (…) 남자 교육생의 조소(?)를 받는 고충도 겪어야 했다. 그들에게 '여성 태권도'를 내 나름대로 피력해 보았으나 그들의 고정관념 속에는 넘겨다 볼 수 없는 크나큰 벽이 있음을 깨닫고 몹시 안타까웠다 (…) 교육을 받던 중 호주에서 개최한 제7회 아시아태권도대회에 참가하여 경기를 마치고 돌아온 선수들을 접할 기회가 있었다. 여자 선수들이 출전 선수의 30%를 차지함에도 단 한 명의 여성 임원도 없이 해외 원정경기를 치르고 돌아온 여자 선수들을 보면서 측은하고 안쓰러운 마음을 숨길 수 없었다."[16]

1982년 7월 국기원에서 제1회 한·중 친선여자태권도대회가 열렸다. 한국대표여자태권도선수선발전에서 입상한 1·2위 선수들로 구성된 한국대표팀 A·B팀은 자유중국 대표선수들과 친선경기를 했다. 이 경기에서 1진은 5승 3패로 우위, 2진은 3승 5패로 열세였다. 대표선수들은 박선영·장희인·최경·전오순·장윤정·유연옥·김소영·김현정이었다. 1980년대 중반, 여자 중학교 태권도부는 16개 팀, 고등학교 태권도부는 27개 팀이 한국중·고등학교태권도연맹에 가입해 치열한 경쟁을 하고 했다. 1986년에는 중학교 8개 팀, 고등학교 5개 팀이 더 창단되고, 6개 대학도 여자 태권도부를 자체 육성하는 등 태권도부에 여성 바람이 거세게 불었다. 1986년 6월 기준 단체 등록을 했거나 미등록한 여자 태권도부는 다음과 같다. 대부분 수도권에 편중되어 있다.[17]

---

16) 대한태권도협회, 태권도, 1986년 6월호.
17) 대한태권도협회, 1986년 6월호.

[등록팀]

−영광여중(서울)· 용곡중(서울)· 서초중(서울)· 영일여중(서울)· 창덕여중(서울)· 전농여중(서울)· 당곡중(서울)· 한강여중(서울)· 역삼중(서울)· 선화여중(인천)· 상인천여중(인천)· 신흥여중(인천)· 상원여중(경기)· 문산여중(경기)· 고양여중(경기)· 영북여중(경기)· 양덕여중(경남)· 중앙여중(전남)· 청산여상(서울)· 덕원여고(서울)· 성암여상(서울)· 은광여고(서울)· 배성여상(서울)· 정난여상(서울)· 상일여고(서울)· 한양여고(서울)· 상명사대부고(서울)· 인천체고(인천)· 의정부여고(경기)· 광동여고(경기)· 성남여고(경기)· 문성여상(인천)· 고양종고(경기)· 경민여상(경기)· 한광여고(경기)· 문상여종고(경기)· 창원여고(경남)· 배영여고(대구)· 예덕실고(충남)· 동래여상(부산)· 부안여고(전북)· 시온고(경기)· 성인여대(서울)· 경희대(경기)· 이화여대(서울)· 명지대(서울)· 유도대(경기)· 인천체육전문대(인천)

[미등록팀]

− 충남동여중(충남)· 부천동여중(경기)· 탄현중(경기)· 경민여중(경기)· 보영여중(경기)· 의정부여중(경기)· 낙생중(경기)· 적성여고(경기)· 보영여고(경기)· 전곡고(경기)· 동남고(경기)· 청원실고(충남)· 파주여상(경기)

1980년대 중·후반 충남 연화여고도 태권도부를 육성했다. 1985년 7월 20명으로 시작한 태권도부는 국제방직 회사의 비원으로 대회에 참가하는 등 활발하게 활동했다. 지도교사 곽만용과 사범 김영덕의 지도 속에 유단자도 배출했다.이처럼 여자 태권도부는 증가했지만 남자에 비해 여자 선수들이 참가하는 공식 태권도 대회는 너무 적었다. 여자 선수들이 참가하는 전국 규모 대회는 한국여성태권도연맹이 주최한 전국여자개인선수권대회와 대한태권도협회가 주최하는 주한외국인 및 여자부개인선수권대회 등 연간 4~5개 정도였다.특히 소년체육대회와 전국체육대회에 여자부 경기가 채택되지 않은 것은 여성 태권도 발전을 위해 큰 문제였다. 이에 대해 청산여상 태권도부 감독 김영인은 "비중있는 대회를 자주 개최하여 남자 선수들과 동일하게 많은 경기에 참가했으면 하는 바람"이라며 "소년체전과 전국체전에 여자부 경기가 채택될 경우 각 시도의 경쟁은 물론 각 중고대학 교육기관에서 관심 있는 종목으로 더 투자를 할 것이고, 선수들의 양적 팽창은 물론 질적인 수준도 빠른 시일 내에 끌어 올릴 수 있다"[18]고 했다.

김영인은 또 1985년 서울에서 열린 제7회 세계태권도선수권대회 한국 대표팀 트레이너로 참가한 후 다음과 같이 토로했다.

"주위의 무관심 속에서도 여성 태권도인들이 성숙할 수 있었던 사실에 비추어 볼 때 남존여비 사상은 이 대회 기간 중에도 여실히 나타났으며, 이로 인한 여자 대표선수단의 사기는 저하될 수밖에 없었다 (…) 선발된 선수들의 관리 및 훈련에 무관심한 것이 세계대회 결과로 비추어 볼 때 남자 선수단과 같이 1차, 2차, 최종선발전을 거쳐 명실상부한 국가대표 선수를 선발하는 것이 절실 (…) 외국 여자 선수들의 사전 정보는 전혀 알지 못하였으며, 우리 스스로 국내 여자선수들의 기량을 너무 과소평가한 점도 잘못되었다고 생각한다 (…) 10개국이 참가한 이번 대회 여자부는 오히려 외국의 여성 태권도 활성화 면에서 한국 대표선수단의 일원으로 부끄러움마저 느꼈다."[19]

남자 선수들에게 비해 대회에 참가하는 횟수가 적은 것도 여성 태권도의 발전을 저해했지만 여성 태권도인에 대한 몰이해와 배타적인 생각이 더 큰 문제였다. 1986년 선수생활을 은퇴한 임신자는 여성 태권도의 현실을 이렇게 토로했다.

"여성 태권도의 현실. 이 자체에 내 자신은 밝고 희망적이기보다는 불확실하고 비관적으로 판단되어지는 이유는 무엇일까 (…) 무조건 여성들이 태권도를 하고 경기를 갖는 것에 대해 배태적인 생각과 조소 섞인 말투로 무시한다면, 그것이 바로 많은 이들의 실망과 불신감을 갖게 되는 원인이 된다 (…) 여성이라는 개념에서 탈피해서 태권도를 사랑하는 사람들이라 칭하자. 우리나라의 봉건적이고 유교사상에 입각한 고정관념에서 벗어나 태권

---

18) 대한태권도협회. 태권도. 1986년 6월호.
19) 대한태권도협회. 태권도. 1985년 9월호.

도를 사랑하는 여성들에게 마음껏 기량을 펼치고 그 토대 위에 새로운 삶을 개척할 수 있게 의식을 갖는다면 얼마나 공명정대한 생각인가."[20]

1987년은 여성 태권도의 성장기라고 할 수 있다. 1987년 스페인 바로셀로나에서 열린 제8회 세계태권도선수권대회부터 여성 선수들도 대회에 참가할 수 있게 됐다. 따라서 1987년에 제1회 세계여성태권도선수권대회가 열렸다고 할 수 있다. 당시 한국을 대표해 참가한 여성 선수들은 핀급 장이숙(청산여상) · 플라이급 이영(경희대) · 밴텀급 배은정(성신여대) · 페더급 김소영(성신여대) · 라이트급 이은영(경희대) · 웰터급 김지숙(경희대) · 미들급 김현희(경희대) · 헤비급 장윤정(명지대)이다. 이 시기 한국 여성 태권도 성장은 '태권낭자회'가 주도했다. 그들의 활약은 여성 태권도인들의 권위를 향상시켰고 1988년 대한태권도협회 기술심의회에 여성분과위원회를 설치하는데 큰 역할을 하게 된다.

'태권낭자회'는 1986년 8월, 여성 태권도인들의 만남을 체계적으로 강화시키기 위해 22명의 참여 속에 발족됐다. 처음에는 3단 이상에게만 회원의 자격이 주어져 다소 배타적인 모임이었으나 1987년 10월 정기총회를 통해 만 18세 초단 이상이면 누구나 회원이 될 수 있도록 폭을 넓혔다. '낭자회'라는 명칭에서 알 수 있듯이 초창기 회원은 대부분 미혼 여성들이었으나 회원들이 결혼을 하면서 주부 회원이 늘어났다. 70여 명의 회원들의 서울을 비롯해 부산과 광주 등 전국에 골고루 있어 정기모임은 한 달에 한 번만 가졌다. 또 태권도 소식을 나누고 태권도 동작과 호신술 등을 익혔다. 특히 '태권낭자'를 계간으로 발간하며 회원들의 동향을 전하고 새로운 기술연구에도 힘썼다.[21]

'태권낭자회'를 소개한 기사. 경향신문 1990년 9월 6일자.

이와 함께 일반 여성을 대상으로 호신술 강습을 전개하고 태권낭자회장배 여자태권도대회를 개최하기 위해 힘을 기울였다. 그 후 '태권낭자

---
20) 대한태권도협회, 태권도, 제58호.
21) 日刊스포츠, 1989년 4월 1일자에서는 '클럽순례 - 태권낭자회'를 상세하게 다뤘다.

회'는 '한국여성태권도회'도 발전해 1996년 제6회 한국여성태권도회장기 태권도대회를 개최하기도 했다. 1980년대 후반, 태권낭자회 회장으로서 대한태권도협회 여성분과위원장이 된 장정남은 '여성분과의 역할'에 대해 다음과 같이 말했다.

"(1988년은) 여성 태권도인의 한 사람으로서 태권도인의 중심조직체인 대한태권도협회 내에 여성분과가 신설되어 기대와 희망을 가지게 한 해이기도 했다 (…) 여성분과의 모든 활동 내용이 전체적인 태권도 발전에 기여하는 자기 사업내용을 가져야 하며, 여성 태권도인이 처해있는 현실적인 제반 문제를 찾아 이를 해결하고 발전시키는 방향으로 나가야 할 것이다. 구체적으로 88서울올림픽을 통해 얻어진 태권도에 대한 인식을 바탕으로 세계 여성 태권도인의 저변 확대와 모든 활동을 체계적으로 이끌어 갈 수 있는 구심체가 되도록 노력해야 하며, 여성 유단자의 취업 문제, 지도자 교육 등 내실 있는 활동을 펴 나가야 할 것이다 (…) 아직도 여성 태권도 유단자 인구조차 파악할 수 없는 시점에서 올해 안으로 기필코 유단자 배출 도표를 만들고자 한다. 종전에 운영하여온 한국여성태권도연맹이 건설적이고 진보적으로 지속되어 왔더라면 하는 아쉬움도 없지 않지만 무너질 수밖에 없었던 요인 중에 가장 큰 비중을 차지했던 것이 지금과 같이 태권도의 전문적인 여성 인재, 그리고 태권도를 사랑하는 실전 멤버들이 여성분과로 결성되어 있지 않았다는 점이 해체되었던 이유 중 하나가 되지 않았나 생각 (…) 조만간에 여성 태권도인이면 누구나 동참하여 소리를 말할 수 있는 토론회를 가질 예정이다. 앞으로 여성 태권도의 진로를 결정하는데 바람직한 장이 되도록 할 것이다."[22]

부산에서 사범으로 활동하고 있는 유현진은 "다수의 여성들이 태권도 지도자의 길을 가려고 하지만 많은 어려움을 겪고 있다"며 다음과 같이 제언했다.

"태권도는 남녀노소를 물문하고 할 수 있는 운동이며 남성 지도자보다 더욱 체계적이고

---

22) 대한태권도협회, 태권도, 1989년 3월호.

빈틈없는 도장 운영으로 미개척지인 여성 태권도인의 저변확대에 톡톡히 한 몫을 하리라 확신한다. 그러기 위해서는 여성 태권도인들의 실질적인 활동 기회가 부여되어야 하고, 여성 태권도 품새 및 겨루기 대회가 자주 열려야 하며, 공식석상에서 여성 태권도인의 발전 기회가 남성 지도자들과 균등하게 주어져야 하고, 임원 선출도 여성들이 발탁되어야 한다고 생각한다."[23]

한편 1989년 11월 대한체육회가 주최한 '여성체육세미나'에 태권도계를 대표해 여성 코치와 심판 및 일선 도장 사범 등 15명의 여성 태권도인들이 참가했다.

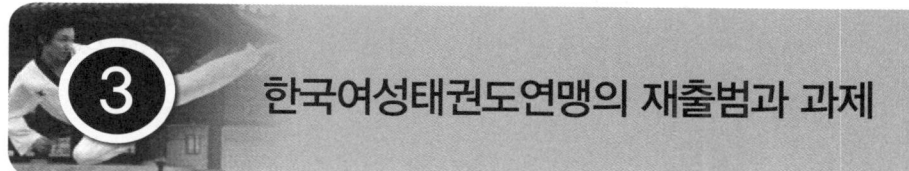
3 한국여성태권도연맹의 재출범과 과제

이런 가운데 2002년 1월 24일 한국여성태권도연맹이 재출범했다. 대한태권도협회 정기대의원총회에서 정식 단체로 승인을 받고 4월 10일 창립총회를 가졌다. 이 자리에서 이등자(국민체육생활협의회 이사)를 회장으로 선출했다. 1979년 여성태권도대회에서 입상한 임신자, 최선자, 양인옥 등이 여성연맹 재출범의 주역이었다. 임신자는 전무이사, 양인옥은 심판위원장을 각각 맡아 여성태권도연맹의 핵심 임원으로 활동했다.

임신자는 여성태권도연맹 창립과 관련, "침체되어 있는 태권도계의 분위기를 전환하고 돌파구를 마련하기 위한 '하나의 몸짓'으로 봐 달라"며 "국내 중고등부, 대학부, 실업팀에서 활동하는 여성들이 모두 회원"이라며 "일선에서 도장을 운영하는 관장 중 여성이 80명이나 되고 유소년, 청소년, 성인 중 20% 이상이 여성"이라며 회원 확보와 여성 태권도 발전에

---
23) 대한태권도협회. 태권도. 1989년 3월호.

자신감을 나타냈다.

여성태권도연맹은 곧바로 대한태권도협회로부터 정식 승인을 받고 2002년 6월 13일 제1회 여성부장관기 전국여성태권도대회를 KBS 88 체육관에서 개최하고, 그 해 11월에는 한국체육대학교 합동강의실에서 여성 태권도 활성화를 위한 세미나를 열었다. 2003년 8월 5일에는 개인전 496명, 단체전 50개 팀 296명이 참가한 가운데 제1회 한국여성태권도연맹회장배 전국여성태권도대회를 개최했다.

여성태권도연맹은 2006년 2월, 회원 30여 명이 참가한 가운데 서울 염창동 경희태권도장에서 세미나를 개최했다. 이날 세미나는 △신학기 도장활성화를 위한 상담기법 △태권도 기본동작 이론 및 응용법 △태권체조 △놀이체육 등의 도장활성화를 위한 이론 및 실기 프로그램 등을 주제로 진행됐다.

이날 이등자는 환영사를 통해 "일선에서 수고하는 여성 태권도인들이 필요로 하는 프로그램 개발 및 보급을 위해 지난 2004년 발족한 연구위원회를 중심으로 불철주야 노력하고 있다. 이 자리에 참가한 여성 지도자들 모두가 한마음 한 뜻이 돼 한국 여성태권도 발전을 위해 힘을 모으자"며 회원들의 뜨거운 성원과 관심을 당부했다. 이 밖에도 여성연맹은 세미나와 워크숍을 열어 여성 태권도인들의 자질 향상과 권익증대에 힘썼다.

그러던 2007년 10월, 여성연맹의 한계를 엿볼 수 있는 사건이 터졌다. 광주 전국체전에서 J협회의 한 임원이 여성 심판을 비하하며 언어 성폭행에 가까운 욕설을 하자 그동안 여성 태권도인들의 권익보호를 주창해온 여성연맹이 어떻게 대응할지 주목을 끌었다.

여성연맹 측은 이번 사태가 발생하자 대한태권도협회와 수습을 논의하는 등 민첩하게 움직였다. 당시 여성연맹의 한 관계자는 "KTA에서 현장 징계를 통해 즉시 시정됐어야할 상황이었다"고 하면서도 "그렇지 않아도 시끄러운 태권도계의 각종 현안들이 많은데 이 일로 인해 시끄러워지는 것은 원하지 않는다"고 말했다. 그는 여성연맹이 피해자인 C씨의 입장을 옹호하는 등 적극적으로 나서야 한다는 지적에 대해 "여성연맹보다는 KTA가 직접 해결해야 한다고 본다. 경기장 질서 확립은 KTA가 적극적으로 이뤄야 할 사항"이라고 말했다. 그러나 이 말은 선뜻 이해가 가지 않았다. 우선 여성연맹의 창립 취지 중 하나인 여성 태권도인의 권익보호를 제대로 이행하고 있는지 의문이 들었기 때문이다. 여성연맹의 핵심 관계자들은 언론과 인터뷰할 때마다 곧잘 "여성 태권도인들의 권익 신장과 보호에 앞장서겠다"고 공언해 왔기 때문이다.

　이번 파문에 대한 여성연맹 측의 미온적인 태도는 논란의 소지가 다분했다. 특히 여성연맹의 위상 강화와 발전을 기대하고 있던 여성 태권도인들 뿐만 아니라 남성 태권도인들도 이 같은 여성연맹 측의 태도에 실망했다. 제도권의 이해관계와 여성연맹의 한계 등 여러 가지로 이유로 적극적으로 나서지 못하더라도 이슈를 공론화 하지 못했다는 비판을 받았다. 한 여성 태권도인은 이번 파문에 대해 "1980년 후반에 여자 심판이 3명 있었다. 그 당시에도 고교 감독이 여자 심판의 뺨을 때리는 등 여자 심판들이 활동하는 데 어려움이 많았다. 그로부터 20년이 지나 여자들의 지위가 향상되었다는데도 공개적인 자리에서 여성심판에게 보인 행동은 시대 흐름에 역행하는 것이라고 생각한다. 여성연맹은 여성 태권도인들의 권익을 보호해야 하고, 적극적으로 이 문제를 해결해야 한다고 생각한다"고 말했다.[24]

　이런 가운데 2010년 1월 한국중고등학교태권도연맹이 최초로 심판분과 부위원장에 여성 심판으로 활동해온 신영선을 선임해 주목을 끌었다. 중고연맹 측은 "여성 심판은 남자 심판에 비해 깨끗하고 섬세하다는 장점

---

24) 태권도신문. 2007년 10월 22일.

이 있다. 여성 태권도인들의 참여 기회를 확대하고 여자 선수들을 배려하는 측면에서 신영선을 발탁했다"고 밝혔다.[25]

2009년에는 박선미, 박은선, 우연정 등 겨루기 선수 출신들이 주축이 되어 여성태권도경기지도자모임을 발족했다. 그 해 12월 23일 이 모임의 카페에는 여성 태권도 지도자들의 단합을 촉구하는 글이 올라와 주목을 끌었다.

여성 태권도 지도자가 단합을 해야 하는 이유가 무엇입니까? 우리 자신의 권리를 찾기 위해서, 우리 여자 제자들을 위해, 태권도의 미래를 위해. 여러분은 어떻게 생각하십니까? 선수생활을 거치고, 코치생활을 지낸 후 지금 감독직에 있으면서 절실하게 느낀 점입니다. 어느 지도자들보다도 더 열심히, 열정적으로, 성실하게 노력하지만 그에 반해 얻어지는 결과는 적고, 더 얻을 수 있음에도 개개인의 목소리를 내기에 얻지 못하고, 징징거리는 소리 밖에 되지 않는 것입니다 (…) 이제는 우리가 목소리를 합쳐서 얘기해야 하고 우리의 존재를 알려야 합니다. 이제는 떳떳하게 노력한 대가를 받고 더 높은 지도자의 길(국가대표 코치 등)로 가는 길이 여자라는 이유로 (…) 여성 태권도 지도자 여러분! 이제는 더 이상 미루지 말고 가만히 기다려서 우리의 권리를 바라지 말고, 우리가 단합해서 우리의 권리를 주장하고 필요한 것을 제시하고 잘못된 것을 고쳐나가야 하는 단계인 것 같습니다.[26]

당시 대한태권도협회에 등록되어 있는 초·중·고·대학·실업팀의 여자 코치와 감독은 30여 명이었다. 여성태권도경기지도자모임(회장 박은선)은 2011년 1월 29일 대전체육고등학교에서 세미나를 열고 회원 확충과 발전 방안을 논의했다. 정회원이 24명이었지만 15명만 참석해 아쉬움을 남겼다. 박은선은 "여성경기지도자모임이 태권도계에 좋은 영향력을 발휘하며 태권도 발전에 기여하고자 한다"며 "앞으로 이 모임을 더욱

---
25) 태권라인. 2010년. 3월 35일.
26) 네이버 카페. 2009년 12월 23일.

활성화해서 세미나 및 지도자 간의 의견교환은 물론 선수들에게 장학금을 지급하고 열악한 태권도부도 후원하고 싶다"고 말했다.

태권도진흥재단(TPF)은 버클리대학교와 공동으로 2011년 7월 23일 미국 버클리대학교에서 '여성 태권도와 장애인 태권도의 발전방향'에 관한 국제태권도심포지엄을 개최했다. TPF 이사장 이대순은 환영사에서 "태권도가 양성평등을 구현하는데 미치는 영향과 여성 태권도의 미래 발전방향을 모색하고, 태권도를 통해 신체적 장애를 극복할 수 있는 정신적 가치와 교육효과에 대해 탐구하는 의미 있는 장이 되길 바란다"고 밝혔다.

여성 태권도가 앞으로 더 발전하려면 많은 과제를 해결해야 한다. 첫째, 전국에 흩어져 있는 여성 태권도인들의 결속과 화합이 이뤄져야 한다. 여성 태권도의 저변 확대와 권익보호를 기치로 내걸고 생긴 여성연맹의 활동과 집행부 구성을 둘러싼 잡음이 심심찮게 발생하는 것은 여성 태권도 발전의 걸림돌로 작용하고 있다. 특히 선수 출신과 사범 출신의 지도자 간의 불협화음이 해소되어야 여성연맹의 외연이 확대되어 행사 참가자가 늘어날 것이다.

둘째, 여성들만 참가하는 세계규모의 태권도 대회가 창설되어 지속적으로 열려야 한다. 지난 2001년 여자태권도대회로는 최초로 경주국제여자태권도오픈대회가 열렸지만 자치단체의 사정과 재정 문제로 오래가지 못해 아쉬움을 남겼다.

셋째, 남성 중심으로 운영되고 있는 태권도 제도권이 여성 태권도인들을 배려해야 한다. 대한태권도협회는 2000년대 초 사상 최초로 여성인 임신자씨를 이사에 선임하고, 2007년 이등자 여성연맹 회장을 부회장으로 선임하는 등 여성의 몫을 확대해 나갔지만 아직도 미비하다는 지적이다. 특히 전국체전과 국가대표선발전과 같은 중요한 대회에서 여성 심판들을 배제하는 풍토는 여전하다. 이 밖에 학문적 영역에서는 여성 지도자에 대한 지도법과 리더십 부분들이 더 연구되어야 한다[27]는 지적도 있다.

한편 2015년 12월 현재, 대한태권도협회에 등록한 겨루기 선수 중 남자는 6,095명이고 여자는 1,831명이었다. 또 품새 선수 중 남자는 3,087명이고 여자는 1,169명으로 집계됐다.

🔍 **Tip** 　**페미니즘 관점에서 태권도 선수 불평등 해결방안**

이 연구는 페미니즘 관점에서 여성태권도의 남녀평등에 대한 문제점을 탐색하여 해결방안을 제시하는 데 목적이 있다. 첫째, 태권도 훈련에서 나타나는 남녀불평등의 문제에서는 남성선수와 여성선수의 체력뿐만 아니라 기술의 습득수준도 남녀의 차이가 있기 때문에 남녀선수의 훈련강도에 따라 나타나는 불평등을 개선해야 할 것이다. 둘째, 여성선수와 남성선수와의 신체에서 가장 큰 차이는 생리라고 볼 수 있다. 생리 동안의 운동방법 역시 남성선수와 구분이 되어야 하고 여성선수가 자신의 몸 상태를 정확하게 전달할 수 있도록 자유로운 훈련분위기를 조성하는데도 노력해야 할 것이다. 셋째, 남성지도자는 여성선수와 남성선수의 다른 점을 이해하고 자유롭게 남성지도자와 대화를 할 수 있도록 분위기를 조성 및 개선해야 할 것이다. 넷째, 훈련과정에서 여성선수들은 남성지도자와의 과도한 신체접촉에서 성적불쾌감을 느끼지만, 이에 대한 불쾌감의 표현이나 대화를 통해 문제해결을 하려고 하지 않는다. 그렇기 때문에 여성선수는 여성지도자가 지도를 하는 것이 바람직한 대안일 것이다. 다섯째, 남성 중심적으로 편향된 태권도지도자 채용의 문제에서는 여성지도자의 임신 및 출산의 휴가를 주는 방안과 휴가기간 중에는 다른 지도자로 대체함으로써 남성 중심적인 태권도지도자 채용의 문제를 해결 할 수 있을 것이다.

〈염지현(2012). 페미니즘 관점에서 본 여성태권도의 문제 탐색. 한국체육대학교 석사학위논문 주요 내용.〉

---

27) 이미정(2008). 한국 여성태권도의 변천과정과 발전방안에 관한 연구. 석사학위논문. 경희대학교 테크노경영대학원.

④ 2018년 이후 여성 태권도계 활동 내용

　2018년 성범죄 피해사실을 밝히는 미투(#Me Too) 운동이 문화 체육 예술계에서 봇물처럼 터져 나오자 국내 여성 태권도계도 동참했다. 한국여성태권도연맹도 시대 흐름에 발 맞춰 성폭력예방 교육을 실시했다. 한국여성태권도연맹은 성폭력에 대한 실태 파악과 누구나 쉽게 활용할 수 있는 현실적인 호신술을 연구했고, 이렇게 연구한 호신술은 'Smart-3S 호신술'로 현명하고 당당하게 자신을 보호할 수 있는 호신술로 정리했다. 'Smart-3S 호신술'은 한국여성태권도문화원을 통해 일반여성들과 사회적 약자들에게 교육을 꾸준히 실시해오고 있다. 운동한 여성들에게도 힘든 일반호신술에 대한 부담감을 줄이고 내 안의 무기를 찾아 나를 스마트(smart)하게 지키자! 라는 생각이 모아진 것이다. 한국여성태권도문화원(원장 임신자)은 "그동안 성폭력 피해자들이 피해 사실을 숨겨온 것은 그들의 용기 부족이 아니다"라며 "힘이 없는 약자가 권력형 갑질과 사회적 문제에 맞서는 일은 매우 어려운 일이다. 우리는 그런 발언에 대한 정당성과 용기에 대한 교육을 전혀 받아 본적이 없다! 그리고 일반 여성들이 나의 몸의 움직임을 제대로 경험해보기는 쉽지 않다. 따라서 연맹과 문화원에서는 사회적 약자가 쉽게 활용할 수 있는 이론적인 성폭력 교육이 아니라 생활화할 수 있는 Smart-3S호신술을 개발했다"고 설명했다. 기존의 호신술이 운동을 거의 하지 않은 여성들의 체력적 특성을 고려하지 않은 전문 기술을 교육함으로써 교육의 동기부여를 지속하지 못했다. 이에 문화원에서는 "내 몸은 내가 지킨다!"라는 목표의식을 가지고 기존의 호신술 개념과 달리 언어적, 비언어적으로 반응하는 법을 비롯하여 자신의 몸을 자연스럽게 활용하는 법을 터득하여 위급한 상황에 쉽게 대처할 수 있도록 지도하고 했다.2023년 11월에는 태권도 발전의 한 축으로 성장한 여성 태권도인들이 한자리에 모였다. 한국여성스포츠회(회장 임신자)와 한국여성태권도연맹(회장 장철모)이 공동 주최하고 태권도진흥재단(이사장 직무대행 이종갑)이 후원한 '2023 여성 예비 태권도 지도자 Career+Camp'가 11월 17일부터 2박 3일 동안 태권도원에서 열렸다. 이 행사는 태권도를 전공하는 여성 대학생들과 실업팀 여성 태권도 선수 등 100여 명이 참가한 가운데, 여성 태권도인들 진로 모색을 위한 역량 강화와 기회를 제공하는 소통과 교류의 장으로 진행됐다. 여성으로서 기업 임원으로 활동하고 있는 이진숙 전무와 각 대학에서 태권도 후학들을 길러내고 있는 여성 교수들, 그리고 국가대표 태권도 선수로 활약하다가 교사가 된 우연정·이성혜 등이 미래 태권도 지도자를 꿈꾸고 있는 여성 대학생들에게 꿈과 희망을 북돋아 줬다.

한편 2020년 12월 현재, 대한태권도협회에 등록한 지도자 현황을 보면 겨루기 남자 지도자는 811명, 여자 지도자는 114명이다. 품새 남자 지도자는 454명, 여자 지도자는 59명으로 나타났다.

Tip 태권도 조직의 여성분과

태권도 조직에는 다양한 분과가 존재한다. 세계 태권도인들의 중앙도장인 국기원만 하더라도 총 18개의 분과가 있다. 국기원뿐만 아니라 각 단체와 조직마다 분과들이 있는데 여기서 눈여겨 볼 분과가 바로 '여성분과'이다. 필자도 얼마 전 국기원의 여성분과 위원으로 속해 있었던 적이 있었다. 불과 1년이라는 기간이긴 하였지만 기대와 설렘으로 위원직에 임명되었다. 헌데 초반에 분과 위촉식에서 서로 얼굴보고 임명장을 받은 기억 외엔 특별한 모임이나 활동이 전혀 없어 아쉬움만 뒤로 한 채 1년이라는 시간이 훌쩍 지나 버렸다. 국기원은 기술심의회라는 명목아래 다양한 분야의 분과들이 존재한다. 하지만 이름만으로 존재하며 시간을 보내는 분과의 필요성이 있는지는 태권도인이라면 한번쯤은 생각해 보아야 한다. 필자 또한 여성태권도인의 한 사람으로서 태권도계에서 여성 태권도인의 활약과 네트워크가 이뤄지는 것을 당연히 환영한다. 하지만 그저 이름으로 존재하는 것은 더 이상 지켜 볼 수가 없다. 과연 여성분과의 존재이유가 과연 무엇인지 명확히 짚어보고 이러한 형태로 지켜나가는 것이 여성 태권도인을 위한 올바른 길인지도 점검해 보아야 할 것이다. 곳곳에 유능하고 활약이 대단한 여성 태권도인들이 많다. 부디 이들의 능력과 가치를 알아보고 진정 필요한 곳에서 활동할 수 있도록 도와주는 것이 이들을 위하는 길이다. 여성분과라는 이름뿐인 분과를 여성 태권도인들은 원하는 것이 아닐 것이다. 스스로 성장할 발판을 수많은 태권도조직에서 만들어 주길 간절히 바란다. 여성 태권도인들에게도 물고기를 잡는 방법을 알려 주어야 한다. 언제까지 잡아다 주는 물고기만 받아먹으라는 건가. (중략)의무적이라도 각 분과의 여성 비율을 만들어 준다면 지금보다 여성 태권도인들의 활약이 크게 나타날 것이라고 생각한다. 이는 태권도가 균형있는 발전을 하기 위해서는 꼭 필요하고 의미있는 일이 될 것이다. 여성 태권도인들이 성장할 수 있는 기회를 여성분과라는 이름하에 묶어 두지 말고 기회를 주어 그 빛을 발하게 도와주길 바란다.

〈태권박스미디어. 2021년 4월 5일. 전난희 박사 칼럼.〉

연구과제

1. 여성 태권도가 물꼬를 트게 된 시대적 상황을 설명하시오.
2. 언제부터 여성들이 태권도 대회에 참가하게 되었나?
3. 1979년 창립된 한국여성태권도연맹은 왜 와해되었나?
4. 1980년대 여성 태권도의 현실과 발전을 위한 과제를 무엇이었나?
5. 1986년 발족한 '태권낭자회'의 회원 구성과 활동을 설명하시오.
6. 2002년 재출범한 한국여성태권도연맹의 주요 사업은 무엇인가?
7. 여성 태권도가 발전하려면 어떤 노력과 제도 개선이 필요한지 제시하시오.

참고문헌

경향신문. 1979년 3월 30일.
네이버 카페. 2009년 12월 23일.
대한태권도협회. 태권도. 제29호.
신동선(2010). 한국여성태권도경기의 변천과정. 한국체육대학교 석사학위논문.
日刊스포츠. 1989년 4월 1일.
조선일보. 1971년 7월 11일.
최광근(2009). 한국여성 태권도 변천과정. 한국체육사학회지 제14권 제3호.
태권도신문. 2007년 10월 22일.
태권라인. 2010년. 3월 35일.

 # 제13장 장애인 태권도의 발전과정과 흐름

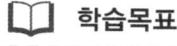 **학습목표**

이 장(章)은 장애인들의 태권도 수련이 언제부터 움트기 시작했고, 정부의 장애인 체육정책이 장애인 태권도 활성화에 어떤 영향을 미쳤으며, 2009년 대한장애인체육회 경기가맹단체가 된 대한장애인태권도협회으 기능과 사업 및 정책을 이해하는데 학습목표가 있다.

이와 함께 세계태권도연맹(WTF)이 2009년 제1회 세계장애인태권도선수권대회를 개최한 배경과 2020 도쿄장애인올림픽에 태권도가 정식종목으로 채택된 의미를 알아본다.

제13장 장애인 태권도의 발전과정과 흐름

1 정부의 장애인 체육정책과 장애인 태권도의 현실

처음엔 오른발을 들면 균형을 잃어 곧잘 넘어지던 인규도 오른발, 왼발을 차례대로 발차기를 할 수 있고, 성장체조를 할 때 따라하지 않고 거울만 보던 혜원이도 기합을 넣고 주먹지르기를 하고 혼잣말로 중얼거리던 기현이도 차츰 좋아졌어요.

장애아 문인규의 어머니 배두녀의 말이다. 인규는 2007년 울산장애인 태권도협회가 울산복지관에서 실시한 태권도 교육을 받고 몰라보게 좋아졌다. 태권도 수련이 장애아들의 재활에 한 몫을 하고 있는 것이다.

장애인 태권도 교육이 자리잡기 시작한 것은 2000년대에 들어서면서 부터다. 그 전까지만 해도 학부모들이 장애가 있는 자녀들을 태권도장에 데리고 가서 태권도를 가르쳐 달라고 해도 어떻게 가르쳐야 할지 몰라 당황한 지도자들은 허다했다. 심지어 "장애인들이 무슨 태권도를 배우냐"며 손가락질을 하기도 했다.

하지만 정부의 장애인 체육정책이 본격적으로 추진되면서 태권도에도 그 영향이 미쳤다. 2005년 장애인 체육업무가 보건복지부에서 문화관광부로 이관되면서 장애인 체육은 새로운 전기를 맞았다. 그 해 11월 대한

장애인체육회가 설립되었고, 12월에는 문화관광부에 장애인 체육정책을 수립하는 장애인체육과가 신설됐다. 2007년 4월에는 장애인 차별금지 및 권리구제 등에 관한 법률이 제정되어 장애인의 체육활동 차별금지를 명문화하는 시행령이 발효됐다.

이러한 흐름에 발맞춰 일선 태권도인들도 '장애인 태권도'에 관심을 기울이기 시작했다. 대표적인 사람이 박성배(울산 우정태권도장 관장)이다. 그는 2001년부터 복지관에서 장애인들에게 태권도를 가르쳐 주목을 끌었다. 그러나 조직(단체)의 지원과 협력을 받지 못하고 개인의 열정으로 장애인들에게 태권도를 가르치는 데는 많은 고충이 따랐다.

이런 이유 때문에 태권도계 안팎에선 장애인들에게 효과적으로 태권도를 가르칠 수 있는 제도적인 장치와 공신력이 있는 단체가 필요하다는 여론이 형성되기 시작했다. 2006년 초 아동발달센터를 운영하고 있던 정인태는 회의에서 교사들과 장애 아동들의 미래와 자립에 대한 논의를 하면서 장애인태권도협회 창립의 필요성을 인식했다. 하지만 주위의 시선은 호의적이지 않았다. "장애인이 무슨 태권도를 하느냐", "장애인태권도협회를 만들어서 무엇을 하려고 하느냐"며 장애인태권도협회의 창립을 방해하는 사람들도 있었다.

이런 시선에도 아랑곳 하지 않고 정인태는 장애인태권도협회 창립추진위원장을 맡아 그 해 6월 사단법인 대한장애인태권도협회를 창립했다.

이에 발맞춰 세계장애인태권도연맹도 창립했다. 이로써 장애인 태권도의 역사가 공식적으로 시작됐다. 장애인태권도협회 초대 회장은 진익한(전 강원도태권도협회 부회장)이 추대됐다. 세계장애인태권도연맹 초대 총재는 대전고검장을 역임한 이건개가 맡았다. 집행부가 구성되자 장애인태권도시범단과 장애인태권도선수단이 창단됐다. 2006년 9월 세계태권도연맹이 주최한 제1회 세계태권도품새선수권대회 개막식 행사에서 장애인태권도시범단은 시범 공연을 했다. 그해 11월에는 강원도 인제에서 제1회 대한장애인태권도협회장기 전국태권도대회를 개최하는 등 사업에 박차를 가했다. 그러던 중 진익한이 개인적인 일로 회장직에서 사퇴하자 정인태가 대한장애인태권도협회 2대 회장이 됐다. 세계장애인태권도연맹은 이건개가 사퇴한 후 유명무실한 단체로 전락했다.

장애인태권도협회는 2007년 3월 국제대회를 대비한 장애인 태권도 한국대표 선발전을 경민대학에서 개최했다. 정인태는 "그동안 태권도를 수련해온 장애인들은 승단심사 문제와 체계적인 태권도 지도 측면에서 소외를 받아 왔다"며 "장애인들의 현실과 특수성을 고려한 태권도 교육이 시급히 이뤄져야 한다"고 강조했다. 장애인태권도협회는 장애인 올림픽 태권도 정식종목 채택을 위해서 다각적인 노력을 기울였다. 이와 함께 농아장애, 시각장애, 청각장애, 지체장애, 발달장애, 정신지체 등 장애 모든 영역에 걸쳐 장애인 태권도의 통합과 발전을 꾀했다.

하지만 장애인태권도협회는 협회 운영의 난맥상을 드러내기 시작했다. 정인태는 취임한 지 1년도 안 돼 회장직에서 스스로 물러났다. 장애인태권도협회 주도권을 둘러싼 이전투구가 심화했다.

정인태가 사퇴한 이후에도 장애인태권도협회의 내분은 그칠 줄 몰랐다. 계속되는 갈등으로 회장을 비롯한 집행부는 자주 교체됐고, 사업은 정상적으로 추진되지 않았다. 이런 상황 속에서 공금 횡령과 폭행 의혹 등이 불거져 협회 운영은 파행으로 치달았다.

2006년 11월 서울 인터콘티넨탈호텔에서 열린 국제장애인올림픽위원회(IPC) 정기총회에서 시범 공연을 할 계획이었으나 내부 혼란 등의 이유로 공연도 하지 못했다. 당시 장애인태권도협회 사무총장 황영실은 "협회를 이끌어갈 후원금이 전혀 없다. 협회 사무실도 상근 근무자가 없다. 내년에 대회를 치를 수 있을지 확신이 서지 않는다"고 토로했다.

공전을 거듭하던 장애인태권도협회는 2008년 3월 전환기를 마련했다. 부산에서 임시대의원총회를 열어 이근우(전 부산시태권도협회 회장)를 상임부회장으로 추대하고 전 집행부 회장과 이사 2명의 사임서를 행정적으로 수리했다. 또 9명의 이사를 선임하고 신현규를 사무국장에 유임시켰다. 장애인태권도협회는 2009년 1월 홍석보 회장 취임식을 갖고 장애인 태권도 발전을 위해 심혈을 기울여 나가기로 했다. 홍석보는 회장 취임사에서 "신의를 협회 운영의 최우선 덕목으로 삼고 눈앞의 이익에 급급하지 않겠다"며 밝혔다. 이날 대한체육회장 장향숙은 축사에서 "현재 장애인태권도협회는 체육회 인정단체지만 앞으로 가맹단체가 되어 더욱 발전할 것"이라며 "앞으로 덕망있는 분들과 장애인 체육에 대해 의논할 수 있게 돼 기쁘다"고 말했다.

이처럼 장애인 태권도에 관심을 가져야 한다는 여론이 갈수록 높아지자 국기원 연수처는 2008년 8월 '제1회 장애인 태권도 지도자 연수'를 시행했다. 당시 연수처장 오대영은 "이번 연수는 선천성, 후천성 장애인들에게 태권도를 올바르게 가르칠 수 있는 전문 지도자를 육성하는 데 그 취지가 있다. 특히 신체적, 정신적, 행동적 영역의 손상으로 인해 정상적으로 태권도를 수련할 수 없는 장애인들의 특성에 맞춰 태권도를 가르칠 수 있는 지도자를 배출할 계획"이라고 말했다.

그 당시 장애인 태권도 관련 단체는 대한장애인태권도협회를 비롯해 대한재활태권도협회, 장애인태권도지도자회, 대한발달장애인태권도협회, 대한장애인태권도총연맹, 세계장애인태권도본부 등 10여 개나 됐다. 당시 대한장애인태권도협회는 대한체육회 가맹단체 가입을 앞두고 대한농아인[1]태권도협회와 통합을 시도했다. 대한장애인체육회 이현석은 "장애인 태권도는 장애인올림픽의 정식종목도 아니고 공식적인 국제대회가 없다. 또 장애인체육회에서 가장 중요한 등급분류도 명확하지 않아 사실

---

1) 농아(聾啞, deaf mutism)는 청각 및 언어 장애인으로 청각을 통해 언어를 주고 받지 못하는 사람을 지칭한다. 청력손실에 따라 최중도, 중도, 중등도, 경도로 나뉜다. 최중도는 90데시벨(dB)이상이 들리지 않는 청력을 가졌을 때를 말한다. 90데시벨은 오토바이 소음 정도다.

상 가맹단체 승격은 힘들다. 하지만 장애인태권도협회가 농아인태권도협회와 통합할 경우 이 문제가 해결된다. 현재 농아인태권도는 농아인올림픽의 정식종목이며 매년 공식적인 국제대회가 열리고 있다"며 두 단체 간의 통합을 긍정적으로 인식했다.[2]

대한장애인태권도협회는 2009년 7월 다각적인 노력 끝에 대한시각장애인스포츠연맹, 대한농아인태권도협회, 대한지적장애인스포츠협회와 통합 논의를 거쳐 2009년 7월 20일 통합에 대한 최종 합의를 이끌어냈다. 장애유형별로 분할되어 유지해 오던 각 협회가 대한장애인태권도협회로 통합됨으로써 국내 최대의 장애인 선수와 동호회원을 보유한 협회로 거듭 출범했다.[3] 이를 발판으로 2009년 9월 18일 대한장애인체육회 경기가맹단체로 승인됐다.

2 장애인 태권도 활성화 바람과 수련 열기 확산

장애인들의 태권도 수련 열기는 갈수록 확산됐다. 2009년 1월 대구광역시 수성구 지산동 송암태권도장에서 '열려라 태권교실' 결산 평가보고회가 열렸다. 이날 보고회는 장애자들의 사회적응을 돕기 위해 '장애우 태권도 선수사업'의 결과로 21명의 장애우들이 힘찬 기합소리에 맞춰 발차기를 하고 송판을 격파했다. 장애 어린이들은 9개월 동안 태권도를 배우면서 줄을 석 차례를 기다리는 등 건강증진은 물론 사회 구성원으로 적응해 나갔다.

부산 동래구 장애인복지관은 2010년 2월 정신지체장애인들을 위한 태권도 교실을 열었다. 이들에게 태권도를 가르친 박재현은 장애인태권도

---
2) 이충영(2012). 장애인 태권도 교육의 개요. 장애인 태권도 사범지도자교육 교재.
3) 이충영(2012). 장애인 태권도 교육의 개요. 장애인 태권도 사범지도자교육 교재.

지도자연수를 연수를 받은 후 장애인복지관에 전화를 걸어 장애인들에게 태권도 수련이 필요하다고 제안해 복지관에서 정신지체장애인 휠체어 태권도팀을 구성하고 운영비를 부담했다. 박 관장은 "태권도 수련을 통해 체력이 증진되고 비만이 해소되고 자존감과 자기억제, 동료애 등이 좋아지는 심리적인 가치가 있다"며 장애인들이 태권도를 수련하면서 운동능력과 인지기능, 사회성, 자아존중감 등이 기대 이상으로 효과를 보이고 있다고 말했다.

지체 장애인이 휠체어에 앉아 송판을 격파하고 있다.

강원도 명진학교는 오응환의 도움으로 시각장애인 태권도부를 만들어 태권도를 지속적으로 수련했다. 명진학교 태권도부는 2009년 4월 여주대에서 열린 제2회 대한장애인태권도협회장배 전국품새경연대회에 참가해 단체전 품새와 경연에서 1위를 했다. 명진학교 교사 이상호는 "시각장애인도 얼마든지 태권도를 잘 할 수 있다는 것을 보여줘 보람있다. 태권도실습실을 제공해준 한림성심대학 태권도과와 자원봉사 학생들에게 감사드린다"고 말했다.[4]

제주시 정신장애인 등으로 구성된 태권도 시범단은 2010년 11월 제주대 아라뮤즈홀에서 장애인가족과 생활체육관계자, 시민 등 400여 명이 참여한 가운데 품세, 겨루기, 호신술, 격파 등을 선보였다. 이들은 사회복지법인 제주공생에서 운영하는 태권도 재활프로그램 수강생들로, 이 프로그램에는 정신장애인 70명과 알코올중독 부랑인 10여 명 등 모두 80여 명이 참여하고 있다. 제주공생은 지난해 7월 국민생활체육 제주특별자치도 태권도협회(회장 지하식)와 업무협약을 맺었으며, 협회 자원봉사 사범들이 매주 2회 제주공생재단 훈련장에서 태권도 수련을 하고 있다. 장애인 태권도에 대한 관심은 세계로 확산됐다. 프랑스는 장애인품새

---

4) 강원일보. 2009년 4월 29일.

선수권대회를 2007년부터 개최했다. 프랑스 전체 태권도 인구는 약 5만 명인데, 이 중에서 100명이 장애인 선수이다. 장애인 선수는 적지만 프랑스는 장애인 선수에 대해 관심을 갖고 이들을 이해 품새대회를 개최하는 등 토대를 닦아 왔다.[5]

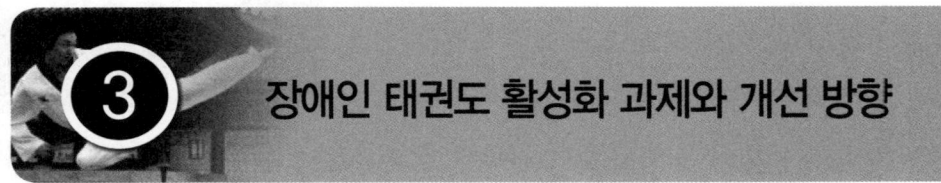

3 장애인 태권도 활성화 과제와 개선 방향

　세계태권도연맹(WT)이 2008년 8월 베이징올림픽이 끝난 후 태권도를 장애인올림픽(패럴림픽) 정식종목으로 추진하겠다고 발표하고, 2009년 6월 아제르바이잔 바쿠에서 16개국 36명의 선수가 참가한 가운데 제1회 세계장애인태권도선수권대회를 개최했다. 이에 앞서 WT 장애인분과위원회는 겨루기 표준규칙을 제정하는 등 국제장애인경기대회를 개최하기 위한 여건을 조성해 왔다. 이 대회에서 장애인 태권도의 강국인 프랑스는 남녀 8체급에서 3체급을 석권하며 우승했다. 프랑스태권도협회장 호제 피아룰리는 "장애인 태권도를 다른 나라보다 먼저 시작하고 국가대표와 함께 강한 훈련을 한 것이 우승의 주요 이유라고 생각한다"고 밝혔다. 제2회 세계장애인태권도선수권대회는 2010년 5월 러시아 상트페테르부르크에서 열렸다. 이 대회에는 5대륙, 21개국에서 60여 명의 선수들이 참가했다. 남자부 우승은 아제르바이잔, 여자부 우승은 러시아가 각각 거머쥐었다. WT는 "3대륙, 15명 이상의 선수가 참가하는 국제대회를 두 번 이상 개최하면 패럴림픽 정식종목으로 지원할 자격이 생긴다. 태권도가 2016년 패럴림픽 정식종목으로 채택될 수 있도록 추진 중"이라고 말했다.[6]

---
5) 태권도조선, 2009년 6월 14일.
6) 연합뉴스, 2010년 5월 8일.

2011년 대한장애인태권도협회가 발표한 7대 사업 목표.

2009년 제21회 농아인하계올림픽대회부터 태권도가 정식종목으로 채택됐다. 대만 타이페이에서 열린 이 대회에서 한국선수단은 남자 −68kg급 김민재, +80kg급 임대호, 여자 −67kg급 이보경이 금메달을 획득했고 남자 −80kg급 정재균이 은메달, 여자 −49kg급 배이슬이 동메달을 획득해 금메달 3개, 은메달 1개, 동메달 1개로 종합우승을 했다.

이런 흐름에 발맞춰 신성대학은 농아 태권도를 집중 육성했다. 신성대 교수 한권상은 2011년 "신성대는 농아선수들에게 장학금 등 많은 혜택을 주면서 농아 태권도를 집중적으로 육성하고 있다"며 "우리 선수들이 평소 훈련을 열심히 해서 그런지 다른 선수들과의 기량 차이가 현격하다"고 말했다. 그는 이어 "2012년 아시아퍼시픽대회와 세계무술대회를 앞두고 현재 새벽-오전-오후로 나눠 합숙 강화훈련을 실시하고 있다. '농아태권도' 하면 '신성대'가 떠오르도록 최선을 다하겠다"고 말했다.[7] 태권도진흥재단(이사장 이대순)은 버클리대학교와 공동으로 2010년 7월 23일 미국 버클리대학교에서 '여성 태권도와 장애인 태권도의 발전방향'에 관한 국제태권도심포지엄을 개최했다. 각국 태권도 지도자, 학계 교수 등이 참석해 다양한 발전방향을 함께 모색했다. 이대순은 환영사를 통해 "태권도가 양성평등을 구현하는데 미치는 영향과 여성 태권도의 미래 발전방향을 모색하고, 태권도를 통해 신체적 장애를 극복할 수 있는 정신적 가치와 교육효과에 대해 탐구하는 의미 있는 장이 되길 바란다"고 밝혔다.

이번 심포지엄에서 캐나다태권도협회 장애인분과위원회 Mr. Michael Sirota 위원장은 장애인 태권도 세계화를 위한 전략으로 △장애인의 무도와 스포츠 태권도에 대한 글로벌적인 인식전환 △초보 수련생부터 전문 수련생에게 적합한 프로그램 개발 △장애인 태권도 영역 확대 △장애인 올림픽을 포함한 종합경기대회의 종목화 △ 태권도 지도자(코치, 심판, 행정가, 선수, 도장 운영자 등)를 위한 교육훈련 프로그램 활성화 등을 제시했다. 또 장애인 태권도의 세계화를 위해 △편견없는 수용과 평등사회 구현 △글로벌 장애인 태권도를 위한 투자 △모든 장애인 태권도를 위한 규정 개발 △각 국가태권도협회가 장애인 태권도를 활성화 할 수 있도록 지원하는 프로그램 마련 △장애인 태권도에 대한 인식의 전환 등을 강조했다.

2010년 11월 제1회 장애인태권도 3급 심판강습회를 개최한 대한장애인태권도협회는 그 해 12월 29일 전국장애인체육대회에 태권도가 시범종목으로 승인되자 탄력을 받았다. 2011년 4월 회장으로 취임한 임윤택(서울특별시태권도협회장)은 대한장애인태권도협회의 위상을 강화하겠다고 밝혔다. 그는 "태권도가 장애인올림픽(패럴림픽) 정식종목에 채택될 수 있도록 구심점 역할을 하겠다"며 "다양한 후원을 통해 협회의 안정을 꾀할 수 있도록 자생력을 기르겠다. 프로그램 개발과 운영, 마케팅을 통해

---
7) 태권라인. 2011년 12월 1일.

새로운 발전의 계기를 만들겠다"고 포부를 밝혔다. 대한장애인태권도협회의 사업 목표는 △장애인태권도대회 유치와 우수선수 발굴 육성 △장애인 실업팀 창단과 장애인 태권도 시범단 결성 △장애인 유형별 눈높이에 맞는 품새와 겨루기, 심판규정 제정 △심판과 지도자교육 강습회 개최 △장애인 태권도 시설 지원 및 각 대학 장애인 도복과 장학금 지원 △장애인 청소년과 독거노인 지원 △각 장애인 태권도 유형별로 국제대회 등 정식종목 채택을 위한 노력 등이었다.

이 같은 일환으로 대한장애인태권도협회는 심판강습회를 주기적으로 개최했다. 2011년 10월 29일에는 한국체육대학교 태권도훈련장에서 2011년 제5기 장애인태권도심판강습회를 개최했다. 이날 심판강습회에는 540명이 참가해 장애인(청각, 지체, 지적) 및 비장애인을 대상으로 교육을 했다. 대한장애인태권도협회는 장애인부(지체, 청각, 지적)와 비장애인부(4단 이상, 3단 이상 P급 적용)로 교육 대상을 나눠 농아인 태권도 역사, 수화교육 및 품새지도법, 심판법 실기, 수화실기연습 및 시험 등으로 진행했다. 대한장애인태권도협회 측은 지도자 교육 및 심판 강습을 통해 8, 9단 1급(Special급) / 6, 7단 2급 / 4, 5단 3급 / 3단 P급 등으로 장애인 지도 교육의 단계를 설정할 예정이다. 또 태권도학과에서 교육 요청이 들어오면 강사진들을 파견해 학생들이 이러한 교육을 받을 수 있도록 할 방침이다.

하지만 장애인 심판강습회를 둘러싸고 논란이 일었다. 한라대 외래교수 범대진은 '장애인 태권도 맥을 짚어라' 글에서 이렇게 지적했다.

현재 장애인 태권도 선수들은 청각, 지체, 지적 장애로 구분된다. 특히 청각장애인 선수들은 말을 못하고 수화로 의사전달을 하기 때문에 성격이 급한 편이다. 이들은 심판의 판정 실수만 해도 불만을 터트리며 온몸으로 항의한다. 장애인대회에서 더욱 공정한 심판판정이 요구되는 이유다. 하지만 장애인태권도협회가 염불보다는 잿밥에 더 관심을 보여 양질의 심판을 육성하지 못한다는 지적이 협회 안팎에서 나오고 있다. 심판 인원 증가에만 몰두하고 심판육성 강화는 미진하다는 얘기다. (중략) 3급 심판강습회 당일 시행되는 강의, 수화이론, 실기시험을 거치면 자격증을 획득하게 된다. 이 때문에 심판시험에 대한 변별력 문제와 함께 심판 자질론이 꾸준히 제기되고 협회가 심판자격증을 가지고 장사를 한다는 지적이 나오는 것이다.[8]

이 같은 지적에 대한장애인태권도협회는 심판강습회 수익과 관련 40%에 해당하는 금액을 강습회를 유치한 각 대학 태권도학과를 통해 장학금으로 지급될 수 있도록 지원할 방침이라고 밝혔다. 장애인태권도협회 회장 임윤택은 "대회나 각종 교육을 통해 들어오는 협회 수익금은 장애인 태권도 수련인구 증가 및 보급 확대를 위해 환경을 조성하는 데 지원하거나 학생들을 대상으로 장학금 제도 등을 위해 사용할 것이다. 장애인태권도협회는 장애인들의 권익증진을 목표로 소외된 사람들과 함께 하는 것이다. 장애우들을 위한 복지향상은 물론 미래의 인재가 될 우리의 후배들에게 장학금을 지급해 이들이 더욱 큰 꿈을 꿀 수 있도록 힘쓰겠다"고 말했다.[9]

서울특별시장애인태권도협회도 범대진의 지적을 반박하고 나섰다. 서울시장애인태권도협회 회장 장용갑은 '장애인 태권도 발전방향을 모색하자' 라는 글에서 이렇게 주장했다.

장애인태권도협회는 교육과 대회 유치를 통해 얻어진 수익의 일부를 장애인 태권도전용체육관 매트와 도복지원을 비롯하여 장애인을 가르치고 있는 대학 등에 장학금과 도복을 지원하고 장애인 태권도 국가대표 훈련비 지급 등 봉사와 나눔을 실천하고 있다. 또한 지금까지 대회와 심판강습회에서 창출된 수입, 지출에 대한 내용을 대한장애인태권도협회 홈페이지에 게시하여 투명한 행정을 펴고 있다. 그럼에도 불구하고 일부에선 사실을 확인

---

[8] 세계일보. 2011년 11월 18일.
[9] 국제태권도신문. 2011년 11월 7일. 대한장애인태권도협회는 12월 11일 우석대학교 태권도학과 재학생들을 대상으로 우석대 태권도교육관에서 개최한 강습회가 끝난 후 대학교 지원사업 일환으로 우석대에 2,808,000원을 전달했다.

하지 않고 왜곡되게 말하는 사람이 있어 안타깝게 생각한다. 하지만 유언비어라 할지라도 대한장애인태권도협회는 타산지석으로 삼아 항상 봉사하는 마음으로 최선을 다하고 있다. 하지만 대한장애인태권도협회는 열악한 재정으로 하여금 장애인 태권도 발전에 많은 어려움이 있다. 그런데 국기원이나 대한태권도협회는 문화관광부와 정부로부터 보조금을 지원 받고 있는 것으로 알고 있다. 그렇다면 사회적으로 약자며 소외된 장애인태권도협회에 정부와 문화체육관광부로부터 적극적인 지원을 기대한다. 그리고 장애인과 비장애인은 신체적인 차이는 있지만 태권도의 철학은 동일하다. 국기원과 대한태권도협회도 방관하지 말고 장애인 태권도 발전에 동참해줄 것을 당부하며 국민의 적극적인 성원과 관심, 사랑이 필요할 때이다.[10]

이런 가운데, 대한장애인태권도협회는 장애인 심사권를 위임해 달라며 국기원과 협의를 했다. 2011년 11월 3일 장애인태권도협회 임원들은 국기원 실무자들과 장애인 심사권 위임을 위한 협의를 갖고 "장애인태권도협회가 현재 장애인을 위한 대회 및 교육 등을 주관하고 있어 장애인 태권도 심사를 위한 심사 규정과 제도를 마련해 장애인협회에서 이를 진행할 수 있도록 검토해 달라"고 요청했다. 대한장애인태권도협회는 국기원의 심사운영규칙 10조(심사시행) 3항에 장애인심사·월단심사 및 정책

🔍 Tip 대구대, 시각 장애인 태권도교실 운영

대구대학교(DU) 시각장애인태권클럽은 장애학생들의 심신단련과 체육활동 장려를 위해 시각장애인 태권도교실 운영해 좋은 반응을 얻고 있다.

올해 2회째를 맞은 시각장애인 태권도 교실에는 시각장애학생 12명이 참여해 지난 6월부터 11월까지 매주 2~3회에 걸쳐 태권도의 기본기술과 품새, 태권도 체조 등을 배웠다. 대구대학교 체육학과 학생 3명이 사범으로 이들을 지도했다.

태권도 지도를 맡았던 송두열(체육학과 4년·24) 씨는 "처음에는 장애학생들이 잘 할 수 있을까하는 걱정도 들었지만 일반 학생보다 더 진지하게 열심히 임하는 태도를 보고 장애인에 대한 인식을 새롭게 할 수 있었던 좋은 경험이 됐다"고 했다.

태권도 교실 참가 학생들은 오는 23일 前 태권도 국가대표 출신인 문대성 극회의원이 개최하는 시각장애인태권도 워크숍에 참가하기 위해 국회의사당을 방문해 장애인들의 체육활동 참여에 대한 견문을 넓힐 계획이다.

〈노컷뉴스, 2015년 12월 14일.〉

---

10) 국제태권도신문, 2011년 11월 22일.

적 판단에 따른 특별승단 심사시행에 세부사항은 별도로 정하여 실시할 수 있다는 규정이 마련되어 있지만 장애인 심사와 관련한 세부사항은 마련되어 있지 않아 세부사항을 국기원과 장애인태권도협회가 함께 논의해 마련해야 한다고 주장했다. "장애인 심사와 관련해 이를 집행할 수 있는 조직과 교육할 수 있는 인적구조 등을 현재 보유하고 있는 상태다. 언제든지 세부규칙과 심사권만 마련된다면 장애인을 위해 국기원 승(품)단 심사를 볼 수 있는 준비가 되어 있다"는 것이 대한장애인태권도협회의 논리였다. 이에 대해 국기원은 장애인태권도협회와 장애인 심사권 위임계약을 하는 것은 어렵지 않지만 심사권이 위임되어 있는 대한태권도협회와 이를 위임받아 집행하고 있는 시도태권도협회에서 이를 어떻게 생각할 지 고심하고 있다. 장애인태권도협회는 국기원에서 장애인 심사 세부규정을 마련되면 국가에서 정한 장애등급에 따라 이를 세부적으로 분류하고 등급별 심사 제도를 마련해 국내뿐만 아니라 세계적으로 장애인들을 위해 태권도 보급을 확대할 복안이다.[11]

　대한장애인태권도협회는 2012년 1월 11일 서울의 한 음식점에서 2012년도 정기대의원총회를 열고 교육, 경기, 심사 등을 통해 장애인 태권도 활성화를 더욱 꾀하기로 했다. 이번 총회에는 중앙대의원 4명을 포함 20명의 대의원 중 16명이 참석했다. 의장을 맡은 부회장 송봉섭은 "장애인협회가 임윤택 회장 취임후 교육사업, 다양한 지원 사업등을 통해 그 체계를 확고히 해 나가고 있다"며 "아직 갈 길이 멀다고 생각한다. 시도협회의 적극적인 참여와 협조를 부탁드린다"고 말했다. 감사 이상현은 감사보고를 통해 "3급 심판강습회를 6회 실시하여 1,675명을 배출했고, 1,926명이 참가하는 춘계전국규모대회를 개최하는 등 자체수익사업을 확대해 당해 연도 사업계획보다 많은 실적을 올렸다"며 전년대비 200% 증가한 수입과 긴축재정운영 등을 높게 평가했다.

---

11) 국제태권도신문. 2011년 11월 4일.

④ 장애인올림픽 태권도 정식종목 채택의 의미

　WT는 2006년부터 태권도가 장애인올림픽 정식종목에 포함되도록 부단한 노력을 해왔다. 2009년 6월 제1회 세계장애인태권도선수권대회를 아제르바이잔 바쿠에서 19개국 38명의 선수가 참가한 가운데 개최한 이후 주기적으로 대회를 개최했다. 2013년 6월부터 2014년 3월 사이 지적장애, 뇌성마비, 시각 장애, 휠체어 및 절단 장애, 농아 등 5개 국제 장애인 단체들과 양해각서(MOU)를 체결했다. 또 각 대륙별 장애인태권도선수권대회가 열리도록 지원했다.

　그런 노력의 결실로 2015년 2월, 태권도가 2020년 도쿄 장애인올림픽 정시종목으로 채택됐다. 국제장애인올림픽위원회(IPC)는 아랍에미리트연합(UAE) 아부다비에서 집행위원회를 열고 태권도를 2020년 도쿄장애인올림픽 정식종목으로 최종 선정했다.

　이번 결정으로 총 22개 종목이 2020년 8월 25일부터 9월 6일까지 일

> **🔍 Tip　WT, 장애인 태권도 활성화 나서**
>
> 세계태권도연맹(총재 조정원, WT)이 장애인 태권도 활성화를 위해 회원국 장애인 태권도 선수 지원에 힘쓰고 있다. 조정원 총재는 9일 세계태권도연맹과 경희대학교가 공동으로 실시하는 2015년도 선수 대상 태권도 프로그램(WT-KHU Partnership Taekwondo Program) 참가자들이 WTF 서울 본부를 방문한 자리에서 이와 같이 밝혔다. 이날 조 총재는 "WT는 장애인 태권도 활성화를 위해 206개 WT 회원국의 장애인 태권도 선수 지원에 많은 노력을 기울이고 있으며, 프로그램 참가를 위해 세계 각국에서 온 친구들과의 우정도 쌓고 자신의 나라로 돌아가 태권도의 메신저가 되기를 바란다"고 말했다.
>
> 태권도의 세계적 보급 확산 및 태권도 저개발국 지원사업의 일환으로 2005년부터 시작된 WT-KHU Partnership Taekwondo Program은 매년 3회에 걸쳐 선수, 코치 교육 그리고 17세 이하 유소년 대상 태권도 캠프 프로그램을 진행하고 있다. 지난달 29일부터 7월 12일까지 경희대학교 국제캠퍼스에서 2주간 진행되는 이번 선수 프로그램에는 독일, 레바논, 미국, 영국, 사우디아라비아, 핀란드, 프랑스, 콜롬비아 등 세계 16개국에서 장애인 선수 1명을 포함한 42명의 태권도 선수가 참가하고 있다.
>
> 이번 교육기간 동안 태권도 품새, 겨루기 외 한국 문화를 포함한 태권도의 정신에 관한 다양한 교육 프로그램이 진행되어 해를 거듭할수록 뜨거운 관심을 받고 있다.
>
> 〈태권저널. 2015년 7월 19일.〉

본 도쿄에서 열리는 2020년 장애인올림픽에 참가하게 된다. 이들 22개 정식 종목은, 지난 10월 우선 선정 발표된 16개 종목인 체조, 양궁, 배드민턴, 보치아, 승마, 골볼, 파워리프팅, 조정, 사격, 좌식 배구, 수영, 탁구, 철인3종, 휠체어 농구, 휠체어 럭비, 휠체어 테니스와, 이번에 최종 선정된 6개 종목인 태권도, 카누, 사이클, 5인제 축구, 유도, 휠체어 펜싱이다.

IPC 발표 직후 조정원 세계태권도연맹 총재는 "태권도를 2020년 도쿄 장애인올림픽 정식 종목으로 채택한 IPC집행위원회 결정에 대해 아주 기쁘게 생각하며, 이는 전 세계 태권도인들의 부단한 노력의 결과라고 생각한다"고 말했다.

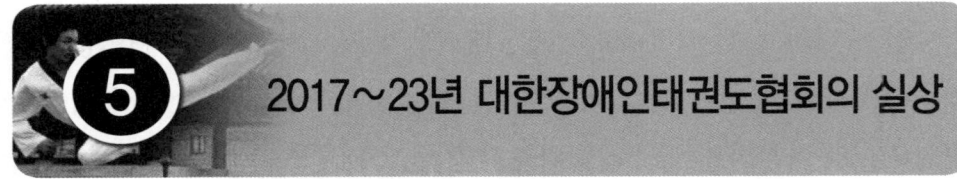

5 2017~23년 대한장애인태권도협회의 실상

대한장애인태권도협회가 창립된 후 국내 태권도계는 명암이 혼재했다. 열악한 환경 속에서 장애인 태권도 발전을 위한 정책과 사업이 추진되어 어느 정도 성과를 거둔 부분도 있지만, 그 이면에는 갈등과 반목, 진정과 투서, 고소와 고발, 추문과 비리가 횡행했다.

특히 장애인을 위한 단체에 장애인이 아닌 자격 미달의 비장애인들이 집행부 요직을 꿰차기 위해 암투를 하고, 태권도 제도권에서 밀려났거나 권력을 행사하고 싶은 사람들이 먹잇감을 찾는 하이에나처럼 기웃거리면서, 대한장애인태권도협회 안팎은 볼썽사납게 서로 헐뜯고 다투면서 이익을 차지하려는 난장판이 이어졌다.

[장면 1] 2017년 7월 1일, 강원도 춘천 호반체육관에서 열린 3회 아시아장애인태권도대회에서 출전 선수 5명이 모두 완패한 후 한국장애인태권도대표팀 임영진 감독은 이렇게 토로했다. "지체 장애인 선수는 고작 5명. 그것도 30대 중·후반에 국제대회 경험이 있는 선수는 1명이다. 주위에서 장애인 태권도에 관심을 갖자고 하지만 현실은 답답하다. 장애인 태권도의 미래가 있는 것인지 걱정되지만 낙담할 수만 없기에 피나는 노력을 하겠다."

[장면 2] 2022년 1월 28일, 서울 올림픽공원 앞에서 장애인 태권도인들의 권익보호와 대한장애인태권도협회의 비리 척결을 촉구하는 규탄대회가 열렸다. 이날 장용갑 전 대한장애인태권도협회 회장은 "집행부가 규정을 위반하고, 승부조작과 공금횡령, 채용비리 등 각종 비리로 얼룩진 대한장애인태권도협회를 더 이상 방치해선 안 된다는 생각에서…"라며 대한장애인체육회를 항의 방문했다.

[장면 3] 2022년 7월 18일, 대한장애인태권도협회 관리단체위원회의 첫 회의가 열렸다. 이 자리에서 오응환 관리위원장은 "장애인태권도협회 내부 다툼과 분쟁이 발생해 안타깝고 무거운 마음으로 위원장직을 맡았다. 우선 화합하자. 지난 일은 잊고, 관리위원회가 해야 할 일은 하루빨리 장애인태권도협회를 정상화해서 다음 집행부에게 운영을 넘겨주는 것"이라고 말했다.

[장면 1]처럼 선수 발굴과 육성을 위한 노력은 회장선거와 지도자 선발과정에서 '자리다툼'과 '권력쟁탈'에 파묻혀 별 효과를 거두지 못하고, 각종 부조리와 의혹이 터져 나와 파행이 이어졌다.

2021년 3월에 출범한 집행부 체제는 1년도 가지 못해, 대한장애인체육회의 특별감사를 통해 학연과 지연에 의한 협회사유화, 사무국장 불법채용, 후원금 불법 전용, 국민체육진흥기금 정산 지침 위반, 국제대회 출전 선수 선발 공정성 훼손 등이 드러나 집행부 핵심 임직원과 지도자 7명이 징계 통보를 받고, 협회는 '기관주의, 기관경고' 처분을 받았다. 그리고 관리단체가 됐다. 이 과정에서 집행부 임원뿐만 아니라 권력에 줄을 대는 몰지각한 지도자들과 농간과 이간질에 길들여진 일부 선수들의 행태도 도마 위에 올랐다.

그 후 7월에 열린 대한장애인태권도협회 관리단체위원회 첫 회의에서 오응환 관리위원장은 수차례 '화합'과 '정상화'를 강조하며 강한 의지를 보였지만, 2022년 10월 울산에서 열린 장애인체육대회에서 규정 적용과 운영 및 행정 미숙 논란이 일면서 경기가 중단되는 사태가 벌어졌다.

2023년 대한장애인태권도협회 관리위원회는 문화체육관광부, 국민체육진흥공단, 대한장애인체육회가 지원하는 '신인선수 발굴사업'을 진행하며 장애인 태권도 정상화를 위해 노력했지만, 행정 처리와 운영을 둘러싼 잡음과 논란은 여전했다.

연구과제

1. 언제부터 장애인들도 태권도를 수련할 수 있게 되었나?
2. 정부의 장애인 체육정책이 태권도계에 미친 영향을 설명하시오.
3. 2009년 9월 대한장애인체육회 경기가맹단체로 승인되기까지 대한장애인태권도협회의 변천사를 설명하시오.
4. 대한장애인태권도협회가 추진한 2011년 7대 사업 목표는 무엇인가?
5. 세계태권도연맹이 세계장애인태권도선수권대회를 개최한 배경은 무엇인가?
6. 2020년 도쿄장애인올림픽에 태권도가 정식정목으로 채택되기까지의 노력과 과정을 설명하시오.
7. 세계태권도연맹이 추진하고 있는 장애인 태권도 활성화 정책을 설명하시오.

참고문헌

강원일보. 2009년 4월 29일.
국제태권도신문. 2011년 11월 7일.
노컷뉴스. 2015년 12월 14일.
세계일보. 2011년 11월 18일.
연합뉴스. 2010년 5월 8일.
이충영(2012). 장애인 태권도 교육의 개요. 장애인 태권도 사범지도자교육 교재
태권도조선. 2009년 6월 14일.
태권라인. 2011년 12월 1일.

개정증보판 History & Culture & Taekwondo
태권도역사와 문화의 이해

개정증보판 History & Culture & Taekwondo
태권도역사와 문화의 이해

제14장 태권도 문화 산업의 흐름과 정책

📖 학습목표

이 장(章)은 태권도 문화의 개념과 유형을 숙지하고 태권도의 문화 산업적 가치를 이해하는 데 있다. 한글, 아리랑과 함께 우리나라 3대 문화브랜드로 선정된 태권도와 관광산업의 관계, 신(新) 한류에 부응하기 위한 태권도 정책 방안, 글로벌 태권도 마케팅 과정과 중요성을 중점적으로 탐구한다.
이와 태권도 문화상품으로 부각되고 있는 태권도 엔터테인먼트와 공연예술의 발전 과정을 살펴보고, 역대 정부의 태권도 지원과 태권도 문화 산업 정책의 의미와 과제를 알아본다.

제14장 태권도 문화 산업의 흐름과 정책

1 태권도 문화의 개념과 유형

문화(文化)란 무엇일까?

문화의 번역어 'culture'는 '경작하다', '재배하다', '양육한다'는 뜻을 갖는 'colera'동사에서 유래한 것을 보면, 문화는 공동체 생활을 하기 위하여 사람들이 창조한 것이라 해도 무방하다.

사회 구성원들이 공유하고 공전하기 위해 만든 것이 생활양식이고 행동규범인데, 이것은 문화의 핵심이라 할 수 있다. 문화는 인간의 경험과 지혜가 일상생활 속에서 형성되고 축적되어 온 생활양식으로, 지식, 종교, 예술, 도덕, 법, 관습 등 수많은 부분들로 구성되어 있다.

이러한 문화는 구성원들이 습득하고 공유하며 전승하면서 시간의 흐름과 함께 변용한다. 또 문화는 사회의 다른 구성원들에 의해서 학습되고 다른 부분들과 상호 작용하는 과정에서 연쇄적인 변동을 유발한다.

에드워드 테일러(E. B. Tylor)는 문화에 대해 "복합적인 총체 개념으로 지식·신앙·예술·법률·습관 그리고 인간이 한 사회의 구성원으로서 습득한 능력과 버릇"(김중순, 1994;25)이라고 했고, 로버트 린드(Robert

S. Lynd)는 "동일한 지역에 사는 사람들의 공동체가 하는 일, 행동방식, 사고방식, 감정, 사용하는 도구, 가치, 상징의 총재"라고 했다. 또 허스코비츠(Melville. J. Herskovits)는 "문화는 본질적으로 사람들의 생활방식을 표시하는 신념, 태도, 지식, 금기, 가치, 목표의 총체를 기술하는 구성물"(오기성, 1998;15)이라고 했다.

김태진은 '문화 공존과 상대주의 문화관'이라는 글에서 "한 사회에서 특징적으로 나타나는 행동양식과 사고방식을 통틀어 '문화'라고 한다. 즉, 넓은 의미에서 문화는 인류가 살아온 과정과 결과를 망라하지만 좁은 의미에서는 그것이 지역 단위든 국가 단위든 다른 사회와 뚜렷이 구별되는 생각과 행동을 이르는 말이다. 따라서 문화는 좋고 나쁘다고 판단할 수 없으며 차이가 존재할 뿐이다. 인류의 보편적 가치에서 벗어난 악습이 없는 것은 아니지만 '틀렸다'가 아니라 '다르다'는 관점에서 다른 문화를 바라보는 여유를 가질 때 우리는 문화적 다양성을 인정할 수 있다"[1]고 주장했다.

문화는 물질문화, 정신문화, 행동문화로 나눌 수 있다. 그러나 문화 속에는 이러한 것이 혼재되어 있어 물질문화, 정신문화, 행동문화를 구분하는 것 자체가 무의미하다는 지적도 있다.

태권도 문화(Culture of Taekwondo)는 태권도인들이 습득하고 공유하며 전승하고 있는 생활양식과 행동규범이다. 다시 말해 태권도인들이 공유하는 생각(idea), 행동(behavior), 사물(thing)을 모두 포함하는 총체로, 그 속에는 태권도 물질문화, 정신문화, 행동문화가 있다.

태권도 물질문화는 태권도 용품과 기구, 시설 등으로 태권도와 관련된 가공물이다. 태권도 환경에 적응하며 생활하고 활동하기 위하야 물질을 바탕으로 만들어놓은 문화인데, 태권도복과 태권도 전자호구, 태권도 경기장이 여기에 속한다. 이런 것은 태권도 문화의 산물이자 반영물이다.

---

[1] 부산일보. 2009. 5. 12.

태권도 정신문화는 태권도인의 정신적 활동으로 이룬 학술과 사상, 예술, 도덕 따위이다. 동시대를 살아가고 있는 태권도인들의 생각과 가치관, 관습 등이 정신문화를 만들어낸다. 태권도의 과거와 현재의 상황을 인식하고, 미래의 좌표를 설정하기 위해 태권도 정신문화는 매우 중요하다. 태권도 발전을 위한 각종 정책과 제도를 만들어내는 토대이기 때문에 태권도 발전의 동력이라 할 수 있다.

태권도 행동문화는 기능주의적 관점에서 태권도인이 지니고 있는 기본적인 욕구와 환경이 상호작용하여 빚어낸 결과물이다. 일상생활에서 터득한 교훈을 축적하여 만들어낸 제도와 규칙, 도덕 등이 여기에 속한다. 그 사회를 구성하고 있는 태권도인들 간의 사고방식 차이에 따라, 또 외부와의 접촉과 교류에 따라 행동문화는 변용된다.

태권도 문화는 '핵심문화'와 '부속문화'로도 나눌 수 있다. 김영선 태권도 학자는 태권도 핵심문화에 대해 "태권도인들의 활동 현장과 생활 방식에서 기인하는 것으로 태권도 기술수련 방식이나 정신 수양, 가치관과 사고 및 행동 양식에서 비롯되어 경기장 문화라든지 태권도장 지도와 경영 문화, 조직 문화 등 태권도 전반에 걸쳐 있다"고 설명했다. 또 태권도 부속문화에 대해 "태권도를 소재로 한 그림, 글씨, 사진, 문학, 가요, 공예, 조각, 건축 등 문화와 예술을 망라하는 기념물이다. 작가의 창의적이고 미적인 가치나 희귀적 가치성을 함축한 태권도 소재의 모든 작품이 포함된다. 수련용품, 홍보포스터, 캐릭터, 열쇠고리, 인형, 악세서리 등의 생활용품이 태권도 문화 상품이자 자료가 된다"[2]고 했다.

허건식 무예연구가는 태권도 문화 전달자로서 사범의 역할을 강조한다. 그는 "태권도 문화는 제도권에서 던지는 정책이 아니다. 그것은 해당 지역의 특성과 문화 속에서 생성되고 변용되며 변화하는 태권도의 행동양식이고 수련생들의 가치적 소산이다. 이러한 특성과 문화가 모여 한국

---

2) 태권도신문 사이트. 2006. 1. 2.

의 태권도문화가 되고 세계의 태권도문화가 되는 것이다"며 "이를 위해서는 가장 근원적인 위치에 자리하고 있는 일선 태권도장 문화가 형성되어야 한다. 그 근원적인 위치에는 태권도 문화전달자인 사범이 있다"[3]고 강조했다.

　태권도 문화와 관련된 단체는 많지 않다. 태권도문화연구소와 한국태권도문화연구원이 있다. 태권도문화연구소는 소장이었던 이경명이 2013년 타계함으로써 명맥이 끊겼고, 2001년 설립된 한국태권도문화연구원은 태권도 문화의 연구, 교육프로그램 개발 보급, 태권도의 지식정보화 및 네트워크를 구축 등을 꾀하고 있다.

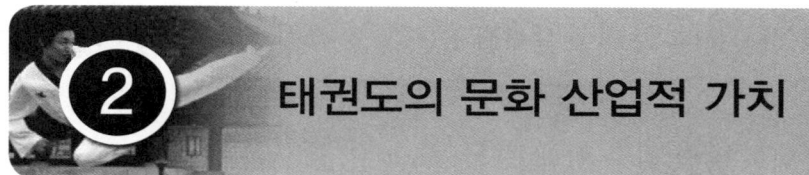

태권도의 문화 산업적 가치

　2013년 7월, 한국체육대학교 태권도장에서 이색적인 행사가 열렸다. 세계적인 컨설팅 그룹인 보스턴컨설팅그룹(BCG)이 임직원들을 대상으로 태권도 문화체험을 가졌다. 임직원 300여 명이 참가한 이번 태권도 문화체험은 태권도 시범단의 공연을 시작으로 태권도 기본동작과 발차기 수련, 겨루기 체험으로 이어졌다. 세계태권도선수권대회를 4연패한 정국현 교수는 참가자들에게 겨루기 시범과 올림픽 경기 해설을 영어로 설명해 현장감을 높였다.

　2006년 10월, 로스앤젤레스 한국문화원이 LA한국센터 개관을 앞두고 타인종 330명을 대상으로 설문 조사에 한 결과에 따르면 한국을 떠올리게 하는 문화아이콘으로 음식이 43%, 태권도 23%, 한글이 8%, 영화 등 문화콘텐츠가 8%로 나타났다.

---
3) 태권도신문 사이트. 2007. 7. 2.

이 무렵 한국관광공사 파리지사도 프랑스인 2,300여 명을 대상으로 '한국하면 가장 먼저 떠오르는 것이 무엇이냐'는 설문조사를 했다. 이 설문조사 응답자의 27.3%는 한국의 불교문화가 가장 먼저 떠오른다고 응답했고, 그 뒤를 이어 한국전쟁(22.2%), IT산업(15.2%), 월드컵(12.2%), 태권도(8.1%), 영화(7%), 김치(3%)라고 응답했다. 설문 조사에서 알 수 있듯이 태권도는 상위를 기록하지 못했지만 외국인들 사이에 '코리아=태권도'라는 인식이 자리잡고 있음을 느낄 수 있다.

이런 가운데 2011년 태권도의 가치와 문화산업의 전략을 모색한 학술대회가 열려 주목을 끌었다. 한국문화산업학회가 연세대에서 주최한 학술대회는 '문화산업과 태권도'를 대주제로 설정하고 △김용재 대전대 교수=태권도의 혁신은 문화로 △윤석환 IB스포츠 부사장=스포츠문화 마케팅 그리고 태권도 △신동수 세계태권도포럼 사무총장=태권도의 문화적 가치에 대한 미래 전략 등을 발표했다.

김용재는 "태권도는 문화"라고 규정하면서 태권도에 문화가 없는 것을 지적했다. 그 해결 방안으로 감동을 줄 수 있는 스토리텔링(Storytelling), 태권도의 다양한 가치개발, 프랜차이즈를 활용한 수익 창출 등을 제시했다.

윤석환은 IB스포츠에서 마케팅을 한 김연아, 손연재 선수와 같이 태권도에서도 스타 마케팅이 필요하다고 제안했고, 신동수 세계태권도포럼 사무총장은 단체대항전을 대륙별, 리그별로 개최하고, 회전 단체전 겨루기, 갈라쇼 등 다양한 문화 콘텐츠를 개발하자고 제안했다.

2012년 9월에는 국기원이 주최한 세계태권도지도자포럼에서 태권도 산업과 관련된 주제가 발표됐다. 이날 '신 한류와 태권도 문화관광'이라는 대주제로 열리는 학술대회에서는 태권도와 관광산업의 관계, 신 한류와 태권도에 대한 정책 방안, 글로벌 스포츠 마케팅과 태권도 등을 토론했다.

이에 앞서 2011년 12월 태권도진흥재단이 여의도 국회의사당 귀빈식당에서 국회문화관광산업연구포럼과 함께 '태권도가 한류의 미래다'라는 주제로 정책세미나를 열고, 태권도를 문화·산업적 시각으로 재조명했다.

하지만 태권도 문화와 산업을 논의한 행사는 기대에 미치지 못했다. 일회성 단발의 수박 겉핥기 식 접근이라는 비판을 받았다. 정부의 정책에도 불구하고 태권도 문화산업도 큰 진척을 보이지 않고 있다. 왜 그럴까? 우선 태권도 문화산업에 대한 인식이 부족하다. 태권도 문화산업은 쉽게 말해 태권도와 관련된 제품과 이미지를 생산하고, 그것을 홍보와 서비스 등의 촉진활동을 통해 태권도의 가치와 재화(財貨)를 창출해 나가는 것이라고 할 수 있다.

특히 태권도산업은 여전히 스포츠산업의 하위영역에 머물러 있는 데다 기초적인 통계적 지표와 산업적 분류체계가 미비해 태권도산업 발전을 위한 토대를 부실한 실정이다.

다행히 7년 전부터 태권도산업과 관련된 연구물이 나와 태권도산업에 대한 관심을 촉진하고 있다. 대표적인 논문이 김중헌의 '태권도산업 규모의 규명과 영역별 분석'(대한무도학회지 9호, 2007), 이재돈의 '태권도산업의 육성방안 연구'(경희대 박사학위논문, 2007), 최병옥의 '태권도 공연이 문화산업에 미치는 영향'(경희대 석사학위논문, 2010) 등이다.

이재돈은 '태권도산업의 육성방안 연구'에서 태권도 행정 지원과 관리 측면에서『태권도산업백서』가 발간되어야 한다고 제안했다. 이재돈에 따르면『태권도산업백서』에는 국내외 태권도산업의 현황과 동향, 태권도 상품에 대한 소비자의 인식과 소비 행태, 경제적 부가가치, 정부의 관련 정책 등이 담겨 있어야 한다. 특히 태권도용품업, 태권도서비스업, 태권도 시설업의 실태와 통계적 지표와 세밀하게 명시되어야 효용성을 발휘할 수 있을 것이다.

태권도 업계에 따르면, 세계 태권도 산업의 규모는 연간 수십조 원이다. 태권도복과 태권도화 등 용품 시장은 7천억 원을 웃돈다고 하지만 근거가 미약하다. 따라서 태권도 문화-사업의 현황과 시장 규모 및 경제적 가치의 객관적 통계, 전망 등을 일목요연하게 볼 수 있도록 정부의 지원 속에 태권도 실무자들과 각계 전문가들이 참여해 자료(백서) 발간에 심혈을 기울여야 한다. 태권도산업과 관련된 현황을 자세히 다룬 자료없이 태권도산업 육성을 운운하는 것 자체가 모순이기 때문이다.

태권도 문화산업이 활기를 띠고 외연이 확장되려면 태권도의 공공적(公共的) 가치와 실용적(實用的) 기능이 확대되어야 한다. 무술과 스포츠 영역을 넘어 교육-건강-관광-공연 등의 가치를 보완하고 다문화 가족과 여성, 노인, 장애인들이 향유할 수 있는 생활밀착형 프로그램과 콘텐츠를 개발하고, 그것을 태권도 문화산업으로 연계해야 한다.

우리 정부가 국내 태권도 용품업체를 지원하는 것도 필요하다. 태권도 관련 용품업체의 영세성을 내부 문제로만 인식할 것이 아니라 국내 태권도 업체들의 제품의 브랜드 파워를 키워줄 수 있는 지원방안을 강구해야 할 때가 됐다. "한국은 태권도종주국이지만 한국 태권도 업체는 거의 없고 나이키와 아디다스 등 외국 브랜드의 라이선스를 받아 중국에서 생산한 제품을 수입해 쓰고 있다"는 말은 창피스럽다.

이와 함께 태권도산업 전문가를 다각적으로 육성해야 한다. 각 대학 태권도학과에서는 태권도문화론, 태권도산업론, 태권도경영론 등을 교과과정으로 신설해 태권도 전공생들이 태권도 문화산업을 이끌어나갈 성장동력이 될 수 있도록 관심을 기울여야 할 것이다.

3 태권도 문화정책 내용과 과제

2014년 2월 문화체육관광부가 박근혜 대통령에게 업무 계획보고를 통해 대한민국의 3대 문화브랜드인 '한글·아리랑·태권도' 등 K-Culture로 신한류 창출을 통해 국가이미지 제고에 나서겠다고 밝혔다.

태권도와 관련해 문화체육관광부는 2014년 4월 개원하는 태권도원을 교육·수련·관광 허브로 육성하고, 국기원 연수원 등 기존 태권도단체의 조직과 기능의 이전을 추진하겠다고 했다. 아울러, 한류의 원조인 태권도를 대표적인 한류 브랜드로 육성키로 하고, 이를 의해 사범, 시범단, 평화봉사단 파견을 아프리카, 중남미 등 개발도상국 중심으로 확대하며, 태권도공연 콘텐츠, 캐릭터 상품 개발에 나서기로 했다.

문화체육관광부는 한글·아리랑·태권도 등 3대 브랜드를 우리 문화를 소개하는 기회로 적극 활용할 계획이다. 한류 신흥 지역에는 융·복합 문화콘텐츠를 소개하고 한류 심화 지역에는 우리 전통문화를 소개하는 등 전략적 기획을 수립한다. 또 태권도학 정립을 통한 태권도정신 확산의 토대를 마련하고, 태권도 전공자, 일반인 등 대상별로 태권도 교육 프로그램 개발 및 보급 확대, 세계 태권도 사범 재교육 활성화에 나설 방침이다.[4]

이처럼 태권도는 우리나라를 대표하는 문화상징물이자 대표브랜드이다. "우리나라가 문화의 힘으로 세계를 제패한 것은 태권도가 최초이다"라고 말한 김대중 대통령의 말은 시사하는 의미가 크다. 한국정부는 1996년 한글, 김치, 불국사 등과 함께 태권도를 한국을 대표하는 10대 문화상품으로 선정한 후 태권도가 지닌 문화산업적 가치에 관심을 기울

---

4) 한국무예신문. 2014. 2. 13. 태권도' 등 K-Culture로 신한류 창출

였다. 전북 무주에 국책사업으로 조성한 태권도원은 이런 배경에서 추진되었다.

태권도를 문화산업으로 육성해야 한다는 움직임이 활발해진 것도 이 무렵이다. 태권도 관련 기관과 대학, 업체 등은 앞 다퉈 태권도 문화콘텐츠를 개발해야 한다고 목소리를 높였다. 국회의원들도 관심을 가졌다. 안민석 의원은 2005년 의정보고서에서 "태권도를 주제로 하는 특화상품을 개발해야 한다"며 태권도 만화, 영화, 게임, 뮤지컬 등 다양한 태권도 문화콘텐츠가 필요하다고 강조했다.

태권도 문화학자 김영선은 "태권도의 미래는 태권도인의 문화적 역량 발휘에 달려 있다"며 이렇게 주장한다.

"태권도 문화적 인식과 실천 활동의 필요성을 주창하고자 한다. 21세기는 문화의 세기로 간주된다. 즉 문화적 자원과 능력이 개인과 조직, 나아가 국가의 번영을 좌우하는 시대가 되었다고 한다. 지난 세기 동안은 군사력이나 경제력이 곧 그 나라의 힘을 의미했으나 21세기는 문화가 개인이나 집단, 또는 한 국가의 힘을 측정하는 기준이 된다. 과거에는 경제가 문화를 창출했지만 지금은 오히려 문화가 경제발전을 견인하고 성장시킨다. 선진국은 문화 상품의 파급 효과와 부가가치, 경쟁력을 일찍이 인식하고 음악, 미술, 건축, 영화 등 문화 종목 전반에 걸쳐 세계를 장악하기에 이르렀다."[5]

국기원은 2007년 8월, Q채널과 태권도 홍보 동영상 '세계인의 문화 태권도'를 공동 제작했다. 태권도를 해외에 알리려는 태권도 문화 정책의 일환이었다. 우리말과 영어, 아랍어, 일어, 중국어, 불어, 스페인어 등 7개 국어로 제작(16분)된 홍보 동영상에는 △태권도의 과학성과 역동성-발차기의 과학성, 겨루기의 역동성(민첩성) △태권도의 역사 △태권도의 정신-한국의 전통적 사상, 수련 과정에서 체득되는 극기정신, 예의 정

---
5) 태권도신문. 2006. 1. 2.

신, 조화정신 △태권도 수련효과-어린이·성인 수련효과 등 태권도의 역사, 사상에서부터 수련을 통해 얻게 되는 정신적, 신체적 효과 등 운동으로서의 우수성을 나타냈다. 또 한국의 궁궐, 사찰, 한복, 공예품 등의 영상을 첨가해 한국의 전통미를 가미했다.

한국정부도 태권도 문화 진흥 정책에 적극 나섰다. 2007년 7월, 태권도 중장기 발전 계획을 수립한 것이다. 문화관광부는 태권도의 진흥과 지속적인 발전을 도모하고, 태권도를 우리나라 대표문화브랜드로 육성하기 위해 태권도 중장기 발전 계획을 수립하겠다고 밝혔다. 문화관광부 스포츠산업팀은 이 같은 추진 배경에 대해 "태권도의 현황 및 문제점 등을 진단하고 태권도를 지속적으로 진흥·발전시킬 수 있는 태권도 중장기 발전계획을 수립하는 것은 대통령이 지시한 사항"이라고 설명했다.

문화관광부는 관계 부처(3명), 태권도 단체(4명), 학계(2명), 관련 기관(1명) 등으로 태권도 중장기 발전계획 수립기획단을 구성했다. 기획단은 △태권도계 현황 및 문제점 도출 △태권도의 중장기 비전 및 목표 설정 △분야별 추진전략 및 추진과제 선정 △세부 추진계획 수립 및 관계기관 역할 분담 등을 추진하며, 현장 경험 등을 통한 추진 과제에 의견을 제시했다.

그 후 2008년 1월, 태권도·한글·김치·불고기·고려인삼·탈춤·설악산·종묘제례악·불국사·석굴암 등 1996년에 선정한 한국을 대표하는 10대 문화상징 중에서 태권도의 역동적 이미지를 강화해 나갔다. 당시 대통령직 인수위원회는 업무보고에서 10대 문화상징 이미지를 중심으로 한 현재의 국가브랜드가 대한민국의 역동적 이미지를 상징하는데 약하다며 세계화된 대한민국의 정체성을 표현하는 새로운 브랜드를 연구할 필요가 있다고 지적한 것이다.

이러한 흐름을 타고 2008년 9월, 문화체육관광부는 '태권도 진흥 및 태권도공원 조성 등에 관한 법률'(태권도진흥법) 시행에 따라 태권도 진흥 기본계획을 발표했다. 2013년까지 5년간 3185억 원이 연차적으로 투자한다는 이 계획에는 태권도 문화산업과 관광브랜드화도 포함되어 태권도 문화산업을 촉진시킬 것이라는 기대를 갖게 했다.

2009년 1월에도 문화체육관광부는 태권도를 대표적 한류 관광상품으로 육성하는 것을 포함한 '스포츠산업 육성 중장기 계획'을 발표했다. 2009년부터 2013년까지 5년간 '5대 추진전략-15개 과제'에 5,900억 원을 투입해 스포츠 시설, 용품, 서비스산업의 동반 발전을 통해 스포츠산업을 발전시키겠다는 방침을 구체화했다. 그 안에 태권도를 스포츠·문화·관광 산업의 핵심 콘텐츠로 본격 육성하고 한국을 대표하는 브랜드로 상품화하겠다는 계획이 들어 있어 태권도계를 흥분시켰다. 그 내용을 구체적으로 보면 ▲태권도공원의 성공적 조성 ▲태권도 상설공연장 수도권에 건립 ▲ 국제 프로태권도대회 창설의 3가지로 요약할 수 있다. 특히 태권도원을 각 국의 태권도 전문 인력 교육 및 연수의 거점으로 만들고 '태권도 특구' 지정을 통해 태권도용품 브랜드 및 캐릭터 발굴을 육성하겠다고 명시했다.

또 2011년 완공을 목표로 수도권에 태권도 상설공연장을 건립하겠다고 발표했는데, 이러한 의지는 2012년 11월 서울올림픽공원 안에 K아트홀(태권도공연)[6]이 개관하는 성과로 이어졌다. 문화체육관광부는 'K-아트홀'은 태권도, 전통 가락, 한국무용 등 한국적 소재의 복합 문화공연을 활성화하고, 특히 태권도를 소재로 한 '탈(TAL)' 공연을 상설 공연화하겠다고 밝혔다.

이와 함께 국제프로태권도대회(TKD World Series)를 창설하겠다는 계획도 밝혔다. 프로태권도대회를 통해 아마추어 스포츠로서의 태권도

---

6) K-아트홀은 지하 1층에서 지상 2층의 총 2,647㎡ 규모의 'K-아트홀'은 돌출 무대(369석), 프로시니엄(389석), 아레나(493석)의 가변 무대와 다중음향, 조명 등 최신 시설과 장비를 설치해 공연 효과를 극대화할 수 있도록 최적화 하였으며, 이와 함께 관람객 편의를 위한 카페테리아, 물품보관소 등 다양한 편의공간도 운영한다.

가 가지는 한계를 극복하고, 태권도 경기의 국제적·대중적 인지도를 높임과 동시에 경쟁력이 있는 방송콘텐츠를 개발하겠다는 구상이다. 문화체육관광부의 이러한 정책은 태권도가 가지는 인적·물적 인프라 및 태권도 종주국의 이점을 살려 태권도의 산업화·상품화 추진하고 태권도와 유사한 종목간의 경쟁에서 우위를 확보함과 동시에 올림픽 종목 유지를 위한 대중화 기반을 조성하겠다는 것이다.

대한태권도협회(KTA)도 이러한 흐름에 발 맞춰 태권도 경기의 대중화 및 친미디어 정책을 추진했다. 2006년 2월 스포츠채널인 KBS SKY가 손을 잡고 '세계태권도최강전' 등이 포함된 '뉴 태권도 코리아' 사업에 대해 워크숍을 가졌다. KTA와 스카이채널이 '뉴 태권도 코리아' 사업을 위한 업무협약을 체결한 것은 태권도를 대중적인 무도-스포츠로 발전시키기 위해 의도적인 계획추진이 불가피하다고 판단했기 때문이다.

'뉴 태권도 코리아' 사업전개를 위한 3단계 중장기 사업계획은 다음과 같았다. 첫 단계(2006년)로 태권도 긍정적 이미지 구축과 태권도인의 화합 및 협력, 정부정책과 예산지원 확보를 통해 '태권도 붐'을 조성하기로

Tip   '태권도 프로화' 스포츠산업 가능성은?

스포츠산업 측면에서 태권도의 발전 방향을 모색하고 그 대안의 하나로 '태권도 프로화'의 가능성을 토론한 공청회가 열렸다.

국회문화정책포럼 주최로 2007년 4월 23일 사학연금관리공단에서 열린 '스포츠산업 콘텐츠로서의 태권도 개발을 위한 공청회'에서 강준호 서울대 교수는 "태권도는 다른 스포츠에 비해 차별성과 우월성, 보편성, 성장성 등 스포츠 콘텐츠로서의 잠재력을 가지고 있다"고 전제한 뒤 "현재 경기규칙을 보완해 태권도에 재미와 박진감을 불어넣는다면 프로화가 가능하며, 이를 통해 해외 시장을 공략하면 스포츠 한류의 주역이 될 수 있다"고 주장했다.

양진방 대한태권도협회 기획이사는 태권도의 자생력 확보와 새로운 태권도 콘텐츠 개발 차원에서 '방송용 태권도 경기'를 만들어야 한다고 밝히면서 "태권도의 조직과 운영을 방송 콘텐츠 개발에 집중하고, 스타 프로모션을 강화하는 등 방송에 적합한 새로운 경기형태를 개발해야 한다고 강조했다.

또 송전헌 KBS 스포츠취재부 팀장은 "스포츠산업은 생산과 소비가 동시에 이뤄지는 특수한 산업이면서도 치밀한 전략과 고도의 기술이 축적돼야 성공한다"며 "(치밀한 준비없이) 태권도 프로화를 추진하면 K-1이나 프로레슬링의 아류가 될 수 있음을 경계해야 한다. 오히려 '태권도 오페라' '태권도 뮤지컬'과 같은 스포츠와 문화예술의 복합형 콘텐츠 개발에 관심을 가질 필요가 있다"고 지적했다.

〈태권도신문. 2007년 4월 30일.〉

했다. '태권도 붐' 조성을 위해 사업마스터플랜 수립, 스카이채널을 이용한 대국민 캠페인, 세계태권도 최강전 개최, 스포츠 마케팅 사업을 전개하기로 했다. 두 번째(2006~2007년) 단계는 태권도 위상을 강화하고 국내외 팬 구축과 태권도 스타 마케팅을 통해 '브랜드 파워 강화'를 해나가기로 했다. 이를 위해 캠페인 및 방송홍보, 해외 미디어 파트너 확보, 태권 엑스포를 개최할 것이라고 밝혔다.

세 번째 단계(2008년~)는 포지셔닝 정립, 태권도인 로열티 강화를 통해 '태권도 위상과 가치'를 강화하기로 했다. 지속적인 방송프로그램 방영을 통해 태권도의 이미지를 심어주고, 정기적인 이벤트도 개최할 계획이었다. 하지만 이러한 사업은 제반 여건 미비와 예산 부족 등의 이유로 진전을 보지 못했다.

이런 가운데 2013년 9월, 태권도가 6회 연속 하계올림픽 핵심종목으로 확정되자 문화체육관광부는 태권도 진흥 기본계획을 수립하는 등 적극적인 지원을 약속하고 나섰다. 세계 태권도 기술·교육 분야 선도 방안을 비롯한 태권도산업 육성 방안, 태권도 국제교류 협력 방안이 대표적인 계획이다. 문화체육관광부는 언론에 배포한 보도자료에서 "이번 태권도의 올림픽종목 유지는 세계태권도연맹이 지난해 런던올림픽에서 전자호구 도입, 비디오 판독 확대 등으로 공정성을 제고하고, 경기규칙을 개정해 박진감 있는 경기를 선보여 세계 주요 외신 및 관람객들로부터 호평을 받은 게 큰 힘이 됐다"며 "국기원 등 국내외 태권도단체, 해외파견 사범들 및 국내외에서 태권도를 성원하는 이들의 지원과 염원이 바탕이 됐다"고 설명했다.

태권도 정책의 또 다른 특징은 태권도를 '인류 평화와 건강에 기여하는 세계인의 문화자산'으로 육성시키겠다는 것이다. 이를 위해 태권도 사범의 해외 파견사업을 확대해 2015년까지 80여 개국 100여 명으로 대폭 늘릴 예정이다. 문화체육관광부는 보도자료에서 "파견 사범들은 태권도 보급뿐만 아니라 현지 문화원과 연계해 태권도를 활용한 문화교류 프로그램을 운영하면서 태권도가 한류문화로서 입지를 굳힐 수 있도록 할 계획"이라고 설명했다. 또 2014년 4월 개원한 태권도원이 태권도를 모체로 세계의 '한류 허브'의 기능을 할 수 있도록 지원을 할 방침이다.

4 태권도 엔터테인먼트와 공연상품화

(1) 태권도 엔터테인먼트 바람

[장면 1] 2001년 4월, 태권도를 소재로 한 국내 애니메이션 '기파이터 태랑'이 MBC TV를 통해 방영됐다. 기획 단계부터 글로벌 시장진출을 노려 52억 원의 제작비를 들인 작품으로 미국을 비롯한 영어권 국가 수출을 위해 영어버전이 별도로 제작됐다.

[장면 2] 2007년 10월, 태권도와 국악의 절묘한 조화를 내건 넌버벌 퍼포먼스 '비가비(飛加飛)'가 서울패션아트홀에서 열렸다. 관객들은 대부분 참신한 시도로 태권도 공연의 새 장을 열었지만 구성과 짜임새가 미흡했다고 평가했다.

[장면 3] 2009년 10월, 게임 개발업체인 캡콤엔터테인먼트 코리아는 '슈퍼 스트리트파이터4'를 공개하고 신규 캐릭터로 한국인 '주리'를 추가할 계획이라고 밝혔다. '주리'는 태권도를 주로 사용하는 여성 캐릭터. 화려한 돌려차기로 다양한 공격을 퍼붓는 게 특징이다.

[장면 4] 2009년 11월, '태권무무 달하-The Moon'가 1년 만에 다시

무대에 올랐다. 경기도립도립무용단이 전통무의 예(藝)와 태권무술의 술(術)의 조화를 추구한 최초의 한국무용창작극 '달하'는 이야기가 있는 극의 형태로 태권도의 정(靜)과 동(動)의 조화로 작품 곳곳에 한국적 정서가 배어있어 대중성과 예술성을 겸비한 작품으로 평가받았다.

전통무예와 스포츠 영역에 머물고 있는 태권도에 '엔터테인먼트(entertainment)' 바람이 불고 있다. 2000년대에 들어서면서 태권도를 소재로 한 영화를 비롯해 드라마, 공연, 게임 등 대중들에게 다가가려는 움직임이 활발하다. 태권도가 오락(娛樂)과 여흥(餘興)의 문화 콘텐츠로 영역을 확대해 나가고 있는 것이다.

1970년대 '로봇 태권V'와 '태권동자 마루치 아라치'와 같은 애니메이션이 각광을 받았지만 그 이후 태권도 엔터테인먼트는 침체일로를 걸었다. '태권동자 마루치 아라치'는 1976년 라디오방송에 나온 작품을 1977년 임정규 감독이 극장용 애니메이션으로 만든 작품이다. '로봇 태권V'와 견줘 봐도 작품성과 대중성에서 손색이 없었다.

태권동자 마루치 아라치

줄거리는 간단하다. 깊은 산 속에 살던 마루치와 아라치가 양 사범과 인연을 맺고 하산을 해서 문명에 적응하던 중 스승의 원수인 악당 파란해골 13호를 물리친다는 이야기다. 여느 만화영화와 마찬가지로 결국은 선(善)이 이긴다는 권선징악의 스토리를 그대로 따랐다.

하지만 이 작품이 인정받는 이유는 순수 창작물이라는 것 이외에 국내 애니메이션 역사에서 최초로 이름에 특별한 뜻이 있는 캐릭터를 창출했다는 것이다. 마루치의 '마루'는 '꼭대기(머리)'를 뜻하고, 아라치의 '아라'가 '아름답다'를 의미한다. '치'는 벼슬아치, 장사치와 같이 어떤 말의 뒤에 붙어 '그 일을 하는 사람'을 뜻한다. 마루치와 아라치는 대한민국에서 으뜸가는 소년과 소녀로 태권도를 통해 초인적인 힘을 발휘한다.

또 하나 중요한 것은 극의 전개과정을 극대화하기 위해 '태권도'라는 기호(記號-symbol)를 비중있게 다뤘다는 점이다. 특히 '태권도'를 통해 악당을 무찌른다는 통쾌한 이야기는 친숙함과 자부심을 동시에 느낄 수 있게 해 주었다. 1988년에는 88서울올림픽의 붐을 타고 TV시리즈로 제작돼 우리 문화의 소중함을 알리고 태권도의 용맹스러움과 자랑스러움을 알리는 데 한몫을 했다. 그 후 태권도를 소재로 한 애니메이션은 '강태풍', '기파이터 태랑' 등이 있었다. 하지만 작품성과 대중성은 '로봇 태권브이'와 '마루치 아라치'를 넘어서지 못했다.

2000년대에 들어서면서 태권도 캐릭터가 개발되고 태권도를 소재로 한 애니메이션과 무대예술극이 공연되고 TV 예능프로그램에 태권도가 소개되면서 태권도를 바라보는 대중들의 시각도 많이 변했다. TV 예능프로그램에 태권도가 소개되고, 어린 시절 태권도를 수련한 연예인들이 언론을 통해 알려지면서 대중들도 태권도를 친근하고 유쾌하게 받아들이고 있다.

2007년에는 한국 애니메이션 중 흥행 1위라는 기록을 세우며 태권도 문화발전과 저변확대에 기여한 '로봇 태권V'의 김청기 감독과 태권V가 태권도 명예 4단증을 받았다. 국기원은 2007년 3월 '로봇 태권V'가 태권도 저변확대에 공헌한 점을 높이 사고 앞으로도 이어질 활약을 응원하는 의미에서 주인공 태권V와 김청기 감독에게 명예 단증을 수여했다. 이번 명예단증 수여는 태권도의 범 국민화와 태권도 문화발전에 이바지하기 위해 전력을 쏟고 있는 국기원이 그에 맞는 일을 함으로써 앞으로 태권도 문화 발전에 더욱 힘쓰겠다는 의미가 담겨 있다. 당시 엄운규 국기원장은 "로보트 태권V에 등장하는 태권도인의 정의롭고 당당한 모습은 태권도에 대한 긍정적 이미지를 심어주었다. 사실적으로 표현된 고난도 태권도 동작은 태권도의 미학적 가치를 높여주었다"고 말했다.

이런 가운데, 아리랑TV는 2010년 4월 '예술이 된 태권도'라는 제목으로 변화하는 태권도의 현주소를 조명해 주목을 끌었다. 제작진이 먼저 주목한 단체는 K-타이거즈 태권도시범단. 태권도와 엔터테인먼트의 결합을 기치로 내걸고 1990년 창단된 이 시범단은 예술에 가까운 고난도의 시범으로 세계적인 명성을 쌓아가고 있다. 이들은 매주 수, 토요일 오후 경희궁에서 춤과 음악을 접목한 태권도 시범을 선보이며 관광객들의 시선을 사로잡고 있다. 이들의 꿈은 '태권도 액션영화'라는 새로운 장르에 도전하는 것이다.

이처럼 태권도의 엔터테인먼트화는 무대예술극으로 발전한 시범의 영향이 컸다. 태권도 시범은 퓨전(fusion)을 거듭해 대중들의 오감을 자극하고 공연문화와 접목되면서 대중들에게 가까이 다가갔다. '쇼 태권' '달하 달하' '따따인붓다' '쇼! 태권아리랑파티' '태권몽키' 등 여러 편의 창작 태권도 문화공연과 뮤지컬 등이 나왔다.

태권도계는 이 같은 문화공연이 태권도 대중화에도 큰 도움이 된다고 보고 대한태권도협회와 공연단체를 중심으로 태권도를 소재로 한 공연 제작에 적극적으로 나서고 있다. ㈜소리연구소와 대한태권도협회가 공동 기획한 태권도 소재 논버벌 퍼포먼스 '탈-태권십이지신'은 유럽과 아메리카, 아시아 등을 순회하며 공연을 하고 있다.

'쇼! 태권아리랑파티'에 이어 '탈-태권십이지신'의 기획 제작을 맡은 최소리는 "태권도는 세계적으로 가치를 인정받는 한국 최고의 문화 콘텐츠"라며 "태권도 전공 인재들에게 전문배우로서 성장할 수 있는 길을 열었다는 점에서 뿌듯하다"고 말했다. 빠른 음악과 함께 태권도를 즐기는 '비트 태권도'도 태권도 엔터테인먼트의 한 축을 담당하고 있다. 태권도의 기본 동작에 품새 등 다양한 응용동작이 결합된 '퓨전형 태권드'로 대중화에 한 몫을 하고 있다. 올해로 창립 20주년을 맞이한 K-타이거즈태권도시범단(단장 안학선)이 엔터테인먼트 시장에 본격적으로 뛰어들었다.

이런 가운데 2010년 K-타이거즈가 엔터테인먼트 전문회사를 설립하고 영화, 넌버벌 뮤지컬, 슈퍼스타 K 등 다양한 프로젝트 제작에 돌입했다. 이미 K타이거즈 소속 배우들은 할리우드 영화〈하이프네이션〉과 국내최초 3D드라마〈김치왕〉에 출연해 촬영을 마쳤다.

또 태권도 액션영화〈더킥〉을 태국에서 옹박 제작진과 함께 막바지 촬영 중이고, 어린이들 대상으로 세계태권도한마당 출전기를 그린 태권도 다큐멘터리 영화 '챔프(Champs)'가 촬영을 마쳤다. 이와 함께 '태권도 매니지먼트'도 추진하고 있다. 안창범은 "타이거즈 소속된 팀원들 중 2명이 가수데뷔를 준비하고 있다. 그 중 한명은 국내 유명한 가수의 피처링을 받아 내년 초쯤 데뷔하기 위해 녹음준비에 한창"이라며 "또 다른 한명은 내년 하반기 해외 시장공략을 위해 세계적으로 잘 알려진 프로듀서가 프로듀싱을 하고 있다"며 밝혔다.

> **Tip   박근혜 대통령, "태권도 문화콘텐츠로 진화"**
>
>
>
> 박근혜 대통령은 12월 30일 올해 마지막 '문화가 있는 날'을 맞아 "전통무예가 K팝 및 IT와 잘 융합돼 새로운 한류로 세계에 퍼져 나가길 기대한다"고 밝혔다. 박 대통령이 '문화가 있는 날'에 맞춰 외부 문화행사에 참석한 것은 이번이 10번째다.
>
> 박근혜 대통령은 이날 송파구 방이동 올림픽공원 K아트홀을 찾아 '스포츠문화, 태권도로 차오르다'라는 주제로 K팝과 3D홀로그램 등의 IT기술이 융복합된 태권도 공연 등을 관람하면서 "전통문화를 새롭게 현대적으로 재해석하고 첨단기술과 접목시켜 새로운 스포츠문화로 발전시키는 데 많은 노력을 기울였으면 한다"고 밝혔다. 이어 "K팝은 태권도나 택견하고 잘 맞고, 전통문화와 잘 어우러지는 특성이 있는 것 같다"고 덧붙였다.
>
> 박 대통령은 "정말 우리 민족은 문화민족인 것 같다. 이 자리에 참석한 청소년, 어린이 중에서도 우리 국민뿐만 아니라 세계인에게 큰 즐거움과 기쁨을 줄 수 있는 인재가 나오지 않을까 기대한다"고 강조했다. 박 대통령은 전날 문화창조벤처단지 개소식에서도 전통과 현대문화, IT기술이 어우러지는 융복합 콘텐츠가 일자리를 창출하고, 세계로 뻗어나갈 수 있다는 점을 강조한 바 있다.
>
> 〈경향신문. 2015년 12월 30일〉

K-타이거즈는 2010년 서울 청담동에 있는 전용공연장에서 태권도 공연도 선보였다. 이 공연을 위해 태권도퍼포먼스 '크래쉬(Crash)' 제작에 착수, 공연을 극대화하기 위해 영상과 조명, 특수효과 등을 구축했다.

이처럼 태권도 엔터테인먼트 바람은 태권도 산업을 촉진시켜 태권도의 사회적 이미지를 제고할 뿐만 아니라 태권도 수련층을 확대하고 다변화하는 데 긍정적인 영향을 미칠 것으로 보인다. 우려 섞인 전망도 있다. 태권도의 엔터테인먼트는 태권도의 오락성과 상업성을 부추겨 태권도의 정체성과 무도성을 훼손할 가능성이 있다는 것이다.

그러나 시대흐름에 맞게 태권도도 변화해야 한다는 목소리가 더 크다. 태권도의 가치를 유지하되 대중과 호흡하지 못하는 태권도는 '박제된 태권도'에 불과하다는 것이다. 태권도의 번창과 진흥을 위해선 시대에 걸맞은 마케팅과 전략이 필요한데, 태권도 엔터테인먼트가 그 해법이라는 생각이 공감대를 형성하고 있는 셈이다. 따라서 태권도 엔터테인먼트는 거스를 수 없는 하나의 문화코드로 인식되고 있다.

이런 가운데 2012년 11월, 태권도 시범 및 공연 활성화를 위해 대한태권도협회가 추진해 온 태권도공연장 'K-아트홀'이 개관했다. 'K-아트홀'은 대한태권도협회 홍준표 회장의 공약사업의 중 하나로, 문화체육관광부와 협의를 통해 2년 반에 걸쳐 올림픽공원 컨벤션센터에 새롭게 신축했다.

(2) 태권도 공연문화 발전 과정

그렇다면 태권도에 공연을 접목하려는 노력은 언제부터 이뤄졌을까? 태권도 공연예술극은 1990년대 중반 범기철 씨에 의해 시도되었다. 1996년 5월, 15년간 태권무(跆拳舞)의 외길을 걸어온 범기철은 국립중앙극장 소극장에서 '영원한 빛 태권무'라는 주제로 공연을 했다. 그 전에 범기철은 1981년 '태권무'라는 생소한 이름을 내걸고 세종문화회관에서 공연을 하려고 대관 신청을 했다. 그러나 거절당했다. 태권도 동작을 보여주면서 태권도의 예술화에 대한 가능성과 희망을 이야기해도 담당자는 시큰둥한 반응을 보였다. 그도 그럴 것이 세종문화회관은 검증되지 않은 예술가에게 공연장소로 빌려주지 않았기 때문에 거절을 당하는 것은 당연한 일이었다.

중학교 때부터 태권도를 시작한 그는 군복무 중에 태권도교본을 만들기도 했고, 제대 후 부산 범어사에서 1년간 입산수도하며 태권도로 심신을 단련했다. 그 후 서울에서 후학들을 지도하면서 태권무 공연을 하다가 85년 일본으로 건너가 태권무를 보급하면서 내공을 쌓아 11년 만에 국립중앙극장에서 그토록 원하던 태권도 공연을 한 것이다. 당시 그는 '태권무연구소'를 운영하면서 기(氣)를 이용하여 심신을 정화시킬 수 있는 '기운동'을 펼쳤다.

범기철은 "태권무는 우리의 전통무용과 현대무용 및 서구발레가 자신의 고유한 양식으로 전달하지 못하는 예술적 기법을 표현한다. 태권도의 분명한 동작들이 갖고 있는 힘과 긴장감은 다른 예술을 통해서는 전달될 수 없는 것이다. 태권도의 본질이 격파순간의 긴장감에 존재한다고 볼 때, 태권무는 이러한 긴장감에 의해서 고조된 감정들을 선과 각도를 맞춘 다이내믹한 율동을 통해 보여주는 것"이라고 말했다.

태권도가 공연예술극으로 관심을 끌기 시작한 것은 2000년대에 들어서면서부터이다. 2001년 12월, (주)라이브엔터테인먼트(대표이사 이종현)는 정동문화예술회관에서 공연단 '쇼 태권' 제작발표회를 가졌다. 이날 발표회는 2002년 초부터 외국인 관광객을 상대로 넌버벌(nonverbal) 형식으로 공연될 '쇼 태권' 일부를 25분간 소개했다. 특히 코리언 타이거즈시범단의 안학선 단장이 태권도 지도를 맡아 태권도 시범의 진수가 그대로 담겨질 것으로 기대를 모았다.

이번 발표회에서 문화관광부 산하 한국문화콘텐츠진흥원(KOCCA) 원장 서병문은 국제적 경쟁력을 가진 고품격의 문화 콘텐츠 중에서 태권도의 중요성을 역설했다. 또 '난타'의 송승환 대표이사를 비롯해 브루나이 대사, 페루, 아르헨티나 영사 등도 참석해 깊은 관심을 표명했다. 발표회를 끝까지 지켜본 송승환 대표는 "소재가 좋으나 태권도의 특성상 보다 큰 무대에서 펼쳐졌으면 하는 아쉬움이 남는다"고 말했다. 이날 '쇼 태권'은 배우인원 40명 중 22명만 선보여 아쉬움이 남겼으나 우리민족 고유의 유구한 역사 향취를 그대로 담은 무대 위에다 한국미를 깃들인 독특한 의상을 선보여 앞으로 전문 인력을 확보해 수정과 보완 작업이 이뤄진다면 큰 호응을 얻을 것으로 기대됐다.

이 시기 (주)태권얍 엔터테인먼트(대표 이왕우)의 '태권 얍'은 미국순회 공연을 앞두고 비지땀을 흘렸다. 팀명의 '얍(YAP!)'은 태권도의 우렁찬 기합소리에서 따왔다. 이들이 사용하는 음악은 국악적 리듬을 변형한 것에다 Funky, Techno, Jazz 등이 섞이며 African의 리듬까지 동원되어 배우들의 세심한 태권도 동작을 비롯한 손동작과 얼굴 표정 등의 연기력과 맞물려 한층 세련미를 더했다는 평가를 받았다. 출연 배우는 태권도 유단자로서 무용 전공자와 연극영화과 졸업자, 뮤지컬 배우 출신 등으로 구성됐다. 대표이사 이왕우는 "이번 미국 진출을 시험 무대로 삼아 90분짜리로 알차게 다듬어 2002년 3월 국내에 공연 작품을 새롭게 선보일 것"이라고 말했다. 하지만 '쇼 태권'과 '태권 얍'은 주위의 기대에도 불구하고 성공하지 못했다.

그러던 2005년 3월, 경기도가 광역자치단체로는 최초로 태권도를 소재로 한 문화공연 상품을 준비해 태권도계 뿐만 아니라 공연계의 주목을 끌었다. 당시 경기도문화의전당은 태권도 넌버벌 퍼포먼스 '더 문(The Moon)'를 제작, 미국 뉴욕을 비롯해 영국 에든버러 등 세계 축제에 참가하고 뉴욕 브로드웨이 진출까지 계획했다.

'더 문'은 태권도 시범이 아니라 태권도에 담긴 이야기를 다룬다는 게 기획사 측의 설명이었다. 연출가 빅토르 크라메르는 "태권도의 여러 동작은 격렬하지만 한편으로는 정적"이라며 "강하면서도 여리고, 빠르면서도 느린 연극적 요소를 충분히 갖추고 있다. 태권도가 문화상품으로서도 충분히 세계적으로 통할 수 있다고 확신한다"고 밝혔다. 하지만 이 공연은 태권도계의 기대에 부응하지 못했다.

이 무렵, 태권도와 태껸을 중심으로 동양무술의 아름다움을 극대화한 논버벌(Non-Verbal Performance) 코믹 무술극(劇) '점프'(JUMP)가 세계 공연계에서 각광을 받았다. 무술가족 집에 도둑이 들어와 벌이는 에피소드를 코믹하게 그린 '점프'는 2005년 영국 에든버러 페스티벌 진출을 시작으로 2006년 2월에는 한 달간 런던 웨스트엔드 피콕극장에서 공연하기도 했다. 그 후 런던 피콕극장, 도쿄 고마극장, 그리고 리야드 쿠웨이트 두바이 말레이시아 싱가포르 등을 돌며 해외 관객몰이에 나섰다.

'점프' 제작사 예감 대표 김경훈은 "논버벌 퍼포먼스는 인종과 국경을 뛰어넘어 누구나 쉽고 재미있게 즐길 수 있는 공연"이라며 "코믹적인 요소가 강해 누구나 웃으면서 편하게 즐길 수 있는 공연들"이라고 말했다. 한국수출보험공사는 2010년 1월 '점프'에 20억 원의 문화수출보험(대출보증형)을 제공한다고 밝혔다. 수출보험공사가 공연예술 분야에 지원한 것은 이번이 처음이다.[7]

점프의 성공으로 태권도 시범공연도 무대예술극에 관심을 가졌다. 국기원을 비롯한 대한태권도협회, K-타이거즈 등 태권도를 대표하는 시범단과 각 태권도 대학들도 단순한 시범이 아닌 이

---

7) 한국일보. 2010년 1월 10일.

야기(Story)가 있는 문화공연으로 공연형태를 전환하기 시작했다.[8] 대한태권도협회(KTA)는 2006년 12월 태권도공원의 성공적인 조성과 태권도 시범공연의 향상을 위해 기획 제작한 '신화 Taekwon 2013 Episode'를 전북대 삼성문화회관 대극장에서 첫 공연했다. 국가대표 태권도시범단의 최초 공연작으로 평가받고 있는 이 공연의 예산은 2억 1천만원. 전북도청이 2억원을 지원했고, KTA가 기획비 명목으로 1천만원을 투자했다. 이 공연은 4막으로 구성되었다. 태권도의 성지인 태권도공원이 완공되면서 모든 사람들의 정신적 지주가 되지만 세계 제패를 노리는 악의 무리에 의해 태권도 정신의 상징인 '태극패'가 도난당하자 이를 되찾기 위해 세계 각지에 파견됐던 태권도인들이 태극 결사대를 결성, 악의 무리를 물리치고 태극패를 되찾아와 태권도 정신을 되살리고 세계의 평화를 찾게 된다는 내용이다.

  이번 공연은 태권도 시범을 공연예술로 승화시켜 태권도의 새로운 가치를 창출한다는 의미를 지니고 있다. 따라서 기존의 체육관 경기장에서 하던 시범과는 분명히 차원이 높았고 참신했으며 무대예술극으로서 가능성을 보여줬다. KTA 측의 주장처럼 '원시적인 시범 형태에서 과감히 탈피해 태권도 시범을 공연수준으로 한 단계 업그레이드한 작품'이라고도 할 수 있다. 그러나 깊이와 울림이 부족했다. 스태프의 노력과 단원들의 열정에도 불구하고 공연의 전체를 관통하는 시나리오가 단편적이었고, 이것을 짜임새 있게 만들어야 할 얼개가 엉성하다 보니 무대예술극의 정수(精髓)와는 다소 거리가 있었다. 이에 대해 KTA 기획이사 양진방은 "공연을 촬영한 필름이 편집되면 그것을 보고 평가회의를 가질 것"이라며 "지방을 순회하며 공연을 자주 하고 싶지만, 예산이 많이 들어가기 때문에 안타까운 것이 많다"고 말했다. KTA가 야심차게 기획 제작한 이 공연은 태권도계의 지속적인 전진과 더불어 앞으로 풀어야 할 과제를 제시해

---
8) 무카스. 2010년 12월 13일.

준 하나의 '역동적인 단면'이었다.

2007년 10월에는 태권도와 국악의 조화를 통해 국내는 물론 세계 시장으로 진출하겠다며 야심만만하게 기획된 넌버벌 퍼포먼스 '비가비(飛加飛)'가 서울패션아트홀에서 시연회를 열었다. 그러나 이날 시연은 기대에 비해 해결해야 할 과제들이 많다는 평을 들었다. 관객들은 대부분 참신한 시도로 새로운 공연물의 가능성을 보여줬다고 평가했지만 '홍길동'이라는 이야기에 너무 집착해 구성이 복잡하고 다소 지루한 감을 주었다고 지적했다. 세계태권도연맹 양진석 사무총장은 "젊은 사람들의 참신한 시도가 엿보였다. 그러나 스토리 위주로 전개되다보니 생동감과 역동성이 아쉬웠다"고 말했고, 태권도계의 한 중진은 "대한태권도협회에서 기획한 '신화 2013'과 비교해 나을 게 없다. 예전 공연들과 큰 차별화가 없으면 성공할 수 없다"고 지적했다. 연출가 성상희는 "당초 주위에서 아직 완성되지 않은 작품을 올리는 것에 대해 우려가 많았다. 하지만 작품의 성공적인 완성을 위해서는 관객들의 피드백이 필요했다. 시연회 이후에 설문을 통해 수정·보완해야 할 부분을 파악하고 있는 중"이라고 말했다.

이런 가운데 우석대 태권도학과와 창작 뮤지컬 제작자 (주)루나틱 컴퍼니(대표 정연식)는 2008년 3월 산학협력을 체결하고 태권예술단 '패밀리'를 창단했다. 우석대 태권도 교육관에서 열린 이날 협약식에는 최상진 태권도학과장, 홍미성 교수를 비롯해 정연식 루나틱 컴퍼니 대표, 백재현 상임연출가 겸 개그맨, 김현주 경영기획실장 등 관련인사와 학생 등 300여 명이 참석했다.

이 무렵 〈아리랑파티〉는 타악 연주자 최소리가 태권도와 우리 전통문화를 서양식 파티 형식으로 담아내 많은 관심을 모았다. 태권도 동작과 무술정신을 담은 '화랑패', 창작춤과 비보이가 조화된 '춤패', 역동성을 강조한 타악 중심의 '소리패'로 구성돼 볼거리뿐만 아니라 한국 전통문화를 알리는 데에도 적지 않은 성과를 거뒀다. 루나틱컴퍼니가 태권도와 힙합, 코미디가 결합해 만든 비언어극 〈패밀리〉도 태권도가 세계적인 문화콘텐츠로서의 가능성을 받으며 '포스트 〈점프〉'의 선언을 알렸다.[9] 2009년 10월에는 태권도 무대예술극을 한 단계 끌어올린 공연이 공개됐다. 국립극장 해오름극장 무대에 올랐던 경기도립무용단의 〈태권무무(跆拳武舞)-달하(The Moon)〉는 단순한 볼거리로서의 태권도뿐만 아니라 춤과 무술의 예술적 접목이라는 고민을 진지하게 시도했다. 이번 공연에서도 관객의 관심은 한국춤의 성격에 태권도의 동작과 철학을 어떻게 녹여냈는가에 맞춰졌다. 이제까지 태권도를 소재로 한 작품들이 대부분 태권도 동작의 나열에 그치고 만 것은 그만큼 무술을 예술적 움직임으로 승화시키기 어렵다는 것을 반증하기 때문이다. 작품을 총괄한 예술감독 조흥동은 "우리 춤은 곡선적인데 반해 태권도는 직선적이고 동작이 분절되어 있어 서로 융합시키기 어려웠다"고 고충을 토로했다. 이를 해결하기 위해 그는 태권도의 템포와 스텝을 부드럽게 완화하고 끊어지는 동작을 감아 넘어가는 느낌으로 연결시켰다. 그 결과 곡선과 직선이 조화된 '태권무'가 탄생했다.[10]

국기원은 2008년 12월 뮤지컬 연출가 백재현은 2008 에딘버러 프린지 페스티벌에서 발표한 '태권 마샬아츠-패밀리'를 높이 평가해 그에게 국기원 시범단의 시범공연 연출을 맡겼다.

백재현은 2009년 10월 태권도를 소재로 한 뮤지컬 '타타 인 붓다'를 선보였다. 이번 공연은 10월 20일부터 11월 27일까지 서울 장충동 국립극장 KB청소년하늘극장에서 올려졌다. 백재현이 극본과 연출을 맡은 이 작품은 2500년 전 인도에서 싯다르타가 보리수나무 밑에서 깨달음을 얻기까지의 과정을 태권도로 표현했다. 제작사 쇼엘 측은 "세계적으로 동양에 대한 동경이 날로 더해지는 시점에서 태권도와 동양의 대표적인 종교인

---

9) 주간한국매거진. 2009년 10월 27일.
10) 주간한국매거진. 2009년 10월 27일.

불교를 결합해 전 세계인을 감동시킬 예술작품으로 만들어내려 했다"고 밝혔다. 이 공연에 뮤지컬 배우 임춘길과 전수미가 출연하고 우석대 태권도시범단 40여 명도 참여했다.[11]

이 공연을 본 한나라당 국회의원 김동성은 "아주 어렸을 때부터 태권도를 했고 지금도 태권도를 사랑하는 태권도 수련인의 한 사람으로서, 깜짝 놀랐다. 태권도가 이처럼 훌륭한 문화상품이 될 수 있다는 가능성을 확인했다"면서 "국가 경쟁력을 높일 수 있는 브랜드로 손색이 없는 태권도를 소재로 작품을 만들어 공연을 올린 제작진, 배우들에게 박수를 보낸다"고 소감을 밝혔다.[12]

백재현은 극(劇) 전개에 태권도를 자연스럽게 삽입시키기 위해 군사 훈련이나 전쟁 등 격투 장면을 만들었다. 태권도 기술의 나열만으로 연결될 때 극이 쉽게 지루해질 것을 막기 위해 프랑스 뮤지컬처럼 대사가 없는 '송 쓰루(Song-Through)' 방식을 적용했다. 하지만 애초에 성격이 다른 두 장르가 한 무대에 서다보니 빚어지는 충돌은 어쩔 수 없었다. 예전에 비보이와 전통춤의 만남이 '따로국밥'처럼 한 작품 안에서도 평행선을 긋는 데 그쳐 기본적으로 무술의 예술이 가진 특성을 어떻게 조화시키고 하나로 융합시키는가가 여전한 과제라는 지적[13]도 제기됐다.

백재현은 2010년 3월 태국 방콕의 스위스 콩고 드 호텔 그랜드볼룸에서 '태권 몽키' 제작발표회를 가졌다. '태권 몽키'는 태권도를 연마해 사람이 되고 싶은 원숭이들의 이야기를 태권도의 각종 품새와 기술만으로 구성한 태권도 익스트림 퍼포먼스이다. 태권도의 우수성을 더욱 돋보이게 할 트램블린, 와이어 등 기술적인 무대장치와 영상디자인, 의상, 음악 등의 유기적인 조화와 창의력으로 작품의 질을 한 단계 끌어올렸다는 평

---

11) 마이데일리. 2009년 10월 21일.
12) 문화저널21. 2009년 10월 29일.
13) 주간한국매거진. 2009년 10월 27일. '공연 속 태권도가 사는 법' 제목의 기사는 "태권도를 소재로 한 공연은 여전히 미완성인 상태다. 태권도 특유의 화려한 동작을 제대로 발휘할 수 있는 무대나 기존 공연 장르와 어떻게 균형있게 조화시키느냐도 공연의 질을 결정짓는 요소다. 무엇보다 태권도가 한국을 대표하는 문화콘텐츠로서 제대로 기능하기 위해서는 '공연 속의 마셜아츠 퍼포먼스'가 아니라 '태권도 퍼포먼스 춤극(혹은 뮤지컬)'이라는 장르에 대한 진지한 고민과 연구가 필요하다"고 꼬집었다.

가를 받았다.

　이날 제작발표회에서 태국 관계자들은 '태권 몽키'에 출연하는 배우 전원이 코리언 타이거즈 태권도 시범단이라는 사실에 더욱 친근감을 표현했다. 백재현은 "공부를 하면 할수록 태권도의 우수성에 놀랄 뿐이다. 이렇게 좋은 소재로, 세계적인 기술과 품새를 자랑하는 코리언 타이거즈 태권도 배우들과 작품을 함께 할 수 있어서 날마다 행복하다"고 밝혔다.[14]

　태권도 공연예술화에 각 대학의 태권도학과 시범단도 동참했다. 기술 및 위력격파와 품새, 호신술 등을 보여주던 단편적인 시범공연에서 벗어나 넌버벌 퍼포먼스와 '이야기'를 가미한 극(劇) 공연을 꾀했다. 조선대 시범단은 2009년 이순신 장군의 일대기를 그린 공연을 선보였고, 우석대는 2010년 동학농민운동과 2011년 로미오와 줄리엣을 공연해 호평을 받았다.

　경민대학 태권도외교과는 2009년 11월 27일 의정부 예술의전당에서 창작 태권도 뮤지컬 '액션2'를 선보였다. 이번 공연에는 태권도 관계자들뿐 아니라 일반 시민들이 대거 참관해 태권도가 대중들에게 한발 더 다가섰다는 사실을 실감할 수 있게 했다. 이번 공연에는 27명의 태권도외교과 학생들과 외부 전문 배우 6명이 호흡을 맞췄고 시나리오, 음향, 연출 등을 모두 분야별 전문가가 직접 맡은 덕분에 공연의 완성도가 높았다는 평이다. 경민대 교수 김영욱은 "연기 교육을 2년 동안 받아온 학생들의 순간 재치와 연기력이 지난 공연보다 한층 높아진 것을 느낄 수 있다"며 학생들을 칭찬했다.[15]

　2010년에 들어서자 공연전문 제작업체가 태권도 공연시장을 개척해 나갔다. 공연전문 제작업체인 필벅(Feel Bug)은 K-타이거즈와 손잡고 '익스트림 태권도 넌버벌 퍼포먼스 - Tiger in the Night'을 기획, 제작했다. Feel Bug은 2006년부터 5년 동안 비보이와 관련된 넌버벌 퍼포먼

---

14) 티브이데일리. 2010년 3월 18일.
15) 태권도신문. 2009년 12월 2일.

스를 5편이나 제작하는 등 경쟁력 있는 공연 콘텐츠를 제작한 업체로 유명하다. Feel Bug의 기정호 이사는 태권도 퍼포먼스를 기획한 것에 대해 "태권도는 세계 인프라를 구축한 경쟁력 있는 공연 콘텐츠이다. 해외에 태권도를 알리고 국가브랜드를 제고하기 위해 미국 초청공연을 추진하게 됐다"며 "현란한 발차기와 격파와 선악대결 등 1차원적인 시범으로는 세계 시장을 공략할 수 없다"며 "태권도 동작과 스토리, 연기, 연출, 무대장비, 첨단 특수효과 등이 조화를 이뤄야 경쟁력 있는 콘텐츠가 될 것"이라고 말했다.

2010년 9월 미국 LA 제37회 한국의 날 축제에서 선보인 대한태권도협회 시범공연단의 '탈 태권십이지신' 공연은 관중들을 사로잡는 태권무의 극치를 보여주었다. 정교한 무술과 음악이 혼합된 태권도 공연 탈(TAL)은 2011년 5월 미얀마 양곤에 이어 6월에는 베트남 수도 하노이의 미딩경기장에서 1만여 명 관객들의 환호 속에 성공적인 행사를 가졌다. 넌버벌 퍼포먼스 '탈'은 한류 콘텐츠의 글로벌화를 시도한 대한태권도협회와 '아리랑 파티'로 잘 알려진 ㈜SR그룹의 만남을 통해 태권도 정신을 표현하고 있다. 한국의 주요 문화 콘텐츠인 태권도-타악-전통무용-비보이를 혼합해 절도-리듬-선-기교의 표현을 통해 새로운 차원의 태권도 공연으로 제작했다는 것이 관계자의 설명이다. '탈'의 월드 투어는 2014년에도 계속 이어졌다.[16]

이런 가운데 2011년 12월 국회문화관광산업연구포럼과 태권도진흥재단이 국회 귀빈식당에서 공동으로 주최한 '태권도가 한류의 미래다!' 행사에서 태권도 오페라 공연과 태권도 뮤지컬 제작이 제기돼 주목을 끌었다. 이날 기조강연을 한 미국태권도평화오페라단 단장 제임스 오는 "무도 철학을 예술로 승화시킨 태권도 오페라에 대한 반응은 예상을 뛰어 넘을 만큼 아주 뜨겁다"며 "모든 형식을 제대로 갖춘 정식 오페라 공연을 통해

---

16) 연합뉴스. 2011년 6월 23일.

태권도가 세계 평화를 지향하고 있다는 것을 세계에 알리고 싶다"고 말했다. 또 뮤지컬 배우 남경읍은 "문화 콘텐츠로 태권도를 홍보할 경우 태권도를 받아들이는데 거부감이 없을 뿐만 아니라 태권도를 좀더 친숙하게 느낄 수 있게 해준다"며 "태권도 뮤지컬을 제작하고 싶은 꿈이 있다"고 밝혔다. 남경읍은 또 "뮤지컬 '점프'는 엄밀히 말해 노래가 곁들여지지 않아 뮤지컬이라기보다는 아크로바틱 공연 수준에 머물고 있으며, '타타 인 붓다'는 세계적인 뮤지컬과 어깨를 나란히 하기에는 역부족"이라고 지적했다.

박동영은 '태권도 시범의 상설 공연문화 정착을 위한 방향 모색' 논문에서 "시대 변화에 맞춘 상설 공연은 태권도 기능인을 발굴하여 육성하고 직업을 창출하는 작은 일에서 현재 태권도 기술을 좀 더 체계화하고 한 차원 높이는 데 큰 몫을 할 것이라 장담한다"[17]고 강조했다.

2012년에도 주목할만한 태권도 공연이 이어졌다. 코리아아트컴퍼니는 3월 용인여성회관 큰어울마당에서 '비가비'를 공연했다. 공연 시간은 60분. 총 7막으로 구성된 '비가비'는 정무관이라는 도장 후계자 결정 과정에서 발생한 갈등을 국악과 타악, 그리고 다이나믹한 태권도 퍼포먼스로 생동감있게 그려낸 작품이다.

태권도 엔터테인먼트를 지향하고 있는 K-TIGERS도 태권도 공연에 적극 뛰어 들었다. 2012년 11월, 감정을 드러내지 않는 비정하고 냉정한 하드보일드(hard-boiled) 태권리그쇼 '파이터스 클럽'을 서울에서 공연했다.

징브로 컴퍼니는 2012년 9월, 태권도와 현대무용의 만남을 기치로 내건 공연을 세종문화회관에서 했다. 세종문화회관의 '춤이 있는 융합공연 작품'으로 선정된 〈태권, 춤을 품다〉는 사회문제로 대두되고 있는 학교폭력, 왕따 등의 문제를 선정하여 학교에서 소외된 아이들이 열정적

---

17) 박동영(2007). 태권도 시범의 상설 공연문화 정착을 위한 방향 모색. 석사학위논문. 한국체육대학교 대학원.

인 선생님을 통해 유쾌하게 변해가는 모습을 그려냈다. 또 공연 곳곳에 숨어 있는 웃음 코드 외에도 남성으로 구성된 출연진은 극도의 스피드, 고공액션, 고난도 컨텍트 테크닉 등 다이내믹한 움직임의 진수를 선보였다.

2013년 5월에는 용인문화재단과 (주)K-kick가 공동으로 주최하고 (주)Y-kick가 주관한 '한빛' 공연 성황리에 열렸다. 이 공연에는 국내 유일의 마샬아티스트 직업배우(Y-KICK 소속) 30여 명과 아역배우(레인보우 소속) 6명이 출연했다. 한글의 글자 유형을 태권도 동작으로 활용해 공연 예술로 만든 이 공연은 퓨전 마샬아츠 퍼포먼스로, 태권도 공연으로는 드물게 한글의 창조적인 요소와 한복의 우아함을 가미해 예술로 승화시켰다는 평가를 받았다.

태권도 관련 학과(전공)도 태권도 공연에 적극적이다. 2007년부터 '동학농민혁명', '로미오와 줄리엣', '사랑아', '유령' 등 해마다 태권도 창작 공연을 선보인 우석대 태권도학과는 2013년 7월과 12월 두 차례 역사극 '안중근'을 공연해 호평을 받았다. 잘 짜여진 스토리와 주제, 군무(群舞), 무대장치, 소품 활용, 연기, 음향, 고난도 동작 등 대학생다운 창의성과 도전정신이 돋보였다.

경희대 태권도학과는 2008년 '도깨비'를 시작으로 매년 태권도 정기 공연을 이어오고 있는 경희대 태권도학과는 2012년 11월 경희대 국제캠퍼스 대강당에서 '태왕사신전'을 공연했다. '태왕사신전'은 태초에 4방을 다스리는 신장들이 각기 다른 무술을 이용해 세상을 다스리다 황제의 죽음과 적제의 변심에 의해 균형이 깨지자, 각 신장의 도움을 통해 후계자가 다시 힘을 찾는 과정을 담았다. 2013년 12월에는 한국태권도공연예술원과 손잡고 태권도 공연 'Go to School'을 했다. 이 공연은 참신한 각 과 대화법을 통해 한 단계 진화된 태권도 공연을 선보였다는 평가를 받았다. 특히 정신수양과 체력단련을 하는 모습을 피구에 접목하는 아이디어로 표현하는 등 절도있는 태권도 동작과 화려한 격파, 호신술, 익스트림 마샬아츠, 율동을 잘 구성해 호평을 받았다.

선문대도 태권도 공연에 뛰어들었다. 2014년 3월 서울 인사동 인사아트프라자에서 'Show Taekwon' 공연을 펼쳐 화제를 낳았다. 'Show Taekwon'은 스포츠, 무예로서의 태권도를 넘어 댄스, 음악, 아크로바틱, 그리고 재미있는 스토리를 버무린 태권도 마샬아트 퍼포먼스로, 집단따돌림과 학교폭력을 극복하는 것이 줄거리다.

이와 함께 2015년 12월 계명대 태권도시범단은 대구에서 국악관현악단과 조화 속에 '천년의 힘'을 선보였고, 전주대 경기지도학과 태권도 전공 학생들도 전주 JJ아트홀에서 소아암 어린이 돕기 '恨 잃어버린 얼을 찾아서'를 공연했다. 그 즈음 한양대 사회교육원 태권도 전공 학생들은 한국태권도공연예술원과 함께 태권탐정 셜록홈즈 시즌 2 '괴도루팡 VS 태권탐정 셜록홈즈' 공연을 성황리에 마쳤다.

한편 태권도 스포테인먼트 쇼 '킥스'를 기획한 신정화 (주)킥스 대표는 2015년 12월 29일 태권도의 문화상품적 잠재가치를 강조하며 "국내는 물론 중국 등 해외에서도 태권도를 활용한 공연 제작과 유통에 투자하겠다는 문의가 많다"고 했다. 관련 업계에 따르면 태권도를 소재로 2016년에 선보일 공연물은 '킥스' 'K-타이거즈' 등 10편을 넘는다. 유료 공연 기준으로 4편에 불과했던 2015년에 비해 2배 이상으로 늘어난다. 극장용으로 제작된 킥스는 2015년 10월 문화체육관광부가 시행한 태권도 소재 공연물 공모사업에서 우수작으로 뽑혔다.[18]

이런 가운데, 2023년 11월 경기도 고양시 킨텍스에서 대한태권도협회가 주최·주관하고 문화체육관광부와 국민체육진흥공단이 후원한 '2023 KTA 다이내믹 태권도 최강전'이 열렸다. 태권도 퍼포먼스와 격파를 아우

---

18) 한국경제. 2015년 12월 29일. 예술이 된 태권도, 1등 문화상품 날갯짓.

르는 이번 대회는 예선(영상평가)를 통해 최종 선발된 대경대, 용인대, 계명대 등 8개 대학이 참가했다. 1경기는 다이내믹 퍼포먼스로 3분 동안 주제에 맞게 자유롭게 묘기 발차기가 포함된 퍼포먼스를 펼치고, 2경기는 다이내믹 격파로 5분 동안 스토리와 격파를 포함한 경연을 선보였다. 대부분 트릭킹 묘기 발차기와 고공 회전 등 고난도 동작을 펼쳤지만, 공연 요소가 너무 폭력적이라는 비판을 받았다.

2022년 백석대 태권도 전공생 공연포스터 2016년 1월 초연된 융복합 가족 뮤지컬 '태권발레'

태권도공연을 선도한 대학 중에 전주대의 활약이 돋보였다. 2019년 대한태권도협회가 주최한 제1회 태권도 시범·공연 경연대회에서 우승한 전주대는 2023년 12월, 대학혁신지원사업 특성화 지원사업 일환으로 태권도 창작공연 '미제(未濟)'를 공연하는 등 태권도 전공을 기반으로 매년 태권도 창작공연을 제작해 공연하고, 재능기부를 실천할 예정이다.

한편 동아대는 2023년 12월, 태권도학과가 졸업공연에서 '해리포터'와 '경찰과 조폭'을 주제로 퍼포먼스를 펼쳤다. 공연은 2개 팀이 각각 해리포터, 경찰과 조폭을 주제로 스토리 시범과 태권도 퍼포먼스를 선보였다. 공연 줄거리와 프로그램 구상, 의상 소품은 학생들이 준비했다.

5 정부의 태권도 문화 산업 정책의 과제

문화체육관광부는 2018년 6월 한국프레스센터에서 태권도 4개 단체(대한태권도협회, 국기원, 세계태권도연맹, 태권도진흥재단)와 함께, '태권도 미래 발전전략과 정책과제'(부제: 태권도 10대 문화콘텐츠 추진방안)를 발표했다.

이번에 발표된 '태권도 미래 발전전략과 정책과제'는 태권도계의 현안과 과제를 담은 10대 문화콘텐츠를 정책과제로 발굴해 2022년도까지 단계적으로 추진함으로써 태권도의 재도약과 지속 성장을 견인하다는 내용을 담고 있다.

문체부는 문재인 정부의 100대 국정과제로 선정된 '태권도의 문화 콘텐츠화'를 추진하기 위해 작년 7월부터 실무팀을 통해 태권도계의 현황을 분석하고 콘텐츠를 발굴했다. 또한 태권도 관련 단체, 학계, 언론계 및 전문가가 참여하는 '태권도 문화 콘텐츠화 추진 특별전담팀(TF)'을 구성, 운영해 태권도가 나가야 할 정책 방향과 주요 과제들을 선정했다.

이후 태권도 수련생 및 학부모, 태권도학과 전공생 및 선수, 태권도 도장 운영자 및 지도자, 태권도산업 관계자 등과의 공청회, 세미나, 간담회 등을 통해 태권도계 현장 의견을 반영해 '태권도 미래 발전전략과 정책과제'를 확정했다.

이번 '발전전략과 정책과제'에서는 태권도에 스포츠종목을 넘어 문화의 옷을 입혀 국민 모두가 즐기고 참여하고, 건강하게 성장하는 태권도 생태계를 만들어 가는 방안 마련에 중점을 두었다. 이에 따라 '태권도로 열어가는 건강한 세상, 행복한 대한민국'을 비전으로 설정하고, ①태권도 저변 확대 ②태권도 산업생태계 조성 ③태권도의 위상과 정체성 확립 ④태권도 글로벌 리더십 강화 ⑤태권도 지원체계 혁신을 정책목표로 정했다.

이를 실현하기 위한 5대 추진전략으로 ▲평생 즐기는 태권도 ▲지속 성장하는 태권도 ▲자랑스러운 태권도 ▲세계와 함께하는 태권도 ▲신뢰받는 태권도를 제시하고 10개의 핵심 정책과제를 마련했다.

되돌아보면, 우리나라 정부는 10년 전부터 태권도 콘텐츠 개발 등 문화산업 육성에 관심을 기울였다. 태권도는 단순히 무예·스포츠이기 전에 우리나라를 대표하는 문화 상징물이자 국격(國格)을 높이는 브랜드의 가치를 인정했기 때문이다.

2007년 7월, 정부는 태권도의 진흥과 지속적인 발전을 도모하고, 태권도를 우리나라 대표문화브랜드로 육성하기 위해 태권도 중장기 발전 계획을 수립하겠다고 밝혔다.

당시 문화체육관광부 스포츠산업팀은 이 같은 추진 배경에 대해 "태권도의 현황 및 문제점 등을 진단하고 태권도를 지속적으로 진흥·발전시킬 수 있는 태권도 중장기 발전계획을 수립하는 것은 대통령이 지시한 사항"이라고 설명했다.

이러한 흐름을 타고 2008년 9월, 문화체육관광부는 '태권도 진흥 및 태권도공원 조성 등에 관한 법률'(태권도진흥법) 시행에 따라 태권도 진흥 기본계획을 발표했다. 2013년까지 5년간 3185억 원이 연차적으로 투자한다는 이 계획에는 태권도 문화산업과 관광 브랜드화도 포함되어 태권도 문화산업을 촉진시킬 것이라는 기대를 갖게 했다.

박근혜 정부는 2015년 9월 '태권도비전2020위원회'를 구성하고, 그 산하에 태권도 제도개선-융합-산업 등 3개 소위원회를 두고 태권도 콘텐츠 육성 방안을 추진했다.

추진 방안과 전략을 보면, △태권도의 문화문화 정체성 강화 △K-스타일과 융합한 태권도 콘텐츠 개발 △태권도원의 신(新) 한류 허브화 △태권도 산업화 촉진 및 태권도 관광산업 활성화 등이다.

그 중에서 K-스타일과 융합한 태권도 콘텐츠 개발을 구체적으로 살펴보자. 이 사업은 한글과 전통문양이 결합된 태권도 콘텐츠를 개발하고, 한류문화 콘텐츠와 태권도를 융·복합화한 태권도 콘텐츠를 개발·보급하는 것이 핵심이다.

이러한 흐름의 연계 선상에서 문재인 정부도 '태권도 10대 문화 콘텐츠 개발 및 세계 보급'을 100대 국정과제로 선정하고, 태권도 문화콘텐츠화를 위한 명품콘텐츠 개발에 나선다고 밝혔다. 이를 위해 문화체육관광부는 태권도진흥재단, 국기원, 세계태권도연맹(WT), 대한태권도협회(KTA) 등 4개 단체의 실무자와 각계 전문가가 참여하는 '태권도 문화콘텐츠화 추진위원회'를 8월 중 구성해 태권도 중장기 발전 전략을 수립한다고 밝혔다.

추진위원회는 올해 연말까지 정기적인 모임을 열고 태권도 생태계의 전반적 현황 분석, 문제점 진단 및 처방, 정책과제 도출 등을 통해 태권도가 재도약할 수 있는 계기를 마련한다는 계획이다.

집권하는 정부마다 태권도에 대한 애정과 관심은 여전하다. 태권도 진흥 및 발전의 일환으로 중장기 계획을 수립하고 이와 관련된 추진 내용을 발표하는 것은 환영할 만하다. 격투기 유사 종목을 비롯해 많은 경기단체들이 부러운 시선으로 바라보는 것은 이미 자연스러운 현상이 됐다. 그런데 역대 정부가 태권도 콘텐츠 개발 등 문화 산업 육성 정책을 추진하면서 문화-관광-산업과 연계된 태권도 콘텐츠에 대해 얼마나 고민을 했고, 그 성과가 얼마나 있었는지 묻지 않을 수 없다.

이명박-박근혜-문재인 정부로 이어지는 태권도 정책을 면밀히 살펴보면 (1)발전 계획을 수립한 후 (2)그 내용을 발표하고 (3)실무 전담팀을 구성해 세부 사항을 추진하는 것이다. 정책은 이런 방식과 흐름을 따르기 마련이라고 해도 태권도 정책의 경우 그 방식과 추진 내용이 매우 비슷해 10년 가까이 별반 다를 게 없다.

결론부터 말하면, 역대 정부가 추진한 태권도 콘텐츠 개발 및 문화 산업 정책은 기대한 만큼의 성과를 거두지 못하고 흐지부지 끝났다. 구호만 남발한 전시성 정책이라는 비판을 받는 것은 이런 까닭에서다.

문재인 정부도 출범하자마자 태권도 육성 정책을 발표했지만, 이명박·박근혜 정부처럼 집권 초기에만 관심을 기울이고 그 의지가 지속되지 못한다면 국정과제로 태권도 콘텐츠화를 내걸어도 용두사미가 될 가능성이 높다. 박근혜 정부 시절 문화 체육 분야에서 국정을 농단하며 태권도를 비롯한 각종 비리를 저지른 최순실 사태가 앞으로 일어나선 안 된다.

따라서 문재인 정부가 추진하는 태권도 정책이 실효성을 거두려면 태권도 4개 단체의 실무자와 각계 전문가들로 구성하는 '태권도 문화콘텐츠화 추진위원회'를 내실있게 구성해 효율성을 높여야 한다. 그리고 태권도 정책의 지속성과 확장성, 그리고 생산성을 강화하기 위한 '실무전담팀(TF)'을 설치해 모임을 정례화하고, 일정 기간마다 성과를 면밀히 진단하고 분석하는 시스템을 가동해야 한다.

이명박 정부 시절, 영부인의 관심에 힘입어 2009년 '한식세계화 추진단' 출범했지만 한식의 세계화 마케팅에 큰돈을 투자하고도 뚜렷한 성과를 내지 못해 빈축을 샀다. 문재인 정가 추진 중인 태권도 정책은 이명박-박근혜 정부의 실책과 한식 세계화의 문제를 반면교사로 삼아야 할 것이다.

연구과제

1. 태권도 문화의 개념과 유형을 설명하시오.
2. 태권도가 지니고 있는 문화 콘텐츠와 브랜드 가치는 무엇인가?
3. 한국 정부가 추진했거나 앞으로 해야 할 태권도 문화 산업 정책에 대해 설명하시오.
4. 문화산업적 측면에서 태권도 엔터테인먼트와 공연예술이 왜 중요한지 설명하시오.
5. 무주 태권도원 활성화 방안은 무엇인가?

참고문헌

마이데일리. 2009년 10월 21일.
무카스. 2010년 12월 13일.
문화저널21. 2009년 10월 29일.
미주 중앙일보. 2015년 11월 14일.
박동영(2007). 태권도 시범의 상설 공연문화 정착을 위한 방향 모색. 석사학위논문. 한국체육대학교 대학
부산일보. 2009. 5. 12.
서성원(2015), 태권도뎐. 애니빅.
새전북신문. 2015년 9월 24일. 끝없는 태권도원 사직행렬.
주간한국매거진. 2009년 10월 27일.
전북도민일보. 2014년 10월 15일. 태권도원 개장 6개월 애물단지 전락하나.
한국경제. 2015년 12월 29일. 예술이 된 태권도, 1등 문화상품 날갯짓.
한국일보. 2010년 1월 10일.
한국무예신문. 2014. 2. 13. 태권도' 등 K-Culture로 신한류 창출
태권도신문 사이트. 2006. 1. 2.
태권도신문. 2006년 6월 5일. 태권도공원 방문객 추정의 허상.
태권저널. 2015년 4월 2일. 김중헌 총장 인터뷰.
티브이데일리. 2010년 3월 18일.
KBS. 2014년 7월 18일.

개정증보판 *History & Culture & Taekwondo*
태권도역사와 문화의 이해

제15장 태권도 도장문화와 지원 정책

📖 **학습목표**

이 장(章)은 태권도 도장의 시대적 흐름과 현실을 이해하고 대한태권도협회와 국기원 등 태권도 기관이 추진한 도장지원 정책 및 사업을 탐구하는데 학습목표가 있다.

특히 일선 도장의 경영이 어려워진 요인을 살펴보고 이를 해결하기 위한 노력과 타개책을 강구해 본다. 또 국기원과 대한태권도협회가 2007년부터 본격적으로 추진한 도장지원 정책과 사업을 면밀히 살펴보고, 성과와 과제를 제시한다.

제15장 태권도 도장문화와 지원 정책

1 도장의 시대적 흐름과 현실

　전국에 있는 태권도 도장은 태권도를 떠받치고 있는 '풀뿌리'라고 할 수 있다. 도장이 태권도의 근간이자 젖줄이라는 얘기다.

　1945년 해방 전후 5대 기간도장(基幹道場)이 태동하면서 각 관(館)에서 수련한 사람들이 도장을 개관하면서 전국적으로 도장이 늘어나기 시작했다. 1967년 5월 대한태권도협회가 자체 집계한 현황을 보면, 전국에는 519개소의 도장이 있었다. 그 후 경제성장에 따른 삶의 질이 좋아지고 1980년대 후반부터 대학에서 태권도를 전공한 사람들이 도장을 개관하면서 '도장 1만 개소 시대'[1]에 접어들었다.

　KTA 산하 17개 시도태권도협회 중 등록도장이 가장 많은 곳은 경기도로 국기원 자료에 따르면, 2020

---

[1] 문화체육관광부가 집계한 전국 체육시설업 및 체육도장업 현황을 보면, 2010년 12월 현재 전국에 있는 태권도장은 11,364개소였다. 권투가 477개소, 유도 391개소, 검도 877개소, 우슈 147개소였다.

년 경기도는 2,500개소를 넘어섰고 세종시는 82개소로 가장 적었다. 대한태권도협회 집계에 따르면, 2023년 12월 현재 협회 등록도장(회원)은 9,695개소로 코로나-19 전 2019년보다 약 400개소가 줄었다. 2024년 현재 미등록도장까지 합치면 전국에는 약 1만100개소의 태권도장이 있는 것으로 추산된다.

(1) 1970년대부터 어린이에게 태권도 적극 권장

1960년대까지 태권도를 배운 사람들은 주로 청소년과 청년들이었다. 이런 사실은 태권도 원로들의 증언과 각종 사료를 통해 알 수 있다.

1967년 대한태권도협회가 집계한 현황 자료에 따르면, 전국에 있는 태권도 도장은 519개소에 불과했지만, 1971년 대한태권도협회가 발간한 『태권도』(2호)를 보면, 당시 국내 도장은 1600여 개소로 수련 인구는 약 130만 명으로 급증했다.

이처럼 4년 만에 태권도 수련인구가 크게 증가한 까닭은 무엇일까. 1970년부터 태권도 수련 인구가 눈에 띄게 증가한 것은 여러 가지 이유가 있지만, 유소년(어린이)들에게 정책적으로 태권도를 보급한 것이 주효했다.

1970년 문교부에서 '1인(人) 1기(技)' 특별 체육활동을 해도 좋다는 지침을 내리자 1971년 3월부터 각 초등학교에서 운동종목 중에서 '교기(校技)'를 채택하면서 태권도를 권장하는 바람이 불었다.

국민학교에서 체육활동 일환으로 추진된 태권도 교육은 어린 시절부터 태권도를 수련하면 신체적·교육적·심리적으로 좋은 효과를 얻을 수 있다는 인식을 심어줬다.

이러한 흐름에 학계도 한 몫을 했다. 백용기(중앙대 교수)는 1971년 대한태권도협회가 발간한 『태권도』(창간호 4월호)에 기고한 글에서 태권도의 교육적 가치에 대해 "태권도 수련을 통하여 강인한 정신을 기르게 하고, 극기와 자제, 예의와 정의감을 가지게 하며, 과감성과 용기, 인내, 성실성을 가지게 해 일상생활에 적응하게 한다"고 주장했다.

백용기는 체력과 근력이 약한 유년기와 소년기에 태권도를 지속적으로 수련하면, 비겁함이 대담하게, 침울함에 명랑하게, 내향성이 외향성으로 바뀌는 등 성격도 개선된다고 했다.

1971년 3월에 열린 대한태권도협회 제5회 소년부 심사대회에 355명(남자 343명, 여자 12명)이 응심하는 등 날이 갈수록 도장과 학교에서 태권도를 수련하는 어린이들이 늘어났다.

특히 정부의 '1인(人) 1기(技)' 특별활동 지침에 따라 태권도를 선호하는 교장의 의지가 더해져 전국 각지의 초등학교에서 태권도를 장려하는 분위기가 조성됐다.

이러한 기회를 대한태권도협회는 놓치지 않았다. 1972년 기술심의회는 품세와 용어제정 소위원회를 구성해 학교 교과과정에 삽입할 새로운 유급자 품세(태극 1~8장)를 만들어 어린이들에게 보급했다.

당시 국민학교에서 태권도를 어떻게 보급했는지 살펴보자.

1972년 남도의 섬에 있는 국민학교에서 지도교사가 학생들에게 태권도를 지도하고 있다. 사진=대한태권도협회 발간 태권도(1972년 9월호).

서울 홍익국민학교는 특별 활동시간에 하던 태권도 수련을 2천여 명의 전교생이 일주일에 한 번씩 수련했고, 숭덕국민학교는 '태권도 장학제도'를 추진할 정도로 방과 후에 200여 명의 학생들이 태권도 수련에 정진했다.

　또 마포국민학교는 4학년 이상 학생들이 하는 합동체조로 태권도를 택했고, 미동국민학교는 태권도부를 발족한 지 1년 만에 250명의 수련생과 60명 유단자를 배출해 화제를 낳았다.[2]

　이와 함께 서울 숭례·이태원·불광·은로·전농국민학교도 태권도를 통해 신체발육을 꾀하고, 자립 협동정신을 함양시키며, 민족 주체성을 심어준다는 취지로 어린이들에게 태권도를 가르쳤다.

　이러한 바람은 지방에서도 이어졌다. 수도권과 마찬가지로 총력안보 시대 흐름에 맞춰 교장 중심으로 태권도를 보급했다. 1968년 태권도부를 창설한 청주 한벌국민학교는 안보체육으로 태권도가 갖는 가치에 부응하기 위해 태권도를 적극 장려해 1973년 초 유급자 학생이 7백여 명, 유단자 후보 학생이 2백여 명, 유단자 학생이 74명을 기록했다.

　또 충남 천안 입장초등학교는 2천여 명의 학생들이 운동장에 모여 태권도를 배웠고, 대구 종로국민학교는 태권도 시범단과 태권도부를 창설해 태권도 보급에 열성이었고, 대구 수창국민학교도 여기에 뒤질세라 전교생이 참가하는 교기(校技)로 태권도를 채택해 합동 체육시간에 태권도를 보급했다.

　화전(火田)이 많은 벽지마을 강원도 춘성군 신남국민학교도 태권도를 통해 강인한 신체발육과 건전한 정신을 기를 수 있다는 교장의 강한 의지에 따라 3학년 이상 학생들에게 태권도를 가르쳤다.[3]

　이 같은 바람을 타고 어린이 태권도 인구는 급증해 1973년 4월에 열린 '제1회 서울교육대학장배 초등학교태권도대회'에 서울시내 71개교 345명

---

2) 대한태권도협회, 태권도, 1972년 9월호.
3) 대한태권도협회, 태권도, 1973년 3월호.

의 선수가 참가한 데 이어, 그 해 6월에 열린 '제4회 전국초등학교개인선수권대회'에 756명이 참가했다.

대한태권도협회는 1973년 10월, '제1회 회장기쟁탈 전국초등학고 단체대항태권도대회'를 국기원에서 개최해 어린이들의 태권도 수련과 태권도 대회 참가 열기를 고조시켰다.

한편 대한태권도협회는 1973년 8월, '벽지와 낙도에 도복을 보냅시다' 캠페인을 전개하며 "이제 태권도 가족은 150만 명으로 늘어났다. 도시에서 농촌에서, 그리고 낙도와 벽지에서 남녀노소가 태권도를 수련하는 광경을 쉽게 볼 수 있는 (…) 도장에서 사용하지 않고 먼지가 쌓이고 있는 도복이 벽지 어린이들에게는 기쁨을 줄 수 있는 좋은 선물"이라며 호응을 기대했다.

(2) 1980년대부터 태권도 수련층 '어린이 편중' 심화

1980년대 초 태권도 저변확대와 대중화 영향으로 태권도 수련인구와 태권도장은 비약적으로 성장했다. 1980년 국기원 응심자 통계를 보면, 품(品) 응심자는 33,516명, 단(段) 응심자는 46,036명이었다. 품 응심자 중 83.9%가 1품 응심자인 것을 보면 태권도를 배우는 어린이들이 급증한 것을 알 수 있다.

품·단증 취득을 위한 응심자는 해를 거듭할수록 증가했다. 1980년 연간 10만여 명 이었던 응심자는 1985년 20만 명으로 급증했고, 1989년에는 30만 명에 육박하는 증가 추세에 이르렀다.[4]

이봉(세심태권도장 사범)이 연구한 '태권도 인구의 저변확대 방안'(대한태권도협회. 태권도. 1981년 4월호)을 보면, 1981년 서울 강남구 6개소 도장과 관악구 4개소 도장의 수련생은 573명이었다. 수련생 연령 분포는

---
4) 대한태권도협회. 태권도. 1989년 6월호.

미취학아동(유치원생)과 10세 전후 초등학생들이 약 83%를 차지해 태권도 수련층의 아동화 현상이 뚜렷했다. 구체적으로 보면, 10개소 도장 573명 수련생 중 유아 18.9%, 7~9세 28.4%, 10~12세 35.8%, 13~15세 8.7%, 16~20세 5.8%, 21~40세 2.4%였다. 이처럼 성인들이 태권도 수련을 기피한 것은 직장생활과 결혼 등 사회구조적인 현상으로 인식했다.

당시 서울에 있는 태권도장은 500개소를 넘어섰고, 사범은 어림잡아 1,000명에 달했다. 유아교육을 활성화하는 시대 흐름을 타고 유치원 운영을 병행하거나 유치부를 개설하는 현상이 두드러졌다. 또 합기도와 태권도 지도를 병행하는 곳도 늘어났다.

이봉은 1985년 '도장 경영에 관한 소고'에서 이렇게 설파했다. 당시 한국 경제가 성장하며 국민소득이 증가하자 일선 태권도장은 호황기를 누렸다.

"(…) 해당 지역 1,000가구에 가구당 평균 세대수가 1.3세대라면 총 1,300세대가 A도장의 시장인 셈이다. 1,300세대의 5% 수준이 바로 65명 수준이며, 이 정도는 초기 6개월 이내에 확보되어야 일단 성공 가능성이 있다고 보여진다. 그럼 목표는 어떻게 세울 것인가? 1,300세대의 가족 수를 4명으로 보면 5,200명 중에서 태권도 수련이 가능한 인구는 몇 %일까를 생각해 봐야 한다. 가정 주부와 혼인 적령기 여성은 배제될 것이며, 주로 경제 활동 인구인 가장의 경우도 대사에서 제외되어야 할 것이다. 그렇다면 나머지 50% 중에서 유치부, 소년부, 학생부, 성인부 및 노년부 대상 인구는 얼마나 될 것인가 (…)"[5]

대한태권도협회는 갈수록 태권도를 수련하는 유아들이 증가하자 대책을 마련했다. 1985년 8월, 대한체육회 회의실에서 대한태권도협회 임원들과 교육학계 인사, 일선 태권도 지도자들이 참석한 가운데 '유아 태권도

---

5) 대한태권도협회. 태권도. 1985년 6월호.

교육의 현황과 개선 방안'을 주제로 토론을 했다. 주요 내용을 보자.[6]

*홍성윤(중앙대 사범대학장) : 영국의 유아교육은 동네마다 이웃 간의 놀이과정에서 익힌 '스포츠맨십'이 '젠틀맨십'으로 발전되도록 이끄는 것입니다. 우리나라 교육 여건상 정적인 면과 운동 기능면을 충분히 담당하지 못하는 것을 볼 때 태권도장의 역할이 활성화 되는 것이 아동 교육에 기여도를 높이는 방안이 될 수도 있습니다. 태권도 사범은 지도하는 아동들을 정서적, 지적인 면으로 골고루 발달할 수 있도록 균형 있는 프로그램을 준비해야 합니다.

*황춘성(대한태권도협회 전무) : 수련 인구가 성인 위주에서 점차 저연령층인 국민학생과 중고등학생들에게 확대되고, 수련 인구의 양적인 팽창에 따라 태권도장도 급격히 늘어나며 유아교육의 중요성이 강조되면서 자연스럽게 유치부 과정이 일선 도장에 정착된 것으로 봅니다. 80년대 접어들면서 유아 교육시설로 태권도장이 어떠한 역할을 해야 할 것인지.

*이봉(태권도 사범) : 일선 태권도장에서 사범들이 유치부 아동들을 지도한다면 실용적인 전문교육을 별도로 받아야 한다고 생각합니다. 가령 유치부 교육의 프로그램 교육 방법과 발달과정, 교육 심리 이론 등 지식을 사범들이 지녀야 하고, 그러기 위해선 사범 보수교육을 통해 바람직한 유치부 교육을 사범들이 주도할 수 있는 제도적 준비가 필요하다고 생각합니다. 80년대 들어 적극 권장하고 있는 유아교육의 붐을 충분히 뒷받침할 수 있는 교육시설이 부족한데 가장 잘 분포되어 있는 태권도장을 적절히 활용해서 유치부 과정을 발전시키도록 해야 합니다.

*장재우(태권도 사범) : 일선 도장 대부분은 유치부 과정을 가능하면 다양하게 구성해서 학부모 요구에 따르고 있습니다. 도장 운영 면에서 유치부는 큰 몫을 차지하고 있

---

6) 대한태권도협회. 태권도. 1985년 9월호.

습니다. 그리고 유치부가 일선 도장에서 시작된 것도 학부모의 요청에서 비롯된 것입니다. 그래서 태권도를 중점적으로 지도하지만 보육교사를 통해 아동들의 일반 교양을 보완하고 있는 것입니다.

*주상일(교사) : 태권도를 수련한 어린이가 발표력이 뛰어나고 태도가 의연해지는 것은 사실입니다. 그렇지만 사범은 정신과 기술을 전수하는 교육전문가 입장에서 아동들의 교육 과정이 뚜렷해야 합니다. 준비운동, 보조운동, 주운동, 정리운동이 있듯이 첫 주에는 무엇을 가르치고 둘째 달에는 무엇을 지도하는지 교육 계획이 명확히 세워져야 합니다.

대한태권도협회는 1985년 창립 이래 처음으로 일선 태권도장 운영 실태와 사범들의 의식구조를 진단했다. 도장 육성 방안과 사범들의 복지제도에 대한 정책을 수립하기 위해서였다. 1985년 가을에 설문지를 만들어 1986년 3월까지 전국 도장에 설문지를 배포한 후 설문에 응답한 259개소 도장의 설문지를 회수해 통계 분석을 했다.

그 결과, 설문에 응한 259개소 도장의 수련 인원은 평균 89명으로 나타났다. 그 중 유치원생이 31%, 초등학생이 48%, 중고생이 15%, 성인이 6%로 집계됐다. 전체 도장의 10% 정도가 응답해 객관성과 보편성은 좀 떨어지지만, 80년대 중반에도 적지 않은 청소년들이 태권도를 수련했다는 것을 알 수 있다.

양진방(국기원 연수원 교학과장)은 태권도장 수련층의 유소년 편중 현상에 대해 "성인들에게 태권도는 어린이들이 하는 운동이라는 의식이 팽배해 있는 것이 사실"이라며 "소홀히 해온 성인 태권도를 정상화시키는 노력을 시작해야 한다. 성인들을 위한 프로그램을 개발하고 보급해 유소년 수련층의 기반을 성인부로 연계해야 할 것이다. 이것은 일선 도장 사범들만의 노력이 아닌 제도권 차원에서 과감한 투자와 노력이 필요하다"[7]고 제시했다.

한편 대한태권도협회는 1988년 태권도 교육용 비디오 교재를 만들었다. 총 4개의 테이프로 작된 1편에는 태권도 역사와 원리, 미래 등을 다뤘고, 2편은 태권도 기본자세와 유급자 품새, 3편은 유단자 품새, 4편은 겨루기 및 시범으로 구성했다. 대한태권도협회는 "우리말과 영어로 제작되어 국내외 태권도 보급과 일선 도장 수련생들에게 훌륭한 길잡이가 될 것으로 본다"고 밝혔다.

(3) 도장 경영난 타개를 위한 세미나 개최

도장 경영이 어려워지자 이를 타개하기 위한 세미나가 열리기 시작했다. 1997년 태권도신문이 KTA의 후원 속에 도장 경영 세미나를 개최한 후 시도태권도협회와 태권도 단체에서 연이어 세미나를 개최했다.

2006년 (주)컬처메이커 무토가 주최한 '제1차 도장 최고경영자 세미나'는 무술도장의 생존 방법과 활성화를 일깨워준 의미있는 행사였다. 서울대에서 열린 세미나는 △허건식 소마연구소장=도장이 죽고 있다 △최경주 체육관119 본부장=도장 경영, 성공으로 가는 첫 걸음 △장도현 미국 화이트타이거 관장=성공 도장 운영 노하우 등 전문가들의 강연과 종합토론으로 나뉘어 진행됐다.

허건식은 위기에 빠진 국내 도장의 현황을 설명하면서 스포츠클럽, 학교복합시설, 방과 후 학교 등 급변하는 상황에 대한 이해와 적응의 필요성을 지적했다. 그는 이날 강연에서 현재의 국내 도장은 운영의 어려움과 이론의 부재로 인해 한계를 드러내고 있는 심각한 위기 상황이기 때문에 이러한 위기를 극복하기 위해서 도장의 대형화 및 도장의 전문화, 그리고 복

---

[7] 대한태권도협회. 태권도. 1990년 9월호.

합브랜드 개발 등이 이뤄져야 한다고 강조했다.

최경주는 "도장 경영은 도장 사업을 의미한다"며 입지 선정의 중요성을 설파했다. 그는 "도장을 개관할 때부터 입지 요건과 주변 환경에 따라 최소 인원과 최다 인원이 이미 정해져 있다"며 상권 및 입지요건, 마케팅, 경영 관리 능력 등이 성공 도장의 필수 요소라고 설명했다. 특히 "도장의 수련생과 학부모가 고객이라는 인식의 전환을 통해 적극적인 마케팅 기법이 도입되어야 한다"고 강조했다.

이런 가운데 도장 경영 및 지도 시스템에 변화를 시도하는 움직임이 나타났다. 2006년에 일주일에 3번, 1시간씩 태권도를 가르치고 12만 원을 받는 도장이 생겨났다. 서울 강남의 S도장은 주 5일제 근무 환경이 정착함에 따라 태권도 수련 환경도 새로운 시스템이 필요하다고 판단, 주3일제 수련 시스템을 전격 도입했다. 수련비는 한 달에 12만 원. 미국 등 서구의 수련 시스템을 국내 실정에 맞게 접목한 것이다. S도장의 관장은 주 3일제 수련 시스템에 대해 "(학생들도 각종 학원 수강으로 바쁜데, 일주일에 5번 태권도를 배울 필요는 없다"며 "수련생의 특성에 맞게 체계적으로 태권도를 가르치고, 부족한 것이 있으면 나중에 보충하면 된다"고 말했다. '주 3일제, 12만 원 수련비' 현상에 대해 도장 전문가들은 시대 흐름으로 여기며 대체로 긍정적으로 받아들이고 있다. 수련비를 많이 받는 만큼 제대로 가르치면 된다는 것이다. 교육의 질을 높이고 프로그램을 잘 구성하면 일주일에 3번 가르쳐도 문제가 안 된다는 것이다.

2015년 2월에는 한국태권도연구소(소장 손성도)가 3월 새 학기를 대비해 일선 태권도장 경영 비법을 공개했다. 도장 콘서트 형식으로 열린 이 행사는 도장 경영과 관련해 원론적인 이론이 아닌, 현장에서 곧바로 적용이 가능한 성공 사례의 비법을 알려줬다.

(4) '놀이형 프로그램' 찬반 논쟁

1990년대 중반, 한국 도장에 미국의 수련 프로그램을 보급하려던 미국 태권도협회(ATA) 회장 이행웅은 한국의 도장을 둘러보고 "도장이 아니라 놀이방"라고 개탄했다. 시끌벅적한 수련장에서 공을 가지고 뛰어 노는 수련생들을 보고 몹시 실망스러웠던 모양이다.

일선 도장의 일부 지도자들은 놀이와 게임도 수련 프로그램의 하나라고 인식하고 있다. 어떤 도장은 '학교체육'의 일환으로 놀이와 게임을 권장한다. 하지만 태권도 본래의 가치를 중시하는 사람들은 무분별한 놀이와 게임이 도장에서 행해지는 것에 대해 우려를 나타내고 있다.

류병관은 자신이 저술한 『태권도가 건강에 좋아요』에서 재미와 흥미를 겨냥한 '놀이형 프로그램'에 부정적인 견해를 밝혔다. 그는 "(놀이형 프로그램은) 어린이들의 성장과 발육에 도움을 줄 수 있는 효과적인 사회체육의 방법임에는 틀림없다"고 인정하면서도 "스트레스 측면에서 해석하자면 '놀이형 프로그램'은 스트레스를 극복하게 하는 것이 아니라 스트레스를 일시적으로 잊게 하거나 피하게 하는 것"이라고 주장한다. 놀이형 프로그램은 스트레스에 대한 저항력을 기르고 이를 극복할 수 있는 몸의 수련이 되지는 못한다는 것이다.

이에 대한 반론도 만만찮다. 수련생의 대부분 10세 전후의 초등학생이기 때문에 이들의 심리와 정서를 잘 파악해 반복적인 기본 동작, 품새, 겨루기 등의 지도 방식보다는 놀이와 게임을 수련 프로그램에 접목해야 한다는 것이다. 이런 기류는 일선 도장에 수련 프로그램을 공급하는 태권도 컨설팅 업체의 영향이 작용했지만, 신세대 지도자들의 지도철학도 많이 반영됐다. 충남 천안의 한 지도자는 "아이들에게 즐거움을 줘야 도장에 온다. 도장은 아이들이 스트레스를 푸는 곳의 역할도 해야 한다"고 주장하는 것은 이런 맥락에서 나온 말이다. 태권도 컨설팅 업체 측은 놀이형 프로그램에 대해 즐겁고 쉽게 따라할 수 있게 해 스트레스를 풀어주고, 운동 기능 및 체력을 향상시켜 준다며 리더십과 협동심, 이해심, 준법성 등을 길러줌으로써 태권도 교육을 할 때 의욕을 갖고 자발적으로 참여하도록 유도한다고 강조했다.

하지만 도장의 핵심 프로그램은 태권도 자체여야 한다는 지도자들도 적지 않았다. 충남 아산의 임태희는 "기본적으로 도장에 오면 땀 흘려 수련하고 도복이 땀에 젖은 채로 집에 가야 한다고 생각한다. 강인한 체력을 기르는 심신단련이 태권도 수련의 핵심이다"고 말했다.

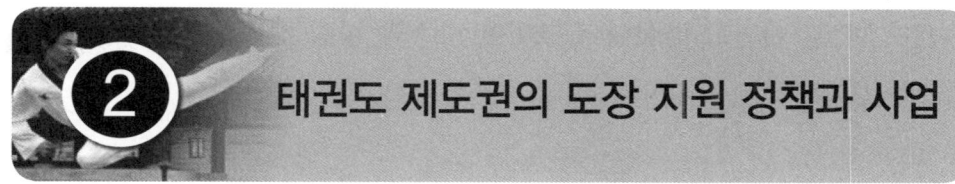

2 태권도 제도권의 도장 지원 정책과 사업

(1) 도장 지원 정책의 필요성 대두

이처럼 일선 도장이 경영난을 겪자 KTA와 국기원을 향해 도장 활성화 정책을 수립하고 추진하라는 목소리가 높아지기 시작했다. KTA-국기원-시도협회가 심사비를 배분해 가져가는 만큼 그에 따른 도장 지원을 해야 한다는 논리였다.

2007년 정부의 교육 정책도 도장에 불리하게 작용했다. 교육인적자원부는 교육법 개정안이 국회를 통과하는 대로 태권도가 포함된 '방과 후 학교[8]'를 시행할 것이라고 밝혀 '방과 후 학교'가 시행될 경우 일선 도장의 경영난은 더 심화될 것이 뻔했다.

설상가상 20년 후에는 초등생의 40%가 감소할 것이라는 연구결과가 발

---

8) '방과 후 학교'의 운영 시간은 오후 2시 30분부터 5시 30분. 일선 도장에서 초등학생들이 태권도를 수련하는 시간대와 비슷하다. 월 수련비는 보통 8-10만원인 일선 도장의 25%에 해당하는 2만5000원 선이 될 것으로 예상했다.

표돼 10세 전후의 초등학생이 주요 수련층인 일선 도장에 근심을 안겼다. 미국 클리브랜드에서 도장을 경영해온 권기문은 "한국의 태권도장은 주 수련층이 초등학생이다 보니 베이비시터(아기를 봐 주는 곳) 기능을 담당하고 있는 듯하다"고 지적하면서 "미국의 태권도장 수련층은 40% 정도가 중·장년층"이라고 말해 국내 도장이 가야할 방향을 제시했다. KTA 도장 책임연구원 이종천은 "저출산 영향으로 초등학생 소비자가 절대적으로 감소할 것이라고 예상된다. 일선 지도자들은 성인층 및 여학생 등으로 수련층을 확대하기 위한 프로그램 개발에 촉각을 곤두세워야 한다"고 강조했다.

KTA는 2016년 91억 원 사업예산 중 9억 3천만 원을 도장지원사업비로 편성하고, 태권도 다이어트 코리아 방송과 성인 태권도 활성화에 주력하기로 했다.

(2) 도장 지원 정책과 사업내용

일선 도장을 위한 지원정책은 2000년대 들어서면서 수면 위로 떠올랐다. KTA는 2004년 '도장교육 및 경영연구회'라는 소모임을 결성해 도장 지원 정책의 밑그림을 설계하고 공론화했다. 그리고 2007년부터 도장 활성화 중장기 정책을 수립하며 도장 지원 사업과 정책을 본격적으로 추진했다. 도장 지원을 위한 정책 수립과 추진에 들어가는 예산은 심사추천비를 인상(응심자 1인당 1,500원), 5억 4천만 원을 편성했다. 한해 심사 응심자가 40만 명이면, 6억 원이 확보되기 때문에 5억 4천만 원을 확보하는 것은 무난하다고 봤다.

KTA는 도장 활성화 및 지원 사업을 원활하게 추진하기 위해 곧 담당 직원(연구원)을 1명 채용하고, 도장 지원 사업을 크게 연구 개발, 경영

지원, 교육 개발 등으로 나눠 각 항목당 예산을 편성했다. 그 해 4월에는 시도태권도협회 전무이사들로 구성된 도장지원특별위원회(위원장 윤웅석)를 열고, 도장 지원사업의 추진 계획(안)과 예산 배정의 적합성과 타당성을 심의했다.

곧이어 전북 무주에서 열린 전국 태권도인 연찬회에서 KTA는 회원도장 지도자 보수교육 및 재교육 제도를 정착시켜 나가겠다고 설명했다. 그 자리에서 도장 책임연구원 이종천은 "전국의 지도자들에게 양질의 교육기회를 제공하는 것이 가장 중요하다. 태권도 지도자 집단도 의사, 변호사 같은 전문집단과 같은 질적 향상을 꾀할 수 있을 것"이라고 말했다. 당시 KTA가 의욕적으로 추진하던 '지도자 자아혁신세미나'에 대해 실무자 류호윤은 다음과 같이 말했다.

도장지원사업 세부 추진 사항과 소요 예산 (단위: 천원)	
도장 관련 법제 연구	5,000
심사대회 모델연구 및 시범 실시	15,000
단(품)별 수련복 개발	15,000
도장교육 기초방향 연구	15,000
교과서 및 지도지침서 연구	30,000
교육용 태권체조 연구	10,000
겨루기 지도모델 연구	10,000
교육용 태권체조 순회교육	15,000
도장경영 주제별 교육	30,000
지도자 의식개혁 순회 세미나	12,000
전국시군지부장 합동교육	35,000
KBS-SKY 캠페인 광고 방송	40,000
TV-CF 영상물 제작 배포	30,000
흥행성 경기 및 공연물 개발	30,000
도장경영정보지 발간	40,000
도장지원특별위원회	20,000
도장연구분과위원회	12,000
책임연구원 활동비	45,000
자료구입 및 교육 연구비	10,000
예비비	48,000

대한태권도협회 2007년도 도장지원사업예산

"도장활성화를 위해서 일반 도장컨설팅 회사들과 같이 단기적인 효과를 목표로 하는 경영세미나 중심으로 갈 것인가, 아니면 태권도 교육의 백년대계를 위해 지도자의 자질을 향상시키는 교육세미나 중심으로 갈 것인가에 대한 논란이 많았다. 결국 많은 논의 끝에 공기관인 협회가 나아갈 길은 다소 그 효과가 늦더라도 태권도 교육의 콘텐츠 개발과 지도자의 자질을 향상시키는 재교육 중심으로 연구를 집중하기로 의견을 모으고 시작한 것이 '지도자 자아혁신세미나'였다."[9]

KTA는 미등록도장과의 차별화를 위해 등록도장 지원사업을 강화하면서 태권도 교육과정 연구, 지도자 자아혁신세미나 실시, 태권도지 발간, 태권체조 보급, SMS문자 정보화사업, 태권도 TV 캠페인 광고, 태권도 홍보 및 교육 CD 제작, 품·단별 수련복 개발, 도장 관련 법제 연구 등을 진

---
9) 태권도신문, 2010년 10월 28일.

행했다.

　태권도 공익 캠페인도 도장 지원 정책의 하나였다. 국기원과 KTA는 2007년 KBSN 채널을 통해 태권도 캠페인을 전개했다. 태권도의 긍정적 사회적 이미지를 높이고 태권도 수련을 통해 얻을 수 있는 효과를 홍보해 도장 활성화로 그 영향을 확대하기 위해서였다. 캠페인은 1년간 1주일에 총 4회 4개의 각기 다른 주제를 방영하되, 국기원이 1억 4천만 원, KTA가 5천만 원의 예산을 부담하고, 나머지 2억 9천 8백만 원을 KBSN이 부담하기로 했다. KTA는 "태권도의 근간은 도장이다. 태권도가 가족의 사랑을 연결시켜 주는 매개체가 되고, 왕따, 외톨이 같은 어려운 상황에 처해 있는 아이들이 태권도를 수련함으로써 변화될 수 있음을 이번 태권도 캠페인을 통해 알릴 것"이라고 밝혔다.

　2007년 11월에는 도장 경영 및 지도 노하우를 발굴해 도장 활성화를 지원하기 위해 제1회 전국 태권도장 경영 및 지도법 경진대회를 개최해 큰 호응을 얻었다. 도장경진대회에서 입상한 사람들로 강사진을 구성해 태권도 지도법과 도장경영법을 전수하면서 2015년까지 이어오고 있다. 2009년 3회 대회 경영법 참가자들은 △여자 및 성인수련생 확보방안 △휴관 및 퇴관생 재입관 방안 △신입생 확보방안 △입관상담 △수련동기제공 △도장관리 매뉴얼 △유급자 교육과정 매뉴얼 △유단자 교육과정 및 매뉴얼 △학부모 관리방법 △수련생 관리방법 △인성교육 △사범교육 등을 발표했고, 지도법은 △품새 △겨루기 △호신술 △기본동작 △학교체육 △체력운동 △시범 △태권 PAPS 등을 발표해 눈길을 끌었다.

　2008년 4월에는 경북 안동에서 도장지원특별위원회 회의를 열고 태권도장 홍보물 보급, '학생건강체력평가시스템(PAPS)' 사업 추진, 방과 후 특기적성 교육 등 3개 안건을 상정해 의결했다. 관심을 모은 'PAPS'는 도장의 실정에 맞는 맞춤형 모델로 개발하기로 했다. 'PAPS'는 교육과학기술부가 단순한 운동능력 위주로 평가가 이뤄졌던 초·중·고생들의 체력검사를 비만 해소, 심폐기능강화 등의 과학적인 평가방법으로 전환하기 위해 추진했던 시스템이다.

이런 가운데 2010년 10월 〈태권도신문〉은 기획 시리즈로 KTA 도장지원사업을 진단했다. 도장지원사업이 효과적으로 시행되고 있는지 3회에 걸쳐 진단하고 각 사업별 분석과 합리적인 대안을 제시했다. 이 기사에서 신병주는 "4년간 20억 원 이상을 사용한 도장지원사업은 도장 발전에 큰 영향을 미치지 못했다는 평가가 지배적이다. 단기, 중기, 장기적인 차원에서 계획적으로 시행한 사업이 없었고, 초기 계획됐던 교육, 홍보, 연구 및 개발, 행사지원책에 따른 체계적이고 치밀한 지원이 전혀 이뤄지지 않았기 때문이라는 분석이다"고 비판했다. 또 "예산만 책정해 놓고 시작도 못한 사업이 있는가 하면 아이디어만 내놓고 진행시키지 못하는 일도 있다. 주니어시범단 창단계획은 무산됐고, 수련복 개발 계획을 발표했지만 아예 중단됐다. KTA는 더 이상 실험적, 즉흥적으로 도장지원사업을 시도할 때가 아니고 실직적, 장기적으로 도장 지원 방법 연구에 몰두해야 한다는 것이 중론이다"[10]고 지적했다.

> **Tip 손성도 관장, KTA 도장정책에 일침**
>
> 대한태권도협회(KTA) 도장분과 부위원장을 맡고 있는 손성도 관장이 KTA 도장지원 사업의 잘못된 점을 지적하고 몇 가지 대안도 내놓았다. 손 관장은 2011년 고성군청에서 열린 2011년 도장지원특별위원회 회의에서 "도장은 현재 총체적(대학-경영전문교수 부족, KTA-지원 미흡 및 시스템 부족, 국기원-도장지도자양성 미흡)인 문제점을 안고 있다"면서 "KTA는 경기에 너무 집중돼 있고, 도장의 현실을 고려하지 않은 일방적인 정책결정도 문제"라고 지적했다.
> 이를 해결하기 위한 방안으로 우선 기획부 산하 도장지원 전문부서 신설이나 겨루기 기술전문위에 준하는 도장 전문위원회를 만드는 등 일선 도장을 위한 시스템이 필요하다고 주장했다. 또 도장 활성화를 위해 심사평가 기준을 시대에 맞게 수정하고 승단(품) 심사의 규모를 더 확대할 것도 제안했다.
> 이 같은 지적에 KTA 류호윤 기획부장은 "도장지원사업은 태권도계 제도권에서 처음 실시하는 것이고 이제 4년이 지났다. 아직 성패를 논할 시기가 아니고 향후 몇 년은 지켜봐야 할 것"이라고 해명했다.
> 〈태권도신문. 2011년 3월 17일. 손성도 관장, KTA 도장정책에 일침.〉

---
10) 태권도신문. 2010년 10월 11일. KTA 도장지원사업 집중분석.

이에 대해 KTA 실무자 류호윤은 "KTA가 4년간 추구해 온 도장지원 정책이 소속 회원들의 직접적 이익에 기여하지 못한 점에 대해서는 안타깝게 생각하나, 그 정책이 전시행정이었고 무의미한 사업이었다는 시각에 대해서는 다른 의견을 가지고 있다"며 "지도자 자아혁신 세미나, 지도자 심화교육과정, 예비지도자 OT과정, 태권PAPS, 학교체육 교과과정, 성장체조 등은 어떤 교육보다 현장감 있고 수준 높은 최고의 내용이라 자부할 수 있다"고 밝혔다. 그러면서 "교육과정들을 통하여 전국의 지도자들과 함께 호흡을 나누었고 그들과의 대면토론을 통해 현장감 있는 교육콘텐츠를 개발하는 데 최선을 다했다"[11]고 주장했다.

국기원도 일선 도장의 경영지원 사업을 펼치기 위해 현장 방문에 나섰다. 2010년 1월 원장 이승완은 겨루기특성화 도장인 경기도 안산 경희태권도장(관장 윤정욱)과 인성교육특성화 도장인 석사경희체육관(관장 김선수), 장애아동지도특성화 도장인 서울 관악구 포올운동발달센터(관장 강명희)를 방문해 일선 도장의 경영 실태를 파악하고 지도자들의 건의를 경청했다. 국기원은 중점사업으로 '도장지원센터'를 설치하겠다고 했으나 집행부가 교체되면서 무산됐다.

2011년 1월 KTA는 지난 4년 동안 도장 지원사업의 일환으로 실시해온 다양한 교육에 대한 이해를 돕기 위한 총괄표 형태인 'KTA 태권도장 지도자 교육편람'을 발간했다. 교육편람의 발간은 KTA가 실시하는 교육들을 일선 태권도장 지도자들에게 이해하기 쉽게 홍보하고, 지도자들의 교육 참여를 적극 독려하기 위한 것이다. 교육편람에는 KTA가 추진 중인 도장지원사업 및 교육과정의 설명과 함께 단계별 교육과정(지도사범 실무교육, 경영 및 지도법 전문 교육과정), 전문프로그램 교육과정(공인 태권체조 교육과정, 태권성장체조 교육과정, 학교체육 과정연수, 태권 PAPS 지도자연수, 인성교육 지도자연수, 태권도호신술 교육과정), 연간 보수교

---
11) 태권도신문. 2010년 10월 28일. KTA 도장지원사업 집중분석과 관련하여.

육과정(주제별 심화교육) 등 총 3개 영역, 9개 교육과정의 세부적인 내용이 담겨있다.[12]

2012년 2월, 국기원과 KTA는 시도태권도협회 전무들의 의견을 수렴해 도장 활성화 차원에서 태권도 미디어 홍보에 힘을 기울이기로 했다. KTA 측은 "광고 제작비만 2억 원에 봄과 가을 한 달간 광고비만 10억 원이 소요되므로 공중파 전국방송 광고는 현실적으로 어려운 상황이다. 광고를 제작한 후 각 시도에서 지역케이블방송을 통해 활용하는 방안과 프로그램에 소재로 사용되는 등 간접광고 형식으로 미디어에 노출 시키는 방법을 모색해 봐야 한다"고 제시했다.

2013년 2월, 일선 회원도장에서 활용할 수 있는 도장교육소개서와 포스터 6종, 언론에서 방송한 주요 내용과 다큐, 뉴스 등을 묶어 DVD로 제작해 17개 시도협회에 보급한 KTA는 그 해 6월에는 도장지원사업의 일환으로 공중파 방송과 손잡고 가정 및 학교, 도장에서 실시되는 태권도의 효과 및 우수성을 담은 프로그램을 제작했다. KTA와 SBS의 특별 기획으로 마련한 이번 프로그램은 3부작으로 나누어

대한태권도협회가 2013년 회원도장에게 보급한 홍보용 팜플릿

태권도와 청소년 성장, 태권도와 청소년 인성, 태권도와 다이어트로 제작해 방송했다. 또 그 해 8월 청주 MBC 인기프로그램인 '다이어트 코리아'와 업무협약을 체결했다. 이에 대해 KTA는 "태권도 수련은 충분히 다이어트 효과가 있고 성인들의 건강한 삶에 기여할 수 있는 범국민적 운동임을 이번 프로그램을 통해 보여주고자 한다. 이는 KTA가 그동안 추진해 온 도장지원사업 및 성인활성화 프로그램과 목적을 같이 한다"고 설명했다. 이 프로그램은 호응을 얻어 2014년 전국으로 확대되어 울산, 대전, 세종지역 태권도 지도자 연수를 마치고 대구와 경남으로 이어졌다.

2013년 12월 태권도 지도자를 대상으로 도장에서 이루어지는 인성교육

---

12) 태권도신문. 2011년 1월 14일. '태권도장 지도자 교육편람' 발간.

에 대한 정보를 제공하고, 지도자들의 능력을 제고하기 위한 태권도 인성 교육 전국 지도자 연수가 인하대학교에서 열렸다. 이번 연수에서는 KTA 태권도 인성 교육 선도적 운영사례, 인성교육을 위한 지도철학과 지도모형 및 수업모형, 덕목실습, 도장에서의 학습지와 평가지 활용 지침 등에 대한 강의가 이뤄졌다.

KTA는 2013년 8년차를 맞는 도장지원 사업에 대해 2014년부터 예산과 기구를 독립하여 운영하기로 했다. 이에 따라 사업 편성과 의사결정이 빨라져 일선 도장 지도자들의 협회 활동 참여 폭이 확대되고 사업성격에 따라 관계 기관의 재정 지원과 협조 요청도 한결 수월해질 것으로 보였다. 하지만 가칭 '도장지원센터'의 독립을 핵심으로 하는 사업계획 예산은 백지화됐다. KTA 사무국 내부부터 이에 대한 사전 검증이 부족했고 행정적인 논의 절차가 미흡했기 때문이다. 이에 대해 태권도 전문기자 양택진은

Tip 도장 활성화를 위한 정부와 국기원의 역할

2015년 8월 국기원태권도연구소는 도장 활성화를 위한 지원 방안 연구 일환으로 태권도장 관장, 전문 강사, 도장 경영컨설턴트, 태권도 전문 기자, 태권도 동문회장, 도장 정책 입안자, 태권도 전공 교수 등을 각 영역별로 38명 선별한 후 질문지를 받아 그 내용을 정리·분석했다. 주요 결과는 다음과 같다.

[정부의 태권도 지원 정책 목표]
*해외에 파견한 한인 사범 예우 *태권도 정책을 잘 아는 전문가들로 자문단 구성해 의견 수렴 *중·고등학교 태권도 정규수업 제도화 *도장 차량 동승자 탑승 규정 유예 *노인과 주부 등을 위한 태권도교실 상설화 *태권도 기본에 근간을 둔 새로운 콘텐츠 개발 *초등생 태권도 교육 의무화 *승품·단 심사 응심. 거주지 폐지하고 전국으로 확대 *태권도 전공생. 해외 인사범제도 확대 지원 *태권도 제도권 정화하고 역량있는 인재 배치 *승품·단 심사 독점권을 폐지하고 경쟁 체제로 전환 *다채로운 태권도 축제 개최해 대중화 촉진 *행정 구역별로 태권도 관광상품화 *국가 고시에 태권도 단증 가산점 부여 상향 조정 *태권도의 사회적 인식과 가치 재창출 *태권도 용품 및 프랜차이즈 사업군 육성 *태권도 소재 영호·, 드라마, TV프로그램, 게임, 애니메이션 등 태권도 관련 콘텐츠 개발 *국내 주요 공항에 태권도 이미지 홍보관 설치 및 광고 시설물 조성

[도장 활성화를 위한 국기원 정책 사업 제시]
*사범연수 개선. 지도자 보수교육 시행 *지도자를 대상으로 현장에서 필요한 교육 시행
*도장 활성화 정책 담당하는 전문부서 신설 *태권도 교육 동영상 공유 사이트 운영 *4품에서 4단 전환할 때 보수교육 제도화 *통일된 승품·단 심사 매뉴얼 개발해 시행 *태권도 전공생. 태권도 교육 현장 실습 활성화 *도장 지원국과 도장민원 해결센터 운영 *무도 태권도 본연의 기술 연구 지속

〈국기원태권도연구소(2015). 태권도 도장 활성화를 위한 지원 방안 연구 질문지 응답 분석〉

"도장지원사업과 관련한 체계적인 평가는 부족했다. 지금까지 30억 원이 넘게 들어간 도장지원 각 단위 사업에 대한 일선의 여론 수렴과정도 미약했고, KTA 내에서조차 사업의 장단점 평가, 이를 반영한 새로운 사업계획 수립과 예산편성의 과정도 제대로 이루어지지 않은 채 반복되어 왔다는 평가다. 이런 탓으로 명분만을 내세운 도장지원센터로의 독립 역시 사업구조의 문제, 효율성의 문제, 예산의 문제를 충분히 KTA 내 사무국 테이블에서 논의되지 않은 채 내놓은 마찬가지의 결과물이라는 지적이다"[13]고 말했다.

실무형 지도자 연수는 2014년에 활기를 띠었다. 매년 1회씩 진행하는 사범 실무교육과 경영 및 지도법 전문교육과정이 실무형 교육으로 진행했다. 지도사범 실무교육의 경우 현직 및 예비 사범을 위한 현장중심실무 교육으로, 등록도장 사범 또는 태권도 관련학과 대학생을 대상으로 이뤄졌고, 경영 및 지도법은 대한태권도협회 등록도장 관장 및 도장소속 매니저를 대상으로, 지도자의 능력과 도장 수준을 기초로 자신의 능력에 맞춰 반을 선택해 수강할 수 있는 맞춤형 연수로 열렸다.

2015년에도 도장지원사업과 정책이 계속 이어졌다. SNS를 이용하여 도장 지도자들에게 메르스 예방수칙, 가정통신문 등 가정 및 일상생활에서 유용하게 사용할 수 있는 정보들을 제작하여 무료로 배포하고, 현장에서 사용할 수 있는 월간 교육 자료를 경영법, 지도법으로 구분하여 주기적으로 업데이트를 했다. 또 2년의 개발 기간을 거쳐 마련한 '수련생들의 자존감을 키우는 태권도 코칭언어25 지도자연수'를 순천향대학교 향설생활관에서 실시했다. 이 연수는 도장에서 일어나는 25가지의 상황을 설정, 지도자들이 수련생의 감정을 이해하고 동기를 끌어내며, 궁극적으로 자존감을 키워주는 코칭언어 구사능력을 배우는 실무형 연수과정이다.

---

13) 태권도신문. 2014년 3월 3일. 도장지원센터 독립 타당성 원점부터 재고해야.

2015년 12월에는 무주 태권도원에서 '2015 KTA 태권도장교육박람회'를 개최해 호평을 받았다. 이번 박람회는 KTA와 태권도원이 공동 주최해 40개 이상 우수강좌를 선택해 청강할 수 있고, 관장, 매니저로 구분해 들을 수 있는 태권도 콘서트와 태권도 산업전로 진행됐다. 600여 명이 참가한 교육 강좌는 우수 멘토들과 1:1로 질의응답을 하고, 신청한 강좌를 들을 수 있었다. 또 태권도 콘서트는 경영법, 지도법으로 분류하여 자유롭게 진행하며 평소 궁금한 사항을 직접 묻고 들을 수 있었다.

이런 가운데, 코로나-19 여파로 전국의 태권도장이 큰 시름에 잠겨 있는 가운데, 2020년 3월, 태권도장 지원을 위한 태스크포스(TF) 대책 회의가 열렸다. 태권도장은 임대료와 인건비, 차량유지비, 융자금 등 고정비용을 내지 못해 심각한 경영난에 직면했다. 이날 대한태권도협회(KTA) 회의실에서 열린 제1차 코로나19 대응 TF 회의는 코로나19 확산에 따라 어려움을 겪고 있는 태권도장을 위한 도장지원 정책을 수립하고, 정부와 관계 부처의 지원을 이끌어내는 등 대응 방안을 모색하는데 주안점을 뒀다.

KTA 실무진은 "회원 도장 전체를 지원 대상으로 삼고 최대한 노력을

> **Tip** 양진방 회장 "도장-심사-분야에서 구체적인 성과 내자"
>
> 양진방 대한태권도협회(KTA) 회장은 2023년 1월 "올해 가장 중요한 것은 시도협회 및 연맹과 긴밀한 업무 협조를 통해 협회는 협회대로 연맹은 연맹대로 도장과 심사, 경기분야에서 구체적인 사업 성과를 내는 것"이라고 밝혔다. 그는 도장지원과 심사정책에 대해 "이젠 단순히 도장등록을 관리하고 심사를 집행하는 것만으로는 충분하지 않다"면서 "(일선 도장에 보급하는) 표준교육과정개발 등 방향성을 설정해 주도적으로 끌고 나가는 노력을 구체적으로 해야 한다"고 말했다.
>
> 이와 함께 '생활체육 태권도의 중요성'에 대해서도 입장을 밝혔다. 양 회장은 "코로나19 여파로 생활체육 태권도가 침체됐다"며 "올해는 종목 규정과 운영 방식을 표준화해서 생활체육 태권도대회가 자리를 잡아야 한다. 참가자와 입상자 자격 제한은 되도록 풀고, 국무총리배 생활체육 태권도대회가 각 시도별로 개최하도록 힘써야 한다"고 말했다.
>
> 〈태권박스미디어, 2023년 1월 28일.〉

해야 한다. 큰 틀에서 지원 방향은 두 가지다. 태권도계 자체에서 하는 지원책과 예산 지원과 정책 등 정부에 요구하는 지원책"이라고 설명했다. 이날 국기원과 태권도진흥재단, KTA 임직원과 태권도 지도자, 태권도전문지 기자 등 13명으로 구성된 TF팀(위원장 김경덕)은 2시간 동안 진행된 이번 회의에서 △각 도장이 자율적으로 하는 '찾아가는 심사제도'와 소규모 단위로 상설 심사를 하는 방안을 수용하되 안(案)을 마련해 17개 시도협회 회장단 및 도장지원특별위원회에서 의결한 후 최종 승인권을 가지고 있는 국기원에 정식 제안하기로 했다.

또 국기원과 태권도진흥재단, KTA가 기부한 7억 5천만 원 중 확진자가 많은 대구·경북협회에는 각 5천만 원, 나머지 15개 시도협회에는 각 3천만 원을 지원하기로 했다. 그리고 남은 2억 원에 홍보비를 보태 태권도장 홍보 광고를 제작해 방송하기로 했다.

한편 2021년 3월, KTA는 도장지원간담회를 열고 '도장 활성화' 용어를 '도장 육성 지원'으로 대체해 사용하기로 하고, 도장에서 활용할 수 있는 겨루기 수련 프로그램 개발과 중·고생 수련층 확대 실행 방안 등을 논의했다.

연구과제

1. 전국에 있는 도장은 몇 개소이고, 가장 많은 지역은 어디인가?
2. 도장 경영이 어려워진 이유는 무엇인가?
3. 태권도 컨설팅 업체가 성행한 이유와 퇴조한 이유를 설명하시오.
4. 놀이형 프로그램을 어떻게 생각하는가?
5. 대한태권도협회가 추진한 도장지원 정책과 사업을 구체적으로 설명하시오.
6. 도장을 지원하기 위해 국기원이 펼친 정책을 설명하시오.
7. 대한태권도협회 도장지원 정책과 사업의 문제와 과제를 설명하시오.

참고문헌

태권도신문. 2010년 10월 11일. KTA 도장지원사업 집중분석.
태권도신문. 2010년 10월 28일. KTA 도장지원사업 집중분석과 관련하여.
태권도신문. 2011년 1월 14일. 태권도장 지도자 교육편람' 발간.
태권도신문. 2014년 3월 3일. 도장지원센터 독립 타당성 원점부터 재고해야.

개정증보판 History & Culture & Taekwondo
태권도역사와 문화의이해